翼城年鉴

YICHENG NIANJIAN

2022

中共翼城县委党史研究室
（翼城县地方志研究室） 编

方志出版社
Publishing House of Local Records

图书在版编目（CIP）数据

冀城年鉴. 2022 / 中共冀城县委党史研究室（冀城县地方志研究室）编.—北京：方志出版社, 2022.12
ISBN 978-7-5144-5376-8

Ⅰ. ①冀… Ⅱ. ①中… Ⅲ. ①冀城县－2022－年鉴
Ⅳ. ①Z522.54

中国版本图书馆CIP数据核字（2022）第252512号

责任编辑：程倩
责任校对：刘玉霞
责任印制：梅中英
出 版 者：方志出版社
地　　址：北京市朝阳区潘家园东里９号（国家方志馆4层）
邮　　编：100021
网　　址：http://www.zgfzcb.cn
发　　行：方志出版社图书营销中心（010-67110500）
印　　刷：临汾工艺美术印刷有限公司
开　　本：889毫米×1194毫米　1/16
印　　张：23.75
字　　数：586千字
版　　次：2022年12月第1版
印　　次：2022年12月第1次印刷
定　　价：290.00元

冀城县地方志编纂委员会

《冀城年鉴（2022）》编辑部

数字翼城 SHUZI YICHENG

综　合

地区生产总值 905265万元
第一产业 151770万元
第二产业 269641万元
第三产业 483854万元
人均地区生产总值 34608元

人　口

常住人口 259623人
男性 128381人
女性 131242人
出生人口 1544人
死亡人口 1878人

对外经济贸易

海关进出口总额 4004.5万元
出口总额 3986.4万元
进口总额 18.1万元

固定资产投资

全社会固定资产投资 177472万元
第一产业 14797万元
第二产业 38091万元
第三产业 124584万元

财政、金融和保险

一般公共预算收入 40529万元
一般公共预算支出 223636万元
住户存款 1526824万元

人民收入

城镇常住居民人均可支配收入 36306元
农村常住居民人均可支配收入 14772元

农　业

农作物播种面积 61.7万亩
　其中粮食播种面积 59.9万亩
粮食产量 181515吨
油料产量 496吨
肉类产量 22617吨

工　业（规模以上工业）

工业企业 34个
工业增加值增速 27.5%
原煤产量 377.1万吨
发电量 3534万千瓦时
生铁产量 30.8万吨

批发和零售业

社会消费品零售总额 431037万元
城镇社会消费品零售总额 337127万元
乡村社会消费品零售总额 93910万元

2021年3月26日，翼城县召开党史学习教育推进会，印发《中共翼城县委关于开展党史学习教育的实施方案》

2021年3月29日，中国共产党翼城县第十四次代表大会在县影剧院开幕

2021年9月18日，翼城县召开全县领导干部会议

2021年6月30日，翼城县四大班子领导参观庆祝建党100周年书法工艺美术和摄影作品展 （摄影：刘伟）

2021年6月29日，翼城县“光荣在党50年”纪念章颁发仪式举行 （摄影：刘伟）

2021年6月8日、9日，县委统战部举办“学党史、明方向、跟党走”翼城县统一战线党史知识竞赛

2021年6月30日，翼城县县级领导重温入党誓词暨新党员代表入党宣誓仪式举行，县委书记王渊领誓并讲话 （摄影：刘伟）

2021年11月1日，县委书记黄晓君（前排左三）深入国营山西锻造厂调研

2021年11月4日，县委书记黄晓君（右二）在北关小学对学校疫苗接种工作进行调研

2021年11月16日，翼城县举行“翼起学”大讲堂开班仪式，县委书记黄晓君主持开班仪式并讲话

2021年5月8日，全国第六届“万步有约”健走激励大赛翼城县赛区启动仪式在唐霸文化公园举行

2021年9月14日，翼城县举行翼钢公司与晋南、闽光公司资产交接协议签订暨晋南钢铁、闽光焦化全面入驻钢铁新材料园区仪式

2021年12月8日，县委书记黄晓君（右三）就推动闽光碳基新材料及焦化升级项目举行工作会谈

翼城县“三箭齐发”工业新格局其中的一箭——华翔翼城新材料科技园高炉项目正式点火启动

2021年5月19日，国家林业和草原局林改司一级巡视员杜纪山（右二）到翼城县就翅果油产业的杜仲种植、加工利用、市场营销及发展前景进行调研

范村菊花

牛家坡金丝皇菊

2021年9月25日，在第七届中国（山西）特色农产品交易博览会上，翼城县“隆化小米　皇家贡膳”地理标志产品品牌推介会在山西省农产品国际交易中心举行

西阎香菇

农业托管模式推动农业提质

市委常委、副市长王渊（前右）为中国共产党山西翼城农村商业银行股份有限公司委员会揭牌（摄影：高旭玮）

县委书记黄晓君（前左）为山西翼城农村商业银行揭牌（摄影：高旭玮）

颁发营业执照 （摄影：高旭玮）

颁发金融许可证 （摄影：高旭玮）

2021年12月30日，山西翼城农村商业银行股份有限公司开业仪式举行（摄影：高旭玮）

（彩版照片除署名外均由翼城县融媒体中心提供）

编辑说明

一、《翼城年鉴(2022)》坚持以马克思列宁主义、毛泽东思想、邓小平理论、"三个代表"重要思想、科学发展观、习近平新时代中国特色社会主义思想为指导,坚持辩证唯物主义和历史唯物主义的立场、观点和方法,本着实事求是、秉笔直书、述而不论的原则,力求全面、准确、客观,更加注重信息价值和实用价值。

二、《翼城年鉴》是一部反映翼城自然、政治、经济、文化、科学技术和社会发展的年度资料性文献。它以大量的经济科技信息和社会动态资料为各级领导决策提供依据,为社会各行各业的规划发展提供借鉴,为中外人士了解、研究翼城提供参考。

三、《翼城年鉴(2022)》由中共翼城县委、翼城县人民政府主办,中共翼城县委党史研究室(翼城县地方志研究室)组织编纂,主要记述2021年翼城县的基本情况、重大事件及全县经济发展和社会进步的最新成就。

四、《翼城年鉴(2022)》采用分类编辑法,主体内容分为类目、分目和条目三个层次,共设类目30个,即特载、大事记、翼城概览、中国共产党翼城县委员会、翼城县人民代表大会、翼城县人民政府、政协翼城县委员会、纪检监察、群众团体、法治、军事、经济管理、农业、工业、商贸与服务业、信息服务业、文化 旅游、财税、金融 保险、交通运输、城乡建设与管理、生态环境保护、教育、科学技术、新闻出版(传媒)、卫生健康和体育、社会保障服务、乡镇、人物、附录。类目下一般按行业性质兼顾现行管理体制设立分目,分目下设条目。设有附录,以突出各单位工作的重点、亮点,增强年鉴的实用性和可读性。

五、《翼城年鉴(2022)》稿件由县直各单位、各乡镇和企业提供,全部经供稿单位领导审阅。所用统计数据,均经各供稿单位审核,部分数据合计或相对数由于单位取舍不同而产生的计算误差,均未做机械调整。统计资料由县统计局提供,每个分目后附供稿人姓名。

六、数字用法、标点符号、计量单位分别执行国家标准《出版物上数字用法》(GB/T 15835—2011)、《标点符号用法》(GB/T 15834—2011)和《有关量、单位、符号的一般原则》(GB 3101—1993)。全书中亩不统一换算。

目　　录

特　载

大事记

翼城概览

中国共产党翼城县委员会

翼城县人民代表大会

翼城县人民政府

政协翼城县委员会

纪检监察

群众团体

法　治

军　事

经济管理

农 业

工　业

商贸与服务业

信息服务业

文化 旅游

财 税

金融　保险

交通运输

城乡建设与管理

生态环境保护

教　育

科学技术

新闻出版（传媒）

卫生健康和体育

社会保障服务

乡　镇

人　物

附　录

CONTENTS

Features

Chronicles of Events

General Introduction of Yicheng

Yicheng County Committee of the Communist Party of China

The Yicheng County People's Congress

The People's Government of Yicheng County

Yicheng County Committee of CPPCC

Discipline Inspection and Supervision

Mass Organization

Rule of law

Military Affairs

Economic Administration

Agriculture

Industry

Trade and Services

Information Services Industry

Culture and Tourism

Finance and Taxation

Banking and Insurance

Transportation

Urban and Rural Development and Management

Ecological Environment Protection

Education

Science and Technology

Press and Publication (Media)

Health and Physical Education

Social Security Services

Towns and Townships

Personages

Appendices

特　　载

乘势而上再出发　勇立潮头蹚新路
为建设智慧活力美丽开放幸福翼城而努力奋斗

——在中国共产党翼城县第十四次代表大会上的工作报告

中共翼城县委书记　王　渊

（2021年3月29日）

中国共产党翼城县第十四次代表大会，是在全县上下众志成城合力打赢脱贫攻坚战、圆满完成全面建成小康社会历史使命，坚定信心奋进“十四五”新征程、奋力蹚出转型发展新路的关键时期召开的一次十分重要的会议。

大会的主题是全面客观总结“十三五”时期成绩经验，明确未来五年发展目标和主要任务，进一步坚定“十四五”转型出雏形的信心和决心；坚决贯彻落实中央和省委、市委关于换届选举的有关决策部署，选举产生新一届县委和纪委领导班子；动员全县各级党组织、全体党员和干部群众，锐意进取，团结拼搏，为蹚出具有翼城特色的转型发展新路而努力奋斗。

回首五年发展历程
奋斗充满艰辛成绩令人振奋

县十三次党代会以来的五年，是我县发展史上极不平凡的五年。面对复杂多变的外部环境和艰巨繁重的改革发展稳定任务，我们高举习近平新时代中国特色社会主义思想伟大旗帜，全面贯彻党的十九大和十九届二中、三中、四中、五中全会精神，坚定不移沿着习近平总书记两次视察山西所指引的前进方向，按照省委、市委部署要求，团结带领全县广大党员干部群众，在抢抓机遇中乘势而上，在转型攻坚中砥砺前行，在改善民生中坚守初心，在从严治党中凝聚合力，总体完成了“十三五”预期目标任务，干成了一批强基础利长远惠民生的大事，办好了许多过去想办但没有办成的要事，解决了一些长期想解决而没有解决的难事，实现了一系列具有标志性意义的突破，交出了无愧于时代、无愧于人民、无愧于历史的优秀答卷。

这五年，是砥砺奋进的五年，我们坚持在产业升级、优化结构中谋求新路，转型发展迈出新步伐。始终以高度的战略定力和坚毅恒心转变发展方式、优化三产结构，全县转型动能加快集聚，经济向好态势不断巩固，为“十四五”转型出雏形奠定了坚实基础。我们坚定不移走农业特色优质发展之路，大力实施乡村振兴战略，粮食总产实现五年连增，冬小麦以790.2公斤的优异产量刷新了全省亩产纪录，全县水果、连翘种植面积分别达到20万亩和77万亩，有机旱作农业、设施农业成效显著，现代农业示范园规模化、功能化水平持续提升,特别是大力实施品牌创新战略,成功打造"翼城优品"区域公用品牌、"翼壶好茶"连翘药茶系列品牌,翼城的特优产品正在走出山西、迈向全国。我们坚定不移走工业提质增效发展之路,正确处理"老饭碗"和"新饭碗"的关系,大力推进传统产业改造升级,因企施策破解"处僵治困"难题,特别是始终保持久久为功的韧劲,扎实推进"一区三园"产业集聚区发展,成功引进晋南钢铁、福建闽光、山西华翔等一批重大项目,构建了"三箭齐发"工业新格局。我们坚定不移走文旅融合共进发展之路,历山新添"历法之源""中国天然氧吧"两个国字号名片,成功创建佛爷山、翼城古城2个AAA级旅游景区,建成了舜王坪旅游公路、武池乔泽庙—故城遗址旅游公路,全域旅游基础设施日趋完善,乡村旅游多点开花,全县新增1个中国历史文化名镇、3个中国历史文化名村,15个中国传统村落,3处全国重点文物保护单位,翼城花鼓、翼城琴书、翼城浑身板等非物质文化遗产影响力持续扩大,全县文旅产业呈现出朝气蓬勃、融合发展的良好态势。

这五年,是合力攻坚的五年,我们坚持在精准发力、综合施策中履职践诺,"三大攻坚战"交出新答卷。始终把统筹推进"三大攻坚战"牢牢抓在手上,坚持守承诺、守初心和守底线有机统一,抓紧补短板、堵漏洞、强弱项,取得了经得起实践检验的优异成绩。我们以强烈的责任担当,打好了防范化解重大风险攻坚战。全面筑牢维护政治安全防线,不断健全金融监管体系,下大力气加快推进农信社化险改制,清收不良贷款12.6亿元,紧盯意识形态、社会民生、党的建设等重点领域,防范风险、化解隐患,为全面建成小康社会创造了良好的内部和外部环境。我们以必胜的信心决心,打赢了脱贫攻坚战。坚持层层"双签",压紧压实县乡村三级抓脱贫的政治责任,全面落实"精准"要求,深入实施"十大工程",注重"面向一线"配强基层扶贫工作力量,常态化开展"回头看",全力做足脱贫成色,全县1900户5508名建档立卡贫困人口全部脱贫,21个贫困村全部退出,如期兑现了对党和人民的庄严承诺。我们以超常的方法举措,打胜了污染防治攻坚战。坚定践行绿色发展理念,多措并举开展大气、水和土壤污染防治,城区集中供热面积达到550万平方米,基本实现全覆盖,重点企业全面完成深度治理,"五水同治"取得扎实成效,土壤环境质量持续改善,国土绿化面积提高了2个百分点,全县生态环境保护发生了转折性、全局性变化,为推动高质量高速度转型发展筑牢了基础。

这五年,是求新图变的五年,我们坚持在解放思想、突破藩篱中激发活力,改革创新实现新突破。牢固树立"改革不能落后、创新必须先行"理念,大力弘扬"敢闯敢试、敢为人先"精神,以改革创新推动全县各项事业纵深发展。我们持之以恒解放思想,常态化、系统性开展教育培训,高标准、严要求开展"改革创新、奋发有为"大讨论,在全社会营造了勇于创新、对标一流的浓厚干事创业氛围。我们脚踏实地深化改革,每年制定深改工作要点,压实县级领导分工负责制,圆满完成了监察体制改革试点、党政机构改革等重大改革任务,农业生产托管服务"三级体系"全国知名,农村"厕所革命"、农村集体产权制度改革走在全省前列,投融资、文化旅游、国资国企等重点领域改革取得扎实成效,其他各领域改革全面发力、齐头并进,全县改革的思想基础、实践基础、制度基础更加坚实。我们坚定不移推动创新,全力打造最优营商环境,加快"互联网+政务服务"建设,全省首家与省政务服务平台全面对接的"一网通办"平台顺利启动,为群众和企业提供了最便捷、最高效的服务。深入推进科技创新战略,持续深化校企合作,引进8项新技术,完成12项科技成果转化,"产学研用"取得积极成效。大力实施人才强县战略,建成3个博士站和14个人才基地,引进165名高层次人才专家,制定了《突出贡献人才奖励办法》等一系列优惠政策,形成了人才近悦远来的“强磁场”。

这五年,是倾心为民的五年,我们坚持在改善民生、维护稳定中担当作为,群众福祉获得新增进。深入践行以人民为中心的发展思想,持续加大民生领域投入力度,民生资金投入累计达到83.4亿元,年均增长10%。我们始终以办好民生实事彰显实干担当,坚持一件接着一件办,一年接着一年干,集中力量实施了靓城提质“三大工程”、县城道路改造、县医院迁建、中医院扩建、城镇卫生饮水安全、廉租房、老年日间照料中心等一批惠民工程,人民群众的幸福感持续增进。我们始终以发展社会事业彰显实干担当,新改扩建中小学22所,义务教育由基本均衡向优质均衡转变,教育教学质量居全市前列,五年高考二本B类以上达线人数共1.13万人,翼城中学被授予“清华大学生源校”,打造了全市一流的教育品牌;医疗卫生事业加快发展,组建了县医疗集团,与14家乡镇卫生院远程会诊平台实现互联互通,全县居民健康档案建档率达到90%;就业规模稳定增长,社保覆盖面不断扩大,城乡低保实现应保尽保,人民群众的获得感明显提升。我们始终以维护安全稳定彰显实干担当,精准落实常态化防控措施,建成了3个核酸检测实验室,疫情防控取得阶段性重大胜利;扎实开展“三零”单位创建,一批历史疑难信访问题得到妥善化解,全县连续15年未发生重特大安全生产事故,扫黑除恶专项斗争战果位居全市第一方阵,探索形成了多元共治的基层治理模式,人民群众的安全感不断增强。

这五年,是团结向前的五年,我们坚持在发扬民主、凝聚共识中同频共振,民主法治取得新发展。始终以民主凝聚人心,以法治护航发展,切实加强党对人大工作的领导,支持人大及其常委会依法履行职能,人大监督的针对性、实效性和权威性不断增强。全力支持和保障人民政协开展工作,政治协商、民主监督、参政议政职能作用得到有效发挥,政协工作展现出旺盛的生机活力。持续巩固和发展最广泛的爱国统一战线,密切加强与工商联、侨联、新的社会阶层人士的联系,切实维护民族团结,促进宗教和睦,凝聚各方力量助推翼城发展。工会、共青团、妇联等工作进一步加强,群团组织的桥梁纽带作用充分发挥。扎实推进“法治翼城”建设,法律顾问实现全覆盖,建立了公共法律服务“一码通”平台,广大党员干部法治意识和依法办事能力显著增强,圆满完成“七五”普法任务,运用《经纬剧场》开展法治宣传教育的典型经验被中央电视台《法治中国》誉为“中国普法的缩影”,形成了全民尊法、学法、守法、用法的良好氛围。

这五年,是全面从严的五年,我们坚持在补钙壮骨、正风肃纪中固本铸魂,党的领导得到新加强。全面落实新时代党的建设总要求,以永远在路上的坚韧和执着不断把全面从严治党推向纵深。我们始终把党的政治建设摆在首位,围绕学懂弄通做实要求,深入学习贯彻习近平新时代中国特色社会主义思想,扎实开展“两学一做”学习教育、“维护核心、见诸行动”主题教育、“不忘初心、牢记使命”主题教育等系列活动,召开两次县委全会对贯彻落实习近平总书记视察山西重要讲话重要指示作出全面系统部署,确保翼城工作始终沿着正确方向前进。我们聚焦提升基层党组织政治功能和组织力,持续深入开展软弱涣散基层党组织整顿,活动场所条件全面改善,全县基层党组织实现100%达标,农村集体经济收入超5万元的村占比达97.4%,基层党组织的凝聚力和战斗力明显提升。我们全面加强干部队伍建设,坚持在一线和实干中发现、培养、使用干部,全县干部年龄和学历结构明显优化;持续加强干部监督管理,锲而不舍纠治“四风”,常态化开展警示教育和专项整治,树立了真抓实干、担当作为的新风正气。我们始终牢牢把握意识形态领导权和主动权,不断强化阵地建设,层层压实责任,围绕党的十九大召开、中华人民共和国成立70周年,举办丰富多彩的宣传庆祝活动,扎实推进新时代文明实践站所建设,广泛开展精神文明创建,在全社会营造了崇德向善、见贤思齐的浓厚氛围。我们严格落实全面从严治党主体责任,一体推进不敢腐不能腐不想腐,深入开展群众身边腐败、涉黑涉恶腐败、能源领域和人防系统腐败问题专项治理,圆满完成县乡巡察全覆盖目标任务,五年来,共查结各类案件762件,给予754人党纪政务处分,保持了惩治腐败的高压态势,营造了风清气正的政治生态。

各位代表、同志们,五年的实践很不平凡,五年的成绩来之不易。回顾奋斗历程,大家一致认为,面对转型发展的突出问题,面对深化改革的艰巨任务,面对人民群众日益增长的美好生活需要,面对突如其来的新冠肺炎疫情影响,县委牢牢把握正确的政治方向,保持定力、攻坚克难、久久为功,有力推动了上级决策部署贯彻落实,持续保持了转型发展形势向上向好,切实维护了社会大局和谐稳定。当前,翼城经济发展呈现速度回升、动力增强的新态势,政治生态呈现持续优化、不断净化的新局面,全县上下呈现凝心聚力、奋发进取的新风貌。五年的成绩与进步,得益于中央和省委、市委的坚强领导,以及历届县委接续奋斗奠定的坚实基础,归功于全县32万人民的不懈努力。在此,我代表中共翼城县第十三届委员会,向奋战在全县各条战线上的广大党员干部群众和所有关心支持帮助翼城建设发展的社会各界人士,表示衷心的感谢和崇高的敬意!

五年来的奋斗实践,深刻启示我们:必须时刻同以习近平同志为核心的党中央保持高度一致,把中央精神和省委、市委决策部署作为确保翼城工作正确方向的准绳,紧密结合实际创造性开展工作;必须以经济建设为中心,把发展作为解决翼城所有问题的关键,推动高质量高速度转型发展不断迈上新台阶;必须持续深化改革创新,把解放思想作为开创工作新局面的制胜法宝,不断增强动力和活力;必须坚持以人民为中心的发展思想,把造福翼城人民作为检验工作成效的重要标尺,不断增进人民群众的获得感、幸福感、安全感;必须坚持党的绝对领导,把全面从严治党作为成就翼城事业的根本保证,不断营造风清气正的政治生态。这些经验是全县上下探索实践积累的宝贵财富,我们一定要倍加珍惜、长期坚持、不断发展。

站在新的历史起点
向着新的奋斗目标继续阔步前行

"十四五"时期是"两个一百年"奋斗目标的历史交汇期,是山西实现转型出雏形目标、在转型发展上率先蹚出一条新路来的战略关键期,是临汾建设省域副中心城市的加速推进期,更是翼城实现高质量高速度转型发展的黄金机遇期。我们必须准确把握翼城所处的历史方位,切实增强战略定力,坚定发展信心,集全县之力把翼城的事情办得更好。

纵观发展大势看翼城,我们面临乘势而为的历史机遇。当今世界正处于百年未有之大变局,新一轮科技革命和产业革命浪潮风起云涌;我国顶住了新冠肺炎疫情冲击,内生动力、市场潜力和要素支撑能力依然强劲;全省进入"转型出雏形"发展关键期,经济稳步复苏、转型加快推进的态势进一步巩固;临汾省域副中心城市建设定位更加清晰,沿黄、沿汾、沿太岳"三大板块"协同发展。面向新发展阶段,只要我们准确把握时代大势,放眼全局,抢抓机遇,就一定能够占据主动、赢得未来。

立足发展基础看翼城,我们拥有大有可为的有利条件。经过多年接续奋斗,一批转型升级的重大项目相继落户翼城,一批重大领域的改革取得显著成效，一批惠民利民的好事落实落地，全县经济社会发展一年一个新台阶，加快转型的基础不断夯实，积累效应逐步显现。只要我们一鼓作气、加倍奋进，就一定能把翼城的比较优势转化为竞争优势、发展成果。

围绕发展期盼看翼城，我们怀着必有作为的坚定决心。历经了较长时间的"转型阵痛"，全县广大群众想发展、盼发展、谋发展的愿望越来越强烈，热情越来越高涨；随着党政机构改革的不断深化和乡镇换届的圆满完成，一大批敢担当、敢负责、敢创新的优秀干部走上了各级领导岗位，为推动全县高质量高速度转型发展提供了坚强的队伍保障。只要我们担当作为、凝心聚力，就一定能够蹚出具有翼城特色的转型发展新路。

各位代表、同志们，憧憬翼城的美好明天，我们充满信心、豪情满怀。全县各级党组织和广大党员干部必须勇立时代潮头，担起历史重任，团结带领全县人民在新的发展征程上继续前进，用我们的赤诚与激情、奋斗与奉献，共同谱写翼城高质量高速度转型发展的崭新篇章！

今后五年的指导思想是：高举习近平新时代中国特色社会主义思想伟大旗帜，全面贯彻党的十九大和十九届二中、三中、四中、五中全会精神，深入落实习近平总书记视察山西重要讲话重要指示，牢记领袖"在转型发展上率先蹚出一条新路来"的殷殷嘱托，按照省委、市委总体思路和决策部署，准确把握新发展阶段，深入贯彻新发展理念，主动融入新发展格局，以高质量高速度转型发展为主题，以"十四五"转型出雏形为目标，大力实施创新驱动、产业振兴、城乡融合、环境提升、幸福民生"五大战略"，全力打造中西部县域数字化转型先行区、晋南地区产业高质量转型发展集聚区、区域协调发展示范区、一流发展环境样板区和高品质生活宜居区，奋力在转型发展上率先蹚出一条新路来，努力建设智慧翼城、活力翼城、美丽翼城、开放翼城、幸福翼城。

今后五年，我县经济社会发展的具体目标是：

"一个持续向好"：经济运行持续向好，就是全县生产总值年均增长12%以上，到2025年达到130亿元；固定资产投资年均增长22%左右，达到59亿元；社会消费品零售总额年均增长13%左右，达到69亿元；一般公共预算收入超过10亿元，经济综合排名上升到全市中上游。与此同时，其他各项主要经济指标均保持在合理区间。

"两个初见成效"：产业转型初见成效，就是发展质量和效益稳步提升，产业结构出现质的变化，现代农业稳步推进，粮食总产量稳定在2亿公斤以上，煤炭、钢铁、装备制造等产业优势不断扩大，文旅产业、服务业快速跟进，产业结构由"321"向"231"转变，到2025年，三产占比为8.5∶50.5∶41。创新发展初见成效，就是"六新"突破取得重大进展，数字化、智能化水平明显提升，企业协同创新体系建设迈出关键步伐，战略性新兴产业集群快速成长，创新型领军企业加快培育，科技型中小企业和"专精特新"企业成为重要支柱，依靠创新引领发展的格局基本形成。

"五个显著提升"：营商环境显著提升，就是政务服务更加便捷高效，群众办事更加省心省时，亲商重商爱商氛围更加浓厚，营商环境走在全市乃至全省前列。品牌影响力显著提升，就是以区域公用品牌建设为引领，将更多翼城特色、优质工业产品、农产品纳入"翼城优品"，提高产品市场占有率和知名度，把代表翼城品质、翼城形象的特、优产品推向全国各地。人民生活水平显著提升，就是城乡面貌显著改善，社会保障全面覆盖，人人享有基本医疗卫生服务，教育、就业、养老、住房等公共服务更加健全完善，城镇居民人均可支配收入达到55900元，农村居民人均可支配收入达到23800元，全面建成小康社会成果持续巩固。生态环境质量显著提升，就是人与自然和谐共生理念成为普遍实践，绿色空间格局、产业结构、生产生活方式基本形成,空气质量进一步改善,年均优良天数达到260天以上,森林覆盖率达到33%以上,努力建设环境更宜居、生态更和谐的绿色家园。社会治理能力显著提升,就是"三零"单位创建取得明显成效,信访渠道更加畅通,历史遗留问题得到妥善化解,安全生产责任体系更加严密,"法治翼城""平安翼城"建设深入推进,基层社会治理体系更加健全,社会治理现代化、精细化水平不断提高。

聚力转型,大势所趋;聚焦富民,万众所盼。这是我们最应该干且必须干好的事情,全县上下要集中力量、集中资源,重点在以下五个方面求大突破、见大成效。

一是大力实施创新驱动战略,奋力打造中西部县域数字化转型先行区。坚持把创新驱动作为高质量高速度转型发展的核心动力,以抢滩占先、换道领跑的竞争姿态,坚决打赢打好"六新"攻坚战、抢夺战,推动我县由资源驱动向创新驱动加速转变。抢占先机布局新基建。加快县域经济数字化转型试点和城市算力中心建设,推进数字经济与实体经济深度融合,实现产业数字化、数字产业化,帮助更多企业激活数据价值,实现更多数据场景应用。依托清华启迪公司在大数据、人工智能、区块链等方面的领先优势,在国家工业互联网监测服务平台、区块链政务服务平台、物联网社区等方面开展深度合作,建设数字转型行业级平台。持续加强5G基础网络建设,扩大5G基站新建规模,以首旺煤业"5G+智慧矿山"示范项目为带动,围绕钢铁、焦化、煤矿、装备制造等优势产业,推动人工智能技术应用,加快传统产业数字化转型。聚焦研发突破新技术。大力实施企业创新主体地位提升行动,支持企业牵头组建创新联合体,加强企业技术中心、工程中心建设,促进新技术快速大规模应用和迭代升级,推动企业技术中心梯次储备,滚动发展。全面落实高新技术企业税费减免、研发经费加计扣除、企业研发奖补等鼓励创新政策,加大财政资金扶持和表彰奖励力度,引导金融机构和县翼投公司积极发展创新基金、风投等融资工具,切实激发企业自主创新的活力和动力。力争"十四五"末,培育3所市级以上研发中心和实验室,全县规上企业达到60家以上,高新技术企业达到8家。占领高地发展新材料。加快推进闽光高性能碳负极材料及焦化转型项目建设,推进煤炭清洁高效利用,延伸煤炭产业链条,加快形成占据价值链中高端的新材料产业发展体系。立足春雷铜材公司、山西锻造厂良好的军民融合发展基础和铜合金新材料研发等优势,积极融入省市创新战略布局,持续推动"产学研用"深度融合,促进创新成果双向转化应用,努力建设铜合金新材料研发生产基地和山西省军民融合示范基地。聚焦高端打造新装备。打好装备制造业优化升级攻坚战,以装备制造工业园区为平台,以"绿色化、智能化、数字化"为方向,培育发展高端新装备,延伸铸造—精密铸造—高端装备制造产业链条,加快数字化铸造技术改造,大力发展电力设备、冶金设备、矿山机械设备等高端锻造,推动装备制造业向价值链高端和产业链核心迈进。发挥优势做强新产品。立足煤炭冶炼、装备制造等产业优势,推进工业互联网垂直行业应用,运用数字经济推动农业生产经营管理,打造农业金融服务品牌,积极开展智慧旅游体系建设,推动多领域智能化、数字化转型。以"翼城优品"区域公用品牌为引领,聚焦晋南钢铁翼城精品基地、华翔集团20万吨新材料科技园等工业支柱项目,苹果、小杂粮、翅果油、绿牧德品乳制品等特色优质农产品,以及"唐尧故地、晋国源头"文化旅游品牌,大力推进政府、企业、科研机构、高等院校开展项目合作和联合研发,精准引进科研技术团队,逐步形成权责明确、风险共担、利益共享的长效合作机制,开发一批具有翼城特色和核心竞争力的拳头产品,实现"人有我优、人优我特"目标,努力让“翼城制造”“翼城质量”“翼城品牌”叫响全省、迈向全国。跨界融通培育新业态。突出数字化引领、撬动、赋能作用，加快农业数字化转型，大力推广云计算、大数据、物联网、工业智能在农业生产经营管理中的运用，打造科技农业、智慧农业、品牌农业，完善农村电商物流快递服务体系，努力创建“晋南农村电子商务第一县”。深入开展智慧旅游体系建设，优化文旅环境，创新文旅新体验，着力实现历山、河上公德山、翼城古城等重点景区信息化管理，以数字化助力文物、非遗的保护传承和创新应用，打造“科技＋文化＋旅游”融合发展的数字文旅。加强博士工作站、人才工作基地建设，重点围绕我县支柱产业，精准引进“高精尖缺”人才，建立数字产业专家资源库，推动形成全职引进、技术攻关、成果转化、项目合作等多元化人才引进方式，着力实现创新驱动、产业发展、人才集聚的良性循环。

二是大力实施产业振兴战略，奋力打造晋南地区产业高质量转型发展集聚区。翼城有着悠久而厚重的工业历史，“铁都”的美称曾享誉大江南北，苹果、小米等农产品品质优良，自然风光秀美，文旅资源丰富，但整体发展层次低，抵御风险能力弱。“十四五”期间，我们要做大一产、做强二产、做活三产，构建现代化产业体系。全力推动工业转型。立足“三箭齐发”工业新格局，集中一切力量、动用一切资源、克服一切困难加速推进项目建设，努力打造翼城千亿级精品钢、机械铸造、碳材料产业集群。“第一箭”，以晋南钢铁收购翼钢资产打造精品钢铁基地，重点加快项目前期手续办理，推动投资130亿元的晋南钢铁翼城精品基地、闽光高性能碳负极材料及焦化转型项目今年开工建设，2023年建成投产，在此基础上，密切加强同天津友发集团对接，争取钢铁制管项目早日落户翼城，形成完整的钢铁精深加工产业链条，项目全部建成后，年产值实现500亿元，利税达到30亿元；“第二箭”，以华翔集团整合翼城铸造企业产能打造绿色高端铸造产业，重点推动华翔集团20万吨新材料科技园项目并购整合部分今年4月投产，新建工程机械零部件项目年内投产，三期项目全部建成后，年产值实现500亿元，利税达到30亿元；“第三箭”，以整合舜达公司打造高端装备制造，全方位寻求战略合作伙伴，加快盘活重整进度，着力实现后发赶超，并以华翔、舜达为依托，与国内先进企业开展合作，打造高端装备制造产业集群。同时，加强与中信机电的沟通洽谈，引进高端锻造、装备制造项目落户翼城。要把钢铁、铸造等优势产品纳入“翼城优品”区域公用品牌，形成体现翼城特色的工业产品。“一区三园”产业集聚区是实现工业振兴的战略高地，必须持之以恒推进落实，加紧完善申报资料，争取上级政策支持，以高质量钢铁新材料工业园区和铜合金新材料工业园区为依托，全力申报省级经济技术开发区。同时，继续完善园区标准地、交通路网、供水、供电等基础设施，建立健全高效的运行机制和完整的服务体系，招引更多本地和外地企业入园进区，努力把开发区打造成经济发展引领区、现代产业集聚区、对外开放示范区。深入推进乡村振兴。坚持把“三农”工作作为重中之重，加强耕地保护，严守53.3万亩耕地红线，分类推进高标准农田建设，到2025年全县高标准农田达到35万亩以上，粮食总产稳定在2亿公斤以上。不断拓展农业托管经验，全面开展小麦、玉米、谷子、苹果托管服务全覆盖，探索创新多种托管模式，拓展服务领域，加强规范管理，努力把翼城农业托管打造成国内一流品牌。推动巩固拓展脱贫攻坚成果同乡村振兴有效衔接，建立解决相对贫困长效机制，健全防止返贫监测体系，坚决守好全面小康成果。坚定实施“特”“优”战略，持续壮大特色优势产业，以隆化、南梁、里砦、中卫、王庄为重点，继续扩大苹果优势产业带建设，到2025年达到15万亩苹果优质区；以唐兴、南梁、里砦、中卫、南唐为重点,建设高效设施果菜产业园,发挥唐兴果信、南梁晟田、里砦张桥、南唐永利等农业园区带动作用,鼓励群众适度流转土地,形成设施农业集群;以王庄、隆化、桥上、西阎为重点,扩大优质谷子、豆类等优势小杂粮种植,以隆化为中心建设万亩谷子生产加工基地,打造"翼城隆化小米之乡",让"一乡一业""一村一品"在翼城遍地开花。加快构建"翼城优品"区域公用品牌保护、产品标准、质量安全追溯、市场营销等体系,建设"翼城优品"农旅产品特产馆和电商平台,完善产品销售网络,实现线上线下融合发展,努力把"翼城优品"打造成省级农产品区域公用品牌。坚持政府引导、品牌引领,企业主导、市场主体,人才支持、科技支撑的"两引两主两支"发展思路,加快山西华拓连翘深加工项目建设,积极发展茶饮料、茶保健品,围绕科技研发、市场拓展、金融服务、人才引进等方面研究出台一批含金量高的政策措施,构建层次多样、特色鲜明的药茶全产业链条体系,努力把"翼壶好茶"打造成山西药茶知名品牌。发展壮大第三产业。坚持"一主引领、全域协同"旅游发展思路,"一主"就是把全县力量集中到历山这一点上,今年完成景区规划,重点加强同山西林投公司的对接合作,力争历山康养项目早日落地建设,同步推进景区基础设施建设,完善旅游要素配套,提升游客接待能力和服务质量,努力将历山打造成融森林康养、文化体验、研学拓展为一体的国家AAAA级休闲旅游度假胜地。统筹推进重点景区建设,2023年完成河上公德山景区二期项目,持续推动佛爷山、古城景区提标提质,加快桥上王良纪念馆—西阎四圣宫旅游公路建设,因地制宜推进乡村旅游,完善宾馆民宿、停车场、公共厕所等配套设施,发展特色小吃,为广大游客提供吃住行游购娱"一站式"服务,力争到2024年成功创建"国家全域旅游示范县"。加快推进花鼓基地、文化馆、图书馆、博物馆建设,加强对文保单位、革命遗址的保护利用,传承好历史文化遗产,提炼独特文创元素,积极打造翼城花鼓、尧都砂器等系列文创产品,持续推动文化旅游深度融合。依托"一区三园"产业集聚区,加快发展现代物流业,积极打造货运市场、仓储中心、物流综合管理中心,大力发展商贸服务业,积极打造城市核心商圈,探索地摊经济、夜市经济,提升健康养老、现代商贸、体育休闲等服务业质量,持续推动第三产业繁荣发展。

三是大力实施城乡融合战略,奋力打造区域协调发展示范区。下好全县发展这盘棋,协调发展是制胜要诀。要着力推动区域协调、城乡一体,在协调发展中拓宽发展空间、增强发展后劲。全面提升城镇化水平。主动对接临汾省域副中心城市圈发展规划,科学规划城市规模、人口密度、空间结构,优化完善城镇化空间布局,推进多规融合,加强对城市空间立体性、平面协调性、风貌整体性、建设延续性的规划和管控,提升城市规划建设管理水平。紧抓"一区三园"产业集聚区建设契机,加快构建以唐兴为中心的"大县城内圈",以南梁、中卫、南唐、王庄、里砦为辐射,隆化、桥上、西阎跟进互补的"小城镇外圈",打造"双圈"优势叠加的协调发展格局,形成以城镇群为主体形态的城镇体系,力争到2025年常住人口城镇化率和户籍人口城镇化率均达到54%以上。提升城市功能品质。围绕"改老城、建新城"的发展思路,聚合各方资源力量,科学统筹推进,全力提升城市品质品味。"改老城",就是在保持县城历史文脉、特色风貌的基础上,进一步完善配套公共服务设施,对红旗街、解放街、绛源路等主街道进行绿化美化亮化,加快推进潞公街、翔翼街、八一路等街道改造步伐,全力打通"断头路",疏通"梗阻路",科学规划停车位,建设停车场,打造智慧停车平台,推动城市交通扩容升级,打造城市便捷快速生活圈。加快推进市政道路设施环保提升工程和背街小巷雨污分流项目,进一步完善城市地下管廊布局，加强排水防涝设施建设，打造海绵城市。“建新城”，就是要深入推进“一县两城”融合发展，实施“县城西进”战略，在县城西部统筹规划商业金融、文化教育、体育休闲等功能区域，有针对性地配置汽贸物流、商品交易等产业，积极推进商贸住宅小区建设，不断拉大城市发展框架。坚持“建管并重”，继续深入推进靓城提质“三大行动”，加大对“脏乱差”问题的整治力度，保持依法拆违高压态势，严肃整治违法建设乱象，深化城市管理执法体制改革，不断提高城市管理精细化、规范化水平，让市民生活更舒心、更美好。打造美丽乡村新名片。扎实推进农村饮水安全提升、“四好农村路”建设、乡村道路改造、城乡冷链物流等项目，加快补齐农村饮水、道路交通、乡村物流等公共基础设施短板，加大教育、医疗、养老等公共服务资源向农村倾斜力度，逐步建立健全全民覆盖、普惠共享、城乡互通的基本公共服务体系，推动农业基础设施现代化、农村生活设施便利化、基本公共服务均等化，持续改善农村生产生活条件。因地制宜打造城郊融合、文化旅游、农耕体验、绿色生态等不同发展模式的美丽宜居乡村，以里砦闫村田园综合体、南唐河浤采摘体验等连片区为引领，打造一批宜居宜业宜游的连片示范区。聚焦农村垃圾、污水处理、村容村貌提升，以“治六乱”为重点，深入推进农村人居环境整治、农村水系综合整治，扎实开展“清洁村庄”“绿色庭院”创建活动，持续巩固拓展农村“厕所革命”成果，积极创建省级农村人居环境示范村，让乡村成为美丽宜居的幸福家园。

四是大力实施环境提升战略，奋力打造一流发展环境样板区。狠抓营商环境、社会环境、生态环境三个重点，打造全省一流发展环境。营造一流的营商环境。以“六最”理念引领深化“放管服效”改革，强化“互联网＋政务服务”，进一步完善“一网通办”平台服务功能，建设覆盖全县、联通省市的一体化政务服务平台，让更多事项实现“全程网办”“不见面审批”，必须到现场办理的事项实现“只进一扇门”“最多跑一次”。巩固“一枚印章管审批”改革成果，全面推行“一窗受理、集成服务”模式，拓展“承诺制＋标准地”为核心的极简审批，深入推行“领办、帮办、代办”服务，重点围绕“三箭齐发”工业新格局重大项目、“一区三园”产业集聚区重点项目打造全程代办服务，为企业提供从洽谈、签约、建设到投产全程跟踪的“保姆式”服务，真正以最快效率、最优服务吸引更多外地客商来翼投资兴业。持续深化“法治翼城”建设，全面推行行政执法公示、执法全过程记录、重大执法决定法制审核，从制度上预防“随意性执法”“倾向性执法”“选择性执法”等行为，为企业生产经营保驾护航，公检法司等部门要为企业发展提供有力的司法保障，在优化发展环境、整顿市场秩序、提供法律服务等方面履职尽责，尤其是对妨碍、破坏企业经营的违法犯罪活动露头就打、依法严惩，切实维护企业合法权益。深入贯彻山西省《优化营商环境条例》，结合实际制定我县具体实施细则，对现有产业政策、招商引资政策进行梳理汇编成册，加大政策上门力度，常态化推进干部入企服务和重大项目包联制度，大力推行“互联网＋监管”，切实做到有求必应、无事不扰。营造良好的社会环境。坚持以“平安翼城”建设为总抓手，加强国家安全体系和能力建设，强化国家安全执法，坚决捍卫国家政治安全。健全完善经济安全风险预警和防控机制，全面防范政府债务风险，积极稳妥处置存量债务，加强金融风险源头管控，依法严厉打击各类非法集资行为，坚决守住不发生区域性、系统性风险底线。扎实开展“三零”单位创建，围绕“控新治旧”，严格落实领导包联、一案到底责任制，深入推进信访矛盾排查整治，全力化解重点信访案件和历史遗留问题；健全最严格的安全生产责任体系，全面落实安全生产责任清单制，深化安全生产源头治理、系统治理和综合治理，全力保障人民生命财产安全；常态化推进扫黑除恶专项斗争，加快公安局业务用房、“雪亮工程”和“综治视联网”建设，深化“六治融合”，完善社会矛盾综合治理体系，不断提高基层治理能力现代化水平，确保全县社会大局持续和谐稳定。营造绿色的生态环境。树立“优美的生态环境就是最好的发展环境”理念，坚持以高标准保护为主线，实施青山绿水蓝天净土四大保护行动，积极推进产业结构优化升级、煤炭消费等量减量替代、重点区域联防联控，全面完成县城建成区及城乡接合部、平川乡镇清洁取暖改造，持续开展企业深度治理和“散乱污”企业整治，确保全县空气质量持续好转。深化精准治水能力，坚持“五水同治”，统筹“五水综改”，加强饮用水源保护，强化污染减排和地下水污染协同防治，加快第二污水处理厂建设，实现水质全面提升。推进土壤污染综合防治，全面调查污染土壤分布，加强土壤污染源头控制，保障农用地和建设用地土壤环境安全。坚持绿化、彩化、财化同步推进，实施林草生态保护修复工程，加大水土流失和土壤侵蚀治理力度，巩固和扩大退耕还林成果，深入开展植树造林和封山育林，积极推进翅果油树自然保护区申请“国家生态功能区”，创建“省级生态县”。大力倡导绿色生产和生活方式，适时实施全面禁塑，杜绝白色污染，积极发展绿色金融，继续开展创建节约型机关、绿色家庭、绿色学校、绿色乡村、绿色出行等活动，积极推广垃圾分类处理，给翼城戴上群众期盼的“绿色项链”。总之，我们要以“人一我十、人十我百”的拼劲、“人无我有、人有我优”的干劲，推动我县发展环境迈入全省第一方阵。

五是大力实施幸福民生战略，奋力打造高品质生活宜居区。始终坚持以人民为中心的发展思想，从群众最关心最直接最现实的利益问题入手，加强以保障和改善民生为重点的社会建设，让老百姓身边的烦心事越来越少，日子越过越好。办好人民满意的教育。深化基础教育综合改革，优化调整学校布局，改善乡镇中小学校办学条件，建立健全教师多形式轮岗、多渠道补充长效机制，促进基本均衡向优质均衡持续转变。进一步扩大翼城中学高中教育品牌效应，深化普通高中集团化办学模式，加快翼城中学搬迁项目和桐封技师学院项目建设，“十四五”期间在县城新建 2 所中小学校和 2 所幼儿园，切实解决学生上学难问题，统筹发展民办教育、职业教育、特殊教育，努力让更多孩子成就梦想，更多家庭实现愿望。打造更高水平的“健康翼城”。常态化抓好疫情防控工作，实施县医院传染病救治中心、县疾控中心实验室建设项目，完善公共卫生体系建设，逐步建立符合县情、覆盖城乡、平战结合、持续发展的突发公共卫生事件应急体系，提高快速反应和处置能力。全面加快县医院迁建项目建设进度，确保年底前建成投用，同步启动县医院综合楼、康养等项目，支持县医院申报三级医院。健全县乡村三级中医药服务网络，大力发展中医药产业，着力建设中医强县。持续深化县乡医疗卫生机构一体化改革，巩固县医疗集团改革成果，加快医疗综合体建设，健全基层医疗卫生服务体系，促进优质医疗资源上下贯通，全力破解群众看病之“痛”。建设人人持证技能社会。把抓技能提升作为促进高质量就业、保障和改善民生的根本举措，深入推进“人人持证、技能社会”全民技能提升工程，构建“全劳动周期、全工种门类”的劳动者职业培训体系，不断提升“翼城技工”影响力，特别是重点围绕“三箭齐发”工业新格局重大项目，充分发挥工业振兴对扩大就业的规模效应，立足我县大量冶炼、铸造等熟练工人优势，针对性实施技能人才回流、专业技能提升工程，让越来越多漂泊在外的翼城技工在家门口上班挣钱，让留守儿童都有父母的陪伴，孤寡老人都有儿女的照顾。同时，统筹做好高校毕业生、农村转移劳动力、退役军人及城镇困难人员等重点群体的就业帮扶，扩大公益性岗位安置，对就业困难人员和特定群体精准帮扶，促进“零就业”家庭动态清零。建立更加公平的社会保障体系。持续深化社会保障制度改革，健全覆盖全面、统筹城乡、公平统一、可持续的多层次社会保障体系，力争“十四五”期间全县社会保障覆盖达到100%。强化保障性住房建设，持续推进棚户区改造，努力解决城镇基本住房问题。主动应对老龄化，建设1所县级养老院和2所乡镇区域性居家养老服务中心，提升城乡老年日间照料中心服务水平，健全多层次养老服务体系。积极推行殡葬改革，实施县级殡仪馆和乡镇公益性公墓建设，让逝者“逝有所安”。统筹城乡低保，健全社会救助制度，建立城乡一体化特殊困难人员探访关爱制度，使困难群众心里有温暖、生活有奔头。

全面加强党的领导
坚决有力扛起管党治党政治责任

今年我们将迎来党的百年华诞，百年征程波澜壮阔，百年初心历久弥坚，百年的奋斗实践充分证明，党的领导是我们战胜一切困难和风险的“定海神针”。全县各级党组织要坚持和加强党的全面领导，广大党员干部要时刻牢记党的初心使命，进一步扛牢扛实管党治党政治责任，全面提升党的建设质量和水平。

一是坚持思想从严，聚焦“两个维护”持之以恒加强党的政治建设。“两个维护”是我们必须恪守的政治纪律和政治规矩，是最重要的政治要求和政治准则。全县各级党组织和党员干部要时刻把准政治方向，围绕“学史明理、学史增信、学史崇德、学史力行”，扎实开展党史学习教育，做到突出重点、明确要求、务求实效，切实从党的百年伟大奋斗历程中汲取继续前进的智慧和力量。要进一步加强意识形态领域阵地管理，层层压实意识形态责任制，持续推进意识形态专项巡察，常态化开展督促检查，强化互联网监督管理，牢牢把握正确舆论导向，形成团结奋进的主流舆论强势。要持续涵养政治生态，进一步严肃党内政治生活，严格执行党委（党组）议事规则和决策程序，深入挖掘翼城红色文化、廉政文化资源，不断加强党内文化建设，确保各级党组织始终充满生机活力。要不断提高政治能力，充分发挥县委党校、“翼城大讲堂”、干部主体培训班等平台作用，把学习习近平新时代中国特色社会主义思想和习近平总书记最新重要讲话精神作为首课、主课、必修课，持之以恒读原著、学原文、悟原理。要对“国之大者”了然于胸，坚持从讲政治、顾大局的高度推动发展，不断提升政治判断力、政治领悟力、政治执行力，真正以实际行动确立思想理论的定盘星，坚定理想信念的主心骨，筑牢“两个维护”的压舱石。要切实强化政治担当，把贯彻落实中央大政方针和省委、市委、县委决策部署作为践行“两个维护”的根本检验，进一步完善贯彻落实习近平总书记重要指示批示工作机制，系统建立上级重要工作部署落实台账，形成专人负责、狠抓落实、督导检查、持续跟踪的工作闭环，确保各项决策部署在翼城不折不扣贯彻落实到位，以实际行动体现对党忠诚。

二是坚持标准从严，聚焦“固本强基”持之以恒加强基层组织建设。抓基层打基础是我们党的光荣传统，也是面对新形势新任务的迫切需要。要提升组织战斗力，坚持和完善乡镇党委抓基层党建工作责任制，深入开展基层党建工作述职评议考核，持续整顿软弱涣散基层党组织，特别是今年农村“两委”将进行换届，要严肃换届纪律，选优配强基层支部班子成员，着力打造一支靠得住、有本事、肯干事、群众信赖的农村干部队伍，统筹推进企业、学校、非公组织、社会组织等各领域基层党的组织覆盖和工作覆盖，做到哪里有群众哪里就有党员，哪里有党员哪里就有党组织。要提升发展推动力,充分发挥农村党支部领导核心作用,把党员集合起来、把群众组织起来,因地制宜、抱团取暖,全面提升村级集体经济自我造血功能,不断夯实农村基层党组织凝聚服务群众的物质基础。全面推行“党群议事会”基层治理机制,进一步扩展“N+1”融合共治、乡贤议事堂、“小巷总理”“金牌调解室”等经验做法,全力化解各类历史遗留问题,持续深化“四议两公开”、党务村务财务公开,切实以基层治理促进基层党建,以基层党建引领基层治理。要提升基础保障力,进一步健全农村(社区)基层党组织运转经费、活动场所、报酬待遇和服务群众专项经费保障机制,完善活动阵地建设,保证基层党组织有钱办事、有人管事、有能力为群众服务,形成重视基层、关心基层、支持基层的鲜明导向。

三是坚持治吏从严,聚焦“关键少数”持之以恒加强干部队伍建设。艰巨的历史使命需要忠诚干净担当的高素质干部。要注重选拔任用,坚持好干部标准,严把政治关、品行关、作风关、廉洁关,确保每个环节都公平公正,特别是注重从基层一线培养选拔干部,建立健全有利于年轻干部从基层从实践一步一步健康成长的制度机制,切实把那些埋头苦干、扎根一线、担当作为的优秀干部及时发现出来、精心培养起来、合理使用起来。目前,各乡镇已经圆满完成换届任务,新班子就要有新气象、新作为,大家要勤勉履职、踏实苦干,以践行初心使命的实际行动和扎实有效的工作业绩回报组织、回报人民。要加强监督管理,进一步完善干部考核评价体系,加强日常考核、完善年度考核、改进任职考察,重点关注在重大原则上的立场,在推进事业发展中的贡献,在急难险重任务中的表现,畅通干部“能上能下”特别是“能下”的渠道,县委将本着对翼城事业、翼城人民高度负责的态度,坚决把那些在其位不谋其政的昏官懒官庸官调整下来。要强化正向激励,坚持严管厚爱结合,激励约束并重,完善信任、关心、爱护干部和尽责免责、创新容错机制,旗帜鲜明为担当者担当、为负责者负责,切实让广大干部在转型发展和改革攻坚的实践中敢破敢立、敢闯敢试。同时,要进一步加强离退休干部工作,让广大老干部、老同志更好地发挥政治优势、经验优势和威望优势,为翼城发展发挥余热、当好高参。

四是坚持监督从严,聚焦“标本兼治”持之以恒加强党风廉政建设。正风反腐必须常抓不懈,拒腐防变必须警钟长鸣。要全力压实主体责任,健全上下贯通、协同一致的责任传导机制,继续落实好县乡村三级责任清单制度,坚持年初定责、年中查责、年末考责,全力把主体责任逐级压实、一贯到底。要切实用好履职尽责定期报告、年度考核、书记述职等有效措施,持续加大监督执纪问责力度,坚决杜绝“中梗阻”“上热中温下冷”问题。要全力推进正风反腐,一体推进“三不”方略,紧盯“关键少数”、重要岗位,加强日常监督,聚焦群众身边腐败问题,持续深入开展基层腐败、涉农领域职务犯罪、农村黑恶势力违法犯罪等突出问题专项整治,始终保持惩治腐败的高压态势,不断强化不敢腐的震慑;要围绕违纪违法案件易发多发等重点领域,建立廉洁风险台账和分析研判制度,强化制度执行,扎紧织密不能腐的笼子;要深化以案明纪、以案促改,常态化开展专题警示教育,用身边事警醒教育身边人,切实增强不想腐的自觉。要扎实推进政法队伍教育整顿,全力锻造一支党和人民信得过、靠得住、能放心的政法铁军。要全力抓好整改落实,以高度的政治自觉,抓严抓实巡视、巡察、审计反馈问题整改“后半篇文章”,建立健全定期“回头看”制度,坚决确保整改见底见效,切实以问题整改牵引各项工作。要坚定不移深化政治巡察,不断创新方式方法,在常规巡察的基础上,组织开展专项、延伸、机动式巡察,进一步提高发现问题的精准度,让巡察监督的“探头”无处不在、“利剑”更显锋芒。

五是坚持纪律从严，聚焦“担当作为”持之以恒加强干部作风建设。干事创业就要有好的作风、好的精气神。要发扬严谨高效的优良作风，牢固树立“细节决定成败”的工作理念，大力倡导“工匠精神”和精细化工作态度，做到掌握情况要细、分析问题要细、制定方案要细、工作落实要细，坚决克服相互推诿、办事拖拉等问题，对县委作出的决策、部署的工作、定下的事情，马上就办、一抓到底，争做精益求精、雷厉风行的好把式。要展现务实担当的优良作风，领导干部就是要干字当头、身先士卒，要坚持从县委常委班子做起，各级领导干部特别是主要负责同志要带头实干、讲求实效，勇于担当作为，敢于接“烫手山芋”，主动到困难企业去，到工作推不开的地方去，破解转型难题，补齐发展短板，为官避事平生耻，领导干部要做到矛盾面前不闪躲，挑战面前不畏惧，困难面前不退缩。要强化抓落实的能力，围绕我们确定的目标任务，实行“挂图作战”，加强跟踪问效，做到条条落实、件件落地、事事见效。要充分发挥党员先锋模范作用，大力发扬为民服务“孺子牛”、创新发展“拓荒牛”、艰苦奋斗“老黄牛”的精神，以上率下引导全县广大干部群众想干愿干积极干、能干会干善于干，以抓落实的实际行动，推动转型出雏形结出累累硕果。要弘扬团结协作的优良作风，切实增强团结意识，全面保障人大代表依法履行职权，不断激发政协履职活力，巩固和发展最广泛的爱国统一战线，加强同工商联、侨联、新的社会阶层人士和党外代表的合作共事，支持群团组织改革创新，共同营造心齐劲足、奋进向上的浓厚干事创业氛围。要保持严格自律的优良作风，坚持抓常抓细抓长，把纠治“四风”往深里抓、往实里做，严治形式主义和官僚主义毫不松懈，紧盯享乐主义和奢靡之风寸土不让，持续深入开展纪律作风教育整顿，更加注重家庭家教家风，永葆共产党人清正廉洁的政治本色。

各位代表、同志们，宏图伟业，唐尧故地鼓角齐鸣；任重道远，初心使命照亮前程。翼城儿女一直都有勇往直前、争创一流的奋斗精神，只要全县上下持之以恒、久久为功、顽强拼搏，我们的目标就一定能够实现！

让我们更加紧密地团结在以习近平同志为核心的党中央周围，在省委、市委的坚强领导下，踏实苦干、砥砺前行，奋力蹚出翼城高质量高速度转型发展新路，为建设智慧、活力、美丽、开放、幸福翼城而努力奋斗，以优异成绩迎接中国共产党成立100周年！

在全县党史学习教育总结大会上的讲话

中共翼城县委书记　黄晓君

（2022 年 1 月 12 日）

在全县上下深入贯彻落实中央、省、市经济工作会议精神，奋力夺取首季“开门红”的关键时刻，我们召开全县党史学习教育总结大会，主要任务是认真贯彻习近平总书记关于党史学习教育的重要指示精神，深入落实中央、省委、市委党史学习教育总结会议精神，全面总结翼城县党史学习教育成果经验，进一步激励全县广大干部群众厚植为民情怀、勇担时代重任，把党史学习教育中焕发出来的工作热情，转化为干事创业的强大动力。

在全党开展党史学习教育，是以习近平同志为核心的党中央立足百年党史新起点、着眼开创事业发展新局面作出的一项重大战略决策，是我们党牢记初心使命、增强历史自觉、奋发开拓未来的重大战略举措。习近平总书记亲自擘画设计，亲自动员部署，亲自领导推动，多次发表重要讲话，多次作出重要指示，为开展好党史学习教育指明了方向。

12 月 24 日，党史学习教育总结会议在北京召开，习近平总书记专门作出重要指示，从政治和全局的高度，深刻阐明了开展党史学习教育的重大意义，充分肯定党史学习教育的显著成效和重大成果，对深入学习贯彻党的十九届六中全会精神，推动党史学习教育常态化长效化提出明确要求，为总结好、巩固好、拓展好党史学习教育提供了重要遵循。

1 月 6 日，省委召开全省党史学习教育总结会议，林武书记在会上强调，要深入学习贯彻习近平总书记关于党史学习教育重要讲话重要指示精神，全面落实中央政治局专题民主生活会和党史学习教育总结会议精神，大力弘扬伟大建党精神，持续巩固拓展党史学习教育成果，把学习贯彻党的十九届六中全会精神引向深入。

昨天下午，市委召开全市党史学习教育总结会议，闫晨曦书记在会上要求，各级党组织要以史为鉴、开创未来、埋头苦干、勇毅前行，切实把党史学习教育焕发出的爱党爱国热情，转化为干事创业的实际行动，奋力走好新的赶考之路。

刚才，张明星组长在讲话中，充分肯定了翼城县党史学习教育成绩，并对进一步拓展党史学习教育成果提出了明确要求，针对性和指导性都很强，大家要深刻领会、深入落实，切实把党史学习教育成果转化为解决问题、推动工作的实际行动，确保中央、省委、市委重大决策部署在翼城落深落细落实。

下面，我从三个方面，对党史学习教育进行总结，对巩固学习成果进行部署。

第一方面，是我县党史学习教育取得的主要做法及成果。党史学习教育开展以来，按照党中央和省委、市委统一部署，在市委第七巡回指导组的精心指导下，全县各级党组织坚持聚焦主题、紧扣主线、从严推进，规定动作做得实，自选动作有创新，达到了学党史、悟思想、办实事、开新局的目的，各级党组织的创造力、凝聚力、战斗力进一步提升。

一是坚持示范带动、层层推进，确保党史学习教育有力有序开展。中央、省、市动员部署会后，县委第一时间召开动员会议进行部署，成立了由我任组长的领导小组，印发了《关于开展党史学习教育的实施方案》，逐一明确了5个环节22项具体工作任务，并组建9个巡回指导组，常态化开展检查督导工作。各级党组织一把手认真履行第一责任人职责，通过制发文件、编印简报、专题宣讲等方式，统筹推进本乡镇、本部门党史学习教育，做到了四本指定教材人手一套，四本选学书目全面覆盖，在全县形成了一级带着一级干，一级做给一级看的良好氛围。

二是坚持多措并举、强化践行，推动党史学习教育入脑入心。县委理论学习中心组带头，围绕党史学习教育主题，组织召开13次专题学习和10次专题研讨，组建了县委宣讲团，深入基层宣讲100余场次，受众达4.8万余人。特别是我们充分发挥28处红色教育基地作用，先后开展“祭英烈、守初心”“缅怀革命先烈、砥砺初心品格”等实践活动，精心打造两坂村“七勇士”殉难址和史伯村“和”文化红色教育教学点，拍摄了《红色翼城》专题片，编印了《党史故事百讲》《翼城党史故事选编》等书，形成了众多具有翼城特色的党史学习教育亮点品牌。

三是坚持分类管理、突出重点，保证党史学习教育全员覆盖。制定了《关于在党史学习教育中对党员进行分类精准施教的方案》，针对农村党员，做到了在职党员示范带动，普通党员按时集中，流动党员定期汇报，行动不便党员送学上门。针对流动党员，逐一确定了帮学联系人，以“网上主题党日”为载体，广泛开展助学帮教活动，确保宣传教育无死角。针对“两新”组织党员，开展了亮身份、亮职责、亮承诺，比学习、比作风、比贡献，争当生产模范、争当管理能手、争当技术标兵“三亮三比三争”活动，党员干事创业精气神进一步提振。针对青年党员，以“百堂微课讲党史”为抓手，开展了“万人读中国”党史主题读书活动和“我为家乡出份力”主题活动，充分激发了年轻党员工作积极性。针对离退休党员，设立了离退休党员活动室，建立了红色故事宣讲团，组织开展形式多样的党史学习教育特色趣味学习，有效保障了党员学习需求。

四是创新载体方式、营造氛围，推动党史学习教育走深走实。以“争先、进位、崛起”解放思想大讨论为契机，结合翼城工作实际，统筹实施目标任务大冲刺、思路观念大拓展、产业发展大转型等“十大行动”，并在县电视台设立“奋斗百年路，启航新征程”专栏，播发宣传标语850余条次，学习教育动态被省市党史学习教育《简报》刊发10期，被国家和省级媒体报道37条，信息报送采用率在全市名列前茅，全县上下呈现出主旋律高昂、正能量充沛的良好局面。

五是坚持人民至上、为民惠民，真正让老百姓得到实惠。坚持把为群众办实事贯穿学习教育全过程，县四大班子领办重点项目45件，各乡镇、县直各单位共确定“我为群众办实事”项目1009个，全部按序时进度完成。特别是我们坚持把项目建设作为重点，主动为群众办实事、解难事，顺利完成钢铁新材料园区456户1927人搬迁任务，为重点项目落地奠定了扎实基础；坚持把群众冷暖放在心上，创新实施“精准施策、优化服务、全力保障”三位一体协调联动机制和“12345”工作法，为房屋重建加固专门开辟绿色通道，提前40天完成560个房屋重建和修缮任务，让受灾群众能够温暖过冬；坚持便民利民原则，加快推进“一网通办”平台建设，率先在全市设置综合受理窗口、统一出证窗口，累计压减审批事项25项、审批环节133个，政务服务实现了从“群众跑腿”到“数据跑路”、从“人找服务”到“服务找人”的转变；坚持志愿服务全覆盖，结对共建党支部466个，党员志愿服务队720个，为群众办实事达13444人次，一大批群众困难问题得到妥善解决，人民幸福感、获得感持续提升。

通过全县上下的共同努力，党史学习教育取得了丰硕成果，具体体现在四个方面：

一是进一步巩固了捍卫“两个确立”、做到

“两个维护”的政治定力。通过开展党史学习教育，全县广大党员干部政治判断力、政治领悟力、政治执行力明显提高，对“两个维护”“两个确立”的思想认同、政治认同和情感认同不断增强，在贯彻执行上更加坚定、更加自觉、更加真挚。

二是进一步坚定了对党的百年成就和奋斗精神的历史自信。通过开展党史学习教育，广大党员干部对党的百年奋斗重大成就和历史经验的把握更加精准，对过去我们为什么能够成功、未来我们怎么样才能继续成功，认识进一步深化，党员干部的历史记忆更加牢固、历史认知更加清晰、历史自信更加坚定。

三是进一步厚植了人民至上、为民服务的立场情怀。通过党史学习教育，各级党组织和广大党员干部深入推进“我为群众办实事”实践活动，用心用情用力解决群众急难愁盼问题，进一步树牢了宗旨意识，厚植了为民情怀，干部的作风越来越务实，为老百姓办事越来越主动。

四是进一步展现了全方位推动高质量发展的奋进姿态。通过党史学习教育，广大党员干部进一步加深了对省、市党代会的认识，深化了对翼城发展历程的把握，胸怀“两个大局”，心怀“国之大者”的意识更加主动，争先进位的精气神进一步提振，真正实现了思想大解放、作风大转变、本领大提升。

虽然我县党史学习教育取得了显著成效，但与市委要求相比，还存在一些不足。有的基层党组织理论学习的深度有待进一步加强，为群众办实事解难事的办法有待进一步拓展，学用结合的能力有待进一步提升，等等。针对这些不足和问题，我们要对症下药、靶向施策，持续把党史学习教育成果巩固好、拓展好。

第二方面，是开展党史学习教育的经验总结。通过开展党史学习教育，我们对抓好党内集中教育有了新的认识和体会。

一是必须始终坚持政治引领。开展党史学习教育是党的政治生活中的一件大事，必须把旗帜鲜明讲政治作为根本要求，在政治立场、政治方向、政治原则、政治道路上永不偏移，严格遵守党的政治纪律和政治规矩，自觉做到党中央提倡的坚决响应，党中央决定的坚决照办，党中央禁止的坚决不做，始终做政治上的明白人。

二是必须始终紧扣主题主线。在党史学习教育中，我们坚持把学习贯彻习近平新时代中国特色社会主义思想贯穿始终，把学史明理、学史增信、学史崇德、学史力行贯穿始终，达到了学理论、悟思想、办实事、开新局的效果。实践证明，只有主题鲜明、主线突出，才能克服学做脱节问题，确保学习教育入脑入心。

三是必须始终把握重要节点。我们牢牢聚焦党史学习教育动员大会、庆祝中国共产党成立100周年大会和党的十九届六中全会三个重要节点，研究部署贯彻落实的具体举措，取得了较好成果。实践证明，我们在各类教育中，既要牢牢把握每一个关键节点，又要各有侧重、互为支撑，才能不断推动学习教育向广度延伸，向纵深拓展。

四是必须始终坚持以上率下。党史学习教育开展以来，县委常委会充分发挥示范带头作用，班子成员带头参加学习研讨、专题党课等活动，带头领办为民惠民项目，为党员干部作出了表率。各级党组织主要负责同志亲自抓、具体抓，引领带动广大党员干部积极参与、共同提升。实践证明，抓住“关键少数”，才能带动广大党员干部群众这个“绝大多数”，才能确保这次学习教育落实落细、落地生根。

五是必须始终坚持为民惠民。在党史学习教育中，我们坚持把为民办事作为重要标准，从最困难的群体入手，从最突出的问题抓起，从最现实的利益出发，真心实意解决群众急难愁盼问题，让广大群众感受到党史学习教育带来的实实在在的变化。实践证明，只有把好事实事做在群众身边，做到群众眼前，做进群众心坎，才能赢得群众的真心信任和真心支持。

对于以上“五个必须”的经验，我们要牢记于心、理解运用，不断提升各项工作的针对性和实效性。

第三方面，是进一步巩固拓展党史学习教育成效。总结好、巩固好、拓展好党史学习教育成果是我们的终身课题，必须一以贯之坚持下去。

一要始终不渝讲政治，坚决捍卫“两个确立”、做到“两个维护”。确立习近平同志党中央的核心、全党的核心地位，确立习近平新时代中国特色社会主义思想的指导地位，是党的十九届六中全会最重大的政治成果，是我们党以史为鉴、开创未来的重要政治保证。大家要深刻领会“两个确立”的决定性意义，积极主动利用“学习强国”“三晋先锋”“翼起学”干部大讲堂等载体，深入学习贯彻习近平总书记视察山西重要讲话重要指示，切实提高政治判断力、政治领悟力、政治执行力，坚决做到“两个维护”，以奋进姿态迎接党的二十大胜利召开。

二要持续推进理论武装常态化，坚持不懈用新思想武装头脑，指导实践。习近平新时代中国特色社会主义思想是中华文化和中国精神的时代精华，实现了马克思主义中国化的新飞跃。我们要把学习贯彻习近平新时代中国特色社会主义思想，与贯彻落实省市党代会精神结合起来，与深刻领会中央、省委、市委经济会议精神结合起来，与全县高质量发展实际结合起来，持之以恒推动“争先、进位、崛起”解放思想大讨论，扎实做好原著选读、精神宣讲、交流座谈、典型选树、宣传推介等工作，真正让思想伟力成为全方位推动高质量发展的动力支撑。

三要持续推进为民服务常态化，让老百姓长期得实惠。要矢志不渝践行为民服务的根本宗旨，善始善终抓好“我为群众办实事”实践活动，特别是要扎实做好农村人居环境改善、村级集体经济壮大、义务教育学校提档升级、县医院迁建、第二污水处理厂建设等民生工程，建立完善党员干部直接联系群众制度，让发现和解决问题的过程，成为增进民生福祉、密切干群关系的过程，真正让党员长期受教育，老百姓经常得实惠。

四要持续推进制度的完善与创新，构建集中教育的长效机制。实践证明，我们越重视党史学习教育，对党的历史智慧的汲取就越丰富，对前途命运的掌握就越主动。所以，我们要在完善学习教育机制上下功夫，持续推动“四史”入脑入心，真正把党史学习教育取得的成效巩固好、传承好。特别是要把我县众多红色资源利用起来，深入开展历史资源活化利用活动，在对现有红色基地、党性教育基地提档升级的同时，要进一步挖掘红色文化资源，打造更多具有翼城特色的“红色场景”“红色驿站”“红色线路”，进一步推进党的建设新的伟大工程。

五要不断增强历史自觉，在全方位推动高质量发展中建功立业。我们开展党史学习教育，目的就是进一步激发党员干部干事创业的精气神，不能光看不练、光学不做。大家要以党史学习教育回头看为契机，聚焦项目建设这一重点，全力以赴推进“三箭齐发”工业新格局打造；围绕市场主体倍增这一目标，扎实推进青年创新创业工作；立足文旅资源优势，打造“龙头引领、串珠成链”的文旅融合新格局；着眼发展要素提升，全力抓好疫情防控、乡村振兴、营商环境、安全生产、生态环保等各项工作，让翼城转型发展的质量更高，让翼城人民生活得更好，让我们每一个人都成为伟大时代的缔造者、见证者。

同志们，华章再启，岁序更新。在新的一年里，让我们更加紧密地团结在以习近平同志为核心的党中央周围，解放思想、争先进位，真抓实干、久久为功，奋力谱写全面建设社会主义现代化国家翼城篇章，以优异成绩迎接党的二十大胜利召开。

在县委十四届五次全会暨县委经济工作会议第一次全体会议上的讲话

中共翼城县委书记　黄晓君

(2022年1月14日)

同志们:

这次县委全会暨经济工作会议的主要任务是,以习近平新时代中国特色社会主义思想为指导,深入贯彻习近平总书记视察山西重要讲话重要指示精神,全面落实中央、省委、市委经济工作会议和省市党代会精神,总结分析2021年经济工作,研判当前形势,谋划部署2022年及今后一段时期经济工作,动员全县上下进一步坚定必胜信念、凝聚奋进力量,勇当临汾争先进位崛起排头兵,为建设全方位高质量发展强县而努力奋斗。下面,我讲四个方面的意见。

一、坚定信心,振奋精神,保持全方位推动高质量发展的战略定力

2021年,我们坚定沿着习近平总书记指引的前进方向,在省委、市委的坚强领导下,牢牢把握高质量发展主题,保持工作的连续性、稳定性,强化举措的针对性、实效性,进一步激发全县上下干事创业的精气神,引领翼城工作进入新境界,实现了"十四五"良好开局。

一年来,我们站位全局、顺势而为,打下了全方位推动高质量发展的坚实基础。始终把发展作为第一要务,专班协调、顶格推进"三箭齐发"工业新格局重大转型项目实现新突破,重塑翼城工业辉煌、让老百姓在家门口挣钱的美好愿景越来越近。全面实施乡村振兴战略,脱贫攻坚成果巩固得到省后评估督导组充分肯定,省农业托管服务平台首发上线,冬小麦以830.84公斤的优异产量再次刷新全省亩产最高纪录,农业基础更加坚实。常态化开展经济调度和领导干部入企帮扶,持续加大项目谋划推进力度,前三季度GDP增速太岳板块排名第1,规上增加值排名第2,其他各项主要经济指标在全市位次前移,经济发展呈现稳中加固、稳中向好态势。

一年来,我们不忘初心、心系人民,促进了全方位推动高质量发展的成果共享。始终坚守人民至上理念,展现为民履职担当,疫情防控防线全面筑牢,县城主干街道改造工程顺利实施,9条主干道路建成通车,城市面貌焕然一新,空气质量稳居平川县前列,教育教学质量连年全市领跑,医疗卫生事业加快发展,全县人民热切期盼的县医院迁建项目落成投用指日可期,安全生产全年实现"零事故",一大批历史疑难信访问题得到妥善化解,基层治理模式更加多元,特别是有序有效应对强降雨天气,精准实施"五个一批、四种类型、三个力保"工作举措,全力以赴帮助受灾群众建设美好家园,560户受灾群众提前入住新居,广大群众的获得感、幸福感、安全感更加充实。

一年来,我们从严从实、管党治党,筑牢了全方位推动高质量发展的坚强保障。深入学习贯彻习近平总书记在中国共产党成立100周年大会的重要讲话和党的十九届六中全会精神,扎实开展党史学习教育,精心策划举办系列庆祝活动,创新开设8小时外"翼起学"大讲堂,学习成为广大干部的日常习惯,"听党话、跟党走、感党恩"成为全县人民坚如磐石的精神共鸣。全面落实新时代党的建设总要求,高标准完成县乡村换届选举任务，一体推进不敢腐、不能腐、不想腐，锲而不舍纠治“四风”，营造了风清气正的政治生态。牢牢把握意识形态领导权和主动权，不断强化阵地建设，扎实推进新时代文明实践系列工程，在全社会营造了崇德向善、见贤思齐的浓厚氛围。

一年的奋斗历程，最让我们感奋于怀的，是全县688个基层党组织、16000余名共产党员、26万干部群众团结一心、勇毅前行，汇聚起了全方位推动高质量发展的强大力量，在这个过程中，每个人都出了力，每个人都了不起。在此，我代表县委，向全县各级各部门和广大干部群众，向所有关心、支持和参与翼城发展的老领导、老同志以及社会各界人士，向全县26万父老乡亲表示衷心的感谢，并致以崇高的敬意！

同志们，时代眷顾奋斗者，星光不负赶路人。发展的赛道上，翼城赶超进位的发展态势日益强劲，今天的翼城，发展舞台之广阔前所未有，发展机遇之难得前所未有，我们迎来了最好的发展时期；时代的征程上，只要我们始终保持头脑的战略清醒，坚定信心、抢抓机遇、勇毅前行，就一定能够蹚出一条高质量发展之路，翼城一定能够迎来更加光明的未来！

二、认清形势，把握大局，明确全方位推动高质量发展的前进方向

随着省第十二次党代会胜利召开，全方位推动高质量发展已经成为三晋大地最鲜明的主题、最激昂的旋律，我们要深刻认识到，全方位推动高质量发展不是个别的、局部的、暂时的，而是全面的、整体的、长期的。具体到我们翼城来说，就是产业高质量，工业重振昨日雄风，农业品牌迈向全国，市场主体倍增，青年创新创业蔚然成风，文化旅游成为支柱产业，现代服务业新动能加快释放，经济结构持续优化，发展后劲充足有力，经济增速保持在全市第一方阵；开放高水平，依托全县煤炭、钢铁、铸造等传统产业优势，更大范围、更宽领域、更深层次参与产业分工协作，招商引资活力迸放，“一网通办”功能更加完善，尊商亲商爱商氛围更加浓厚，营商环境走在省市前列；生态高颜值，天更蓝、山更绿、水更清、空气更清新、环境更优美，能源资源配置更加合理，利用效率大幅提升，绿色成为翼城发展的鲜明底色；城市高品位，城市规划布局更加科学合理，管理更加精细化，老城历史文脉和新城现代质感交相辉映，公共服务设施不断完善，道路交通更加顺畅，绿化亮化彩化提档升级，市民素质和社会文明程度显著提升；生活高品质，建立幼有所育、学有所教、劳有所得、病有所医、老有所养、住有所居、弱有所扶的全生命周期服务体系，让每一个翼城人都感受到时代美好和生活幸福；治理高效能，基层治理模式更加多元，民主法治不断健全，公平正义充分彰显，平安翼城、法治翼城建设深入推进，发展安全保障更加有力；党建高标准，各级党组织的创造力、战斗力持续提升，意识形态的凝聚力、引领力不断增强，德才兼备的高素质、专业化干部队伍进一步构建，反腐败斗争压倒性胜利巩固发展，正气充盈、政治清明的良好政治生态加快形成。

全方位推动高质量发展既是省委、市委的工作要求，更是县委、县政府的责任使命，关系翼城长远发展大计，关系全县人民幸福安康，我们适逢其时，责无旁贷。全县各级各部门要清醒认识面临的新使命、新挑战、新机遇，胸怀国之大者，牢记省之大计，担当兴市大任，对翼城的短板不足再审视，对实现全方位高质量发展的路径再思考，进一步强化“答题意识”，树立“有解思维”，提升“解题能力”，在全方位推动高质量发展的赛道上抢占先机、赢得主动。

要深刻认识到，我们面临争先进位和振兴崛起的双重使命。翼城文化璀璨、底蕴深厚，物华天宝、人杰地灵，历史的舞台上，翼城一直都是出经验、出典型的地方，翼城人民从来都不缺“敢教日月换新天”的奋斗精神,在这片美丽富饶的大地上曾经创造过无数的荣耀和辉煌,但随着经济进入新常态,长期的资源依赖和粗放的发展方式,造成了经济的大起大落,我们不仅与先进发达地区的差距越来越大,与其他兄弟县相比也明显落下了步子。仅以 GDP 指标看,2010 年我县全市排名第 2,平川县排第 1,但随着煤炭“黄金十年”的结束,GDP 一度下滑到全市末位,通过近年来全县上下的共同努力,位次有所前移。在当前全市奋力争先进位崛起、各县市区你追我赶、各地竞相发展的形势下,前面标兵渐行渐远、后面追兵越来越近、左右强兵越来越多,翼城发展面临“慢进都是退步”的压力和挑战,我们一定要痛定思痛、提速奔跑、奋力求进,既要与其他县比拼,实现争先进位,更要与历史对话,重塑翼城荣光,为临汾迈进全省第一方阵贡献力量,以一域精彩为全局添彩。

要深刻认识到,我们面临总量不大和后劲不足的双重挑战。对标“全方位”和“高质量”发展目标要求,我们还存在不少差距和短板,主要是产业支撑不强,主导产业链条短、科技含量低、品牌市场影响力不足,外向度不高,推动产业转型任重而道远。一产方面,翼城作为传统的农业大县,独特的地形条件和勤劳的人民群众为农业发展打下了坚实基础,翼城苹果、隆化小米、西阎香菇、玉露香梨、绿牧德品乳制品、北关清真食品等特色农产品品质都非常好,但由于产业化、品牌化程度不高,市场竞争力不强,老百姓辛辛苦苦的劳动成果与所产生的价值差距较大;二产方面,全县缺乏引领发展的龙头企业,规上企业数量不多且自主创新能力不强,民营经济规模小、抵抗风险能力弱,重点税源企业和行业增收有限,新兴产业尚处起步阶段,创新平台数量较少、规模不大;三产方面,随着近年来工业经济的衰退,给服务业造成严重冲击,市场主体总量偏少,全县人口从最高时 2009 年的 32.3 万人,减少到现在的 26.4 万人,有将近 6 万翼城儿女漂泊他乡,丰富的文化旅游资源与发展现状不相称,发展文化旅游产业还有大量功课要补。同时,民生事业历史欠账较多,公办教育供给不足,城乡教育资源配置不均衡,基层优质医疗资源缺乏,社会保障水平有待提升,城市建设相对滞后,生态环保还存在不少短板。面对这些差距和不足,我们既要持续做大总量、增强实力,又要加快动能转换、提升创新能力,还要克服收支矛盾、办好民生实事,创造性地把全方位推动高质量发展的目标要求落到实处。

要深刻认识到,我们面临战略叠加和优势集成的双重机遇。放眼国家发展大势,我国经济韧性强、长期向好的基本面不会改变,中央经济工作会议提出的七个方面政策,明确了项目建设和资金安排支持方向,并在水利设施、城市管道更新、高标准农田、风电光伏、能源储备、先进制造业等领域加大投入力度,为我们补齐短板、推动高质量发展带来了重大政策利好;纵观全省发展大局,山西发展的有利因素正在聚集、潜在动能已经形成、转型重要窗口期仍在延续,特别是省十二次党代会提出的“五个转型”发展路径,省委经济会明确临汾打造黄河流域绿色崛起转型样板城市和晋陕豫黄河金三角区域中心城市的“双城”目标,为我们提供了千载难逢的发展机遇;置身全市发展大潮,市五次党代会明确了“1355”发展战略,特别是刚刚召开的市委经济工作会议,明确提出全力打造以翼城、曲沃为核心的千亿级钢铁产业集聚区和打造 500 亿级装备制造业产业集群的发展目标,为我们重塑翼城辉煌指明了具体路径。我们要跳出翼城看优势、融入大局求突破,全力把发展机遇转化为实实在在的发展成果。

当前的翼城,面临的机遇与挑战并存,动力和压力同在,使命催人、形势逼人、机遇喜人,我们唯有增强时不我待的机遇意识、不进则退的危机意识、奋发有为的进取意识,真抓实干、久久为功，坚定不移走好新的赶考之路，才能不负历史重托、人民厚望。做好今年经济工作的总体要求是：以习近平新时代中国特色社会主义思想为指导，全面贯彻党的十九大、十九届历次全会和习近平总书记视察山西重要讲话重要指示精神，弘扬伟大建党精神，全面落实中央、省委、市委经济工作会议决策部署，立足新发展阶段，完整准确全面贯彻新发展理念，抢抓构建新发展格局重要战略机遇，树牢以人民为中心的发展思想，坚持稳中求进工作总基调，按照全方位推动高质量发展的目标要求和工作矩阵，全面落实"六稳""六保"工作要求，统筹疫情防控和经济社会发展，统筹发展和安全，大力实施工业振兴、实体经济振兴、乡村振兴、文旅振兴"四大振兴战略"，深入推进改革开放、城市建设、生态环保、民生保障、安全稳定、干部能力"六大提升行动"，勇当临汾争先进位崛起排头兵，奋力建设全方位高质量发展强县，以优异成绩迎接党的二十大胜利召开。

做好今年经济工作，必须保持战略定力，一任接着一任干。翼城的事业是一场接力赛，之所以能够不断走向前进，在于历届班子把正确、有效的决策和举措坚持下来，把发展的方向、工作的重点和主观的努力有机结合起来。只要我们保持战略定力和历史耐心，拿出"功成不必在我"的精神境界和"功成必定有我"的历史担当，持续发力、接续奋斗，就一定能把宏伟蓝图变成美好现实。

做好今年经济工作，必须坚持规划先行，谋定后动促发展。坚持战略眼光、系统观念、辩证思维，高度重视规划工作，牢固树立"规划即法"意识，以全县"十四五"规划和2035年远景目标为统揽，突出前瞻性、针对性和实践性，全面制定完善各领域、各行业发展规划，明确"时间表"，立好"铁规矩"，不反复折腾，不左右摇摆，真正发挥好规划的引领作用，确保全县各项事业沿着既定方向科学健康发展。

做好今年经济工作，必须坚持稳中求进，蹄疾步稳抓落实。着眼于"稳"，就是要确保经济基本面稳定、社会大局稳定、安全生产形势稳定；着眼于"进"，就是在提高质量和效益的前提下实现经济增长，坚定不移推进转型发展、加快推进改革创新、促进干部队伍能力提升。县委从当前与长远、质量与速度、现实与可能考虑，2022年经济社会发展的主要目标是，地区生产总值增长7.5%左右，规模以上工业增加值增长9.5%左右，固定资产投资增长10%左右，社零总额增长7%左右，一般公共预算收入增长6%左右，城乡居民收入分别增长8%左右，并力争在实际工作中取得更好成绩；各项约束性指标按照市定要求全面完成任务。

做好今年经济工作，必须坚持人民至上，不忘初心向前进。高质量发展的最终目的，是满足人民日益增长的美好生活需要。要自觉践行以人民为中心的发展思想，始终把人民放在心中最高位置，把有限的资源最大限度向民生领域倾斜，用心用情用力解决好群众"急难愁盼"问题，让人民都富起来，让群众都能在家门口挣钱，让青年都能在家乡实现创业梦想，汇聚起全方位推动高质量发展的强大力量。

做好今年经济工作，必须弘扬翼城精神，凝心聚力创一流。地域精神是地域文化的凝练和升华，代表着一个地方的整体形象，彰显着一个地方的特色风貌，引领着一个地方的未来发展。"崇德、自信、创新、争先"的新时代翼城精神，凝聚着全县人民的历史、文化、思想、精神共识。崇德是唐晋文化的淬炼，反映出翼城厚重的人文历史积淀；自信是精神风貌的淬炼，体现出翼城人民骨子里的自强自立、永不服输；创新是行为理念的淬炼，展现出翼城干部群众不拘一格、敢闯敢试的独特品格；争先是目标追求的淬炼，就是要向高的攀、与强的比、和快的赛，有先必争、逢旗必扛、勇争一流。站在新起点、阔步新征程，我们要大力弘扬和践行新时代翼城精神，外塑形象、内聚人心，为全方位推动高质量发展提供强大精神力量。

同志们，一个人的奋斗成就精彩人生，一方人的奋斗成就一座城市，一代人的奋斗成就一段历史。站在新的历史起点上，我们要对标“无我”情怀，展现“有我”担当，拿出“忘我”干劲，以昂扬精神面貌和奋进姿态奋勇争先、赶超进位，努力在接续奋斗中不断谱写翼城各项事业新篇章。

三、牵牢主线，靶向发力，抓好全方位推动高质量发展的重点任务

实施“四大振兴”战略，推进“六大提升”行动，勇当临汾争先进位崛起排头兵，奋力建设全方位高质量发展强县，必须把握主要任务，抓住关键环节，坚持精准施策，重点推进以下十个方面工作：

（一）着眼于“顶天立地”，大力实施工业振兴战略

煤炭、钢铁、铸造等传统优势产业是几代翼城人奋斗积累的家底，是稳定翼城经济的压舱石，是确保人民增收致富、过上美好生活的基础，我们必须倍加珍惜。要按照“传统产业率先转型”的发展思路，以建链延链补链强链为主抓手，推动传统产业高端低碳发展，加快重塑翼城工业新辉煌。

一要集中全力推动“三箭齐发”重大项目建设。“三箭齐发”这几个龙头项目，是重振翼城工业雄风的脊梁，是翼城未来发展的关键和希望，不仅要射得准，还要发得远。第一箭，晋南钢铁翼城精品基地项目、福建闽光碳负极材料及焦化转型升级项目要“左右开弓”，这两个项目是块头最大的，也是群众最关注、最期盼的，而且项目依托原翼钢公司良好基础，完成了要素整合，两个项目占地近6000亩，这在全省都是非常少有的。下一步，要加快项目前期手续办理，完成闽光焦化升级项目主体建设，力争建成晋南1860立方米高炉、150吨转炉主体工程，推动项目早日建成投产，努力打造千亿级钢铁产业集聚区。同时，要坚持创新思维，利用好冶南汉代冶铁遗址这一宝贵历史资源，积极谋划工业旅游，实施“文明守望”工程，讲好翼城冶炼故事，着力实现历史与现代对话、工业与人文交融，让翼城冶炼文化开出别样的花朵。第二箭，华翔新材料科技园项目要“矢不虚发”，从目前来看，这一箭已经中靶，今年要继续完善厂区规划，做好土地收储工作，全力保证项目用地，加快推进高炉迁建，密切加强同江苏悦达集团对接，延伸产业链条，谋划实施白色家电、智能农机等项目，推动铸造业向精密铸造、绿色铸造转型升级，努力打造中高端装备制造产业集群。第三箭，盘活重整舜达锻造要“一箭上垛”，进一步明确法人产权结构，全方位寻求战略合作伙伴，加强与中信机电、江苏悦达、长春一汽的沟通对接，力争启动8000吨热模锻生产线，并以此带动与山西锻造厂的合作，努力实现后发赶超。这里需要特别强调的是，“三箭齐发”重大项目每一个项目落地都还面临着很多“硬骨头”，既不能遮掩，也不可回避，更不得退缩，各有关责任部门要进一步强化靠前服务意识，发挥好工作专班作用，全力满足企业需要和项目发展需要，对解决不了的问题，及时向县委、县政府报告，需省市部门协调的第一时间向上争取，真正把企业的事情当作家里的事情办快办实办好，为企业提供“保姆式”“妈妈式”服务，确保“三箭”全部正中靶心。

二要打造特色产业集聚区新高地。以“一区三园”为依托，按照“横向成群、纵向成链”的发展思路，围绕产业链补短板和锻长板两大方向，着力创建主导产业特色鲜明、集群竞争优势突出、示范带动能力较强的特色产业集聚区。钢铁新材料园区要坚持强龙头、补缺项、延链条，提前谋划引进钢铁、焦化产业链龙头企业和上下游关联配套企业，推动钢铁制管和杭氧集中供气项目取

得实质性进展；装备制造园区要协调推进标准化厂房、园区孵化器、污水处理厂和地下综合管网项目，继续争取国家各类专项债券资金，提升配套服务能力，着力打造功能完善的服务体系；铜合金新材料园区要立足春雷铜材公司老牌军工企业发展优势，加强与陕西斯瑞集团深度合作，启动建设高性能铜合金板带材生产线，不断提高产品核心竞争力。要进一步完善管理体制机制，健全企业全生命周期服务机制，对企业“围墙内的事”由企业负责，对“围墙外的事”由集聚区发展服务中心提供全程代办服务，以高质量、全方位服务招引更多企业入园进区，争取2023年成功创建特色产业集聚区。

三要加快推进传统产业转型升级。传统产业是财富不是包袱。要坚持以增强生存力、发展力为方向，加快煤矿智能化改造，推广绿色开采技术，推动首旺煤业接替资源利用取得实际成效，为首旺煤业释放优质产能提供有力保障。统筹推进上河、东沟煤矿竣工投产，石丘煤业减量重组，青洼煤业产能核增，依法合规加快释放优势产能，力争全年煤炭产量达到400万吨以上。鼓励支持煤炭洗选企业标准化建设，逐步淘汰落后洗选能力，提高先进产能占比和生态治理水平，深化县内煤矿与洗煤厂配套协作，实现原煤应洗尽洗、就地转化。推进煤矸石综合利用，提升煤炭资源附加值和利用率。持续推动重点规上企业超低排放和智能化改造，提升装备水平，引导企业从粗放外延式发展向集约内涵式转变，实现更高质量、更可持续发展。进一步深化与北京启迪区块链集团的战略合作，加快城市算力中心建设，以大数据为全县工业企业生产、存储、销售提供全阶段服务，努力实现经济效益最大化。

四要合力打好项目建设攻坚战。牢固树立“以项目论高下”的鲜明导向，全面落实市委“项目建设年”部署要求，不断夯实发展支撑，增强发展后劲。在项目储备方面，坚持“无中生有、有中生优”，围绕国家、省市最新政策、资金投向，精心抓好项目策划储备，重点谋划钢铁、焦化、装备制造等传统优势产业项目和跨县域联动的大项目，加快布局光伏、风力、抽水蓄能等新能源项目，动态充实优质项目库。在手续办理方面，对审批权限在省市的项目，安排专人专班，由县级分管领导带队，常态化向上沟通对接，做到一盯到底；对审批权限在县里的项目，各相关责任部门要进一步优化审批程序，提升服务水平，确保各类手续以最快速度办理，要充分利用春节前有效时间，对今年一季度具备开工条件的项目全面梳理，力争一季度项目前期手续办结率达到70%以上。在项目建设方面，由发改部门牵头，制定“项目建设年”实施方案，把项目建设任务分解到具体部门和具体人头，以任务化、项目化、方案化、清单化方式推进落实，并会同考核办完善项目建设专项考核办法，纳入干部考核指标体系，把项目开工率、投产率、达效率作为重要考核标准，年底考核兑现。同时，提前筹备一季度项目集中开工活动，迅速掀起全县项目建设热潮。

（二）着眼于“铺天盖地”，大力实施实体经济振兴战略

实体经济是实现高质量发展的重要抓手，是构筑未来发展战略优势的重要支撑。我们要像爱护眼睛一样爱护民营企业，像善待亲人一样善待民营企业家，让他们有如鸟投林的归属感、如鱼得水的获得感、如沐春风的幸福感。

一要实施青年创新创业筑梦工程。市场主体是经济发展的根基，是财富创造的源泉，市场主体发育不充分，就难以实现高质量发展。我到翼城工作后，专门就市场主体运行情况进行了深入调研，全县市场主体有17000多家，但达到纳税标准的只有1500多家，与先进地区相比还存在不小差距，为此，我们以帮扶支持青年创新创业为切入点，实施了“个十百千万”工程，实现了良好开局。下一步，要紧抓省委制定出台市场主体倍

增意见和各领域配套措施的有利契机，围绕放宽市场准入、提供融资便利、实施创业帮扶等方面，进一步细化完善政策措施，形成县域综合领先、具有翼城特色的“双创”政策体系，全面激发市场主体倍增效应，奋力实现市场主体增长15%的年度目标。深入实施科技企业倍增、翼商翼企贴心、翼才翼留翼用“三大计划”，在工业振兴、现代农业、商贸物流、新兴金融、文旅融合、网红经济等领域，打造一批青年创新创业示范基地，培育一批青年人才孵化基地，形成一批科技成果转化基地，着力构建“基地孵化＋外部招引＋要素集成”的24小时“双创”生态链。深化县校合作，共建“12大基地”，深入实施“双百工程”，全面拓展人才工作基地、博士工作站、专家工作站规模，吸引更多高层次人才和紧缺人才汇聚翼城，持续开辟创新创业新赛道，打造市场主体新标地，逐步形成重点项目头雁引领、领军企业强雁振翅、中小微企业雏雁成长、万家市场主体雁阵齐飞的高质量发展“雁阵格局”。

二要实施民营企业扶持壮大工程。坚持“两个毫不动摇”，精准对接民营企业需求，加大政策创新力度，完善县委《关于进一步支持民营经济发展的若干意见》，特别是针对土地、资金等共性难题，要用足用活土地政策，创新土地资源利用模式，优化建设用地预审和用地审查，提高土地审批效率，进一步做好用地服务保障工作；积极搭建多元化融资服务平台，大力开展政银企合作，健全融资体系，让更多企业通过政府扶持，化解融资难题，各金融机构要树立正确的风险防范理念，消除惜贷、惧贷心理，对符合国家产业政策和市场准入条件，有良好前景的企业，放心大胆地给予企业信贷支持。继续落实四大班子领导包联帮扶民营企业制度，变领导干部“端菜”为企业“点菜”，常态化入企解决难题，让企业办事能够“找到门”，发展能够“找到路”，解困能够“找到家”。健全“个转企、小升规、规改股”梯次培育机制，加大税费、融资等政策支持力度，重点发现培育一批“专精特新”“科技型小巨人”“单打冠军”，推动“四上”企业发展壮大。

三要实施民营企业家“引凤还巢”工程。翼城的民营企业家具有艰苦奋斗、敢闯敢试的创业精神和高度的社会责任感，多年来为家乡发展作出了巨大贡献。但由于经济形势原因，造成很多民营企业家和投资资金外流。下一步，由县工商联牵头，制定出台《翼城籍在外企业家回乡创业实施意见》，围绕市场准入、降低成本、优化环境、保护权益等方面“量身”制定优惠政策，为回乡企业家提供全方位服务。充分发挥工商联联系广泛的独特优势，以乡情为依托，以商会为平台，大力组建翼城驻各地的商会机构，建立城市之间、政府之间、行业之间、企业之间的交流与合作机制，以血缘地缘为基础，以亲情乡情为纽带，广泛宣传翼城的产业发展优势，优良的营商环境，主动邀请企业家回乡参观考察，进一步提高翼城籍各界知名人士及企业家的归属感、自豪感和认同感，激发他们回故乡、建家乡的信心和热情，全力推动“凤还巢”。全县各级干部要光明磊落与企业家交往，做到无事不扰、有求必应，亲而有度、清而有为。

(三)着眼于“富民增收”，大力实施乡村振兴战略

实施乡村振兴战略是新时代做好“三农”工作的总抓手。我们要坚持“优质农业创特色、产业经营上规模、园区建设见成效、乡村面貌换新颜”的发展思路，加快推动翼城由传统农业大县向现代化农业强县迈进。

一要坚决守好“两条底线”。坚决守住粮食安全底线和防止规模性返贫底线，是做好“三农”工作的首要政治任务。要扛牢粮食安全重任，落实最严格的耕地保护制度，坚决守牢耕地红线，深入实施新一轮高标准农田建设工程，加快3万亩小麦良种繁育基地和种子质量监督中心建设，

加大“珍珠玉米”等优异种质资源的保护开发力度，大力推广小麦玉米良种开发，努力打造种业振兴示范县。巩固拓展脱贫攻坚成果，严格落实过渡期内“四个不摘”要求，健全防止返贫动态监测和精准帮扶机制，确保脱贫不稳定户、边缘易致贫户和严重困难户应纳尽纳、随有随纳，特别是要坚决防止松懈厌战思想，落实好“四个帮扶”工作机制，持续强化兜底保障，加强受灾困难群众帮扶救助，加大暗访督查力度，主动接受群众监督，坚决守好来之不易的脱贫成果。

二要全面推进“三化建设”。坚持产业化、专业化、现代化发展方向，全力推动农业高质量发展。在产业化方面，立足我县的小水果、文旅产业、清真食品、山珍等产业基础，谋划建设南唐设施水果、里砦三产融合、北关清真食品、西阎特色山珍、隆化有机旱作“五大特色产业园区”，以园区引领推动特色产业提档升级。进一步健全完善“翼城优品”区域公用品牌保护、产品标准提升、质量安全追溯、市场推广营销等体系，实施“翼壶好茶”基地建设、连翘标准化示范基地建设和初加工项目，持续加大“三品一标”认证，推动建立“区域品牌＋企业品牌＋产品品牌”矩阵。在专业化方面，坚持让专业的人干专业的事，深入实施农业生产托管服务试点项目，全面推广“123456”翼城模式，充分发挥与省建行合作的全省农业托管服务平台作用，完成国家级试点项目——新型农民经营主体信用体系建设，推动新翔丰公司创建全国农业社会化服务龙头企业，努力把翼城农业托管模式打造成国内一流品牌。进一步加大农民专业化培训力度，培养更多爱农业、懂技术、善经营的新型职业农民，让农民成为一份体面的职业。在现代化方面，加快果信智慧大棚建设和绿色循环品牌创建项目，继续完善农业科技推广体系，加快农业科技推广应用，强化农机装备支撑，提升农业装备技术水平和防灾救灾减灾能力。抢抓农村消费升级需求，完善县乡村三级电商服务体系，积极发展数字农业、智慧农业、休闲农业、康养农业等新业态，持续促进农民致富增收。

三要扎实开展“三大行动”。聚焦基础提升，大力实施宜居乡村建设行动，深入推进县乡村公共服务一体化，继续完善农村水、电、路等基础设施，整合农村一事一议财政奖补资金，集中对农村街巷进行修复硬化，持续改善乡村生产生活基础基本条件。聚焦美丽绿色，大力实施绿色乡村建设行动，打好农村垃圾、污水治理持久战，推动全民义务清扫常态化、长效化，让乡村成为美丽宜居的幸福家园。加快推进农村改厕后续管控平台项目建设，健全完善后续管控长效机制，努力创建全省农村厕所革命后期管护示范县。聚焦治理有效，大力实施善治乡村建设行动，由县委组织部牵头，科学编制村级组织自治事项、村级组织协助政府工作、村级小微权力、公共服务事项清单，逐项建立清单运行规则，强化监督考核，着力解决村级组织负担重、运行不规范等问题；由县委宣传部牵头，以新时代文明实践系列工程为抓手，全面整合“老陈说事”“草根名嘴”“小巷总理”“流动小茶桌”等基层经验，广泛开展群众喜闻乐见的文明实践活动，持续推进农村移风易俗，解决好高价彩礼、人情攀比、厚葬薄养等突出问题；由县委政法委牵头，全面推行“党群议事会”基层治理机制，用好用实公共法律服务“一码通”平台，持续推进“全科网格”建设，真正以文明治理维护乡村和谐稳定；农业农村、民政、群团等部门要各司其职、分工协作，打造多元共治基层治理新格局。

（四）着眼于“文化强县”，大力实施文旅振兴战略

翼城既有五千年历史文化厚植的人文之韵，又有特殊自然环境造就的天成之美，发展文化旅游业优势明显、潜力巨大。我们要以“前人栽树、后人乘凉”的胸怀，绵绵用力、久久为功，把老祖宗

和大自然留给我们的宝贵财富保护好、利用好。

一要充分焕发翼城文化时代光彩。来到翼城,我首先是被这里的厚重文化积淀深深吸引,每一个地方都有引人入胜的文化故事。文化是我们的根和魂,必须大力保护、传承和弘扬。坚持以文化人、以文聚力、以文兴业,系统挖掘和整理尧舜文化、唐晋文化、枣园文化、霸国文化、德孝文化、"和"文化、红色文化、冶炼文化等特色文化,举办文化论坛,开设专题专栏,运用网络媒体,讲好翼城历史文化故事,全方位展示翼城文化魅力,让更多人知道翼城、游览翼城、爱上翼城。深入实施文物保护利用工程和"文明守望"工程,加强对国保、省保单位的保护和修缮,探索社会力量参与文物保护和运营管理,守好老祖宗留下的宝贵遗产,用文物守护历史、滋养未来。坚持"既让非遗文化留下来,也让非遗文化活起来"的发展思路,持续推动非物质文化遗产传承振兴,打造民俗表演、非遗展示等精品项目,加强与厦门大学电影学院、信息学院等高校合作,培育文创研学基地,培育建设尧都砂器、翼城花鼓、古城泥塑、云山居剪纸、史伯面塑等文创研发基地,推动非遗文创产品专业化生产、市场化运作、产业化发展,真正把文化传播出去,让文化产生价值。深入开展文化惠民活动和群众性文化活动,加快文化馆、图书馆、博物馆"三馆"和花鼓基地附属工程建设,不断提升翼城标识性文化水平。

二要全力打造核心龙头景区。发展全域旅游,不是"撒胡椒面",更不是眉毛胡子一把抓,必须以一点带全域。从我县来讲,历山风景最好、名声最响,又有"历法之源""中国天然氧吧"两张"国字号"名片,而且旅游公路建设标准高,沿途风光好,是我们打响旅游品牌的一张王牌。要坚持以游客为中心,提升"游吃住娱"标准化、规范化、品质化水平,不仅能吸引游客,还要留住游客,着力打造沉浸式旅游体验。围绕"游得尽兴",加强与省林投集团、北京巅峰集团对接合作,加快推进大河康养项目落地建设,整合历山、西阎镇明清古村落群、四圣宫、泉头村红腹锦鸡摄影基地以及历山周边景区等文化旅游资源,对沿途道路、公厕、停车场等基础设施和配套服务、景观提升进行全要素整合,努力打造精品线路;围绕"吃得讲究",做精泉头农家饭、曹公山珍宴、大河乡土席等特色美食,打造"美食 + 旅游"新模式;围绕"住得舒适",打造特色民宿,改善住宿体验,增加过夜游客量;围绕"玩得开心",以"大美历山 · 休闲翼城"为载体,举办摄影采风、户外运动、休闲养生、旅游观光等文旅节庆活动,全力把人气聚起来,把品牌立起来,从而带动翼城全域旅游整体发展。

三要串珠成链推进全域旅游。翼城的自然遗存、人文遗产丰富多彩,但如同散落在地上的珍珠,只有把每一个景点串起来,才能形成一条光彩夺目的项链。要坚持以全域旅游规划为引领,加快河上公德山等重点景区和桥上王良纪念馆至西阎四圣宫旅游公路建设,推进翼城古城和佛爷山两个 AAA 级景区提标提质,建设古城旅游集散中心和智慧旅游平台,打造西阎气象小镇、里砦研学小镇等一批产业特而强、功能聚而全、形态小而美、机制新而活的精品特色小镇。坚持"快进慢游深体验",围绕三条旅游公路和"五线一中心"精品旅游线路,整合串联优质资源,沿线规划建设休憩驿站、停车场、观景台等服务设施,推动道路美化、净化、绿化,完善高速公路、国省道、县内主干街道旅游标识,促进自驾游、快捷游、周末游等多业态繁荣发展,着力打造具有影响力的全域旅游景观带。积极谋划建设网红打卡地,举办"乡歌大赛"等主题鲜明的旅游节庆活动,广泛宣传翼城旅游资源,不断提升文旅品牌的知名度和影响力。

(五)着眼于"激发活力",深入开展改革开放提升行动

改革开放是推动现代化建设的根本动力,必

须坚定不移深入推进，持续为推动高质量发展、创造高品质生活、实现高效能治理赋能增力。

一要推动改革再深入。坚持以改革攻壁垒，持续深化重点领域和关键环节改革，全面释放发展动能。国资国企改革要全面落实省委“32字”要求，深入推进“僵尸企业”出清清零、全民所有制企业改革收官、国有资产集中统一监管、国企提质增效、混合所有制改革探索、剥离办社会扫尾“六大行动”，不断增强国有经济竞争力、影响力和抗风险能力。能源综合改革要围绕“双碳”目标，研究制定能源消费强度和总量“双控”工作方案，做好区域能源规划编制，推进重点用能单位能耗在线监测系统建设，加快电力和新能源产业发展，探索实施增量配电业务试点，推动能源产业高质量发展。农业农村改革要聚焦乡村振兴，深入推进农村集体产权制度改革，健全集体资产管理制度和合作社运行机制，探索发展新型集体经济，建立“龙头企业牵头+家庭农场+合作社”农业产业化联合体，加快形成规模生产经营格局。统筹推进其他各个领域改革，县委改革办要牵头抓总，加强改革系统集成，强化改革督察，各乡镇、各部门要各司其职，抓好任务落实，探索形成更多可复制、可推广的“翼城经验”。

二要推动开放再扩大。紧抓省委推动省际和交界地区协同发展，建设中部先进制造业基地和临汾建设“双城”的历史机遇，研究制定招商图谱，围绕高端装备制造、新能源新材料、节能环保、文化旅游、现代农业等产业开展靶向招商、产业链定向招商、清单式目标招商，努力招引一批符合新发展理念、符合生态环保要求、符合翼城比较优势的好项目落地。依托晋南钢铁、福建闽光、山西华翔等龙头企业招引项目，提高招商精准度、项目落地率。积极对接环渤海、长江经济带，精准承接产业转移，加强与京津冀、关中平原城市群、山西中部等重点区域的内外联动，组织开展经贸投促活动，努力在更大范围集聚资源要素、在更宽领域促进人来人往、在更深层次推进交流合作。制定完善招商引资奖励政策和考核办法，全力调动全社会参与招商引资的积极性和主动性，切实营造“全民招商”浓厚氛围。畅通开放通道，聚焦省委推进交通强省建设决策部署，加快推进国道241县城过境公路改线，岳北线、桥大线改造，桥上王良纪念馆—西阎四圣宫旅游公路等重点项目建设，做好国道241石桥至梁壁段改线工程前期工作，着力构建立体联网、内外联通的现代交通运输体系。

三要推动环境再优化。严格落实“三无”“三可”要求，深入开展营商环境优化提升行动，紧紧围绕重点项目、企业和个人全生命周期，全力推进政务服务数字化建设，提升“一网通办”服务平台功能，完善考核评价机制，推动实现“一网通办”办理事项全覆盖、“好差评”工作评价全覆盖、“互联网+监管”全覆盖。持续深化“放管服效”改革，积极推行“极简极速”审批，进一步减少不科学、不合理审批环节，着力实现办事指南标准化、服务流程规范化、事项结果公开化。进一步完善以政务服务中心为龙头，以乡镇便民服务中心为纽带，以农村便民服务点为基础的县乡村三级服务网络，推动更多政务服务和公共服务事项进驻政务服务中心和便民服务中心，让群众只进一扇门、办成所有事。总之，我们要围绕打造全省一流营商环境目标，全链条覆盖、全周期服务、全社会参与，让来翼城投资兴业的人，办事情有“靠制度不靠关系”的社会氛围，搞项目有“承诺制+标准地+全代办”的优质服务，做前期有“一枚印章管审批”的便利贴心，办事情有“一网通办”的高效快捷，让安商亲商富商在唐尧大地蔚然成风。

（六）着眼于“宜居宜业”，深入开展城市建设提升行动

城市建设事关城市形象品味和人民生活品质。要深入践行“人民城市人民建，人民城市为

人民”重要理念,坚持高起点规划、高标准建设、高水平管理,让我们的城市更显魅力、更具活力、更加美丽。

一要优化城市空间布局。城市发展,规划是统领,也是基础。我到翼城后,第一感觉就是城市布局混乱,道路没有指示牌,门店牌匾五花八门,还有小产权房、乱占乱建行为屡见不鲜,这些问题的存在,根本原因还是缺乏规划意识。今年,城市建设的重点就是把规划意识树起来、严起来。坚持基础设施、产业发展、公共服务、社会治理、人居环境“五个统筹”,高标准编制国土空间总体规划、详细规划和专项规划,推进多规衔接、多规合一。加快总体城市设计,老城区改扩建要严格控制建筑规模和建设强度,慎审新建房地产开发项目,持续推进违法建设治理,对于拆除留下来的土地,全部用于补绿和建设公共服务设施,方便广大群众生活;新城区要科学合理规划商业金融、文化教育、体育休闲、公共服务等功能区域,唐霸大道沿街两侧再建以公共建筑、商业服务业为主,着力打造业态丰富、多元宜居新城。加强对城市空间形态与建筑高度、建筑风格与立面、建筑色彩与材质、公共空间、户外广告等方面的管控,确保色调一致,增强城市的空间协调性和风貌整体性,对新建楼房全部采用坡屋顶,打造错落有致、疏密有度的“城市天际线”。科学规划地下综合管廊和管网改造,健全完善消防、通信、能源、防洪等设施体系,坚决杜绝反复开挖、“拉链马路”问题发生。

二要提升城市功能品质。去年以来,我们对县城主干街道进行了集中改造,城市面貌焕然一新,但整体缺绿、缺彩。下一步,要加快推进红旗街、解放街、绛源路、新华路、八一路等主要街道街景改造工程,既要做好道路绿化工作,提升道路整体绿化效果,也要增强视觉效果,多种色彩搭配花草植物,拼组色块,打造一街一品、一路一景的绿化美化彩化格局。扎实开展城市更新,重点对沿街外墙、广告牌匾进行集中整治,规划建设智慧停车场,同步推进老城区背街小巷、雨污分流和老旧小区改造,努力建设靓丽多彩的美丽县城。坚持统一规划、部门联动、分类施策,由住建局牵头,相关责任部门配合,集中对街面线路未埋地、单体楼外墙线路乱拉挂、管线乱穿等突出乱象进行专项整治,全面清除城市“蜘蛛网”。坚持以经营城市推进城市建设,大力发展城市“夜经济”,实施县城适度亮化工程,谋划建设“夜市一条街”,积极打造特色餐饮、星级酒店,支持24小时便利店、“深夜食堂”建设,不断提升城市“烟火气”,增强城市吸附力,着力营造繁华和谐、绚丽多彩的商业氛围。

三要加强城市精细管理。注重系统治理、依法治理、源头治理、综合施策,加大对违法建设、占道经营、“城市牛皮癣”、乱停乱放等痼疾顽症的日常执法力度,制定完善市政道路、园林绿化、市容环卫、城管执法等领域的标准规范,建立健全政府统筹协调、部门协同合作,指挥顺畅、运行高效的城市管理体系,不断提升城市管理科学化、精细化水平。针对目前群众普遍关注的小区物业权责不清、监管不力、隐患突出等烦心事,由住建部门牵头制定《翼城县住宅区物业管理条例》,加强对物业企业的备案管理和监督力度,定期巡查物业管理项目,开展以业主满意度为主要内容的物业服务质量星级评定工作,推动全县住宅小区居住环境更加完善、物业管理水平有效提升。以创建省级文明县城为抓手,深入开展群众性精神文明创建活动,加强社会公德、职业道德、家庭美德、个人品德建设,让文明创建成为共识、文明之举成为自觉、文明之花处处绽放,努力争创省级文明县城“两连冠”。

(七)着眼于“天蓝地绿”,深入开展生态环保提升行动

生态环保是高质量发展的基准线,没有高水平保护就没有高质量发展。要坚定贯彻习近平

生态文明思想，厚植生态本底，发展生态产业，提升生态价值，建设美丽绿色生态家园。

一要坚决打好污染防治攻坚战。克服自满思想，强化忧患意识，坚持长远眼光，保持力度、延伸深度、拓展广度，以更高标准、更严要求打好蓝天碧水净土保卫战。持续加大重点领域行业污染治理力度，重点推进工业企业深度治理和提标“创A”行动，进一步扩大清洁取暖改造范围，严格管控扬尘污染、秸秆露天焚烧等面源污染，提升精细化治理水平，着力实现“蓝天常驻”。全面加强饮用水源地保护，建立健全饮用水水源保护长效管理机制，决不让氟斑牙再影响翼城的子孙后代；切实强化污水处理厂运行监管，推进第二污水处理厂尽快建成投用，深入开展浍河流域入河排污口整治，推进涉水企业深度治理提标改造，着力实现“绿水长清”。加强土壤污染综合防治，提升固体废物规范处理和综合利用能力，深入实施黄河流域农业面源污染综合治理项目，推进化肥、农药减量化，着力实现“黄土净复”。

二要大力推进绿色低碳发展。严格按照省市要求，科学谋划制定碳达峰碳中和时间表、路线图，严格落实能耗“双控”目标，加快推进煤炭清洁高效利用，积极发展风电、光伏发电为主的非化石能源，推动能源结构优化调整。大力推行绿色低碳生产方式，加大落后产能淘汰和过剩产能压减力度，着力推进高耗能行业节能改造，构筑绿色低碳、安全环保的产业体系。积极倡导简约适度的绿色生活方式，推进垃圾分类，培育绿色消费，推广使用新能源汽车、电动车，鼓励全民低碳出行，让绿色成为翼城最动人的底色。

三要健全生态治理制度体系。完善严格的生态监督体系和生态考核体系，落实领导干部自然资源资产离任审计和生态环境损害终身追究制度，进一步压紧压实各级责任，切实把制度优势转化为治理效能，让生态文明之树常青。严格环保执法监管，全面推进生态环保工作网格化管理，加强环保、公安联动执法，推进环境巡查监管全覆盖，对破坏生态环境的行为“零容忍”，对生态环境违法犯罪行为严惩重罚。举一反三、以点带面抓好中央和省生态环保督察问题整改落实，畅通生态环境信访投诉举报渠道，主动回应社会关切，常态化开展“回头看”，推动各类问题一体整改、一起解决，坚决守牢环境质量只能变好、不能变坏的底线。

（八）着眼于“优质生活”，深入开展民生保障提升行动

让人民生活幸福是“国之大者”。要深入践行以人民为中心的发展思想，坚持既尽力而为，又量力而行，一年接着一年干，一件接着一件办，让人民群众的生活一年更比一年好。

一要打造更加优质更加均衡的教育品牌。教育承载着千家万户的希望，是最大、最普惠的民生工程。长期以来，历届县委、县政府始终把教育工作作为“一把手”工程，坚持教育优先发展，在全县上下的共同努力下，形成了独具特色的教育品牌，我们要把实现更高水平、更高质量的教育作为教育现代化的不懈追求，持续构建教育发展和教育治理新理念、新模式，努力把教育打造成翼城最强的软实力。要牢固树立教育优先发展理念，加快翼城中学新校区选址和规划设计，力争早日开工建设，改善北关小学、西街小学、翼城五中、汇丰学校等中小学办学条件，新建城西幼儿园和城西小学，努力为孩子们学习成长创造更好的条件。这里强调一点，就是坚持一切为教育让路，决不能把教育资源当成“唐僧肉”，真正把最好的资源留给学校。要坚持问题导向，不断优化城乡学校布局，着力破解“入园难”“大班额”问题，扎实推进“双减”工作，加强源头治理、系统治理、综合治理，真正让孩子们从校外学科类补习中解放出来。持续推动职业教育优质融合，完成桐封技工学校一期项目建设，引导学校开设更多切合翼城发展需要的特色专业，实施

更加灵活的“定向式”“订单式”培训,努力培养更多高素质技能人才和能工巧匠。

二要提供更全周期更高水平的健康服务。树立大卫生、大健康理念,坚持医疗、医保、医药、医养、医改“五医联动”,推动以治病为中心向以人民健康为中心转变,建设健康翼城。强化公共卫生和医疗卫生服务体系建设,加快县医院迁建工程建设进度,今年上半年实现试运行,这项工程全县人民翘首企盼,必须说到做到。充分发挥我县中医药优势,进一步提升中医药服务能力,加强中医药队伍建设和后备人才培养,深入开展中医药知识进校园活动,推动中医药传承创新发展,努力建设全省中医药强县。以全省基层卫生健康综合试验区建设为抓手,进一步规范乡镇卫生院和村卫生室建设,推动优质医疗资源下沉,完善分级诊疗制度和医保支付方式,让群众看病多一些便利、少一些负担。

三要健全更加公平更可持续的社保体系。深入实施全民参保计划,进一步扩大覆盖面,健全务工农民、退役军人、灵活就业人员参加社会保险制度,完善多层次、多支柱养老保险体系。强化就业优先导向,加强公共就业服务,特别是充分发挥工业振兴对扩大就业的规模效应,结合“三箭齐发”重大项目推进,针对性实施人才回流和专业技能提升工程,让越来越多漂泊在外的翼城技工在家门口上班挣钱,让留守儿童都有父母的陪伴,孤寡老人都有儿女的照顾。大力实施老年幸福提升工程,积极争取上级资金,力争县级养老院开工建设,在南梁、中卫 2 个乡镇建设区域养老服务中心,新建 40 所农村老年日间照料中心,2023 年实现千人以上行政村老年日间照料中心全覆盖,让每位老人都能享受“最美夕阳红”。积极推行殡葬改革,加快推进县级殡仪馆和唐兴、隆化、桥上、西阎 4 个乡镇公益性公墓建设,加强区域隔离,乡镇的同志要扛牢责任,耐心细致做好群众思想工作,全力化解群众疑虑,切实把殡仪馆给周边群众造成的影响降到最低。建立低保标准动态调整机制,健全残疾人、孤儿、农村留守儿童关爱服务体系,重点保障好受灾群众基本生活,让每一个人都能受到关注、活得更有尊严。

(九)着眼于“平安和谐”,深入开展安全稳定提升行动

安全是全方位推动高质量发展的重要基石,是人民群众根本利益所在。要全面贯彻总体国家安全观,把安全发展贯穿于高质量发展的各领域和全过程,确保国家安全、社会安定、人民安宁。

一要巩固提升平安翼城建设水平。以政治安全为根本,定期研判形势,全面排查化解各类风险隐患,严密防范可能冲击政治安全的各类敏感问题,深入开展国家安全宣传教育,强化全民国家安全意识和责任,筑牢维护国家安全的铜墙铁壁。以经济安全为基础,有效防范化解政府债务、非法金融、房地产等领域风险,稳妥审慎做好涉案遗留工程处置工作,牢牢守住不发生系统性风险的底线。以社会安全为保障,建立健全立体化、信息化社会治安防控体系,常态化开展扫黑除恶斗争,严厉打击各类违法犯罪,切实加快综治中心规范化建设,不断创新基层治理模式,持续深化政法队伍建设,全面提升司法公信力,加大全民普法力度,建设更高水平的平安翼城、法治翼城。

二要慎终如始筑牢疫情防控防线。时刻紧绷疫情防控这根弦,坚持常态化防控和局部应急处置有机结合,强化“外防输入、内防反弹”举措和“第一时间、第一落点”管控,守好中高风险地区及关联人员入翼、冷链物流输入等关口,特别是临近春节,要坚持严防死守,进一步强化农村和社区防控,全面做好返乡人员排查检测工作,确保全覆盖、无死角、不漏人。加强人员流动和聚集性活动管理,高频次对宾馆酒店、农贸集市、娱乐场所、餐饮机构等人员密集场所疫情防控措

施落实进行监督检查,坚决杜绝设而不防问题发生。坚持“宁可备而不用,不可用而无备”,进一步完善应急预案和储备,强化应急演练,坚决打赢疫情防控遭遇战,守护好人民生命安全和身体健康。

三要毫不放松抓好安全生产工作。牢固树立“人民至上、生命至上”理念,严格执行新修改的安全生产法,全面落实安全生产责任和管理制度,完善排查治理和风险防控体系,不断提升本质安全水平。坚持居安思危、知危图安,以“从零开始”心态、“向零奋斗”姿态,突出抓好煤矿、非煤矿山、危化品、冶金工贸、建筑施工、燃气管道、地质灾害、森林防火等重点领域专项整治,严厉打击私挖盗采,全力打好三年行动收官战。充分发挥“安全365”平台作用,让企业登台、部门亮相成为常态,全方位接受群众监督,全面压实乡镇党委政府属地责任、行业部门监管责任和企业主体责任,坚决守住不发生重特大事故的底线,持续巩固拓展安全生产稳定向好态势。

四要全力维护社会大局和谐稳定。创造性践行新时代“枫桥经验”,坚持控新治旧、标本兼治,完善矛盾纠纷源头预防、排查预警、多元化解机制,持续推进“重复信访治理和信访积案化解”工作,常态化开展四大班子轮流接访、带案下访,最大限度把各类风险和矛盾防范在源头、化解在基层,特别是北京冬奥会、冬残奥会日益临近,党的二十大将于下半年在京召开,要重点抓好重大活动和敏感节点的信访工作,严格落实属地责任、源头措施,坚决杜绝避重就轻、草率应付,绝不能把矛盾问题推给县上、推向社会。充分发挥群团组织和社会组织在社会治理中的作用,畅通和规范市场主体、新社会阶层、社会工作者和志愿者参与社会治理的途径,建设人人有责、人人尽责、人人享有的社会治理共同体。

(十)着眼于“德才兼备”,深入开展干部能力提升行动

全方位推动高质量发展,迫切需要广大干部加快提升能力素养,我们要始终保持本领恐慌、能力危机、履职压力,不断“充电加油”,努力成为驾驭复杂形势、解决实际问题、推动经济发展的行家里手。

一要提升“把方向、做决策”的能力。领导干部胜任本职工作,必须掌握各方面的知识,现在抓发展抓项目,能否做出正确决策,关键看知识储备够不够、算账能力强不强。去年以来,县委开设“翼起学”大讲堂,主要目的就是要把学习作为干部的生活习惯来培养,作为工作职责来履行,作为事业根基来加强。下一步,要持续提升干部学习培训的针对性和实效性,以实施“四大振兴”战略为主要内容,邀请高层专家进行专题辅导,广泛组织开展交流研讨。各乡镇、县直各单位“一把手”要加强对上级政策的学习研究,轮流走上讲台,谈经验、话趋势、说体会,让广大干部特别是领导干部熟于本职业务、善于找准路径、勇于担当责任,确保做出的各项决策顺应时代大势、切合翼城实际、体现人民期盼。

二要提升“勇创新、解难题”的能力。领导干部只有善于透过现象看本质,见微知著、小中见大、举一反三,才能增强工作指导的预见性和有效性。要进一步强化问题导向,以“争先进位崛起”解放思想大讨论为抓手,聚焦今年本乡镇、本领域重点工作,深入开展调查研究,精准查找瓶颈制约,运用创新思维妥善处理各种复杂矛盾,切实做到变中求新、新中求进、进中突破。各乡镇党委书记要指方向、教方法、领着干,引导新上任的农村党支部书记,切实发挥好自身优势,聚焦群众最急最忧最盼的事情,创新方法、克难攻坚,真正办好“开门一件事”,踏实“履职第一步”,以实实在在的业绩回报组织和人民的信任。

三要提升“抓落实、促发展”的能力。干部干部,就要“干”字当头。全县各级各部门要深入践行“干在实处、走在前列”要求,对县委、县政府

的决策部署和工作安排，第一时间制定时间表、路线图、任务书，对重点工作、重点项目由县级分管领导牵头，第一时间成立工作专班，建立联席会议制度，明确责任分工，紧密协同抓好落实。各级干部特别是"一把手"，要在其位、谋其政，既想干愿干积极干，又能干会干善于干，从今年起县委将实行领导干部"末位淘汰制"，县委督查室、政府督查室、县考核办要根据年度目标任务情况，强化过程性管理，成立专门督查组，定期进行督促检查，对承担县定重要项目、重点工作任务推进不力，影响全县大局的乡镇和县直单位要及时"亮红灯"，并对主要负责同志进行严肃问责，特别是对承担市定指标任务连续两年全市排名末位的责任部门主要负责同志要坚决调离领导岗位，防止干多干少一个样、干好干坏一个样，真正把凭能力用干部、以实绩论英雄的选人用人导向落实下去。

同志们，2022 年必将是翼城拾级而上、振翅腾飞的一年。全县广大党员干部要坚持"重执行、争一流"的工作取向，在执行上比精神、见高低，在落实上讲速度、讲力度，人人出力、人人尽力、人人给力，推动翼城在全方位高质量发展征程中强势突破、卓然崛起。

四、固本强基，从严履责，筑牢全方位推动高质量发展的根本保证

事业成败，关键在党、关键在人。站在新的历史起点上，我们要大力弘扬伟大建党精神，纵深推进全面从严治党，为奋力建设全方位高质量发展强县提供坚强政治保证。

一要践行"两个维护"，担好政治之责。深入学习贯彻党的十九届六中全会精神，自觉把"两个确立"作为最深刻的政治领悟、最牢固的政治信念、最重要的实践要求，把"两个维护"作为最高政治原则和根本政治规矩，坚决执行党的政治路线，严格遵守党的政治纪律和政治规矩，始终胸怀"两个大局"、牢记"国之大者"，不断提高政治判断力、政治领悟力、政治执行力，确保党中央重大决策部署在翼城落地生根，把忠诚注入血液里、融进事业中、写在大地上。坚持和完善党领导经济社会发展体制机制，完善党委(党组)研究重大决策工作机制，不断提高各级党委(党组)把方向、谋大局、促改革的能力。

二要强化理论引领，把牢思想之舵。坚持把习近平新时代中国特色社会主义思想作为必修课、终身课，持续巩固党史学习教育成果，提升党委(党组)理论中心组学习质量，坚持系统学习和专题研讨、线上教育和线下学习、组织培训和个人自学相结合，弘扬理论联系实际学风，把学习成果转化为推动工作的实际成效。严格落实意识形态责任制，推动宣传思想工作守正创新，弘扬主旋律、凝聚正能量，把全县上下的士气更加鼓舞起来、精神更加激昂起来。严格执行《统战工作条例》，强化对党外人士的政治思想引领，万众一心朝着全方位推动高质量发展阔步前进。

三要建强基层堡垒，夯实执政之基。牢固树立大抓基层的鲜明导向，以提升组织力为重点，突出政治功能，持续推进党支部标准化建设，常态化整顿软弱涣散基层党组织，努力把基层党组织建设成为宣传党的主张、贯彻党的决定、领导基层治理、团结动员群众、推动改革发展的坚强战斗堡垒。严格落实县乡村三级书记抓基层党建责任制，持续开展党委(党组)书记抓基层党建述职评议考核，层层传导压力，形成责任闭环。统筹企业、学校、非公组织、社会组织等各领域党建工作，不断扩大党在新兴领域和新就业群体中的影响力、号召力，让党旗始终在基层一线高高飘扬。

四要强化队伍建设，弘扬务实之风。严格落实好干部标准，健全干部素质培养、选拔任用、从严管理、正向激励体系，注重在改革开放、重大项目、招商引资、乡村振兴、信访等一线选拔使用干部，切实把忠诚干净担当的好干部选出来、用起来。大力选拔和使用优秀年轻干部，用好各年龄段干部，推动干部队伍年龄梯次合理、功能结构优化。以永远在路上的执着和韧劲，巩固拓展落实中央八项规定精神成果，持之以恒治“四风”、树新风，向不担当不作为者“开刀问诊”，对不善为不会为者“回炉再造”，让不讲规矩乱作为者“寸步难行”。

五要正风肃纪反腐，恪守清廉之本。把“严”的主基调长期坚持下去，健全全面从严治党责任体系和工作机制，坚持无禁区、全覆盖、零容忍，一体推进不敢腐、不能腐、不想腐，严肃查处违规插手干预工程建设项目、基础设施建设、项目审批、公共资源交易等方面的腐败问题。强化干部教育管理监督，紧盯重点领域、重要部门、关键岗位，突出加强对“一把手”和领导班子的监督，做细做实日常监督，推进纪律、监察、派驻、巡察“四个监督”协调衔接，打造全方位、立体化监督网络。聚焦群众反映强烈的问题，扎实开展专项整治、系统治理，严肃查处群众身边的腐败问题，以正风肃纪反腐的实际成效取信于民。

同志们，历史总是在继往开来中谱写，事业总是在接续奋斗中发展。让我们更加紧密地团结在以习近平同志为核心的党中央周围，在省委、市委的坚强领导下，以更加开阔的视野，更加非凡的气魄，更加昂扬的斗志，踔厉奋发、笃行不怠，大力弘扬崇德、自信、创新、争先的新时代翼城精神，为勇当临汾争先进位崛起排头兵，奋力建设全方位高质量发展强县而不懈奋斗，以优异成绩迎接党的二十大胜利召开！

翼城县人民代表大会常务委员会工作报告

——2022年1月26日在翼城县第十七届人民代表大会第二次会议上

翼城县人大常委会主任 李放明

过去一年的主要工作

2021年是两个一百年奋斗目标的交汇之年，是实施“十四五”规划的开局之年，也是本届人大常委会依法履职、求实奋进的起步之年。一年来，在中共翼城县委的坚强领导下，县人大常委会始终高举习近平新时代中国特色社会主义思想伟大旗帜，全面贯彻党的十九大和十九届历次全会、中央人大工作会议精神，认真贯彻落实习近平法治思想和习近平总书记关于坚持和完善人民代表大会制度的重要思想，紧跟县委决策、紧扣中心大局、紧贴民心民意，紧聚代表合力，积极履职、主动担当，共召开常委会会议11次、主任会议12次、听取审议“一府两院”专项工作报告18项、组织视察调研19项、开展执法检查16次，作出决议、决定和审议意见25项，有效发挥了聚民心、议大事、助落实、保善治的作用，为推动全县经济社会高质量发展和民主法治进步作出了积极贡献。

一、始终把坚持党的全面领导作为最高政治原则，着力推动县委的决策部署有效贯彻落实

强化理论武装，夯实思想基础。认真学习领会习近平新时代中国特色社会主义思想、习近平总书记在庆祝中国共产党成立100周年大会上的重要讲话、党的十九届六中全会精神等，扎实推进党史学习教育和“争先、进位、崛起”解放思想大讨论,开展专题学习32次、交流研讨10次,专题讲座3次、红色教育6次,警示教育5次,弘扬伟大建党精神,坚决捍卫“两个确立”,切实增强“四个意识”、坚定“四个自信”、做到“两个维护”,夯实全面贯彻落实党的重大决策部署的思想基础。

坚持党的领导,把牢正确方向。坚持重大决策、重大事项、重要工作及时向县委请示汇报,紧紧围绕县委中心工作和全县改革发展稳定大局,谋划推进人大工作,作出关于批准翼城县“十四五”规划纲要和二〇三五年远景目标、关于在全县开展第八个五年法治宣传教育等重大决议,圆满完成县乡人大换届选举,依法选举产生新一届县人大代表197人,乡镇人大代表598人,任免国家机关工作人员62人次,切实做到县委决策部署到哪里,人大监督就跟进到哪里,力量就汇聚到哪里,作用就发挥到哪里,确保县委主张通过法定程序转化为全县人民的共同意志。

扛牢政治责任,增强行动自觉。在全县高质量发展、疫情防控、优化营商环境、乡村振兴等工作上,坚定站位、带头发声、付诸行动。主任会议成员带头参与安全生产、文明县城创建、防汛救灾、脱贫攻坚成果巩固评估等工作,落实领导干部包联乡镇、企业、重点项目等制度,协调推动解决问题12个,以强烈的政治担当推动县委的决策部署有效落实。

二、始终把推动高质量发展作为监督重点,努力把人民代表大会制度优势转化为治理效能

聚焦推动工业振兴,增强创新发展动能。听取审议全县2021年国民经济和社会发展计划执行情况报告、“一枚印章管审批”改革进展情况汇报,专题调研金融部门服务实体经济、“小升规”“规改股”等工作,组织代表对“三箭齐发”项目进行视察,将“加快推动晋南钢铁项目落地”的建议列入重点督办建议,针对项目建设中存在的制约因素,提出尽快完成能评、环评、安评、土地审批等工作的建议,推动各部门进一步树立机遇意识,增强服务意识,为加快重塑翼城工业新辉煌营造良好的发展环境。

聚焦管好百姓“钱袋子”,提高资金使用绩效。围绕监督政府如何“把钱花在刀刃上”,紧盯财政“四本账”,全口径审查批准财政预决算,听取预算执行情况报告,2021年两次批准预算调整,保障有限的资金最大限度向重点项目和民生领域倾斜。对政府重大投资项目进展、转移支付专项资金使用、减税降费政策落实等情况进行专题调研,听取审议全县国有资产管理综合报告和国有矿产资源管理专项报告,推动人大预算审查监督重点向支出预算和政策拓展。按照中共中央办公厅《关于加强地方人大对政府债务审查监督的意见》要求,强化政府债务尤其是专项债券的审查监督,督促县政府严格执行债务限额,加强风险预警,规范举债行为。听取审议县政府审计和审计整改情况报告,推动县本级和8个部门预算执行中的54个问题得到整改落实,财政资金使用效益和保障高质量发展的能力持续提升。

聚焦助力乡村振兴,推动“三农”高质量发展。围绕农业高质高效、乡村宜居宜业、农民富裕富足,组织代表深入唐兴镇、中卫乡和里砦镇视察美丽乡村建设,实地查看畜禽标准化养殖、现代农业托管、农村改厕、智能水表改造、丹阳社区养老幸福工程和“翼城优品”包装车间建设等情况。对畜牧业循环发展和林业通道绿化及连翘栽植项目等重点工作进行跟踪督查。调研全县清洁取暖工程改造情况,听取全县农业托管工作专项汇报,开展了种子法执法检查,推动县政府及有关部门不断完善农村基础设施建设,有效改善乡村生态环境和人居环境,加快构建城乡一体化发展新格局。

三、始终把坚持以人民为中心作为根本立场,竭力实现人民群众对美好生活的向往

持续关注公共服务体系完善,在打造高品质

生活中彰显人大担当。围绕提升基本公共服务均等化水平，对县医院迁建、乡镇卫生院规范化建设、应急物资储备等工作进行调研。对全县疫苗接种，超市、药店等重点场所落实进口冷链食品和“四类”药品销售实名登记等疫情防控措施进行专项督查，动态监督全县常态化疫情防控工作。专项视察义务教育均衡发展、文旅融合、安全生产等工作。听取审议“人人持证、技能社会”建设、特种设备安全、医保基金运行管理等专项工作报告。开展了职业教育法执法检查，及时指出全县教育、医疗和疾控等队伍专业人员不足的问题，县政府2021年公开招聘教师104名、疾控专业人员8名，为全县公共服务体系建设提供了人才保障。

持续关注市政基础设施建设，在打造高品位城市中展现人大作为。围绕数字翼城建设，调研全县5G基站建设情况，提出超前谋划，运用大数据改造传统产业、培育新兴产业、优化营商环境、提升城市功能等建议。针对群众反映强烈的出行停车难、人车混行秩序混乱等问题，对翔翼大街道路改造和桥上王良纪念馆—西阎四圣宫旅游路PPP项目进行视察，开展了道路交通安全法执法检查，专题听取了县城道路改造进展情况和道路交通安全法执法检查意见整改情况报告，重点督办“加快县城停车场建设”等建议，推动县政府新建、拓宽改造县城道路13条，有序引导群众机非分离，筹建智慧停车系统，县城道路通行和承载能力明显提升。

持续关注蓝天碧水净土守护，在打造高颜值生态中汇聚人大力量。常委会始终把生态文明建设作为关乎民生福祉，关乎长远发展的重点，听取审议县政府2020年度环境状况和环境保护目标完成情况报告，对续鲁峪河河道治理、连马河小流域水土保持综合治理以及第二污水处理厂建设情况开展调研，对固体废弃物污染防治“一法一条例”进行执法检查，助力美丽生态家园建设，推动绿色成为翼城高质量发展最鲜明的底色。

四、始终把守护公平正义作为神圣使命，有力推动厉行法治保障善治向纵深发展

大力弘扬宪法精神。严格执行宪法宣誓制度，先后组织了125人次任命人员的宪法宣誓仪式，举行了由县人大及其常委会选举任命的105名人员参加的“国家宪法日”集体宪法宣誓和宪法知识考试，引导国家机关工作人员增强宪法意识，弘扬法治精神，根植法律信仰，坚定不移做宪法的忠实崇尚者、自觉遵守者和积极践行者。

持续营造良好法治环境。听取审议县政府“七五”普法工作报告，作出“八五”普法决议。持续做好以“三账”监督为主的干部任后监督，选取5个部门在常委会重点交账并开展满意度测评，有效推动各部门强化使命担当，依法依规行政。专题审议县法院民商事审判和县检察院控告申诉工作报告，保障权力在法治轨道上运行。一年来，接待群众来信来访76人次，积极解疑释惑，协调化解矛盾，推动诉访分离，引导群众依法表达诉求。坚持人大代表旁听司法庭审，参加法院和检察院开放日活动，努力让人民群众在每一个司法案件中都感受到公平正义。

深化法律法规执法监督。在完成自主开展的4部法律法规执法检查的基础上，配合全国、省、市人大开展了《中华人民共和国黄河保护法（草案）》《山西省社会文明促进条例（草案）》《临汾市国家湿地公园保护条例（草案）》等立法调研和《临汾市非物质文化遗产保护管理办法》《临汾市农村自建房屋质量管理办法》《临汾市体育设施建设和管理办法》等11部法律法规的执法检查，通过进一步协助上级人大科学立法、民主立法，推动法律实施，使损害群众利益的一些问题得到有效解决，让执法检查真正“长出牙齿有力咬合”。

五、始终把保持与人民群众的密切联系作为根本目标，大力践行“人民选我当代表、我当代表

为人民”的庄严承诺

强化学习培训,让代表履职“时时有动力”。针对县乡人大换届实际,先后为新一届人大代表发放了《人大代表履职问答及指南》《人大代表怎样提出议案和建议》《如何当好人大代表》等书籍近800册,为代表征订《人民代表报》近800份,组织40余名人大代表和人大工作者赴晋中干部培训学校集中开展能力提升培训,上好履职“第一课”。

强化服务保障,让代表履职“个个有舞台”。推动代表联络站(点)建设,扎实开展人大代表“集中进站履职月”“学讲话、悟思想、见行动”等活动55次,组织代表集中进站宣讲党的十九届六中全会、中央人大工作会议精神,接待走访选民,就县委重点工作、需要解决的突出问题和亟待办理的实事广纳民意,收集意见建议40余条,邀请代表列席人大常委会会议、参加视察调研等活动110余人次,保证代表的知情权、参与权、表达权、监督权落实到人大工作全过程。在上级媒体刊发报道20余篇,推出了西阎镇“香菇棚里的人大代表联络点”等一批先进典型。洪涝灾害发生后,响应县委号召,第一时间发出倡议,动员各级人大代表积极投身防汛救灾一线,做好防汛抢险、人员安置、双抢双减、灾后重建、捐款捐物等工作,奏响了防汛救灾的代表强音。

强化建议办理,让代表履职“处处有底气”。把装满民意的意见建议办理作为重要工作,落实“三见面、三满意”办理机制。确定事关全局、群众关注度高的8件建议由常委会副主任牵头重点督办、工委集中督办,专题听取审议县政府代表意见建议办理情况报告,推动代表建议办理由“答复办理”向“落实解决”转变。县十七届人大一次会议受理的158件代表意见建议已经解决或基本解决132件,群众关心关注的加快推进晋南钢铁项目落地、加强农村生活污水处理、加大中小微企业扶持力度等一批建议得到或正在有效解决,人大代表的责任感、使命感、荣誉感明显增强。

六、始终把增强履职效能作为重要抓手,全力提升常委会自身建设水平

在加强思想政治建设上迈出新步伐。始终把政治纪律和政治规矩挺在前面,深入推进党风廉政建设,持之以恒改进作风,不断完善常委会党组、机关学习制度,通过党组学习会、机关法治讲堂等形式,深入学习习近平法治思想、习近平总书记关于坚持和完善人民代表大会制度的重要思想、中央人大工作会议精神,开展专题培训25次,深入学习宣传宪法法律及相关履职知识,有力提升了人大干部把握大势、服务大局、议决大事的能力。

在夯实履职根基上实现新突破。健全人大及其常委会机构,优化监察和司法、财政经济、社会建设3个专门委员会人员结构,围绕改进常委会审议工作、提高审议质量,进一步完善选题、调研、报告、审议、整改、反馈“全链条”工作流程,坚持常委会会议之前开展专题培训、会议材料提前印发审议、常委会组成人员轮流审议发言等制度,保障常委会组成人员充分行使民主权利,保证人大作出的决议决定更好体现县委主张和人民意志。

在提升人大整体工作水平上取得新成效。配合省、市开展调研、视察、执法检查等活动20余次,落实常委会领导包联乡镇人大制度,支持和指导乡镇人大圆满完成换届选举、代表集中进站履职等工作,坚持邀请乡镇人大主席、县直代表团负责人列席人大常委会会议,参加视察调研、专项督查和“三账”监督等活动,组织驻翼市人大代表到大宁县开展跨区域视察,形成了上下联动、充满活力的工作格局。

各位代表!看似寻常最奇崛,成如容易却艰辛!过去的一年,县人大常委会工作取得的新进展新变化,是全面贯彻落实习近平新时代中国特色社会主义思想的结果，是县委高度重视和坚强领导的结果，是人大各专门委员会、常委会组成人员、全体人大代表履职尽责、共同努力的结果，是"一府一委两院"密切配合的结果，是各乡镇党委、政府、人大主席团鼎力支持的结果，更是全县人民充分信任、大力支持的结果。在此，我谨代表县人大常委会，向各位代表和各有关方面、各级领导、各位同志、各界人士表示崇高的敬意和衷心的感谢！

同时，我们也清醒地认识到，与新时代新任务新要求相比，与广大人民群众和代表的新期待相比，常委会的工作还存在一些薄弱环节，如：监督工作的持续性、专业性、针对性还有待增强，特别是监督的方式方法和监督实效仍需要加强和改进；对规范性文件备案审查等工作研究和探索还不够；代表意见建议的提出、办理质量还有待提高；代表联络站（点）规范化、常态化运行还需下功夫等等。针对这些问题，我们将虚心听取各位代表和社会各方面的意见，切实加以改进，不断提升人大整体工作水平。

今年的工作安排

2022年，是党的二十大召开之年，也是全方位推动翼城高质量发展的关键之年。做好今年人大工作的总体思路是：以习近平新时代中国特色社会主义思想为指导，全面贯彻落实党的十九大和十九届历次全会精神，深入学习贯彻习近平法治思想和习近平总书记关于坚持和完善人民代表大会制度的重要思想，弘扬伟大建党精神，全面落实中央人大工作会议和中央、省委、市委、县委经济工作会议精神，在中共翼城县委的坚强领导下，坚持党的领导、人民当家作主、依法治国有机统一，不断发展全过程人民民主，围绕县委"四大振兴战略""六大提升行动"，聚焦人民群众美好生活期盼，切实担负起宪法法律赋予的职责，努力打造让党放心、让人民满意的政治机关、国家权力机关、工作机关、代表机关，以高效能履职助推建设全方位高质量发展强县，以优异成绩迎接党的二十大胜利召开。根据这一总体要求，重点抓好以下五方面工作：

一、坚如磐石、对党忠诚，在坚持党的全面领导上更加步履铿锵

坚持党的全面领导是实行人民代表大会制度、做好人大工作的最高政治原则和根本政治保证。要牢牢把握人大政治机关属性，始终把党的全面领导贯穿依法履职的全过程、各方面，确保人大工作始终沿着正确的政治方向前进。要锲而不舍强化党的理论武装，深刻领会"两个确立"的决定性意义，坚持以习近平新时代中国特色社会主义思想统揽人大工作，认真贯彻执行请示报告制度，对标对表县委十四届五次全会暨经济工作会议决策部署和全县发展大局，谋划推进人大工作，确保县委的决策部署有效贯彻落实。

二、畅通渠道、载满民意，在发展全过程人民民主上更加自信昂扬

人民代表大会制度是实现我国全过程人民民主的重要制度载体。要深入贯彻落实中央人大工作会议精神，准确领会把握习近平总书记关于"八个能否""四个要看""四个更要看""五个基本观点"的深刻内涵和实践要求，扩大人民有序政治参与，加强人权法治保障，保证人民依法享有广泛权利和自由；健全完善民主民意表达平台，加强民主选举、民主协商、民主决策、民主管理、民主监督，邀请人大代表列席人大常委会会议，参加视察调研、执法检查等活动，广纳民意、广集民智，全链条、全方位、全覆盖发展全过程人民民主。

三、强化监督，勇于担当，在严格依法履职行权上更加精准有力

发展大局之所在，就是人大履职重心之所在。聚焦工业和实体经济振兴，听取审议县政府"十四五"规划执行、财政预决算、预算执行、国有资产管理、审计及整改等报告,充分发挥人大预算联网监督系统作用,提高财政运行质量;持续关注“三箭齐发”项目建设、优化营商环境、市场主体倍增、青年创新创业、减税降费政策落实、金融机构服务实体经济等事项,开展《中华人民共和国政府采购法》《山西省中小企业发展促进条例》等执法检查,为全方位高质量发展提供法治保障。聚焦乡村和文旅振兴,对“三化”建设、现代农业托管、乡村生态宜居、文物保护、非遗传承、翼城优品品牌建设、历山·大河康养项目等工作进行专题调研,充分发挥各项法定职权的集成效应,依法监督、正确监督、有效监督,寓支持于监督之中,更好回应人民群众对美好生活的新期待。

“民之所忧,我必念之,民之所盼,我必行之”。聚焦人民群众所思所盼所愿,就疫情防控、燃气安全、县医院迁建、县城主街道街景改造、智慧停车系统和停车场建设、生态环境保护、住宅物业管理等重点加强监督,就“入园难”“大班额”等问题开展跟踪监督,以“小切口”监督推动解决群众的急难愁盼问题。

法律是治国之重器,良法是善治之前提。聚焦民主法治建设重点领域,听取县政府安全生产、基层社会治理,县法院民事执行和县检察院公开听证等工作报告,调研视察社会救助、社区矫正、禁毒等工作,做好人大信访工作,配合全国、省、市人大常委会开展好立法调研和执法检查,切实用责任担当捍卫法治权威,维护社会公平正义。

四、坚守初心,牢记宗旨,在充分发挥代表作用上更加卓有成效

人民的信赖、支持和拥护是人民代表大会制度牢固的政治基础。要不断密切人大代表与群众的联系,积极创新代表工作载体,更好地保证人民当家做主。持续加强代表学习培训,提升依法履职水平;深化代表联络站(点)规范化建设,开展星级代表联络站(点)创建,推动代表进站履职全员化、常态化、实效化;进一步丰富人大代表联系群众的内容和形式,拓展代表参与人大常委会工作的广度和深度,支持代表通过调研、视察、走访、接待选民等形式,及时把中央和省委、市委、县委的声音传递下去,把群众所思所想所盼收集上来。围绕“既要重过程,更要重结果”的要求,加大代表建议办理督办力度,更好地回应群众诉求和呼声,切实做到民有所呼、我有所应。

五、学思践悟,强基固本,在持续加强自身建设上更加从严从实

要坚持以政治建设为统领,牢牢把握“四个机关”定位要求,筑牢思想政治基础,不断提高政治判断力、政治领悟力、政治执行力。压紧压实全面从严管党治党政治责任,坚持正风肃纪,深入调查研究,持续改进作风。严格执行常委会议事规则,完善常委会运行机制,保障常委会组成人员充分行使民主权利。加大对乡镇人大工作的指导和联动,强化人大新闻宣传和理论研究,讲好新时代人大故事,推动人民代表大会制度深入人心。

各位代表,征程万里风正劲,重任千钧再出发。让我们更加紧密地团结在以习近平同志为核心的党中央周围,在中共翼城县委的坚强领导下,大力弘扬“崇德、自信、创新、争先”的新时代翼城精神,踔厉奋发、笃行不怠,为勇当临汾争先进位崛起排头兵,奋力建设全方位高质量发展强县不懈奋斗,以优异成绩迎接党的二十大胜利召开!

政府工作报告

——2022 年 1 月 25 日在翼城县第十七届人民代表大会第二次会议上

县人民政府县长 刘 锋

2021 年工作回顾

2021 年是中国共产党成立 100 周年，也是翼城发展历程中极不平凡的一年。我们在市委、市政府和县委的坚强领导下，在县人大、县政协的监督支持下，坚持以习近平新时代中国特色社会主义思想为指导，深入贯彻落实习近平总书记视察山西重要讲话重要指示精神，按照省第十二次党代会、市第五次党代会和县第十四次党代会部署要求，攻坚克难、拼搏奋进，全县经济社会发展取得新进展新成效，实现了“十四五”良好开局。地区生产总值完成 90.5 亿元，增长 9.5%；固定资产投资完成 17.7 亿元，同比基本持平；规模以上工业增加值完成 37 亿元，增长 27.5%；一般公共预算收入完成 4.05 亿元，增长 27%；社会消费品零售总额完成 43.1 亿元，增长 14.6%；城镇、农村常住居民人均可支配收入预计分别增长 8% 和 10.8%。

一年来，主要做了以下几方面工作：

（一）突出项目引领、聚力转型升级，产业发展提质增效

推动工业转型突破。奋力推进“三箭齐发”重大项目落地建设，晋南、闽光全面入驻钢铁新材料园区，新上项目列入省级重点工程，完成了与翼钢的资产交接、园区环评、立项备案、产能置换评审及 503 座院落拆迁等前期工作。华翔集团完成对晋源公司的股权收购和厂房改造，叉车铸造生产线启动建设。完成对舜达公司的股权整合，与中国一汽达成合作意向。上河、东沟煤矿正式投产运行，新增优势产能 210 万吨。加快农业增产增效。建成高标准农田 2.84 万亩，粮食总产量超 2.5 亿公斤，小麦单产再创全省新高。有效应对有气象记录以来最强秋汛，全民动员“双减双抢”，在全省率先出台农业灾后重建和防止因灾返贫致贫措施，累计补贴 1240 万元，抢收玉米 15 万亩，抢种小麦 22 万亩。创建庭院蔬菜村 16 个，新增蔬菜面积 2000 余亩。新建 7 家标准化养殖场。完成“三品一标”认证 11 个，珍珠玉米入选全国农作物十大优异种质资源，隆化小米纳入全国“名特优新”农产品名录。“翼城优品”新增授权市场主体 5 家、授权产品 6 个。全省农业生产托管数字化服务平台在我县首发上线，新型农业经营主体信用体系入选农业农村部金融支农创新试点。促进三产培优育新。历山·大河康养项目与省林投公司、北京巅峰集团达成合作意向，前期工作全面推进。完成河上公德山景区观光平台建设和佛爷山景区基础设施改造。3 号旅游公路主体完工。阎村游客接待中心、史伯“和文化”展馆、曹公历法广场等文旅工程建成投用，短线乡村游持续升温。房地产市场活跃度提升，商贸物流、批零住餐等服务业复苏回暖，拉动消费持续增长。新增服务业规上限上企业 15 家，服务业增加值完成 48.4 亿元。

（二）深化改革创新、优化营商环境，发展活力持续释放

推进重点领域改革。开展“五减”专项行动，行政许可事项累计压减办理时限 90%，压减环节 35% 以上。在全市率先设置综合受理和统一出

证窗口,加强“一网通办”平台建设,实现100%审批事项“最多跑一次”,85%事项“一窗通办”,80%事项全程网办。有序推进国资国企改革,6家国企完成“三供一业”分离移交和教育医疗等办社会职能剥离,完成2家“僵尸企业”出清、3家全民所有制企业改制。农信社改制组建农商行并正式挂牌开业,标志着翼城人民有了自己的银行。激发市场主体活力。落实助企纾困政策,全年减税降费1898万元,累计发放企业贷款3.6亿元,新增各类市场主体3000余家、规上企业10家。帮扶支持青年创新创业,推进“个十百千万”工程,细化完善45项帮扶举措,县级示范基地揭牌成立。新认定国家级“小巨人”企业1家、省级“专精特新”企业2家。完成科技成果转化2项、省重点科研攻关2项。

(三)统筹建设管理、提升环境质量,城乡面貌日益改善

完善基础配套设施。拓宽优化市政路网,红旗街、八一路、光明路、三冶巷、益苑路、唐尧路、新华路、翔翼大街、潞公中街9条道路建成通车。完成“四好农村路”建设36公里。档案馆、气象观测站竣工投用。持续推进“厕所革命”,全县卫生厕所普及率达到94.8%,设立改厕区域服务站13所,实现长效管护全覆盖。完成孝义、史伯等10个村的电网升级改造,建成开通5G基站140个。优化提升人居环境。深化靓城提质“三大行动”,累计拆除广告牌匾、违章建筑3万余平方米。扎实推进农村人居环境“六乱”整治,清理各类垃圾3700余吨。推动城乡环卫一体化规范运行,实现垃圾不落地、清运全覆盖。完成荒山造林2600亩、乡村道路绿化200公里。古城、阎村获评“山西美丽休闲乡村”。加强污染防治攻坚。完成2家钢铁企业超低排放改造及61家企业挥发性有机物深度整治,实施“煤改电”4120户,实现海拔600米以下区域清洁取暖全覆盖,城区空气质量综合指数在平川县市区排名第一。第二污水处理厂主体完工,3个建制镇污水处理站投入运行,浍河南丁断面水质达地表水Ⅳ类标准。完成连马河小流域综合治理和续鲁峪河河道治理工程。

(四)强化兜底保障、加力补齐短板,民生福祉不断增进

夯实民生保障基础。深化“人人持证、技能社会”建设,城镇新增就业4241人,农村劳动力转移就业4946人。完成丹阳社区养老幸福工程建设,翼城模式入选全省养老服务“惠民生、增福祉”十件事。完成2个老旧小区和106户农村危房改造。完成560户因灾受损农房重建修缮,提前40天实现春节前入住目标,竣工率和入住率居全市首位,“五个一批”典型经验在全市推广,先后被央视《新闻联播》等多家媒体报道。县级殡仪馆启动建设,5个乡镇公益性骨灰堂主体完工。大力发展社会事业。补充中小学教师117名,完成11所学校基础设施提升改造,3所普惠性幼儿园主体完工。二本B类以上达线率在全市排名第一。县医院晋升三级医院,迁建工程进入扫尾阶段。我县被列为省级基层卫生健康综合试验区。慎终如始抓好疫情防控,投入资金1192万元,全面加强设施配备、物资储备、实战演练和专业技术力量,累计完成48万剂次新冠疫苗接种,核酸日检测能力达到6万人份。“翼城浑身板”入选第五批国家级非遗代表性名录,琴书《花鼓魂》荣获省十一届“群星奖”。提升社会治理水平。扎实开展安全生产专项整治三年行动,事故起数、死亡人数实现“双下降”。常态化开展扫黑除恶斗争,刑事治安案件发生率明显下降,社会大局和谐稳定。全年各类民生支出达到18.36亿元,占财政支出的81.7%。

(五)汲取奋进伟力、坚持守正创新,自身建设全面加强

强化政治建设引领。认真落实县政府党组会议“第一议题”制度,扎实开展党史学习教育,持之以恒学习“四史”,坚决捍卫“两个确立”,做

到“两个维护”。严守政治纪律和政治规矩，严格执行重大事项集体决策和请示报告制度。扎实推进法治建设。编制公布了县政府部门权责、乡镇行政职权、村级职责事项“三个清单”，综合行政执法体制改革不断深入。自觉接受各类监督，办理人大代表意见建议158件、政协委员提案146件。不断提升作风效能。压紧压实全面从严治党主体责任和“一岗双责”，全力抓好省委巡视、审计反馈问题整改。坚持“新官理旧账”，下大力气解决南官庄新村小区、油庄新农村建设涉案遗留工程。坚持政府过紧日子，“三公”经费同比下降25%。驰而不息纠“四风”、提效能，推进各项工作落地落实。

各位代表，过去一年的成绩，是在新冠肺炎疫情、强降雨灾害等多重不利因素影响下取得的，过程伴随艰辛，收获凝结汗水。这是习近平新时代中国特色社会主义思想科学指引的结果，是市委、市政府和县委坚强领导的结果，是县人大、县政协和社会各界监督支持的结果，是全县人民勠力同心、拼搏实干的结果。在此，我代表县人民政府，向全县广大干部群众，向人大代表、政协委员、离退休老同志，向工商联、无党派人士、人民团体，向武警官兵、公安干警、消防救援人员，向所有关心、支持、参与翼城建设发展的各界朋友，致以崇高的敬意和衷心的感谢！

在肯定成绩的同时，我们也清醒认识到，当前经济社会发展中还存在诸多问题和挑战，主要是：外部不稳定不确定性因素增多，经济运行和项目推进面临不少困难；市场主体总量偏少、结构不优，有效投资相对不足，发展基础需要进一步夯实；城乡发展不平衡，城镇化水平不高，基础设施和公共服务欠账较多；一些干部执行力不高、落实力不强，仍存在不敢为、不善为、不愿为的现象，等等。对此，我们要采取有效措施，切实加以解决。

2022年工作安排

2022年是党的二十大胜利召开之年，也是我县实施“十四五”规划、全方位推动高质量发展的关键一年。今年政府工作的总体要求是：以习近平新时代中国特色社会主义思想为指导，全面贯彻党的十九大、十九届历次全会和习近平总书记视察山西重要讲话重要指示精神，弘扬伟大建党精神，全面落实中央、省委、市委和县委经济工作会议决策部署，立足新发展阶段，完整准确全面贯彻新发展理念，抢抓构建新发展格局重要战略机遇，树牢以人民为中心的发展思想，坚持稳中求进工作总基调，按照全方位推动高质量发展的目标要求和工作矩阵，全面落实“六稳”“六保”工作要求，统筹疫情防控和经济社会发展，统筹发展和安全，大力实施工业振兴、实体经济振兴、乡村振兴、文旅振兴“四大振兴战略”，深入推进改革开放、城市建设、生态环保、民生保障、安全稳定、干部能力“六大提升行动”，勇当临汾争先进位崛起排头兵，奋力建设全方位高质量发展强县，以优异成绩迎接党的二十大胜利召开。

2022年经济社会发展的主要目标是：地区生产总值增长7.5%左右，规模以上工业增加值增长9.5%左右，固定资产投资增长10%左右，社会消费品零售总额增长7%左右，一般公共预算收入增长6%左右，城镇、农村居民人均可支配收入分别增长8%左右，并力争在实际工作中取得更好成绩；各项约束性指标按照市定要求全面完成任务。

按照上述思路和目标，重点抓好以下八方面工作：

（一）加快产业转型，集聚高质量发展动能

产业兴则翼城兴。我们要坚定不移走好产业转型振兴之路，固底板、补短板、锻长板，加快构建现代产业体系的“四梁八柱”。

改造提升传统工业。深入实施产业基础再

造和产业链提升工程，以“三箭齐发”重大项目为牵引，强龙头、延链条、建集群，实现内涵集约发展。全力攻坚破解土地、环境、能耗容量约束和化工区设立、项目审批等困难和挑战，加快晋南、闽光项目手续办理等前期工作，力争年内建成晋南钢铁精品基地项目主体工程，完成闽光焦化转型升级项目焦炉建设，协同推进杭氧6万空分装置供气项目落地；以晋南、闽光公司为“链主”，积极对接引进产业链上下游关联配套企业，提早谋划焦炉煤气制氢产业布局，在“十四五”期间打造千亿级钢铁产业集聚区。发挥煤炭产业稳盘托底作用，在稳价稳量稳市场的基础上，加快实施5G智慧矿山建设，积极争取首旺煤业资源接替、青洼煤业产能核增和石丘煤业减量重组项目实施，推动上河、东沟等生产矿井释放优势产能。深入推进洗选企业标准化改造升级，强化煤矿与洗选煤企业产销衔接和协作配套，提高就地加工转化率和经济效益。

培育发展战略性新兴产业。坚持前瞻布局、创新引领，推动战略性新兴产业从零到一、从一到多，加快形成多元支柱产业发展格局。发挥华翔集团“链主”作用，推动一期10万吨精密零部件加工项目落地装备制造园区，加强与江苏悦达、中国一汽、中信机电等优势企业对接合作，建设工程机械、智能农机、白色家电等零部件制造基地，全力打造500亿级装备制造业产业集群。推动春雷与陕西斯瑞在高新行业用铜方面加强合作，开发高性能板带材产品，共建铜合金新材料产业园。加快闽光4万吨碳负极新材料项目建设，逐步构建“煤－焦化－碳基负极材料－硅碳负极材料”产业链。

扩容升级服务业。大力发展现代物流，持续推进“公转铁”，整合现有铁路专用线运能，完善货运场站配套，建设大宗商品物流仓储配送中心。助力翼信通等网络货运平台发展，推进农村寄递物流体系建设。培育各类金融业态，发挥农商行地方金融主力军作用，开发“富翼贷”“富农贷”等特色信贷产品。紧跟数字经济发展趋势，新建83个5G基站，推进城市算力中心建设。结合“处僵治困”，对接引进废钢回收、汽车拆解等再生资源产业项目，培育服务业新的增长点。着力打造特色商圈和品牌街区，促进批零住餐等传统商贸业提质升级。扶持本土电商成长壮大，打造“线上＋线下”一体化销售平台。积极发展地摊经济、夜间经济、小店经济，持续激发城市“烟火气”。

做优做精文旅产业。深化与省林投公司、北京巅峰集团的对接合作，推进历山·大河康养项目落地实施，打造全国知名的生态康养旅游目的地。实施木石四牌坊综合整治，建设古城十字历史文化街区，启动城西沟古城景观墙建设工程。加快四圣宫对外开放。完成1号、2号旅游路附属配套工程建设，推动3号旅游路竣工通车。实施西阎“气象小镇”和青城省级“红色美丽村庄”建设，创建牛家坡、古署2个省级乡村旅游示范村，打造南唐水果采摘、翔山连翘观光、里砦阎村研学三个农旅融合基地。结合“翼城优品”品牌建设，大力开发尧都砂器、翼城花鼓、古城泥塑等“翼字号”文创产品。

（二）培育市场主体，夯实高质量发展基础

深入实施青年创新创业筑梦、民营企业扶持壮大、民营企业家引凤还巢“三大工程”，着力稳存量、促增量、提质量，推动市场主体蓬勃成长。

惠企纾困稳存量。坚持“两个毫不动摇”，用好用活用足各类惠企政策，全面落实新的减税降费政策，降低制度性交易成本和要素成本，助力企业稳产增效。强化“政银企”深度精准对接，全年新增贷款投放10亿元以上。加强与市融资担保有限公司合作，完善政府性融资担保体系，设立2000万元企业资金链应急周转保障金，缓解企业“融资难”“周转难”问题。精准开展入企服务，建立企业诉求受理处置反馈机制，着力打通企业发展难点堵点痛点。

聚力双创促增量。以帮扶支持青年创新创业为引领,大力实施“个十百千万”工程,设立“双创”扶持资金,落实创业担保贷款贴息、税收优惠等政策,有效降低创业成本。积极引导多元投入,利用低效工业用地和闲置厂房打造一批创新创业综合服务平台和孵化基地。建立翼城籍本土人才库,完善在外人才常态化沟通联络机制,吸引翼商翼才“回故乡、建家乡”。全面开展“市场主体建设年”活动,进一步放宽市场准入,破除隐性门槛,促进个体户和小微企业增总量、扩规模,全年新增市场主体3000家以上。

梯次培育提质量。实施小微企业培育成长计划,新增规上限上企业30家,完成5家企业股份制改造,力争在晋兴板挂牌上市。重点培育5家“专精特新”企业,引导扶持新强绿色建材、新佳源生物降解、感恩电子科技等企业深耕细分领域,成长为区域行业的“单项冠军”“配套专家”。深入开展质量提升行动,引导企业大力实施质量比对、质量攻关、质量改进活动,增强质量品牌竞争力。

(三)深化改革创新,激发高质量发展活力

用好改革创新关键一招,依靠改革破除发展瓶颈,通过创新打造竞争优势,持续为高质量发展蓄势赋能。

深化重点领域改革。深化国企国资改革。加快推进党政机关和事业单位经营性国有资产集中统一监管,建好国资监管大数据平台,有效保障国有资产保值增值。推动县属国有企业健全现代企业制度和公司治理结构,提高市场化、专业化、规范化运营能力。深化财税金融改革。强化预算绩效管理,建立大事要事保障清单和大项目专题协调机制,提高财政资金使用效率。统筹上级转移支付和自有财力,兜牢基层“三保”底线。推进政府投融资平台市场化转型,加强政府债务全过程管理,坚决守住不发生系统性区域性金融风险底线。深化农业农村改革。稳步推进农村集体经营性建设用地入市。完善农业生产托管“翼城模式”,实施26.7万亩农业生产托管服务试点项目,推动托管服务向全县域、全作物、全产业链延伸;加强与省建行合作,推进新型农民经营主体信用体系建设;鼓励闲置耕地土地流转,试点探索“土地入股+保底分红”村集体托管,打造全国一流、全省领先的托管样板。

全面创优营商环境。把握“三无”“三可”要求,持续深化“放管服”改革,推动医保、人社、民政、残联等政务及公共服务事项应入尽入,实现“一门通办”。推进各类审批和便民服务事项全面接入一体化政务服务平台,实现“一网通办”。加快乡镇综合便民服务中心和村级服务点建设,将115个农村常办事项下放赋权到乡镇,实现“就近办、乡里办”。推动“翼城通”APP上线运行,实现高频事项“掌上办、指尖办”。扎实开展“项目建设年”活动,深化“承诺制+标准地+全代办”改革,形成“全要素精准高效直达项目”的工作格局。完善招商引资优惠政策和奖励办法,建立项目库和招商图谱,开展链主企业招商、资产盘活招商、企业重组招商,落实全生命周期跟踪服务机制,提高签约项目报批率、到资率和开工率。

加快构建创新生态。落实支持科技创新的若干措施,持续推进规上企业研发活动全覆盖。深化县校合作和校企合作,加强与厦门大学、开放大学、山西农大等签约院校的深度对接,共建“12大基地”。制定更加灵活适用的优惠政策,围绕大数据、新材料、装备制造、智慧农业等领域布局引进博士、专家工作站,推动更多科技创新成果在我县落地转化。

(四)推动乡村振兴,挖掘高质量发展潜力

坚持农业农村优先发展,稳字当头、提质增效,确保农业稳产增产、农民稳步增收、农村稳定安宁。

实施农业特优战略。狠抓稳粮保供,严守耕

地红线,坚决遏制耕地“非农化”、防止“非粮化”。建设10万亩有机旱作优质小麦生产基地、5000亩玉米全程机械化示范基地和隆化有机谷子基地,发展玉米大豆带状复播2万亩。新建高标准农田4万亩,完成3万亩农机深松整地。深入实施种业振兴行动,加强珍珠玉米优异种质资源的保护开发,新建300亩扩繁基地。扎实推进新翔丰、瑞德丰公司种业振兴项目建设,打造“种子科研创新应用、质量检测、智慧信息化管理”三大板块,新建3万亩小麦良种繁育基地。稳步推进苹果高接换优,完成“南果”出口平台建设。积极开展庭院蔬菜示范村创建,打造南梁千亩粮菜轮作示范区,新增蔬菜种植面积2600亩。实施“翼壶好茶”及绿色循环品牌创建项目,完成5000亩连翘标准化种植基地和4000吨连翘初加工厂建设。完成3家养殖场标准化提升和4家养殖场建设,稳定生猪、蛋鸡饲养规模。新培育农民专业合作社示范社20个、省市级示范家庭农场3家。

推进乡村建设行动。完成58个“多规合一”实用性村庄规划编制。启动西阎、曹公、十河、古十银、古桃园、尧都6个传统村落集中连片活化改造项目。实施120公里农村公路养护提质工程和2个危桥改造。做好“厕所革命”后半篇文章,加强13个服务站所运维管理,完成后续管控系统和粪污处理站建设。持续开展村庄清洁行动,全面推行全民义务清扫制度,巩固农村“六乱”整治成果。新建6个山区垃圾中转站,推动城乡环卫一体化全覆盖。

巩固拓展脱贫成果。落实“四个不摘”,紧盯“三类对象”,建立健全21项防返贫监测和精准帮扶机制,做到动态纳入、即时帮扶,坚决守住不发生规模性返贫的底线。探索特困人员动态评估、分类供养机制,强化社会救助兜底保障。提早谋划衔接乡村振兴资金,支持产业振兴“双创”基地建设和已脱贫村产业发展,确保村村有特色产业、户户有增收门路。

(五)完善县城功能,优化高质量发展环境

统筹规建管运,坚持内外兼修,推进老城新区一体发展,不断提升县城宜居水平。

优化县城发展布局。完成国土空间规划编制,修订完善新城片区城市设计。编制土地年度利用、收储、供应计划,继续加大力度整备存量土地,清理盘活闲置用地,统筹利用腾退空间,规划建设一批便民市场、口袋游园、新能源汽车充电桩等公共服务设施,提高土地资源开发利用效益。

提高综合承载能力。立足新城片区开发建设,推进“四纵”“四横”路网建设,逐步打通潞公街东段(绛源路—新华路)、木坊街(八一路—绛源路)、益苑路(解放路—木坊街)等“断头路”,疏通针织厂路、八一路(红旗街—翔翼街)、新华路(潞公东街—南环路)等“堵点路”,改造体育场路、桐封北路等“破损路”,进一步优化路网体系,畅通城市内循环。完成翔翼大街后续工程、潞公西街和利民路下穿铁路立交桥建设,实施11个老旧小区和铁路家属院改造。加快推进5个商住小区项目建设,打造城市地标,建设精致街区。实施绛源路、红旗街、解放路、八一路、新华路街景改造及县城主干道缆化入地工程,创建具有地域文化特色的景观大道。完成奎星文化生态园建设,为城市增绿添彩。

加强县城精细管理。推动机械化清扫保洁向背街小巷延伸,健全专业化、市场化保洁队伍,完善考核管理标准,提升环卫保洁水平。完成县城智慧停车系统建设,提高现有停车泊位周转率,开放一批“共享车位”,新建10处城区停车场,着力缓解“停车难”问题。制定实施《住宅区物业管理条例》,提升物业管理规范化标准化水平。加快城镇老旧燃气管网更新和燃气设施“三强制”改造,加强对供排水、供热、供电、燃气等管线安全运行的日常巡检、设施维护和实时监测,守护“城市生命线”。启动城市运行管理服务平台建设,提升数字化、智能化管理水平。

（六）聚焦绿色低碳，厚植高质量发展底色

深入践行“两山”理论，强化生态环境治理与保护，一体推进治山治水治气治城，加快建设美丽翼城。

坚决打好污染防治攻坚战。聚焦蓝天常驻，深入推进夏季臭氧治理和秋冬季大气污染综合治理攻坚，实施涉挥发性有机物企业治理提升行动，完成城区餐饮油烟净化设施提标升级；持续抓好“散煤”整治，常态化开展禁煤区“三清零”和其他区域洁净煤替代，推动清洁取暖改造提质扩面，提高运行保障能力；强化面源管控，加大城区道路湿扫频次，落实建筑工地“六个百分之百”，力争 $PM_{2.5}$ 年均浓度达到35ug/m^3 以下。聚焦碧水长清，推进城区雨污分流源头治理，实施4条市政道路和背街小巷雨污分流改造及配套末端管网建设；加强城乡污水处理厂（站）的运维管理，完成王庄污水处理站建设，实施浍河流域入河排污口整治，确保南丁断面水质稳定达到地表水Ⅳ类标准。聚焦黄土复净，实施黄河流域农业面源污染综合治理项目，推进化肥农药减量增效；扎实开展危险废物专项整治，严厉打击非法转移倾倒等行为，努力守好“一方净土”。

扎实开展生态修复治理。实施采煤沉陷区、历史遗留矿山生态环境修复。完成通道绿化200公里，新增林地1万亩。强化“四水四定”刚性约束，推进县域节水型社会达标建设，实施黄河水高效利用、水源置换等工程，实现地下水采补平衡。实施杨家河小流域水土保持综合治理工程。推进河流“清四乱”专项整治。实施农村饮水安全巩固提升工程，完成64个农村千人饮用水水源地综合整治。抓好中央和省委、省政府环保督察问题整改，按时整改销号，严防问题反弹。

着力推进绿色低碳发展。聚焦碳达峰要求，严格落实能耗“双控”，全面推行用能预算管理和能耗在线监测，强化重点行业领域节能改造和节能降耗，推动重点用能单位能效达到先进值或标杆水平，为产业发展腾出环境容量。编制新能源产业发展规划，支持分散式风电、分布式光伏、抽水蓄能等可再生能源产业发展。探索实施全面禁塑和垃圾分类处理，在全社会倡导简约适度、绿色低碳生活方式。

（七）加强风险防控，坚守高质量发展底线

要想攀高峰，必先守底线。我们要统筹疫情防控和经济社会发展，统筹发展与安全，确保社会大局稳定。

筑牢疫情防线。坚持“外防输入、内防反弹”，严格境外人员和中高风险地区来翼返翼人员排查，做到人物同防、闭环管理。加强基层社区防控和社会面管控，严格执行进口冷链食品和物流快递“凡进必检、人物同检”。推进新冠疫苗“应种尽种”。健全常态化防控和应急处置转换机制，做好月度核酸检测实战演练，物资储备满足三轮全员检测需要。

抓好安全生产。严格执行新修订的《中华人民共和国安全生产法》，全面落实“三管三必须”实施细则、分类分级监管和安全监管专员等各项制度。推进安委办实体化运行改革，充分发挥指导协调、监督检查、巡查考核作用。加强安全生产监管执法队伍专业化能力建设，优化编制配备，专业执法人员占比达到75%以上。压紧压实企业主体责任，加强安全投入和培训管理，在煤矿、非煤矿山、危化品、冶金铸造等重点企业实行全员培训制度，提升本质安全水平。扎实推进重点领域隐患排查治理，打好安全生产专项整治三年行动收官战。深入开展打击非法盗采矿产资源专项整治，健全常态化监管机制，依法严惩非法采矿行为。

建设平安翼城。全面落实国家安全责任制，做好北京冬奥会、全国“两会”、党的二十大等重要时期安全保障工作。深入开展重复信访治理和积案化解。推进立体化、信息化治安防控体系建设，启用联勤指挥中心，加快综治中心规范化和“全科网格”建设，完善县乡村三级治理体系。常态化推进扫黑除恶斗争，扎实开展“护校安园”“断流断卡”“利剑斩毒”等专项整治，严厉打击各类违法犯罪行为，营造和谐稳定的发展环境。

（八）增进民生福祉，共享高质量发展成果

坚持以人民为中心的发展思想，在发展中保障和改善民生，让老百姓底气更足、笑脸更多、生活品质更高。

稳定扩大就业。深入实施“人人持证、技能社会”工程，加快推进山西桐封技师学院一期建设，针对县域企业用工需求开展订单式、定向式、定岗式培训，打响“翼城工匠”劳务品牌。发挥晋南、闽光等龙头企业带动作用，搭建供需对接平台，精准促进就业。加强就业困难人员帮扶，推进零就业家庭动态清零。

提升教育质量。实施义务教育薄弱环节改造与能力提升工程，新建城西学校，推进西关小学改扩建，完成北关小学“创一流”建设，持续改善办学条件。启动翼城中学新校区规划设计。落实“双减”政策，规范民办教育。扎实推进新时代教育评价、督导和教师队伍综合改革，实施“三名”“三优”工程，提升教育教学质量，巩固我县教育工作全市领先地位。

建设健康翼城。完成县医院迁建工程，打造全市领先的县域三级综合医院。完成7个乡镇卫生院业务用房提标改造，推动村级卫生室达标建设全覆盖。深化县域医疗卫生一体化改革，加快“医联体”“医共体”建设，推进分级诊疗，构建三级联动的县域医疗服务体系。大力发展中医药事业，完成三级中医医院创建和里砦中医特色服务中心建设。加强和改进食品药品安全监管，保障“舌尖上的安全”。

强化社会保障。健全覆盖城乡的多层次社会保障体系，实施全民参保计划，做到应保尽保。完善城乡低保、临时救助、医疗托底、分类施保和减退帮扶措施，提升多层次社会保障水平。建设40个农村日间照料中心和2个区域养老服务中心，实施浍滨社区老年幸福工程，启动综合福利服务中心后续建设，完成里砦敬老院改扩建。新建浍滨、文昌2个社区党群服务中心。有序推进殡葬改革，完成县级殡仪馆和乡村两级公墓建设。

加强政府自身建设

建设全方位高质量发展强县，对政府工作提出了新的更高要求。我们将始终把发展作为第一要务、把抓落实作为第一任务，踔厉奋发、笃行不怠，努力向党和人民交出满意答卷。

（一）加强政治建设

深学细悟笃行习近平新时代中国特色社会主义思想，坚决捍卫“两个确立”，切实增强“四个意识”，坚定“四个自信”，做到“两个维护”，不断提升“政治三力”，始终在思想上政治上行动上同以习近平同志为核心的党中央保持高度一致。加强政府系统党的建设，落实意识形态工作责任制，深化拓展党史学习教育成果，不折不扣贯彻执行中央、省、市和县委决策部署，确保各项工作始终沿着正确的方向前进。

（二）推进依法行政

深入学习贯彻习近平法治思想，坚持运用法治思维、法治方式开展工作。严格执行“三重一大”制度规定，健全重大行政事项决策机制，不断提升政府决策民主化、科学化和法治化水平。认真执行人大及其常委会决议决定，扎实办好人大代表建议和政协委员提案，自觉接受人大依法监督、政协民主监督和社会舆论监督。深入推进政务公开，让权力在阳光下运行。完善公共法律服务体系，持续开展“八五”普法工作。

（三）强化作风建设

坚持实干为先、落实为要，强化攻坚意识和争先意识，以项目化、清单化、专班化、责任化为抓手，推进各项工作提速提效提质。坚持“一线工作法”，深入基层、深入群众，问计于民、问需于民,掌握实情、解决问题。坚持解放思想、更新观念,增强“八项本领”、锤炼“七种能力”,提高执行力、当好答卷人。

(四)建设廉洁政府

把全面从严治党贯穿到政府工作各方面,认真履行党风廉政建设责任制,贯彻落实中央八项规定及其实施细则精神,大力纠治“四风”。坚持过紧日子,压缩一般性支出,严控“三公”经费,把有限的资金用到“刀刃上”、紧要处。加强审计监督、财政监督,强化重点领域监管和关键环节廉政风险防控,整治群众身边不正之风,着力营造风清气正、干事创业的良好政治生态。

各位代表!实干托举梦想,奋斗成就未来。让我们更加紧密地团结在以习近平同志为核心的党中央周围,在市委、市政府和县委的坚强领导下,大力弘扬“崇德、自信、创新、争先”的新时代翼城精神,锐意进取、勇毅前行,奋力建设全方位高质量发展强县,以优异成绩迎接党的二十大胜利召开!

附:

《政府工作报告》相关注释

1.“两个确立”:确立习近平同志党中央的核心、全党的核心地位,确立习近平新时代中国特色社会主义思想的指导地位。

2.“三品一标”:无公害农产品、绿色食品、有机农产品和农产品地理标志。

3.“名特优新”农产品目录:在特定区域内生产、具备一定生产规模和商品量、具有显著地域特征和独特营养品质特色、有稳定的供应量和消费市场、公众认知度和美誉度高并经农业农村部农产品质量安全中心登录公告和核发证书的农产品。

4.新城片区“四纵”“四横”路网建设:四纵,即八一路、光明路、纵二路、益苑南路;四横,即木坊街、横十路、万慈街、横十一路。

5.“双减双抢”:农业减灾减损、抢收抢种。

6.“五减”专项行动:减事项、减时限、减环节、减材料、减跑动次数。

7.“个十百千万”工程:构建一个“双创”服务体系;健全10+“双创”扶持政策;打造上百“双创”示范基地;孵化上千“双创”市场主体;选树万名“双创”青年典型。到2025年,全县基本形成科学完善的青年“双创”体系,创新创业载体高速发展、人才高度聚集、服务精准到位、气氛更加浓厚。

8.“小巨人”企业:专注于细分市场,创新能力强、市场占有率高、掌握关键核心技术、质量效益优的排头兵企业。

9.“专精特新”企业:做到专业化、精细化、特色化、创新能力突出的中小企业。

10.农村人居环境“六乱”整治:整治农村乱搭乱建、乱堆乱放、乱扔乱倒。

11.“五个一批”:在因灾受损农房重建工作中形成的新建一批、装配一批、回购一批、调剂一批、转移一批的工作思路。

12.“四史”:党史、新中国史、改革开放史、社会主义发展史。

13.“公转铁”:促使更多的大宗商品从公路运输转到铁路运输上来。

14.1号、2号、3号旅游路:舜王坪旅游公路、武池乔泽庙至故城遗址旅游公路、桥上王良纪念馆至西阎四圣宫旅游公路。

15.“两个毫不动摇”:毫不动摇巩固和发展公有制经济,毫不动摇鼓励、支持、引导非公有制经济发展。

16.“单项冠军”:长期专注于制造业某些特定细分产品市场,生产技术或工艺领先,单项产品市场占有率位居全行业前列。

17.“三无”“三可”:三无,即无差别、无障碍、无后顾之忧;三可,即可预期、可信赖、可发展。

18.“12大基地”:大学生实习实训基地、大学生就业创业基地、高校科研平台延伸基地、高校科技成果转化基地、智库合作基地、高校优质生源基地、红色教育和国情教育基地、大学生联合培养基地、高校干部人才培养基地、校友招商引才基地、高校农产品供应基地、技能服务人才培养基地。

19.“四个不摘”：摘帽不摘责任、摘帽不摘政策、摘帽不摘帮扶、摘帽不摘监管。

20.“三类对象”：脱贫不稳定户、边缘易致贫户、突发严重困难户。

21.燃气设施“三强制”改造：安装自闭阀、不锈钢波纹软管、带有自动熄火保护装置的燃气灶具。

22.禁煤区“三清零”：禁煤区内实现散煤、燃煤设施、柴禾清零。

23.“四水四定”：以水定城、以水定地、以水定人、以水定产。

24.河流“清四乱”专项整治：清理河道管理范围内乱占、乱采、乱堆、乱建问题。

25.碳达峰：在某一个时点，二氧化碳的排放不再增长达到峰值，之后逐步回落。

26.“三管三必须”：管行业必须管安全、管业务必须管安全、管生产经营必须管安全。

27.“全科网格”：以基层社会治理“一张网”为基础，整合部门“网”“员”，建立一支队伍，承担党建、综治、公安、民政、司法行政、自然资源、环保、住建、食品药品、安监、综合执法、消防等部门的基层网格管理工作。

28.“双减”：要有效减轻义务教育阶段学生过重作业负担和校外培训负担。

29.“医联体”：医疗联合体，将同一个区域内的医疗资源整合在一起，通常由一个区域内的三级医院与二级医院、社区医院、村医院组成一个医疗联合体。

30.“医共体”：医疗服务共同体，以“县医院为龙头、乡镇卫生院为枢纽、村卫生室为基础”的县乡一体化管理体系。

31.“政治三力”：政治判断力、政治领悟力、政治执行力。

32.“八项本领”：学习本领、政治领导本领、改革创新本领、科学发展本领、依法执政本领、群众工作本领、狠抓落实本领、驾驭风险本领。

33.“七种能力”：政治能力、调查研究能力、科学决策能力、改革攻坚能力、应急处突能力、群众工作能力、抓落实能力。

中国人民政治协商会议
第十五届翼城县委员会常务委员会工作报告

——2022 年 1 月 24 日在政协第十五届翼城县委员会第二次会议上

翼城县政协主席　董　玲

2021 年工作回顾

2021 年，是党和国家历史上具有里程碑意义的一年。一年来，在中共翼城县委的坚强领导下，县政协及其常委会坚持以习近平新时代中国特色社会主义思想为指导，深入贯彻党的十九大和十九届历次全会精神，全面落实县第十四次党代会精神，紧密团结全体政协委员和政协各联系单位，牢牢把握团结和民主两大主题，认真履行政治协商、民主监督、参政议政职能，在建言资政和凝聚共识双向发力，有力促进了县域经济社会高质量发展。

一、坚持党的领导，在肩负职责使命中把握政协定位

县政协常委会始终以党的理论武装头脑、引领事业、推动工作，着力打造具有共同思想基础、共同目标追求的政治共同体。政治理论学习常学常新。健全完善了以党组学习为引领，常委会议专题学、委员学习小组跟进学、学习强国天天学的常态化学习制度。认真学习了习近平总书记视察山西重要讲话重要指示、三篇光辉文献等重要论述，集中组织党的十九届六中全会精神培训会、政协委员履职能力培训会等，全年组织召开政协党组会议 20 次，政协主席会议 15 次，政协常委会议 5 次，指导政协机关、委员学习小组召开各类会议 80 余次，切实把思想和行动统一到党中央、省委、市委、县委的决策部署上来，不断推动学习成果转化为做好政协工作的新思路、新举措、新动力。党史学习教育走深走实。始终把党史学习教育作为重大政治任务，规定动作不走过场，自选动作务求实效。全年围绕“四史”学习专题，统筹宣讲力量，用好红色资源，组织召开交流研讨会 10 次，邀请县委党校讲师专题辅导 2 次。党组成员轮流深入委员学习小组面对面谈心，流动宣讲党课，推动党史学习教育在政协系统落地扎根，深入人心。主席班子主动加强与包联乡镇、企业、重点工程项目的交流联系，协调解决难题，带头践行“我为群众办实事”实践活动。县政协结合书香政协建设，在 10 个委员学习小组设立“读书示范点”，以书香政协建设助推书香社会建设。贯彻上级精神落实落细。坚持把学习贯彻中央、省委、市委、县委政协工作会议精神贯穿全年，融入经常，全面深化人民政协专门协商机构的定位认识。健全完善了《政协翼城县委员会全体会议工作规则》《政协翼城县委员会常务委员会工作规则》《政协翼城县委员会主席会议议事规则》等制度。经县委、县政府、县政协研究协商，由县委办、政府办、政协办联合印发《关于加强政协机关委室中心联系乡镇、部门单位、委员学习小组工作的意见》，切实推动政协履职的制度化、规范化、程序化建设，不断把人民政协制度优势真正转化为实际治理效能的思想自觉和行动自觉。推动党的建设从严从实。坚持党对政协工作的全面领导，严格执行重大事项请示报告制度，全面落实主席班子跟踪问效机制，确保县委决策部署在政协贯彻落实。充分发挥党组把

方向、管大局、保落实作用,严格履行全面从严治党主体责任,加强政协系统意识形态工作,支持县纪委监察派驻组履行监督责任,深入推动党的组织和党的工作在政协系统全覆盖,为政协高效履职提供了有力保障。

二、围绕县委大局,在优化协商建言中展现政协担当

围绕中心、服务大局是政协履职的基本遵循,县政协常委会坚持把县委决策部署作为履职主线,开展调研协商,为全县经济社会发展建睿智之言,献务实之策。围绕县委决策协商议政。以“乡村振兴”、推动打造“智慧+现代农业”翼城样板,“工业振兴”、着力打造“三箭齐发”工业新格局,“优化营商环境”、提升“一网通办”一体化政务服务平台建设为课题,组织专题议政,形成了专题议政报告,呈送县委、县政府决策参考。聚焦重点工作调研视察。围绕文化与旅游融合、常态化疫情防控、打造高品质生活宜居区、教育工作高质量发展、人人持证技能社会、重点工程项目建设、政法队伍教育整顿等开展视察调研16次,就抓好现有政策落地、新一轮政策谋划提出针对性意见120余条,为着力破解制约我县重点工程项目协商建言,以实际行动助力我县重点工作推进,重点项目落实。立足高质量发展建言资政。政协第十五届一次会议共征集委员议政发言材料46份,汇编成册报送县委、县政府,其中《推进产业集聚区高质量发展 加快我县工业振兴步伐》《积极参与翼城优品区域公用品牌建设 助力产业融合乡村振兴》等建议,为助推全县产业振兴、项目建设,统一了共识,凝聚了合力。

三、坚守初心使命,在履行工作职能中发挥政协作用

县政协常委会牢记人民政协初心使命,聚焦民生关切尽责尽力,积极助力县委、县政府破解民生难题、增进人民福祉。提案质量稳中有升。县政协第十五届一次会议共提出提案285件,立案提案195件,并案后最终形成161件,交由党群部门办理的提案15件,交由政府部门办理的提案146件,其中遴选了8件提案作为重点提案,12件作为重要提案。全年立案提案全部办结,答复率达100%,委员满意率达到98.5%。社情民意获得表彰。全年共报送社情民意信息稿件201篇,其中:上报省、市政协196篇,全国政协采用1篇,省政协采用、转报全国政协、转送相关部门7篇,市政协采用76篇,社情民意考核分值稳居全市第一方阵。民主评议扎实推进。根据政协常委会议协商,对南梁镇、里砦镇、应急管理局、自然资源局、水利局、市场监督管理局、交通运输局等乡镇、部门开展民主评议。通过走现场、听汇报、查资料、看效果,提出针对性意见和建议50余条,切实达到了各评议单位改进作风、推进工作的目的。

四、广泛凝聚共识,在始终增进团结中汇集政协合力

县政协常委会始终把凝聚共识作为履职中心环节,把握人民政协重要阵地、重要平台、重要渠道作用,不断增进团结奋进的向心力,汇聚翼城高质量发展的正能量。建党百年系列活动精彩纷呈。组织举办庆祝中国共产党成立100周年暨“五一”国际劳动节拔河比赛、“永远跟党走·共担新使命”演唱会、“翰墨助转型·同心推优品”书画赠送活动、“重温党史·共话未来”喜迎中国共产党成立100周年座谈会等活动,不断激发政协委员爱党爱国、干事创业的热情和信心。组织全体委员参观“百年风华·振翼远航”翼城党建历史展览,“颂百年党恩·绘千秋伟业”书法、工艺、美术作品展览,“翰墨丹青颂党恩·不忘初心歌盛世”庆祝中国共产党成立100周年书画展,观看《天下唐人·老家翼城》《红色翼城——翼城县百年党史回顾》《青春之骏》《长津湖》《我和我的父辈》等影视作品,进一步树牢政协委员的理想信念,塑造政协委员的政治品格。先后组织部分政协常委、委员赴赵宝成纪念馆红色教育基地、县党史馆、南梁河东学校遗址、左权八路军总部纪念馆、晋察冀豫边区临时会址、昔阳县陈永贵纪念馆、阳泉百团大战纪念馆等地开展主题党日活动,进行党性教育和爱国主义教育,持续从党史学习教育中汲取政协履职的不竭力量。交流联谊平台进一步拓宽。按照县委部署,积极为工商联、无党派、社会各界人士创业发展创造条件。全年接待晋中市、绛县、新绛县政协来我县交流、学习、考察3次,加强政协系统横向联系的同时,扩大了翼城政协的知名度。存史资政作用充分发挥。出版发行《翼城政协志》,编纂完成《吴春安》画册。利用政协平台,宣传翼城人物,讲好翼城故事,与融媒体联合开办《翼城政协》专栏,开设"政协时政""委员风采""委员之声"3个版块,宣传政协委员,传播政协声音。全年共开播7期,宣传优秀政协委员28名,在全社会营造了"树标杆、学先进、争当优秀政协委员"良好风尚。

五、保持与时俱进,在加强自身建设中凝炼政协品质

县政协常委会围绕政协组织承担的任务目标,把握时代脉搏,创新履职载体,制定出台以"创先履职担当,争当优秀委员;创新活动载体,争当先进小组;创优协商成效,争当模范委室"为内容的"三创三争"实施意见,在思想武装、探索创新、队伍建设、履职成果等方面加强和改进政协工作,以改革思维、创新理念、务实举措推动政协工作高效落实,让高质量发展成为新时代政协鲜明特色。机关工作更加规范有序。政协机关全面细化"三创三争"活动内容和形式,不断规范政协履职活动的参加范围、活动原则、基本程序和调研方式,推动政治协商工作高效运行,积极利用权威媒体网站、微信公众号、委员联络微信群等渠道发布工作信息,探索开展云议政、微协商,丰富了建言内容,促进了建议更加精准有力,机关工作效能进一步提升。专委会作用更加务实有力。各专委会围绕"三创三争"创建内容,细化工作流程,理顺工作关系,建立起权责清晰、运行有效的工作机制,并结合履职特点,抓好抓实每次协商活动的"搭台"职责,初步形成了各具特色、各展所长的专委会工作新格局,政协组织的形象进一步树立。小组活动更加顺畅高效。各委员学习小组以"三创三争"为创建目标,全面加强委员履职管理,提升小组履职能力建设,大力营造"学"的风气、"创"的思维、"干"的氛围。第一、第四、第六小组就我县"三箭齐发"项目华翔新材料科技园开展调研,就加快项目落地建设协商建言。第二小组组织慰问翼钢搬迁工作小组。第三小组组织医疗队赴隆化镇北张村开展义诊及慰问活动,把优质医疗服务送到了农村一线。第八小组专题调研疫情防控工作,慰问一线医护人员。第五、第七、第十小组深入中卫乡石佛村、南梁镇、西阎镇,围绕"翼城优品区域公用品牌"建设实地调研,助力破解乡村振兴难题。第九小组对我县民营企业泰鑫塑胶制品有限公司开展走访座谈,就营商环境优化情况进行深度调研;联合里砦镇开展党史学习教育,联合南梁镇牛家坡村开展助力乡村振兴活动,切实推动了协商活动向一线拓展。委员作用更加得以体现。一年来,在我县疫情防控、复工复产、"我为群众办实事"实践活动中,广大政协委员第一时间对标县委号召,响应政协倡议,在保障供应、稳产稳岗、纾解情绪等方面,做出了很多行之有效的工作,涌现出好人好事451件,捐款捐物近190万元。特别是在"双减双抢"工作中,全体委员分赴9个乡镇帮扶受灾农户抢收玉米2000余亩,体现了新时代政协委员为国履职、为民尽责的使命担当。《县政协真"协"实"商"谋大计 倾情履职惠民生 凝心聚力促和谐》《不能损失一粒粮食》等典型事迹,先后被山西新闻网、《山西政协报》、《临汾日报》、临汾政协等权威媒体刊登。

总结工作的同时,我们也深刻认识到,还有

很多方面需要加强和提高。主要表现在:履职能力有待进一步提升,工作机制需要进一步完善,议政质量还需进一步提高,委员作用仍需进一步强化等。希望大家提出意见建议,我们将认真研究,改进完善,把今后工作做得更实、更好、更有成效。

各位委员,回顾一年的工作成绩,是在县委坚强领导下,县人大、县政府大力支持下取得的结果,是各部门和全体政协委员及政协工作者团结奋斗的结果,是许多老领导、老同志以及社会各界广大干部、群众关注关心的结果。在此,我代表县政协十五届常委会,表示崇高的敬意和衷心的感谢!

2022 年工作部署

2022 年,政协工作的总体要求是:以习近平新时代中国特色社会主义思想为指导,全面贯彻党的十九大和十九届历次全会精神,弘扬伟大建党精神,深入贯彻习近平总书记关于加强和改进人民政协工作的重要思想,全面落实中央、省委、市委、县委经济工作会议决策部署,紧密围绕县委十四届五次全会暨经济工作会议确定的"全面落实'六稳''六保'工作要求,统筹疫情防控和经济社会发展,统筹发展和安全,大力实施工业振兴、实体经济振兴、乡村振兴、文旅振兴'四大振兴战略',深入推进改革开放、城市建设、生态环保、民生保障、安全稳定、干部能力'六大提升行动'"的目标任务,充分发挥专门协商机构作用,坚持发扬民主与增进团结相互贯通,建言资政和凝聚共识提质增效,为我县勇当临汾争先进位崛起排头兵,奋力建设全方位高质量发展强县汇聚正能量、作出新贡献,以优异成绩迎接党的二十大胜利召开。

一、要讲政治,高站位,把党的领导作为政协履职的重要保证

要旗帜鲜明讲政治,保持战略定力不动摇。扛牢政治之责。深入贯彻落实党的十九届六中全会精神,自觉把"两个确立"作为最深刻的政治领悟、最牢固的政治信念、最重要的实践要求,把"两个维护"作为最高政治原则和政治规矩,多形式、多层次、多渠道开展学习,进一步在学深悟透、落实落地上下功夫,不断提高政治判断力、政治领悟力、政治执行力,确保党中央重大决策部署在政协组织落地生根。把牢思想之舵。提升政协组织学习质量,持续巩固党史学习教育成果,坚持以"书香政协"为抓手,深化拓展系列读书交流活动,加强人民政协理论与实践探索,推动政协工作与时俱进、创新发展,努力把协商民主、凝聚共识、联系群众的优势转化为社会治理的实际效能。筑牢履职之基。紧紧围绕县委工作部署,创造性地把全方位高质量发展的目标要求落到实处。持续推进政协党组、机关党支部、委员党小组标准化建设,推动党的组织成为宣传党的主张、贯彻党的决定、团结联系群众、助推改革发展的战斗堡垒,扩大党在政协组织的影响力、号召力。当前,要集中精力把思想和行动统一到县委十四届五次全会暨县委经济工作会议精神上来,把智慧和力量凝聚到县委确定的目标任务上来,自觉肩负起推动我县全方位高质量发展的历史使命。

二、要促发展,助振兴,把服务大局作为政协履职的责任所在

要牢固树立"到一线、抓项目、促发展"的理念,履职不偏移,尽职不越位。聚焦工业振兴,围绕"三箭齐发"重大项目建设,特色产业集聚区建设,加强与省、市政协的联系合作,调研跟踪先进地区的理念、经验、创举,挖掘有借鉴意义的高招、实招、硬招,深入集思广益,开展专题议政,增强发展后劲,为县委决策落地提供参考。聚焦实体经济振兴,围绕"青年创新创业"筑梦工程,发挥政协智库作用,助力开辟青年创新创业新赛道。注重用好委员优势,广泛宣传翼城的产业发展优势和优良营商环境，对接实体经济需要，吸引更多高层次人才和紧缺人才汇聚翼城，共享我县高质量发展的红利和商机。聚焦乡村振兴、文旅振兴，围绕三产融合+全域旅游，开展调查研究，加强对口协商，推动我县核心龙头景区和翼城优品、翼壶好茶等特色品牌提档升级，促进本土文化与全域旅游有效衔接，助力打造“智慧+现代农业+休闲旅游”的翼城样板，进一步叫响翼城品牌的影响力。聚焦改革开放，围绕营商环境、社会环境、生态环境建设协商建言，就补齐重点领域、关键环节短板，提出可行性意见，探索形成可复制、可推广的“翼城经验”。聚焦城乡融合、生态环境，就基础设施、产业发展、公共服务、社会治理、人居环境“五个统筹”及水资源保护、土壤污染综合防治，开展跟进性监督视察，促进县委、县政府相关重点工程、项目的落实。聚焦民生保障、安全稳定，围绕教育、医疗、就业、养老等民生领域，进行深度调研，开展协商式监督和议政，提出针对性强的政策建议，促进相关工作不断在进取中破题，在转型中奋进。上述工作，我们已纳入年度协商计划，力争形成体现政协特色的高水平、高质量协商成果。

三、要强调研、提质量，把提质增效作为政协履职的本质要求

要贯彻县委决策，明确主攻方向，铺开调查研究，重点是在“守正创新、成果转化”上下功夫。提案工作打造精品，严格把握政协提案入口关、立案审查关和办理转化关，有效推动提案由数量向质量转变，由答复向成效转变，切实提升“提办”双方的满意度。反映社情民意精准考核，把反映社情民意信息作为委员履职的重要指标，实行分值管理，强化考核力度，切实提高信息的导向性和前瞻性，让民意“直通车”真正为“化解民生矛盾、解决民生难题”发声助力。“民主评议”工作要真“评”实“评”。履行、运用好“民主监督”这一职能，提高民主评议的“含金量”。在2022年“五部门两乡镇”评议工作中，不仅要评出各单位、部门工作中的优劣，还要考虑解决问题的途径，督促相关单位整改问题，改进作风，推进民主评议在实践中的深化、在创新中的发展。

四、要凝众志，聚共识，把团结民主作为政协履职的目标追求

要把加强思想政治引领、广泛凝聚共识作为履职中心环节，在思想引领中深化共识，在民主协商中达成共识，在联系群众中广聚共识。凝聚各方合力。动员全县各参加单位、政协工作者和广大政协委员发挥优势，在助力服务县域经济社会发展上主动担当、积极作为。拓宽“书香政协”功能，完善“委员书屋”建设，打造“委员之家”品牌。办好《翼城政协》专栏，支持委员“走出去、请进来”，讲好翼城故事、政协故事、委员故事。深化合作联谊。加强与党外人士、非公有制经济人士、新的社会阶层人士的联系沟通，不断扩大团结联谊范围，引导各界人士、政协委员统一思想、形成共识，汇聚合力，把更多的人团结凝聚在党的周围。定期召开委员座谈会，了解委员思想动态，听取委员意见建议，做好思想引领工作。鼓励和支持委员深入基层，联系界别群众，及时反映群众意见和建议，协助党委政府做好协调关系、理顺情绪、化解矛盾等工作。健全联动机制。加强与兄弟政协的横向联系，共享政协智库资源，为我县招商引资、招才引智牵线搭桥。同时，启动《诚正斋文集》注释、《晋国源头》等书籍编纂工作。

五、要提效能，激活力，把自身建设作为政协履职的有力支撑

要大力推进“三创三争”活动，进一步加强政协组织作风建设和效能建设，推动政协各项工作再上新台阶。县政协常委会将以《关于加强政协机关委室中心联系乡镇、部门单位、委员学习小组工作的意见》为指导，进一步加强与联系乡镇、部门单位、委员学习小组的联系，搭建政协委员在乡镇、村(社区)的活动平台,形成组织推动、上下贯通、精准施策、考核督导的工作机制,帮助委员知情明政、收集民意、履行职责。各联系单位、部门要注重互通交流,加强信息通报,为政协开展工作创造条件,畅通渠道。同时,要进一步健全委员活动成效评价体系,做实委员履职情况统计、考核和通报工作,形成有利于执行、有助于改进的履职闭环,推动政协工作向基层延伸,扩大群众参与政协履职的渠道,促进政协协商与基层协商有效衔接。各专委会要积极探索界别活动的新形式、新方法,拓宽专委会同界别委员的联系、知情、议政渠道,以界别为主体探索建立界别活动新载体、新平台,提升"一委一品"工作质量,促进界别活动更活跃、更规范、更有效。政协机关要在活动体系和载体形式上改进工作,发挥委员学习小组作用,为委员履职创造条件,把敢担当、善作为体现在机关建设的各方面、全过程。各委员学习小组要围绕"三创三争"活动健全履职规程,提升履职能力,对参加视察调研、协商议政的委员提出具体要求,强化委员履职成果运用。广大委员要珍惜委员荣誉,发挥委员作用,既要在本职岗位上建功立业,还要在政协履职中尽职尽责,高标准交好"委员作业",让自身智慧才能在政协事业上焕发新的光彩。

各位委员,力量生于团结,幸福源自奋斗。团结奋斗是一百年来中国共产党人、中国人民、中华民族锤炼铸就的宝贵精神品质。让我们更加紧密地团结在以习近平同志为核心的党中央周围,在中共翼城县委的坚强领导下,大力弘扬崇德、自信、创新、争先的新时代翼城精神,踔厉奋发,笃行不怠,努力开创我县政协事业新局面,为勇当临汾争先进位崛起排头兵,奋力建设全方位高质量发展强县汇聚正能量、作出新贡献,以优异成绩迎接党的二十大胜利召开!

大 事 记

1 月

4 日 县委常委会(扩大)会议召开,传达学习习近平总书记在中央农村工作会议和中央全面深化改革委员会第十七次会议上的重要讲话精神及省委十一届十一次全会暨省委经济工作会议、省委农村工作领导小组会议精神。

5 日 临汾市城市管理局副局长杨卫红对翼城县市政道路建设工作进行检查指导。

6 日 翼城县疫情防控工作会议召开。

同日 县委书记王渊对翼城县疫情防控工作进行专题调研。他要求提高思想认识,强化责任担当和初心使命,持之以恒,抓严抓实抓细抓全,做好防控措施的贯彻落实,坚决阻断疫情传播途径,为人民群众构建安全可靠的公共卫生屏障。

7 日 市委第二考核组对翼城县 2020 年度目标任务完成情况进行集中考核测评。王渊主持大会并作述职。考核组组长陈国元、副组长秦希亮一行到会指导,并对翼城县 2020 年度重点工作进行实地查访核验。

同日 省妇女儿童发展"十三五"规划终期评估督导组到翼城县进行评估督导。组长琚李梅一行先后到县妇幼保健院、县人民医院、桐封社区及特殊教育学校、汉德园中学、桐封技工学校等地查看翼城县优质医疗资源下沉、公共卫生管理、家庭医生签约服务及教育事业发展等工作情况。

12 日 县委专题会议暨县疫情防控工作领导小组会议召开,全面贯彻省、市会议精神,分析当前疫情防控形势,研究部署下一步重点工作,凝聚全县合力、织牢织密疫情防控网,坚决守好翼城阵地,全力打赢疫情防控攻坚战。

同日 翼城电视台《平安翼城》栏目开播。

同日 县委书记王渊对翼城县疫情防控工作进行突击检查。他要求进一步绷紧思想之弦、筑牢责任之堤、强化使命担当、保持迎战状态,全力筑牢群众生命安全和身体健康防线,坚决打赢疫情防控攻坚战。

同日 县政府党组会议召开,学习中央经济工作会议、农业农村工作会议和省委十一届十一次全会暨省委经济工作会议精神,学习《关于对全省党政干部违规入股企业专项清理工作开展督导抽查的情况通报》和《专项清理工作明确的有关事项》。

15 日 县十六届人大常委会第四十次会议召开,审议《翼城县人民法院关于 2020 年刑事审判工作情况的报告》《翼城县人民检察院关于适用认罪认罚从宽制度情况的报告》。

同日 翼城县巩固拓展脱贫成果 2021 年第二次周例会召开。县委副书记解湧传达了全国扶贫开发工作会议精神,副县长胡国华安排当前重点工作,县农业农村局负责人对产业脱贫、就业脱贫等情况进行说明。

19 日 县委中心组理论学习会议召开,传达学习习近平总书记在省部级领导干部专题研讨班开班式上的重要讲话精神、市委四届九次全会暨市委经济工作会议精神和市委召开的县(市、区)委书记、直属党(工)委书记抓基层党建工作述职评议会议以及县(市、区)委书记抓脱贫攻坚工作述职评议会议精神。

同日　县委常委会会议召开，集中学习习近平总书记视察山西重要讲话重要指示，研究《翼城县党建工作考核办法（试行）》等事项。

20日　翼城县乡镇党委书记、直属工委书记抓基层党建工作述职评议会召开。会议要求，以政治建设为统领，创新方式方法，严肃党内政治生活，以更强的担当、更高的标准、更实的举措、更硬的作风，全力推动基层党建工作再上新台阶。

同日　翼城县1月安全生产工作例会召开。会议要求对标省、市、县关于安全生产的部署要求，针对岁末年初事故易发、多发、高发的关键节点，思想再拧紧、举措再务实、责任再扛牢，不折不扣抓好安全生产各项任务落实工作。

22日　翼城县2020年度乡镇党委书记抓脱贫攻坚工作述职评议会议召开。会议要求全力推进脱贫攻坚与乡村振兴有效衔接，为推动全县高质量转型发展奠定扎实基础。

同日　"翼壶好茶""翼城优品"推进会召开。王渊要求，精准把握时机，创新工作举措，明确主导方向，做优做强"翼壶好茶""翼城优品"，加快翼城由品牌大县向品牌强县转变，坚定不移推进全县经济高质量转型发展。

24日　市委常委、县委书记王渊，副市长、市公安局党委书记、局长张勇及省公安厅专项督导检查组成员，到县公安局督导检查"1·21"全省公安机关案件侦办和疫情防控工作会议贯彻落实情况。王渊、张勇要求，要深入贯彻落实全省会议精神，加强社会重点场所和监所疫情防控举措，确保监所关押人员身体健康和生命安全。

25日　县委常委会（扩大）会议召开，传达学习习近平总书记在党的十九届中央纪委五次全会上的重要讲话精神，传达学习省十三届人大四次会议精神和省政协十二届四次会议精神，对当前重点工作进行部署。

26日　翼城县召开党外代表人士座谈会。会议要求，全面贯彻落实中央、省委、市委决策部署，高举新时代改革开放旗帜，奋发有为、真抓实干、再接再厉、继续前进，为翼城县高质量转型发展积极贡献力量。

27日　中国共产党翼城县委十三届十二次全体会议暨县委经济工作会议召开。听取和讨论县委书记王渊受县委常委会委托所作的工作报告，审议通过《中共翼城县委关于制定国民经济和社会发展第十四个五年规划和二〇三五年远景目标的建议》，表决通过中国共产党翼城县委第十三届委员会第十二次全体会议决议。王渊就《中共翼城县委关于制定国民经济和社会发展第十四个五年规划和二〇三五年远景目标的建议（讨论稿）》向全会作了说明，对2021年经济工作作全面部署。县长刘锋对2021年经济工作作出具体部署。

2月

3日　县十六届人大常委会第四十一次会议召开，审议通过县乡（镇）人民代表大会换届选举的决定和乡（镇）人民代表大会代表名额的决定，表决通过关于成立县乡（镇）选举委员会的决定，通过有关人事免职事项。

4日　翼城县召开2020年度党管武装工作述职会议，对2020年度党管武装工作进行总结讲评，部署2021年度党管武装工作。

10日　翼城县第十六届人民代表大会常务委员会第四十二次会议召开，补选李放明为临汾市第四届人民代表大会代表。

18日　县委书记王渊带领县四大班子领导深入重点项目、重点工程一线，把脉问诊、现场办公、督导调研。

同日　县委常委会（扩大）会议召开，传达学习中央全面依法治国工作会议和中央、省委、市委政法工作会议精神，省委第十三巡视组关于对临汾市开展巡视的反馈意见以及有关领导讲话精神,市纪委四届六次全会精神,研究成立翼城县创新生态建设领导小组和翼城县数字化转型发展领导小组,对当前重点工作进行安排。

22日　翼城县召开党史学习教育部署会议,县委副书记解湧作动员部署。

26日　县委常委会(扩大)会议召开,传达学习习近平总书记在党史学习教育动员大会和在全国脱贫攻坚总结表彰大会上的讲话;传达市四届人大八次会议精神和市政协四届六次会议精神;传达学习省委庆祝中国共产党成立100周年系列活动电视电话会议精神;传达学习《临汾市招商引资奖励办法》;研究翼城县《安全生产责任落实特别规定》,听取产业集聚区工作情况汇报,部署现阶段重点工作。

同日　县委书记王渊带领相关部门负责人到信访接待室接访,与来访人员面对面交流,倾听群众心声,解决群众问题,为群众排忧解难。

3月

3日　省自然资源厅厅长姚青林、省文物局局长刘润民到翼城县高质量钢铁新材料工业园区进行调研。

4日　翼城县召开国道241线石桥至梁壁段改线工程推进情况汇报会。

5日　全县纪念"三八"国际劳动妇女节111周年暨妇女工作会议召开,总结2020年妇女工作,表彰在经济社会发展中涌现出的先进妇女集体和妇女个人。

8日　县委书记王渊会见中信机电制造公司董事长张俊国一行,双方就项目建设、处僵治困、资产盘活等内容进行深入洽谈。

同日　县委书记王渊到唐兴、中卫两乡镇就春耕备耕工作进行调研。他要求早计划、早安排、早储备,重点抓好良种培育、农业托管和设施农业发展,用科技赋能、现代管理助力翼城县农业生产步入智能化、规模化和产业化发展快车道,确保全县"三农"工作开好局、起好步,为全年农业丰产、农民增收奠定基础。

9日　县委书记王渊主持召开副县级以上领导干部会议。会议宣读了市委组织部关于白向阳等人员职务调整的通知,调整职务的人员逐一进行表态发言。

10日　市委常委郝忠祥到翼城县晋源实业有限公司调研民营企业转型发展情况,要求加大对民营企业的支持力度,加快产业集群落地步伐,推进民营经济高质量高速度转型发展。

同日　县委书记王渊以唐兴镇古城选区正式代表候选人身份与选民见面,倾听选民心声。

同日　县政府召开党组会议。会议强调,进一步统一思想、提高认识,明确职责、严明纪律,拿出"起步就是冲刺、开局就是决战"的状态,锤炼新作风、展现新作为、干出新气象。

11—12日　县委书记王渊带队到忻州市定襄经济技术开发区、忻州市半导体产业园考察学习。

12日　翼城县贯彻落实习近平总书记"绿水青山就是金山银山"的发展理念,积极开展义务植树活动,不断巩固和发展翼城县的绿色生态优势,为翼城大地增绿添彩。县四大班子领导在唐兴镇寿城村同200余名干部群众开展义务植树活动,掀起了春季植树造林的热潮。

15日　县乡(镇)两级人大代表选举投票日,全县各选区选民依法行使权利参加选举投票活动。县四大班子领导以普通选民身份在县委大院选区参加投票,选举翼城县第十七届人大代表和唐兴镇人大代表。

同日　翼城县在府前广场举办2021年"3·15"国际消费者权益日主题活动。

16日　县委常委会(扩大)会议召开,进行党史学习教育专题学习,传达学习十三届全国人大四次会议精神、全国政协十三届四次会议精神,对当前重点工作进行部署。

17日　市人大常委会主任陈小洪到翼城县

就工业产业发展进行调研，要求加快转型发展步伐，创新思维、主动作为，加快推进重点项目建设。

20日 翼城县政法队伍教育整顿政治轮训示范班开班，县委书记王渊参加开班仪式并作题为《筑牢政治忠诚，从严管党治警，打造一支符合新时代要求的政法铁军》的专题授课。

22日 市委书记董一兵到翼城县就行政审批“一网通办”、政法队伍教育整顿活动开展、党史学习教育、园区建设和农业托管服务等进行调研。要求不断优化发展环境，简化办事流程，千方百计加快项目建设推进力度和速度，扎实开展好政法队伍教育整顿活动，把学党史、悟思想、办实事、开新局的要求落实落细，不断完善农业托管全流程服务，努力实现高质量高速度发展。

25日 中共翼城县委十三届十三次全体会议召开，研究召开中国共产党翼城县第十四次代表大会有关事项。28名县委委员、4名候补委员出席全会。县纪委常委和有关方面负责人列席会议。会议决定县第十四次党代会于2021年3月28—30日召开。

26日 翼城县召开党史学习教育推进会。印发《关于开展党史学习教育的实施方案》，对党史学习教育的学习内容、环节步骤、工作要求等进行部署。

29—30日 中国共产党翼城县第十四次代表大会在县影剧院召开。会议听取审议并通过了中国共产党翼城县第十三届委员会工作报告、中国共产党翼城县第十三届纪律检查委员会工作报告。大会选举产生了中国共产党翼城县第十四届委员会委员，选举产生了中国共产党翼城县第十四届纪律检查委员会委员。

31日 县委书记王渊带领县四大班子领导到隆化镇紫琴村开展党史学习教育，瞻仰烈士遗像，缅怀革命先烈，重温入党誓词。

同日 全县宣传思想工作会议召开。

同日 县委疫情防控工作专题会议暨领导小组会议召开，会议要求，慎终如始抓好疫情防控工作，毫不放松抓好安全生产工作，全力以赴抓好森林防火工作。

同日 市人大常委会副主任张庚博带队就《省人大常委会关于禁止野外用火的决定》开展执法检查。

4月

5日 县委书记王渊到新强绿色环保建材科技有限公司和3号旅游公路项目建设现场进行安全检查并现场办公，要求全力支持重点企业、重点项目的建设，实现企业高质量高速度转型发展。

同日 县委书记王渊采取“四不两直”的方式，到中卫乡检查森林防火工作。他强调，要绷紧森林防火这根弦，全力筑牢森林防火坚固防线，确保人民群众生命财产安全。

8日 县委常委会（扩大）会议召开，开展党史学习教育县委中心组集体学习和专题交流研讨，传达学习习近平总书记考察福建重要讲话重要指示，听取县四大班子领导包联重点项目和部分规上企业情况汇报。

同日 翼城县举办党史学习教育宣讲报告会，市委宣讲团成员靳水旺作宣讲报告。

同日 县政府第74次常务会议召开。听取《政府工作报告（征求意见稿）》《翼城县国民经济和社会发展第十四个五年规划和二〇三五年远景目标纲要（草案）》《翼城县2020年国民经济和社会发展计划执行情况与2021年国民经济和社会发展计划（草案）的报告》《2020年财政预算执行情况与2021年财政预算（草案）的报告》。

9日 全县统战工作会议召开。

12日 市委党史学习教育第七巡回指导组到翼城县调研指导党史学习教育。

13日 翼城县“共创‘三零’·共建平安”主题宣传月活动在府前广场全面启动。

14日 翼城县政法队伍教育整顿查纠整改

征求意见座谈会召开。会议要求,坚持开门整顿、从严整顿、精准整顿,坚决整治政法战线违纪违法问题,坚决清除害群之马,彻底整治顽瘴痼疾,持续推动政法队伍教育整顿取得扎实成效。

14—16日 中国人民政治协商会议第十五届翼城县委员会第一次会议召开。县政协主席董玲代表政协第十四届翼城县委员会常务委员会作工作报告,县政协副主席贾永强代表政协第十四届翼城县委员会常务委员会作提案工作报告和关于政协第十五届翼城县委员会第一次会议提案征集和审查情况的报告。

15—17日 翼城县第十七届人民代表大会第一次会议召开。县委书记王渊在闭幕会上作重要讲话,县长刘锋作《政府工作报告》,县人大常委会主任李放明作《人大工作报告》。

18日 翼城县2021年中小学生春季田径运动会在奥体中心开幕。

20日 省委书记楼阳生到翼城县调研,视察高质量钢铁新材料工业园区,查看"翼城优品",品鉴"翼壶好茶"。他要求,深入学习贯彻习近平总书记视察山西重要讲话重要指示,走高端化的路子,加快"六新"发展,通过要素集聚,不断强链延链,推动高端集群绿色发展。要为企业搭建平台、创造条件,重视历史上的冶炼文化积淀,加强现代化管理,使用现代化最新科技,产出现代化产品,为山西"十四五"转型出雏形作出新的更大贡献。

22日 翼城县召开传达省委书记楼阳生调研临汾重要讲话重要指示精神会议。会议要求,以高度的政治自觉和使命担当,将楼阳生提出的工作要求不折不扣贯彻落实到位,在领会精神实质上下功夫,在创新工作举措上下功夫,在完成目标任务上下功夫,全力把翼城的各项事情办得更好,以优异成绩迎接中国共产党成立100周年。

23日 县委书记王渊深入县教育科技局、南梁镇,就党史学习教育开展情况进行调研。要求各乡镇、各单位坚定信心、努力奋斗,创新载体、丰富内容,推进党史学习教育走深走实,真正做到学史明理、学史增信、学史崇德、学史力行。

27日 全县环委会2021年第一次会议暨生态环境保护大会召开。

28日 县长刘锋带领自然资源、水利、交通等部门和唐兴镇等乡镇负责人到高质量钢铁新材料园区进行现场办公,并与南京钢铁副总经理林国强一行进行深入交流。

同日 中国·翼城翅果油树保护开发研讨会召开。全国供销合作总社科技推广中心主任、中国蜂产品协会会长、全国蜂产品标准化工作组主任杨荣,中国保健协会食品营养与安全专业委员会名誉会长孙树侠,中国蜂产品协会副会长张艳,中国农科院蜜蜂研究所蛋白质研究团队专家马川,山西大学教授张峰,国家蜂产业技术体系晋中综合试验站站长郑永惠应邀出席研讨会。

29日 翼城县召开纪念五四运动102周年暨全县共青团工作会议。会议强调,全县广大青年要实干奋进、砥砺前行,以支持家乡、建设家乡、报答家乡的实际行动,进一步书写青春无悔的奋斗篇章,贡献青年一代的蓬勃力量。

5月

7日 县委常委会召开扩大会议,进行党史学习教育第四次集中学习、第二次交流研讨和县委中心组理论学习。

同日 党政联席会议召开,专题研究讨论翼城县生态环境保护责任清单。

8日 翼城县举办"红十字博爱周"宣传活动。

同日 全国第六届"万步有约"健走激励大赛翼城县赛区启动。

11日 县委常委会召开(扩大)会议,专题听取2021年以来社会稳定、政法队伍教育整顿、安全生产、意识形态、经济运行等方面的工作情况汇报,研究讨论《翼城钢铁新材料工业园区项目居民搬迁补偿安置实施方案》。

同日　翼城县2021年新任乡科级干部履职能力提升培训班在县委党校开班,培训班为期3天。

同日　县委书记王渊会见中国银行临汾市分行党委书记、行长何天恩一行,就翼城县高质量高速度转型发展中开展多领域、多层次合作进行深入洽谈。

12日　翼城钢铁新材料园区项目居民搬迁动员会召开。相关乡镇和部门负责人解读搬迁方案,对安置房建设、土地手续审批等事项进行说明,涉及搬迁任务的各村负责人分别作表态发言。

13日　翼城县就“大棚房”专项清理整治“回头看”工作进行部署。

17日　翼城县召开翼城钢铁新材料园区项目居民搬迁宣传工作专题会议。

19日　翼城县第五期乡科级干部主体班开班,培训班为期1个月。王渊出席开班仪式并讲话,要求在“信”字上下功夫,在“能”字上做文章,在“实”字上求突破,在“廉”字上打好底,确保翼城高质量高速度转型发展的脚步不停歇。

同日　国家林业和草原局林改司一级巡视员杜纪山到翼城县就翅果油产业的杜仲种植、加工利用、市场营销及发展前景进行调研。

同日　庆祝中国共产党成立100周年暨“‘中华魂’——科技托起强国梦”主题教育读书活动演讲赛决赛在县融媒体中心举办。全县4万多名中小学生和部分青年参加了翼城县“‘中华魂’——科技托起强国梦”主题教育读书活动。经过预赛,共有9名选手进入决赛。通过演讲比赛,进一步引导全县广大青少年了解党、热爱党、听党话、跟党走,激励全县广大青少年带着梦想奔赴知识的海洋,成为实现中国梦的中坚力量。

20日　县委书记王渊到桥上王良纪念馆至西阎四圣宫旅游公路施工现场进行调研指导。他要求,抢抓临汾市建设省域副中心城市的关键期、机遇期,为推动全域旅游发展,实施乡村振兴战略提供坚强交通支撑。

23日　为期3天的第十二届中部博览会结束。翼城县作为全省5个明星县展区之一,以高端锻造和装备制造为招商重点,并对“翼城优品”“翼壶好茶”等特优产品进行宣传推介。县人民政府和福建三钢集团签订年产4万吨高性能碳负极材料及焦化转型升级项目。

25日　翼城县召开领导干部防止干预司法“三个规定”宣讲会。县检察院检察长郝永丽通过典型案例和具体政策,进行党员干部防止干预司法“三个规定”宣讲。

同日　市人大常委会副主任郑步电带队到翼城县就《临汾市农村自建房屋质量管理办法》贯彻落实情况开展执法检查。郑步电一行先后到隆化镇北撖村、王庄镇史伯村以及唐兴镇政府等地,就自建房屋审批,闲置宅基地、闲置农房盘活利用、建材质量管理等进行实地执法检查。

26日　晋南钢铁翼城新材料园区项目范围涉及的唐兴镇上石村和王庄镇包联的冶中村居民,开始签订搬迁协议。

28日　县委常委会召开(扩大)会议,开展党史学习教育第五次集中学习和第三次交流研讨,围绕贯彻落实党的十九届五中全会精神进行研讨,部署近期重点工作。

同日　市人大常委会副主任王金珍带领市人大常委会监督检查组对翼城县贯彻落实职业教育“一法一办法”和临汾市四届人大常委会第四十四次会议《关于全市职业教育改革发展情况报告的审议意见》情况开展跟踪监督检查。检查组先后到山西桐封技师学院项目建设工地、隆鑫特种机械职业培训学校、翼城县职业技术学校进行调研。

31日　县长刘锋对夏收和小麦育种工作进行调研,在南唐乡范牛村夏收现场和新翔丰科技有限公司小麦种植繁育基地,刘锋对夏收工作开展、小麦亩产、收益、育种、农业托管、高标准农田建设等进行全面细致的了解。

同日 县政府党组会议召开。集中学习习近平总书记在《求是》杂志上发表的重要文章《用好红色资源,传承好红色基因,把红色江山世世代代传下去》,学习《山西省维护社会稳定领导责任制规定》,听取关于常态化开展扫黑除恶专项斗争的情况汇报。

同月 县政府第2次常务会议召开,研究人大代表建议和政协委员提案交办工作,审议《翼城县建设“全科网格”落实网格员待遇的实施方案》《翼城县2021年公开招聘事业单位工作人员实施方案》。

同月 翼城县中医医院团支部被共青团中央授予“全国五四红旗团支部”称号,为临汾市唯一获此殊荣的团组织。

6月

2日 县委常委会召开会议,传达学习全省领导干部会议精神,研究翼城县《“我为群众办实事”实践活动实施方案》、县四大班子领导实践活动重点项目清单等。

同日 县委常委会班子召开省委巡视整改专题民主生活会,县委书记王渊主持会议并讲话。市纪委监委第四监督检查室主任迪孟杰到会指导。

3日 市发改委副主任李万成到翼城县就固定资产投资和政府债券项目进行调研。在华翔新材料科技园区,实地查看了精益之路展板、VR安全体验中心、高炉目视化系统和脱硫脱硝系统。

4日 翼城县深化事业单位改革动员大会召开,对翼城县深化事业单位改革工作进行动员部署。刘锋主持会议,并宣读《中共临汾市委机构编制委员会办公室关于〈翼城县深化事业单位改革实施方案〉批复的通知》,白向阳对《翼城县深化事业单位改革实施方案》进行说明。

同日 县委书记王渊就夏收工作进行专题调研,要求把夏收作为当前工作重点,抢抓晴好天气的有利时机,科学调配农机,确保颗粒归仓;要统筹抓好夏种夏管,实现农业丰收、农民增收。

同日 翼城县召开政法队伍教育整顿领导小组第九次会议暨线索核查、案件办理、顽瘴痼疾整治第四次周例会,听取各单位一周工作情况汇报,传达省政法队伍教育整顿领导小组第六次会议精神,研究中央督导组查纠整改环节督导反馈意见的整改落实措施,并对做好下一阶段工作作出部署。

7日 翼城县召开专题会议,就当前安保工作和疫情防控工作进行部署。

8日 翼城钢铁新材料园区项目居民搬迁工作,完成了唐兴镇上石村和北冶村冶中2个自然村456户居民、503座院落的搬迁协议签订任务。

8日 县政府第3次常务会议召开,研究古城村东关自然村地质灾害崩塌项目搬迁和新城片区道路改造有关事宜,审议《翼城县国企改革行动方案(2021—2022年)(征求意见稿)》,听取国资国企改革和关于近三年高标准农田建设项目相关情况汇报。

10日 南京钢铁集团有限公司总裁祝瑞荣到翼城钢铁新材料园区参观考察。

11日 市委副书记、政法委书记、洪洞县委书记黄巍到翼城县调研信访、政法队伍教育整顿等工作。

同日 翼城县召开安全生产专题工作会议。会议要求,牢固树立安全理念,突出问题导向,紧盯重点领域和关键环节,狠抓任务落实,压实工作责任,筑牢全县安全生产屏障。

同日 市委常委、统战部部长郝忠祥调研翼城县畜牧业发展情况。他强调要加快畜牧业转型升级步伐,加大投入力度,提高畜牧业标准化水平。

12日 市委常委、常务副市长潘海燕到翼城县就安全生产工作进行检查指导,要求以“安全生产月”为契机,加强安全生产大培训、大讨论、大练兵,以实际行动确保安全生产形势持续稳定。

同日　县委书记王渊、县长刘锋采取“四不两直”方式,深入宏鑫矿业有限公司、天翼矿业有限公司以及唐霸一号住宅小区建设工地,就安全生产工作进行明察暗访。

15日　翼城县召开政法队伍教育整顿警示教育大会。通报翼城县政法队伍教育整顿10起典型案例,包括5起从宽案例、5起从严案例,对下一步重点工作任务进行部署。

16日　县委常委会(扩大)会议召开,开展县委常委会班子党史学习教育第六次集中学习和第四次交流研讨,传达学习中央对湖北十堰市事故重要批示精神,传达学习省委书记林武在全省换届后县(市、区)党政正职专题培训班开班式上的重要讲话精神,研究讨论农业农村相关文件。

同日　农业农村部农业机械化总站站长刘恒新到翼城县就农机安全生产工作进行调研。

同日　县委网络安全和信息化委员会专题会议召开,传达学习中央和省、市网信工作会议精神,研究讨论《2021年网络安全和信息化工作要点》《网络意识形态工作责任制考核办法(试行)》,部署下一阶段重点工作。

17日　翼城县6月安全生产工作会议召开,对全县安全生产工作进行具体部署。

同日　县委乡村振兴暨农业农村工作、“六乱”整治推进会议召开。会议要求,深入学习贯彻习近平总书记关于“三农”工作的重要论述,推动全县农业农村工作在巩固拓展脱贫攻坚成果、全面推进乡村振兴、持续深化农业农村改革和推进农村“六乱”整治上走在前列,不断巩固和发展“三农”工作持续向好形势。

同日　翼城县营商环境专项巡察工作动员部署会议召开,进一步明确营商环境专项巡察工作任务和目标要求,强化举措、落实责任,确保专项巡察取得实效。

同日　市委党史学习教育第七巡回指导组组长张明星、副组长李柏山带队到翼城县督导党史学习教育,并召开专题座谈会。

18日　王渊到县影剧院方舱接种点调研新冠疫苗接种工作,要求提高政治站位,扛起政治责任,优化疫苗接种流程,完善服务保障措施,有力有序推进疫苗接种工作,切实保障人民群众生命安全和身体健康。

18—20日　十四届翼城县委营商环境专项巡察4个巡察组分别进驻12个被巡察党组织,全面开展巡察工作。

20日　县委书记王渊到小神沟矿业有限公司对铁矿安全生产工作开展突击检查。他要求,全方位无死角推进隐患排查和整治工作,坚决防范遏制各类安全生产事故发生,全力保障人民生命财产安全。

同日　县委书记王渊就“大棚房”专项清理整治和农村“六乱”整治情况进行检查指导,要求持之以恒推进“大棚房”专项清理整治和农村“六乱”整治工作,彻底解决农村“脏、乱、差”问题,全力打造干净、整洁、有序的农村人居环境。

21日　县长刘锋到晋能控股翼城山凹煤业检查安全生产工作,要求扎实推进安全生产专项整治三年行动,进一步树牢安全意识,落实安全职责,筑牢安全防线。

22日　全县“大棚房”问题专项清理整治专题会议召开。会议要求把“大棚房”问题专项清理整治作为当前一项重要政治任务,坚决防范、彻底纠治,以有力的举措、严深细实的作风,扎实开展清理整治。

同日　全县经济运行专题调度会召开。

同日　县委书记王渊深入河上公德山景区就文旅融合发展进行专题调研,要求把体育、旅游、文化产业和广大人民群众需求紧密结合起来,创新全民健身方式,推动文体旅游产业升级,实现高质量转型发展。

同日　县政府全体(扩大)会议暨廉政工作会议召开。

23日 县委书记王渊会见山西西子能源科技有限公司董事长兼总经理王冬杰一行，双方就推进新能源制造领域合作进行了深入交流。

同日 县委书记王渊到唐兴镇世家庄村党支部工作联系点进行调研，要求将好的区位优势和资源优势转化为高质量发展优势，进一步增强基层党组织的号召力、凝聚力和战斗力，为村民谋福祉、为乡村谋振兴。

24日 县委审计委员会第五次会议召开，听取2020年审计工作情况汇报，审议2021年审计项目计划以及2020年度预算执行审计工作报告。

同日 县委书记王渊以普通党员身份参加县委办公室党支部举行的“奋斗百年路，启航新征程”主题党日活动，与支部党员一起缅怀党的光辉历史，讴歌党的丰功伟绩，重温党史，接受教育，锤炼党性，互相提高。

25日 中国共产党成立100周年“平安行动”暨“6·26”国际禁毒宣传日活动在府前广场启动。

同日 刘锋带领县教科局、应急管理局、公安局及电力、消防等部门负责人对校外培训机构消防安全管理工作进行检查。

27日 省政法队伍教育整顿第十驻点指导组副组长吴定圭，省政法队伍教育整顿第十驻点指导组安保维稳督导第三组组长杨文静一行到翼城县就安保工作进行督导检查。

同日 县委书记王渊到首旺煤业突击检查安全生产工作，要求时刻紧绷安全这根弦，落实落细各项安全生产措施，坚决遏制防范煤矿安全生产事故。

28日 县委书记王渊到唐兴镇走访慰问老党员、老干部，代表县委向他们致以亲切问候和崇高敬意。

同日 县长刘锋到里砦镇东续村，以普通党员身份参加党支部联系点“奋斗百年路 启航新征程”主题党日活动。

同日 翼城县举办“明职责、会方法、勇担当、保安全”2021年燃气泄漏处置应急演练。

29日 市政协副主席王阿家到翼城县调研企业安全生产和项目建设工作。

同日 翼城县“两优一先”表彰大会召开，对全县97名优秀共产党员、76名优秀党务工作者和36个先进基层党组织进行表彰。

同日 翼城县举行“光荣在党50年”纪念章颁发仪式。王渊、白向阳出席并为老党员代表颁发纪念章，与会全体人员重温入党誓词。

30日 翼城县县级领导重温入党誓词暨新党员代表入党宣誓仪式在县政府大院举行。县委书记王渊出席仪式领誓并讲话。县四大班子领导和百名新入党党员参加。

同日 县委书记王渊带领县四大班子领导到县档案馆参观“百年风华·振翼腾飞”大型党史展览，到三琪大厦参观“颂百年党恩、绘千秋伟业”书法、工艺、美术作品展和“回眸辉煌·启航新程”摄影作品展，重温翼城百年红色历史，感悟红色基因和伟大斗争精神。

7月

1日 县四大班子领导集中收看庆祝中国共产党成立100周年大会实况直播，认真聆听习近平总书记重要讲话，共庆党的百年华诞。

5日 县委常委会召开（扩大）会议，集中观看电视纪录片《红色翼城》，传达学习习近平总书记在庆祝中国共产党成立100周年大会上的重要讲话精神，听取县四大班子领导包联项目和企业情况汇报，研究审议《关于深入推进政法队伍教育整顿长效常治的实施方案》。

6日 县政府第4次常务会议召开。听取翼城县2020年财政决算和2021年上半年预算执行情况的报告，2020年度翼城县预算执行情况的审计工作汇报，文旅行业、冶金铸造和商贸等领域安全生产工作情况的汇报；研究推进翼城县政府性融资担保体系建设等有关事宜；审议《翼城县

2021年散煤污染专项整治工作方案(征求意见稿)》和《翼城县2021年冬季清洁取暖工作实施方案(征求意见稿)》。

同日　县长刘锋对翼城县市政道路工程建设进展情况进行调研,并对遇到的困难和问题开展现场办公。

8日　县人民医院核定通过三级医院暨工作动员大会召开。副县长聂华参加会议并宣读山西省卫健委《关于同意核定翼城县人民医院为三级医院的批复》。

12日　县委书记王渊对城市防汛、浍河河道防汛、小河口防汛工作和地质灾害治理项目进行调研。他要求细化完善应急预案,严格落实各方责任,进一步健全监测预警、抢险救援等防救协同机制,全力保障人民群众生命财产安全。

12—13日　县委书记王渊对第二污水处理厂、桥上至西阎旅游路项目进行专题调研,要求加强协调沟通配合,严把质量关、安全关、进度关,全力以赴推进重点工程建设,确保项目按时完工。

13日　县委书记王渊以普通党员身份参加县委办公室党史学习教育专题组织生活会,认真学习领会习近平总书记在庆祝中国共产党成立100周年大会上的重要讲话精神,交流学习体会,检视剖析问题,研究整改措施。

同日　县委书记王渊到南梁镇、西阎镇就设施农业发展进行调研,要求以"翼城优品"区域公用品牌建设为引领,提升标准化、规模化生产水平,进一步树立品牌意识,提升产品质量,扩大品牌影响力、市场占有率和知名度,以现代农业高质量发展助力乡村振兴。

同日　县委书记王渊到晟泰青洼煤矿就安全生产工作进行专项检查。

18日　防汛抗旱应急指挥部调度会议召开,分析研判当前防汛形势,就做好下一步防汛重点工作进行部署。

19日　县委书记王渊到北京中国电子信息产业发展研究院(赛迪研究院)和中国软件评测中心考察洽谈,会见中国电子信息产业发展研究院党委书记、副院长宋显珠,中国软件评测中心副主任杨春立等负责人,就进一步加深合作事宜开展座谈交流,并达成合作意向。

20日　翼城县房屋产权登记确权颁证"清零行动"工作推进会召开。

21日　县长刘锋对市政建设进行调研,先后到翔翼街、红旗街、益苑路、潞公街等县城主要街道进行实地查看,对在建工程进展、项目规划等进行全面了解和现场研究。

23日　翼城县人民政府与中国银行临汾市分行举行金融支持翼城县经济发展战略合作协议签约仪式。

同日　共青团翼城县第十七次代表大会召开。

24日　翼城县2021年事业单位公开招聘分类考试笔试在先成中学进行。

26日　县委常委会召开(扩大)会议,开展县委中心组理论学习和党史学习教育交流研讨,对当前重点工作进行部署。

同日　县委常委会召开会议,研究扫黑除恶专项斗争、县乡巡察、文物勘查、博物馆建设、农信社改制,以及县消防大队办公楼建设等有关事宜。

27日　县政府党组会议召开,传达学习习近平总书记关于防汛救灾、厕所革命的重要批示,经济形势专家和企业家座谈会会议精神,7月14日国务院常务会议精神,省委书记林武在《学习时报》发表的署名文章《以"七一"重要讲话为指引,奋力走好全方位推进高质量发展征程》,市长例会暨上半年全省经济形势分析会议精神。

同日　县政府第5次常务会议召开,听取全县安全生产工作情况,2020年度环境状况和环境目标完成情况,上半年农业农村工作情况和全县河长制、林长制工作情况的汇报。

28日　翼城县村(社区)"两委"换届工作会议召开。

同日 翼城县扫黑除恶专项斗争总结部署暨扫黑除恶斗争领导小组(扩大)会议召开,总结全县三年来开展扫黑除恶专项斗争取得的成绩和经验,部署全县常态化开展扫黑除恶斗争工作。

29 日 翼城县召开庆祝中国共产党成立 100 周年座谈会。会议要求,进一步弘扬伟大建党精神,以赶考的历史清醒和坚定执着,凝心聚力、砥砺前行,奋力谱写高质量发展翼城篇章。

同日 在"八一"建军节到来之际,县四大班子领导分别到县人武部、县光荣院和武警中队开展"八一"慰问活动。

同日 县长刘锋以普通党员身份参加县政府办公室党史学习教育专题组织生活会,围绕"学党史、悟思想、办实事、开新局"这一主题,严肃开展批评与自我批评,提出有针对性的整改措施,推动党史学习教育走深走实。

30 日 县委常委会(扩大)会议召开,传达学习省委书记林武在临汾调研时重要讲话重要指示精神和市委常委会(扩大)会议精神,听取上半年信访、安全生产、人民武装等工作情况汇报,对各项工作进行部署。

同日 全县经济运行分析会召开。

同日 县委意识形态工作会议召开,听取上半年意识形态工作情况汇报。

同日 市政协副主席王阿家带领市政协教科卫体委工作人员,到翼城县开展入企入园入区服务。

同日 县委书记王渊深入浍滨社区,调研指导"两委"换届选举工作,要求严格选人标准,严肃换届纪律,选优配强班子,换出新气象,换出新面貌,换出新干劲,推动社区工作再上新台阶。

同日 县委书记王渊到包联企业兴盛针织公司、山西易晟绿能售电有限公司开展入企入园入区服务时强调,要加大产品研发力度,创新销售方式,树立品牌意识,对标先进企业,加快发展步伐,以实际行动助推县域经济高质量发展。

8 月

2 日 省统计局党组书记、局长张晓东到翼城县华翔(翼城)新材料科技园进行调研。

同日 翼城县召开县委专题会议暨疫情防控工作领导小组会议,学习贯彻省、市疫情防控工作领导小组会议精神,专题部署翼城县下阶段疫情防控工作。

3 日 翼城县举行学习贯彻习近平总书记在中国共产党成立 100 周年大会的重要讲话精神报告会,市委宣讲团成员靳水旺作宣讲报告。

同日 翼城县学习贯彻习近平总书记在中国共产党成立 100 周年大会的重要讲话精神专题宣讲工作动员部署会召开。会议要求,学习贯彻习近平总书记在中国共产党成立 100 周年大会的重要讲话精神专题宣讲工作要做到理解要"准"、把握方向准确讲,做到理论要"全"、深学细研系统讲,做到内容要"实"、联系实际务实讲,做到覆盖要"广"、深入基层广泛讲,在全县营造学习贯彻落实习近平总书记在中国共产党成立 100 周年大会的重要讲话精神浓厚氛围。

同日 县委全面深化改革委员会召开会议,审议《县委全面深化改革委员会 2021 年重点改革任务》,部署当前重点工作。

同日 县委书记王渊主持召开县委反腐败领导小组 2021 年第一次会议,传达学习省纪委、市委有关文件精神,听取县纪委监委和领导小组成员单位上半年党风廉政建设和反腐败工作情况汇报,对下半年工作进行部署。

4 日 在全国省市疫情防控工作电视电话会议后,翼城县立即组织召开专题会议,对疫情防控工作进行再部署,要求从严从紧落实各项防控措施,做到守土有责、守土尽责。

5 日 全省优化营商环境和开发区常态化督导第六组组长唐晋带领督导组在翼城县督导相关工作。

6日　县委常委会(扩大)会议召开,传达学习习近平总书记视察西藏重要讲话重要指示精神,习近平总书记在中央政治局第32次集体学习时的重要讲话精神,对党史学习教育进行集中学习,传达7月30日中央政治局会议精神,传达学习习近平总书记和省委书记林武关于文物保护的重要指示精神。

同日　县委常委会会议召开,深入贯彻落实习近平总书记关于严肃换届纪律的重要指示精神,集中观看了中央组织部摄制的专题片《警钟长鸣——严肃换届纪律教育警示录》。

10日　县委书记王渊到县政务服务大厅进行突击暗访。要求,持续深化"放管服效"改革,加大宣传力度,简化办事流程,创新工作方法,以更高效率、更优服务,为翼城县全方位高质量发展营造一流营商环境。

11日　翼城县召开经济工作推进会,深入分析研判翼城县当前经济运行情况和面临的形势任务,部署下半年经济工作和推进服务业提质增效等工作。

同日　翼城县大气水污染整治攻坚推进会暨县生态环境保护委员会第二次会议召开。

12日　县委书记王渊会见红星美凯龙集团助理总裁朱文庆一行,双方就提升合作层次、实现优势互补、促进共赢发展进行深入商谈。

同日　翼城县伟云生物科技有限公司与山西农业大学食品科学与工程学院战略合作协议签约仪式在西阎镇举行。王渊、山西农业大学食品科学与工程学院院长张立新出席并为科技成果转化基地、科研平台延伸基地和大学生实习实训基地揭牌。

同日　县委书记王渊到桥上王良纪念馆至西阎四圣宫旅游公路施工现场进行调研。

16日　县委书记王渊对疫情防控工作进行突击夜查,要求不折不扣落实好中央、省委、市委各项决策部署,全面落实常态化疫情防控措施,坚决守护人民群众生命安全和身体健康。

18日　翼城县召开政银企对接暨全县金融工作会议,通过点对点、面对面沟通对接,为金融机构和企业牵线搭桥、增进合作,进一步促进地方经济、金融普惠和企业发展互利共赢。

同日　国家统计局临汾调查队党组书记、队长、二级巡视员崔宇强带队到翼城县,就秋粮生产、畜牧业及居民收支情况进行调研。

20日　翼城县举行2021年新冠肺炎疫情防控应急演练,演练以模拟场景现场实操方式展开,检验各部门应对新冠肺炎疫情的应急处置能力。

23日　城建专题汇报会召开,听取古城墙、新城片区道路工程方案设计汇报,要求凸显翼城深厚历史文化底蕴,合理规划空间布局及规模容量,真正让规划在城市建设中发挥指导作用,为建设智慧、活力、美丽、开放、幸福翼城奠定坚实基础。

25日　山西省农业生产托管服务平台在翼城首发上线,县人民政府与建行临汾分行签订金融服务乡村振兴战略合作协议。

26日　县委常委会召开会议,研究2020年度目标责任考核、加强和改进人民政协工作相关意向、党代表会议、村(社区)"两委"换届相关事宜。

同日　县委常委会(扩大)会议召开,传达学习中央财经委员会第十次会议精神、《党政领导干部保密工作责任制规定》,集中学习《求是》杂志发表的习近平总书记重要文章,传达学习省委常委会会议精神。

同日　翼城县开展红十字"博爱一日捐"募捐活动。县四大班子领导带头捐款,引导干部职工及社会各界以实际行动参与慈善事业,奉献爱心,共建和谐社会。

27日　中共翼城县委十四届二次全体会议召开。

同日　翼城县与山西开放大学深化县校合作签约授牌仪式在三琪大厦举行。市委常委、副市长、县委书记王渊,山西开放大学党委副书记、校长齐利平,山西开放大学党委委员、副校长牛白琳等县校领导参加座谈会。

同日 县政府第6次常务会议召开,审议县城城区建设工程规划许可豁免清单、《行政复议体制改革工作方案》、2021年“禁煤区”范围划定等事项,听取土地卫片执法问题整改和安全生产专项整治三年行动的汇报,部署当前重点工作。

31日 市人大常委会主任陈小洪、副主任任天顺带领传统工业发展调研组到翼城县调研。

同日 省委、省政府乡村振兴第三督导组组长张建全一行到翼城县就农村“厕所革命”工作进行督导。督导组一行采取随机抽查的方式,分组到唐兴镇上石村、中卫乡东浮图村部分村民家中进行实地查看,并听取工作汇报、查阅相关资料。

9月

1日 翼城县召开重点项目进展情况推进会。晋南钢铁、福建闽光、山西华翔等企业相关负责人汇报当前项目进展情况及存在的问题,各职能部门负责人就推进项目具体举措进行汇报。

2日 2021年县委教育工作领导小组第一次会议召开,研究教师节庆祝大会筹备情况、县委教育工作领导小组成员调整相关事宜,学习关于教育工作的重要文件精神,听取2020—2021学年义务教育阶段工作情况汇报,并对相关工作进行部署。

3日 省委党史学习教育第四巡回指导组组长王水成带队到翼城县就党史学习教育“我为群众办实事”实践活动开展情况进行调研。

7日 县委书记王渊到南唐乡就清洁取暖“煤改电”工程进展情况进行调研,要求加快清洁取暖“煤改电”工程整体进度,不断提高服务质量与水平,让更多群众温暖清洁过冬。

8日 翼城县教育工作暨庆祝第37个教师节大会召开。

9日 县委中心组召开理论学习会议,传达学习习近平总书记在河北省承德市考察时的重要讲话精神和在中央政治局会议、中央党校(国家行政学院)中青年干部培训班开班式、中央民族工作会议上的重要讲话精神。

同日 里砦镇与山西农业大学公共管理学院战略合作协议签订仪式在里砦镇阎村举行。

同日 翼城县绿牧德品乳业有限公司与山西农业大学食品科学与工程学院战略合作协议签订仪式在里砦镇老官庄村举行。

同日 省供销社党组成员、监事会副主任宋文斌一行8人到翼城县,就深化供销合作社综合改革重点工作、“三重一大”及监事会工作开展情况进行调研。

13日 县委书记王渊到华翔(翼城)新材料科技园、翼城钢铁新材料园区现场办公并召开重点项目调度会。

14日 中国共产党翼城县代表会议召开,选举产生翼城县出席中国共产党临汾市第五次代表大会代表。

同日 中共翼城县委十四届三次全体会议召开,表决通过《中国共产党翼城县代表会议选举办法(草案)》,讨论通过中国共产党翼城县代表会议选举总监票人、监票人建议名单,宣读翼城县出席中国共产党临汾市第五次代表大会代表候选人名单。

同日 翼钢公司与晋南、闽光公司举行资产交接协议签订暨晋南钢铁、闽光焦化全面入驻翼城钢铁新材料园区仪式。

15日 翼城县2021年中医药知识进校园启动仪式在汇丰学校举行。

16日 翼城县第十七届政府第7次常务会议召开,研究城乡环卫一体化建设有关事宜,听取全县疫情防控工作、全县粮食系统重点工作、安全生产专项整治三年行动情况汇报。

18日 全县领导干部会议召开,宣布省委、市委关于翼城县委主要负责人职务调整的决定：黄晓君任翼城县委委员、常委、书记职务，王渊不再担任翼城县委书记、常委、委员职务。

24 日　县委常委会会议召开，研究讨论《翼城县 2021 年公开招聘大学生到村工作实施方案》和《关于 2021 年财政预算调整方案》，就加强县委常委会班子自身建设提出要求。

同日　县委书记黄晓君就河道和地质灾害治理工作进行调研，要求严明责任，严防死守，全力以赴做好地质灾害防治和防汛工作。要把河道治理作为回应人民群众对优美生态环境诉求的具体行动，高标准、高质量推进浍河河道治理，促进经济社会高质量发展。

26 日　参加中国共产党临汾市第五次代表大会的翼城代表团召开会议，对第四届市委工作报告和第四届市纪委工作报告进行审议和讨论。

29 日　翼城县召开专题会议，传达学习市第五次党代会精神。县委书记黄晓君传达了市委书记闫晨曦所作的题为《凝心聚力实干，奋力争先崛起，在全方位推进高质量发展中走在全省第一方阵》的报告。

同日　翼城县安全生产工作会议召开，会议要求全力抓好安全生产工作，坚决防范化解风险隐患，为全方位推进翼城高质量发展营造安全稳定的环境。

同日　县委书记黄晓君会见中国建设银行山西省分行副行长樊宙一行。双方就政银合作，在农业托管体系上推进新型农业经营主体信用体系建设，助力乡村振兴战略进行洽谈。

30 日　县委常委会会议召开，听取全县村（社区）“两委”换届工作进展情况汇报及软弱涣散的基层党组织整顿情况汇报，研究讨论村（社区）党组织书记任职人选。

同日　县委书记黄晓君主持召开县委常委会（扩大）会议，传达学习习近平总书记在陕西省榆林市考察时的讲话精神，开展党史学习教育交流研讨，部署当前重点工作。

10 月

9 日　翼城县召开项目谋划专题会议，就做好明年重点项目谋划、申报和推进等工作进行研究部署。县发改局负责人对全县 2022 年谋划项目进行说明，相关部门负责人围绕项目筹备、进展、推进等方面情况作了汇报。

10 日　市委常委、副市长王渊到翼城县调研督导防汛工作。要求抓细抓实各项防汛救灾措施，最大程度保护人民群众生命财产安全。

11 日　山西晋南钢铁集团有限公司总裁张天福代表集团向临汾市人民政府捐赠防汛救灾款3000 万元，山西闽光新能源科技有限责任公司董事长张邦才个人捐赠防汛救灾款 100 万元，用于抗灾救灾和灾后重建等工作。

同日　副市长、市公安局局长张勇到翼城县就看守所办公场所重建、监管场所安全、武警中队营区建设、打击治理电信网络诈骗等工作进行调研。

同日　翼城县召开创建省级文明城市工作推进会，对创建省级文明城市相关工作进行具体安排。

同日　县委书记黄晓君会见省联社党委委员、副主任李颖耀一行，双方就加强金融服务、深化政银合作等事宜进行座谈交流。

同日　山西翼城农村商业银行股份有限公司创立大会暨第一次股东大会召开。省联社党委委员、副主任李颖耀到会指导。

12 日　县委书记黄晓君到翼城高质量钢铁新材料工业园区、山西舜达锻造公司进行调研。

同日　翼城县召开防汛救灾和灾后恢复重建工作会议，要求迅速行动、勇挑重担、共克时艰，坚决打好打赢防汛减灾这场硬仗，最大限度降低灾害损失，维护群众切身利益。

13 日　县委书记黄晓君到翼城县市政重点

工程项目一线进行调研。

同日 县长刘锋主持召开山西闽光新能源科技有限公司年产4万吨高性能碳负极材料及156万吨/年焦化转型升级项目推进会，针对项目建设中存在的困难问题进行专题研究。

18日 县委书记黄晓君到中卫乡就“双减双抢”工作和重点项目建设进行调研，要求把群众的安危冷暖放在心上、抓在手上，严格落实“双减双抢”工作各项举措，坚决打赢防汛救灾攻坚战。

19日 闽光项目推进工作专班会议召开。工信、交通、自然资源、生态环境等职能部门负责人就闽光项目问题解决情况作专题汇报。

20日 县委书记黄晓君就农村“两委”换届工作对乡镇党委书记进行集体谈话，要求提高站位、扛牢责任，改进方法、攻坚克难，确保换届工作顺利完成，确保乡镇和全县社会大局和谐稳定。

21日 翼城县召开人武部党委第一书记任职大会。临汾市军分区政治委员刘海洋宣布中共翼城县委书记黄晓君担任县人武部党委第一书记。黄晓君作任职讲话。

同日 县委中心组召开理论学习会议，集中学习中央、省委重要会议精神，开展党史学习教育交流研讨，部署当前重点工作。

同日 县政协十五届三次会议召开，通报县政府关于“三箭齐发”项目推进情况，宣读县政协关于全力推进“三箭齐发”建议报告的说明，并审议通过《政协翼城委员会关于全力推进“三箭齐发”项目的建议报告》《政协翼城县委员会全体会议工作规则》《政协翼城县委员会常务委员会工作规则》《政协翼城县委员会主席会议议事规则》。

21—22日 驻省农业农村厅纪检监察组组长郭惠勇带队到翼城县对“三队”（专家团队、项目工队、营销战队）包联服务工作进行专项督查。

22日 县委全面依法治县委员会召开第四次会议，传达学习中央和省委、市委有关会议精神，研究审议年度工作要点和职责清单，部署下一阶段全面依法治县工作。

同日 县委书记黄晓君主持召开书记专题会议，听取营商环境专项巡察综合情况汇报，研判处置发现的问题，研究部署下一阶段巡察工作。

26日 翼城县举办临汾市第五次党代会精神翼城宣讲报告会，临汾市政府发展研究中心党组成员、副主任亢思潮围绕贯彻市第五次党代会精神作专题宣讲报告。

31日 翼城县召开传达贯彻省第十二次党代会精神会议。县委书记黄晓君传达会议精神，并就贯彻落实作出部署。

11月

1日 县委书记黄晓君深入国营山西锻造厂、强劲面业、春雷铜材有限公司、飞翔铸管有限公司进行调研。

同日 翼城县召开青年创新创业交流座谈会。

同日 县长刘锋到民族小学、浍滨社区、金都宾馆、唐兴镇南官庄村等地调研疫情防控和受灾农房重建修缮工作。

2日 翼城县召开2022年项目谋划储备汇报会。

同日 翼城县召开“靓城提质”二期工程汇报会。

3日 省人大常委会环资委主任薛维栋带队到翼城县就制定《山西省湖泊保护条例》和山西省生物安全方面的法规进行实地调研。

同日 县委书记黄晓君会见厦门路桥信息股份有限公司总经理魏聪一行。双方就智慧停车信息平台建设进行深入交流。

4日 全县新任村（社区）党组织书记培训班开班。

同日 翼城县第十七届政府第8次常务会议召开，审议综治中心规范化建设实施方案、贯彻落实农村自建房“四办法一标准”实施细则、民用清洁煤补贴办法、灾后重建和防止因灾返贫致贫实施方案，听取全县能耗“双控”及煤炭消费减量和全县主要经济指标运行情况汇报。

同日　市委常委、副市长王渊到翼城县调研灾后恢复重建工作，强调要进一步增强责任感和紧迫感，坚定信心、加快进度，全力打好灾后恢复重建攻坚战。

同日　县委书记黄晓君到县人民医院、北关小学、浍滨社区调研疫情防控工作。

8日　全县巩固拓展脱贫攻坚成果有效衔接乡村振兴推进会召开。

同日　由县委宣传部主办，县融媒体中心承办的翼城县庆祝第二十二个中国记者节颁奖仪式在县融媒体中心演播大厅举行。

9日　县委书记黄晓君到花鼓基地和青少年活动中心、汇丰学校调研教科文工作。

10日　县委书记黄晓君到唐兴镇古城村调研指导村委会换届选举工作，到桥上镇调研基层党建、村“两委”换届、灾后重建、乡村振兴、环境治理、安全生产和疫情防控等工作。

11日　翼城县与启迪区块链集团举行数字融合创新合作座谈会。启迪控股高级副总裁、启迪区块链集团董事长、启迪数字集团董事长王鼎，县委书记黄晓君，县委副书记、县长刘锋参加座谈会。

同日　县政府与厦门大学电影学院举行深化县校合作签约仪式。厦门大学电影学院授牌县委组织部人才办智库合作基地，授牌西阎镇校友招商引才基地，授牌县融媒体中心大学生实习实训基地。

12日　因灾受损农村住房重建修缮工作领导小组暨灾后恢复重建工作会议召开。会议要求主动担当作为，紧盯时间节点，踏踏实实干事，确保灾后恢复重建和因灾受损农村住房重建修缮工作扎实完成。

15日　县委理论学习中心组召开学习会议，传达学习党的十九届六中全会精神，传达学习近平总书记在中央政治局第三十四次集体学习时的重要讲话精神，传达《山西省加强制度执行监督工作规定（试行）》。

同日　县委常委会（扩大）会议召开，听取信访、意识形态工作情况汇报，研究讨论《关于开展“争先、进位、崛起”解放思想大讨论的实施意见》和“翼起学”大讲堂、征集新时代“翼城精神”、新时代文明实践系列工程等有关事项。

同日　县委常委会召开会议，传达省、市平安建设暨网格化服务管理工作推进会议精神，研究《翼城县综治中心规范化建设实施方案》，听取十四届翼城县委营商环境专项巡察工作情况汇报。

16日　翼城县“争先、进位、崛起”解放思想大讨论动员部署会召开。

同日　翼城县举行“翼起学”大讲堂开班仪式，黄晓君主持开班仪式并讲话。

17日　县委书记黄晓君到西阎镇调研基层党建、灾后重建、困难群众安置等工作。

18日　县委书记黄晓君到隆化镇裴家垣村就巩固拓展脱贫攻坚成果同乡村振兴有效衔接和灾后重建相关工作进行调研。

同日　县长刘锋到唐兴镇下高村、里砦镇里砦村对老年人日间照料中心运行工作进行调研，到里砦镇唐城村和天马村对因灾受损农房修缮重建等工作进行调研。

同日　市政协副主席王阿家带队到翼城县就灾后重建、秋冬季大气污染防治及安全生产工作情况进行督导检查。

19日　省信访局党组书记、局长陈纲到翼城县省信访局包联村南梁镇马册村指导村“两委”换届工作。

同日　县委书记黄晓君会见西安斯瑞先进铜合金科技有限公司董事长王文斌一行，双方就加深合作及春雷铜材下一步发展规划进行洽谈。黄晓君会见山西安徽商会书记、会长褚怀山，山西省福建商会会长赵文闪，山西省江苏商会会长范荣亮，山西省浙江企业联合会会长彭衍吾等一行。

25日 县长刘锋到西阎镇检查森林防火和煤矿安全生产等工作，强调要加大巡查监管力度，发挥网格管理作用，抓好冬季防火各项工作，确保人民群众生命财产安全。

29日 县委书记黄晓君先后到里砦初中、先成中学和翼城中学对教育工作进行调研，并召开教育工作暨高考备考座谈会。

30日 县委常委会召开会议，听取落实《中国共产党统一战线工作条例》情况汇报，研究讨论《关于建立统战工作联系点的实施方案》，研究选派干部到村任职调整和县级领导包联选派村有关事项。县委书记黄晓君主持会议。

同日 县委常委会(扩大)会议召开，研究讨论《翼城县推进青年创新创业实施意见》，听取年度目标责任考核工作情况汇报和2022年项目谋划工作情况汇报，部署当前重点工作。

同日 县委理论学习中心组召开学习会议，集中学习11月18日中央政治局会议精神、中央全面深化改革委员会第二十二次会议精神、习近平总书记在第三次“一带一路”建设座谈会上的重要讲话精神，开展党史学习教育交流研讨。

同月 翼城县入选全国科普示范县创建单位名单。中国科协办公厅公布2021—2025年度第二批全国科普示范县(市、区)名单，翼城县是临汾市入选的2个县(市)之一。

12月

2—3日 北京巅峰文旅旅游集团董事长朱明辉、山西林业开发投资有限公司董事长闫维刚、山西信鼎誉合房地产评估有限公司董事长王勇到翼城县考察调研历山·大河国家级森林康养项目。

5日 2021年山西省第十一届“群星奖”决赛临汾赛区决赛在市影剧院举行。由翼城县文化和旅游局选送的翼城琴书《花鼓魂》作为临汾市唯一入选的曲艺类节目参加此次决赛。

6日 县委书记黄晓君对环保工作进行专项督察。她强调要提高政治站位，树牢责任意识、大局意识和交账意识，采取更加坚强有力的举措，确保问题逐项整改到位，持续改善全县生态环境质量。

同日 县长刘锋到华翔翼城新材料科技园、第二污水处理厂项目建设现场进行检查指导。

7日 县委书记黄晓君与福建省冶金(控股)有限公司党委委员、副总经理赖兆奕，就推动闽光碳基新材料及焦化升级项目举行工作会谈。

同日 翼城县举办“翼起学”大讲堂第三次集中授课和学习，邀请山西省委党校教务部副主任、副教授崔永河围绕“突出理论武装”主题，宣讲党的十九届六中全会精神。

8日 县政府党组会议召开，集中学习党的十九届六中全会精神，研究部署政府系统“争先、进位、崛起”解放思想大讨论有关工作。

9日 县委专题会议暨网络安全和信息化委员会工作会议召开，研究审议网信工作相关文件，听取2021年网信工作情况汇报，并对下一阶段工作任务进行部署。

同日 十四届翼城县委第一轮常规巡察工作动员部署会议召开。

9—10日 十四届翼城县委第一轮常规巡察3个巡察组分别进驻6个被巡察党组织，全面展开巡察工作。

14日 县委常委会召开会议，听取翼城县涉案工程整改情况、环保工作和省委、省政府环保督察反馈问题整改情况汇报，研究华翔项目推进及春雷公司与陕西斯瑞公司合作相关事项，听取第二污水处理厂建设情况汇报，原则通过县财政第二次预算调整方案。

15日 翼城县召开重点项目推进会，听取晋南、闽光、华翔3个项目进展情况汇报，研究分析存在的问题，部署下一步工作。

18日 翼城县召开贯彻落实省委经济工作会议暨安全生产调度会。会议要求,切实增强政治敏锐性,把安全生产工作作为当前重要政治任务来抓,全方位推动全县高质量发展。

21日 翼城县工商业联合会(总商会)第十二次会员代表大会召开。

同日 县委书记黄晓君到里砦镇就打击私挖盗采工作进行检查。她强调,要继续保持高度的政治觉悟,保持严打的高压态势,保持常巡的有效手段,严厉打击非法开采矿产资源等违法行为,依法保护矿产资源及生态环境,维护全县安全稳定。

同日 由县委宣传部、县文联主办,县融媒体中心、县朗诵艺术家协会承办的"永远跟党走"艺术党课正式开讲。

22日 翼城县帮扶支持青年创新创业工作动员会召开。会议要求,抢抓全省"实施市场主体倍增工程、加强创新平台梯次培育"的重大机遇,奋力开创全县青年创新创业工作新局面。

24日 县长刘锋到里砦镇就企业生态环境治理工作进行调研。他要求不断增强生态和环保意识,妥善处理保护生态环境和经济社会发展之间的关系,让经济发展成果切实惠及广大人民群众。

25日 县委书记黄晓君以"四不两直"的方式深入县公安局疫情核查专班、紫竹苑小区、金都宾馆集中隔离点等地,对疫情防控措施落实情况进行督导检查。

同日 翼城县召开疫情防控工作调度会,要求合力筑牢疫情防控坚固防线,为全方位推动翼城高质量发展构建良好环境。

27日 市委宣传部三级调研员席文明带领督察组对翼城县全面依法治市工作开展专项督察。

28日 翼城县召开新能源项目汇报会,听取新能源项目设计规划,推动新能源项目落实落地。

29日 翼城县召开唐尧大道绿化设计方案汇报会,专题听取设计单位关于高速口至南环路转盘路段绿化设计方案的汇报。会议要求,充分挖掘地方历史、传统文化,体现翼城风貌特色,结合城市建设各项指标要求,精心设计,科学规划,确保翼城县城市建设真正做到干净、宜居、特色、美丽。

同日 全县安全生产工作调度会召开。会议要求,深刻汲取近期山西省发生的安全事故教训,加强"两节"期间安全生产工作,守紧守牢安全生产底线,切实保障人民群众生命和财产安全。

同日 县委书记黄晓君会见到翼城考察的晋城钢铁集团副总经理郑品院一行,双方就加强合作、互利共赢进行探讨交流。

同日 县委财经委员会召开第一次会议。

同日 县委反腐败领导小组2021年第二次会议召开,要求一体推进不敢腐、不能腐、不想腐,以强大的反腐力度确保全县上下步调一致、令行禁止、风清气正。

同日 翼城县举行受灾群众集中搬迁入住仪式。因灾受损农房重建修缮的560户全部入住。

30日 市委常委、常务副市长王渊,市政协副主席王阿家到翼城县就安全生产、疫情防控等工作进行检查。

同日 翼城农商行隆重举行挂牌开业仪式,市委常委、常务副市长王渊,山西省农村信用社联合社党委委员、副主任聂宏伟,县委书记黄晓君,县委副书记、县长刘锋,市金融办主任郜惠俊,中国人民银行临汾市中心支行党委书记、行长高旭升,临汾银保监分局党委委员、副局长曹峰等领导参加挂牌开业仪式。

同日 县委理论学习中心组召开学习会议,集中学习党的十九届六中全会精神以及中央民族工作会议、全国宗教工作会议精神,开展党史学习教育交流研讨。市委党史学习教育第七巡回指导组副组长李柏山到会指导。

翼城概览

基本情况

【地理位置】 翼城县位于山西省的南部，临汾盆地南隅，东邻沁水，西接曲沃，南与绛县、垣曲接壤，北与浮山、襄汾相连。

【地形地貌】 翼城县位于太岳山、中条山和临汾盆地的交接部位，西北边缘又是临汾盆地中柴庄—塔儿山隆起东端。总的特点是地势东高西低，东部向南延伸较远，而东部又是南高北低，北、东、南三面环山，最高处舜王坪北峰海拔为2358米，最低处下阳村西南浍河海拔为475.2米。由于地质构造运动的差异性升降，三面山地不断上升，中间盆地逐步下降，盆地边缘地带形成山前裙式洪积平原。北、东、南群山环抱，平原堆积地貌、黄土梁峁侵蚀堆积地貌和山岳侵蚀均衡发育。县中西部地势平坦，在山地与平川过渡地区广布黄土丘陵。大部分地区海拔500～1500米。境内山地、丘陵、平川各占1/3，其中山区、丘陵区面积836.30平方公里，占全县土地总面积的72.10%。山区出露地层有寒武系、奥陶系、石炭系、二叠系、三叠系等。

【气候】 2021年翼城县主要气候特点是气温偏高，降水偏多，但时空分布不均，光照偏少。

气温 2021年度平均气温14.0℃，比历年平均值偏高1.2℃；极端最高气温38.5℃，出现于6月6日；极端最低气温-16.5℃，出现于1月7日。

降水 全年总降水量926.3毫米，较历年平均值偏多433.1毫米。全年有9个月降水量在距平值以上。特别是9月降水量达325.4毫米，比历年平均值偏多261.5毫米；10月降水量达123.3毫米，比历年平均值偏多84.9毫米。

日照 全年日照时数2200.3小时，比历年平均值偏少118.2小时，主要表现为9月110.5小时，比历年偏少65.3小时，低温寡照，农田湿度大，玉米灌浆受阻，百粒重下降。

【气候事件】 暴雪 2月24日的大暴雪造成全县56个村1294人受灾。54户159间自封闭彩钢瓦屋顶严重损毁，直接经济损失112.95万元。1户1间农房严重损坏，直接经济损失0.5万元。香菇、葡萄、草莓、樱桃、西红柿、黄瓜等大棚损坏180个，连翘等经济作物2086.85亩严重受灾，直接经济损失868.3万元；猪、牛、羊、鸡等圈舍被压塌60个，种牛死亡3头，猪死亡3头，羊死亡5只，直接经济损失28.5万元。南寿城村村委会300平方米门球场棚顶严重受损，城内健身房房顶塌陷，直接经济损失96万元。翼城县恒春源商贸有限公司1200平方米厂房房顶坍塌。

大风 6月1日，部分乡镇出现雷暴大风天气，县城风速15.0米/秒，并伴有短时强降水，造成39人受灾（中卫乡31人，王庄镇8人）；农作物受灾面积1.63公顷，直接经济损失1.27万元（中卫乡冬小麦倒伏1.5公顷，直接经济损失1.13万元；王庄镇因大风电线短路，直接经济损失0.14万元）。

暴雨 6月30日，全县遭遇强对流天气，最大小时降水量达21.1毫米，县城17—18时降水达 18.1 毫米。暴雨致使 1079 人受灾(南梁镇 417 人、里砦镇 80 人、王庄镇 582 人);受灾农作物面积 138.61 公顷(南梁镇 31.47 公顷、里砦镇 53.3 公顷、王庄镇 53.84 公顷);直接经济损失 91.85 万元(南梁镇 52.2 万元、里砦镇 20 万元、王庄镇 19.65 万元)。

7 月 20—23 日,全县受极端强对流天气影响,暴雨及洪涝使部分乡镇玉米和房屋遭受损失,个别房屋遭雷击而烧毁,致使农户损失惨重。全县受灾 2696 人;受灾面积 408.4 公顷,成灾面积 377.74 公顷,绝收面积 0.5 公顷;49 户 62 间房屋严重损坏;直接经济损失 855.48 万元(房屋及财产损失 349 万元、农业损失 433.48 万元、基础设施损失 73 万元)。

8 月 12 日 20 时至 13 日 11 时,全县受强对流天气影响,局部突降大到暴雨。最大降雨量出现在翼城县东上卫,为 55.4 毫米;最大小时雨强 12 日 19—20 时出现在翼城县绵山,为 38.6 毫米/小时。此次暴雨天气过程造成 373 人受灾(唐兴镇 20 人、隆化镇 25 人、王庄镇 328 人);农作物受灾面积 18.98 公顷(唐兴镇 3.5 公顷、隆化镇 15.48 公顷,部分谷子、玉米倒伏,尤其是隆化镇谷子倒伏面积在 500 亩以上,严重倒伏面积 300 亩);农业损失 29.3 万元(唐兴镇 1.5 万元、王庄镇 27.8 万元);严重受损房屋 5 间,一般受损房屋 32 间;房屋及家庭财产经济损失 16.5 万元(唐兴镇 2.5 万元、隆化镇 7.5 万元、王庄镇 6.5 万元);公共服务损失 0.8 万元(王庄镇 0.8 万元);直接经济损失 46.6 万元(唐兴镇 4.0 万元、隆化镇 7.5 万元、王庄镇 35.1 万元)。

秋季连阴雨加大到暴雨　9 月 3—6 日、16—21 日、23—28 日出现三次连阴雨天气过程,18 日、26 日降水量达到暴雨标准,造成全县玉米倒伏 2 万亩、谷子倒伏 5000 亩,对大部分大秋作物的收晒造成不利影响。

10 月 2—6 日、8—10 日全县出现连阴雨天气,其中 4 日、6 日降水量达到大到暴雨。叠加 9 月中下旬的两次强降水过程(降水造成的灾害来自《翼城县人民政府关于 9 月 22 日以来全县灾情相关情况的报告》)。截至 2021 年 10 月 20 日 16 时,全县受灾 49834 人,直接经济损失 28398 万元。

【土地资源】　截至 2019 年,翼城县面积 116776.28 公顷,其中耕地面积 37180.12 公顷,园地面积 2490.35 公顷,林地面积 44316.56 公顷,草地面积 16235.51 公顷,城镇村及工矿用地面积 8175.16 公顷,交通运输用地面积 2418.63 公顷,水域及水利设施用地面积 1194.52 公顷,其他土地面积 4765.43 公顷。

市政府下达翼城县耕地保有量 34333.33 公顷,基本农田保护面积 29666.67 公顷。翼城县现有耕地面积 36986.67 公顷,基本农田保护面积 29740 公顷。

【矿产资源】　翼城县位于中条山和太岳山之间。气候温和,地域辽阔,自然资源丰富。耐火黏土开发利用潜力很大,现初步探明的矿产有煤、铁、铜、金、银、铅、锌、锂、铷、硅石、石灰岩、重晶石、麦饭石、耐火黏土以及花岗岩、大理石、天然建筑材料等。这些矿产有的品质好、易开采,有的储量大、分布广,具有一定的开发利用价值。

煤炭　煤为翼城县重要矿产,现有大型矿床 1 个、中型 2 个,占临汾市探明储量的 11.8%;含煤面积 194.36 平方公里,占全县总面积的 16.6%。煤层埋深一般在 80 ~ 150 米,煤层厚度 1 ~ 6.48 米。根据煤炭地质储量和分布情况,可分为两大矿区:一是西阎矿区,该区与沁水接壤,含煤面积 16.96 平方公里,属无烟煤区,以 9#、2#、3#煤种为主。二是隆化矿区,含煤面积为 177.4 平方公里,以 9#、9 + 10#、1#、2#煤种为主。翼城县煤层地质构造比较简单,地层平缓,倾角不大(一般为 3 ~ 15

度)，煤层稳定。全县现有煤矿企业37家，经煤矿企业兼并重组整合后，保留煤矿企业为13家，年产能约990万吨。

铁　翼城县铁资源储量丰富，根据矿石成因，可分为两大类。

1. 磁铁矿：分布于县城北部辛安、王庄、里砦一带山区。距县城5～15公里，共有12个矿区。董家洼矿区探明大小矿体33个，品位40.8%～42.4%，硫、磷含量较低，完全符合工业指标；大鼓山矿区探明大小矿体17个，品位42.79%～55.59%；东庄矿区探明大小矿体13个，平均品位40%；马家庄矿区分为3个矿体，平均品位45%～54.95%；郑庄矿区分两区4个矿体，平均品位42.72%～45.85%；弃里东沟矿分为3个矿体，平均品位54.6%～60.7%；感军矿区探明大小10个矿体，平均品位46.36%；车返矿区平均品位47%；吉善沟矿区平均品位35%；神沟矿区平均品位40%；刁凹矿区平均品位33%；卦里矿区为原地矿局物探队磁测普查发现，并圈定异常范围，确定异常性质为浅层磁铁矿引起，经实地揭露为很丰富的磁铁矿。

2. 褐铁矿：分布于县城东南山区的西阎、甘泉、二曲一带。矿体多为窝子状、透镜状、扁豆状产出，一般长50～100米，品位在30%～50%。可划分为4个矿区：柳铺矿区平均品位45%；十河矿区平均品位45%；青洼—店上矿区平均品位47%；陆家—坂上矿区平均品位47%。

截至2020年年底，全县有煤矿企业8家，铁矿企业20家(17家持有效采矿许可证，3家整合矿山持有划界批复)，石料企业5家，砖瓦黏土企业2家，合计35家。

冶金辅助原料　翼城县石灰岩资源可观，南北沿山均有出露，主要分布在东山一带，探明储量达2亿多吨，其中石灰岩1.5亿吨，白云岩0.5亿吨。翼城县经非煤矿山企业资源整合后保留石料企业16家，其中白云岩3座，重晶石1座，其余均为石灰岩，合计年产能约30万吨。

【水资源】　全县水资源现状　根据临汾市第二次水资源评价结果，1956—2000年系列翼城县河川径流量为6553万立方米，地下水资源量为12154万立方米，扣除重复计算量2272万立方米后，水资源总量为16435万立方米。地下水可开采量为4765.9万立方米，其中岩溶水1723.7万立方米，平川孔隙水2998.1万立方米，山区裂隙水44.1万立方米。

考核目标和年度水量分配　临汾市人民政府办公厅《关于印发临汾市实行最严格水资源管理制度工作方案和考核办法的通知》(临政办法〔2014〕72号)下达翼城县用水总量控制目标2015年6192.7立方米，2020年用水总量指标为6714.7万立方米，2030年用水总量指标为7169.6万立方米。

依据临汾市水利局《关于做好2021年度全市取水计划管理工作的通知》(临水河资〔2021〕22号)，分配翼城县2021总量为6550万立方米，其中地表水控制在3880万立方米，地下水控制在2470万立方米，再生水和矿坑水等非常规水源用水量200万立方米。

【生物资源】

植物资源　据调查，翼城县境内有种子植物747种，88科、385属，其中裸子植物2科、3属、5种，被子植物86科、382属、742种(双子叶植物78科、332属、657种，单子叶植物8科、50属、85种)。

翼城县除混沟一带尚留以栎类、五角枫、脱皮榆为优势的部分原始植被，其余均为屡遭破坏后重新恢复的次生植被。主要有油松和华山松天然次生林，以栎类为主的硬杂木天然次生林，以榛子、连翘、荆条、刺玫、翅果油、白刺花、丁香、沙棘为主的灌木丛，还有白草、蒿类、苔草、黄背草等草木。此外，还有少量白皮松、侧柏次生林。人工造林以油松、侧柏、刺槐、国槐、杨树为主，还有核桃、枣、花椒、苹果等经济林。

翼城县天然次生林主要分布在东南部大河、西阎、桥上、甘泉、二曲、隆化山区，人工林在全县均有分布。树种在山区以油松、华山松、侧柏为主，在丘陵平川区以刺槐、国槐、杨树为主。灌草盖度阴坡一般在0.5以上，阳坡在0.4以下，农作物有小麦、玉米、谷子、豆类、马铃薯、红薯、蔬菜等。

野生动物资源　翼城县有动物204种，其中鸟类有152种，14目、34科；兽类有34种，6目、15科；两栖动物5种，1目、3科；爬行动物13种，2目、4科。

属国家保护的种类有黑鹳、鸢、苍鹰、雀鹰、松雀鹰、大鵟、普通鵟、毛脚鵟、金雕、草原雕、乌雕、猎隼、灰背隼、燕隼、红脚隼、红隼、红角鸮、雕鸮、纵纹腹小鸮、长耳鸮、短耳鸮、金钱豹22种。

属省重点保护的野生动物有苍鹭、金眶鸻、四声杜鹃、小杜鹃、普通夜鹰、蓝翡翠、星头啄木鸟、黑卷尾、贺兰山红尾鸲、红腹红尾鸲、小麝鼩鼱、普通刺猬等。

【建置沿革】　尧舜时期，翼城属唐地，尧受封于此。在甸服禹贡冀州之域，为古大夏之墟。

夏商时期，仍称唐，为商王朝的重要诸侯国。

西周初年，唐有乱，为成王所灭，后成王封其弟叔虞于唐，史称“剪桐封弟”。至叔虞子燮父始改唐为晋而都于翼。

春秋时期，仍为晋，晋景公十五年（前585）始将国都由翼迁往新田（今侯马市）。

战国时，县城属绛地，初属韩，旋属赵，后属魏。

秦时，县属河东郡。

西汉，县名绛县，属河东郡。

东汉，易名绛邑县，属河东郡。合翼、沃、绛为一邑。

三国魏正始八年（247），分河东汾北十县为平阳郡，绛邑县属平阳郡。

西晋、东晋时期，绛邑县，仍属平阳郡。

北魏太和十一年（487），置曲沃县与闻喜县，隶正平郡，绛邑县始一分为三。熙平二年（517）置北绛县，在今北绛村。孝昌三年（527）于今翼城置北绛郡，领北绛、新安二县。建义元年（528），又于今绛县置南绛郡，领南绛、小乡二县。

北齐，废南绛郡，与北绛郡北绛县合。

北周，县境分属晋州北绛郡北绛县和绛州正平郡小乡县。

隋开皇三年（583），罢北绛郡为晋州，徙治故晋都城。开皇十八年（598），改北绛县为翼城县，属绛郡。义宁元年（617），合翼城、绛县为翼城郡，并置小乡县。

唐武德元年（618），郡废置浍州，武德二年（619）改为北浍州，武德四年（621）州废，县属绛州；天祐二年（905）改名浍川县，治北绛村。后唐长兴元年（930），复名翼城县，徙治王逢寨。

北宋名为翼城县，隶绛州。

金兴定四年（1220）升为翼州，辖垣曲、绛县、隆化县。

元初复名翼城县，隶绛州。

明洪武二年（1369），改隶平阳府，清因之。

中华民国初属河东道，民国17年（1928）道废，直隶省政府管辖。民国27年（1938）后被日军占领。民国30年（1941），设青城县。民国34年（1945），废青城县，二、五区回归翼城，改属太岳二专区。民国36年（1947）4月翼城解放，属太岳第二行政公署。民国37年（1948）8月，设翼城临时专署，1949年8月，回归山西省建制。

中华人民共和国成立初期，属翼城临时专署，1950年改属临汾专区，1954年属山西省晋南专区。1970年县属临汾地区。2000年县属临汾市。

【行政区划】　撤销浇底乡整体划归隆化镇，将浇底乡的浇底村、曹村、翟北垣村、油庄村、青城村、石村、西村、金古垛村8个村民委员会划归隆化镇管辖。调整后,隆化镇辖28个村民委员会,政府驻地保持不变。将王庄乡区划设立为王庄镇,将隆化镇的史伯村村民委员会划归王庄镇,调整后,王庄镇辖18个村民委员会,政府驻地保持不变。将王庄乡北冶村、上石村2个村民委员会划归唐兴镇。调整后,唐兴镇辖21个村民委员会,政府驻地保持不变。

截至2021年年底,翼城县有7个镇、2个乡,即唐兴镇、南梁镇、里砦镇、隆化镇、桥上镇、西阎镇、王庄镇、南唐乡、中卫乡,151个行政村,151个村民委员会,6个社区居民委员会。

【人口】 2021年,翼城县生育水平在保持稳定中趋于下降,人口出生率5.87‰,人口自然增长率2.90‰,出生人口性别比保持正常。

全县共有60周岁以上老年人50550人,其中65岁以上老年人34590人;百岁老人6人。全县失能人员1173人,其中城镇87人,农村1086人;半失能人员1529人,其中城镇64人,农村1465人。

2021年,全县共出生1554人。多年来,翼城县的出生人口性别比在102~107。

【民族】 全县共有22个少数民族,总人口2519人。其中,回族2253人、满族95人、景颇族83人、瑶族1人、土家族20人、壮族5人、蒙古族11人、苗族3人、彝族10人、傈僳族1人、傣族13人、布依族3人、水族4人、畲族1人、毛南族1人、哈尼族1人、朝鲜族3人、白族2人、阿昌族4人、布朗族3人、仫佬族1人、仡佬族1人。在少数民族中,回族人口最多,主要分布在唐兴镇北关、下高和中石桥3个少数民族聚居村。有民族小学1所。

【宗教】 全县有伊斯兰教、天主教、基督教信教群众约1.1万人。其中,伊斯兰教信徒有2000余人,主要分布在唐兴镇北关、下高和中石桥等村,有清真男寺和女寺活动场所2处。天主教有信徒48人,活动点1处,设在隆化镇隆化村高家洼自然村,属运城天主教教区管理,信徒主要分布在隆化镇、桥上镇、里砦镇等乡镇。基督教信徒有近万人,受洗教徒5000余人,分布在全县9个乡镇,在城内村有教堂1座;2个固定活动处所(上石基督教活动点、东郑基督教活动点);11个以堂带点活动点(北关基督教活动点、南梁镇西堡基督教活动点、南唐乡北史基督教活动点、中卫乡南上卫基督教活动点、中卫乡甘泉基督教活动点、隆化镇南卫基督教活动点、隆化镇上吴基督教活动点、王庄镇辛史基督教活动点、里砦基督教活动点、浇底基督教活动点、桥上寺西基督教活动点);临时活动点1处(西阎镇十河基督教活动点)。

经济社会发展

【经济运行】 2021年,翼城县地区生产总值完成90.5亿元,增长9.5%;固定资产投资完成17.7亿元,同比基本持平;规模以上工业增加值完成37亿元,增长27.5%;一般公共预算收入完成4.05亿元,增长27%;社会消费品零售总额完成43.1亿元,增长14.6%;城镇、农村常住居民人均可支配收入预计分别增长8%和10.8%。

【产业发展】 2021年,翼城县推动工业转型突破。奋力推进“三箭齐发”重大项目落地建设,晋南、闽光全面入驻钢铁新材料园区,新上项目列入省级重点工程,完成与翼钢的资产交接、园区环评、立项备案、产能置换评审及503座院落拆迁等前期工作。华翔集团完成对晋源公司的股权收购和厂房改造,叉车铸造生产线启动建设。完成对舜达公司的股权整合,与中国一汽达成合作意向。上河、东沟煤矿正式投产运行,新增优势产能210万吨。加快农业增产增效。建成高标准农田2.84万亩,粮食总产量超2.5亿公斤,小麦单产再创全省新高。有效应对有气象记录以来最强秋汛,全民动员“双减双抢”,在全省率先出台农业灾后重建和防止因灾返贫致贫措施,累计补贴1240万元,抢收玉米15万亩,抢种小麦22万亩。创建庭院蔬菜村16个,新增蔬菜面积2000余亩。新建7家标准化养殖场。完成“三品一标”认证11个,珍珠玉米入选全国农作物十大优异种质资源,隆化小米纳入全国“名特优新”农产品名录。“翼城优品”新增授权市场主体5家、授权产品6个。全省农业生产托管数字化服务平台在翼城县首发上线,新型农业经营主体信用体系入选农业农村部金融支农创新试点。促进三产培优育新。历山·大河康养项目与省林投公司、北京巅峰集团达成合作意向,前期工作全面推进。完成河上公德山景区观光平台建设和佛爷山景区基础设施改造。3号旅游公路主体完工。阎村游客接待中心、史伯“和文化”展馆、曹公历法广场等文旅工程建成投用,短线乡村游持续升温。房地产市场活跃度提升,商贸物流、批零住餐等服务业复苏回暖,拉动消费持续增长。新增服务业规上限上企业15家,服务业增加值完成48.4亿元。

【改革创新】 2021年,翼城县推进重点领域改革。开展“五减”专项行动,行政许可事项累计压减办理时限90%,压减环节达35%以上。在全市率先设置综合受理和统一出证窗口,加强“一网通办”平台建设,实现100%审批事项“最多跑一次”,85%事项“一窗通办”,80%事项全程网办。有序推进国资国企改革,6家国企完成“三供一业”分离移交和教育医疗等办社会职能剥离,完成2家“僵尸企业”出清、3家全民所有制企业改制。农信社改制组建农商行并正式挂牌开业。激发市场主体活力。落实助企纾困政策,全年减税降费1898万元,累计发放企业贷款3.6亿元,新增各类市场主体3000余家、规上企业10家。帮扶支持青年创新创业,推进“个十百千万”工程,细化完善45项帮扶举措,县级示范基地揭牌成立。新认定国家级“小巨人”企业1家、省级“专精特新”企业2家。完成科技成果转化2项、省重点科研攻关2项。

【城乡建设】 2021年,翼城县完善基础配套设施。拓宽优化市政路网,红旗街、八一路、光明路、三冶巷、益苑路、唐尧路、新华路、翔翼大街、潞公中街9条道路建成通车。完成“四好农村路”建设36公里。档案馆、气象观测站竣工投用。持续推进“厕所革命”,全县卫生厕所普及率达到94.8%,设立改厕区域服务站13所,实现长效管护全覆盖。完成孝义、史伯等10个村的电网升级改造,建成开通5G基站140个。优化提升人居环境。深化靓城提质“三大行动”,累计拆除广告牌匾、违章建筑3万余平方米。扎实推进农村人居环境“六乱”整治,清理各类垃圾3700余吨。推动城乡环卫一体化规范运行,实现垃圾不落地、清运全覆盖。完成荒山造林2600亩、乡村道路绿化200公里。古城、阎村获评“山西美丽休闲乡村”。加强污染防治攻坚。完成2家钢铁企业超低排放改造及61家企业挥发性有机物深度整治,实施“煤改电”4120户,实现海拔600米以下区域清洁取暖全覆盖,城区空气质量综合指数在平川县市区排名第一。第二污水处理厂主体完工,3个建制镇污水处理站投入运行,浍河南丁断面水质达地表水Ⅳ类标准。完成连马河小流域综合治理和续鲁峪河河道治理工程。

【民生事业】 2021年,翼城县夯实民生保障基础。深化“人人持证、技能社会”建设,城镇新增就业4241人,农村劳动力转移就业4946人。完成丹阳社区养老幸福工程建设,翼城模式入选全省养老服务“惠民生、增福祉”十件事。完成2个老旧小区和106户农村危房改造。完成560户因灾受损农房重建修缮，提前40天实现春节前入住目标，竣工率和入住率居全市首位，“五个一批”典型经验在全市推广，被央视《新闻联播》报道。县级殡仪馆启动建设，5个乡镇公益性骨灰堂主体完工。大力发展社会事业。补充中小学教师117名，完成11所学校基础设施提升改造，3所普惠性幼儿园主体完工。二本B类以上达线率在全市排名第一。县医院晋升三级医院，迁建工程进入扫尾阶段。翼城县被列为省级基层卫生健康综合试验区。抓好疫情防控，投入资金1192万元，全面加强设施配备、物资储备、实战演练和专业技术力量，累计完成48万剂次新冠疫苗接种，核酸日检测能力达到6万人份。提升社会治理水平。开展安全生产专项整治三年行动，事故起数、死亡人数实现“双下降”。常态化开展扫黑除恶斗争，刑事治安案件发生率明显下降，社会大局和谐稳定。全年各类民生支出达到18.36亿元，占财政支出的81.7%。

（王自强）

【社会治理】 牢固树立总体国家安全观，创新实施“五化”工作法，率先自主研发安全监管网络信息平台，实现全年安全生产“零事故”目标，连续16年无重特大安全事故发生。持续加强和创新基层社会治理，全面推行“全科网格”和“党群议事会”基层治理机制，“五老说事”“小巷总理”“草根名嘴”等载体作用进一步发挥，基层社会治理能力和水平进一步提升。

持续深化靓城提质“三大行动”，绛源路街景改造、县城智慧停车、缆化入地等市政工程扎实推进，翔翼街、潞公街、解放街等9条主次干道建成通车，“四纵六横”路网格局全面形成，城市面貌显著改观。扎实开展农村“六乱”整治，工作成效被评为优秀等次。持续巩固农村“厕所革命”成果，卫生厕所普及率达94.8%。深入推进美丽乡村建设，唐兴镇古城村、里砦镇阎村被评为“山西美丽休闲乡村”。

（尉海虹）

中国共产党翼城县委员会

重要会议

【中国共产党翼城县第十四次代表大会】2021年3月29日上午,中国共产党翼城县第十四次代表大会在县影剧院开幕。王渊代表中共翼城县第十三届委员会作工作报告,武文军代表中共翼城县纪律检查委员会作工作报告,刘锋主持开幕式,解湧致开幕词。市委老干部局副局长、二级调研员刘月明,市委组织部四级主任科员刘畅参加会议。

王渊代表中国共产党翼城县第十三届委员会向大会作题为《乘势而上再出发 勇立潮头蹚新路 为建设智慧活力美丽开放幸福翼城而努力奋斗》的工作报告。

武文军代表中共翼城县第十三届纪律检查委员会向大会作题为《忠诚履职尽责 从严监督执纪 为县域经济高质量转型发展提供坚强保障》的工作报告。

【县委全面深化改革委员会会议】 2021年8月3日下午,县委全面深化改革委员会召开会议,审议《县委全面深化改革委员会2021年重点改革任务》,部署当前重点工作。市委常委、副市长、县委书记王渊主持会议并讲话,县领导刘锋、解湧、刘生明、白向阳、杨海林、胡国华、武文军、聂华、段晓娜、石广武、高伟参加会议。

会议指出,要充分认识全面深化改革工作的重要性、紧迫性,进一步把改革的旗帜举起来,带头把改革的各项任务落实下去,全力推动翼城更多改革走在全市、全省乃至全国前列。

会议强调,要完善工作机制,推动各领域改革走深走实。要进一步完善协调联动机制,定期组织有关责任单位召开专题会议,研究改革推进中存在的问题及对策建议。及时成立工作专班,加强协调联动,为关键环节改革疏通障碍、突破藩篱,汇聚起强大推动力。要进一步完善督察考核机制,督任务、督进度、督成效,察认识、察责任、察作风,真督实察,建立台账,限期整改。要用好改革容错纠错机制,在全社会形成理解改革、支持改革、参与改革的强大合力。要进一步完善宣传引导机制,及时总结推广典型做法,及时报道工作动态,认真做好政策解读,营造良好舆论氛围。

【全县领导干部会议】 2021年9月18日下午,翼城县召开全县领导干部会议。市委常委、组织部部长郝献民出席会议并讲话。市委组织部主持日常工作的副部长、二级巡视员崔山原宣布省委、市委关于翼城县委主要负责人职务调整的决定:黄晓君任翼城县委委员、常委、书记职务,王渊不再担任翼城县委书记、常委、委员职务。

【青年创新创业座谈会】 2021年11月1日下午,翼城县召开青年创新创业座谈会,县委书记黄晓君出席会议并讲话,她勉励广大青年要自觉用习近平新时代中国特色社会主义思想武装头脑,志存高远,坚定理想信念,切实围绕“个十百千万”的战略思路,以干事创业的澎湃激情,让大众创业、万众创新在全县蔚然成风,尽快成长为全方位推动翼城高质量发展的中坚力量。县委副书记解湧主持会议,县委常委、组织部部长白向阳,县政协副主席、工商联主席杜芳芳参加会议。会上,相关单位负责人相继介绍单位有关支持青年创新创业工作情况,部分青年企业家代表发言。

会议指出,青年是社会上最有朝气、最富活力、最具创造性的群体,也是翼城县经济社会发展中的中流砥柱,对全方位推动翼城县高质量发展起着重要作用。要牢固树立人才资源是第一资源的理念,打造有利于青年人才成长的浓厚氛围,形成完整的青年人才培养成长链,建立青年人才培养的协调机制,使他们人尽其才、才尽其用。

会议要求,各级各部门要围绕青年创新创业工作,做到:"个",即牢固树立支持青年创新创业的思想觉悟,构建一个扶持、鼓励、激发青年人创新创业的体系和氛围;"十"就是全面梳理国家支持青年人创新创业的政策,围绕翼城县实际,整合各级政策及资金,制定出台翼城县扶持青年"双创"十条和"N 个十"扶持政策;要着力推动"百"余个青年"双创"基地建设,为广大青年提供经营场地、学习平台、运营管理等方面的支持,形成全社会支持、扶持、帮助青年创新创业的合力;要大力培育"千"个青年创新创业主体,帮助他们尽快成长为激发市场活力、推动经济发展的源头活水,让青年创新创业在全社会蔚然成风;要树立"万"名青年创新创业典型,以榜样的力量让全县广大青年活跃起来。

【深入贯彻学习省委书记楼阳生调研临汾重要讲话重要指示精神专题会议】 2021 年 4 月 22 日,翼城县召开传达省委书记楼阳生调研临汾重要讲话重要指示精神会议。市委常委、市政府党组成员、县委书记王渊主持会议并讲话。他要求,深入贯彻落实省委"四为四高两同步"总体思路和要求,提振信心、乘势而上、真抓实干,以高度的政治自觉和使命担当,将楼阳生书记提出的工作要求不折不扣地贯彻落实到位,在领会精神实质上下功夫,在创新工作举措上下功夫,在完成目标任务上下功夫,全力把翼城的各项事情办得更好,努力以优异成绩迎接中国共产党成立 100 周年。解湧、张文青、李放明、董玲等四大班子领导参加会议。

会议指出,省委书记楼阳生在临汾调研并作了重要讲话,为临汾工作提供了根本遵循。特别是楼阳生到翼城考察了高质量钢铁新材料工业园区,查看了"翼城优品",品鉴了"翼壶好茶",充分体现了省委对翼城工作的关心、关怀和支持,极大提振了全县上下加快推动高质量高速度转型发展的信心和决心,对于翼城发展具有十分重大的指导意义和现实意义。要深入贯彻落实楼阳生书记调研临汾,特别是考察翼城重要讲话重要指示精神,从新材料产业、政企关系、产品发展方向和优势转换战略等方面的重要讲话、重要指示,进一步动员激励全县上下乘势而上、真抓实干,以高度的政治自觉和使命担当,将楼阳生书记提出的工作要求不折不扣贯彻落实到位。

会议要求,要切实提高政治站位,领会精神实质,把握深刻内涵,进一步坚定信心、提振精神,紧抓机遇、乘势而上,真正把思想和行动统一到重要讲话和重要指示精神上来。一是坚定信心、提振精神,坚决把楼阳生书记重要讲话重要指示精神转化为干事创业的强大动力。要激励奋发有为的干劲,把握千载难逢的机遇,保持昂扬向上的"精气神",确保楼阳生书记重要讲话重要指示精神在翼城不折不扣、全面有效落实到位。二是集中精力、狠抓落实,坚决把楼阳生书记重要讲话重要指示精神转化为精准务实的有力举措。要进一步提升项目质效,进一步优化营商环境,进一步提升品牌内涵,进一步抓好民生改善,进一步加强党的建设,一体推进不敢腐、不能腐、不想腐,持之以恒正风肃纪,切实营造风清气正、干事创业的良好政治生态。三是深化学习、强化督导,坚决把楼阳生书记重要讲话重要指示精神转化为实实在在的工作成效。要将学习传达贯彻楼阳生书记重要讲话重要指示精神作为当前首要政治任务,迅速传达学习,要强化舆论宣传,切实汇聚起推动高质量高速度转型发展的强大合力。要加大督查督办,确保楼阳生书记重要讲话和指示精神在翼城落地生根、开花结果。

【全县"两优一先"表彰大会】 2021年6月29日,全县"两优一先"表彰大会召开。市委常委、副市长、县委书记王渊出席并讲话。他强调,要深入学习贯彻习近平新时代中国特色社会主义思想,贯彻落实习近平总书记视察山西重要讲话重要指示精神,从百年党史中汲取奋进智慧和力量,乘势而上、接续奋斗,以更加坚定的信心、更加高昂的斗志、更加崭新的气魄,奋力谱写翼城高质量发展新篇章。县委副书记、县长刘锋主持。县委常委、县委组织部部长白向阳宣读《中共翼城县委关于表彰全县优秀共产党员、优秀党务工作者和先进基层党组织的决定》。

会议指出,一百年来,全县各级党组织和广大党员,积极解放思想、开拓发展思路、狠抓责任落实,推动全县经济社会发展实现大踏步前进。特别是近年来,办成了一批事关全局和未来发展的大事,做好了一批打基础利长远惠民生的要事,解决了一批长期想解决而没有解决的难事,全县各方面、各领域都发生了一系列关键性、趋势性、转折性的变化。

会议强调,当前,翼城已站在全面建设社会主义现代化的新起点上,处于重大机遇的窗口期、转型升级的关键期、特色优势的叠加期,赓续百年路,启航新征程,必须持之以恒感悟真理伟力,始终当好共产主义的坚定信仰者;必须持之以恒锤炼忠诚品格,始终当好党的领导的坚决拥护者;必须持之以恒主动担当作为,始终当好高质量发展的接续奋斗者;必须持之以恒强化宗旨意识,始终当好人民公仆的忠实践行者;必须持之以恒践行"两个务必",始终当好优良传统的自觉弘扬者。

【庆祝中国共产党成立100周年座谈会】 2021年7月29日,翼城县召开庆祝中国共产党成立100周年座谈会,市委常委、副市长、县委书记王渊出席并讲话。他强调,要学习贯彻习近平总书记在中国共产党成立100周年大会的重要讲话精神,进一步弘扬伟大建党精神,以赶考的历史清醒和坚定执着,凝心聚力、砥砺前行,奋力谱写高质量发展翼城篇章,为全面建设社会主义现代化国家不懈奋斗。县委副书记、县长刘锋主持座谈会。县委常委,人大、政协正职,县政府副县长,法院院长、检察院检察长出席座谈会。

会议要求,全县各级党组织和广大共产党员要深入学习党的百年历史,特别是习近平总书记在中国共产党成立100周年大会的重要讲话,不断汲取知行合一的定力、善作善成的能力、攻坚克难的魄力,始终保持爬坡过坎、干事创业的激情和毅力,不断开创翼城高质量发展新局面。

要坚定不移坚持党的全面领导,以高度的政治自觉践行"两个维护";要坚定不移坚持以人民为中心,矢志不渝维护好、发展好广大群众的根本利益;要坚定不移以高质量发展统揽全局,奋力蹚出具有翼城特色的转型发展新路;要坚定不移深化全面从严治党,全力构筑风清气正的政治生态;要坚定不移弘扬伟大建党精神,为实现中华民族伟大复兴贡献翼城力量。

会议强调,要把学习贯彻习近平总书记在中国共产党成立100周年大会的重要讲话精神作为当前和今后一个时期重大政治任务,在学深悟透上下功夫,在深入贯彻上见真章,在知行合一上求实效,以实干实绩推动"十四五"开好局、起好步。

(董俊辉)

党史学习教育

【概况】 2021年是中国共产党成立100周年，根据中央、省委、市委要求，县委决定在全县各级党组织和全体党员中广泛开展党史学习教育。党史学习教育贯穿全年，以县处级以上领导干部为重点，在全县688个基层党组织、16862名党员中全面开展，注重"两新"组织、流动党员全覆盖，突出青少年群体。突出学党史、悟思想、办实事、开新局，注重融入日常、抓在经常。党史学习教育主要包括5个环节22项内容，一是开展专题学习，以上率下带头学，突出重点分段学，多种形式开展学习，认真组织党员自学，深入开展专题研讨，组织讲好专题党课。二是强化政治引领，开展研究阐释，组织专题宣讲，开好座谈会、研讨会，开展微视频展播活动，开展"讲好党的故事，践行初心使命"微党课竞赛活动，创作党史题材文艺作品，抓好青少年教育。三是组织领导干部专题培训，运用红色资源开展教学。四是开展"我为群众办实事"实践活动，立足本职办好实事，把握重点开展实践活动，开展"用党史、践初心、兴老区"行动，完善长效机制。五是召开专题民主生活会、组织生活会，严格执行双重组织生活制度。

【党史学习教育动员部署会议】 2月22日，县委副书记解湧就全县开展党史学习教育进行部署。解湧要求，要进一步增强政治责任感，深刻认识开展党史学习教育的重大意义，深刻认识到开展党史学习教育是锻造践行"两个维护"政治品格的必然要求，是增强宗旨意识的必然要求，是提升履职能力的必然要求。进一步精准把握核心要义，推动全县党史学习教育走深走实，做到"四个坚持"，坚持在学史明理上下功夫，坚持在学史增信上见真章，坚持在学史崇德上提素质，坚持在学史力行上求实效。进一步强化组织保障，确保党史学习教育取得扎实成效，强化组织领导，做到学深学透，带头攻坚克难，深化以学促干。

【党史学习教育推进会】 3月26日，翼城县召开党史学习教育推进会，县委副书记解湧主持会议，县委常委、宣传部部长胡国华进行部署。印发《关于开展党史学习教育的实施方案》，明确5个方面22项具体工作内容、任务要求。会议要求，全县上下要坚决扛起党史学习教育的政治责任，严格制定方案、严密动员部署、严把教育范围，做到学深学透。要切实抓好专题学习、政治引领、专题培训、实践责任和民主组织生活会五个方面的重点，做到学史明理、学史增信、学史崇德、学史力行。要突出强化督促指导、强化宣传引导、强化整体推进，结合"我为群众办实事"实践活动，在全县掀起党史学习教育热潮。会议强调，要提高政治站位，把党史学习教育作为当前一项头等大事，放在重要议事日程，作为增强"四个意识"、坚定"四个自信"、做到"两个维护"的一项具体行动，迅速兴起党史学习教育的热潮。要扎实开展好党史学习教育。按照县委具体安排，逐项抓好落实，既要高质量完成规定动作，又要结合实际做好自选动作。要强化组织领导。各乡镇、各部门要认真制定实施方案，迅速在所有党组织、全部党员中掀起党史学习教育热潮。

【党史学习教育学习研讨】 党史学习教育学习内容主要包括深刻铭记中国共产党百年奋斗的光辉历程，深刻认识中国共产党为国家和民族作出的伟大贡献，深刻感悟中国共产党始终不渝为人民的初心宗旨，系统掌握中国共产党推进马克思主义中国化形成的重大理论成果，学习传承中国共产党在长期奋斗中铸就的伟大精神，深刻领会中国共产党成功推进革命、建设、改革的宝贵经验。学习书目主要包括习近平《论中国共产党历史》和《毛泽东 邓小平 江泽民 胡锦涛关于中国共产党历史论述摘编》《习近平新时代中国特色社会主义思想学习问答》《中国共产党简史》等指定学习材料，《中国共产党的100年》《中华人民共和国简史》《改革开放简史》《社会主义发展简史》等重要参考材料。县委理论学习中心组带头，围绕党史学习教育主题，组织召开13次专题学习和10次专题研讨，撰写研讨材料192篇，讲党课32次。

【主题实践活动】 翼城县充分发挥28处红色教育基地作用，先后开展"祭英烈、守初心""缅怀革命先烈、砥砺初心品格"等实践活动，精心打造两坂村"七勇士"殉难址和史伯村"和"文化红色教育教学点，拍摄专题片《红色翼城》，制作《和平之光》《王良烈士的故事》《星星之火 可以燎原》等一批短视频，编印《党史故事百讲》《翼城党史故事选编》等图书，形成众多具有翼城特色的党史学习教育亮点品牌。3月31日，市委常委、县委书记王渊带领县四大班子领导到隆化镇紫琴村开展党史学习教育，瞻仰烈士遗像，缅怀革命先烈，重温入党誓词，庆祝中国共产党成立100周年。

【精准化分类管理】 翼城县制定《关于在党史学习教育中对党员进行分类精准施教的方案》，针对农村党员，做到在职党员示范带动、普通党员按时集中、流动党员定期汇报、行动不便党员送学上门。针对流动党员，逐一确定帮学联系人，以"网上主题党日"为载体，广泛开展助学帮教活动，确保宣传教育无死角。针对"两新"组织党员，开展亮身份、亮职责、亮承诺，比学习、比作风、比贡献，争当生产模范、争当管理能手、争当技术标兵"三亮三比三争"活动，党员干事创业精气神进一步提振。针对青年党员，以"百堂微课讲党史"为抓手，开展"万人读中国"党史主题读书活动和"我为家乡出份力"主题活动。针对离退休党员，设立离退休党员活动室，建立红色故事宣讲团，组织开展形式多样的党史学习教育。

【为群众办实事】 坚持把为群众办实事贯穿党史学习教育全过程，县四大班子领办重点项目45件，各乡镇、县直各单位共确定"我为群众办实事"项目1009个，全部按序时进度完成。特别是坚持把项目建设作为重点，主动为群众办实事、解难事，完成钢铁新材料园区456户1927人搬迁任务，为重点项目落地奠定了扎实基础；坚持把群众冷暖放在心上，创新实施"精准施策、优化服务、全力保障"三位一体协调联动机制和"12345"工作法，为房屋重建加固专门开辟绿色通道，提前40天完成560项房屋重建和修缮任务，让受灾群众能够温暖过冬；坚持便民利民原则，加快推进"一网通办"平台建设，率先在全市设置综合受理窗口、统一出证窗口，累计压减审批事项25项、审批环节133个，政务服务实现了从"群众跑腿"到"数据跑路"、从"人找服务"到"服务找人"的转变；坚持志愿服务全覆盖，结对共建党支部466个，党员志愿服务队720个，为群众办实事13444人次，人民幸福感、获得感持续提升。

【党史学习教育总结会议】 2022年1月12日，翼城县召开党史学习教育总结会议，学习贯彻中央和省委、市委党史学习教育总结会议精神，全面总结翼城县党史学习教育工作，对巩固拓展学习教育成果进行部署。县委书记黄晓君、市委党史学习教育第七巡回指导组组长张明星出席会议并讲话，县委副书记、县长刘锋主持会议，解湧、张文青、李放明、董玲等县四大班子领导，各乡（镇）党委书记、乡（镇）长，县直部门主要负责人，县党史学习教育各巡回指导组组长参加会议。

会议指出，党史学习教育开展以来，全县各级党组织坚持示范带动、层层推进，确保党史学习教育有力有序开展；坚持多措并举、强化践行，推动党史学习教育入脑入心；坚持分类管理、突出重点，保证党史学习教育全员覆盖；坚持创新载体方式、营造氛围，推动党史学习教育走深走实；坚持人民至上、为民惠民，真正让老百姓得到实惠。

会议强调，开展好党史学习教育，必须始终坚持政治引领，始终做政治上的明白人；必须始终紧扣主题主线，把学习贯彻习近平新时代中国特色社会主义思想贯穿始终，把学史明理、学史增信、学史崇德、学史力行贯穿始终；必须始终把握重要节点，不断推动学习教育向广度延伸，向纵深拓展；必须始终坚持以上率下，党员领导干部作表率，引领带动广大党员干部积极参与、共同提升；必须始终坚持为民惠民，真心实意解决群众急难愁盼问题。就进一步巩固拓展党史学习教育成效，黄晓君强调，一要始终不渝讲政治，坚决捍卫“两个确立”、做到“两个维护”；二要持续推进理论武装常态化，坚持不懈用新思想武装头脑，指导实践；三要持续推进为民服务常态化，让老百姓长期得实惠；四要持续推进制度的完善与创新，构建集中教育的长效机制；五要不断增强历史自觉，在全方位推动高质量发展中建功立业。

张明星对翼城县党史学习教育进行了充分肯定。他希望，翼城县要把学习贯彻党的十九届六中全会精神作为一项最重要的政治任务，持续掀起学习宣传贯彻热潮，高质量、高水平开好专题民主生活会，要用好党史学习教育的经验做法，逐步建立党史学习教育常态化、长效化的体制机制，不断开创翼城全方位高质量发展新局面。

（董俊辉）

“争先、进位、崛起”解放思想大讨论

【“争先、进位、崛起”解放思想大讨论动员部署会】 2021年11月16日，翼城县“争先、进位、崛起”解放思想大讨论动员部署会召开，县委书记黄晓君作动员部署，县委副书记、县长刘锋主持会议，县四大班子领导和县法院院长、县检察院检察长参加会议。县委常委、宣传部部长胡国华对县委《关于开展“争先、进位、崛起”解放思想大讨论的实施意见》进行解读。会议指出，从即日起到2022年1月底，在全县开展为期3个月的“争先、进位、崛起”解放思想大讨论，激励和鼓舞翼城广大干部群众，进一步树牢“思想大解放、观念大更新、活力大迸发、能力大提升”的鲜明导向，振奋精神、干事创业，对标一流、锐意攻坚，为全方位推动高质量发展提供动力支撑。

会议指出，当前，翼城县正处于全方位推动高质量发展的关键时期，在全县开展“争先、进位、崛起”解放思想大讨论，恰逢其时，具有非常重要的意义。要全面审视翼城的资源禀赋、产业基础、历史文化和自然生态等情况，全力加快翼城争先进位步伐；要牢固树立“等不得、拖不得、慢不得”的理念，进一步提升工作定位、拉升工作标杆、加快赶超进度；要始终保持“有冠必夺、有先必争、有旗必扛”的精气神，通过大讨论活动，把所有心思和精力都用在干事业、抓落实上，确保翼城县的工作能经得起历史检验。

【解放思想“十大行动”】 翼城县开展解放思想“十大行动”。一是目标任务大冲刺行动。紧盯2021年度目标任务和市定目标责任制考核体系，开展冲刺夺标行动，确保整体工作在全市领先领跑。二是思路观念大拓展行动。积极寻标、对标、达标、创标，开阔思路眼界，突破思维定式，创新思想观念，切实增强“作为”意识，提高“能为”本领，找准“善为”路径。三是产业发展大转型行动。围绕工业转型发展，全力推进晋南钢铁、福建闽光、山西华翔等“三箭齐发”重大转型项目落地开工；围绕走好农业特优转型发展之路，大力发展设施农业、现代农业和智慧农业；围绕打造“唐尧故地，晋国源头”文化品牌，叫响擦

亮“天下唐人、老家翼城”“中国花鼓之乡”“大美历山、休闲翼城”等文化旅游品牌。四是生态环境大保护行动。打好污染防治攻坚战，狠抓大气、水、土壤污染治理，特别是要全力做好“秋冬防”攻坚。五是营商环境大优化行动。进一步优化办事程序，深化政务服务“全程网办”。六是民生福祉大改善行动。办好人民满意的教育；打造更高水平的“健康翼城”，持续推进“人人持证、技能社会”建设。引进智慧停车系统平台，切实解决停车难、人车混行等问题。七是能力素质大提升行动。发挥“翼起学”大讲堂的教育引导作用，把学习的成果转化为谋划发展的思路、促进工作的措施和领导工作的本领。八是改革开放大升级行动。出台有关招商引资和招才引智办法，大力度多平台对接，引进人才、引进项目、引进信息、引进合作、引进理念；出台金融政策，支持引导非公有制经济健康发展；深入推进金融支农创新试点，使“新农贷”“‘地’押云贷”更好服务“三农”。九是干部作风大转变行动。制定出台相关考核激励机制，为干部想干事、敢干事、会干事、干成事营造良好的制度环境。十是创新创业大进发行动。制定青年创新创业“个十百千万”工作目标，激发广大青年创新创业活力。

【“争先、进位、崛起”解放思想大讨论总结交流会】 4月12日，全县“争先、进位、崛起”解放思想大讨论总结交流会召开，县委书记黄晓君出席会议并讲话。她强调，要深入学习贯彻习近平总书记考察调研山西重要指示精神，进一步解放思想、攻坚克难，聚焦短板、对标提升，充分发扬“崇德、自信、创新、争先”新时代翼城精神，做到“五个坚定不移”，真正以思想的大解放引领带动工作的大发展、事业的大进步，为全方位推动高质量发展提供坚强支撑。李放明、董玲、李增奎、杨文明、刘生明、白向阳、杨海林、胡国华、武文军、章守文等县四大班子领导及县法院院长、县检察院检察长，各乡镇党政主要负责人，县直有关单位主要负责人，县委党史学习教育领导小组办公室主任、副主任，各工作组组长，各巡回指导组组长参加会议。县委常委、常务副县长杨海林主持会议。

会议指出，通过全县上下共同努力，解放思想大讨论基本达到了预期目的，思想境界、干事水平、服务意识、工作效能得到进一步提升，为全方位推动翼城高质量发展提供了强大精神力量。

会议强调，当前翼城县各项工作正处于夯基垒台、立柱架梁的关键阶段，必须进一步解放思想、攻坚克难，把具有翼城特色的发展路径蹚出来，真正把大讨论成果转化为推动工作的强大动力。要坚定不移推动习近平总书记考察调研山西重要指示精神落实落细，坚定不移加快传统产业升级步伐，坚定不移营造高效快捷的政务环境、宽松包容的创业环境、说了就算的政策环境，要坚定不移守住生态环境底线、安全生产底线、疫情防控底线，坚决消除风险隐患，坚定不移抓好任务落实，扎实推动各项工作再上新台阶。

会上，隆化镇、南梁镇、行政审批局、工信局4家单位负责人作了交流发言。

（董俊辉）

综合协调

【参谋服务】 2021年，县委办坚持把功夫下在平时，在加强上级政策、重要文件、政务信息的传达学习的基础上，更加注重围绕“三箭齐发”工业新格局打造、青年创新创业、区域公用品牌建设、营商环境优化、文旅融合、现代农业发展等重点工作，到基层项目一线开展调查研究。2021年，班子成员主动深入基层“解剖麻雀”30余次，对县委经济工作会议、县委全会、县纪委全会等重要会议,全部做到组织调研、广泛征求意见、反复修改润色,确保文稿既有高度、有深度,又符合翼城发展实际、贴近群众意愿。全年起草领导讲话、调研报告、工作总结、经验材料180余篇,审核、制发县委文件18件,以文辅政作用有效发挥。同时,坚持同步抓好信息报送工作,及时发现和梳理工作亮点和典型做法,全年共上报区域公用品牌创建、营商环境优化、灾后恢复重建、安全生产等信息200余条,充分发挥信息主阵地作用。

强化运行保障,确保"做在日常时"。充分发挥办公室沟通上下、协调内外、联系八方的重要作用,对领导交办事项坚决认领、及时汇报,2021年传达落实上级文件精神50余次。以值班值守制度化、规范化为重点,健全完善县委值班室值班制度和请销假制度,严格实行领导24小时带班和"县、乡、村"三级联防值班制度,扎实做好疫情防控、中国共产党成立100周年等重要时段值班工作,参与省委、市委视频调度10余次,全部在岗在位,全年值班应急工作未出现任何疏漏和差错。坚持"务实、高效、节俭"原则,进一步严格程序、细化环节。2021年,组织县委经济工作会议、县委常委会(扩大)会议、干部专题会等大小会议90余次,有效确保县委工作正常运转。坚持把机要保密作为底线要求,开展密码、保密、档案、法律知识宣讲培训10场。全年收发办理密码电报865份、明传电报712份,收发办理各级各类文件2084份,均做到了零差错、零延误。

【督查督办】 2021年,县委办认真贯彻落实市委改革办关于全面深化改革的各项决策部署,先后组织召开7次县委全面深化改革委员会专题会,对全县改革事项进行研究部署,制定产业转型、优化环境、乡村振兴等6个方面19项具体改革任务,常态化开展督查督办,全力打通改革关节,疏通改革堵点,提高改革质量。同时,持续规范督查制度、创新督查形式,产业集聚区建设、疫情防控、优化营商环境、青年创新创业、灾后恢复重建等重点工作,开展各类督查6次,持续加大跟踪督办力度,确保各项任务按时高效推进。

【协调服务】 2021年,县委办把青年创新创业工作作为重点,围绕省委、市委关于市场主体倍增工程的要求,牵头制定出台《翼城县帮扶支持青年创新创业实施意见》,先后细化完善市场准入、政策支持、要素保障等45项帮扶举措,明确实施"个十百千万"工程的工作思路,协调推进各乡镇、各单位有序推进各项工作。2021年,县级青年创新创业示范基地建成,10余家企业入驻。

(尉海虹)

组织工作

【概况】 2021年年底,翼城县委组织部有干部职工32人。组织部主要职责是:贯彻落实党的组织工作路线方针政策;领导该地区党的组织体系建设,加强基层党组织和党员队伍建设;按照干部管理权限任免和管理干部;指导和督促检查下级党组织开展组织工作;贯彻人才强国战略,统筹协调有关方面共同参与和推动该地区人才工作;完成党中央以及上级党组织交办的其他任务等。2021年,在临汾市委组织部的正确指导和翼城县委的坚强领导下,翼城县委组织部深入践行新时代党的建设总要求和党的组织路线,认真贯彻落实中央和省委、市委、县委关于加强组织工作的各项决策部署,各项工作取得显著成效。

【思想政治建设】 2021年,县委组织部牢牢把握党史学习教育这一主线,分别在"读学考"系列平台、微信公众平台"翼城先锋"以及各类主体班、培训班中,专题设置党史学习教育相关内容,不断加强党员干部思想政治教育。高标准完成12期习近平新时代中国特色社会主义思想"读学考”系列资料的编印、学习和测评,参学人员累计新增3万人次。创新举办翼城县新任乡科级干部履职能力提升培训班,对换届中新任的46名乡科级干部进行培训,为新任科级干部更好地开展工作打牢了思想根基。有效采取“前期论坛定主题、中期调研看差距、后期头脑风暴见实效”的三阶段调研法,组织51名乡科级干部参加为期1个月的主体班,专题设置赴浙江丽水延伸培训课程。组织42名40岁以下非领导职务的公务员,举办为期1个月的中青年干部培训班。为适应县域经济高质量发展需求,举办以“GDP统一核算”为主题的翼城干部大讲堂。

【庆祝中国共产党成立100周年系列活动】 2021年,县委组织部完成全省3个、全市28个“两优一先”表彰对象的推荐工作,完成全县209个“两优一先”人选的推荐和表彰工作。为1587名符合“光荣在党50年”纪念章颁发条件的老党员颁发纪念章。为13名新中国成立前入党的农村老党员、未享受离退休待遇的城镇老党员发放一次性生活补助金6.5万元。深入开展“党旗在基层一线高高飘扬”活动,235名党组书记带头联系服务群众,开展基层调研422次,走访慰问困难群众550户,解决群众“急难愁盼”问题177个。组织50名优秀新党员到永和东征省级党员教育示范基地开展入党宣誓及培训活动,并组织100名新党员代表参加翼城县县级领导重温入党誓词暨新党员代表入党宣誓仪式。

【基层党组织建设】 2021年,县委组织部坚持大抓基层的鲜明导向,围绕年初确定的基层党建10项38条重点任务清单,扎实推进落实。

农村、社区党建方面,扎实推进村(社区)“两委”换届工作。严把标准、严格程序、严肃纪律,高质量推进全县151个行政村、6个社区换届选举工作全面完成,“两委”班子成员职数精简率达到33.1%,村党组织书记平均年龄降低7岁,社区党组织书记平均年龄降低19岁,大专以上村(社区)“两委”班子成员占比43.7%,“一升一降一肩挑”取得显著成效。同时,组织开展“领头雁”培训,将新任村(社区)“两委”成员轮训一遍。常态化推进其他党建工作。精准聚焦脱贫攻坚有效衔接乡村振兴,公开招聘44名大学毕业生到村工作,集中选派28名第一书记、30名驻村工作队员、39名机关事业干部到村任职,有效确保农村工作有人干、干得好。做好13个县财政扶持项目的评审考察和5个市财政扶持项目的争取工作,争取市财政100万元、县财政200万元,支持13个村级集体经济项目发展。2021年年底,村集体经济收入5万元以上的村达到100%;10万元以上的村80个,占比53%。常态化推动在职党员到社区报到开展志愿服务,组建40余支“七色”服务队,打造3个小区党群服务驿站示范点,各个社区服务功能得到进一步提升。在唐兴镇、南梁镇实行乡镇大党委制,聘请县直相关执纪执法和服务单位的30名班子成员兼任大党委兼职委员,推动县直执纪执法力量和服务资源向乡镇、社区下沉。

2021年11月10日,县委书记黄晓君(左二)到唐兴镇古城村调研指导全县首家村委换届工作

(张明杰供图)

机关事业单位党建方面,深入开展“五型机关”创建,研究制定《县直机关2021年党建工作要点》,明确目标、列出措施、划定时限。修订完善《翼城县直机关党建工作“四级四岗”责任清

单》，进一步细化工委、党组（党委）、机关党委（党总支）、党支部的工作职责及主要负责人的第一责任人职责。着力打造县人民法院党总支、财政局党总支等6个党建工作示范点。围绕国资国企改革，及时把县自来水公司党组织、党员组织关系划归县投资集团有限公司统一管理。各中小学校党支部建立书记抓基层党建“三个清单”，进一步健全完善党组织领导下的校长负责制。

非公和社会组织党建方面，持续完善“两新”组织党建齐抓共管的工作机制。招聘84名“两新”组织兼职党建工作指导员，出台翼城县非公经济组织和社会组织兼职党建工作指导员正、负向激励清单。严格落实指导员实地走访备案制度和工作日志制度，有效发挥党建工作指导员队伍党建指导作用，成立27个联合党支部和3个单独组建的党支部，同时，为工委委员确定包联“两新”组织党支部，加强对工委委员包联支部工作情况的督查。持续深化“三整一提升”行动。通过指导员实地走访、现场指导，持续巩固打造晋源实业、泰鑫塑管、飞翔铸管、汉德园中学、星杰中学“三整一提升”党建示范点，全面推行示范点创建工作有效做法，持续提升“两个覆盖”工作质量。强化业务主管单位和行业管理部门党建指导，依托2021年新选派的兼职党建工作指导员队伍，先后成立县快递行业联合党支部和电子商务商会联合党支部，逐步实现对快递、网络主播等就业群体党的覆盖工作。

发展党员和党员队伍管理方面，年初计划发展党员503名，严格程序、严把关口，年底高质量完成全年发展目标。把专题党课和“党课开讲啦”有机结合，开展2800余场次，参与党员6.85万余人次。同时，举办党委（党组）书记专题培训和县直单位党务工作者等专题培训77期，参训党员3603人。

【干部队伍建设】 2021年，县委组织部坚持党管干部原则，坚持好干部标准，进一步健全完善素质培养、知事识人、选拔任用、从严管理、正向激励五大体系，突出“五个坚持”，全年共研究调整干部6批次259人次。坚持基层一线用人。2021年，乡镇领导班子换届人事调整，新提拔或进一步使用的43名乡镇班子成员中，具有2年以上乡镇领导工作经历或3年以上乡镇工作经历的有41人，占比95.35%。尤其是将全县唯一的贫困乡镇负责脱贫攻坚工作的副职提拔为平川镇长，选拔2名优秀村党组织书记、1名农村第一书记、1名驻村工作队员进入乡镇领导班子，真正做到让“有为者有位、吃苦者吃香”，激励更多干部下沉到基层一线积极担当、勇挑重担。坚持事业为上用人。在深化事业单位改革人事调整中，按照以事择人、人岗相适的原则，把专业匹配度作为调整配备的重要依据，将37名专业性强、业务能力突出的优秀干部选拔到本单位或本系统科级领导岗位上，占新提拔使用干部总数的82%以上，做到事业发展需要什么样的人就用什么样的人，什么样的人最合适就选什么样的人。坚持实干担当用人。2018年、2019年连续两年评选的41名担当作为表现突出优秀干部中，得到提拔、进一步使用或晋升职级的29名，占比在70%以上，为全县干部树立了努力担当、奋发作为的鲜明导向。坚持狠抓日常管理。充分发挥“12380”受理平台作用，定期开展干部监督联席工作会议，2021年共征求执纪执法部门意见31批次1237人，暂缓使用和终止提名资格47人；在全县机关事业单位开展违规借用人员和“吃空饷”问题专项整治工作，清理清退借调人员12人。坚持典型示范引领。持续选树医疗、教育、农村、社区等各行各业党员、干部先进典型，用心总结事迹材料，拍摄制作党建电视栏目《翼城先锋》21期，并以举办庆祝中国共产党成立100周年系列活动为契机，对22个省、市“两优一先”表彰集体和个人进行跟踪拍摄,通过县级媒体平台集中展播,在全县党员、干部队伍中营造学习先进、崇尚先进、争当先进的浓厚氛围。运用县委常委评价、领导班子和领导干部考核测评评价、领导干部业绩评价“三个评价”结果,奖励优秀等次乡镇各2万元、良好等次乡镇各1万元、优秀等次县直单位1万元,奖励24名连续三年优秀等次公务员每人3000元,奖励193名2020年度优秀等次公务员每人1500元。

2021年8月26日,翼城县人民政府与山西开放大学县校合作签约仪式举行　（张明杰供图）

【人才工作】 2021年,县委组织部深入实施创新引领、人才强县战略,通过畅通渠道引才、搭建舞台育才、构筑磁场留才,有效实现引才育才并举、用才留才并重。畅通引才渠道。收录142名翼城籍博士信息,编印《翼城籍博士名录》,先后举办“鸿鹄归巢 共话发展”翼城籍优秀学子暑期家乡行、高层次人才交流座谈等活动,建立与翼城籍在外优秀人才的长期沟通交流机制。拓展用才平台。深入贯彻落实省委深化省校合作、共建“12大基地”和市委深化市校合作实施“双千工程”部署要求,全面实施县校合作“双百工程”人才行动,先后与南开大学、厦门大学等13所省内外高校建立联系,签约合作项目44个,全职引进硕士研究生18人、大中专本科毕业生695人,柔性引进博士11人,为广大人才干事创业提供良好舞台,为翼城县实施创新驱动、科教兴县战略注入强劲动力。务实留才举措。严格落实县委联系专家制度,定期组织党政领导干部“点对点”联系服务高级专家,优先服务创新创业人才“一网通办”事项,并进一步健全完善人才评价激励机制,切实让各领域优秀人才感受到党和政府的关怀温暖。

【组工队伍建设】 2021年,县委组织部坚决贯彻习近平总书记“政治上绝对可靠、对党绝对忠诚”的要求,在建设一支讲政治、能吃苦、能力强、作风硬的组工干部队伍上下持久之功。聚焦提笔能写、开口能讲、问策能对、遇事能办的“四能干部”标准,扎实开展“学讲练比”活动近30次,组工干部基本能力和专业素养得到有效提升。始终坚守公道正派的价值理念,严格按照政策原则和组织人事纪律办事,做到公道对待干部、公平评价干部、公正使用干部。扎实开展“党史学习教育”,开展集中学习17次、专题交流研讨8次,有效引导机关全体党员干部不忘初心、牢记使命、继续奋斗。坚持把“为群众办了多少实事、解了多少难题”作为衡量党史学习教育成效的一项重要指标。积极为包联帮扶村牛家坡村争取“一事一议”项目资金20万元,有力推动村内自来水主管道维修和安装水表工程落实落地。与县中医医院沟通对接,在牛家坡村开展免费义诊志愿服务活动。针对帮扶乡镇桥上镇辖区范围内企业华鑫煤业有限公司厂区上方高压线影响安全生产问题,积极与县供电公司、桥上镇党委、庄里村等责任主体对接,对高压线进行了挪移。多次就县第二污水处理厂施工前期村民占地赔偿相关事宜,与县住房和城乡建设局、自然资源局、南梁镇党委对接,就占地赔偿等达成一致。

（张明杰）

宣传工作

【概况】 翼城县委宣传部是县委主管意识形态和宣传思想文化工作的部门，内设办公室、理论宣传教育室、文化新闻出版室、网络安全和信息化室、精神文明建设室5个科室，承担全县党员干部理论教育、舆论宣传、文明创建、文化繁荣、新闻出版、网络安全和信息化发展等任务。2021年，全县宣传思想战线坚持以习近平新时代中国特色社会主义思想为引领，紧紧围绕党的百年华诞这一主线，以党史学习教育和“争先、进位、崛起”解放思想大讨论为载体，把牢方向导向，认真履职尽责，有力推动宣传思想工作创新发展。

【党史学习教育】 2021年，县委宣传部紧盯“学史明理、学史增信、学史崇德、学史力行”的总体要求，做实规定动作，创新载体形式，不断增强党史学习教育的活力和实效。突出“五专举措”，在全方位学思践悟上下功夫。在全面学习习近平《论中国共产党历史》《中国共产党简史》等4本指定学习教材的基础上，采取专题研学、专项测试、专人领学、专题宣讲和专栏宣传等方式，组织广大党员干部学党史、用党史，从百年党史中汲取奋进力量。县委理论学习中心组开展专题学习13次、专题研讨9次。紧盯“五类管理”，在精准化分类施教上下功夫。针对党员群体大、行业领域分布广的特点，分为农村党员、流动党员、“两新”组织党员、青年党员、离退休党员5个类别进行精准管理，分类施教，实现了全覆盖。坚持“五位一体”，在赓续红色精神上下功夫。把红色资源作为党史学习教育的生动教材，保护红色资源，传承红色基因，注重传史育人，讲好红色故事，传播红色文化，深入开展“祭英烈 守初心”“缅怀革命先烈 砥砺初心品格”等形式多样的实践活动。实施“五进活动”，在项目化惠民为民上下功夫。坚持把为群众办实事贯穿学习教育全过程，深入开展进企业、进工地、进农村（社区）、进农户、进老区“五进”活动，完成1005件实事，解决了经营难题、发展难题、乡村难题、群众难题、振兴难题，提升了人民满意指数。党史学习教育相关情况有120余条被省市党史学习教育领导小组办公室和省市级媒体采用。践行“十大行动”，在开展解放思想大讨论上下功夫。围绕“争先、进位、崛起”解放思想大讨论目标要求，组织开展目标任务大冲刺、思路观念大拓展、产业发展大转型、生态环境大保护、营商环境大优化、民生福祉大改善、能力素质大提升、改革开放大升级、干部作风大转变、创新创业大迸发“十大行动”，各乡镇、各单位全面动员部署，深入学习讨论，建立问题清单和整改台账，认真查摆问题，抓好整改落实，通过大讨论提振了士气、凝聚了共识，全力按下翼城高质量发展的“快进键”，跑出翼城高质量发展的“加速度”。

【理论宣传宣讲】 2021年，县委宣传部按照创建“学习型党组织、学习型领导班子”的工作思路，创新学习方式，提升广大党员干部的政策理论水平。制定完善《党委（党组）理论学习中心组学习制度》，印发《关于加强党委（党组）理论学习中心组学习规范化制度化建设的通知》。按照“有政治高度、有学理深度、有现实热度”的要求，创新宣讲形式，整合全县各级各类宣讲资源，开设集学思践悟于一体的“翼起学”大讲堂，有效提升全县广大党员干部谋发展、抓发展、促发展的能力和水平。建立列席旁听制度，成立9个理论中心组或党委（党组）理论学习列席旁听组，实现列席旁听工作全覆盖，进一步提高理论学习的政治自觉。积极创新方式和载体，在105个村安装智能音柱，用乡音讲工作动态，用土话讲惠民政策，增强正能量传播效应；各乡镇利用新媒体设立“所见南梁”“多彩王庄”“醉美南唐”“唐兴微视角”“走进里砦”等抖音号，开展理论宣传和政策宣讲，唱响理论武装“主旋律”，切实推动党的创新理论飞入寻常百姓家。围绕庆祝中国共产党成立100周年主题，在《今日翼城》先后开设《学党史 大家谈》专栏，县乡村三级干部理论联系实际，谈认识、谈做法、谈体会，组织开展“中国共产党在翼城百年奋斗史”“党领导新时代翼城高质量转型发展”等重点课题研究，引导广大干部群众树立正确的历史观、民族观、国家观、文化观。

2021年11月16日，“翼起学”大讲堂开班仪式举行
（杨禄祺供图）

【意识形态工作】 2021年，县委宣传部始终坚持底线思维、结果导向，强化组织领导，创新方法手段，切实把意识形态工作领导权牢牢掌握在手中。出台《翼城县党委（党组）意识形态工作责任制实施细则》《翼城县党委（党组）网络意识形态工作责任制实施细则》《翼城县党委（党组）意识形态工作“二五九”工作机制》等，明确各级党组织主体责任、“一把手”的第一责任人责任、分管领导的直接责任人责任、其他领导的“一岗双责”责任，切实把意识形态工作作为党的建设和政权建设重要内容，纳入重要议事日程、纳入党建工作责任制、纳入领导班子和领导干部的目标责任，实现各单位、各乡镇的同向发力。对全县各级各部门意识形态工作责任制落实情况进行年中督查、年度督查。在县委第十四届第一轮常规巡察中，抽调骨干力量，对水利局、开发办、农业农村局、农机中心、教科局、科技服务中心6家单位进行意识形态工作专项巡察。召开乡村两级落实意识形态责任制推进会，聚焦隆化镇“草根名嘴”队伍宣讲品牌、中卫乡“时间银行”志愿服务品牌、“一户一家风”乡风文明建设品牌，南梁镇“所见南梁”抖音号理论文化宣讲品牌、“四邻八舍”志愿服务品牌和“一网四约”移风易俗建设等，对北撖村、两坂枣园村的草根名嘴宣讲队伍、南上卫村的家风家训牌、辛庄村的“时间银行”志愿服务运作模式、东西郑村“一约四会”移风易俗建设和程公村发挥农家书屋便民阵地建设等进行现场观摩和经验分享交流，为乡村两级做好意识形态工作提供了典型示范，全面启动农家书屋资源优化配置、活化利用，道德银行聚德成风化人，乡村两级智能音柱空中阵地全覆盖3个专项行动，丰富了基层开展意识形态工作的形式载体，有效夯实了基层落实意识形态工作的责任抓手。持续推进自媒体乱象和短视频整治，集中清理违法违规账号等，网络生态呈现持续健康发展的良好态势。

2021年9月7日，翼城县乡村两级落实意识形态责任制推进会在中卫乡南上卫村举行　（杨禄祺供图）

【主流思想舆论巩固壮大】 2021年，县委宣传部把胸怀大局、把握大势、着眼大事作为舆论宣传工作的切入点和着力点，增强主动性、掌握主动权、打好主动仗。开设“深入学习宣传贯彻落实习近平总书记视察山西重要讲话重要指示”“贯彻落实全国两会精神”“贯彻落实省第十二次党代会精神”“贯彻落实市第五次党代会精神”等

专题专栏，对贯彻工作动态进行持续宣传报道，在新媒体平台及时转发中央、省、市主流媒体关于相关精神的要点解读。紧盯全县重大项目进展、重点工程建设，围绕“三箭齐发”工业新格局、重点工程项目落地、营商环境优化等，开设“工业大振兴·转型正当时”“聚焦重点工程建设”等专题专栏，进一步凝聚共识、鼓舞斗志。开设“奋斗百年路 启航新征程”“我为群众办实事”“翼城党史故事”“牢记初心使命 争取更大光荣”等10个专题专栏，跟踪报道县乡两级典型做法、实践经验等。开设“生态环境治理攻坚行动”“靓城提质我们在行动”“开展‘三零’单位创建 提高基层治理能力”等专栏，共播发相关消息100余条（次），反映翼城县生态环境持续好转的现状，营造良好的社会效应。围绕疫情防控、城市建设、教育医疗、社会保障等群众关心关注的热点问题，开设“来自疫情防控一线的报道”“创城常态化 文明靠大家”“乡村振兴 翼城在行动”等9个专题专栏，生动反映基层干部群众投身一线、奋战一线的感人事迹。在做好内宣的同时，积极向市级以上媒体发稿，全年共播发1052篇（条），其中在央视新闻、新华社、新华网、人民网、中新社等国家级媒体刊发38篇。反映翼城县依托农业生产托管实现夏粮两年全省最高单产的消息先后被央视《晚间新闻》《乡村之声》《春日中国》栏目进行报道，反映翼城县党史学习教育推进情况的相关情况被《新闻联播》报道。

【精神文明建设】 2021年，县委宣传部把培育和践行社会主义核心价值观，作为凝魂聚气、强基固本的基础工程，融入经济社会发展和治理进程，融入文明创建的生动实践，融入国民教育全过程，在以文化人、以文育人中提高民众的道德觉悟。翼城县创建省级文明城市推进会召开，对创城任务进行细化分解，全面动员所有单位参与文明城市创建。翼城县文明创建工作推进会召开，对全县市级及市级以上文明单位、文明村镇、文明社区进行全面测评。在全市第六届道德模范评选中，翼城县上官改英、徐海红夫妇获得“孝老爱亲”道德模范奖，上官继德、李成亮获道德模范提名奖。靳雨涵被选树为省“新时代好少年”，郭春明被选树为第三届“临汾好人”“孝老爱亲”好人，徐鑫平被选树为第二届“新时代临汾好少年”“自立自强”好少年。将社会主义核心价值观12个主题词，倡导文明出行、崇德向善等公益广告融入公园环境中，创建桐封公园、九龙公园2个社会主义核心价值观主题公园。制定出台《关于开展新时代文明实践系列工程的实施意见》，积极倡导“重在实践”的新时代文明实践活动，“有困难找志愿者，有时间做志愿者”在新时代文明实践中成为常态，整合全县各级各类志愿服务团队力量，探索实施新时代文明实践系列工程，将志愿服务活动进行品牌化、项目化运作，先后涌现出南梁镇“所见南梁”网络宣讲品牌、“四邻八舍”志愿服务品牌、西阎镇“流动小茶桌”流动宣讲品牌、隆化镇“草根名嘴”本土人才宣讲品牌、检察院“预防青少年犯罪”心理健康教育品牌等，“日行一善”志愿服务项目获山西省“四个100”优秀志愿服务项目表彰，燕秉利获山西省最美志愿者表彰。充分发挥农村优秀基层干部、道德模范、身边好人等新乡贤群体的示范引领作用，村村建立“一约四会”和“好家训好家风”评选活动，以好家风带民风促新风。

【文化事业产业】 2021年，县委宣传部紧紧依靠本土文化资源，充分挖掘深厚文化底蕴，提升文化发展整体实力。联合县文旅、教育、公安等相关成员单位开展了“清源”“固边”“净网”“护苗”“秋风”等专项行动和“绿书签”进校园、“绿书签”宣传周活动；新建10个护苗工作站，实现乡村“扫黄打非”工作站点全覆盖，对212个农家书屋进行补充更新。围绕庆祝中国共产党成立100周年,开展"庆祝建党百年优秀作品线上展播""奋进的翼城 大写的中国"诵读、"学党史强信念 跟党走"主题演讲比赛、"颂百年党恩·绘千秋伟业"书法、工艺、美术作品展和"回眸辉煌·起航新程"摄影作品展等群众性系列文化活动。出版发行反映烈士遗孤在党的关怀下健康成长的小说《梦系青龙山》,励志类长篇小说《击水》,诗集《一眼万年》、微电影《双面人生》、歌曲《为党旗增辉》等13部作品。讲述翼城籍烈士续延德"只解沙场为国死,何须马革裹尸还"英雄故事的作品《回家》,获得临汾市第六届"好基地讲好故事"一等奖,翼城县选送的作品《万疆》获临汾市"百年逐梦启新程"微视频大赛一等奖。《历山朝圣》等十首原创歌曲入围第十二届全国村歌大赛"优秀中国村歌",并在全国乡风文明网"中国村歌排行榜"展示,翼城县原创村歌参加"村歌之星展演""一村一歌一品直播带货""中国村歌颁奖盛典"系列活动,经全国村歌大赛组委会研究决定,拟在翼城县创建"中国村歌之乡"。翼城浑身板入选第五批国家级非物质文化遗产名录,翼城琴书创新剧目《花鼓魂》代表临汾市参加省十一届"群星奖"决赛。充分挖掘红色资源,盘活文化资源,打造隆化镇红色教育精品线路,王庄镇史伯村和里砦镇阎村2个乡村旅游示范村,争取省级灾后重建项目——南丁汤王庙抢险修缮工程。完成免费送戏下乡200场,举办第四届翔滦古会,培育尧都砂器和山云剪纸非遗文创基地,以文促旅,以旅彰文的效应逐步显现。

(杨禄祺)

统战工作

【概况】 中共翼城县委统战部是县委主管统一战线工作的职能部门,主要职责是贯彻落实加强党对统一战线工作集中统一领导的要求,发挥县委在统战工作方面的参谋机构、组织协调机构、具体执行机构、督促检查机构作用,了解情况、掌握政策、协调关系、安排人事、增进共识、加强团结,协调统一战线各方面关系,组织和落实贯彻中央、省委、市委和县委关于统一战线工作的方针、政策和重大决策部署,巩固壮大最广泛的统一战线。2021年,县委统战部在县委、县政府的正确领导下,在市委统战部的大力支持下,以习近平新时代中国特色社会主义思想为指导,深入学习贯彻中央、省、市统战部长会议精神,按照县委总体思路和要求,围绕中心、服务大局,凝心聚力、担当作为,全县统一战线工作呈现出开拓进取、团结和谐的良好局面。

【思想政治引领工作】 2021年,县委统战部扎实开展党史学习教育,从党的百年奋斗历程中汲取前进的智慧和力量,持之以恒加强政治建设。按照中央、省、市、县关于开展党史学习教育的有关要求,有序开展党史学习教育各项工作。坚持集中学习与自学相结合的原则,组织机关全体人员先后8次开展党史学习教育专题交流研讨,以史为鉴,达到思想共鸣,并组织机关党员对帮扶对象逐户进行"民生山西"电子社保卡登记,确保巩固脱贫攻坚成果与乡村振兴有机衔接。6月8日、9日,在全县统一战线系统和统战干部中举办"学党史、明方向、跟党走"知识竞赛。6月10日,参加全市"学党史、明方向、跟党走"知识竞赛,获得二等奖。"七一"期间,组织机关全体人员认真收看收听习近平总书记在"七一勋章"颁授仪式上的重要讲话和庆祝中国共产党成立100周年大会上的重要讲话,组织统战部、工商联机关全体人员,全县小微企业代表,侨眷、归国留学生,民族宗教界人士等各领域统战成员到县党史纪念馆参观党史展览,让广大统战对象感悟共产党人初心使命的精神力量,更加坚定中国共产党的核心领导地位。7月16日，组织机关全体党员干部到彭真故居，开展“赓续红色记忆、奋进伟大征程”主题党日活动。9月14日，统战部机关党支部和北关村党总支联合召开“学政策、强队伍、促振兴”主题党日活动。10月27日下午，中共翼城县委统战部全体党员干部集中观看《长津湖》和《我和我的父辈》两部红色主旋律电影。11月17日，按照市委、县委部署，召开“争先、进位、崛起”解放思想大讨论动员部署会，县委常委、统战部部长杨文明要求紧扣主题主线，聚焦重点任务，并要同党史学习教育结合起来，同当前统战重点工作结合起来，真正以大讨论促进各项工作提质增效。为深入开展非公经济人士理想信念教育，11月25日，县委统战部邀请市委讲师团贾成奎教授，组织90余名执委开展《学习贯彻党的十九届六中全会精神》专题培训。

2021年6月8日，在全县统一战线系统和统战干部中，举办“学党史 明方向 跟党走”知识竞赛
（王淑贤供图）

【学习宣传贯彻《中国共产党统一战线工作条例》】 2021年，县委统战部把学习宣传贯彻落实《中国共产党统一战线工作条例》（以下简称《条例》）作为推进工作的一项主要措施来抓，将《条例》纳入县委（党组）理论学习中心组学习内容，纳入党校教学内容，对各级党委统一战线工作领导小组成员机及相关单位、统战干部进行专题培训。县委书记黄晓君主持召开中共翼城县委统一战线工作领导小组会议，会议通过《翼城县学习宣传贯彻〈条例〉的实施方案及重点任务分工方案》，各成员及46家相关单位等按照县委要求制定了各单位的实施方案，对照71条责任分工制定了3个清单。印发《中国共产党统一战线工作条例》，编印《中国共产党统一战线工作条例应知应会150道题》和《贯彻落实〈中国共产党统一战线工作条例〉知识问答》等宣传资料4500余册发到各乡镇党委、各村支部、县直机关各党组织。通过微信、美篇等新媒体渠道，转发《条例》内容、官方媒体有关评论员关于《条例》的解读文章和县委统战部落实工作内容39篇，从多渠道、多视野角度学习《条例》。为进一步宣传贯彻落实《条例》，在全县积极筹备设立统战工作联系点，这一创新得到省委统战部副部长腾德刚的肯定和认可，相继出台《中共翼城县委办公室关于建立统战工作联系点方案》等相关文件，成立孙毅牙科新的社会阶层人士联系点、361度非公有制经济人士联系点、中医院党外知识分子联系点、鼎尚商场新的社会阶层人士联系点、山西三琪实业有限公司非公有制经济人士联系点及出国和归国留学人员联系点、山西省凤翔园林绿化有限公司非公有制经济人士联系点6家统战工作联系点。2月5日，在县委常委会（扩大）会议上，集中学习《条例》，县委常委、统战部部长杨文明从《条例》颁布和实施的背景意义、总体要求、突出特点、修订亮点、规范职责等方面进行详细解读，县委主要领导从扎实抓好学习培训和宣讲解读，细化实化工作举措，着力解决突出问题，切实强化督促检查等方面对学习宣传和贯彻落实《条例》提出明确的要求。4月13日上午，邀请临汾市委党校教育长、副教授刘信鹏对全体政协委员以《深入学习贯彻〈条例〉做好政协统战工作》为题，从《条例》修订的背景、过程和意义，《条例》修订的主要内容和突出特点，发挥政协统战职能，做好政协统战工作等3个方面进行培训。5

月20日,翼城县委常委、统战部部长杨文明到县委党校向第5期51名乡科级干部主体班全体学员就《条例》修订的背景、意义、亮点进行解读,并结合全县统战工作的基本情况全面分析统战工作面临的形势、存在的问题,明确做好统战工作的具体要求。10月9日、10月29日,分别召开学习宣传贯彻《条例》工作推进会,通报贯彻落实及整改进展情况,部署下一阶段工作,持续推动《条例》贯彻落实工作走深走实。11月30日,翼城县委书记黄晓君主持召开县委常委会会议,听取落实《条例》情况汇报,研究讨论《关于建立统战工作联系点的实施方案》,并强调要强化督查检查,定期督任务、督进度、督成效,确保《条例》在翼城不折不扣贯彻落实到位,着力打造"上下联动、左右协调、横向到边、纵向到底"的大统战工作格局。

【党外人才发现、培养、使用和管理工作】2021年,翼城县有党外知识分子573人、党外干部29人,其中副县级以上的4人(范钦国、聂华、王东东、杜芳芳)、正科级实职3人(张芳、杜文河、王柏涛)、副科级以上22人(2021年新提拔8人)。在做好党外人士政治安排上,以在2021年换届为契机,在人大代表换届中,人大党外副主任1名,人大党外常委会委员6名,人大党外工委主任1名,人大党外工委副主任1名,人大党外代表74名,占比38%;县政府领导班子配备党外干部1名;政协党外副主席2名,政协党外常委21名,占比65.6%;政协党外主任1名,政协党外委员120名,占比61.5%。县检察院在贯彻落实《条例》中,对照《条例》第四十五条中"检察院应当聘请党外代表人士担任特约人员"的规定,聘请2名党外代表人士担任特约检察员。此外,县委常委、统战部部长杨文明先后深入党外知识分子比较集中的县中医院、翼城中学、先成中学等地进行调研,要求进一步做好党外知识分子思想政治引领工作,充分发挥党外知识分子模范带头作用。

2021年12月16日,翼城县人民检察院举行党外特约检察员聘任仪式　　（王淑贤供图）

【非公有制经济人士工作】2021年7月3日,县委统战部组织小微企业联合商会的会员代表到三琪大厦参观"颂百年党恩,绘千秋伟业"书法、工艺、美术作品和"回眸辉煌·启航新程"摄影作品展,引导非公经济人士在党史学习中砥砺担当精神,从党的奋斗历史中汲取前进力量。7月28日,召开工商业联合会(总商会)第十一届五次执委会,补选主席、副主席,并组织民营经济代表人士共80余人在县委党校集中收看警示教育篇《初心明鉴》,引导民营经济人士树立法纪观念,光明正大搞经营,做新型政商关系构建的践行者和推动者。结合党史学习教育为群众办实事活动,主动深入非公企业开展营商环境和企业需求调研,通过与纪检监察、行政审批部门建立常态化的联系机制,继续发挥好民营企业法律援助服务团的作用。9月3日,联合县行政审批局组织召开优化营商环境民营企业家座谈会,通过把脉问诊,寻求治本之策,共同研究推进翼城县优化营商环境工作。此外,聘请10家非公企业负责人,担任优化营商环境行风监督员,为县委、县政府营商环境的制度建设提供第一手资料。9月16日,联合人社局开展"援企稳岗政策进民企、促和谐、助发展"宣讲活动,让广大民营企业了解"六稳""六保"政策,让援企稳岗政策直达基层、直惠企业、促进劳动关系和谐稳定，服务民营经济健康发展。9 月 17 日，在中秋佳节来临之际，携手翼城县小微企业联合商会在里砦敬老院举办了“情暖中秋，敬老助老”爱心捐赠活动，为老人们捐赠月饼、面粉、大米，送去节日的祝福，提升工商联组织和非公经济人士的社会影响力。12 月 21 日，翼城县工商业联合会（总商会）第十二次会员代表大会召开，率先在全市完成换届选举工作，县委书记黄晓君到会，并做出重要指示。

2021 年 12 月 21 日，翼城县工商业联合会（总商会）第十二次会员代表大会召开，选举产生新一届领导班子（王淑贤供图）

【民族宗教工作】 2021 年，县委统战部认真贯彻落实党和国家民族宗教政策，积极协调全社会力量，把民族宗教工作由部门工作拓展为全社会的工作，以县委副书记为组长的县民族宗教工作领导小组，坚持定期召开工作会议，部署民族宗教工作，对民族宗教领域出现的重大敏感问题，及时召开县委常委会会议、四大班子联席会进行专题研究，各乡镇也都按照“分级负责、属地管理”的原则，成立以乡镇党委书记任组长的民族宗教工作领导组，明确乡、村责任人，实现“主体在县、延伸到乡、落实到村、规范到点”的三级网络建设的管理目标和乡镇、村两级责任制，形成“党委领导、政府组织、部门主抓、社会各界广泛参与”的民族宗教工作格局。提高思想认识，积极落实“两作为、三纳入”，即坚持将习近平总书记关于宗教工作重要论述和党中央关于宗教工作有关文件、法律法规作为各级党委理论学习中心组的必学内容，作为各级党校培训的必修课；坚持把宗教工作纳入党委常委会重要议事日程，纳入党政领导班子评价考核体系，纳入巡视巡察重要内容。在宣传民族、宗教政策上，把习近平总书记系列重要讲话精神、关于宗教工作重要论述和全国宗教工作会议精神作为重点。先后召开机关工作人员、各重点村负责人，宗教场所、宗教团体班子成员、宗教教职人员会议。3 月 17 日，县委常委、统战部部长杨文明组织乡镇换届后新任乡镇统战委员和分管民族宗教工作的领导召开会议，专门学习习近平总书记关于宗教工作重要论述，学习《中国共产党统一战线工作条例》《宗教事务条例》等有关政策法规，尤其是习近平总书记重要讲话精神。7 月 22 日，组织全县宗教团体、宗教活动场所管理人员和宗教教职人员在西关基督教堂开展宗教政策法规宣传培训。7 月 30 日，在北关世纪文化广场礼堂组织全县乡镇统战干部、民族宗教界人士、民族聚居村负责人、中小学校长开展宗教政策法规宣传。7 月 30 日，在北关世纪文化广场礼堂组织召开翼城县民族团结进步模范事迹报告会，全国民族团结进步模范个人、北关村党总支书记荣光，全省民族团结进步模范集体、民族小学教师代表作宣讲报告。8 月 25 日，省委统战部二级巡视员李海明带队，市委统战部副部长李刚，市委统战部副部长、市民族宗教局局长郭琰一行到翼城县调研，重点对民族团结进步示范点创建工作、铸牢中华民族共同体意识活动等情况进行调研，对全县民族团结进步创建工作给予充分肯定。12 月 2 日，“民族团结一家亲 口腔宣教进校园”活动在民族小学举行启动仪式，进一步深化和创新了民族团结创建活动。

【安全稳定工作】 2021 年，县委统战部强化政治意识，突出维护稳定工作。把做好安全稳定工作当做头等大事来抓，认真落实宗教工作三级网络两级责任制，主要负责人是维护稳定的政治责任人，带头研究部署，带头督促落实。各宗教活动场所主要负责人是本场所安全稳定直接责任人，严格落实安全稳定工作责任制。组织乡镇协调各职能部门及站所各司其职、各负其责、齐抓共管。压实工作责任，把维护稳定的各项任务细化、量化，逐级分解，落实到人，真正形成维护稳定责任体系。提高工作标准，深入开展安全隐患排查化解工作。针对涉及民族宗教领域的热点和敏感问题，开展全方位安全隐患和矛盾纠纷排查化解工作。积极开展以“落实安全责任，推动安全发展”为主题的“安全生产月”活动，开展“明职责、会方法、勇担当、保安全”安全生产大讨论活动，进一步增强统战系统安全责任意识。各乡镇、宗教活动场所要结合“三零”单位创建工作，加强宗教活动场所消防、食品卫生、防汛等隐患排查治理。充分发挥民族宗教工作网格化工作机制，对非法宗教活动进行动态监管，每周上报排查情况，发现非法活动及时制止。落实安全设施，完善应急预案。进一步健全重大节日期间预警和应急处置机制，加强培训和日常综合演练，提高应急处置的能力和水平。认真制定重大节日期间工作方案和应急预案，成立安全工作领导组，实行责任到人，落实到位，确保安全稳定。防范和打击各种渗透颠覆破坏活动、暴力恐怖活动、民族分裂活动、宗教极端活动，维护国家统一、民族团结和社会和谐。

【留学生及新联会工作】 2021年，县委统战部深入9个乡镇社区、教育、公安等单位详细摸底，建立留学生数据库，经统计全县有留学生和归国留学生96人；参加市侨联组织的特色产品展览，把西阎镇的醉氧香菇作为翼城县特色农产品在展览中进行推介；积极向省侨联推荐申报翼城县历法之源中国华侨国际文化交流基地。在新的社会阶层人士工作方面，新联会成立两年来积极参与全县脱贫攻坚工作，10家理事单位为里砦199个贫困家庭提供56个扶贫项目，项目资金合计188万元，所有项目完成，给浇底乡的青城村和西村分别配备价值1500元的道德银行建设所需物资。截至2021年年底，在疫情防控工作中，新联会成员单位积极捐款捐物累计价值20余万元。2021年夏季特大暴雨灾害发生后，捐款捐物价值22700元。

（王淑贤）

巡察工作

【概况】 中共翼城县委巡察机构成立于2016年4月，是县委的重要工作部门。县委承担巡察工作的主体责任，县委巡察工作领导小组加强对全县巡察工作的领导和指导，巡察办承担“统筹协调、指导督导、服务保障”的职责，县委巡察组承担巡察监督任务。2021年，县委巡察办紧紧围绕高质量推进巡视巡察全覆盖的要求，以践行“两个维护”为引领、以深化政治巡察为主线，精准发现问题，进一步深化全面从严治党，有力推动了党的理论和路线方针政策，以及中央及省委、市委、县委决策部署落地落实，推动夯实筑牢基层党组织战斗堡垒，推动深化完善基层治理，群众获得感幸福感安全感明显提升，党风政风村风民风焕然一新，为全县经济社会发展营造了良好的政治生态，提供了坚强的政治保障。

【巡察全覆盖】 2021年，按照县委和县委巡察工作领导小组部署，县委巡察办结合市县统筹巡察工作任务和全县机构改革情况，统筹安排常规巡察、专项巡察、机动式巡察、巡察“回头看”和对村（社区）延伸巡察，确保有形覆盖和有效覆盖相统一。自2016年5月以来，第十三届县委先后开展十轮常规巡察、四轮专项巡察（涉矿专项巡察、落实党内政治生活制度专项巡察、脱贫攻坚专项巡察、供销社系统专项巡察）和一轮机动式巡察（农地非农化机动式巡察），并对部分党组织开展巡察“回头看”。截至2021年5月，全面完成第十三届县委巡察全覆盖任务。对231个巡察对象实现一届任期内巡察全覆盖，其中包括乡镇9个、行政村151个、社区6个、县直副科级以上单位党组织65个；巡察组紧紧围绕“三个聚焦”开展政治监督，发现共性问题1649个，整改1625个，长期整改24个；共发现问题线索541件，办结517件，正在办理24件；移送司法3人，给予党纪处分70人，政务处分21人，组织处理217人。

2021年12月9日，十四届翼城县委第一轮常规巡察工作动员部署会议召开　（蔡文丽供图）

【专项巡察和常规巡察】 2021年，县委巡察办为稳步推进十四届县委全面从严治党向纵深发展，充分发挥巡察监督保障执行、促进完善发展作用，根据县委安排，开展县委营商环境专项巡察和十四届县委第一轮常规巡察。营商环境专项巡察发现共性问题87个，发现并反馈立行立改共性问题20个，发现问题线索35件，并就全县住宅小区物业管理方面存在的问题形成专题报告，供县委决策参考。

【规范化制度化建设】 2021年，县委巡察办牢牢把握巡视巡察工作的职责使命，把规范化建设作为一项基础性工作做出明确要求，推进依规依纪依法要求贯穿巡察工作全过程，积极部署、坚决落实，全面提升巡察工作规范化法治化水平，推动翼城县巡察工作高质量发展。一是以制度建设为抓手，确保巡察工作有据可依。坚持“以党章为根本、以巡视工作条例为主干、以配套制度为支撑”，不断完善巡察工作流程，严明工作纪律，2021年修订巡察工作手册、沟通机制、后评估制度、谈话制度、组务会制度等，更新业务指导督导“631”工作清单制度和综合服务保障“363”工作清单制度，形成“规则引领、手册指导”的规范、高效工作体系，确保巡视巡察工作有章可循、有规可依。二是以数据系统为支撑，提升巡察信息化建设水平。进一步提高思想认识，充分认识到信息化、数字化的新形势新要求，及时成立巡察数据处理中心，组织全体巡察干部开展系统应用培训，把系统应用作为巡察干部的一项基本功、硬本领，不断增强巡察干部用信息化手段开展工作的能力和水平，灵活运用巡察单机系统，加强巡察数据分析利用，促进巡察工作全面规范、整体提升。三是以巡察整改为重点，推动巡察监督提质增效。坚持压实责任、对标对表抓巡察整改，先后建立完善列席反馈会议、移交材料分办、问题线索会商、线索办理情况“旬通报”“月对账”、联合督查评估、整改报告联审联批、书记点人点事事项督办、整改综合报告向书记专题会汇报等工作制度，建立各项督查督办台账，形成内容协调、程序严密、配套完备、有效管用的制度体系，实现巡察整改监督“闭环运行”。

【巡察综合监督】 2021年，县委巡察办充分发挥综合监督作用，推动巡察监督与纪检监察监督统筹衔接，与组织、政法、审计、统计、信访等部门协作配合，积极探索整合监督力量、共享监督成果的实现形式。巡前加强与相关单位的信息情况沟通，充分运用已有监督成果；巡中加强对重要问题的会商研究，及时向市委巡察机构和县委巡察工作领导小组请示汇报；巡后突出整改日常监督、综合用好巡察成果。同时，以党史学习教育“我为群众办实事”活动为契机，组织前往5个乡镇18个行政村（社区）党组织开展调研，共走访党员群众120余人次，发放巡察整改成效调研问卷170余份，发放巡视巡察“知识加油卡”700余张，突出联系群众纽带功能，充分调动群众有序参与监督的积极性，在“纪委组织日常监督，派驻机构跟踪监督，巡察机构统筹监督”的基础上，探索建立“群众评判巡察整改成效机制”，把群众认可不认可、满意不满意作为评判巡察整改的重要衡量标准，实现群众监督与巡察监督的贯通融会，以整改实效取信于民，让群众有更多更直接的获得感。

2021年7月6日，县委巡察部组织全体巡察干部参观“百年风华 振翼腾飞”大型党史展览

（蔡文丽供图）

【队伍建设】 2021年，县委巡察办以推进党史学习教育为契机，以深化作风建设为重点，紧紧围绕全面从严治党、营造风清气正的干事创业氛围这条主线，着力抓好主体责任、教育引导党员干部树牢底线思维、推动作风建设持续走深走实。严把入口关，建立健全巡察组“三库”（巡察组组长库、巡察组工作人员库、巡察组专业人员库）人员动态管理机制。2021年1月，县委巡察办会同县纪委监委、县委组织部和政法部门对巡察组“三库”中的82人进行重新考察，将不适合参加巡察工作的人员退出“三库”。2021年6月，县纪委监委机关、县委组织部和县委巡察办联合印发《关于调整充实巡察组“三库”人员的通知》，着眼于构建优秀干部参加巡察、巡察培养锻炼优秀干部的良性机制，调整充实“三库”人员68人，进一步加强县委巡察工作力量，为十四届县委巡察工作做好人员储备。从严从实管理监督，完善内控机制，采用“巡前承诺＋巡中督导＋巡后评估”的方式严格规范巡察干部履职行为，做实做细日常监督，对苗头性、倾向性问题及时谈心谈话、提醒教育。持续深化教育培训，围绕巡察工作新要求、工作规则和业务流程，开展业务性强、针对性强、提质明显的培训计划，注重巡察干部的教育培训和实践培训相结合，推动巡察知识进党校课堂，加大“以干代训”力度，切实增强巡察干部履职能力和业务水平，使巡察岗位成为干部成长交流的重要平台。

（蔡文丽）

网络安全和信息化

【概况】 翼城县网络安全和信息化事务中心成立于2021年7月，由翼城县思想政治建设指导中心和翼城县网络中心融合组建而成，为正科级全额事业单位，隶属宣传部管理，核定财政拨款事业编制16名（管理人员编制5名，专业技术人员编制11名），其中主任1名（正科级）、副主任2名（副科级），内设网络综合股、网络宣管股、网络舆情股、网络安全和信息化股4个股室。

【网信委工作会议】 2021年，县委网信委认真学习贯彻中央、省、市网信委有关会议精神，全面贯彻落实《党委（党组）网络意识形态工作责任制实施细则》，认真落实网络意识形态主体责任，增强“四个意识”，坚定“四个自信”，做到“两个维护”。同时，结合全县工作实际，组织召开网信委专题工作会议，制定《翼城县网信工作2021年工作要点》《网络意识形态工作责任制考核办法(试行)》,为全县网信工作开展厘清思路,明确目标任务,制定考核依据,确保全县网信工作稳步有序开展。

【自媒体管理】 2021 年,县网信中心召集全县抖音平台运营者代表召开第一次抖音平台运营者监管座谈会。专项清理相关抖音短视频内容,通报存在的问题,面对面建立正能量抖音联络群,规范平台网络信息内容,倡导文明传播秩序。同时,要求 6 家粉丝量较大、活跃度较高的抖音平台运营者,带头强化行业自律和行为约束,遵守法律法规,拍出有创意、有新意、有正能量的作品,积极为全县经济社会发展传递好声音、传播正能量。

【网络安全宣传】 2021 年,县网信中心在网络安全宣传教育方面,启动"网络安全教育进校园"活动。联合县委宣传部、团县委、县教科局等相关部门在翼城四中举行启动仪式,专程赴翼城六中和广大师生共同收看线上讲座第三讲《网络是社会、文明有规范》。全县中小学通过举办网络安全教育培训活动、制作悬挂横幅标语、组织开展"同上一堂网络公开课"活动,召开网络主题班会等活动,有效提高了全县师生的网络安全意识,构筑了网络安全的第一道防线。在网络辟谣方面,在全县开展"聚辟谣之力,扬文明之光"系列主题宣传活动。根据活动要求,紧紧围绕主题,精心制作网络辟谣公益宣传短视频和海报,线上在"翼城融媒"抖音上进行发布,线下张贴网络辟谣宣传海报3000 余张,营造网络辟谣宣传的浓厚氛围,使辟谣活动宣传范围覆盖全县群众。扎实开展网络安全宣传周活动,10 月 11 日上午,国家网络安全宣传周翼城活动在府前广场举行启动仪式,与会领导参观网络安全展板,并为群众发放宣传资料,讲解相关网络安全知识。10 月 12—17 日,县教科文局、县工信局、人民银行翼城支行、县公安局、团县委、县妇联和县总工会均结合自身情况,依次举办了校园日、电信日、法治日、金融日、青少年和个人信息保护日等主题活动。积极参加市委网信办组织的互联网法律法规知识竞赛活动,经过笔试、复赛和决赛,最终取得了第四名的成绩。县公安局报送的网络微视频《万疆》获市委网信办"百年逐梦启新程"网络微视频大赛一等奖。

(李振华)

机构编制

【乡镇机构改革】 2021 年,翼城县委编办按照精简、统一、效能的原则,在优化乡镇机构设置、理顺职能体系、健全运行体制等方面持续发力,全面完成乡镇机构改革工作。印发 9 个乡镇"三定"规定,明确乡镇职能配置,统一设置"5 办 1 站 2 中心",即党政综合办公室,经济发展办公室,社会事务办公室(平安建设办公室),规划建设办公室,综合行政执法办公室(综合行政执法队)和党群服务中心(矛盾调解中心)、综合便民服务中心、退役军人服务保障工作站,党政领导全部任命,机关人员全部调整到位。乡镇综合执法办公室加挂综合行政执法队牌子,并承担相关执法职责,全面推行行政执法公示制度,制定完善"街乡吹哨、部门报到"工作机制、乡镇综合行政执法协调联动机制、乡镇综合行政执法队日常检查巡察制度,建立清单外事项准入制度,完善县乡行政执法衔接制度,全面规范乡镇行政执法行为。

按照依法下放、宜放则放的原则,此次改革中将涉农类的乡财服务中心、10 个劳动保障所、4 个卫生监督站共 83 名编制、58 名事业人员全部下放乡镇实行属地管理,业务上接受上级有关部门指导,涉及转隶的58名事业人员由组织、编办、人社、财政等部门审核备案,全部转隶至对应乡镇,并正常开展工作。继续实行派驻体制的公安、司法、市场监管等,党的组织关系纳入乡镇统一管理,工作考核以乡镇为主,9个乡镇建立站所评议制度,每年年终组织县乡人大代表通过到各站所实地考察重点项目、听取工作汇报、述职述廉的形式,通过量化评分评比的方式对站所工作进行评议,评议结果作为派驻机构主要负责人任免、奖惩的重要依据。

积极出台配套措施,切实巩固改革成果。依托实名制系统,完善乡镇机构编制实名制管理,努力探索建立机构编制管理同组织人事、财政预算管理共享的信息平台。制定下发《清理规范基层未经批准设立的机构、加挂的牌子的通知》,要求各乡镇严格按照"三定"规定设立机构、加挂牌子,对设立的机构和加挂的牌子进行全面清理规范。充分发挥"三晋通"APP的功能作用、基层司法所统筹法治宣传、基层法律服务、法律咨询等功能,健全村(居)法律顾问制度,让"三晋通"成为利企便民的"掌中宝",实现公共法律服务"抬头能见、举手能及、扫码可得"。

2021年6月2日,市委编办副主任徐淑爱(右三)调研评估翼城县乡镇机构改革工作　(张思琪供图)

【事业单位重塑性改革】 2021年,翼城县委编办按照事业单位改革方案要求,坚持依法依规依事业需要,统筹推进事业单位重塑性改革工作。6月4日,全县事业单位改革动员大会召开,下发《中共翼城县委机构编制委员会关于印发〈翼城县深化事业单位改革实施方案〉的通知》(翼编字〔2021〕9号)和《翼城县深化事业单位改革重点任务清单》,部署各阶段的重点工作任务,对存在的问题进行分析研究,并提出具体要求。以县委组织部、县委编办、县财政局、县人社局名义制定《关于印发县直事业单位重塑性改革相关配套政策的通知》和《关于做好县直事业单位重塑性改革中单位和人员转隶工作的通知》,对改革涉及的配套政策进行说明,确保改革工作顺利推进。

2021年6月4日,翼城县深化事业单位改革动员大会召开　(张思琪供图)

此次改革共涉及单位201个,其中财政拨款单位170个、财政补助单位5个、自收自支单位26个。市委批复翼城县事业单位限额为90个,最后实际确定为77个,精简比例为60%;精简编制1559名,精简比例为21%。纳入限额管理的77家事业单位全部挂牌成立,科级事业单位"三定"规定全部印发,事业单位实现功能性再造,结构布局进一步优化。

【权责清单梳理调整】 2021年,翼城县委编办按照省委编办、省司法厅、省行政审批服务管理局《关于集中梳理调整各级政府部门权责清单的通知》要求,与县司法局、县行政审批服务管理局合理分工,密切配合,共梳理调整县级31个单位9类2875项行政职权事项权责清单,其中行政许可324项、行政确认55项、其他类140项、行政处罚2053项、行政强制171项、行政征收征用15项、行政给付39项、行政奖励69项、行政裁决9项。经县政府4次常务会议审议通过,印发《翼城县人民政府关于公布县直部门权责清单、村级职责事项清单的通知》(翼政发〔2021〕17号),并在翼城县人民政府网站公布。

按照全省深化乡镇机构改革有关要求,依据法律、法规和规章规定,参照《山西省乡镇(街道)权责清单参考目录》,由县行政审批服务管理局对乡镇权责清单梳理调整事项进行初审后,送县司法局进行合法性审核,合法性审核通过后,县委编办进行审核确认,并将确认结果反馈至县行政审批服务管理局。最终梳理镇行政职权事项8类114项(行政调解5项、行政确认6项、其他78项、行政处罚4项、行政强制6项、行政奖励8项、行政给付4项、行政裁决3项),梳理乡行政职权事项8类109项(行政调解5项、行政确认6项、其他73项、行政处罚4项、行政强制6项、行政奖励8项、行政给付4项、行政裁决3项),经县政府72次常务会议审议通过,印发《翼城县人民政府关于公布翼城县乡镇权责清单的通知》(翼政发〔2021〕12号),并在翼城县人民政府网站公布。

根据《关于进一步规范基层职责权限的实施方案》(晋编办字〔2021〕79号)文件精神,2021年5月,县委编办与县司法局、县行政审批服务管理局、各乡镇展开深入调研,积极征求县直各相关部门意见,最终梳理出翼城县村级职责事项19项,并经县政府4次常务会议审议通过,印发文件,在翼城县人民政府网站向社会公布。2021年11月,县委编办与县委农办、县民政局、县农业农村局、县行政审批服务管理局联合印发《关于贯彻落实〈关于转发《关于全面推行村级组织履行职责事项清单制度的指导意见》的通知〉有关事项的通知》(翼编办字〔2021〕75号),由各乡镇、县直各有关部门建立协作配合工作机制,细化职责分工,按照山西省《村级组织履行职责事项指导目录》,调整细化《翼城县村级组织履行职责事项清单》,全面推行村级组织履行职责事项清单制度。之后,县委编办积极对接县行政审批服务管理局,联合行文征求了21家指导部门意见及建议,对8类28项事项56条具体内容进行修改完善。截至12月29日,各乡镇召开党委会议,研究决定各乡镇《村级组织履行职责事项清单目录》和流程图,并在翼城县人民政府网通知公告栏完成公示工作。

【机构编制核查】 2021年,翼城县委编办与县委组织部、县人社局、县财政局共同组成翼城县机构编制核查工作领导小组,对全县51家行政机关和190家事业单位开展全口径核查。按照机构编制审批文件、干部人事档案、工资花名表、参保人员信息、人员档案等信息完成数据初审后,分别报送县委组织部、县财政局、县人社局进行数据比对,比对无误后,四部门分别出具《机构编制核查数据联合审核意见》,将核查情况反馈至各单位,由各单位对本单位非涉密机构和人员编制情况予以公示。公示期满后,抽取80家单位,采取集中对账和现场查验的方式,对各单位“账实相符、账账相符”情况重点检查。各单位针对监督公示、实地核查反映出的数据不真实、不准确、不完整、不规范等问题,及时查缺补漏、校正勘误、规范填写。12月20日前,将最终审核数据在实名制系统中进行更新,完成核查任务。

【事业单位法人年度信息报送】 2021年,翼城县事业单位运行评估中心严格按照《事业单位登记管理暂行条例》和《实施细则》规定,制定下发《关于事业单位法人报送年度报告的通知》,明确了年度报告报送公示的范围、时间、方式、内容及材料,做到全部事项一次性告知。截至5月30日,受理事业单位法人年度报告书118家,报告率达100%,并及时予以公告。

【事业单位法人登记】 2021年，翼城县事业单位运行评估中心结合改革相关文件，认真梳理全县事业单位调整情况，统筹谋划，科学安排，全年共审核办理事业单位法人登记125个，其中办理事业单位初始登记15个、变更登记60个、注销登记50个，另外办理证书补领1个，助推机构改革工作完成。

【统一社会信用代码赋码和中文域名注册续费】 2021年，翼城县事业单位运行评估中心共审核办理县乡两级党政群机关统一社会信用代码登记25个，其中党委工作部门5个、政府组成部门9个、乡镇5个、群团3个、法检两院2个、公安内设机构1个。另外，办理撤销登记1个。全县320个注册单位中文域名续费工作全部完成。

【事业单位登记管理实地核查】 2021年，翼城县事业单位运行评估中心严格按照“双随机、一公开”原则，成立核查小组，随机对妇幼保健院、特教学校和气象局进行实地核查，限期完成问题整改，进一步加强和规范事业单位法人登记监管，确保登记信息的合法性和真实性。

（张思琪）

县直机关党建

【概况】 中共翼城县直属机关工作委员会（简称县直工委）管辖7个党委、18个党总支、46个直属党支部，有213个基层党组织、3664名中共党员。县直工委工作职能是贯彻执行党的路线、方针、政策，规划县直机关党的建设并组织实施。2021年，县直工委在县委的坚强领导下，以锻造更加坚强有力的县直机关基层党组织为目标，紧抓“讲政治”这条生命线，做好“深融合”这篇大文章，推动构筑基层党建坚实根基，取得显著成效。

【班子履责】 2021年，县直工委班子坚持把以学习贯彻习近平新时代中国特色社会主义思想、省市县党代会精神为主线，扎实开展党史学习教育、“争先、进位、崛起”解放思想大讨论活动，先后开展专题学习56次，讲党课5次，交流研讨11次，把“我为群众办实事”实践活动贯穿党史学习教育全过程，广泛征求意见、梳理清单，推动思想解放，创新发展。把强化政治功能摆在首位，通过重温入党誓词、党员过“政治生日”等仪式，教育引导广大党员增强“四个意识”、坚定“四个自信”、做到“两个维护”。创新开展“机关党建大家学”活动46期，通过党务知识“小图片”发挥党性教育“大作用”。加强政治历练，通过百年党史大学习、解放思想大洗礼、攻坚克难大行动，弘扬伟大建党精神，赓续红色血脉，推动党员干部把忠诚体现到思想和行动上。深入贯彻落实党建责任第一责任人意识，认真落实“四级四岗”责任清单。落实全面从严治党责任，开展党风廉政建设，加强执纪监督问责，配合县纪委监委纪律审查干部26名。

【基层组织建设】 2021年，县直工委对照《全县基层党组织规范化建设标准》，理清党组织换届期限、支部委员任职情况，严格执行换届提醒机制，严格审查换届选举材料，严格规范换届选举程序，共发出《换届督促提醒通知》127次，组织党组织换届选举34次，增补委员党组织14个，整建制转出党组织1个，撤销党组织15个，新成立党组织11个，党组织标准化建设基础不断夯实。按照“讲政治、守纪律、负责任、有效率”的要求，把模范五型机关建设融入推动高质量发展的大局中深化推进。探索建立“一申报二验收三授牌”创建机制，坚持“成熟一个、打造一个”的原则，先后打造法院党总支、财政局党总支、农业农村局党总支、应急管理局党总支、统计局党支部、中医院党支部6个党建工作示范点，以实实在在的创建成效彰显机关党建价值。全面推行“党员承诺评议”制度，完成县直机关“党员承诺评议”台账工作。在扎实推进“定查评”工作的同时，更加重视巡视巡察反馈问题整改、民主生活会和组织生活会问题整改落实。建立抓基层党建清单制度，形成问题、任务、责任“三个清单”，并把建立和落实“三个清单”制度情况作为年终抓基层党建述职评议考核的重要内容。采用“规定动作”与“自选动作”相结合的模式，推动主题党日活动规范化开展。积极总结各支部“党味浓厚”“鲜味十足”的党日活动特色做法和典型经验，并及时宣传，为党建工作积累经验。派出党建指导员按月参加工委所属支部活动，常态化开展督查指导。抓好机关基层党组织建设“三晋先锋”数字化平台建设，利用APP信息化手段加强对基层党建重点任务的建档、反馈、交流和考核等，为机关基层党组织减压赋能。抓好党支部这个“最小单元”，落实“二五九”工作机制，筑牢意识形态阵地。

【队伍建设】 2021年，县直工委持续强化三支队伍，讲好理论武装第一课、高质量发展主干课、业务工作特色课，发展预备党员111名，确定发展对象9名，培养积极分子53名，举办发展对象培训班5期、党务干部培训班2期。选聘27名党务干部担任党建工作督查员，开展督查工作专题培训。

【“七一”党建活动】 2021年，县直工委为庆祝中国共产党成立100周年，深入学习贯彻习近平新时代中国特色社会主义思想，进一步激励广大党员干部坚定信念、勇担重任，县直工委开展了系列活动。为县直机关185名“在党50年”党员颁发纪念章，建立生活困难党员、老党员摸底等4本台账，走访慰问党员41人。做好“两优一先”推荐工作，推荐51名优秀个人、12个先进基层党组织，激励党组织和党员奋发进取、创先争优。

【代表推荐选举】 2021年，县直工委完成县党代表推荐选举工作。按照党员推、支部大会选的方式，由各支部初步推荐候选人，县直工委抽调专人组成考察组，采取考察公示、个别谈话、查阅资料、实地考察、征求意见等方法，确定初推人选，经工委党代会选举产生新一届县党代表129名。完成县人大代表推荐工作。在县乡（镇）人大代表选举工作中，县直工委严格按照县委要求，切实加强组织领导、积极宣传发动、严格依法办事。此次县直选区参加县、乡（镇）两级人大代表选举登记选民5056人，设县级选区7个、乡（镇）级选区5个，于3月15日选举产生县级人大代表17名、乡（镇）级人大代表5名。

（邹萍）

机关事务管理

【概况】 翼城县直属机关事务服务中心作为县委直属正科级事业单位，负责县委、县政府机关事务管理、后勤保障、综合服务工作，承担全县办公用房、公务用车、公共机构节能等工作。2021年，翼城县直属机关事务服务中心在县委、县政府的正确领导下，全体干部职工始终以习近平新时代中国特色社会主义思想为指导，学习贯彻落实省市县重大决策部署，切实履行“管理、保障、服务”三大职能，创新工作方法，提升工作水平，取得显著成绩。

【节能工作】 2021年，县机关事务服务中心在机关大院大门两侧固定摆放宣传公共机构节能有关法律、法规，以节水、节电、节能等为内容的宣传版面，印发“节能低碳 绿色发展”“绿色星期二 健康你我行”可降解绿色生活环保手提袋和《绿色环保 低碳出行》《绿水青山节能增效》等宣传画册。按照“将县委、县政府机关大院建成绿色节能、节约示范大院”的目标要求，设计机关大院路灯、会议中心灯具、机关大院办公室顶灯、绿化区域节水节电设施及节能自行车棚建设等,县政府先后2次召开常务会议研究机关大院六栋办公大楼节能保温项目。县委副书记召集各乡镇党委书记、县直单位一把手、分管领导、重点用能单位公共机构节能专门负责人召开全县公共机构节能工作会议,组织县直各单位公共机构节能工作分管领导和机关全体干部参加“省机关事务管理局学习贯彻全国公共机构能源资源节约和生态环境保护工作会议精神暨节能工作培训会”。制定印发《2021年翼城县公共机构节约能源资源实施方案》,中心班子成员带队深入9个乡镇及县住建局、教科局、交通局、卫体局、翼城三中等重点用能单位进行专项督导检查,推动全县公共机构节能工作整体开展。以中国共产党成立100周年为契机,2021年对县委、县政府机关大院6栋办公大楼,1.6万余平方米既有建筑进行节能改造,包括外墙保温、窗户更换、屋顶保暖、地下室保温等。新修建560平方米的现代时尚膜结构节能充电自行车棚,可停放自行车280余辆,并设电脑识别、限时控制的自动化节能充电装置。将大院内的普通照明路灯统一更换为太阳能节能路灯,政府大楼190多个房间全部更换LED节能灯具,对会议中心所有灯具和部分设备进行节能改造更新。通过县机关大院节约型机关建设示范引领,各乡镇、县直机关节约意识进一步提升,节能效果凸显。

【公务接待】 2021年,县机关事务服务中心公务接待工作突出“严格”“有序”。严格按照程序流程进行接待,严格按照公务接待标准安排餐饮和住宿,有效杜绝超标、超规格接待问题的发生。在认真执行上述程序基础之上,所有公务接待和招商引资以及大型公务活动都能够依规依法有序开展,做到有规可循,避免浪费。制作印有“翼城时事新闻”APP的二维码以及印有非遗文化、旅游景点、特色美食简介图片的桌签、杯垫等小物品。在宾客用餐时能够通过摆放的桌签、杯垫等物品,直观了解翼城人文地理和风土人情,为宣传翼城、为翼城转型发展蹚新路相关工作贡献力量。

【会议服务】 2021年,县机关事务服务中心会议服务依托中国(太原)煤炭中心相关礼仪、服务方面的培训成果,有效提高了服务效率和服务质量。会议服务日常工作高效有力开展。将每个会议室从会议的前期准备、会中服务、会后保洁工作落实到人,科室长随时对会议室卫生进行检查抽查,确保会议室干净、整洁。同时按照各部门要求,合理安排会议室。每次会议召开之前对音响、话筒等设备进行调试,确保会议按时、按质召开。针对会议中心设备落后、办会环境较不佳的情况,经报县领导同意,对视频会议室、常委会议室、沙发会议室相关设备以及配套设施进行更新换代,保障翼城县各项会议顺利举行。

【公务用车管理】 2021年,县机关事务服务中心公务用车平台运行有力、有序。由车队建立综合服务平台《车队队长岗位职责》《车队驾驶员职责》《车队档案员职责》《车辆使用管理制度》和《车辆油料管理制度》等7项制度。在车队原有台账基础上进行细化和完善,对平台公务用车进行准确统计,建立用车台账。加强司机及车辆夜间值班和应急管理,严格按派车单派车。按照车辆管理相关规定,及时办理车辆保险和年检,节假日对车辆及时进行封存。加大平台司机安全教育力度,每周五召开例会,对平台所有司机进行培训学习,内容主要包括上级相关文件、车辆安全驾驶相关知识、车辆故障排除、驾驶员仪容仪表、言谈举止等相关管理制度以及交通事故警示教育案例,安全高效地完成公务用车需求。完成全省党政机关公务用车跨地区跨部门联动服务保障工作。

【机关安保】 2021年，县机关事务服务中心坚持把机关安保工作作为一项重点工作，在具体工作中，教育安保人员转变理念，提升自身形象，坚持周会制度，传达上级精神，不断加强防火、防盗、防破坏等业务技能知识培训，提高安保人员的整体工作能力，同时明确办事流程，做到礼貌执法、文明执法。夯实基础，确保机关安全有序。工作中，从严抓好对外来人员、车辆的管理，做到把好进门关，对机关大院实行24小时巡逻，防止危险品进入大院，清理外来推销人员。加大进出车辆检查，有序管理车辆停放。正确引导，妥善处置信访工作。做好对信访群众的接待、疏导工作，耐心解答相关疑问，稳定信访人员情绪，并协调相关责任单位到场处理，维护政府机关的正常工作秩序。

【后勤保障】 2021年，县机关事务服务中心针对县政府大楼年代久远、保温效果差的实际问题，积极协助城建部门、协调机关大院相关部门，对政府办公大楼、审计局办公大楼、民政局办公大楼、财政局办公大楼、人社局办公大楼的窗户更换成塑钢、双层玻璃，对政府办公大楼和人社局办公大楼楼顶和会议中心地下车库顶部进行了保温处理，节约了能源，为机关大院干部职工提供了较好的节能办公环境。在机关大院整体施工的同时，组织相关人员对大院内各条线路进行安全隐患排查，及时更换老化的线路。同时，坚持随叫随到、随坏随修的工作机制，为干部职工提供优质高效的服务。树立节约理念，杜绝餐饮浪费，机关餐厅恪守“节约为荣 合理膳食”的准则，确保饭菜质量的同时，不拘一格地实行节约灵活就餐办法，推出“半份餐、小份餐、地方特色小吃+”的膳食模式，既满足了广大干部职工餐饮需求，又有效节约了粮食，坚决向“舌尖上的浪费”说不，节约水电、节约粮食在机关食堂形成常态。同时用心制定每日食谱，对菜谱不断进行改进，合理搭配，既保证了餐品的营养丰富，又做到了勤俭节约。2021年，对县委、县政府机关大院绿化区域进行了提质改造，修建6000余平方米的绿色草坪，全院绿化草地面积在42%以上。新建节水喷泉，喷泉废水可以用来浇灌花草树木，实现废水循环利用，更新现代智能喷灌，大大提升了水的利用效率。供暖服务方面，积极配合供暖公司进行供暖管道排查检修，按要求安装供暖温度测控仪，实时掌握供暖情况，确保各单位取暖顺利。办公用房方面，积极按照中央、省市相关文件，对全县县直单位办公用房进行细致摸底排查工作，对闲置的办公用房进行统一调剂。

【不动产统一管理】 2021年，县机关事务服务中心为迎接中国共产党成立100周年，“七一”前，修建完成1.3万余平方米的环保沥青路面、3000平方米的环保塑胶步道，配备节能充电清洁车和洒水车，完成县机关大院各单位围墙拆除和绿化区域绿化及步道改造工作，安装音乐喷泉、绿化浇灌等设施，完成大院内路灯亮化、大楼保温、空调机统一安装，率先做好大院门口汽车、自行车及人行道分离感应门安装，以及各办公大楼楼牌号设置等统一管理。以重大节日为契机，对大院各单位门口统一安装灯笼、统一设置彩旗、统一悬挂国旗，使政府机关大院整体面貌焕然一新，提升办公环境。

【疫情防控】 2021年，县机关事务服务中心在疫情防控期间，将政府大门、政府办公大楼作为疫情防控排查点，严格进行外来人员及车辆的体温检测、行程码健康码的查验登记，建立工作台账，安排专人对机关单位、政府大楼、会议中心、机关食堂等重点区域进行消杀。全体安保人员在机关大院内实行24小时巡逻，并在政府办公大楼周围车位设置隔离桩，在大院门口设置交通标志，在办公楼楼道内张贴安全消防通告，努力为机关干部创造安全、和谐、稳定的办公环境。

【服务群众】 2021 年，县机关事务服务中心以“我为群众办实事”实践活动为重点，支部 24 名党员全部到新时代文明实践站所报到并开展志愿服务。每名党员根据工作岗位及自身的特长制定了办实事事项清单，共 24 项。以开展党史学习教育为契机，结合机关事务自身工作，将政府保卫科作为人民群众到政府大院办事的引导员、咨询员、接待员，方便人民群众到政府办事。同时，为积极响应县政府关于救灾减灾、农业双减双抢的指示精神。组织机关骨干力量成立志愿服务队，到结对帮扶村南梁镇贺水村开展农业抢收活动，组织机关干部职工开展防汛救灾及灾后重建募捐活动。

（郭梦璇）

老干部工作

【概况】 2021 年，翼城县离退休干部 3475 人。其中，离休干部 49 人、退休干部 3426 人，副县级实职以上的老干部 29 人。老干部局现有干部职工 12 人，设办公室、组织宣传股、生活保健股 3 个股室，2021 年机构改革后，下辖 1 个股级事业单位老干部活动中心（加挂老年大学牌子）。

【离退休干部党组织建设】 2021 年，县委老干部局聚焦示范党支部创建标准，以点带面推动全县离退休干部党支部从“基本达标”向“全面示范”发展。截至年底，县直 16 家离退休干部党支部达到“示范党支部”标准，府前、府东、城内西、翼城中学、临翼路西 5 家离退休干部党支部被市局授予“平阳火炬支部”称号。

【离休干部服务】 2021 年，县委老干部局全力推进“一人一策”服务离休干部工作。机关全体人员通过“一对一”精准服务方式，采取上门看望、电话随访、网络联系等多种途径，精准掌握离休干部基本信息、家庭情况、健康状况、待遇落实情况、主要需求等，规范整理离休干部个人资料，做到一人一个服务方案和一人一个服务台账，动态更新。按照政策要求，全力落实好离休干部离休费、生活补贴、医药费、护理费等待遇，并通过走访、电话访问等形式认真核查离休干部待遇落实情况。组织全县 50 名离休干部健康体检，落实离休干部医药费报销政策。通过机关在职人员包联离休干部的方式，把“一人一策”精准服务与重大节日慰问、生病住院看望、生日祝福及日常联系服务结合起来，强化与老干部的沟通交流。同时充分调动和发挥“德孝翼城”公益志愿者服务团队热情，为离休干部提供情绪疏导，温情陪伴，送“学”、送“福”、送“寿”等温暖服务，满足离休干部精神需求。巩固完善离退休干部帮扶机制，11 月对全县 60 名特困老干部进行经济帮扶，并根据老干部需求，提供助听器、轮椅、手杖、腋杖、老年坐便器、洗脚盆等用品。根据老干部的需求，精准对接“德孝翼城”志愿服务平台，为困难老干部打扫房间、擦玻璃、洗脚、理发、提供食谱、检查水暖电路、上门诊疗等。

【“光荣在党 50 年”纪念章颁发仪式】 2021 年，县委老干部局在“七一”来临前对离退休干部中老党员的入党时间等进行摸底，邀请 50 名老党员代表在政府会议中心举行“光荣在党 50 年”纪念章颁发仪式，市委常委、副市长王渊出席并为老党员代表颁发纪念章。

【“百年奋斗路 银龄心向党”主题活动】 2021 年，县委老干部局围绕中国共产党成立 100 周年大庆，高起点开展“百年奋斗路 银龄心向党”主题系列活动。通过尽情颂党恩，坚定广大老干部跟党走的信念，进一步引导广大老同志在新征程中继续发挥力量。组织各离退休干部党支部开展“同过一次政治生日”活动，通过颁发生日贺卡、重温入党誓词、诗歌朗诵、齐唱红歌等形式，强化党员的身份意识和责任意识，激发了党员的光荣感和使命感，时刻保持先进性的内在动力；开展“百年奋斗路 银龄心向党”党史学习教育线上知识竞赛活动。全县1189名离退休干部党员参与答题，参与人数在全市名列前茅，28名老党员获市级“个人优胜奖”；举办“点亮心路的明灯——我的入党故事”主题征文活动，全县共征集文章260余篇，并将61篇优秀文章结集出版为《我的入党故事》一书；组织近300名离退休干部参观“百年风华 振翼腾飞”庆祝中国共产党成立100周年党史展。老干部纷纷表示，要不忘初心、牢记使命，继续为全县经济和社会事业发展发挥余热；举行“奋斗百年路 银龄心向党”老干部文艺会演。7月，组织近300名离退休干部以诗歌朗诵、红色歌曲大合唱、情景联唱等形式，尽情歌颂中国共产党带领全国各族人民取得的辉煌成就，以及广大离退休干部对党无限忠诚的深厚情感；举办“百年奋斗路 银龄心向党”庆祝中国共产党成立100周年主题作品在网络展映，收集整理遴选书法、绘画、摄影和微视频优秀作品39幅，其中微视频作品分别被省局授予二、三等奖；举办“庆祝中国共产党成立100周年老干部书画展”。在翼城县北关民族体育馆展出老干部书画作品200余幅，并出版《翼城老年书画集》。“九九”重阳节，组织广大老同志学习书画经典、传承书画经典、弘扬书画经典，举办“老干部‘临经典书帖’书法展”，其中8名老同志书法作品入选《中国书法报》。同时积极占领线上阵地，多渠道多平台展映，生动展示广大离退休干部永远跟党走、奋进新征程的精神风貌，进一步激发全县离退休干部为党和人民事业增添正能量的热情。举办离退休妇女干部座谈会暨庆国庆 · 迎重阳“歌颂祖国”朗诵会。会上通报全县离退休妇女干部的基本情况，集中学习《中华人民共和国妇女权益保障法》，离退休妇女代表发言，对如何更好地服务老干部、高质量做好老干部工作提出中肯的建议和殷切希望。

【“关爱下一代”老干部红色宣讲行动】 2021年5月上旬，县委老干部组织“五老”召开“讲好翼城革命老区红色故事”宣讲备课会，从抗日战争和解放战争期间全县牺牲的1301名英烈中，精选12个大型战役和人物英烈事迹，确定《吃水不忘挖井人》《革命先驱阎紫琴》《东坞岭大捷》《青城县抗日政府永垂史册》《岳南抗日根据地的一面旗帜》《三支队二大队战斗历程》《宁死不屈七勇士》《抗日英雄苏广适》《刘胡兰式的女英雄——刘秀英》《三次“拉锯战”唐尧换新天》《郑壁攻坚战》《长江支队南下记》《大忠大孝，大德千秋》等主题，经过3个月的编创、压缩、修整，定稿每篇1400字左右，选择12名理论水平高、表达能力强、身体健康的老同志分别赴红色遗址实景拍摄，同时出版《翼城县红色教育基地故事集》。县委老干部局陆续在临汾市委老干部局公众号、爱翼城、翼城县委老干部局公众号、县融媒体号、“德孝翼城”抖音号等媒体播放；聚焦“讲好中国故事、弘扬中国精神、传播中国好声音”，组织8名讲师，以《习近平用典》、德孝文化、红色历史故事等为主要内容，开设“‘关爱下一代’志愿服务文化讲堂”，深入全县各中、小学校开展主题宣讲30余场。

【“守护绿色生态”老干部志愿行动】 2021年，县委老干部局以乡镇和离退休干部党支部为单位组建老干部志愿服务队，通过绿色环保“健步行”等实际行动，节约能源、减少污染；组建“美丽翼城我共建”志愿服务团队5支，分别以环境监督、卫生整治、垃圾分类等内容开展志愿服务6次；组织府东、艺术团、新华街、城内中离退休干部开展“绿色出行我倡导”活动，深入街头巷尾，及时劝阻不文明行为，有序摆放电动自行车，擦除隔栏灰尘，清理广场及路面垃圾，印发环保知识宣传单3000余份;开展“绿水青山我点赞”摄影作品征集活动,共征集摄影作品47幅。号召大家增强文明意识,传播绿色理念,弘扬绿色文化,引领绿色新风尚。

【“助力转型”老专家行动】 2021年,县委老干部局组建“乡村振兴”老干部志愿服务队,以“三送三助力”为载体(送经验技术,助力乡村振兴;送良策实招,助力转型升级;送医疗服务,助力健康惠民),在翼城县南寿城村、城内村创建“夕阳红乡村振兴服务基地”。吸纳农业部门具有高级职称的老专家7人,组建“乡村振兴”老干部农业志愿服务队,根据基层群众所需所盼,深入田间地头分别以讲授“小麦管理技术”和“苹果管理技术”为内容开设专题讲堂,受益群众达210人次;吸纳高级职称教师5名,分别以国学诗词、器乐等内容定期开设课程,使老干部老有所学,受益群众达400余人次;开展“迎重阳老专家在行动——翼城县老专家医疗服务队义诊”活动,受益群众达90余人次。

【“三零”创建老干部“家门口”行动】 2021年,县委老干部局组织开展“学报告精神、做发展先锋”老干部志愿服务,协助社区对小区住户的新冠疫苗进行网上预约登记,受益群众达1300余人;组织离退休干部党员协助医院扫码测温30场次,在学生上下学时段协管交通60场次;城内东离退休党员发挥经验优势和威望优势,积极参与社区居民邻里纠纷、家庭矛盾的调解,化解土地流转等多个领域矛盾纠纷40余件,真正做到“将矛盾纠纷解决在基层”;各支部组织老干部在各小区进行电信防诈骗知识宣传,发放宣传单;组织170余名老干部开展平安翼城建设“敲门行动”,机关工作人员协同老干部志愿者向群众讲解“平安翼城建设”的相关知识、如何参与“平安翼城建设”活动,积极为美丽家乡点赞、为平安翼城加分,争做平安翼城的支持者、宣传者和推动者。

2021年9月29日,“德孝翼城”演讲大赛决赛颁奖现场　(王静供图)

【德孝翼城品牌建设】 2021年,县委老干部局竭力打造“文化养老”系列特色品牌,积极创响“德孝翼城”老干部工作品牌。3月8日,组织举办“德孝翼城”朗诵会。机关全体人员、离退休干部、德孝文化志愿者及社区工作者共60余人参加朗诵。面向全县,举办“德孝翼城”演讲大赛。全县各单位110余人报名参加比赛,选手年龄最小的14岁,最大的82岁,遴选后33名选手参加预赛,最终10名优秀选手进入大赛决赛。经过激烈角逐,来自自然资源局和唐兴镇古城村的选手同时获一等奖。开设“德孝翼城”文化大讲堂,在翼城县唐兴镇城内村古城大舞台建立“德孝文化教育基地”,竭力挖掘翼城德孝文化之渊源。9月28日是孔子诞辰纪念日,在每月28日组织以线上线下相结合的方式学习《大学》《论语》《道德经》,学优秀中华传统国学文化;以“德行天下孝耀中华”为主题,在全县各乡镇粉刷墙面标语65条,悬挂宣传条幅10条,在全社会弘扬尊老、敬老、爱老的传统美德。创建“德孝翼城”大益书社。4月23日是世界读书日,依托社会资源,由翼城老年大学与新华书店联合举办,于每月的23日开展“德孝翼城”大益读书——“一月一本书”读书分享会,营造浓厚读书氛围,积极推动文化养老。全力打造“德孝翼城·红枫老干部文学社”,专人及时整理翼城县老干部的文学作品,截至2021年年底,收录老干部作品40余篇。打造“德孝翼城”志愿服务平台,根据老干部的需求,在为困难老干部打扫房间、洗脚、理发、提供营养食谱、检查水电路、上门诊疗、心理慰藉、情绪疏导、温情陪伴、送“福”送“寿”等温暖服务基础上送学上门。

【离退休干部数据库信息采集】 2021年，县委老干部局为进一步强化“互联网+”思维，把信息化建设作为老干部工作提质增效的重要途径。在开展“山西省离退休干部数据服务管理平台”数据库信息采集工作中，实行机关工作人员包联制，采取集中录入和分片、分批录入的方式，梳理统计了涵盖全县机关、事业单位的离退休干部，同时包括各单位编制内的退休工勤人员和全县机关、事业单位老干部工作人员及学习活动阵地情况的6个数据库4张采集表格共76项采集指标。完成离退休干部数据信息采集工作，同时进行动态管理，及时录入新增退休人员和去世人员信息。11月举办老干部工作者素质能力提升培训班，对信息采集过程中出现的相关问题进行全方位梳理解答，以老干部工作者队伍的高素质，全方位推动离退休干部工作的高质量发展。

【主题党日活动】 2021年，县委老干部局在党支部建设过程中坚持规定动作做到位，自选动作有创新，开展形式多样、党味浓厚的主题党日活动。在“学党史、悟思想、办实事、开新局”主题党日活动中，局机关党支部全体党员干部赴隆化镇紫琴村聆听村工作人员讲述烈士阎紫琴的事迹，追寻烈士的奋斗足迹，汲取精神营养，进一步坚定使命担当，激发奋进的力量；在“学报告、聚合力、蹚新路”主题党日活动中，局机关全体党员干部赴唐兴镇北冶村参观翼城红色革命遗址，聆听“北冶阻击阎匪战”“和平医院保卫战”等红色革命故事，瞻仰先烈们生前的作战武器和遗物，深切缅怀英烈的丰功伟绩，共同接受红色文化的教育洗礼；在“党旗面前践承诺、银发生辉迎重阳”主题党日活动中，机关党支部联合老年大学、老干部艺术团、府东离退休干部党支部，通过重温入党誓词、诗朗诵、才艺表演等形式庆祝中华人民共和国成立72周年、迎接重阳节，进一步激发老干部在社会主义现代化建设中的战斗堡垒作用和先锋模范作用；在“深学全会精神·争做服务先锋·创建德孝翼城·共筑百年梦想”主题党日活动中，机关党支部联合老年大学和艺术团离退休干部党支部赴县唐霸文化公园，深学党的十九届六中全会精神，悟学社会主义核心价值观，争做服务老干部工作先锋，研学《诗经·唐风》12篇，瞻仰长江支队南下英雄纪念碑；在“建净言献良策、凝聚思想共识，传德孝树典型、汇聚奋进力量”主题党日活动中，机关党支部联合翼城县老年大学离退休干部党支部、老干部艺术团离退休干部党支部在古城大舞台开展，研讨新时代翼城精神、展出经典临摹书法作品、进行文艺会演，凝聚思想共识、汇聚奋进力量。

（王　静）

关心下一代工作

【概况】 翼城县关心下一代工作委员会（简称翼城县关工委）是中共翼城县委批准成立的，以离退休老同志为主体，党政有关部门和群团组织负责人参加，以关心、教育、培养青少年健康成长为目的的群众性工作组织。2021年，县关工委以习近平新时代中国特色社会主义思想为指导，深入学习贯彻党的十九大和十九届二中、三中、四中、五中、六中全会精神及习近平总书记对关心下一代工作的重要指示，以党建为引领，紧扣立德树人根本任务，统筹推进传承红色基因工程和“五老”关爱工程，认真帮助青少年成长成才，为县域经济跨越发展，为培养担当民族复兴大任的时代新人，培养德智体美劳全面发展的社会主义建设者和接班人做出应有的贡献。

【思想政治建设】 2021年,县关工委组织学校关工委充分利用清明、端午、"六一"、"七一"、"八一"等重大节日,开展德育教育,培养学生良好的思想品德和健全人格。开展"新时代好少年"评选活动、传承弘扬好家教好家风小手拉大手行动,大力弘扬正能量,把"立德树人"落到实处。组织中小学思政课教师学习习近平新时代中国特色社会主义思想,坚定正确政治方向,组织思政课教师、思政干部、党史学习教育宣讲人员,分3期在市委党校参加集中培训。

【思想道德教育】 2021年,县关工委把青少年思想教育工作与"中华魂"读书紧密结合,悉心把"民族复兴的旗帜——纪念中国共产党成立100周年"读本的学习与党史学习教育融为一体。为确保相关活动有序进行,在各个阶段,县关工委都不失时机地进行了部署,组织召开学习动员大会,传达贯彻上级的会议精神,要求各中小学结合青少年的身心特点和认知规律,以"学、看、读、唱、讲、做"等方式深化学习、付诸实践。

【"五老"宣讲】 2021年,县关工委认真贯彻落实上级关工委文件精神,结合翼城县实际,切实抓好"五老"队伍建设,积极发挥"五老"队伍作用。根据自觉、自愿和就近就地原则,为其"建平台、设岗",成立思想道德报告队、党史学习教育报告队、家庭教育指导队、心理健康教育指导队等,不定期深入农村、学校、家庭开展专题讲座和个别辅导,为促进下一代工作做出应有的贡献。

【法治教育】 2021年,县关工委配合司法局、教科局等部门,在全县上下强化普法教育。印发《民法典进校园》普法宣传册,在学校进行法治宣传,同时开展听一场法律讲座、开一次主题班会、做一张法治小报、读一份法治教育读本、写一篇法治征文等活动,引领孩子们在个人成长和参与社会生活实践中,用法律知识理性分析社会矛盾,把握自己的言行。

【心理健康教育】 2021年,县关工委紧密结合学生实际,联系教育关工委开展中小学心理健康教育活动。组织全县1095名班主任,以盟区为单位采用集中面授形式开展心理健康教育培训;4所高中的分管校长、政教主任、专兼职心理健康教师等189人参加市教育局高中教师线上心理健康教育培训;对1775名高一学生进行心理健康普测;667名教师参加杭州市中小学心理健康教育特色建设主题论坛线上活动。5月,在部分学校开展2场青春健康活动,并为学生赠送学习用品。11月,全县开展"加强心理健康教育,珍惜珍爱生命"主题教育月活动。10月、11月,组织2期全县心理健康教育教师能力提升培训会,提升心理健康教育教师的专业技能和专业素养。11月6日,在翼城县北关小学、五中、汇丰学校同步开展"中华好家风"家庭教育公益宣讲活动。11月12日,在翼城县北关小学、五中同步开展"心理健康科普大讲堂进校园"活动。11月13日,部署全县学校收听收看市教育局组织开展的"珍惜珍爱生命""中华好家风"主题教育系列线上讲座。开展以"珍惜珍爱生命"为主题的征文比赛、家长会、在编教师履职担当主题报告会、学生演讲等活动。

【家庭教育】 2021年,县关工委以习近平总书记关于"注重家庭、注重家教、注重家风"的论述为指导,把家教家风建设工作同青少年思想道德教育活动有机结合,进一步搭建家庭、学校、社会、政府"四位一体"的工作平台。基层关工委以丰富多彩的活动开展宣传教育,努力用良好的家风家训提高家庭教育水平,引导青少年从弘扬家庭美德做起,用孝老爱亲、尊老爱幼、勤劳善良、邻里守望的美德浸润自己的日常生活,使中华民族的良好家风化为青少年做人的信条和生活的习惯。与教育关工委联合以专题讲座的形式,从不同侧面向家长传授科学教子的方法,组织家长

600 余人参加讲座。

【助学帮扶】 2021 年,县关工委主动与相关部门配合,积极开展助学帮扶活动,努力做到亲情上关心送温暖。春秋季资助学前教育幼儿 2100 人,资金 105 万元;寄宿生生活补助 3894 人,资金 226.925 万元;非寄宿生生活补助 747 人,资金 20 余万元;为 1876 名高中生发放国家助学金,资金 187.6 万元;为 343 名高中生免学费,资金 13.72 万元;为 98 名中职学生发放国家助学金,资金 9.8 万元;为 1000 名中职学习生免学费,资金 125 万元;发放生源地助学贷款 3779 人次,金额 2782.12 万元。

(逯勇江)

档案工作

【概况】 翼城县档案馆为正科级县委直属事业单位。2019 年 3 月,根据中共翼城县委办公室、翼城县人民政府办公室《关于印发翼城县机构改革实施方案的通知》(翼办发〔2019〕4 号),将县档案局的行政职能划归县委办公室,对外加挂县档案局牌子,将县档案局改为县档案馆,由县政府直属事业单位调整为县委直属事业单位,为正科级。2021 年 6 月,根据中共翼城县委机构编制委员会办公室《关于翼城县档案馆机构编制调整事宜的通知》(翼编办字〔2021〕14 号),翼城县档案馆核增事业编制 4 名,核增副科级领导职数 1 名(副主任)。核增后共计编制 16 名,单位科级领导职数 1 正 2 副。翼城县档案馆现有工作人员 12 人,其中馆长 1 人、副馆长 2 人。

2021 年,翼城县档案馆在县委、县政府的正确领导下,在县人大、政协的支持监督下,以习近平新时代中国特色社会主义思想为指导,全面贯彻党的十九大和十九届六中全会精神以及习近平总书记关于档案工作重要批示精神,紧紧围绕"四好两服务"目标要求,在馆库建设、档案接收征集、数字化建设、编研利用等方面取得新突破,实现了全县档案事业跨越式进步。

翼城县档案馆举办"百年风华 振翼腾飞"庆祝中国共产党成立 100 周年党史展展厅场景

(续津艳 姜涛供图)

【"百年风华 振翼腾飞"党史展】 2021 年,县档案馆举办"百年风华 振翼腾飞"庆祝中国共产党成立 100 周年党史展。此次展览自 2020 年 11 月开始筹备,聘请资深专家,历时近 9 个月,调阅照片近千幅,查阅档案近万卷(册),最终展览以馆藏 400 余幅珍贵历史照片和 200 余件实物档案,再现了翼城县百年来在中国共产党的领导下浴血奋斗、曲折前行、伟大实践、砥砺奋进的光辉历程。自 6 月 30 日起,接待各县直机关、乡镇、企事业单位和非公党组织等 80 余家单位及群众,观展达 2000 余人次。

【县级综合档案馆建设】 翼城县档案馆建设项目于 2010 年列入国家《中西部地区县级综合档案馆建设规划》,2020 年 6 月 1 日开工建设,总投资为 1100 万元。新馆用一年时间高标准、高质量完工并投入使用,2021 年 6 月底举行揭牌仪式。新馆馆舍建筑面积 2929.67 平方米,库房面积 983.8 平方米。一层设有展览大厅与查阅接待中心,二层主要设有档案库房及裱糊修复室、数字摄影室、除尘消毒室、编史修志室、复印室等,三层主要设有资料室与特藏室、多功能报告厅等。同时,档案库房配备232组全自动档案智能密集架,安装了消防、安防等设施。档案馆基础设施全面升级,增强了档案馆的社会服务功能,促进档案查阅利用、爱国主义教育、电子文件管理等工作的开展。

【档案“收管用”工作】　2021年,县档案馆积极接受应进未进档案移交进馆,共接收档案950卷28506件、资料985卷(册)。其中,收集整理档案馆内部文书档案3007件、报纸杂志961册;县政府移交档案2956件、资料24卷(册);原县社会治安综合治理委员会办公室移交档案6831件;县直工委移交档案837件;县妇联移交档案516件;原县煤炭局、安监局、安委会移交档案240卷14359件;县环保局移交档案164卷;接收中国铁路太原局集团有限公司等7家国有企业移交退休人员人事档案546卷,档案资源建设有效推进。

2021年6月30日,翼城县档案馆重要档案捐赠接收仪式　　(续津艳 姜涛供图)

依法开展档案收集征集工作。2021年,档案馆征集各类特色档案、珍贵图书、资料、照片、画册、书法作品及实物183卷(册)、件、枚,1000余件。其中,征集到翼城籍省部级干部张国声、董万瑞、贾俊、苏华等人物档案900余件。此外还征集《川、滇、黔、藏地区黄埔同学抗战亲历记》、《红军长征故事新编》、《战地红缨》、《两个小八路》、《西安事变与第二次国共合作》、《保卫延安》、《翼城历史文化名村》、《翼城县政协志》以及《道光龙南县志》、《诚正斋文集》、《吴春安》(画册)、《吴春安谈植棉经验》、《革命年代翼城县外援干部名录》、《文台书法选》等图书以及抗美援朝、解放西北、解放西南纪念章等,调整了馆藏结构,提升了馆藏质量。

多措并举,提升查档服务效能。2021年,档案馆接待社会各界查档500余人次,提供利用档案1600余卷(件),为县委、县政府、纪检、公安、财政等部门及人民群众补办户口、核实年龄、办理退休、核实工龄、核实党龄、编史修志、工作查考、办理案件等提供了重要凭证,发挥了参考作用。同时,县档案馆于2021年定制档案专用智能一体化软件,查阅方式由目录检索转为全文检索,实现了档案业务流程及数据的全监控、文件浏览的可视化和多样化、统计数据的精准化和直观化,录入上传数据14万余条。

翼城县档案馆查阅服务中心(续津艳 姜涛供图)

【档案信息化建设】　2021年,县档案馆档案数字化建设稳步推进。在完成革命历史档案与旧政权档案数字化的基础上,聘请专业公司对馆藏原人事局档案进行数字化加工,完成档案数字化挂接442卷,14万余条,电脑内存容量达600GB。其中,长期档案84卷,著录目录10757条,扫描图片13821页;短期档案56卷,著录目录7144条,扫描图片9976页;业务档案(2.1)302卷,著录目录49955条,扫描图片51398页,超额完成档案数字化年度目标任务。

【档案安全保障】 2021年,县档案馆加强风险防范,筑牢档案安全屏障。积极开展常态化安全隐患排查,采取预防措施,确保档案安全。新馆库房配备6台专业消防设施,采用温感、烟感两感触发系统有效保护档案安全。馆内外安装红外双鉴探测器、声光报警器,全方位、无死角对档案实时监控。定期对馆藏档案、资料进行数量清点和安全检查,并对字迹褪变、纸张破损等情况登记造册,进行机制托裱和修复,延长档案寿命。加强对计算机和移动存储设备的管理。U盘等移动存储介质实行专人专用,严禁在互联网及其他公共信息网络传输涉密文件及信息,档案信息安全得到有效保障。7月30日,全体人员参加消防知识讲座,增强档案人安全防范意识。2021年,县档案馆未发生任何档案泄密、损毁、遗失等安全事故。

(续津艳　姜涛)

县委党校工作

【概况】 中共翼城县委党校是中共翼城县委领导的培训党员领导干部的学校,是研究宣传习近平新时代中国特色社会主义思想的重要阵地。全校共有编制16人,现有专职教师13人,其中研究生学历教师5人、高级讲师3人、讲师9人。

【科研工作成果】 2021年,县委党校教师围绕"优化营商环境""人人持证技能社会建设""翼城优品区域公用品牌建设""围绕六新求突破"4个课题,撰写4份调研报告,供县委政府决策参考,获县委、县政府高度评价。围绕中国共产党成立100周年理论研讨,党校教师提交8篇理论文章,其中5篇获省市奖项。其中,《中国共产党社会治理实践发展及基本经验》《坚持实事求是 加强队伍建设》获全省优秀奖,《新时代加强和改进基层党校党性教育的思考》获全市一等奖,《坚持实事求是 加强队伍建设》获全市二等奖,从《百年大事看中国共产党的历史智慧》获全市三等奖。翼城党校卫冕全市科研工作"优秀组织奖"。

【提升培训质量】 2021年,县委党校选派4名优秀教师到北京理工大学聆听专家解读习近平总书记在中国共产党成立100周年大会的重要讲话精神,选派9名教师到市委党校接受案例教学研讨、精品课打造、党的十九届六中全会精神及省市党代会精神培训,开阔理论视野,提高教学水平;教师在中央党校、省委党校、市委党校、山西干部在线、"学习强国"等平台参加各类培训,人均培训400余学时,夯实了教师理论功底;强化读原著、学原文、悟原理,深入学习习近平新时代中国特色社会主义思想,每周一集中学习、深入研讨,提高教师的理论研究质量。

2021年,史伯"和"文化现场教学点　（王霞供图）

【打造精品课程】 2021年,县委党校推进听课评课工作常态化,贯彻落实"同行听、现场评、不断改、再次讲"等课程准入程序,打造23堂精品课程,为各类班次培训打下坚实基础。

【干部教育培训】 2021年,县委党校举办为期1个月的主体班2期、普通党员进党校6期、农村干部学历提升班2期、党员发展对象培训班5期、新任乡科级干部履职能力提升培训班、政法系统培训班、党务干部业务培训2期、翼城县非公和社会组织党组织书记培训、保密干部业务培训2期。承担“农村干部学历提升工程”的具体实施任务。培训农村干部211人,取得了学历、能力双提升的显著成效。在最新“两委”换届选举中,52名学员“一肩挑”,担任农村支部书记和村委主任,36名学员担任支部副书记,30名学员担任村委委员。县委党校被山西省国家开放大学评为“优秀教学点”,2名学员获评全省优秀学员。在国家开放大学“一村一名大学生”创业创新案例评选中,1名学员获国家二等奖,是山西的最高奖项,1名学员获国家优秀奖,2名学员受邀参加全省表彰会议。扎实推进党史宣讲工作,党校9名教师加入县委宣讲团,进机关、进校园、进农村、进社区、进企业、进网络,开展党史宣讲38场次,开展习近平总书记在庆祝中国共产党成立100周年大会上的重要讲话精神宣讲20场次,开展省市党代会精神宣讲9次,开展党的十九届六中全会精神宣讲5次,听课人数达5000余人。

(王　霞)

党史地方志工作

【史志宣传】 2021年,县委党史研究室出版《翼城史志》期刊4期。《翼城史志》是由县委党史研究室主办的内部刊物,创刊10年,旨在鉴古知今、服务现实、存史资政、教化育人,为党立言、为地方志发声。2021年是中国共产党成立100周年,根据县委安排,印发《翼城史志》庆祝中国共产党成立100周年专刊,刊发中央党史和文献研究院院长、研究员曲青山的《中国共产党百年辉煌》一文,刊发翼城县革命志士、有志青年、英雄人物在党的领导下,积极参加革命、建设、改革的先进事迹和感人故事,文章真实记录、回顾和反映了亲身经历、所见所闻等,小处见大,反映了不同历史时期共产党人大义凛然、无私无畏的浩然正气和英雄气概,感人肺腑,催人奋进。

【年鉴编纂】 2021年,县委党史研究室完成《翼城年鉴(2021)》编纂出版工作。《翼城年鉴(2021)》遵循年鉴通例分类编排,共设27个类目,50余万字。该书是一部反映翼城自然、政治、经济、文化、科学、技术和社会发展的年度资料性文献,年鉴不仅能够存史,而且能服务现实,具有重要的实用价值、借鉴价值,能较好地反映全县人民精神面貌、各条战线取得的辉煌业绩和全县人民的时代风采。

【党史编研】 2021年,县委党史研究室编撰完成《中共翼城历史百年大事记述(1921—2021)》。该书对《中共翼城历史大事记述(1921—2011)》中的资料进行整理、丰富,并对2011年后的资料进行重点征集、编纂,共60余万字,记述1921—2021年中国共产党在翼城县活动的主要会议、主要事件、主要人物、主要活动以及与此相关的政治、军事、经济、文化等方面的重大事件,史实可靠、叙述准确、重点突出、简明扼要,是翼城县党的建设、政权建设、军事建设、经济建设和文化建设的真实记录,也是对广大党员、干部和群众,特别是青少年进行党风教育、革命传统教育和爱国主义教育的教材。

【方志编纂】 2021年3月,县委党史研究室参加县政协召开的《翼城县政协志》评审座谈会。9月,参加《上高村志》的评审工作,并代表评审小组就2部志书的结构、内容等方面提出修改意见和建议。截至2021年年底,2部志书出版。

(刘晓霞)

长江支队翼城历史研究会

【宣传弘扬长江支队精神】 2021年,为创新宣传弘扬“长江支队”精神活动形式，加大“长江支队”精神在新时代的传承力度，“长江支队”翼城历史研究会（简称翼城长研会）利用各种新载体、新平台和新形式，弘扬和传播“长江支队”精神。强化广播、电视、报刊、网络和文艺宣传的力度，通过翼城电视台、《今日翼城》、《翼城史志》等宣传媒体和平台，扩大活动的影响力，进行深度宣传和系列报道；参加县举办的各种红色故事会和宣讲活动以扩大教育面；开展弘扬长江支队精神理论研讨活动，促进弘扬长江支队精神向纵深发展等，取得明显成效。副会长董长才撰写的论文《浅议弘扬“长江支队”精神与开展“不忘初心、牢记使命”主题教育活动的高度契合性与相向一致性》被中共翼城县委党史研究中心、翼城县地方志研究中心编入《革命战争年代翼城县外援干部名录》一书；在全县开展党史学习教育的热潮中，长江支队翼城历史研究会把宣讲长江支队红色故事、弘扬传承长江支队精神纳入全县党史学习教育内容，采用多种形式弘扬长江支队精神，取得可喜的成果。

年初，翼城电视台专题播放翼城长研会同翼城县人民武装部联合对长江支队精神进行深入挖掘和弘扬，委托县融媒体中心制作专题片《长江支队精神代相传》。3月，在县政协文化文史和学习委员会的大力支持下，启动由副会长董长才执笔编写《从浍水河畔到闽江之滨——中国人民解放军“长江支队”翼城干部南下纪实》一书的编纂工作。与福建省闽侯县长江支队历史研究会合作编写《根植闽侯奉献八闽——中国人民解放军长江支队四大队三中队老干部南下福建风采》。4月下旬，发行原党史办主任李志华的诗集《南下南下，直指武夷山下》。9月13日，在县委老干部局举办的“关爱下一代红色故事宣讲”活动中，崔江涛演讲《从两山走出的八闽功臣》红色革命故事，为青少年们讲述长江支队先辈们的英勇斗争历史和不怕牺牲、廉洁奉公、无私奉献、全心全意为人民服务的感人事迹和革命精神，使更多的青少年从小就了解长江支队革命斗争历史，铭记长江支队精神，接受“长江支队”精神革命传统教育，让长江支队精神代代相传。9月30日，崔江涛在中共翼城县委老干部局举办的“庆国庆、迎重阳、歌颂祖国”朗诵会上，朗诵长江支队后代情系晋闽的作品《我有两个家》。

【学习交流】 2021年，翼城长研会班子成员到晋城市阳城县参加中国人民解放军入闽纪念大会，和来自全国各地的长江支队老一辈和后代及长研会的代表加强沟通交流。观看福建省长江支队艺术团演出的大型综艺歌舞情景剧《人民公仆谷文昌》。福建省长江支队历史研究会会长李榕接过长江支队大旗，相约在福州共同庆祝和纪念长江支队入闽活动。赴霍州参加全国第十七个长江支队纪念园——霍州长江支队纪念园开园仪式。开园仪式在永和公园举行，霍州市领导和长江支队老战士、亲属及各界代表40余人参加活动。到长治“长江支队纪念馆”、平顺西沟申纪兰纪念馆、曲沃中心县委旧址进行参观学习。

3月9日，福建省长研会秘书长张学勇到阳城参加长江支队研究会活动，由翼城长研会名誉会长崔江涛带队，周月玲和薛峰、卫东一行4人到阳城为福建长研会送电视专题片，并和阳城长研会联系沟通，就弘扬长江支队精神进行交流和参观学习。4月下旬，组织全体会员到垣曲参观新建的长江支队纪念园，并和垣曲长研会沟通联系，交流弘扬长江支队精神的经验和做法。12月16日，全体会员参加由福建省中国人民解放军长江支队历史研究会和宁德市长江支队研究会联合举办的“庆祝中国共产党成立100周年暨中国人民解放军长江支队入闽72周年视频会议”，聆听福建省人大常委会原副主任马潞生（长江支队队员后代）、福建省长江支队历史研究会会长李榕和长江支队老干部代表的讲话和发言，学习宁德、福州、晋城等地的典型经验。做好对返乡长江支队老前辈及后代子女的接待宣传工作，促进南北交流，加强沟通联系，使长江支队的宣传工作更加广泛扎实。除福建以外，云南、天津、北京等地的翼城籍南下干部子女都和翼城长研会建立密切联系，参加弘扬长江支队精神的各种活动。

【主题教育】 2021年，翼城长研会同县人民武装部联合开展弘扬“长江支队”精神系列宣传教育，对长江支队精神进行深入挖掘和弘扬，为武装部编写以翼城红色革命遗址、红色革命英模、红色革命故事、红色记忆、红色文化研讨为主要内容的《翼州红色记忆》，提供“长江支队”翼城南下干部的历史资料，撰写弘扬长江支队精神授课课件。在县武装部委托县融媒体中心制作专题片《长江支队精神代相传》的过程中，崔江涛陪同县融媒体中心记者李森华、高富俊、彭惠一行3人前往福建采访拍摄，受到福建省长江支队历史研究会和闽侯县、南平市、三明市、泉州市、厦门市长江支队历史研究会，建欧市南雅镇党委政府的大力支持和帮助。福建省长研会会长李榕安排，副会长崔洪海、秘书长张学勇、工作人员杨维国和福建省山西商会付宝平等全程陪同采访。摄制组历时6天，行程1000多公里，在福州市、南平市、三明市、泉州市、厦门市分别慰问和采访了翼城南下健在老干部郭宝芝（93岁）、柴春林（101岁）、王廷炳（100岁）、牛力达（98岁）、何英（女，99岁）。摄制组参观瞻仰福建省长江支队纪念园、南平市长江支队纪念园、泉州市长江支队纪念园和长江支队建欧会师纪念馆。制作的专题片通过深入挖掘长江支队精神内涵，发挥长江支队精神红色资源优势，把长江支队红色革命基因传承到每个指战员。3月，组织全体党员到长江支队纪念碑开展党性教育和主题党日活动。面对纪念碑重温入党誓词，回顾长江支队先辈们的革命斗争历史，聆听传承长江支队精神专题党课，畅谈心得体会。4月，和翼城县委老干部局联合开展迎接中国共产党成立100周年活动，并表演节目，以实际行动向中国共产党成立100周年献礼。李志华编写的诗集《南下南下，直指武夷山下》印发。6月，翼城县档案馆举办“百年风华 振翼腾飞”翼城县庆祝中国共产党成立100周年大型党史展之际，翼城长研会收集整理各种有关长江支队的照片、图片、回忆录、回忆文章和实物，为党史展中长江支队内容板块提供了翔实的历史资料，使长江支队事迹和精神成为翼城红色革命斗争历史展出的重要组成部分。6月下旬，根据县委组织部安排，翼城长研会配合县融媒体中心录制弘扬长江支队精神党教专题片，在县电视台《初心》栏目播放。8月1日，翼城长研会和文昌社区联合开展庆“八一”联欢慰问活动，对在各个历史时期为保卫祖国做出无私奉献的退役军人进行慰问。9月28日，组织长江支队全体会员参观“百年风华 振翼腾飞”翼城县庆祝中国共产党成立100周年党史展。

（董长才）

翼城县人民代表大会

综 述

【概况】 翼城县人民代表大会是地方国家权力机关。其主要职权是在本行政区域内保证宪法、法律、行政法规和上级人民代表大会决议的遵守和执行，保证国家计划和财政预算的执行；审查和批准全县国民经济和社会发展计划、预算及执行的情况报告；讨论、决定全县政治、经济、教育、科学、文化、卫生、环境和资源保护、民政、民族等工作的重大事项；选举并罢免本级人民代表大会及其常务委员会的组成人员、本级人民政府组成人员、本级人民法院院长和本级人民检察院检察长，选举本级监察委员会主任，改变和撤销本级人民代表大会常务委员会不适当决议，撤销本级人民政府不适当的决定和命令等。翼城县人民代表大会设立常务委员会，在闭会期间行使县人民代表大会的部分职权。同时，设立监察和司法委员会、社会建设委员会、财政经济委员会3个专门委员会，开展有关监督检查。

翼城县十七届人大常委会设主任1名、副主任4名、委员28名，下设办公室、人事代表工作委员会、财政经济工作委员会、农村工作委员会、教科文卫工作委员会、法制工作委员会和信访室7个工作机构。

2021年，县人大常委会共组织召开人民代表大会会议1次、常委会会议11次、主任会议12次，听取审议“一府两院”专项工作报告18项，组织视察调研19项，开展执法检查16次，作出决议、决定和审议意见25项，依法任免国家机关工作人员125人次，有效发挥聚民心、议大事、助落实、保善治的作用，为推动全县经济社会高质量发展和民主法治进步作出贡献。

【自身建设】 2021年，县人大常委会深入推进党风廉政建设，持之以恒改进作风，不断完善常委会党组、机关学习制度，通过党组学习会、机关法治讲堂等形式，深入学习习近平法治思想、习近平总书记关于坚持和完善人民代表大会制度的重要思想、中央人大工作会议精神，扎实推进党史学习教育和“争先、进位、崛起”解放思想大讨论，开展专题学习32次、交流研讨10次、专题讲座3次、红色教育6次，警示教育5次，开展专题培训25次，深入学习宣传宪法法律及相关履职知识，有力提升人大干部把握大势、服务大局、议决大事的能力。

县人大常委会始终把夯实履职根基作为新突破，健全人大及其常委会机构，优化监察和司法、财政经济、社会建设3个专门委员会人员结构，围绕改进人大常委会审议工作、提高审议质量，进一步完善选题、调研、报告、审议、整改、反馈“全链条”工作流程，坚持常委会会议之前开展专题培训、会议材料提前印发审议、常委会组成人员轮流审议发言等制度，保障人大常委会组成人员充分行使民主权利，保证人大作出的决议决定更好体现县委主张和人民意志。

县人大常委会始终把提升人大整体工作水平作为核心目标，配合省、市开展调研、视察、执法检查等活动20余次，落实常委会领导包联乡镇人大制度，支持和指导乡镇人大完成换届选举、代表集中进站履职等工作，坚持邀请乡镇人大主席、县直代表团负责人列席人大常委会会议，参加视察调研、专项督查和“三账”监督等活动，组织驻翼城县市人大代表到大宁县开展跨区域视察，形成上下联动、充满活力的工作格局。

县人大常委会始终高度重视人大代表和机关党员干部的教育、管理和监督，深入抓好党章党规、法律法规学习，始终挺纪在前，坚持正向激励和警示教育相结合，持续正风肃纪和反对“四风”，发现苗头性、倾向性问题，及时提醒并督促纠正，持之以恒推进党风廉政建设和反腐败斗争，始终保持人大风清气正、团结干事的良好形象。

重要会议

【十七届人大一次会议】 2021年4月15—17日，翼城县第十七届人民代表大会第一次会议召开。出席会议代表194人，列席会议277人。会议听取和审议县长刘锋所作的政府工作报告，听取和审议人大常委会主任李放明所作的人大常委会工作报告、法院代院长陈剑作的法院工作报告、检察院代检察长郝永丽作的检察院工作报告；审查批准关于翼城县2020年国民经济和社会发展计划执行情况与2021年国民经济和社会发展计划的报告，批准翼城县2021年国民经济和社会发展计划；审查批准关于翼城县2020年财政预算执行情况与2021年预算草案的报告，批准翼城县2021年预算；通过翼城县人民代表大会关于代表建议、批评和意见的提出及办理办法；通过翼城县第十七届人民代表大会有关专门委员会组成人员名单；通过政府、财政、计划、人大常委会、法院、检察院6个工作报告的决议；大会表决通过选举办法、各项决议草案等；选举李放明为县十七届人大常委会主任，张晋翼、范钦国、师香丽、张永峰为县十七届人大常委会副主任，选举刁霞、卫长秋、王峰、王飞象、王海虎、石敏、任成贵、闫玉亮、孙鸿龙、李刚、李学东、李学峰、宋长明、张芳、张世伟、张海华、郑永红、侯龙、徐延平、郭道红、黄宝安、续艳华、翟红杰23人为县十七届人大常委会委员；选举刘锋为翼城县人民政府县长，杨海林、聂华、段晓娜、张达宏、石广武、高伟为县人民政府副县长；选举武文军为县监察委员会主任；选举陈剑为县人民法院院长，郝永丽为县人民检察院检察长。市委常委、市政府党组成员、县委书记王渊发表重要讲话。

监督工作

【法律监督】 2021年，县人大常委会在“12·4”国家宪法日组织125人次的宪法宣誓仪式和宪法知识考试。听取审议县政府“七五”普法工作报告，作出“八五”普法决议。持续做好以“三账”监督为主的干部任后监督，选取5个部门在常委会重点交账并开展满意度测评。接待群众来信来访76人次。在完成自主开展的4部法律法规执法检查的基础上，配合全国、省、市人大开展《中华人民共和国黄河保护法（草案）》《山西省社会文明促进条例（草案）》《临汾市国家湿地公园保护条例（草案）》等立法调研和《临汾市非物质文化遗产保护管理办法》《临汾市农村自建房屋质量管理办法》《临汾市体育设施建设和管理办法》等执法检查。持续开展人大代表“旁听庭审”、参加法院开放日和检察院开放日等活动，司法透明度和公信力进一步增强。

【工作监督】 2021年，县人大常委会紧紧围绕县委决策部署，坚持把县委中心工作和重点工程作为监督重点，围绕中心、服务大局、强化监督、着力推动。听取审议全县2021年国民经济和社会发展计划执行情况报告、“一枚印章管审批”改革进展情况汇报，专题调研金融部门服务实体经济、“小升规”、“规改股”等工作，组织代表对“三箭齐发”项目进行视察，将“加快推动晋南钢铁项目落地”的建议列入重点督办建议，针对项目建设中存在的制约因素，提出尽快完成能评、环评、安评、土地审批等工作的建议。2021年，两次批准预算调整，对政府重大投资项目进展、转移支付专项资金使用、减税降费政策落实等情况进行专题调研，听取审议全县国有资产管理综合报告和国有矿产资源管理专项报告，听取审议县政府审计和审计整改情况报告，县本级和8个部门预算执行中的54个问题得到整改落实。组织代表深入唐兴镇、中卫乡和里砦镇视察美丽乡村建设，实地查看畜禽标准化养殖、现代农业托管、农村改厕、智能水表改造、丹阳社区养老幸福工程和“翼城优品”包装车间建设等情况。对畜牧业循环发展和林业通道绿化及连翘栽植项目等重点工作进行跟踪督查。调研全县清洁取暖工程改造情况，听取全县农业托管工作专项汇报，开展种子法执法检查。围绕提升基本公共服务均等化水平，对县医院迁建、乡镇卫生院规范化建设、应急物资储备等工作进行调研。对全县疫苗接种，超市、药店等重点场所落实进口冷链食品和“四类”药品销售实名登记等疫情防控措施进行专项督查，动态监督全县常态化疫情防控工作。专项视察义务教育均衡发展、文旅融合、安全生产等工作。听取审议“人人持证、技能社会”建设、特种设备安全、医保基金运行管理等专项工作报告。开展职业教育法执法检查，及时指出全县教育、医疗和疾控等队伍专业人员不足的问题，县政府2021年公开招聘教师104人、疾控专业人员8人，为全县公共服务体系建设提供了人才保障。围绕数字翼城建设，调研全县5G基站建设情况，提出超前谋划，运用大数据改造传统产业、培育新兴产业、优化营商环境、提升城市功能等建议。针对群众反映强烈的出行停车难、人车混行秩序混乱等问题，对翔翼大街道路改造和桥上王良纪念馆—西阎四圣宫旅游路PPP项目进行视察，开展道路交通安全法执法检查，专题听取县城道路改造进展情况和道路交通安全法执法检查意见整改情况报告，重点督办“加快县城停车场建设”等建议。听取审议县政府2020年度环境状况和环境保护目标完成情况报告，对续鲁峪河河道治理、连马河小流域水土保持综合治理以及第二污水处理厂建设情况开展调研，对固体废弃物污染防治“一法一条例”进行执法检查。

人大代表工作

【代表活动阵地建设】 2021年，县人大常委会召开全县人大代表联络站（点）规范化管理与运行推进会，在全县推广中卫乡、隆化镇的典型经验，按照市人大要求，开展代表集中进站履职月和“学讲话、悟思想、见行动”活动，组织代表进站接待选民，开展党的十九届六中全会精神和中央人大工作会议精神宣讲，宪法、民法典宣传，围绕县委决策部署开展视察调研，听取民声，反映民意，真正把联络站（点）建设成人大代表履行职务的平台、学习交流的课堂、宣讲法律政策的阵地、联系群众的桥梁、服务百姓的窗口。

【代表工作】 2021年，县人大常委会针对县乡人大换届实际，先后为新一届人大代表发放《人大代表履职问答及指南》《人大代表怎样提出议案和建议》《如何当好人大代表》等图书近800册，为代表征订《人民代表报》近800份，组织40余名人大代表和人大工作者赴晋中干部培训学校集中开展能力提升培训,上好履职“第一课”。

组织代表接待走访选民,就县委重点工作、需要解决的突出问题和亟待办理的实事广纳民意,收集意见、建议40余条;邀请代表列席人大常委会会议、参加视察调研等活动110余人次;在上级媒体刊发报道20余篇,推出西阎镇“香菇棚里的人大代表联络点”等一批先进典型;洪涝灾害发生后,响应县委号召,第一时间发出倡议,动员各级人大代表积极投身防汛救灾一线,做好防汛抢险、人员安置、双抢双减、灾后重建、捐款捐物等工作。

【代表意见建议办理】 2021年,县人大常委会把装满民意的意见建议办理作为重要工作,落实“三见面、三满意”办理机制。确定事关全局、群众关注度高的8件建议由常委会副主任牵头重点督办、工委集中督办,专题听取审议县政府代表意见建议办理情况报告,推动代表建议办理由“答复办理”向“落实解决”转变。县十七届人大一次会议受理的158件代表意见建议解决132件,群众关心关注的加快推进晋南钢铁项目落地、加强农村生活污水处理、加大中小微企业扶持力度等一批建议得到解决或正在解决。

(王海虎　原海锋　侯雯莉)

翼城县人民政府

县政府常务会议

【县第十六届政府第72次常务会议】 2021年3月18日召开,刘锋主持。会议研究讨论《翼城县县属企业违规经营投资与重大决策终身责任追究实施办法》、《翼城县行政区划调整的公告》、《翼城县县直机关不动产集中统一管理实施方案》、《翼城县乡镇执法事项清单(第一批)》、2020年法治政府建设年度报告、临汾市审计局对翼城县人民政府2018年至2019年财政决算及其他财政收支等3个项目审计发现问题整改再推进有关事宜、省市3次跟踪审计发现问题整改、省审计厅惠企利民专项审计整改任务分解、翼城县乡镇权责清单、南梁镇污水处理设施及配套管网建设、城区燃气特许经营、农村房屋建筑"四办法一标准"贯彻落实情况、国土空间总体规划编制及不动产登记发证工作经费、文化馆及图书馆业务用房等有关工作情况汇报,部署当前重点工作。

【县第十六届政府第73次常务会议】 2021年3月25日召开,刘锋主持。会议研究讨论2021年预算草案编制、县政府与华翔集团20万吨新材料科技园项目补充协议、新城片区道路工程建设、诚信建材监测有限公司产权隶属关系、牢寨煤矿铁路煤炭发运公司破产、新城片区道路工程初步设计审批等有关工作情况汇报,部署当前重点工作。

【县第十六届政府第74次常务会议】 2021年4月8日议召开,刘锋主持。会议研究讨论《政府工作报告(征求意见稿)》《翼城县国民经济和社会发展第十四个五年规划和二〇三五年远景目标纲要(草案)》《翼城县2020年国民经济和社会发展计划执行情况与2021年国民经济和社会发展计划(草案)的报告》《2020年财政预算执行情况与2021年财政预算(草案)的报告》等有关工作情况汇报,部署当前重点工作。

【县第十七届政府第1次常务会议】 2021年5月8日议召开,刘锋主持。会议研究讨论《翼城县钢铁新材料园区项目居民搬迁补偿安置实施方案(征求意见稿)》、甘泉粮站破产等有关工作情况汇报,部署当前重点工作。

【县第十七届政府第2次常务会议】 2021年5月27日议召开,刘锋主持。会议研究讨论人大代表建议和政协委员提案办理、《翼城县建设"全科网格"落实网格员待遇的实施方案》、《翼城县2021年公开招聘事业单位工作人员实施方案》、《乡村振兴文旅项目专项债券调整方案》、《革命老区转移支付资金调整方案》、再生水利用项目建设、绛源路街景改造等有关工作情况汇报,部署当前重点工作。

【县第十七届政府第3次常务会议】 2021年6月8日召开,刘锋主持。会议研究讨论《2019年度土地储备专项债券资金项目调整方案》、《翼城县国企改革行动方案(2021—2022年)》、东关自然村地质灾害崩塌项目搬迁治理费用、新城片区道路改造、国资国企改革、近三年来高标准农田建设、疾控中心专业技术人员招聘等有关工作情况汇报,部署当前重点工作。

【县第十七届政府第 4 次常务会议】 2021 年 7 月 6 日召开,刘锋主持。会议研究讨论 2020 年财政决算和 2021 年上半年预算执行情况、政府性融资担保体系建设、2020 年度预算执行情况的审计、县直单位权责清单、村级职责事项、消防队办公楼维修改造、钢铁新材料工业园区文物调查和文物勘探、翼城历史与文化主题展项目、文旅行业安全生产、冶金铸造和商贸领域安全生产、农村信用联社申请授信、《翼城县 2021 年散煤污染专项整治工作方案(征求意见稿)》、《翼城县 2021 年冬季清洁取暖工作实施方案(征求意见稿)》等有关工作情况汇报,部署当前重点工作。

【县第十七届政府第 5 次常务会议】 2021 年 7 月 27 日召开,刘锋主持。会议研究讨论励鑫公司资产拍卖、智慧停车项目、弱电入地项目、房屋确权登记颁证清零行动、土地卫片执法核实整改、全县安全生产工作、2020 年度环境状况和环境目标完成情况、上半年农业农村工作、河长制工作、林长制工作等有关工作情况汇报,部署当前重点工作。

【县第十七届政府第 6 次常务会议】 2021 年 8 月 26 日召开,刘锋主持。会议研究讨论城区建设工程规划许可豁免清单、跨部门行使相对集中行政处罚权、行政复议体制改革、县医院迁建项目室外景观及附属设施建设、“禁煤区”范围划定、自然资源卫片执法问题整改、安全生产专项整治三年行动等有关工作情况汇报,部署当前重点工作。

【县第十七届政府第 7 次常务会议】 2021 年 9 月 16 日召开,刘锋主持。会议研究讨论《翼城县潞公街道路改造工程房屋征收与补偿方案(征求意见稿)》、市政基础设施环保提升 PPP 项目、城乡环卫一体化、净水厂设备更新和增建排污管网、疫情防控、粮食系统重点工作、《2021 年预算调整方案(草案)》、部分单位安全生产专项整治三年行动等有关工作情况汇报,部署当前重点工作。

【县第十七届政府第 8 次常务会议】 2021 年 11 月 4 日召开,刘锋主持。会议研究讨论《翼城县综治中心规范化建设实施方案》、《翼城县贯彻落实农村自建房“四办法一标准”实施细则》、《2021 年民用洁净煤供应补贴办法》、《翼城县农业灾后重建和防止因灾返贫致贫实施方案(征求意见稿)》、看守所办公用房和监墙隐患处置、在钢铁新材料工业园区内设立化工区、华翔集团 20 万吨新材料科技园项目、能耗“双控”及煤炭消费减量、主要经济指标运行等有关工作情况汇报,部署当前重点工作。

【县第十七届政府第 9 次常务会议】 2021 年 12 月 8 日召开,刘锋主持。会议研究讨论《2021 年第二次预算调整方案》、《翼城县受损农村住房重建修缮实施方案》、《管道燃气居民用户“三强制”改造实施方案》、《翼城县森林防灭火“十户联防联保”实施办法》、《2021 年清洁取暖“煤改气”用户用气补贴办法》、《翼城县人民政府关于划定“禁煤区”加强散煤管控的通告》、励鑫公司资产处置、八一路拓宽改造、义务教育工作、巩固脱贫攻坚成果同乡村振兴有效衔接、农村日间照料中心、安全生产专项整治三年行动等有关工作情况汇报,部署当前重点工作。

【县第十七届政府第 10 次常务会议】 2021 年 12 月 31 日召开,刘锋主持。会议研究讨论浍滨、文昌社区党群服务中心新建用地划拨、《关于我县机关事业单位非全额财政供养人员参加养老保险实施方案(征求意见稿)》、《翼城县人民政府与天津汉德三维教育集团关于山西桐封技师学院教育项目协议书》、《翼城县人民政府 山西省农业信贷融资担保有限公司政担合作协议》、《2019 年度土地储备专项债券资金项目调整方案》、移交学校闲置资产、全县疫情防控工作、全县药品安全工作、将县财源投资开发有限公司和翼投物业有限责任公司从县投资集团有限公司剥离、农业生产托管、打击非法违法开采矿产资源等有关工作情况汇报，部署当前重点工作。

（王自强）

县政府办公室工作

【“三服务”精益求精】 2021年，县政府办立足高、细、实，坚持苦练内功、精准发力、精准构思，立足全局谋划文字材料，做到各类文稿有观点、有思路、有创新、有高度。同时，对上报和下发的各类文件、按照政策性、权威性、时效性和程序性原则，从严把关，严格制发，切实增强指导性、针对性和可行性。2021年，完成政府常务会、县长办公会、专题工作会议等各类会议筹备和重要文稿、纪要、文件的起草、送审、签发工作，共起草、印制各类文稿500余篇，其中汇报材料、领导讲话244篇，发文256件。做好各类会务和接待组织、安排和协商，注重事前组织协调，强化事中跟踪服务，做好事后总结整理。2021年，组织各类会议200余场次，先后接待应急管理部、省自然资源厅、省文物局、中央环保督察组、省委省政府环保督察组等各级领导到翼城调研活动10余次。

【政务信息及公开工作】 2021年，县政府办收集、整理、编辑政务信息424篇，上报政务信息200篇，完成约稿207篇，被刊登10余篇。政务信息上报率和采用率均居全市第一方阵。同时，制定政务公开标准目录和政务公开工作流程，建立政务公开标准规范，形成较为完善的政务公开标准体系，完成政府网站二级等级保护测评、政务外网三级等级保护测评，强化政务网站的日常运营和监管，及时更新政府网站信息，网上公开政府信息5746条，翼城县政务公开工作名列全市前茅。

【督察督办工作】 2021年，县政府办不断创新督查思路机制，政务督查的广度、深度、力度、频度均达到了新高度。全年承办“13710”督办事项7件，主动开展因灾受损农房重建修缮、优化营商环境、安全生产、农村人居环境“六乱”整治、森林防灭火、秋冬防等督查26次。

【提案办理工作】 2021年，县政府办将议案提案办理工作作为提高行政效能、密切联系人大代表、政协委员和助推政府决策科学化、民主化、法制化的有效途径，及时召开人大建议和政协提案交办会，适时对议提案办理工作进行督查跟踪，及时发现并协调解决在办理过程当中遇到的困难和问题。全年办理158件人大代表意见、建议和146件政协委员提案，办结率100%。

【金融工作】 2021年，县政府办切实加强对金融领域意识形态工作领导，不断加大群防群治、全民抵制非法集资宣传力度，从源头上加强全方位监管和风险监测预警。推动农信社完成改制农商行。严格融担、小贷、典当行“三类公司”监管，确保规范运营。深入开展政银企对接活动，累计发放贷款3.6亿元。做好扶贫小额信贷工作，全年完成707.33万元，完成目标任务的117.89%。

【外事工作】 2021年，县政府办对辖区内境外人员总数、返回人员数量、近期即将返回人员等信息进行了拉网式大排查，做到不漏一人。强化与交通卡口、医疗机构、农村社区等的沟通对接，持续开展常态化动态排查，确保所有入境返翼人员全部纳入疫情防控体系。截至1月23日，全县累计入境人员有959人，全部严格按照规定要求进行集中隔离、居家隔离和核酸检测。同时，积极组织参加对外友好协会2021“友好日”活动，受到省对外友好协会的高度评价和充分肯定。

【机要保密工作】 2021年，县政府办严格遵守各项保密管理制度，突出抓好印章、“三密”文件、计算机信息安全等重点领域保密管理。规范OA系统运行管理，公文效率不断提高，收文处理省市各级来文1846件，向各部门、各乡镇转办领导批示1846件。

【应急值守】 2021年，县政府办严格落实领导带班和24小时值班值守制度，制定应急值守和突发事件信息报送操作规程，积极做好突发事件应急处置，确保信息渠道畅通，政务工作高效运转。

（王自强）

民政管理

【概况】 翼城县民政局位于翼城县红旗街37号，为正科级建制，属县政府职能部门，内设行政编9名、局长1名、副局长2名、股级干部5名。全局现有干部职工42人，其中副科以上领导干部5人，内设四股一室（基政股、社会股、社会组织管理股、殡葬监督管理股、办公室），下设2个直属事业单位（城镇居民最低生活保障工作中心、社会事务和福利中心）。其中，社会事务和福利中心包括婚姻登记服务中心、里砦敬老院、中心敬老院、综合福利服务中心、流浪乞讨救助站。主要担负全县的社会救济、社会福利、基层政权建设、婚姻登记、殡葬改革、民间组织管理、社团登记、地名管理、行政区划、五保敬老、城乡居民最低生活保障、临时救助等工作。

【养老事业与产业】 2021年，县民政局将全县养老服务事业发展列为重点民生实事工程高位推进，在硬件提升上，配套105万元建成翼城县丹阳社区养老幸福工程，向43家养老机构发放运营补贴160万元，完成39所日间照料中心、2所幸福养老院、5所民办养老机构的提标升级，全县养老机构服务条件持续改善。另外，经县政府常务会议研究制定《翼城县建设农村日间照料中心实施方案》，2022年将投资160万元打造2个区域养老服务中心，投资400万元完成2000人以上的37个行政村及3个脱贫村共40个建设任务；2023年将拓展到2000人以下行政村，实现农村日间照料全覆盖。在软件提升上，通过“人人持证、技能社会”活动、县卫体局组织的技能培训，对全县养老服务机构100余人进行养老护理员培训；通过政府购买服务，配备专门人才，为老年人提供专业化服务；通过建立县乡村三级“养老志愿服务队”，开展尊老敬老志愿服务活动；通过开展信息化服务和通信服务项目建设，实时监管各养老机构的服务状况，随机进行指导。

【殡葬综合改革】 2021年，县民政局全力推进建设进度。县级殡仪馆完成全部前期手续，正在实施“三通一平”和基础挖掘，预计于2022年7月全面完工；乡镇公益性骨灰堂（公墓）建设，里砦、南唐、中卫、南梁、王庄5个乡镇完成建设任务，唐兴、西阎、桥上、隆化4个乡镇正在做建设准备工作，预计2022年年底完成。加强殡葬改革政策宣传。邀请翼城有一定知名度的公众人物和专业殡葬工作者等，通过抖音短视频、微信朋友圈、手机彩铃等形式向群众宣传殡葬改革的重要意义，打消群众顾虑，凝聚共识，共同推进翼城县殡葬事业发展。

【老年人生活保障】 2021年，翼城县农村籍且无工作单位的80周岁以上老人每人每年300元敬老金；农村籍且无工作单位的95周岁以上老人每人每月100元敬老金。全年为4128名农村籍80周岁以上老人发放敬老金1243950元，为78名农村籍95周岁以上老人发放敬老金83100元。

【孤儿保障】 2021年，县民政局严格贯彻落实国务院办公厅《关于加强孤儿保障工作的意见》和省、市相关文件精神，严把关口，做好孤儿的认定工作，建立健全孤儿信息，并在儿童福利信息管理系统中对全县21名孤儿进行信息录入，发放孤儿基本生活费25.2万元。

【村委会换届选举】 自2021年6月18日省委、省政府召开村两委换届工作电视电话会议以后，县民政局成立选举工作领导机构，制定选举工作方案及工作预案，加强舆论宣传，培训选举工作人员，做好选民登记、组织投票选举工作，组织开展实施换届选举。全县151个行政村完成换届选举，除6个行政村以外其余均为“一肩挑”，“一肩挑”工作完成率达96%。

【翼城浮山线行政区域界线联合检查工作】 2021年，县民政局按照省民政厅第四轮县级行政区域界线联合检查工作安排，制定联检实施方案，双方共同实地勘察，填写联检记录表，签订平安边界建设协议，形成翼浮界线联检报告，于11月底上报市民政局。

【基层社会治理】 2021年，县民政局紧紧围绕“自治有序、法治有力、德治有效”的目标，让小事不出门、大事不出镇、矛盾化解在基层，充分激发乡村振兴新功能。推动“老陈说事”“小巷总理”“周日全民义务清扫”等模式，开展翼城县乡村善治工作，切实增强了村民的凝聚力和向心力，提高了村委会和党支部的号召力。

【社会组织管理】 2021年，应参加年报的社会组织51家，实际参加年报的有50家，参加年报率98%，年报合格率为100%，未参加年报的1家社会组织办理注销。打击整治非法社会组织，快速反应，劝散1家和引导登记3家。积极推动社会组织党建工作，完成发展党员目标任务，全年发展党员目标任务为61人，确定预备党员39人，确定发展对象22人，正在进行发展对象预审工作。

【婚姻登记】 2021年12月底，县婚姻登记服务中心办理婚姻登记1689对，离婚登记371对，补发结婚登记345对，补发离婚登记51人，做到婚姻登记及疫情防控工作有序进行。加强婚姻政策宣传，积极宣传发动，配合妇幼保健计划生育服务中心做好翼城县的免费婚前医学检查工作。认真宣传执行离婚冷静期，离婚登记数量明显下降。加强婚姻登记管理信息化建设，自2021年11月29日起，正式启用新的山西省婚姻登记管理信息系统，新系统增加了人证比对、电子签名、指纹录入、电子档案等功能，进一步提升了婚姻登记规范化、智能化水平，实现了现存纸质档案电子化管理。新中国成立以后的纸质婚姻档案全部补录进山西省婚姻登记管理信息系统，完成档案录入54873条，扫描完成32万余页纸质档案并进行电子化管理。

【政策宣传】 2021年，县民政局积极借助地方主流媒体宣传民政工作。在人民网、山西新闻网、新华网、《山西日报》、翼城视窗等媒体上发表《翼城："三治融合"激发乡村振兴新动能》《全面义务清扫的翼城样板》《临汾翼城：托起幸福“夕阳红”》，印发《翼城县社会救助政策问答》宣传册；邀请殡葬服务行业的从业人员对局全体工作人员和乡镇民政助理员进行殡葬相关知识培训，利用移动公司彩铃业务向群众宣传生态殡葬、绿色殡葬发展的重要意义，全力推动广大人民群众进一步了解全县民政工作和惠民政策。

（张钦钧）

人力资源和社会保障管理

【概况】 翼城县人力资源和社会保障局（简称县人社局）贯彻落实党中央、省委、市委、县委关于人力资源和社会保障工作的方针政策和决策部署，在履行职责过程中坚持和加强党对人力资源和社会保障工作的集中统一领导。全局共有干部职工110余人，内设8个行政股室，即办公室、工资福利股、离退休股、事业单位人事管理股、专业技术人员管理股、就业促进股、社会保险管理股、法规与信访仲裁股；下设4个事业单位，即劳动保障监察综合行政执法队、社会保险中心、公共就业人才服务中心、劳动人事争议仲裁院。

【考核指标完成情况】 1—12月，城镇新增就业4241人，完成市定任务3600人的117.8%；失业人员再就业926人，完成市定任务920人的100.65%；就业困难人员就业385人，完成市定任务320人的120.31%；农村劳动力转移就业4946人，完成市定任务3800人的130.16%；职业技能培训5765人，完成市定任务5724人的100.72%（脱贫劳动力培训1123人，完成市定任务1020人任务的110.1%）；城镇登记失业率控制在4.5%以内。

前三季度，翼城县城镇居民人均可支配收入27572元，较上年同期增长8.1%，完成市定任务。在相关乡镇、社区、单位的大力配合下，在全局工作人员的共同努力下，四季度样本户各类数据做到"应统尽统""应记尽记"，并于11月底前按程序上报各类收支数据。

技能人才、专业技术人才、企业经营管理人才、农村实用人才、社会工作人才五类人才占从业人员的比重为40%，实际完成81332人，占从业人员134000人的60.69%。其中，技能人才目标任务41756人，累计完成41802人，完成率100.11%；高技能人才目标任务12527人，累计完成12541人，完成率100.11%。

1—12月，各项社会保险参保人次达240311人次（不含医疗保险）。其中，17850人参加企业养老保险，完成市定任务17008人的104.95%；7072人参加机关事业养老保险，完成市定任务7060人的100.17%；171781人参加城乡居民社会养老保险，完成市定任务171160人的100.36%；13628人参加失业保险，完成市定任务13600人的100.21%；29980人参加工伤保险，完成市定任务29900人的100.27%。

1—12月，企业劳动合同签订率99.4%（市定任务在95%以上），劳动人事争议仲裁结案率100%，劳动人事争议调解成功率61.5%（市定任务在60%以上），劳动保障监察举报投诉案件结案率100%，拖欠农民工工资举报投诉案件结案率100%。

【就业再就业】 2021年，县人社局积极响应省委、省政府"人人持证、技能社会"战略部署，立足县委构建"三箭齐发"工业新格局，先后举办"春风行动""技能圆梦想、就业有'位'来"2场大型现场招聘会和系列网络招聘会，达成就业意向1395人，实际就业542人。积极响应"聚力人才引培，助推乡村振兴"号召，先后在隆化镇、南唐乡、王庄镇、里砦镇举办5次就业帮扶招聘会，30余家企业参加，提供1200多个就业岗位，达成就业意向270余人。积极开展"点对点"劳务输出，把务工人员从"家门口"送到"厂门口"，截至2021年年底，有组织劳务输出926人。其中，县外省内318人，省外608人。严格审核创业担保贷款相关资料，向邮储银行翼城县支行推送创业担保贷款62笔，合作银行核发40笔753万元。围绕灾后恢复重建过程中建房、修堤、筑坝、清淤、退水等事项，征集防止因灾返贫致贫临时公益性岗位29个。截至2021年年底，上岗3人，制定出台《2021年度事业单位公开招聘工作人员实施方案》，通过笔试、资格复审、面试等环节，为全县择优招聘事业单位工作人员109人。2021年度开发公益性岗位招用就业困难普通高校毕业生工作、政府系统事业单位公开招聘工作有序推进，分别于12月20日、12月30日在县政府网站发布招聘公告，公益性岗位报名工作完成，113名高校毕业生报名，事业单位招聘报名工作于2022

年1月11—15日开展。创建县级大学生就业创业基地2个,至2021年年底1名大学生入驻基地,创办山西田誉利电子商务有限公司,主营社区团购网络配菜业务。创建山西桐封技工学校县级技能服务人才培养基地,于11月16日举办翼城县首届“桐封杯”焊接职业技能大赛。截至11月底,该基地培训各类技能人才2449人。创建山西同文职业技术学院技能服务人才培养基地,12月30日举行揭牌仪式,对于进一步整合全县培训资源,开展更大规模“订单式”“菜单式”“项目制”培训将起到积极的促进作用,将进一步完善“培训、持证、就业、增收”翼城技工培训就业模式。

【“人人持证、技能社会”建设】 2021年,县人社局以县委构建工业新格局为导向,结合劳动者技能需求,在确保安全的前提下,有序指导技校、培训机构开展职业技能培训。截至11月底,开展各类培训127期5765人,其中“炼钢工”订单式培训1期50人,中式烹调师、保健按摩师、保健调理师、养老护理员等技能培训109期4924人,创业培训6期180人,企业在岗职工培训11期611人,完成市定任务的100.72%(市定任务5724人)。充分发挥“人人持证、技能社会”建设工作专班作用,组织、指导各相关职能部门、各乡镇、企业大力开展各类职业技能培训。截至11月底,各相关部职能门、各乡镇、企业培训13838人,超额完成预定培训任务,有效提升了全县从业人员的技能水平。

【社会保险扩面】 2021年,县人社局以农民工、灵活就业人员、新业态从业人员和城镇各类用人单位职工和工薪收入者为社会保险扩面重点,大力宣传各项社会保险政策,督促用人单位为职工缴纳社会保险,各项社会保险参保达240311人次,较上年同期增加6898人次。按照晋人社厅相关文件要求,为全县1万余名机关企事业单位退休人员调整养老金待遇,人均月增加150余元,按时足额为服务对象支付社保待遇6.7亿元。按照“政府主导、各方协作、便民服务、有序推进”的原则,强力推进城乡居民补充养老保险各项政策落地落实,截至12月底,城乡居民补充养老保险缴费2203.67万元,涉及66654人。其中,政府为困难群体(建档立卡贫困人口、低保对象、特困人员、重残)代缴保费136.12万元,涉及6806人,代缴率100%;通过微信、支付宝、银行柜台、银行APP等渠道缴费2067.55万元,涉及59848人。城乡居民补充险缴费工作全市排名第三、全省排名第二十一,位于全省第一方阵。

【被征地农民养老保险补贴】 2021年,县人社局依法依规按程序完成3个建设项目被征地农民养老保险补贴审核工作,为项目土地手续办理打好基础。其中,翼城县殡仪馆建设项目,位于隆化镇黄家铺村,拟征地块面积29.83亩,未涉及被征地农民基本养老保险补贴保障人员;山西桐封技师学院建设项目,涉及南梁镇西张、贺水2个行政村,拟征地面积316.8亩,符合被补贴条件共50户143人,补贴金额9192467.11元;3号旅游路建设项目,涉及桥上、中卫、西阎3个乡镇5个行政村,未涉及被征地农民基本养老保险补贴保障人员。

【劳动关系工作】 2021年,县人社局对273家用人单位开展遵守劳动用工和社会保险法律法规情况专项检查,涉及劳动者1.3万人,下达责令改正决定书42份,督促指导43家用人单位签订劳动合同8100份。协调处理欠薪举报案件45件,累计为308名农民工追讨工资536万元。12月2日,根治欠薪工作冬季专项行动动员部署部门联席会议召开,要求各成员以工程建设领域和其他欠薪易发多发行业企业为重点,以“限期清零”“失信惩戒”“严控风险”为原则,对欠薪问题实施集中专项治理,各项工作有序推进。以

“快立快审、快调快裁”为基本原则，受理劳动争议案件42起，结案37起。其中，法定时限内结案21起、调解结案16起；签证劳动合同12083份。

【人事人才工作】 2021年，县人社局完成2020年度事业单位工作人员绩效考核工作，共涉及40余个系统、3900余人。职称评审推荐320人，其中高级118人、中级138人、初级34人。完成县委党校、财政局、教科局等89个单位4835个岗位设置续聘及岗位变动审核备案工作。完成2021年度机关工勤、事业单位工作人员正常晋升薪级工作，涉及63家6390人。完成全县非营利性服务工作总额增速目标任务。截至9月底，全县样本单位按规定要求各工资项目做到应发尽发、应报尽报，工资总额累计增速42.32%，在全市位列第三。

【项目建设】 山西桐封技师学院建设项目于2020年3月完成项目备案立项，并确定为县政府重点工程之一。为加快推进山西桐封技师学院项目建设进度，天津汉德三维教育集团起草“翼城县人民政府与天津汉德三维教育集团关于山西桐封技师学院教育项目协议书”（以下简称协议书），针对该协议书相关内容，县政府于12月31日召开政府常务会议，进行专题研究，并提出相关修改意见。天津汉德三维教育集团对协议书内容再次修改完善，确保尽快签订协议，加快推进后续工作，预计2022年8月完成一期工程建设。

（王　哲）

应急管理

【概况】 翼城县应急管理局于2019年组建成立，加挂县地方煤矿安全监督管理局牌子，主要履行安全生产综合监管、应急管理、防灾减灾职责，承担县安委会办公室日常工作。2021年5月，县应急管理局新办公大楼建成，并正式投入使用，实现了集中统一办公。2021年6月，推进事业单位改革和应急管理综合执法队伍改革。改革后，现有干部职工155人，内设10个股1个室，即综合办公室、应急救援股、防灾减灾股、煤矿安全综合股、煤矿监督管理股、非煤安全监督股、危险化学品管理股、综合协调股、冶金工贸监管股、党总支。下设应急管理综合行政执法大队、煤矿安全监管中心、防震减灾中心。

2021年，县应急管理局应急准备更加充分，“一主多辅”应急救援队伍布局进一步完善、能力进一步提升，引导社会各界关心、关爱应急救援工作，社会救援力量的归属感、荣誉感显著提升；适应全灾种、大应急的救援装备不断更新完善，应急救援预案进一步规范健全，努力适应新时代应急管理新要求。

【防灾减灾】 2021年，县应急管理局自然灾害综合风险普查工作效率高、质量好，树立全省典型，获“山西省防汛抢险救灾先进集体”称号。

2021年，全县遭受雪灾、低温冷冻、风雹、暴雨洪涝等9次自然灾害，其中以9月、10月的暴雨洪涝灾情较为严重，降雨总量达283.6毫米，是历年同期31.7毫米的8.9倍。2021年，全县累计受灾人口122999人，农作物累计受灾面积15229.34公顷，房屋损坏8776间，直接经济损失9574.44万元。精准核灾、及时报灾，全力争取救灾资金，发放救灾物资价值1060万元，全面保障受灾群众“衣、食、住、医”等基本生活要求。

【安全生产】 2021年，县应急管理局牢固树立“生命至上、人民至上”理念，在持续巩固多年来翼城良好安全生产态势的基础上，创新实施“五化”工作法，努力构建“大安全”工作格局，全年实现安全生产“零事故”，全县连续16年未发生重特大安全生产事故。亿元地区生产总值生产安全事故死亡率、煤矿百万吨死亡率均为“零”，指标考核全市排名第一。

安全培训规范化。针对各类企业易出现问题的薄弱环节，以企业主要负责人和安全管理、特种作业“三类人员”为重点，引申开展全员培训5300余人次，从业人员安全生产责任意识得到全面提升。

日常监管精细化。编印党政领导干部安全生产责任清单和监督管理实用手册，明确全县安全风险点目录，明确监督重点，做到了领导责任分工有标准、督促检查有手册、日常提醒有目录。采取“述、查、访、报”等方式对各级各部门监管责任落实情况进行全方位、常态化考核，倒逼监管责任落到实处。

行业管理标准化。扎实推进非煤矿山地上地下“双标准化”创建，全面强化煤矿、洗储煤、危化品、冶金工贸等重点行业领域标准化创建，全县企业安全管理水平迈入了科学化、规范化轨道。

远程管控信息化。坚持“物防＋技防”，率先自主研发安全监管网络信息平台，对重点行业企业进行网络远程管控，通过云计算、大数据，对企业隐患排查治理情况逐月动态分析汇总，针对性补齐工作短板，真正让大数据支撑安全生产改革发展。

宣传教育常态化。专门设立“安全365”专题栏目，全天候、全媒体、多矩阵广泛宣传各级各部门的经验做法和努力方向，让群众做监督员和评判员，压实各级各部门的安全生产责任，切实营造“人人讲安全、人人为安全”的良好氛围。

（王慧君）

消防救援

【概况】 翼城县消防救援大队位于翼城县八一南路18号，大队现由贺勇担任教导员，李会峰担任大队长，具有监督、指导、管理的职能。大队下辖1个消防救援站，站内有指战员18名、文职人员15名、专职队员4名，专职队员均为招聘制合同工。大队共有7辆消防车（6吨水罐车1辆，8吨水罐车1辆，抢险救援车1辆，30吨远程供水车1辆，高喷消防车1辆，8吨泡沫水罐车1辆，32米消防云梯车1辆），有各类器材装备近200件，泡沫储存量为6吨。战斗车辆除配备有泡沫灭火剂、通信工具以及水枪、水带、个人防护装备等常规器材外，还配备热成像仪、液压破拆工具、夜间照明工具、山地救援工具、避火服、隔热服等特种装具。消防救援大队担负着全县1163平方公里的灭火救援和社会救助任务。

2021年，县消防救援大队落实消防安全责任制，狠抓火灾隐患排查整治，在保卫社会经济发展、维护社会和谐稳定、保证人民安居乐业中发挥了应有的作用。全县社会单位消防安全管理水平进一步提高，全社会抗御火灾事故能力明显增强。

【思想政治工作】 2021年，县消防救援大队坚持以党建工作和党史学习教育为主线，扎实推进“两个经常性”工作和心理服务工作，于3月17日召开会议，对党史学习教育进行部署，制定方案和学习计划。大队走进翼城县烈士陵园开展党史学习教育，开展参观践学2次；以党史学习教育为主题开展专题授课4次；深入县府前广场、辖区街头、光荣院开展“学雷锋”志愿服务活动；收看《榜样5》专题节目，学习宣传伟大抗疫精神；开展“我为群众办实事”主题活动19次；讲述党史小故事；观看红色电影4次；每日通过微信群向指战员推荐党史知识，营造学党史、感党恩、跟党走的浓厚氛围，切实将队伍问题找准、三观摆正、心气聚齐。

【队伍管理】 2021年，县消防救援大队认真贯彻落实习近平总书记有关安全工作的一系列指示精神，召开安全形势分析会48次，经常性开展安全教育。把严格管酒治酒作为持续加强队伍纪律作风建设的切入点，多措并举、同向发力，切实抓好队伍管理，坚决杜绝涉酒案事件发生。以红包礼金专项整治为契机，开展廉政授课2次、集中学习4次，并集中观看廉政警示教育片。狠抓廉政建设，严格遵守《中国共产党党员领导干部廉洁从政若干准则》《中国共产党廉洁自律准则》等，建立党风廉政建设形势分析研判制度，深入剖析队伍形势。

2021年，队列训练　　（渠红丽供图）

【城乡火灾防控】 2021年，县消防救援大队在县委、县政府的正确领导下，积极争取政府对消防工作的重视与支持。年初，按照《山西省消防安全重点单位界定标准》，结合辖区实际，认真研究决定，提请县应急管理局制定下发文件，对辖区原有的消防安全重点单位及火灾高危单位进行调整，进一步加强消防安全重点单位的监督管理，落实消防安全责任。

深化专项治理。2021年，县消防救援大队先后提请县安委办印发《翼城县燃气行业安全隐患综合治理工作方案》《翼城县用电安全隐患综合治理工作方案》《人员密集场所消防安全专项整治工作方案》《翼城县高层建筑消防安全专项整治实施方案》《全县商住混合体建筑消防安全综合治理工作方案》《全县2021年冬春火灾防控工作方案》，持续推进火灾多发场所行业领域各项消防安全专项整治，组织开展学校、文物古建筑、高层建筑、外墙保温材料、建筑工地、大型商业综合体、仓储场所、人员密集场所等消防专项整治。截至2021年年底，共监督检查单位366家，发现隐患775处，督促整改隐患768处，下发责令改正通知书325份，责令“三停”8家，临时查封7家，行政处罚39宗，罚款12.98万元，全面杜绝火灾安全事故。

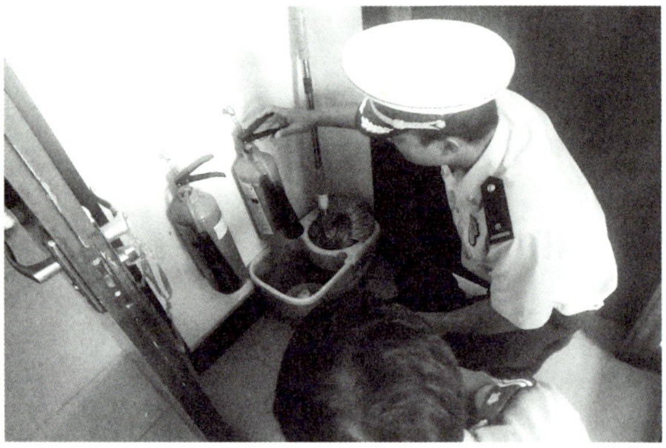
2021年，防火检查　　（渠红丽供图）

持续开展三年专项整治。2021年，县消防救援大队根据《翼城县消防安全专项整治三年行动2021年集中攻坚方案》，推进打通生命通道综合治理，督促28个小区物业管理单位、92家重点单位开展消防车通道、安全出口划线工作，联合交警、住建部门开展违规占用消防车通道执法检查20次，督促清理车辆19辆，行政处罚1850元。推进高层建筑消防安全综合整治，建立高层建筑消防安全责任人、管理人履行承诺制度，完善高层住宅建筑消防楼长制。推广安装电动车禁入电梯系统60余套，建电动自行车充电棚93处，安装充电插座1598个。在易燃可燃材料夹芯彩钢板整治工作中，责令拆除4600平方米的非法搭建彩钢板。结合全县冬春专项整治行动，对各单位责任人开展消防安全培训，向住建、教育、民政、卫健体等重点行业部门发送消防安全风险提示函，持续开展涉疫情场所消防安全检查，利用错时检查，对夜间营业场所、商场超市等场所开展专项检查，发现并整改一批火灾隐患。

打牢乡村地区火灾防控基础。2021 年，县消防救援大队提请安委办印发《关于加强全县乡镇街道消防工作打牢乡村地区火灾防控基础的实施方案》，完善消防安全网格机构，明确网格消防管理人员及工作职责。将消防工作纳入翼城县全科网格，指导各网格员开展信息采集、隐患排查和整改、宣传教育等工作，对网格员开展消防培训 1 次。深入辖区派出所开展消防安全培训和联合检查。截至 2021 年年底，深入派出所培训 10 余次，与派出所联合检查 8 次。

【后勤保障】 2021 年，县消防救援大队经与县领导、县财政局积极沟通，争取经费 225.26 万元，其中全年预算 125 万元。争取文、专职经费 100.26 万元，其中包含政府专职队员和文员的工资、养老保险、医疗保险、失业保险、工伤保险、住房公积金的缴纳。新增的 6 吨泡沫水罐消防车、20 余万元器材装备完成预支付；同时将文、专职队员高危补助、精神文明奖纳入 2022 年财政预算。

扎实做好疫情防控和人员健康管理。严格落实疫情防控举措，坚持每日全员体温监测 1 次，每日营区喷洒消毒 1 次，坚持抗疫战线“不缺一人，不漏一角”。开展全员健康综合体检，建立个人职业健康报告 45 份，切实保障人员身体健康和队伍安全稳定。

【宣传培训】 2021 年，县消防救援大队结合“安全生产月”“119 宣传月”活动，持续推进消防宣传“五进”工作，组织消防安全重点单位、文物建筑、学校、幼儿园等重点单位、重点人群开展消防安全培训。2021 年，注册登记消防志愿者 150 余名，消防安全“云平台”共注册 21074 名，在电视台播放消防新闻 30 条、公益广告 45 条，受教育群众达 126510 人次。累计组织开展消防宣传 90 余次，培训 5400 余人，派发宣传单 31700 余份，受众达 10 万余人。联合县教育局制定《关于做好开学季学校消防安全教育活动的通知》，引导广大学生和教职员工提高消防安全意识，营造浓厚的消防宣传和舆论监督氛围。

2021 年，灭火演练　（渠红丽供图）

【灭火救援】 2021 年，县消防救援大队狠抓战斗力建设，提升队伍灭火救援能力。坚持全员岗位大练兵，立足“打大仗、打恶仗”，组织指战员深入辖区高危单位、人员密集等场所进行熟悉演练，收集作战资料，更新预案档案。截至 2021 年年底，大队开展业务理论学习 90 余课时，累计开展实战演练 96 次，修订预案 92 份。开展多种形式队伍联合演练 12 次，同时普查辖区水源 2 次，确保信息掌握准确，贴近实战。接处警 107 起，出动消防车辆 158 辆次、消防指战员 809 人次，避免经济损失 355 万元，抢救和疏散被困群众 60 余人。2021 年，全县共发生火灾 66 起，直接经济损失 17.7 万元，未发生亡人火灾事故。

（渠红丽）

防震减灾

【概况】 2019 年 3 月，原翼城县地震局更名为翼城县防震减灾中心，是县应急管理局所属的正科级公益一类事业单位。经费开支形式为全额财政拨款。编制 10 人，其中主任 1 人。现有工作人员 7 人，中共党员 6 人。

2021年，县防震减灾中心在县委、县政府的坚强领导下，在市防震减灾中心的精心指导下，以习近平新时代中国特色社会主义思想为指导，深入贯彻落实习近平总书记关于防灾减灾救灾新理念，以防御和减轻地震灾害、保护人民生命和财产安全为根本出发点和落脚点，履行防震减灾社会管理和公共服务职能，不断加强监测预报预警、灾害风险防治、公共服务和应急救援保障能力，开启全县防震减灾高质量发展新局面。

【监测预报】 2021年，县防震减灾中心抓紧抓实监测台站运维管理。严格按照规范要求，定期对监测系统进行检查及维护，对仪器故障或断电等突发情况均在第一时间进行处置，确保设备正常，资料准确、信息畅通。加强监测设施和监测环境保护工作，2021年，全县无地震监测设施和观测环境遭受重大破坏干扰的事件发生，也无擅自中止地震监测点工作的情况出现，监测仪器运行率达到100%，信息节点网络运行率在99%以上；同时，不断强化震情跟踪和异常核实工作。制定印发《2021年度震情监视跟踪工作方案》。每天按时收集观测数据并进行处理、分析，完成会商日常制图。坚持宏微观异常零报告。每月上报前兆台网运行月报、信息节点月报、数据跟踪分析月报。全年完成震情周例会37次、月会商12次，完成异常零报告365期。完成异常核实工作，9月11日完成对南梁镇门窗震动异常的核实。做好震情值班工作，严格执行24小时震情值班和领导带班制度，做好重大会议及节假日期间地震安全保障。不定期对震情值班情况进行抽查，每周一在全局大会上通报上一周震情值班情况。

【震害防御】 2021年，县防震减灾中心加强对全县“三网一员”队伍的组织领导和业务培训。对“三网一员”队伍实行动态化管理。6月初，对全县50个地震宏观观测点进行全面摸排，对不符合要求的观测员进行调整，采取面对面方式对全县观测员进行现场培训。10月10日，全县“三网一员”培训会召开。加强“三网一员”工作交流微信群建设，及时发布地震信息，询问宏观日常观测状况，有针对性地开展培训指导。明确“三网一员”的岗位职责，力促和发挥群测群防在地震短期预报、灾情信息报告和普及地震知识中的重要作用。重点实施地震灾害风险普查和地震易发区房屋设施加固工程统计工作。制订《翼城县防震减灾中心地震灾害风险普查工作计划》，完成地震钻孔收集工作。配合完成地震易发区房屋设施加固工作清单，明确各类工程加固数量、完成情况及完成时限。开展“安全生产月”活动，提升安全发展质量。按照活动要求，中心高度重视，结合党史学习教育“我为群众办实事”实践活动，及时下发活动方案，开展“明职责、会方法、勇担当、保安全”大讨论，开展宣传进企业、进农村、进社区、进学校、进家庭“五进”活动。

2021年10月10日，翼城县防震减灾中心举办全县防震减灾“三网一员”培训会

（郑继国 张红霞供图）

【公共服务】 2021年，县防震减灾中心完善防震减灾宣传教育长效机制，制订《翼城县2021年防震减灾科普宣传工作计划》，充分运用社会资源，发挥已命名的防震减灾科普示范学校、地震安全示范社区的示范引领作用和志愿者队伍专业技能，不断增强防震减灾科普宣传的针对性和实效性，做好宣传教育和舆论引

导。以“5·12”防灾减灾日为契机,举办“5·12”防灾减灾日活动。5月8—14日,举办以“防范化解灾害风险,筑牢安全发展基础”为主题的系列科普宣传活动。活动期间,组织各乡镇、社区、“三网一员”队伍和有关部门,全面推动防震减灾知识宣传“六进”活动。在县城主要街道悬挂条幅,大型商场、酒店、宾馆、银行、临街电子屏播放宣传标语;5月12日,联合县教科局在国家级学校防震减灾科普示范学校汇丰学校开展中小学地震应急演练活动。县委常委、县政府常务副县长杨海林,县人大常委会副主任张晋翼,县政协副主席张新民等领导出席活动。5月13日,联合唐兴镇党委政府、文昌社区在八一公园开展防震减灾知识“进社区”活动。面向社会大众普及防震减灾知识和自救互救技能;针对公共场所、企业、机关单位,通过发放宣传资料、播放专题片普及防震减灾、地震宏观异常现象识别、避震逃生方法等知识。同时,利用新媒体广泛宣传防震减灾知识。《今日翼城》、电视台、广播电台对活动进行连续报道。县电视台第一套节目黄金时间连续一周播放地震公益宣传片,爱翼城APP大力宣传防震减灾活动、连载防震减灾知识,利用微信公众号、微信群进行宣传活动,实现了电视有影像、广播有声音、报纸有专栏、网络有阵地、社会有影响的目标。通过丰富多彩的防震减灾科普宣传活动,向广大群众宣传地震避险、自救互救等知识,提升有效应对灾难的能力,增强全民的防灾减灾意识,收到良好的社会宣传效果。组织参加第五届全国防震减灾科普讲解大赛山西省选拔赛,经过审核向大赛申报3个作品,获二等奖1项、优秀奖1项;参加山西省防震减灾作品大赛获优秀奖3项;5月12日,广泛发动群众参加临汾市防震减灾知识网上宣传答题竞赛活动,指派专人每天定时进行督促和统计,在全市名列第二。

2021年5月13日,翼城县防震减灾中心联合唐兴镇政府、文昌社区在八一公园开展防震减灾知识“进社区”活动 (郑继国 张红霞供图)

【地震应急演练】 2021年,县防震减灾中心积极组织各级各类地震应急演练。5月28日,参加全省地震系统模拟演练,演练分两个阶段,第一阶段模拟晋中市榆次区发生5.5级地震,第二阶段模拟临汾市襄汾县发生4.5级地震,启动四级地震响应,开展应急处置和舆情应对。演练工作取得成功。9月19日,组织全县“三网一员”开展灾情速报演练。加强与教育、卫体、民政等部门的协作,以学校、社区等人口密集区为重点,开展地震应急疏散演练。各级各类学校、幼儿园演练形成常态化。

【地震应急处置】 2021年,县防震减灾中心建立健全地震应急预案及流程,完成《翼城县防震减灾中心地震应急预案》。做好中国共产党成立100周年庆祝活动地震安保工作,根据省、市地震安全保障服务实施方案,制定下发翼城县地震安保工作实施方案,并对监测台站、网络安全、软件运行、电路安全等进行全面检查和安全隐患排查。加强重点时段地震应急工作,在春节、“两会”、高考等重点时段提前制定方案,组织技术人员对监测台站的仪器运行、电源工作状态、网络传输设备工作状况等情况进行全面检查维护。值班人员加密观测,对地震异常进行跟踪、核实。指定专人负责舆情处置工作,确保及时发现和快速处置地震谣传事件。做好应急装备日常管理维护，保证应急设备正常使用。

（郑继国　张红霞）

行政审批管理

【概况】　翼城县行政审批服务管理局（简称县行政审批局）加挂翼城县政务信息管理局牌子，现有领导2人、党组成员5人，下设2个事业单位、4个行政股室、6个业务股室。单位的主要职责是贯彻执行上级党委政府以及县委、县政府关于行政审批、政务改革、政务服务、优化营商环境、政务信息管理、政府采购的方针政策、法律法规，统筹指导，协调监督，推进全县政务服务、政府采购体系建设、政务改革和管理工作。

2021年，县行政审批局坚持以优化"一网通办"平台功能为依托，持续推进优化营商环境各项改革措施落地见效，在全市实现"五个率先"，扎实开展"五大专项行动"，审批服务效率不断提升，企业群众办事满意度明显提高。全年受理各类业务3341件，按时办结率100%，网办率68.64%，满意度100%；市长热线转办工作受理业务7137件，按期办结率100%，群众满意度98.2%。

【开通"一网通办"】　翼城县一体化在线政务服务平台是临汾市第一家全面实现"一网通办"的县级政务服务系统，100%事项实现"最多跑一次"，80%事项实现全程网办，注册5000余人次。2021年，翼城县行政审批局在全省率先将教师资格证认定事项纳入"一网通办"，通过网上申报、后台审批、快递寄送，完成215名教师的资格认定。持续加大"一网通办"宣传力度，通过制作专题片、播放动漫宣传片、发放明白卡、开通抖音公众号等多种途径，让更多企业群众充分了解"一网通办"，充分利用平台功能，实现让数据多跑路、群众少跑腿。

【对接省级政务服务平台】　翼城县政务服务系统是全省第一家与省级平台全面对接的县级服务系统。2021年，县行政审批局积极组织涉及"四级四同"的县直单位梳理本部门政务服务事项实施清单，将办理流程、申报材料、样表模板、审批结果等36项要素信息录入省级政务服务网，形成翼城县"四级四同"目录清单，在省级政务服务网录入发布政务服务事项1385项。

【推行"一窗受理"服务模式】　2021年，县行政审批局在政务大厅设置7个综合受理窗口、3个统一出证窗口，选出业务扎实、服务优良的工作人员充实到综合窗口，为企业群众提供"前台综合受理、后台分类审批、统一窗口出件"标准化服务。所有资料闭环流转，群众"只找一扇窗、办成所有事"，无需来回跑、多头跑，服务效能明显提高。

【梳理"一件事套餐"】　2021年，县行政审批局在"一网通办"平台开设"一件事一次办"专栏，针对企业群众办理的高频事项，通过事项打包、环节整合、流程优化，"我要办超市""我要办餐馆"等102项"一件事"集成套餐进驻平台，进入系统调试阶段。

【试开通"掌上办"】　2021年，县行政审批局积极推进审批业务"零纸张、零见面、零跑腿"掌上办，开发手机版"一网通办"，使群众从能用、会用向爱用、用得顺手转变，进入技术测试阶段。

【"五减"专项行动】　2021年，县行政审批局在"减要件""减证明"的基础上，聚焦"少快优"重点发力。聚焦"少"字减事项，将划转至审批局的275项事项整合为250项，实行动态管理。聚焦"快"字减时限，审批时限从9711个工作日压减到2011个工作日，压缩7700个工作日，精简率79.3%。聚焦"优"字减环节，优化调整审批层级,压缩审批环节133个,直接授权政务服务中心综合窗口审批办理事项131项,股室负责人审核办结事项55项,分管领导审批事项56项。

【“领办、代办、专办+一网通办”四办行动】 2021年,县行政审批局班子成员牢固树立“要素围着项目转”理念,分工包联抓好领办,深入企业开展专办,紧紧围绕县上27项重点项目开展四办服务,完成本级审批项目16个。在政务大厅设置“导办帮办代办”服务台,为企业和群众提供免费服务400余次。积极探索开展企业承诺制改革试点工作,在高质量钢铁新材料工业园区环境影响评价、文物保护和考古许可、水土保持、水资源论证、地质灾害危险性评估等手续办理上,指导各部门实行政府统一服务,投入费用473万余元,为市场主体在翼城落地创造良好环境。

【“证照分离”改革】 2021年,县行政审批局对全县72项涉企许可审批事项,直接取消审批9项,审批改为备案7项,实行告知承诺19项,优化审批服务37项。提请县政府出台印发《翼城县开展“证照分离”改革全覆盖工作实施方案》(翼政发〔2021〕18号),自2021年7月1日起正式实施,进一步降低市场主体准入门槛,有效解决了“准入不准营”的问题。

【乡镇便民服务中心建设】 2021年,县行政审批局印发《关于乡镇便民服务中心和村(社区)服务站建设的指导意见》,组织召开工作推进会,各乡镇便民服务中心均已挂牌,电脑等硬件设施配备齐全。梳理乡镇和村(社区)服务事项清单并实行动态管理,民政、残联、妇联、退役军人、财统等事项全部进驻。对乡镇便民服务中心工作人员分2批次开展为期2个月的业务轮训,开设代办帮办窗口,老百姓足不出村即可享受家门口的政务服务。

【审批队伍建设】 2021年,县行政审批局开展岗位培训,打造业务精通的审批队伍。组织开展19期“全员学业务、素质大比拼”业务大讲堂,各股室业务骨干轮流领学,窗口工作人员全员参与;积极参加全市审批系统业务培训;邀请专业人士对政务服务礼仪进行培训,切实打造一支能办事、会办事、办成事的审批队伍。转变工作作风,打造纪律严明的审批队伍。通过开展“转作风、守纪律、树形象”专项整治,重点解决影响和破坏营商环境的突出问题,整治“庸懒散慢”等纪律松弛、作风漂浮问题,切实打造一支信得过、靠得住、能放心的审批队伍。学习先进经验,打造理念超前的审批队伍。组织审批人员先后前往临汾、运城、侯马等地审批局考察学习,通过现场参观、查阅资料、座谈交流,对标一流、干事创业的氛围日趋浓厚,切实打造一支眼界宽、思路广、本领硬的审批队伍。

(王晓燕　尹　斐)

医疗保障

【概况】 翼城县医疗保障局于2019年3月12日挂牌成立,内设机构为“一室三股一中心”,即办公室、政策管理股、基金监管股、人事财务股、医疗救助中心。下属事业单位一个,即翼城县医疗保险服务中心。局机关和中心有工作人员39人。

【疫情防控】 2021年,县医疗保障局积极履行疫情防控职责,助力打赢疫情防控阻击战。向定点医院按时足额拨付新冠疫苗接种费用,其中县医疗集团接种195655人,拨付1565244元;中医医院接种26635人,拨付213080元。全年接种222290人,拨付1778324元。

【医疗保障扶贫】 2021年,县医疗保障局巩固医疗保障脱贫攻坚成果,有效衔接乡村振兴战略。对全县建档立卡脱贫人口的基本医疗保险、补充医疗保险、大病保险、长期护理保险进行全额救助。分组深入全县9个乡镇给贫困户面对面宣讲医保扶贫政策,摸底排查医保待遇享受情况,现场办公,确保建档立卡脱贫人口医保政策享受到位。为建档立卡脱贫人口补助560.33万元,综合保障比例达到90%以上。其中,基本医保支付364.70万元、兜底支付68.14万元、其他保障支付11.21万元、大病保险支付72.61万元、医疗救助43.67万元,涉及856人次;完善重特大疾病医疗保险和救助制度。增强大病保障能力,加强医疗救助托底保障。规范城乡居民医疗救助工作,切实缓解城乡困难群众医疗救助问题。2021年,救助4390人次,救助金额5035082.19元。其中,救助低保对象597人次、1015588.13元,特困供养人员250人次、225521.73元,建档立卡人口756人次、606469.62元,低收入对象531人次、2984462.71元,肾透析患者2256人次、203040元。为重点救助对象4962人进行参保资助,资助金额1389360元。

【医保基金监督管理】 2021年,县医疗保障局宣传贯彻《医疗保障基金使用监督管理条例》(简称《条例》),监督检查定点医药机构服务协议落实情况,严厉打击欺诈骗保行为。开展“打击欺诈骗保 维护基金安全”集中宣传月活动,利用医药机构电子屏、主街道悬挂条幅、印发宣传资料、电视台及报社开辟专栏等方式,加大宣传力度,提高群众医保政策知晓率。联合纪检监察、公安、卫体等部门在全县定点医院医护人员中宣传《条例》并开展警示教育。在县电视台公开通报医保违规案例,形成强大舆论氛围。聘请第三方审计机构,对全县定点医药机构开展财务审计,点对点通报审计情况,开展全面整改。开展全覆盖检查,通过省、市“飞行检查”、局行政检查及医保中心日常稽核,对全县356家定点医药机构完成全覆盖检查,暂停服务协议3家,约谈2家,限期整改47家,主动公开曝光5家,智能审核违规总数209条。全年处罚71家定点医药机构,扣除基本本金289.79万元,处以违约金139.53万元,共429.32万元。

【医保基金收支】 2021年,县医疗保障局完成城乡居民医疗保险征缴249582人、20715万元,完成率99%,城乡居民基本医疗保险费支出14581.55万元。征收职工基本医疗保险费8443.07万元,补充医疗保险费征缴379.59万元,支出5591.43万元。开展2022年度城乡居民基本医疗保险征缴工作。召开全县征缴会议,出台征缴政策,下发征缴通告,特别是对医疗保障脱贫攻坚新政策进行广泛宣传,实现应收尽收、应保尽保。截至12月底,完成2022年城乡居民医疗保险征缴246179人,参保率为98.6%。

【医保改革事项】 2021年,县医疗保障局积极落实DRG国家试点付费要求。印发《关于进一步规范按病种付费工作的通知》,进一步推动按病种付费方式改革的开展,在县医疗集团实行DRG付费方式改革。医疗集团成立专班,加强宣传培训,做好信息支撑,及时上传数据,坚持病案质控、部门协作,以规范医疗服务和提升精细化管理水平为抓手,推进医疗费用和医疗质量“双控制”,保证DRG付费工作顺利实施。开展医保信息平台上线工作,成立医保信息平台定点医药机构上线验收领导组和应急领导组,组织电信、网络部门开展医保新系统安装、调试。全县有356家定点医药机构,除村卫生室和2家变更信息的药店外,全部完成上线。加快推进药品耗材集中采购,稳步推进药品和高值医用耗材集中带量采购工作,切实减轻群众就医负担。截至12月底,全县药品带量采购265种、3587785袋(片、支、丸),采购金额为592.2748万元;医用耗材带量采购28种、1106150个(支、包、张、筒),采购金额为369.4762万元。加强异地就医管理,出台

《翼城县基本医疗保险转诊管理办法》,进一步完善转诊流程,引导群众合理就医,加强转诊管理,落实分级诊疗,着力构建基层首诊、双向转诊、急慢分治、上下联动的诊疗模式。出台《关于加强参保人员异地安置(居住)管理的通知》,进一步规范参保人员异地安置(居住)管理,防范各种违规行为发生。

【法治建设】 2021年,县医疗保障局认真组织学习贯彻习近平总书记全面依法治国新理念新思想新战略,高度重视法治建设工作。坚持开展法律法规、党纪党规知识培训。贯彻《中华人民共和国社会保险法》,严格落实法律责任,聘请法律顾问,加强执法检查。举办医保领域法律法规培训讲座,学习《中国共产党章程》《中国共产党纪律处分条例》《中华人民共和国公职人员政务处分法》《中国共产党廉洁自律准则》,通过集中学习、专题培训、案例研讨等方式,定期和不定期组织工作人员开展法律培训,全面提高工作人员的业务素质和依法行政能力;加强法律法规和政策宣传。开展“打击欺诈骗保 维护基金安全”宣传月活动,通过翼城电视台、《今日翼城》报、微信平台、宣传彩页手册,向全社会宣传医保政策,营造打击欺诈骗保的浓厚氛围。加强《医疗保障基金使用监督管理条例》学习宣传。引导医保工作人员从思想上高度重视医疗保险基金管理工作,进一步提高政治站位,强化责任心,增强紧迫感,以更高标准、更高站位开展医保基金监管工作。开展医保违法违规案例警示教育。组织定点医药机构进行医疗保险政策和医疗服务协议培训,结合典型案例宣传教育,强化法律意识,通过正面引导和反面警示的双重作用,营造遵规守纪的良好氛围,进一步提高定点医药机构和参保人员的法律意识,杜绝违规行为。

【行风建设】 2021年,县医疗保障局规范医保服务大厅建设,将东西两个大厅合并,医保所有受理业务全部在东大厅集中办理,实现前台一窗受理、后台分办联办,省去群众来回奔波的麻烦。实行值班领导带班制度,及时有效解决来电业务咨询、突发事件、来访群众出现的问题矛盾,提高窗口服务满意度。落实一次性告知制、首问负责制,让群众少跑腿;设立医保政策宣传栏,配备测温仪、饮水机、雨伞、老花镜,增加休息座椅、意见箱、客户端二维码等便民设施。“减流程优服务,提升群众满意度”的成效得到社会肯定,其经验做法在2021年10月9日《山西日报》头版予以报道。

(王晓宇　张小然)

信访工作

【概况】 翼城县信访局成立于2005年,正科级建制。2019年机构改革时转变为政府组成部门,隶属县政府管理,名称由原来的中共翼城县委翼城县人民政府信访局变更为翼城县信访局。翼城县信访局班子成员有3人,下设办公室、接待室2个股室,新增1个事业单位,为信访服务中心,负责信访接待等一切事宜。

2021年,县信访局办理、接待群众来信来访938批次2088人次,接待处理农民工群体信访20批次124人次。

2021年,翼城县网上投诉件有534件,截至2021年年底,办结463件。在534件网上投诉中,发生重复投诉件294件,重复率55%。在国家信访局网上登记的266件中,发生重复投诉件163件,重复率达到61.3%。纳入满意度评价的有63件,至2021年年底评价51件。

【领导接访】 2021年,翼城县坚持县级领导轮流接访,工作日每天1名县级领导在县信访接待大厅接待群众来访。同时要求各乡镇、各部门领导干部主动接访、深入一线下访,实行“无假日”接访,每天要安排1名党政班子成员坐班接待群众来访,把信访问题解决在基层。

【领导包案】 2021年,中央省市信访联席会议“集中治理重复信访、化解信访积案”专项工作第一批共交办翼城县重点信访事项59件,全部办结。中央信访联席会议“集中治理重复信访、化解信访积案”专项工作第二批交办翼城县重点信访事项16件,办结13件,3件在按时限办理之中。

【矛盾排查化解】 2021年,县信访局坚持把工作重点从事后处理转移到事前排查化解上来,采取经常排查与集中排查、普遍排查与重点排查相结合的方式,排查化解矛盾隐患。截至2021年年底,集中组织排查4次,重点排查3次,对群众反映强烈的热点、难点问题,采取及时交办、积极解决、思想教育疏导、依法处置等措施,切实解决群众的合理诉求。多次组织召开全县信访工作会议进行部署。县信访局与9个乡镇和相关部门签订责任状,就重点信访事项逐部门“一对一”地研究化解措施,全力以赴推动化解。

（张兴全）

政协翼城县委员会

综　述

【概况】　人民政协是中国人民爱国统一战线的组织，是中国共产党领导的多党合作和政治协商的重要机构，是中国政治生活中发扬社会主义民主的重要形式。人民政协的职能是政治协商、民主监督、参政议政。政协翼城县委员会是中国人民政治协商会议的地方组织。翼城县政协十四届委员会设主席1名，副主席4名，下设办公室、调研室、提案委、经济委、社会法制委、文化文史和学习委、教科卫体委、信息中心8个工作机构。主要工作内容是，每年运用政协全委会、常委会、专委会就事关大局的重大问题、重要工作、重点工程进行协商议政，促进党政决策的科学化、民主化；采取视察、督查、评议、办理提案等形式，就各项法律法规实施、各项工作进行监督；通过专题视察、调查研究等形式围绕政治、经济、文化和社会生活中的重要问题参政议政；通过座谈会、联谊会、走访调查、信息简报的形式，收集和反映社情民意；加强同各族、各界、各人民团体的联系，协调关系，化解矛盾，维护安定团结的政治局面；办理政协提案，推动党政各项工作落实；开展文史资料的发掘、整理编辑工作；政协各专门委员会与县委、县政府各对口部门的协商交流。

2021年，县政协在县委和县政协党组的坚强领导下，坚持以习近平新时代中国特色社会主义思想为指导，全面贯彻党的十九大和十九届二中、三中、四中、五中、六中全会精神，弘扬伟大建党精神，深入贯彻习近平总书记关于加强和改进人民政协工作的重要思想，全面落实中央、省委、市委、县委经济工作会议决策部署，充分发挥专门协商机构作用，坚持发扬民主与增进团结相互贯通，建言资政和凝聚共识提质增效，扎实开展党史学习教育和“争先 进位 崛起”解放思想大讨论，在服务大局中主动融入，在推动发展中积极作为，在促进和谐中发挥优势，完成县政协十五届一次会议确定的工作目标和县委交办的各项任务。

2021年7月22日，县政协机关党支部党史学习教育专题组织生活会召开　（王晓男供图）

【参政议政】　2021年，县政协开展界别协商工作，组织各界别委员分别围绕提升就业和社会保障能力建设、打造高品质生活宜居区、巩固疫情防控成果、文旅融合发展、县域教育高质量发展、全县重点工程项目建设等专题深入相关领域广泛开展调研，收集反映各类社情民意信息89条，形成建议报告6篇，为县委、县政府科学决策提供重要参考。

县政协积极参政议政,主动融入发展大局,组织开展调研和视察活动,有序推进改革发展。围绕县委政府中心工作,先后聚焦乡村振兴,以推动打造"智慧+现代农业"翼城样板,进一步叫响翼城农业品牌为课题,开展专题调研,召开常委会会议协商议政。聚焦工业振兴,以打造"三箭齐发"工业新格局,建设千亿级精品钢、机械铸造、碳材料产业集群为课题,开展专题调研,召开常委会会议协商议政。聚焦优化环境,以"一网通办"一体化政务服务平台建设为课题,开展专题调研,召开常委会会议协商议政。县政协提出意见建议20条,形成3份高质量的专题报告,呈送县委、县政府参考。

县政协紧紧围绕翼城县经济、政治、文化、社会、生态文明建设和社会焦点问题,累计提出提案285件,经审查立案165件。其中,重点提案8件,重要提案12件。一批重要民生提案得到县委、县政府的高度重视,举全县之力奋力推进。通过集中督办、定期催办、召开提案办理汇报会等多种形式,承办单位对政协提案高度重视。截至2021年12月底,立案提案全部办理答复,答复率100%,委员满意率97%。

县政协进一步完善社情民意信息工作机制和考核奖励办法,做好信息反馈和跟踪督办工作,较好地推动了议政成果转化。2021年,县政协共收到社情民意信息稿件211篇,报送省、市政协203篇。全国政协采用1篇,省政协报送全国7篇,市政协采用87篇(含市政协报送省政协),信息工作在全市30个考评单位中排名第四。

【民主监督】 2021年,县政协先后组织对南梁镇、里砦镇、应急管理局、自然资源局、水利局、交通运输局等"五部门两乡镇"工作开展评议。由县政协主席班子带队,深入评议单位,通过看现场、听汇报、阅资料、搞座谈等形式,对部门和乡镇工作给予客观公正的评议和评价,提出意见建议,推进工作落实,达到了改进作风、推进工作的良好效果。

【文史宣传】 2021年,县政协组织开展"庆祝中国共产党成立100周年"系列活动。组织举办"翰墨助转型,同心推优品"书画赠送活动,活动中,董玲等领导分别向华翔翼城新材料科技园、翼城优品和翼壶好茶体验店赠送书画作品,进一步宣传推介翼城特色产品,为助推翼城县"十四五"转型出雏形营造良好氛围。召开庆祝中国共产党成立100周年座谈会,切实提升履职能力,完善协商议政格局,用心履职尽责,突出为民务实,为实现翼城经济高质量发展贡献政协力量。组织部分政协常委、委员及机关全体干部到县档案馆参观"百年风华 振翼腾飞"大型党史展览,到三琪大厦参观"颂百年党恩,绘千秋伟业"书法、工艺、美术作品展和"回眸辉煌·启航新程"摄影作品展,重温翼城百年红色历史,感悟红色基因和伟大斗争精神。县政协重视文史宣传工作,主动发挥优势,潜心做好存史资政、团结育人工作。2021年,发行《吴春安》画册,编纂完成《翼城政协志》。

【自身建设】 县政协把思想政治建设放在首位,坚持把习近平新时代中国特色社会主义思想作为统揽政协工作的总纲和灵魂,统一思想,汇聚力量,坚守政治底线,提升履职能力。重点围绕学习贯彻党的十九大和十九届历次全会精神,特别是习近平新时代中国特色社会主义思想,以及习近平总书记视察山西重要讲话精神,紧扣中央大政方针和省、市、县委决策部署,按照学史明理、学史增信、学史崇德、学史力行的要求,精心组织实施、有力有序推进,党史学习教育求实、务实、扎实,广大政协委员、党员干部受到一次全面深刻的政治教育、思想淬炼、精神洗礼,历史自觉、历史自信大大增强,创造力、凝聚力、战斗力大大提升,达到了学党史、悟思想、办实事、开新局的目的。在党的十九届六中全会召开后，县政协第一时间聘请市委宣讲团成员贾成奎对全体政协委员、机关干部进行集中培训，在全县政协系统中掀起学习热潮。

重要会议

【政协第十五届翼城县委员会第一次会议】2021年4月14日上午，中国人民政治协商会议第十五届翼城县委员会第一次会议开幕。市委常委、市政府党组成员、县委书记王渊，县委副书记、县长刘锋到会祝贺，并在主席台前排就座。解湧、张文青、李放明及大会执行主席董玲、张新民、贾永强、王东东、杜芳芳、梁俊、常亮、张钦、刘国伟、王永红、李嘉堂在主席台前排就座。大会由张新民主持。此次会议应到委员195人，实到委员190人，符合法定人数。王渊在讲话中代表中共翼城县委向大会的胜利召开表示热烈祝贺。董玲代表中国人民政治协商会议第十四届翼城县委员会常务委员会向大会作工作报告。贾永强受中国人民政治协商会议第十四届翼城县委员会常务委员会委托向大会作提案工作报告。

4月16日下午，政协第十五届翼城县委员会第一次会议完成各项议程闭幕。市委换届第五督导检查组组长、市委老干部局副局长、二级调研员刘月明，市委换届第五督导检查组成员、市纪委监委驻市住建局纪检监察组四级调研员薛来成参加大会。王渊、刘锋、解湧、张文青、李放明及大会执行主席董玲、张新民、贾永强、王东东、杜芳芳、梁俊、梁冰、王柏涛、郭向华、曹志伟、上官继德在主席台前排就座。李增奎、杨文明、白向阳、杨海林、胡国华、武文军等在主席台就座。张新民主持会议。会上，贾永强作了关于政协第十五届翼城县委员会第一次会议提案征集和审查情况的报告。会议通过关于政协第十四届翼城县委员会常务委员会工作报告决议（草案）、提案工作报告决议（草案），通过政协第十五届翼城县委员会第一次会议政治决议（草案）。

【十五届一次会议主席团第一次会议】

2021年4月13日，县政协第十五届第一次会议举行主席团第一次会议，董玲、张新民、贾永强、王东东、杜芳芳参加会议。董玲主持会议。会议审议通过政协第十五届翼城县委员会第一次会议主席团常务主席、执行主席、副秘书长名单（草案），审议通过会议期间委员提案截止时间的决定（草案）。

【十五届二次常委会会议】 8月4日，县政协召开十五届二次常委会会议。县政协主席董玲，政协副主席张新民、贾永强、王东东、杜芳芳，秘书长梁俊参加会议，副县长高伟出席会议。张新民主持会议。会议听取县政府关于全县现代化农业建设情况的通报；听取县政协关于起草大力发展现代农业，推动乡村振兴战略建议报告的说明；审议通过《政协翼城委员会关于大力发展现代农业，推动乡村振兴战略的建议报告（讨论稿）》。会上，部分政协委员围绕“乡村振兴”作议政发言。会后，县政协组织政协委员学习贯彻习近平总书记在庆祝中国共产党成立100周年大会上的重要讲话精神培训会，并围绕“以案识诈、全民反诈”进行专题知识讲座。

【十五届三次常委会会议】 10月21日，县政协召开十五届三次常委会会议。县政协主席董玲，副主席张新民、贾永强、王东东、杜芳芳，秘书长梁俊参加会议，副县长聂华出席会议。会议通报县政府关于“三箭齐发”项目推进情况，贾永强宣读县政协关于全力推进“三箭齐发”建议报告的说明，部分政协委员围绕工业振兴作议政发言，进行分组讨论并审议通过《政协翼城委员会关于全力推进“三箭齐发”项目的建议报告》《政协翼城县委员会全体会议工作规则》《政协翼城县委员会常务委员会工作规则》《政协翼城县委员会主席会议议事规则》。

【十五届四次常委会会议】 12月15日,县政协召开十五届四次常委会会议。县政协主席董玲,副主席张新民、贾永强、王东东、杜芳芳,秘书长梁俊参加会议,副县长聂华出席会议。张新民主持会议。会议听取县政府关于优化营商环境工作情况的通报,审议《政协翼城县委员会关于进一步做好优化营商环境工作的建议报告》,宣读县委办、政府办、政协办印发《关于加强政协机关委室中心联系乡镇、部门单位、委员学习小组工作的意见》(翼办发〔2021〕77号文件)、《关于报送2021年工作总结和2022年工作计划的通知》,部分政协委员围绕"优化营商环境"作议政发言,并进行分组讨论。

调研视察

【专题调研】 2021年7月22日,县政协组织政协委员开展"以'乡村振兴'推动打造'智慧+现代农业'翼城样板,进一步叫响翼城农业品牌"为课题的视察调研活动。县政协主席董玲,副县长高伟,政协副主席张新民、贾永强、杜芳芳,政协秘书长梁俊参加调研。政协视察调研组先后到里砦镇阎村苹果基地,唐兴镇谭村果信樱桃园区、长峰农工商公司,南梁镇强劲面业有限公司,西阎镇特色山珍十里产业走廊等地,实地查看"智慧+现代农业"发展情况。

9月29日,市政协副主席、民盟临汾市委主委王阿家带领调研组,在翼城县开展加快建设中医药强市专题调研。县委书记黄晓君,县委副书记、县长刘锋,县委副书记解湧,县政协主席董玲,副县长聂华,县政协副主席王东东、杜芳芳及相关部门负责人陪同调研。调研组一行先后到里砦镇感军村卫生室、里砦卫生院、县中医医院进行实地调研,详细了解翼城县中医药发展、人才队伍培养、医疗服务体系建设等情况。在随后召开的市政协加快建设中医药强市协商议政会上,市政府副秘书长、办公室副主任刘继东通报全市建设中医药强市相关情况,刘锋汇报翼城县中医药发展情况,部分市政协常委围绕加快建设中医药强市进行座谈交流。

2021年10月13日,县政协围绕着力打造"三箭齐发"工业新格局开展专题调研　　（王晓男供图）

10月13日,县政协主席董玲带领部分政协委员开展以"工业振兴",着力打造"三箭齐发"工业新格局,建设千亿级精品钢、机械铸造、碳材料产业集群为课题的调研活动。副县长石广武,县政协副主席张新民、贾永强、王东东,秘书长梁俊一同视察。董玲一行分别到翼城高质量钢铁新材料工业园区、新强绿色建材科技有限公司、华翔短流程新材料科技园等处进行实地查看和调研。董玲要求,各级各部门要落实责任,强化服务,优化环境,提高效率,强力推进项目建设进度,提高产业支撑力和自主创新能力,确保项目早日投产运行。全体政协委员要充分发挥自身优势,围绕项目建设、工业振兴,积极建言献策,以实际行动为全方位推动翼城高质量发展贡献力量。

12月10日,县政协主席董玲带领部分政协委员开展以"优化营商环境",提升"一网通办"一体化政务服务平台建设为课题的调研活动。副县长聂华,县政协副主席贾永强、王东东,秘书长梁俊一同视察。董玲一行先后到县政务大厅、唐霸壹号工地、南梁便民服务中心、王庄便民服务中心等地进行实地调研。

【专题视察】 2021 年 10 月 20 日,县政协召开省级文明城市创建座谈会,县政协主席董玲,县委常委、宣传部部长胡国华,县政协副主席张新民、贾永强、王东东、杜芳芳,秘书长梁俊,部分政协委员,县公安局交警大队班子成员,共 30 余人参加座谈会。会前,与会人员现场实地查看潞公街唐霸大道十字路口、解放路道路标识标线划定、红旗街西段非机动车道隔离、交警大队秩序业务大厅、指挥中心等工作情况,随后召开座谈会,就省级文明城市创建工作作了具体汇报,委员们同交警大队就"创城"具体工作进行互动发言。会上,还就交警大队承办的提案进行办理协商。

11 月 4 日,县政协对文旅融合发展情况进行调研,县政协主席董玲,副主席张新民、贾永强、王东东、杜芳芳参加调研。参加调研的人员先后到霸国遗址展览馆、故城遗址、苇沟北寿城遗址、绵山遗址、古都唐城遗址展览馆、唐城村等地进行实地查看,详细了解全县文旅融合发展情况。

11 月 10 日,县政协组织政协委员围绕"大力发展民生事业 促进我县教育高质量发展"主题,对全县教育工作进行专题调研,县政协主席董玲,副主席张新民、贾永强、王东东、杜芳芳,秘书长梁俊参加调研。

11 月 18 日,县政协主席董玲带领部分政协委员视察市政建设工作,县政协副主席张新民、贾永强、王东东、杜芳芳,秘书长梁俊参加。董玲一行先后到红旗街、八一路、唐霸壹号、第二污水处理厂、新华路等项目建设现场,详细了解项目建设进展情况,并与承建单位进行现场交流,提出意见和建议。

11 月 23 日,县政协围绕巩固疫情防控成果,全面打造健康翼城进行监督性视察,县政协主席董玲,副主席张新民、贾永强、杜芳芳,秘书长梁俊参加。调研组先后到王庄镇辛史村卫生室、里砦镇卫生院、县中医医院、奥体中心等地进行视察。

11 月 24 日,县政协对"人人持证、技能社会"建设工作进行视察。县政协主席董玲,副主席张新民、贾永强、杜芳芳,秘书长梁俊参加。视察组先后到隆鑫特种机械职业培训学校、山西桐封技工学校等地进行实地查看。

12 月 14 日,县政协主席董玲,副主席张新民、贾永强、王东东、杜芳芳,秘书长梁俊带领部分政协委员,视察翼城县重点项目。副县长石广武一同视察。董玲一行先后到八一路、潞公街、县人民医院迁建工程、南梁镇高标准农田建设项目、第二污水处理厂、高质量钢铁新材料园区(晋南、闽光)、县道东槐线(青树洼段)等地进行实地查看,并听取相关情况汇报。董玲要求,政协委员要紧紧围绕项目建设,充分发挥参政议政职能,结合自身工作特点,积极建言献策,为推动全县经济实现高质量发展贡献力量。

(王晓男)

纪检监察

综　述

【概况】　中共翼城县纪律检查委员会是负责党的纪律检查工作的专责机关，翼城县监察委员会是行使国家监察职能的专责机关，受市纪委监委和县委的双重领导。县纪律检查委员会、县监察委员会合署办公，实行一套工作机构两个机关名称，履行党的纪律检查和国家监察两项职责。县纪委监委现有14个内设机构、13个派驻纪检监察组，2个直属事业单位，分别为办公室、综合室、组织部、党风政风室、信访室、案管室、审理室、监督检查一至四室、审查调查五至七室、第一至第十三派驻纪检监察组，直属事业单位为警示教育中心、网络技术中心，有干部职工102人。

2021年，县纪委监委在市纪委监委和县委的正确领导下，坚持以习近平新时代中国特色社会主义思想为指导，深入贯彻落实党的十九大和十九届二中、三中、四中、五中、六中全会精神，中央、省、市纪委监委全会精神，努力克服新冠肺炎疫情不利影响，坚持稳中求进，忠实履职尽责，持续推进翼城纪检监察工作高质量发展，为翼城在转型发展上蹚出一条新路提供坚强政治和纪律保障。

【作风建设】　2021年，县纪委监委坚持廉政提醒，“五一”、国庆节、元旦期间，通过廉政短信平台发送廉政短信970余条，提醒党政领导干部过好“廉”节。在“清风翼城”微信公众号发送监督检查工作重点，公开举报电话，扩大监督渠道，营造廉洁过节的良好氛围。联合开展监督检查。联合公安、交警、税务、财政等部门，深入全县各宾馆饭店、娱乐场所、景区等重点场所，通过持续巡查、重点抽查、专项检查、明察暗访等方式进行监督检查。查办“四风”问题17起，给予党纪政务处分8人，组织处理9人。强化警示教育。通过“清风翼城”微信公众号向全县党员干部推送换届政策法规内容，组织全县乡镇和县直部门观看警示教育片《以镜为鉴》，受教育党员干部3660余人。根据县委安排，与重点岗位干部谈话24人次，委托纪委班子成员与乡镇、县直单位“一把手”及拟调整干部谈心谈话140人次，督促广大党员干部严守廉洁纪律。

监督巡察

【政治监督】　2021年，县纪委常委会坚持学懂弄通做实习近平新时代中国特色社会主义思想，把党史学习教育贯穿始终，深入贯彻落实党的十九届六中全会精神，坚决拥护“两个确立”、做到“两个维护”。紧盯常态化疫情防控，把疫情监测防控、医疗救治、物资保障、交通运输、市场监管、舆论引导、应急值班、党员领导干部顶风违规违纪等作为监督重点，采取查阅资料、现场检查、明察暗访、电话抽查等方式进行监督检查，共检查单位54家，发现整改类问题51个，下发整改意见函18份。强化换届监督，联合县委组织部下发《翼城县关于加强换届纪律监督工作的实施方案》,成立10个督查组对各乡镇、县直单位进行两轮实地督查。在县党代会召开期间,选派16名纪检监察干部,对各个环节进行监督,在村(社区)两委换届期间实行全员包村监督,坚决防止各类干扰、操纵和破坏换届选举行为的发生。

【执纪执法】 2021年,县纪委监委处置问题线索235件,谈话函询55件,初步核实158件,立案183件,结案186件,给予党纪政务处分181人,重处分56人,留置6人,移送司法机关9人。运用"四种形态"处理监察对象375人次,第一、第二、第三、第四种形态处理人数占比分别为50.9%、37.1%、5.6%、6.4%。聚焦重点领域强化深挖彻查。办结省委第十四巡视组移交的问题线索72件,办结省政法队伍教育整顿第10驻点组移送问题线索12件,办结全县政法干警主动交代的问题线索47件,办结本级受理涉及政法干警的问题线索23件。坚持深化以案促改。针对审查调查中发现的突出问题,向相关单位提出纪律检查建议书11份、监察建议书8份,同步推进堵塞漏洞、防控风险等工作。抓好处分决定执行,宣布处分决定时同步进行教育谈话,督促所在单位落实"一清单五回执"。对129人进行回访教育,帮助受处理、处分的干部卸下思想包袱,唤回其干事初心。制作警示教育片《双面人生》,坚持用身边事警示身边人,推动警示教育常态化。

【日常监督】 2021年,县纪委监委坚持夯实日常监督工作基础。结合县乡党委和村(社区)"两委"换届工作,及时更新"关键少数"廉政档案和电子档案。聚焦"一把手"和班子成员履职情况,通过日常监督发现问题196个,监督全覆盖的有效性持续增强。围绕重点工作开展监督检查,依托"一综合三协同"监督工作机制,对安全生产、乡村振兴、能源保供、防汛救灾、灾后重建、优化营商环境等重点工作,开展监督检查231次,发现问题152个,下发整改意见书25份,以强有力的监督保障县委各项决策部署落实到位。坚决落实党风廉政意见回复工作制度,把廉政意见回复建立在强化日常监督、增强监督效能之上,全年回复廉政审查意见41次4628人,提出暂缓或否定意见15人,坚决防止"带病提拔""带病上岗"。

【专项治理】 2021年,县纪委监委严格落实"我为群众办实事"实践活动。紧盯窗口服务单位,开展群众和企业办事难问题专项整治。对全县15家相关单位进行监督检查,发现问题25个,全部限期整改到位。稳步推进房屋产权登记确权颁证清零行动,完成首次登记的项目70个,共7397套房屋,完成率82.2%;转移登记6982套房屋,完成率77.6%。扎实推进重点领域专项治理,开展供销合作社系统腐败问题专项整治。查办相关问题线索28件,给予开除党籍、开除公职处分5人,将涉嫌违法犯罪问题移送县人民检察院审查起诉。给予留党察看、降级处分1人,党内严重警告处分1人,党内警告处分2人,组织处理2人。开展粮食购销领域腐败问题专项整治,共发现问题线索14个,立案12个。统筹抓好其他专项工作。扎实开展党政领导干部违规入股企业专项清理,主动上报入股17人23家企业,上缴违规获利26万元。完成涉案遗留工程专项治理,党政机关信息化项目建设领域专项整治也按节点要求稳步推进。

【巡察监督】 2021年,县纪委监委准确把握巡察工作新精神新要求,高质量完成十三届县委巡察全覆盖任务。根据市县统筹巡察工作部署,紧紧围绕县委中心工作,坚持同步式、对口式、协作式联动推进,全年对19个党组织开展常规巡察和专项巡察,供销系统专项巡察发现共性问题10个、问题线索11件;营商环境专项巡察发现共性问题87个、问题线索35件。建立横纵联动、贯通融合、相互借力的巡察联动机制,抓紧抓实抓好巡察"后半篇文章",巡察反馈共性问题整改率

93.3%，问题线索办结率89.2%。巡察期间，向被巡察党组织移交立行立改事项32项，推动巡察整改“立竿见影”，巡察震慑、遏制、治本作用进一步彰显。

重要会议

【县纪委十三届六次全体会议】 2021年2月20日，县纪委十三届六次全体会议召开，市委常委、县委书记王渊出席会议并讲话。县领导刘锋、张文青、李放明、董玲、李增奎、杨文明、赖兴国、刘生明、杨海林、郭亮、章守文出席会议，县委常委、纪委书记、监委主任熊伟星主持会议。

会议强调，全县纪检监察干部要精准施治施策，强化正风肃纪，按照中央和省委、市委纪委全会部署要求，把“严”的主基调长期坚持下去，一体推进不敢腐、不能腐、不想腐，以纪检监察工作的新成效，为翼城县转型发展蹚新路提供坚强的政治和纪律保障。一要不断强化政治监督，要不断健全贯彻党中央重大决策部署督查问责机制，围绕乡村振兴、扫黑除恶、污染防治、安全生产、疫情防控、农村乱占耕地、专项清欠清收等中心工作，开展常态化监督检查，督促各项任务落实落地。二要更加突出日常监督，牢牢把握重点，紧盯关键领域、关键部门、“关键少数”，常态化组织突击查访、随机抽查，密切关注“四风”问题新情况、新动向，严肃查处弄虚作假、徇情谋私、滥用权力、破坏制度等行为，驰而不息纠正“四风”。三要持续巩固反腐败斗争压倒性胜利态势，要紧盯重点领域和关键环节，着力解决选人用人、审批监管、资源开发、土地出让、工程招标以及公共财政支出等方面的腐败问题，持续形成强大威慑。要紧盯“关键少数”，深化运用监督执纪“四种形态”，通过有效处置化解存量、强化监督遏制增量，真正做到既从问责入手，坚决治标，又从制度入手，深入治本，从源头遏制各类问题的发生。四要持续整治群众身边腐败问题，要聚焦民生保障，持续纠治教育医疗、就业创业、养老社保、食品药品安全、扶贫环保、涉黑涉恶等领域腐败和作风问题，推动扫黑除恶常态化，坚决打击黑恶势力及“保护伞”。要聚焦优化服务，不断深化对“放管服”改革的监督检查，督促相关部门扎实推进行政审批制度改革、全面推行“不见面”办事等具体措施，特别是要建立营商环境问责机制，从严查处一切损害营商环境的行为，让群众获得感成色更足、幸福感更可持续、安全感更有保障。五要健全完善党和国家监督体系，要把党委(党组)全面监督、纪委监委专责监督、党的工作部门职能监督、党组织日常监督、党员民主监督等结合起来，融为一体，不断完善权力监督制度和执纪执法体系，推动民主监督、行政监督、司法监督、舆论监督等各种监督协调贯通，形成常态长效的监督合力，不断打通“监督的最后一公里”，推动各项任务落地落实。六要带头严肃党内政治生活，要认真落实“三会一课”、民主生活会和组织生活会、谈心谈话、民主评议党员和主题党日等制度，大力增强党内政治生活的政治性、时代性、原则性、战斗性，发扬钉钉子精神，从具体事抓起，从细微处严起，抓早抓小、防微杜渐、刀刃向内、触动灵魂，推动党员干部坚持不懈加强作风建设，使各项纪律规矩真正成为“带电的高压线”，全力营造良好政治生态。七要从严从实加强自身建设，要坚守政治机关定位，坚持不懈用习近平新时代中国特色社会主义思想武装头脑、指导实践、推动工作。要加强队伍建设，健全内控机制，自觉依规依纪依法行使纪检监察权。要坚持刀刃向内，坚决清除执纪违纪、执法违法、跑风漏气、以案谋私的“害群之马”，努力建设一支政治素质高、忠诚干净担当、专业化能力强、敢于善于斗争的纪检监察铁军。

会议强调，要保持政治清醒，发扬严实作风，在涵养清正廉洁的政治本色上树新标。要坚持和加强党的全面领导，坚决做到“两个维护”。要牢记全面从严治党的职责使命，坚决落实“两个责任”。要保持清正廉洁的政治本色，始终心存戒惧、知行合一。

县四大班子领导，县法院院长、检察院检察长出席会议。县纪委委员、县纪委监委班子成员，各乡镇党委书记、乡镇长、纪委书记，县直各单位主要负责人参加会议。

（王潇堃）

群众团体

总工会

【概况】 翼城县总工会是全县工人阶级的群众组织。其职责是在县委和市总的坚强领导下，维护全县职工群众的合法权益，听取和反应职工群众的意见和要求，帮助职工解决困难；建立健全工会组织，把广大职工群众组织到工会中来；教育职工不断提高思想道德、技术业务和科学文化素质，建设“四有”职工队伍；协助县委、县政府监督企业行政和基层工会的各项工作。2021年，县总工会有干部职工23人，下设办公室、财务资产部、经济技术部、基层组织工作部、权益保障部、经费审查委员会办公室、宣传网络中心、职工服务中心8个部室和所属事业单位翼城县职工文化俱乐部。

【工会改革】 2021年，翼城县总工会不断深化工会改革，在完善机制、强化功能、增强实效上下功夫，推动各项改革制度和措施的贯彻实施。大力推进网上工会建设，积极探索网上服务职工新模式，将微信工作群和微信公众号、订阅号功能相结合，建设翼城工会网上工作平台。建立简捷规范的工会组织工作程序，对基层工会会员（代表）大会、工会委员会和工会小组会（“三会”制度）进行规范，简化会员入会、工会成立和换届、会员代表大会、职代会的程序和内容。联合县卫生健康和体育局共同举办翼城县“庆五一”第七届职工运动会，运动会设5个比赛项目，参赛单位69个，参赛职工有1000余人。

【基层组织建设】 2021年，县总工会为大力推进基层工会组织建设夯基提质，不断强化工会组织建设，继续深化“八大群体”入会工作和百人以上企业建会专项行动。2021年，单独组建基层工会3家（翼城县环兴公共汽车有限责任公司、山西新翔丰农业科技有限公司、翼城县翼粮同丰商贸有限责任公司），发展会员59人。创新工会组建方式，助力小微企业积极入会。2021年，组建小微企业（不够单独建会人数企业）117家，同时将这117家小微企业纳入各自管辖区域的乡镇个体工商企业联合会，新增工会会员692人。

【依法维护职工合法权益】 2021年，县总工会做实完善两大维权机制，最大限度维护职工权益。健全完善职工代表大会制度，以县中医院、首旺煤业、信用联社、凤翔园林、泰鑫公司为先进示范点，引领带动全县企事业单位推进民主管理工作。进一步加大工资集体协商力度，促进职工共享发展成果。2021年，签订区域性集体合同7份，涵盖单位38家；行业性集体合同1份，涵盖单位6家；签订独立集体合同8份。深化工会法律援助建设，发挥工会法律顾问作用，畅通职工维权渠道，促进劳动争议调解、劳动法律监督、职工法律援助工作机制进一步健全。3月，开展女职工维权行动月活动，30余家女工委组织参与此次活动，覆盖女职工1000余人。

【职工帮扶工作】 2021年，翼城县总工会继续推进工会品牌活动。联合县人力资源和社会保障局举办2021年“春风行动就业援助月”大型招聘会，本土特色企业提供就业岗位1000余个，招聘会现场报名821人，初步达成就业意向507人。2021年，“送温暖”活动慰问困难职工4人，慰问金0.7万元，慰问驻翼企业4家，慰问品价值5.4万余元。持续开展“大病医疗互助”活动。第十四期职工大病医疗互助活动覆盖职工9120人，缴纳大病医疗保险费32.8万元。2021年，受理职工大病医疗互助67人，理付46人，理付金额13万余元。第十五期职工大病医疗互助活动覆盖职工9443人，缴纳大病医疗保险费33.9万元。继续推进工会品牌活动。“夏送清凉”活动，为交警巡警、环卫工人、城管执法人员等714名职工，送去防暑降温物品，价值8.7万元。

2021年8月19日，县总工会开展“学党史、办实事、夏送清凉、情系职工”活动（苏晖供图）

【职工爱心服务站】 2021年，为强化户外劳动者的服务力度，满足户外劳动者的服务需求，县总工会创新服务模式，完善服务手段，对全县现有的5个职工爱心服务站进行功能升级，在行政审批大厅新建立1个室内职工爱心服务站。其中，八一公园、红旗街2个职工爱心服务站通过省总工会验收并被授予省级“爱心驿站”称号。中医院门诊一楼大厅、三琪国际A座一楼2个职工爱心服务站申报了省级“工会爱心驿站”。据不完全统计，6个职工爱心服务站的建立，每年为环卫工人、出租车司机、保安、外卖员、快递员等户外劳动者提供饮水、取暖、热饭、阅读、充电等上万人次的优质服务，成县城街头最亮丽的一道风景线。

【评优表彰】 2021年，县总工会推荐4个先进集体、6个先进个人参加市“五一劳动奖”的评选，凤翔园林公司、翼城县税务局、翼城二中优秀英语教研团队3个集体，隆鑫公司牛俊峰、永益公司朱国平、中医院邹广文、文昌社区暴海燕4人分别被市评选推荐工作领导组授予“五一劳动奖状”“五一劳动奖章”“工人先锋号”。县总工会组织获奖单位和个人参加了市级表彰大会。

【技能培训】 2021年，县总工会开展技能培训，提升“八大群体”灵活就业能力。为进一步提升“八大群体”职业技能，增强农民工灵活就业能力，切实提高基层工会服务农民工的成效，为“八大群体”从业人员做好服务。2021年7月18日，县总工会在下高村“八大群体”联络站举办养老护理就业培训班，来自唐兴镇的“八大群体”100余名职工群众参加培训。培训课程包含职业道德、饮食照料、常用养老护理技能、日常护理技术、正常用药5项内容，总课时近80小时。

【政策落实和促进复工复产】 2021年，县总工会落实工会经费返回政策，助力小微企业渡过难关。深入贯彻习近平总书记关于统筹抓好疫情防控和经济社会发展工作的重要指示精神，认真落实中央和省、市、县党委政府支持实体经济发展的决策部署及省、市总工会《关于应对疫情冲击实施小微企业工会经费支持政策的通知》要求，翼城县总工会对全县符合条件的小微企业返还全额工会经费（筹备金），支持小微企业发展。2021年，返还34家小微企业工会经费（筹备金）9.5万元。

县总工会积极动员全县各级工会组织，将“云游卡”山西旅游年卡纳入全县工会服务职工范围，引导职工利用节假日开展省内游活动，促进山西省旅游市场的恢复和发展。全县60余家工会组织投入资金62.9万元为3000余名职工办理“云游卡”。

(苏　晖)

共青团县委

【概况】 2021年,共青团翼城县委始终聚焦保持和增强政治性、先进性、群众性,紧紧围绕开局“十四五”、开启新征程,以“一个中心”(党委、政府中心工作)、“一条主线”(庆祝中国共产党成立100周年)、“四个着力”(着力提升组织力、引领力、服务力,着力从严治团)为遵循,推进各项重点工作顺利开展。

【思想政治引领】 2021年,团县委以中国共产党成立100周年为契机,紧抓时间节点,扎实推进“学党史 强信念 跟党走”学习教育活动。4月29日,召开纪念“五四”运动102周年暨全县共青团工作会议,表彰先进。4月29日,举办“百年奋斗史 激扬青春志”音乐情景剧展演,展示了进步青年爱国斗争史、中国共产党百年发展史。组织开展“学党史 强信念 跟党走”青年组和少年组演讲比赛,续文华获得市级青年组个人二等奖,宋育坤分别获得少年组市级个人二等奖和省级个人优秀奖,团县委、县少工委获得市级优秀组织奖。7月1日,组织开展“我与党旗合个影——特别的告白献给特别的您”、参观档案馆“百年风华 振翼腾飞”庆祝中国共产党成立100周年党史展等活动,厚植广大青少年爱国爱党情怀。10月12日,召开纪念中国少年先锋队建队72周年暨少先队表彰大会,举行“红色传递”主题队日活动,各少先队组织积极开展庆祝活动,激励广大少先队员践行“请党放心,强国有我”的铮铮誓言。“线上+线下”深度融合强化青少年思想引领。名团干工作室成员分赴各支部宣讲党的十九届六中全会、党史、基础团务等知识,并联合广东等外省名团干联合开发主题云团队课,以编委身份参与《新时代初中少先队辅导员工作实务》一书的编写工作,积极向《中国共青团》等杂志投稿,名团干工作室业务能力和影响力不断提升。持续开展“青年大学习”“红领巾爱学习”“暑假十课”等网课学习,公众号持续推送“党史天天学”“基层团组织、少先队工作动态”“基础团务、队务知识”“青少年自护”“青少年网络安全”等专题,不断扩大宣传覆盖面。

2021年7月23日,中国共产主义青年团翼城县第十七次代表大会召开　(吴宋玲供图)

【保障青少年权益行动】 2021年,团县委组织预青组成员单位参加“《未成年人保护法》《预防未成年人犯罪法》的修订与实施”专题学习,为社区新聘专职网格员进行《维护青少年合法权益 护航青少年健康成长》的培训。在丹阳社区创建“青少年零犯罪零受害试点社区(村)”,新一届班子上任后,将预防青少年违法犯罪作为“开门一件事”,率先组建青色帮教志愿服务队,开展“法治进社区”“青少年权益维护巡回讲堂”“防艾进社区”等系列活动,共同营造未成年人的健康成长环境。组织开展“参观禁毒教育基地 共筑青少年禁毒防线”活动,拍摄了心肺复苏急救办法等“安全急救常识”系列宣传短片并在公众号平台上线播出,提高广大青少年识毒防毒和安全防范意识。

【“我为青少年办实事”行动】 2021年,团县委举办“未来之星 梦想启航”高考志愿填报公益讲座,考生、家长与教育专家面对面交流沟通。开展“希望工程“圆梦行动,为3名家境困难应届大学生争取助学金1.5万元。开展“金秋助学”活动,为31名家境困难学子发放助学金5.8万元,并对6名学子进行长期资助。10月22日,到桥上镇为受灾困境青少年捐赠价值7290元的生活物资。11月19日,开展“爱在翼城 暖心守护”——为困境、留守儿童捐赠活动。

【创新人才引育和教育实践】 2021年,团县委组织“青春兴晋”大学生“返家乡”暑期社会实践,联系23家单位为95名返翼大学生提供岗位,使他们对翼城的经济社会民生各方面的发展有了更加深入的了解。寒假社会实践活动有110余名返翼大学生到26家单位上岗实践。联合山西农业大学动物医学学院团委开展“学党史、强信念、跟党走,助力乡村振兴”主题团日活动,参观党史教育展览馆、石姑庄园阎村耕读小镇,就乡村振兴、校企合作进行交流。

【助力青年创新创业】 2021年12月,团县委推动召开全县帮扶支持青年创新创业工作动员会,在县委领导下大力实施“个十百千万”工程,全县青年创新创业示范基地揭牌并作为重点项目迎接市年度目标责任考核,《今日翼城》开辟“青创翼城·共赢未来”专栏,拍摄青年创新创业典型,支持青年创新创业。

【志愿服务行动】 2021年,团县委组织开展“青年在行动 助力翼城疫情防控”活动,260余名返翼大学生团员青年志愿参与入户走访、政策宣传、疫苗接种登记、疫情防控站点值班值守等工作。学雷锋日前后,组织青少年开展义务清扫、慰问老人等活动。7月30日,举行援豫抗洪最美志愿者欢迎仪式,号召团员青年积极投身志愿服务事业。动员组织青年突击队“双减双抢”,帮助低保户、困难家庭抢收玉米,确保颗粒归仓。

2021年6月2日,团市委书记范帆到翼城县调研共青团工作,并为中医医院团支部颁发“全国五四红旗团支部”奖牌 (吴宋玲供图)

【基层基础建设】 2021年,团县委以大抓基层建设为导向,不断巩固和提升团、队的组织力、凝聚力、战斗力。翼城县中医医院团支部被团中央授予“全国五四红旗团支部”称号。完成县乡村团组织换届,其中乡镇团委书记均由乡镇党政班子成员兼任,均为中共党员、大学本科学历,平均年龄30岁。全县157个村(社区)团组织书记有146个由两委干部兼任,进一步优化了班子结构,充实了工作力量。扎实推进优化“全团抓学校”工作机制,建立“教育团工委”,学校团组织换届全部完成,并全部新建团校。拓展团组织阵地,在创客机器人新建“青年之家”,对中医院“青年之家”进行升级改造,成立“翼城县青年文体联盟”,在社会领域新建团组织45个。扎实推进团员先进性建设,“五四”期间,举办“学党史、强信念、跟党走”2021年翼城县离队入团宣誓仪式。开展发展团员及团员档案规范化专项检查工作,进一步规范翼城县团员发展及团员档案管理。启动《翼城县中学生积分入团工作实施意见(试行)》工作,严格入团程序。2021年,发展548名团员,全部录入“智慧团建”系统,团支部对标定级、团员评议激励100%完成,学社衔接率97.7%,升学衔接率99.8%。严格干部队伍管理,组织开展“团干部能力提升培训班”、“夯基础 提能力 见实效”团干部业务培训会、线上少先队辅导员业务培训,切实提升广大团干部、辅导员工作能力。少先队工作稳步推进,加强对《中共中央关于全面加强新时代少先队工作的意见》《山西省关于全面加强新时代少先队工作的实施方案》《临汾市关于全面加强新时代少先队工作的实施细则》的宣传解读;县、校少工委换届完成;少工委经费、大队辅导员津贴纳入预算;"红领巾争章"星级章完成评选,获二星章199枚(其中个人166枚、集体33枚);试点推行少先队推优入团"一基础三公示一报告"制度并在全县推广;红领巾心向党、争做新时代好队员等活动开展得有声有色。

(吴宋玲)

妇女联合会

【全面从严治党】 2021年,翼城县妇联坚持党建引领,推进全面从严治党。扎实开展党史学习教育,学习研讨方面,党支部采取领学加自学的方式组织全体人员学习必读书目,班子成员带头领学,每天利用一小时集中学习,要求每名党员认真备课,详细注解知识点,生动领学推动集体学习入脑入心,并开展10次专题研讨交流。同时深入开展"争先、进位、崛起"解放思想大讨论,制定实施方案和问题整改台账,进一步推动党史学习教育走深走实。办实事方面,将"两癌"免费筛查宣传以及"关爱留守儿童"纳入办实事的重点,完成覆盖9个乡镇的宣传,开展关爱留守儿童公益行8次。加强支部组织建设,通过"三会一课"、主题党日、观看百年党史图片展、参观阎紫琴红色教育基地、重温入党誓词、红色诵读、唱红歌等形式,增强党员的组织自豪感和政治归属感。强化党风廉政建设,党组班子严格落实主体责任,全面履行"一岗双责",专题研究党风廉政建设工作,党风党纪教育纳入学习重点,经常性开展廉政谈话,强化纪律监督,做到挺纪在前、防微杜渐。

【宣传教育】 2021年,翼城县妇联加强宣传教育,夯实意识形态根基。3月8日,对全县各级妇联组织中涌现出的先进集体、个人以及"最美家庭"进行表彰奖励,进一步树立榜样、弘扬先进,在全县营造见贤思齐的浓厚氛围。举行"巾帼心向党 奋斗新征程"群众性宣传教育活动,组织广大妇女群众通过"同唱一首歌、同做一节操、同诵一首诗、同表一心声"表达热爱党热爱祖国的共同心声。将全县"三八红旗手"先进事迹通过专题汇报片、报纸、网络等媒体平台进行广泛宣传,传递女性奋斗者敢于追梦、在平凡的岗位建功立业的精神,激励广大妇女干部群众以更加饱满的工作热情和更为昂扬的精神状态投入县域经济社会建设。

2021年3月5日,纪念"三八"国际劳动妇女节111周年暨全县妇女工作会议召开　(李芳供图)

【扶持妇女就业创业】 2021年,翼城县妇联践行服务宗旨,始终牢记为民初心。着力扶持妇女创业创新,安排全县妇联组织广泛宣传动员,配合县人社部门开展家政、编织等多项培训,为"人人持证、技能社会"夯实基础。利用全县春风行动和"技能圆梦想 就业有'位'来"大型招聘会的契机,帮助60余名妇女实现家门口就业。在劳务输出的同时,积极争取相关政策扶持,培育翼城妇女家政品牌。

【"两癌"防治救助】 2021年,翼城县妇联全面开展"两癌"防治救助宣传,线上通过县妇联公众号分12期进行“两癌”防治知识宣传，线下派专人深入全县9个乡镇进行“两癌”防治知识、农村妇女“两癌”免费筛查和救助政策的宣传。通过全县科技文化卫生“三下乡”活动，发放“两癌”防治知识宣传手册3万余份，实现全方位的宣传覆盖，提高妇女的健康意识，配合县妇幼保健计划生育服务中心完成乳腺癌筛查3000人、宫颈癌筛查5000人的目标任务。

【打造省级“示范妇女之家”】 2021年，翼城县妇联全力打造省级“示范妇女之家”，在隆化镇两坂村、南梁镇东西郑村打造省级“示范妇女之家”，依托示范带动效应，进一步提升“妇女之家”的影响力和凝聚力，提升妇女儿童的服务水平。

2021年4月13日，翼城县妇联开展“学党史 进家庭 树家风”主题实践活动 （李芳供图）

【家庭教育】 2021年，翼城县妇联坚持落实“三个”注重，深化拓展服务载体。深入开展“学党史 进家庭 树家风”主题实践活动，在县新华书店建设家庭教育创新实践基地，联合县教科局开展“学党史 进家庭 树家风”主题实践活动，引导孩子从小树立红色理想，厚植家国情怀，传承红色家风，全年共开展线上活动6期、线下活动8期，宣传覆盖3万余人。注重拓展家庭教育路径，通过阵地带动、家校社共建、心理辅导进课堂等多种形式，因地制宜组织开展亲子阅读实践、家庭教育讲座、成长烦恼解密等活动，传播家庭教育新理念，培育新时代家庭观。

【关爱未成年人】 2021年，翼城县妇联发动组织“关爱留守儿童公益行”活动，深入践行“我为妇女群众办实事”，积极组织妇联执委、社会爱心企业人士等关心关爱留守儿童，先后深入西阎、南唐、隆化、唐兴、王庄等乡镇开展“关爱留守儿童公益行”活动，为孩子们送去图书、文具等学习和生活用品。全年共开展未成年人心理辅导17期。

【妇女儿童维权工作】 2021年，翼城县妇联不断推进法治建设，着力护航妇女维权。利用新媒体扩大宣传，在县妇联公众号平台，定期发布相关法律法规小常识、小案例、新知识，对相关妇女儿童维权的法律法规，通过图文、案例、视频等群众喜闻乐见、易于接受的形式进行普法宣传和教育。积极开展线下活动，组织开展“共创‘三零’· 共建平安 巾帼在行动”主题宣传和网络安全宣传活动，面向广大妇女、家庭宣传《中华人民共和国国家安全法》《中华人民共和国妇女权益保障法》《中华人民共和国反家庭暴力法》，以及防范非法集资、防范电信网络诈骗、个人信息保护等知识，发放宣传资料万余份。构建妇联维权网络，建立健全翼城县婚姻家庭纠纷人民调解委员会工作机制。征求各成员单位意见、建议，完善婚调委各项制度。在隆化镇、南梁镇推动建立村级婚姻家庭纠纷人民调解室。

（李 芳）

工商业联合会

【概况】 翼城县工商业联合会为正科级建制，是县委领导的以非公有制企业和非公有制经济人士为主体，具有统战性、经济性、民间性有机统一基本特征的人民团体和商会组织，是县委和政府联系非公有制经济人士的桥梁纽带，是政府管理和服务非公有制经济的助手。其主要工作职能是加强和改进非公有制经济人士思想政治工作；参与政治协商，发挥民主监督作用，积极参政议政；协助政府管理和服务非公有制经济；促进行业协会商会改革发展；参与协调劳动关系，协同社会治理，促进社会和谐稳定；引导非公有制企业和非公有制经济人士依法诚信经营，帮助其依法维护合法权益，促进权利平等、机会平等、规则平等；参与经济纠纷的调解、仲裁。

县工商联现有干部职工 6 人，其中驻会领导班子 4 人、一般人员 2 人。领导班子设主席 1 名、党组书记兼常务副主席 1 名、副主席 1 名、秘书长 1 名。机关下设 3 个科室。

【政治引领】 2021 年，县工商联充分发挥联系民营经济和民营经济人士的重要作用，以服务“两个健康”为主题开展系列活动。以党史学习教育为契机，组织基层商会和部分企业到青城抗日民主县政府旧址、隆化镇红色文化展馆、阎紫琴故居等红色教育基地学习，传承红色基因。组织非公经济人士到县委党校、里砦阎村等进行党史学习教育。联合 20 余个非公经济组织举行“红心向党、祝福祖国”系列文化活动，培育非公企业的政治意识，信念教育达到春风化雨的效果。依托“优化营商环境”大讨论活动，把全县非公经济代表人士纳入活动之中，与县委政府的思路同频共振，同心同向。采取走出去的方式，分赴太原、临汾等地开展专题培训，提升政治素质和履职能力。通过开展活动，听党话、感党恩、跟党走的思想自觉和行动自觉更加坚定，增强“四个意识”、坚定“四个自信”、做到“两个维护”。

【翼城县工商业联合会（总商会）第十二次会员代表大会】 2021 年 12 月 21 日，翼城县工商业联合会（总商会）第十二次会员代表大会召开，县委书记黄晓君，县委副书记、县长刘锋，县委副书记解湧，县人大常委会主任李放明，县政协主席董玲，县委常委、统战部部长杨文明，县委常委、组织部部长白向阳，县政协副主席、工商联主席杜芳芳出席会议，县委黄书记作重要讲话。

2021 年 12 月 21 日，翼城县工商业联合会（总商会）第十二次会员代表大会召开　　（梁丽供图）

会议听取并审议杜芳芳代表翼城县工商业联合会第十一届执行委员会向大会作题为《同心奋进蹚新路，服务发展谱新篇》的工作报告，选举产生翼城县工商业联合会（总商会）第十二届执行委员会主席班子和会长班子，通过相关决议，杜芳芳当选为新一届翼城县工商业联合会（总商会）主席、会长，并作表态发言。大会选举孟兆彪为常务副主席，乔昌为专职副主席、副会长，梁丽为秘书长，18 名民营经济人士为兼职副主席，16 名民营经济人士为兼职副会长，同时聘请翼城县 6 家大型国企负责人为名誉主席。

大会充分肯定翼城县工商业联合会（总商会）第十一届执委会的工作，完全同意报告对过去五年工作的总结和评价。大会一致赞同报告关于今后五年的工作思路。今后五年是全方位推进高质量发展，实现争先、进位、崛起的关键时期，必须坚持以习近平新时代中国特色社会主义思想为指导，全面贯彻党的十九大和十九届二中、三中、四中、五中、六中全会精神，深入贯彻落实习近平总书记视察山西重要讲话重要指示精神和关于加强工商联及所属商会建设的重要指示精神，深入贯彻省、市、县党代会和经济工作会议精神,紧扣“两个健康”主题,把握“三性”有机统一,坚持政治建会、团结立会、服务兴会、改革强会,以“五好”工商联建设为抓手,以深化改革为动力,实施领导班子优化、商会建设提质、青年创新创业、万企兴万村、以商招商扩面五大行动,推动新时代工商业联合会(总商会)服务水平不断创新发展,为翼城全方位推动高质量发展贡献力量。

县委书记黄晓君对工商联工作给予充分肯定。就做好新一届工商联工作,黄晓君强调三点意见:一要发挥“三大”优势(联系广泛、人才集中、信息互通),深挖资源,精准助推非公经济持续健康发展。二要打造“三大”(思想引领、参政议政、责任履行)阵地,当好助手,积极引导非公人士履行社会责任。三要着眼“三大”(基层组织引领力、干部队伍素质、会员队伍活力)提升,强基固本,全力推动工商联组织全面过硬。

【基层建设】 2021 年,县工商联夯实组织基础,激发工商联组织力、凝聚力、战斗力。在换届工作中,选出新一届领导班子,班子成员的知识、年龄、梯次结构合理。在兼职企业家副主席、副会长选拔上,按照“政治立场坚定、经济实力较强、社会信誉良好、热心社会公益、行业代表性强、老中青大中小相结合”的选拔原则,选拔 18 名副主席、16 名副会长,涵盖全县各行各业。同时,将县域内 6 家国有企业和地方集体企业负责人聘请为工商联名誉主席,增强工商联班子的整体实力。在日常工作中,坚持议事有程序、办事靠制度的原则,建立完善《翼城县工商联兼职副主席和副会长考核办法》、党组工作规则、主席会议制度、执委会议制度、定期述职制度、基层商会活动考核制度等一系列制度,如履职情况定期发布制度的建立,有效激发了兼职企业家副主席、副会长、执委的履职热情,营造了你追我赶的工作氛围,有利于表率作用的发挥。不断完善参政议政、经济服务、民生服务等工作制度,通过发挥兼职副主席的作用,强化各行各界引领和示范效应。县工商联党组充分挥领导核心作用,主动发挥举旗定向作用,及时把县委的决策部署和上级的要求贯彻到工商联班子和工作人员中,确保党的路线方针政策和县委、县政府的决策部署不折不扣地贯彻落实。在党组的领导下,主席班子自觉接受党的领导,心无旁骛“一条心”,聚精会神谋发展、一心一意抓落实。秉承“党组把方向、主席做事情、汇报要经常、沟通要深入、有事勤商量、遇难共担当、携手一条心、同心争上游”的理念,抛除杂念真心做事、换位思考诚意沟通。党组、主席班子团结共事、和谐相处,在各界赢得了良好口碑。巩固提升全国“五好”县级工商联创建成果,在全省召开的专题推进会议上,翼城县代表临汾市与吕梁、晋中两市就“五好”县级工商联创建工作作经验交流发言。

2021 年 9 月 3 日,民营企业家优化营商环境座谈会召开 (梁丽供图)

【服务大局】 2021 年,县工商联同心同力,出谋划策,共谋县域发展。围绕县域经济工作中心,助推经济发展。举办中小企业减税降费政策解读培训,帮助企业了解减税降费政策、领会税收政策的产业导向作用、加强依法纳税意识的引导教育,一举三得。举办政银企对接交流会议,破解企业融资难题。举办电商及创新创业人才素质提升班,为电商人才成长拓宽视野,搭建平台。建立招商小分队，投身招商引资，亲情招商、以商招商等等。同时，积极围绕乡村振兴，开展“我为群众办实事”实践活动，切实解决基层的困难事、群众的烦心事。充分发挥好联系商会的职能优势，激发、助推太原市翼城商会在外优秀企业家们家乡情结厚重、商业实力一流、作风务实高效的优势，由他们牵线搭桥，发挥以商招商的作用，为助力家乡经济发展和产业转型发挥应有作用。召开全县民营企业家优化营商环境座谈会，企业家和相关部门面对面交流，从企业发展遇到的困难、存在的问题和优化营商环境等方面开展热烈讨论和发言，助推营商环境进一步提升。同时积极引导广大民营企业家以“人人都是营商环境，个个都是开放形象”的理念，积极开展以企招商、以商招商，大力宣传翼城、推介翼城。

【会员公益行动】 2021年，县工商联积极引导全县民营经济人士履行社会责任，积极投身脱贫攻坚和产业扶贫等光彩公益行动。积极参与扶贫济困，践行社会担当。引导企业积极参与脱贫攻坚活动，深入推进“万企帮万村”活动和教育扶贫对接活动，帮扶总资金600万余元，受帮扶村10余个，受帮扶贫困人口600余人。兼职副主席苗文娟牵头“日行一善”公益组织，持续帮助弱势群体；兼职副主席上官继德坚持为贫困山区孩子提供免费营养牛奶；执委裴静倾心资助“阳光心灵，快乐成长”公益心理咨询宣讲活动。工商联会员先进分子的善行义举，带动引导更多的非公有制经济人士参与公益事业。

【会员调研活动】 2021年，10余名会员上百次深入基层一线，围绕项目建设、民生事业、脱贫攻坚、生态保护、高质量发展等开展调研，撰写议案、提案、调研报告16篇，为县域经济社会发展积极建言献策，为大局发展贡献智慧。

【慰问活动】 疫情防控期间，根据防控形势，工商联执委分片包干，分成4个组到一线慰问看望值班、值守会员，为翼城县打赢疫情防控阻击战贡献力量。

【组织荣誉】 县工商联人员完成的论文《让以商招商作用发挥成为工商联工作的亮丽新名片》获山西省工商联系统优秀调研成果一等奖。

（梁　丽）

科学技术协会

【基层科协组织力“3＋1”工作】 2021年，县科协强化基层基础，加强基层科协组织建设，充分发挥乡镇医院院长、学校校长、农技站站长的作用，延长服务手臂，各项工作得到良好开展。发挥阎村市级科普教育基地作用，指导建设石姑山景区科协企业科协组织，积极开展青少年科普活动，主要活动场所包括轮胎广场、学校风车广场、农耕学堂、大槐树秋千广场、阎没广场、战狼训练营、怀旧广场等；发挥机构市级科普教育基地作用，为创客机器人教育机构配备科普图书，促进其开展科技创新社团活动、亲子科普互动活动；结合青少年的兴趣特点，里砦初级中学配备科普图书，组织更多中学生参加数学、物理、化学、机器人等，致力于科学知识的研究和交流。围绕青少年科普工作，积极开展“大手牵小手·主题宣讲进校园”活动，对科技教师进行机器人知识培训，向有关学校捐赠青少年机器人套装，在10所中小学开展机器人教育。为里砦镇卫生院配备健康科普图书，开辟“健康小屋”，开展群众自助体检，为群众预防疾病、健康养生提供便利条件。

【“乡村e站”建设】 2021年，县科协发挥翼城县“科普中国e站”乡镇全覆盖、社区有突破的优势，持续在乡村、社区、学校开展“科普中国e站”建设，提高科普信息化水平。在唐兴乡村e站、里砦乡村e站、隆化乡村e站开展农业技术、务工技术的宣传、指导服务。联系广大科技工作者,围绕翼城经济社会发展的焦点问题、热点问题、难点问题,比如“翼城优品”等中心工作开展科普宣传和技术服务,为翼城高质量转型发展贡献力量。

【“学会服务站”和“科普惠农中心服务站”建设】 2021年,县科协同省食品科学技术学会对接,在山西玉浆堂蜂业科技有限公司建设学会服务站,以符合市场需求、促进产业发展、提升创新能力为导向,以合作项目为纽带,对接学会专家到建站单位开展咨询服务、技术指导、成果转化、人才培养,深入贯彻落实省科协创新驱动助力工程、有力推动县域经济高质量转型发展。同时,在翼城县蜂业协会建设了科普惠农中心服务站,更好地发挥科普示范基地、农技协的综合示范和辐射带动作用,加强对生产一线蜂业技术推广服务人员的科普服务,解决蜂农生产实践中的困难和问题。

【举办第三届青少年科技创新大赛】 2021年,县科协积极组织比赛队伍,参加市机器人大赛。组织3000名中小学生,参加翼城县第三届青少年科技创新大赛,按照疫情防控要求,进一步举办线上小制作、科创作文、科创绘画比赛,增强广大青少年的创新意识,提高青少年的创新能力。

【日常科普工作】 2021年,县科协结合科普主题,印制《碳达峰碳中和科普宣传手册》,推动科技工作者砥砺前行,增强广大人民群众的环保意识,促进节约能源、减少排放。印制《饮食科普知识手册》,普及健康生活、健康饮食知识,满足群众科学生活的需求,受到社区居民的一致好评。结合翼城文化特色,组织一批戏曲文化工作者,精心编排,打造《翼城科普谱新篇》《科技兴农就是好》《四大妈夸媳妇》等科普剧目,以晋南道情、眉户剧、翼城琴书等翼城县流行的传统戏曲形式进行线上线下科普宣传,让群众身边的人用群众爱听的话传播群众需要的科普知识;把科普活动与培育弘扬社会主义核心价值观、与提高广大群众的科学素养结合起来,润物无声地把党的政策和科普知识贯彻到群众的心里。

【创建全国科普示范县】 2021年,县科协积极争取全国科普示范县创建。通过全县各级各部门创建工作,用科技推动产业发展,实现高质量发展。各成员单位紧紧围绕总体目标和工作任务,健全“科普组织网络”和“科普人才网络”。在健全科普组织网络方面,各乡镇、各社区实现“十个有”:有办公场所、有专人负责、有分管领导、有专项活动经费、有科普志愿者队伍、有科普宣传阵地、有近期计划和长远目标、有工作制度、有科普工作典型、有经常性的科普活动。在健全科普人才网络方面,各乡镇、相关部门大力发展科普志愿者队伍,对辖区内和分管范围的人才资源进行充分挖掘,充分组织,充分利用,围绕“疫情防控、节约能源、保护环境、保障安全、防灾减灾”等主题,精心策划、举办各种科普宣传活动,有针对性地开展科普宣传、技术推广活动。经过省科协检查验收和中科协组织专家评审,对翼城县第二批示范县予以认定。

(李嘉堂)

文学艺术界联合会

【概况】 2021年,翼城县文联围绕庆祝中国共产党成立100周年,围绕开展党史学习教育、开启第二个百年奋斗目标重大历史决定,狠抓党建政治引领,充分发挥文艺为人民、为社会主义服务的重要职责,做了大量卓有成效的工作。

【意识形态工作】 2021年,县文联坚持把意识形态工作纳入重要议事日程,不断提高对意识形态工作的认识,对各协会微信平台进行管理,始终确保党员干部和协会会员在思想上、行动上坚持与以习近平同志为核心的党中央保持高度一致。不断增强抓意识形态工作的责任意识和使命担当,认真履行意识形态工作的主体责任,把意识形态工作作为全面从严治党的重要内容,与党建工作和业务工作紧密结合,做到同部署、同检查、同考核。组织召开文艺代表参加的"修身守正,立心铸魂"座谈会,牢牢掌握意识形态工作的领导权、主动权,为翼城文艺繁荣发展提供强大的精神动力。

【文艺服务】 2021年,县文联在参加人数、活动规模服从疫情防控的前提下,出动文艺志愿者230人次,赴2个村 、3个企业、1个社区开展文艺下乡活动,共送春联8000余副。春节当天组织摄影工作者到南梁镇牛家坡村、北常村开展"送全家福"活动,为117个家庭拍摄全家福。朗诵、书法、音乐、工艺美术等协会组织会员进学校、进农村开展艺术培训讲座9场。

2021年,县文联举办庆祝中国共产党成立100周年书法、绘画、摄影展 (常欢庆供图)

【举办庆祝活动】 2021年,县文联在广泛征求意见建议基层上,开展庆祝中国共产党成立100周年8项活动,举办书法、工艺、美术展览,举办摄影图片展览,组织艺术党课1台,组织征文大赛1次,出版庆祝中国共产党成立100周年文学作品,组织"到人民中去"主题系列采风创作活动,组织文艺座谈会1场,举办"古唐新韵"诗词大会。聂海反映烈士遗孤在党的关怀下健康成长的小说《梦系青龙山》出版发行。主题采风创作活动组织开展9次。以"修身守正,立心铸魂"为主题的文艺工作者职业道德和行风建设工作座谈会文艺座谈会道出了文艺工作者的心声。艺术党课丰富了党史学习教育形式和内容。

(常欢庆)

残疾人联合会

【概况】 翼城县残疾人联合会为县政府职能部门,残疾人事业团体,正科级单位,成立于1989年12月,计划单列,理事长专职,财政专户。残疾人联合会成立以来,进行7次换届选举。现有干部职工20人,其中理事长1人、副理事长1人、党组成员3人。内设办公室、宣教股、维权股、康复股、基金股5个股室,原来下设的残疾人就业服务所和康复指导站2个事业单位在2021年的机构改革中组建为翼城县残疾人服务中心。全县有持证残疾人8059人,其中重度残疾人4233人。在各类残疾人中,肢体残疾4686人,占比58.15%;听力残疾1000人,占比12.41%;视力残疾778人,占比9.65%;智力残疾774人,占比9.61%;多重残疾396人,占比4.91%;精神残疾295人,占比3.65%;言语残疾130人,占比1.61%。

2021年,县残联以党史学习教育为主线,扎实有效地开展残疾人证办理、康复、就业、教育及文体宣传等方面的工作,取得一定成效。

【康复工作】 2021年,县残联依托13家乡镇卫生院为残疾人精准康复定点评估机构,利用由村医和残疾人康复协调员组成的村级精准康复服务小组,对全县500名残疾人进行康复训练。0～6 岁残疾儿童完成诊断 20 人，完成市残联下达任务的 117%。完成残疾儿童训练救助 52 人，完成市残联下达任务的 104%。与 5 个残疾儿童康复训练定点机构结算残疾儿童抢救性康复项目补助经费 22.04 万元，做到最佳康复期内早发现、早治疗、早康复，为他们融入社会、健康成长打下良好的基础，为残疾儿童家庭解决实际困难。全年发放各类辅具 548 件，其中轮椅 242 辆、坐便椅 42 件、防褥疮充气床垫 8 个、助行器 40 个、手杖 61 副、腋杖 42 个、助听器 69 个、盲杖 44 个。其中，为新中国成立前老党员发放轮椅 10 辆。根据临汾市 2021 度“福彩慈善助行工程”项目实施方案，对肢体残障者进行需求调查，摸清底数，装配大腿假肢 6 例、小腿假肢 16 例。

2021 年 5 月 13 日，翼城县残联党组书记、理事长高璐（右一）到中卫乡为残疾人发放辅助器具
（卫素霞 马小霞供图）

【残疾人就业】 2021 年，县残联做好残疾人失业登记、求职登记、岗位空缺登记、职业指导、职业咨询、职业需求及信息的收集，提高职业介绍服务。组织残疾人参加职业技能培训和农村实用技术培训，切实提高他们的自身素质和就业能力。围绕全县发展林果经济林和特色农业，大力开展农村残疾人实用技术培训，在隆化镇、王庄镇和华翔公司举办 3 期残疾人农村实用技术培训班，培训残疾人 155 人。在首旺煤业和农村信用社举办 2 期残疾人职业技能培训班，培训内容为安全用电常识和金融知识，聘请有关专家授课，24 名残疾职工参加培训，收到了良好的效果。组织 1 期手语培训班，16 名残联工作人员参加培训。组织残疾人参加省市残联举办的残疾人技能培训班，上半年推荐符合条件的 2 名残疾人参加按摩等培训班。通过组织职业技能培训和农村实用技术培训，切实提高了残疾人的自身素质和就业能力。促进残疾人就业，拓宽残疾人就业渠道，使残疾人实现网上就业。严格落实《残疾人就业条例》《山西省按比例安排残疾人就业规定》，为用工单位和残疾人求职搭建平台，指导用人单位设置适合残疾人的岗位，为残疾职工订立劳动合同，办理“养老、工伤、医疗、失业”等社会保险，发放不低于当地最低标准的工资，安排城镇残疾职工 27 人。以新农村建设为契机，促进农村残疾人就业。依托山西隆麻核桃种植合作社，安排 18 名残疾人就业。始终把电商发展作为残疾人就业的中心来抓。通过政策到位、培训到位、扶持到位，帮助残疾人实现网上开店的梦想，全县共有自主创业的残疾人 60 余人。积极和北京、太原等大城市有关企业取得联系，为残疾人外出务工搭建平台，其中 1 人被安排到北京圆通公司。

2021 年 3 月 31 日，翼城县残联下乡集中为残疾人换发（办理）残疾人证 （卫素霞 马小霞供图）

【残疾人证换发】 2021 年，县残联认真落实《关于转发山西省残联〈关于规范到期残疾人证换发工作的通知〉》文件要求，严格按照残疾评定标准，规范到期残疾人证换发程序，遵循明晰权责的原则，为2000 余名残疾人换发残疾人证。深

人一线,落实政策,为残疾人提供服务。为低保户及智力残疾、精神残疾、重度残疾、疑似残疾人和残疾人证到期的残疾人上门免费办理和换发残疾人证,方便残疾人群众,让残疾人以简便合理的方式办理残疾证,为225名残疾人免费办理残疾人证。在脱贫攻坚后评估准备工作中,为需要提升残疾人证等级的"三类"监测户人员上门进行新的评定。

【残疾人维权工作】 2021年,翼城县困难重度残疾人家庭无障碍改造24户,改造金额94833.55元,于10月29日完成。县残联做好残疾人机动三轮车燃油补贴工作,为6人办理燃油补贴,发放补贴款1560元。做好残疾人机动车驾驶工作,为1名残疾人上报机动车驾驶证培训。

【教育文体工作】 2021年,县残联紧密配合教育部门宣传贯彻《残疾人教育条例》,抓好残疾儿童少年随班就读工作,使适龄残疾儿童少年的入学率稳固提高。做好应届残疾人家庭大学生、残疾大学生救助工作,为12名残疾人家庭子女(大学生)、2名残疾人大学生申报"市彩票公益金助学项目",为9名残疾人家庭子女(大学生)、4名残疾人大学生申报"省彩票公益金助学项目"。11月26日,组织20户贫困和重度残疾人家庭开展以平等、参与、共享为主题的残疾人文化进家庭"五个一"活动,即读一本书、看一场电影、游一次园、参观一次展览及参加一次文化活动。旨在鼓励残疾人走出家门,积极融入社会,平等参与社会生活,共享社会物质文化发展成果。

【残疾人基本状况调查工作】 2021年,县残联成立翼城县残疾人基本服务状况和需求调查动态更新工作领导小组,各乡镇相应成立工作机构,各村成立动态更新小组,全县构建县、乡、村三级组织网络,保证动态更新工作顺利进行。10月11日,组织召开各乡镇理事长培训会议,各乡镇召开专门会议,对动态更新工作进行部署。按照省、市残联调查要求,全县157名村级调查员依据残疾人服务APP残疾人名单,采取实名制方式,逐一入户调查登记。经过全体调查员的共同努力,截至11月15日,全县残疾人动态更新数据全部精准录入残疾人基本服务状况和需求信息数据动态更新系统,并完成上报工作。此次动态更新共调查9671人,其中入户登记9253,电话登记95人,查无此人0人,搬迁43人,空挂户23人,外出100人,死亡157人,迁移中0人。

(卫素霞　马小霞)

计划生育协会

【概况】 翼城县计生协是县委政府领导的群团组织,是联系广大育龄群众和计划生育家庭的桥梁和纽带,是推动落实生育基本国策、促进人口长期均衡发展与家庭和谐幸福的重要力量。县计生协机关为正科级建制,内设党政工作部、家庭发展部。其主要职责是贯彻国家有关人口与计划生育法律法规和政策,动员组织广大群众依法实行计划生育;指导基层计划生育协会加强组织建设,发展志愿者队伍,依照有关法律法规开展具有自身特色的活动;开展群众性宣传教育及服务工作,广泛普及有关性与生殖健康、计划生育、避孕节育等科学知识;关怀计划生育困难家庭、育龄群众生殖健康、独生子女、女孩健康成长和基层计划生育工作者,帮助解决群众生育、生产、生活中的实际困难,发展人口福利事业;组织会员群众依法参与基层人口和计划生育民主管理、民主监督,反映会员、群众在计划生育、生殖健康等方面的诉求,依法维护会员群众的合法权益;开展对外交流合作;开展与人口和计划生育工作有关的其他活动;承担县委、县政府和上级计生协交办的其他工作。

2021年,全县各级计生协深入学习贯彻习近平新时代中国特色社会主义思想,践行习近平总书记关于计生协工作的重要指示精神,以人民为中心,以生育关怀和家庭健康为主线,围绕促进人口长期均衡发展、新时代健康翼城建设大局,树牢初心使命,学史力行为民,深入开展党史学习教育,不断深化计生协改革,扎实推进“我为群众办实事”实践活动,务实推进计生协“六项重点任务”取得实效,积极推动三孩生育政策落实落地,宣传教育更温馨、特殊保障更稳固、精准帮扶更有力、为民服务更暖心,以实际行动庆祝中国共产党成立100周年。翼城县在全市计生协改革交流会上作典型发言,中国计生协微信公众号5次宣传报道翼城计生协工作。

【主题宣传服务活动】　2021年5月29日会员活动日,县计生协联合人寿翼城分公司在八一公园开展“永远跟党走·奋进新征程——庆祝中国共产党成立100周年”主题宣传服务活动,悬挂“生育传承希望,健康相伴幸福”“创建无烟家庭,共享美好生活”宣传横幅,展出习近平总书记关于计生协工作重要指示、习近平总书记关于群团工作重要指示、《中国计划生育协会章程》、《中华人民共和国人口与计划生育法》、《山西省人口和计划生育条例》、中国公民健康素养66条宣传版面,发放《宝宝健康手册》《健康知识进万家知识宣传手册》《疫情防控漫画》《艾滋病防治核心知识》《碘缺乏防治知识》等宣传资料,向周边居民及过往群众宣传人口计生政策法规、优生优育、生殖保健、“两癌”防治、艾滋病预防等知识,宣传新型生育政策,推进家庭文明建设,提高居民健康素养水平。此次活动共发放各类宣传资料5000余本(册)。“7·11”世界人口日期间,深入武池村、北常村、浍吉村,走访慰问农村党员计生干部,宣传中国共产党成立100周年丰功伟绩,宣传新型生育政策。大力宣传《中共中央 国务院关于优化生育政策促进人口长期均衡发展的决定》和人口计生法律法规,印制《中共中央国务院关于优化生育政策促进人口长期均衡发展的决定》1000本、修订的《中华人民共和国人口与计划生育法》2000本,编印《幸福家庭手册》1000册。联合县电影公司深入全县90个村,播放爱国主义教育片23部2544场。

【青春健康教育】　2021年5月11日,县计生协在桥上镇中小学开展2场青春健康活动,为参加活动的100名学生赠送学习用品。5月20日,到革命老区西阎镇开展青春健康教育活动,邀请国家二级心理咨询师、县教科局未成年人心理健康宣教讲师张静为110名学生上了一堂青春健康教育课。与此同时,青春健康教育稳步开展,县职中开展5场、西街小学开展6场、三中开展2场、五中开展1场、里砦中学开展1场,使广大青少年从科学的角度了解自己的身体和身心特点,提升他们与同伴、家长以及社会交往沟通的能力,促进广大青少年塑造健康的人格。

2021年5月20日,县计生协到西阎镇开展“青春健康教育”活动　（纪胜谐供图）

【关怀行动】　2021年,县计生协开展紧急救助活动,5月19日,副县长聂华对唐兴镇城南村患有急性脊髓炎的计生协秘书长范文霞进行关怀慰问,为其送去2000元紧急救助金和生活用品。申报山西省妇女儿童发展基金帮扶对象1个,为南梁镇北常村1个计生特殊家庭落实救助金 2000 元。开展关怀留守儿童活动，为桥上、西阎学校 20 名留守儿童送去精美书包和学习用具。开展“走基层 · 送温暖”活动，深入乡村、社区，对 11 个计生困难家庭、2 名为计生事业做出贡献的退休老干部、9 名基层计生干部和老党员进行慰问，为他们送去大米、食用油、厨具、床品。开展金秋助学活动，为 5 名考上大学的困难独生子女、困难基层计生干部子女每户送去 1000 元助学金。

【优生优育指导工作】 2021 年，县计生协认真贯彻落实中央《中共中央 国务院关于优化生育政策促进人口长期均衡发展的决定》精神，积极开展优生优育指导工作，为优化生育政策、促进人口长期均衡发展做出积极贡献。在年初的全县计生协工作会议上，副县长聂华、计生协会会长吴宝堂就如何落实计生协“六项重点工作”任务，特别是优生优育指导工作作了动员部署和具体安排，强化干部队伍做好优生优育指导工作的责任感和使命感。聚焦优生优育指导工作，编印《宝宝健康手册》3000 本，对如何科学喂养宝宝、孩子常见疾病的护理、孩子误食误伤预防等作了仔细讲解，实用性、指导性较强。手册设置了“新生儿知识篇”，介绍新生儿的穿衣、睡眠、日常护理等知识，受到家长们的一致好评。充分发挥各级计生协桥梁纽带作用，积极参与县妇幼保健计生服务中心开展的系列化优生优育工作，免费孕检 1080 对，筛查孕产妇 1298 人，免费婚检 1243 对。

【计生保险保障】 2021 年，县计生协坚持计生家庭知情自愿参保的原则，加强计生政策性保险和理赔工作，为计生家庭争取更多的保障和利益。2021 年，收取保费 48.3 万元，入保计生家庭 4800 户，赔付 79 件 36 万元。由政府买单，投保 2 万余元，为 101 名计生特殊家庭成员办理住院护理保险。

【健康知识进万家活动】 2021 年 4 月 18 日，翼城县“健康知识进万家”活动在享负盛名的“翔栾古会”南梁镇启动。县计生协工作人员为逛会群众发放健康知识进万家宣传手册、《宝宝健康手册》、新冠肺炎防控漫画、艾滋病防治核心知识、健康知识读本、碘缺乏防治知识等，广泛传播健康知识，引导群众树立健康观念，养成健康行为，提高群众健康素养水平。此次活动共发放各类宣传资料 8000 余本（册）。活动现场，县医疗集团的医务工作人员还为逛会群众免费测量血压。推进“健康知识进万家”小程序。健康是新时代的家风，为让“珍爱生命、乐享健康”成为全民的习惯、家庭的理念，县政府办公室下发《关于全民关注健康知识进万家小程序的通知》，要求各乡镇、各单位全面动员、统筹推进。县乡村计生协三级联动，协会工作人员和健康指导员走村入户，为广大村民普及“健康知识进万家”小程序，通过上门服务、面对面地宣传，指导群众扫描二维码、登录小程序完成注册绑定工作，定期推送健康知识，方便群众快捷地获取健康科普知识，全县已绑定 3 万余人，家庭覆盖率达 35% 以上。积极参与疫情防控，充分发挥乡镇、村计生协工作者、骨干会员、志愿者作用，全县有 600 余名会员骨干成为群众身边的健康指导员。

2021 年 12 月 29 日，翼城县计生协开展“喜迎新春 · 乐享生活”集体庆生活动　　（纪胜谐供图）

【“暖心家园”项目】 2021 年，翼城县承担中国计生协计生特殊家庭帮扶“暖心家园”项目。依托桐封社区建设规范化的暖心家园，培育志愿者服务队伍，严格按照《实施方案》时间表、路线图推进工作。5月21日，组织开展38名计生特殊家庭成员参加的“永远跟党走”联谊活动。6月11日，端午节前夕，开展“永远跟党走·悦度夕阳红”计生特殊家庭集体庆生活动。9月28—30日，组织开展“迎国庆·送温暖·跟党走”暖心行动，对全县55个计生特殊家庭进行走访慰问。10月29日，组织计生特殊家庭成员观看爱国主义教育影片《长津湖》，重温那段波澜壮阔的历史，体悟保家卫国的伟大抗美援朝精神。10月23日，开展赴云丘山“携手相伴·悦赏秋韵”户外联谊活动，37名计生特殊家庭成员和志愿者参加活动。11月23日，开展丰富多彩的“暖心家园”活动，机关工作人员、志愿者、计生特殊家庭成员50余人参加活动。开展“暖心家园”志愿者培训，县计生协会长吴宝堂向志愿者介绍了翼城县计生协“暖心家园”项目宗旨、项目实施情况以及培训的目的、意义，全面分析了志愿工作者在实际工作中遇到的问题和困难，希望志愿者们发扬志愿者精神，携手把暖心家园各项活动开展好。县计生协家庭发展部部长宋琴以“如何做好一名志愿服务者”为题与志愿者们进行了交流。12月29日，开展“喜迎新春·乐享生活”集体庆生活动，副县长聂华出席活动，30名计生特殊家庭成员和志愿者参加活动。

（纪胜谐）

法　治

政法委与综治

【概况】 中共翼城县委政法委员会是县委领导和管理全县政法工作的职能部门,担负着维护国家政治安全、确保社会大局稳定、促进社会公平正义、保障人民安居乐业的职责使命,内设办公室、政治安全室、政工室(机关党支部办公室)、执法监督室、综治维稳室(专项行动办公室)5个股室,下设翼城县社会治安综合治理中心1个事业单位。另外,县委平安翼城建设领导小组办公室、翼城县"三零"单位创建工作领导小组办公室、翼城县扫黑除恶斗争领导小组办公室也设在政法委,现有干部职工19人。2021年,翼城县委政法委坚决扛稳"促一方发展、保一方平安"的政治责任,把平安翼城、法治翼城建设作为基础工程、民生工程、"一把手工程",坚持系统推进,精准靶向发力,人民群众获得感、幸福感、安全感持续增强。

【"平安翼城"建设】 2021年,翼城县成立县委书记任组长、县长任第一副组长的平安翼城建设领导小组,将平安建设、基层社会治理相关内容纳入"十四五"规划纲要。

县委、县政府先后18次研究平安翼城建设工作,对基层治理、扫黑除恶、法治建设、队伍建设、安保维稳等重点工作及时进行部署,出台一系列制度机制、行动方案。严格落实平安建设领导责任制,将平安建设工作纳入年度目标责任考核体系严格奖惩。全县各级党组织书记自觉扛牢第一责任人责任,研究解决重大问题,形成鲜明导向和带动效应,党对平安建设工作的组织领导得到全面加强。

把《中国共产党政法工作条例》作为党领导政法工作的根本遵循,该条例和《中共山西省委贯彻落实〈中国共产党政法工作条例〉实施细则》进行全面、系统、反复地学习研讨。全县政法系统结合党史学习教育,通过"讲述+研讨""线上+线下""理论+实践"等模式,提升了政法干部的政治素质和专业水平。创新开办"翼起学"干部大讲堂,围绕党的十九届六中全会、法治建设、基层治理等,邀请专家授课,力求学深、悟透、做实,推动问题联治、工作联动、平安联创,不断提高贯彻落实的实践能力。

协调社区、社会组织和社会工作,社会工作服务站覆盖率100%,建成各级人大代表联络站11个、代表联络点24个,政协委员学习小组活动室11个,平安创建活动覆盖各行各业各界别,激发群团、社会组织和广大群众投身平安创建的积极性和主动性,开展平安建设宣传,全县形成"事事讲平安、人人抓平安、处处保平安"的良好局面。

2021年,县委政法委把平安建设延伸至"两新"组织,选聘84名"两新"组织兼职党建工作指导员,并将平安建设纳入其工作实绩考核指标;选聘44名大学毕业生到村工作;选派16名第一书记、16支驻村工作队;整顿完成13个软弱涣散村,解决10个重点、难点村突出问题,基层党组织战斗堡垒越建越强。深入开展党员联户服务,全县各级党组织和党员为群众解决实际困难3300余个,化解基层矛盾520余起,听取基层意见、建议220余条,党员先锋模范作用充分发挥。在面向广大党员干部举办的各类培训班、中青班、主体班上,均设置平安建设相关课程,累计培训4万余人次。

2021年,县委政法委坚持把平安建设置于经济社会发展的全局,统筹实施脱贫攻坚巩固、生态环保质效提升、民生实事植优补短、疫情防控系统保障、社会治理扩点增面、人居环境整治提升等"六大"工程,全面展现为民履职担当,全力解决群众"急难愁盼"问题,持之以恒增进民生福祉,以干部的辛苦指数换取群众的幸福指数。持续深化"人人持证、技能社会"建设,全面建成青年创新创业示范基地,通过稳就业、保就业助力平安创建。

【维护稳定】 2021年,县委政法委把全国"两会"、省"两会"、党的百年大庆、党的十九届六中全会、全运会等重要节点的安保工作作为重中之重,坚持高标准、严要求、强措施,全面防范化解处置各类政治安全风险。组织开展网络安全系列宣传活动。查处2起网上违法案件。县委和各乡镇、各成员单位均成立国家安全人民防线建设领导小组,并将国家安全人民防线工作纳入平安翼城建设工作和全县目标责任制考核范围。通过主题宣讲、媒体宣介、网络宣传等方式,广泛开展国家安全教育宣传活动,引导广大群众加深了解、深化认识,提高全民国家安全意识。在深入学好、用好、宣传好《中华人民共和国反间谍法》法律武器的基础上,把握其精神实质和内涵要求,依法防范和打击各类间谍行为,进一步推动《中华人民共和国反间谍法》《中华人民共和国保守国家秘密法》宣传进机关、进学校、进社区、进企业,构筑起反奸防谍的铜墙铁壁和维护国家安全的钢铁长城。开展"反邪教知识进万家"活动,实现了反邪教阵地建设全覆盖。

【信访工作】 2021年,县委政法委严格按照"三到位一处理"要求,上级交办的75件重点信访事项,化解72件。

【常态化扫黑除恶工作】 2021年,县委政法委以"常态化"为主线,把深挖彻查"保护伞"作为斗争的主攻方向,严格执行"两个一律""一案三查"工作机制,以"四大行业"领域整治为抓手,印发工作方案,明确任务分工,全面排查前端治理短板弱项,及时堵塞监管漏洞。受理涉"四大行业"领域案件6起,审结2起,打赢常态化扫黑除恶开局首战。

【专项行动】 2021年,县委政法委针对农业农村、经济民生、社会治安"三大领域",建立相应工作制度和机制,全年破获"黄赌毒""盗抢骗""食药环"和非法集资等案件140余起。企业和项目周边治安秩序、文化旅游市场秩序持续向好。农村"两委"换届秩序得到全面保障。结合安全生产专项整治三年行动,排查整改各类风险隐患9364条,实现安全生产"零事故"目标,全县连续16年无重特大安全事故发生,进一步夯实了全方位推动高质量发展的安全稳定基石。不断加大执行案件清理工作力度,共受理执行案件1122件,执结1109件,结案率达98.66%。

【社会治安整治专项行动】 2021年,县委政法委严厉打击各类违法犯罪,先后开展"迎春"1~3号和"平安"行动,以及校园安全大检查、非法枪爆物品集中清查收缴、交通安全"减量控大"等专项行动,全面加强重点场所管理,做到"白天警车不断,夜间警灯成串",八类案件同比下降80%,以严打整治不放松的高压态势切实维护良好的社会秩序,群众安全感不断提升。

【反电信网络诈骗工作】 2021年,县委政法委针对电信网络诈骗违法犯罪高发频发势头,第一时间制定常态化宣传攻坚行动方案和专项行动工作方案,压实县乡村三级工作责任,在全县企事业单位中开展宣讲活动53次,使公职人员都成为反诈宣传员,形成充分发挥基层党组织引领作用、各层各级齐抓共管的良好格局。在校园、银行等场所开展宣传活动近1000场次,印发宣传材料80余万份,签订承诺书10万余份,采取包户到人、全员入户的方式,国家反诈APP和临汾反诈卫士注册率位居临汾平川县市第一,通过群策群力织密全民反诈的天罗地网。成立反电诈中心,强力推进"断卡""断流"行动,共破获电诈案件52起,抓获嫌疑人85人,止付金额2138万元,通过快侦快破遏制案件高发频发势头。全年电诈案件同比下降37%,总体防范打击成绩位居全市前列。

2021年4月23日,中央政法队伍教育整顿督导组督导翼城工作　　(岳伟供图)

【政法队伍建设】　2021年,县委政法委开展全县政法队伍教育整顿,将"四项教育"贯穿始终、覆盖全员,坚持宽严相济、协同发力,全县531名整顿对象、141名干警主动说明问题,政策兑现率100%;处理处分违纪违法干警162人,其中立案调查13人;针对236条"六大顽瘴痼疾"问题,研究制定130余条整改措施、81项规章制度,从严从速全部整治完毕。聚焦群众"急难愁盼"问题,把教育整顿和服务保障大局、政法重点工作、党史学习教育相结合,向社会公开承诺47项办实事项目。开展全县政法系统服务群众窗口单位"我为群众办实事"履职履责情况专项督察。

【治理机制建设】　2021年,县委政法委通过总结提炼小巷总理、网格之家、五老说事等具有地域特色的基层治理模式,探索推广"党群议事会"基层治理机制,在每个乡镇重点打造3～5个示范村,充分发挥其政策解读、决策议事、疏导情绪、凝心聚力"四种功能",通过"说事讲缘由、议事找症结、理事找办法、办事抓落实、评事看成效"5个流程形成完整闭环,构建起有章可循、有法可依的乡村治理体系。

【全科网格建设】　2021年,县委政法委把"全科网格"建设作为坚持推动社会治理重心向基层下移的主要抓手,科学细化社区和农村网格划分,完成354名"全科网格员"的选聘、培训工作,明确涉及20个部门的60项职责,落实社区网格员1500元和农村网格员500元补助待遇,为其购买意外伤害保险、补充医疗保险和综治保险,并抓好日常管理和考核工作,加强业务指导,保障高效履职。政府常务会议、县委常委会会议先后研究通过综治中心规范化建设,财政预算1100万元,横向贯通县综治中心、会议中心及20个成员单位,纵向覆盖所有乡镇、行政村和社区,完成立项。

2021年2月24日,翼城县举行公共法律服务一码通平台开通仪式　　(岳伟供图)

【法治保障】　2021年,县委政法委组建157个服务团队220人,开通运行翼城县公共法律服务"一码通"平台,达到"一村一法律顾问、一村一法官、一村一检察官、一村一民警"的目的,让基层群众享受"随手可及、扫码即用"的"零距离"公共法律服务，解决了许多涉及群众切身利益的急事、难事、愁事，为农村工作的顺利开展提供了法治保障。聚焦特殊群体的法律服务需求，有力推进“免费法律咨询和特殊群体法律援助惠民工程”。全年为特殊群体提供无偿民事代理和刑事辩护等法律援助服务近2000起，满意率100%。

【法治宣传】 2021年，《经纬剧场》在国家宪法日被新华社关注并重点报道。县委政法委以平安创建、基层治理和安全生产为侧重点，联合县融媒体中心创办《平安翼城》电视栏目和报纸专栏，广泛宣传平安创建工作，构筑线上线下、覆盖全域的立体化宣传教育大格局。

（岳　伟）

公　安

【概况】 翼城县公安局是县政府主管公安工作的职能部门，担负着全县刑事司法和治安行政管理以及安全保卫任务。全局授衔民警221人，其中党委班子成员10人。下设科室所队40个（新增反诈中心），其中派出所12个。全局设党支部17个，共有党员304名。2021年，公安局党委一班人在县委、县政府和上级公安机关党委的坚强领导下，带领全县公安民警以习近平新时代中国特色社会主义思想为指导，坚决贯彻中央、省、市、县各项决策部署，扎实开展公安队伍教育整顿和党史教育学习，紧紧围绕年初公安工作会议提出的“围绕一个中心、开展四个年活动、实现五个提升”工作任务，坚持最高标准、最严要求、最强措施，全力保安全、护稳定、抓改革、促发展，完成中国共产党成立100周年、全国及省市县“两会”、党的十九届六中全会等重要时期的安全保卫工作，为全县经济和社会发展保驾护航。全县政治治安持续稳定，未发生重特大恶性事件，未发生重特大消防、交通等安全事故。

【刑侦工作】 2021年，翼城县公安机关先后开展破案百日攻坚和全警破案专项行动。全县没有发生抢劫、抢夺、爆炸、放火等严重暴力犯罪，八类案件同比下降80%。各类刑事案件立案399起，侦破2077起，抓获各类犯罪嫌疑人180人。其中，先后侦破系列盗窃手机案、盗窃电缆案、系列入室盗窃案、系列砸车玻璃等案件120余起，有力遏制盗窃案件的发案势头。开展网上追逃专项行动，抓获网上逃犯25人；先后两次开展打击电信网络诈骗“断卡”专项行动，持续开展“飓风”和“断流”行动、涉诈洗钱、涉诈冻结资金清理整顿等专项行动，共破获电诈案件52起，抓获电诈案件嫌疑人85人，止付金额2138万元，返还受害人60.06万元；侦办经济案件10起，抓获嫌疑人10人。侦办毒品刑事案件8起，抓获嫌疑人11人，治安处罚16人，强戒5人，利用旋翼机对全县范围内毒品原植物进行航空检测，查处非法种植点一处并进行了铲除。侦办“10·19”专案，一举打掉一个长期盘踞在临汾市的盗掘古墓葬、倒卖文物犯罪团伙，抓获嫌疑人37人，追缴文物1628件。同时，围绕经济民生、社会治安、农业农村开展“三大领域”专项打击行动。建立常态化开展扫黑除恶专项斗争机制，开展为期一年的打击“沙霸”“矿霸”等自然资源领域黑恶犯罪专项行动，以严打整治不放松的高压态势切实维护良好的社会秩序。

【治安管理】 2021年，县公安局开展“平安翼城”创建，全面加强社会治安隐患大排查大整治。先后查处各类治安案件373起，行政处罚33人。化解公安部交办信访案件18起、群众关切信访案件28起、初访案件14起。先后开展“迎春”1～3号和“平安”行动，对宾馆旅店、娱乐场所、城乡接合部等场所进行整治。组织民警对全县中小学、幼儿园开展安全检查，督促、指导完成

4 个 100% 任务目标，加强校园及周边综合治理，严防发生涉校案事件。对民爆物品、烟花爆竹进行集中清缴，收缴枪支 2 支、各类子弹 763 发，收缴烟花爆竹 77.35 万响。查处易制爆行政案件 1 起。对“九小”场所消防隐患进行集中排查，消除火灾隐患 164 处。全面加强街面巡逻防控，以巡警大队和城市“两所”为主要力量，建立 24 小时不间断巡逻制度。

2021 年 7 月 25 日，副县长张达宏（前左）到居民家中进行反电信诈骗宣传　　（常浇路供图）

【反诈宣传】 2021 年，翼城县公安机关坚决落实习近平总书记、李克强总理对打击治理电信网络诈骗犯罪的重要指示批示精神，把开展防范电信网络诈骗宣传作为一个重点、亮点工作全力推进。局党委先后召开党委会研究电诈宣传工作 15 次。组织全体公安民警、辅警及唐兴镇党委政府、各社区、村委班子和社会治安志愿者 400 余人，召开以组织大培训、开展大宣讲、营造大氛围、入户大攻坚、成效大验收为主题的“挂图反诈、全力压制”宣传攻坚行动会议。全局 652 名民警、辅警，以发案率最高的唐兴镇为战场，划分为五大战区，每人包联 100～200 户，包户到人，全员入户。组织专业反诈宣讲团，针对全县各企事业单位、中小学校进行“以案识诈、全民反诈”宣讲活动 53 次。给各乡镇下发《防范电诈案件的一封信》，给受损金额达 30 万元的乡镇发送风险提示函。组织银行、三大运营商召开联席会议。同时，在农村地区，充分发动基层村委“两干”、村民小组、社区志愿者的力量，加强协作配合，共同承担起防范宣传责任。通过为期 2 个月的集中宣传攻坚，全县立电信网络诈骗案件同比上年下降 37%，9 月以来电诈案件呈现断崖式下降，进一步守住了群众的“钱袋子”，遏制了案件高发频发的势头。

2021 年 6 月 26 日，举行“6 · 26”国际禁毒宣传日活动　　（常浇路供图）

【法治工作】 2021 年，翼城县公安机关坚决贯彻落实习近平法治思想，进一步健全和完善法治建设领导机制和工作机制，党委书记、局长履行法治建设第一责任人职责，坚持每月参加一次重大案件、重大法治问题的研究部署。全面落实公安机关执法全流程管理智能平台应用，所有的刑事案件、行政案件执法环节全部在平台上运行，实现网上流转、网上审批、网上管理、网上监督。进一步推进执法办案场所、案卷管理场所、涉案财物管理场所的信息化智能化应用。深入开展“执法不规范”专项整治活动，着力整治突出问题，提升执法公信力。开展法制培训，组织民警参加法制夜校、法治大讲堂 30 余次。推进法制重点工作，每日进行钉钉通报。每月每季开展执法质量个案考评，共考评案卷 350 余件。落实刑事案件“四统一”和治安案件“两统一”制度，每月下发受立案监督通报。与法检部门建立长效沟通协作机制，多次研讨疑难、复杂案件。同时，深入村庄、学校开展法治讲座60余场次。举行“110”第一个人民警察节宣传活动,开展“5·15”打击防范经济犯罪、“6·26”国际禁毒、共创“三零”、共建平安等集中宣传活动,切实增强全民遵法守法意识,提升学法用法能力。

【民生警务】 2021年,县公安局深入开展“枫桥式公安派出所”创建和“学雷锋”志愿服务活动,先后化解各类矛盾纠纷300余起。扎实开展“我为群众办实事”活动,在中考、高考考点设置户政便民岗,基层民警先后为群众办好事、解难事75件。深化“放管服”改革,实行户籍信息证明开具、出生登记、死亡注销、身份证首次申领四项业务“全省通办”。按照“不找警种、不分区域、一次办成、全县通办”原则,下放30项公安业务至派出所办理,其中交管业务25项、出入境业务5项,实现“一站式”办理。做好窗口服务,为群众办理户籍业务5000余起,办理车驾业务3700余起。通过“翼城警示”微信公众号、翼城公安官方抖音号发布信息430余条,受理回复各类咨询、诉求320余项。充分发挥公安机关在疫情防控中的职能作用,配合卫健部门,全力做好疫情防控人员核查、隔离点秩序维护等工作,常态化开展疫情防控工作,先后核查上报疫情数据1.52万余条。驻村帮扶队扎根浇底乡石村,开展帮扶和乡村振兴等工作,因成效突出,全县驻村帮扶工作现场会在石村召开。

【重点工程】 公安业务技术综合用房建设项目,建设地址为唐霸大道西侧,万慈街北侧,已完成主体工程建设。截至2021年年底,正在进行二期内装施工,争取2022年实现整体搬迁。翼城县“雪亮工程”完成并投入使用。同时,布建30个619智能卡口,按要求实现信息上传。

(常浇路)

公安交通管理

【概况】 翼城县公安局交通警察大队成立于1987年8月,现位于县城翔翼西大街。全队共有184人。大队班子成员有7人,其中大队长1人、教导员1人、副大队长3人、主任科员1人、副主任科员1人。授衔民警37人、干部3人、合同警21人、工人15人、协勤警108人(包括厨师、门卫、保洁员等11人)。大队下设两室(综合办公室、督查室),三科(秩序科、宣传科、法制科)、一所(车辆管理所)、三个中心(指挥中心、后勤保障中心、案管中心)、五个基层交警中队。全县交通四通八达,东西由省道331线贯穿沁水与曲沃;南北由省道230线贯穿绛县与浮山;南部东西由省道334线贯穿沁水县与绛县。全县有国省道3条85公里,县道6条156公里,乡道36条320公里,专用道2条50公里,通车里程610余公里。县公安局交通警察大队担负着全县4万余台各类机动车和6万余名驾驶员的管理与教育任务,负责全县辖区内所有的干、支线公路,县乡道路和城区的道路交通管理任务,包括交通法律法规的宣传、交通秩序管理、交通事故处理和预防。

【落实“减量控大”】 2021年,县交警大队把“减量控大”工作作为一项重要工作来抓,按照《2021年全县公安交警安全生产重点工作任务暨道路交“减量控大”八大提升工程实施方案》,一是制定详细的工作措施,层层传导工作压力,做到制度完善、措施到位,确保基础性工作扎实有效;二是总结上年“减量控大”经验教训,进一步完善分析研判制度,提升研判水平,准确把握面临的新形势、新特点和各类突出风险,实施靶向治理、精准防控,着力提升事故预测、预警、预防的科学性、针对性、有效性。2021年,共接处警

2751 起,出动警车 2800 余车次,出动警力 19600 余人次。受理一般程序处理道路交通事故 187 起,同比减少 32 起、下降 14.61%;死亡 19 人,同比持平;受伤 202 人,同比减少 44 人,下降 17.89%;财产损失 70050 元,同比减少 30200 元,下降 30.12%。简易事故 438 起,同比增加 138 起,上升 46%。涉及营运性车辆道路交通事故 7 起,死亡 7 人。未发生一起一次死亡三人以上的交通事故和严重交通堵塞事件。交通事故逃逸案件 11 起,侦破 9 起。刑事立案 54 起,拘留 9 人,逮捕 2 人,移送起诉 53 起,取保候审 21 起,监视居住 3 人。排查交通事故多发路段 11 起处,由市政府挂牌 1 处、县政府挂牌 10 处,全部整改完毕。道路交通事故纠纷人民调解委员会受理矛盾纠纷 328 起,成功调解 328 起。社会救助基金垫付 33 笔,共计 624745.5 元。其中,抢救费 30 笔 30 人次,共计 511278 元;丧葬费 3 笔 3 人次,共计 113467.5 元。

【路面巡逻管控】 2021 年,县交警大队为确保中国共产党成立 100 周年活动安全顺畅进行,保障全国“两会”及党的十九届六中全会、山西省第十二次代表大会召开,除正常的路查路检之外,以预防道路交通事故“减量控大”工作为主线,全面推进交通秩序综合整治,全力预防道路交通事故,力争实现交通事故各项指数全面下降的工作目标,制定《全省“两会”期间道路交通安全保卫工作方案》《全县公安交警“零酒驾”创建活动工作方案》《全县三轮车道路交通违法专项整治工作方案》《全县公安交警建党 100 周年道路交通安保工作方案》《关于做好中国共产党山西省第十二次代表大会期间道路交通安保工作的实施方案》等方案,严密部署,细化措施,逐步推进。开展“一盔一带”安全守护行动,一边宣传教育,一边严厉查处,全年查处“两无”摩托车、三轮摩托车 386 起,没有佩戴安全头盔 373 起,驾乘人员未按规定使用安全带 3862 起,微信小程序受教育人数达 6669 人次。开展三轮车违法载人专项治理行动,以城市道路和农村地区道路为主战场,积极开展三轮车违法载人专项治理,2021 年查处涉及三轮车违法载人 139 起。开展“零酒驾”创建活动,在县域辖区机关企事业单位、客货运输企业、街道、社区、乡镇集中开展“零酒驾”创建活动,创建“零酒驾”单位 12 家、“零酒驾”村 12 个。在大力推动“零酒驾”创建工作的同时,结合往年酒驾醉驾治理工作,进一步加大示范点周边道路的酒驾醉驾违法行为的查处力度。建立辖区酒驾醉驾治理工作计划,将酒驾醉驾违法犯罪行为查处纳入一线民警的常态化巡逻管理工作中,采取交叉检查、随机抽查、机动巡查等方式,组织开展酒驾醉驾夜查行动,持续保持对酒驾醉驾违法犯罪行为的严查处。查处涉酒交通违法行为 579 起,其中醉驾 11 起、酒后驾驶 568 起。积极开展靓城提质“三进行动”。细化“三进行动”责任分工,结合创建国家卫生县城交通秩序专项整治活动,积极推进停车进位治理。坚持每天高频率、多密度加强城区道路交通巡逻管控,适时延长巡逻管控时间,查处机动车乱停乱放 4231 起、不按朝向停放 1022 起、违反禁止标线指示 211 起,清理沿街商户用路墩、其他物品占用机动车停车位 12 起,劝阻非机动车、摩托车占用机动车停车泊位 5979 起,清理非机动车、摩托车乱停乱放 6296 起。规范处理道路交通违法行为,严格交通违法处理程序,不断推进交通违法处理程序法制化、正规化建设。程序业务处理大厅 2021 年办理一般程序案卷 2170 起,办理非现场案件 35189 起,实现交通违法处理零投诉、零复议。开展省道交通秩序专项整治,以货车、面包车、农村客运班车为重点车辆,以货车超载、疲劳驾驶、强超强会、违法载人,面包车和农村客运班车超员载客,汽车超速行驶、闯红灯、逆向行驶、驾乘人员不系安全带，摩托车驾乘人员不戴安全头盔等十类重点交通违法行为为治理重点；以重点车辆通行集中、事故多发、易拥堵的国省道路段，国省道沿线劳务人员集中企业、货运场站、施工工地等周边路段，城乡接合部、穿村过镇路段为重点管控路段，积极开展国省道交通秩序专项整治工作。截至2021年年底，查处货车超载523起、套牌8起、农村面包车超员92起、非机动车违法1076起、行人违法836起、达到报废标准2起、机动车未按规定参加年检537起，有效遏制交通事故高发、多发势头。

【事故源头管理】 2021年，县交警大队为规范事故隐患源头治理工作，从源头上全面排查整治道路安全隐患、重点车辆安全隐患以及重点驾驶人安全隐患，管控和消除隐患产生的根源，推动隐患排查治理取得实效。对标对表，对主要街道、易堵路段和全镇范围内的农村公路及安全设施进行全面排查治理。主要排查沿线标志、标线是否完善，警示灯、警示桩等是否到位，是否存在视距不良路段、路口，临河路段防护设施是否到位等。按照边排查、边治理的要求，对排查出的隐患路段逐一建档，逐一上报，逐一整改，限期完成。排查道路交通安全隐患11处，其中市级挂牌督办1处、县级挂牌督办10处，均整改完毕。车管所积极协调各职能部门，利用车管大数据平台和网络工具，对8类重点车辆和重点驾驶人进行详细摸底排查。截至2021年12月，重点运输企业应备案63家，已备案63家，其中货运企业61家、五类营运企业2家。大型公路客运、“营转非”三率均为100%。辖区无危化品运输车、校车、大型旅游客运。翼城县重型货车和挂车逾期未检483辆，累计检验113辆，剩余未检验370辆。翼城县重型货车和挂车违法车辆343辆，累计处理违法70辆，剩余未处理违法273辆。重型货车和重型挂车未报废3辆。重型货车和重型挂车逾期未检验、逾期未报废、系统注销等隐患车辆上道路行驶4辆，查扣1辆。翼城县面包车逾期未检车辆123辆，累计检验13辆，剩余未检验110辆。报废率100%。“两客一危”和营转非大客车全部清零。机动车注册登记1051辆，机动车年检2513辆，转移登记685辆，变更登记206辆，转入登记1049辆，抵押登记621辆，补换登记证书136起，锁定业务126起。联合当地市场监管、交通、生态环境等部门对检验机构开展检查1次。驾管业务方面，科目一考试112次，共计4161人；科目二考试34次，共计4726人；科目三考试60次，共计6662人；科目三安全文明驾驶考试159次，共计4238人。驾驶证初次申领26人，增驾申请158人，补证换证7938人，驾驶人提交身体条件证明6人。

【安全宣传】 2021年，县交警大队在建立“文明交通行动计划”领导和工作机制的基础上，继续完善“政府主导、部门联动、全民参与”的交通安全社会宣传工作机制，与交通、安监部门联合部署《中华人民共和国道路交通安全法》宣传，以交通宣传“七进”工作为载体，以预防减少道路交通事故为抓手，以实现交通安全宣传教育社会化为目标，实现宣传工作常态化、宣传阵地规范化、宣传警力科学化，组织开展集中整治严重交通违法行为专项行动宣传工作，使道路交通安全知识家喻户晓。2021年，利用电视专栏、报纸专刊、“一栏一标语”、“两微一抖”、“12123”短信平台等网络工具和安全宣传“七进”等方式方法，报送电视新闻素材10篇，“两公布一提示”7次，重点违法案例宣传90次，曝光酒驾案例46起，美丽乡村行38次，“一盔一带”宣传62次，进校园、进企业等150余次，切实提高了广大群众的安全意识，有力地消减了安全隐患。

【人民调解】 2021年，县交警大队在人民调解方面，受理各类交通事故案件345起，成功调解案件 345 起，登记受理案件均成功调解，入卷归档。

【道路交通安全基础设施建设】 2021 年，县交警大队以“科技强警”战略为突破，以实施新的交通组织措施为切入点，继续强化智能交通系统的应用，进一步发挥职能作用，不断加大对非现场交通违法行为的管控力度，使辖区内的交通违法率和治安案件的发案率得到有效管控。根据交通技术监控设备对交通违法的监测数据显示，交通违法率进一步下降，交通秩序进一步改善，通行能力显著提高，城市管理的品质得到大幅提升，“统一指挥、协同作战、应急处置、信息共享、全局布控”的能力进一步加强，为领导的科学决策，警力的合理部署和警务工作的开展等起到了积极作用，为上级部门及时、准确掌握有关信息，作出科学研判与决策提供了有效可靠的依据。2021 年，智能交通方面共录入非现场各类交通违法行为 28915 起，其中闯红灯 3767 起、逆行 910 起、超速 9734 起、不系安全带 1502 起、违反禁令标志 4497 起、接打电话 1617 起、吸烟 378 起、不按规定车道行驶 6427 起、副驾驶不系安全带 76 起、违反禁止标线指示 7 起，为确保道路交通安全畅通发挥了积极的作用。

（柏长海）

检　察

【概况】 翼城县人民检察院是法律监督机关，内设办公室、政治部、第一检察部、第二检察部、第三检察部 5 个部门，有干警 70 人。2021 年，县检察院坚持以习近平新时代中国特色社会主义思想为指导，全面贯彻党的十九大和十九届二中、三中、四中、五中、六中全会精神，深入践行习近平法治思想，认真落实《中共中央关于加强新时代检察机关法律监督工作的意见》，紧紧围绕全方位推动高质量发展的目标要求，全面履行法律监督职责，各项检察工作迈出了新步伐。

2021 年 3 月 30 日，县检察院开展“拒绝非法集资　防止电信网络诈骗”宣传活动　（张建国　张娟供图）

【平安建设】 2021 年，县检察院共受理审查逮捕案件 97 件 154 人，批准逮捕 88 件 138 人，受理审查起诉案件 212 件 294 人，提起公诉 170 件 247 人。深入开展社会治安、经济民生、农业农村三大领域违法犯罪和突出问题打击整治专项行动，办理涉黄赌犯罪 6 件 13 人，涉毒品犯罪 13 件 14 人，涉盗抢骗犯罪案件 34 件 42 人，涉电信网络诈骗案件 12 件 25 人，涉枪爆犯罪案件 2 件 6 人。适用认罪认罚从宽制度审结案件 185 件，适用率 92.16%。

【化解社会矛盾】 2021 年，县检察院接待各类来信来访 66 件，院领导接访群众 16 人次。7 日内落实答复率 100%，3 个月内办结案件率 100%。贯彻少捕慎诉慎押刑事司法政策，依法决定不批准逮捕 9 件 16 人、不起诉 30 件 34 人、附条件不起诉 1 件 1 人。坚持把检察听证作为化解社会矛盾、促进社会治理、赢得司法公信力的重要举措，以听证形式公开审查案件 25 件，取得良好的社会效果。

【检察助力营商环境优化】 2021 年，县检察院严厉打击侵害民营企业合法权益犯罪，批准逮捕 3 件 3 人，提起公诉 2 件 9 人。注重对民营企业平等保护，受理审查逮捕民企从业人员犯罪案件1件3人，在办案中坚持用好刑事司法政策，对涉嫌犯罪的3名民企从业人员依法作出不批准逮捕决定。主动靠前服务，通过在县工商联设立派驻检察联络室、班子成员包联企业等方式，加大服务保障民营经济力度。

【未成年人司法保护】 2021年，县检察院加强未成年人司法保护，办理涉未成年人案件8件39人。对校园周边食品安全、产品质量安全等问题，开展专项检查，立案2件。着力推动解决涉案未成年人背后家庭监护不力的难题，发出督促监护令9份。开展线下普法讲座15场，推出线上普法微课堂7期，达到校园普法全覆盖，有效提升了青少年的法治素养。

2021年7月8日，县检察院开展"我为群众办实事"之司法救助金送到家暖民心活动
（张建国 张娟供图）

【公益诉讼检察】 2021年，县检察院办理各类公益诉讼案件52件，其中等外领域案件27件。积极办理民事赡养类案件，妥善解决老有所养问题。开展老年日间照料中心专项检查，以公益诉讼磋商方式，督促问题及时整改。先后对煤矸石污染、农药包装废弃物回收、农村垃圾随意倾倒等问题提出检察建议，促进"生态宜居"乡村建设。

【检察监督】 2021年，县检察院监督公安机关立案9件、撤案7件，纠正侦查活动违法27件，纠正漏捕5人，纠正遗漏罪行22人、遗漏同案犯12人。办理各类民事行政检察监督案件15件。向法院发出再审检察建议1件，法院采纳并决定再审。在支持起诉协助农民工讨薪专项活动中，为11名农民工讨薪8万元。纠正监外执行和社区矫正监管活动违法18件，纠正刑事执行活动违法20件，纠正财产刑执行履职不当6件，开展羁押必要性审查10人。

（张建国　张　娟）

法　院

【概况】 翼城县人民法院是地方国家审判机关，有法官和其他工作人员90人，内设综合办公室、政治部、刑事审判庭、民事审判庭、综合审判庭、立案庭、执行局、审判管理办公室8个机构，下属1个事业单位为后勤服务中心，派出法庭2个为城东中心人民法庭、城南中心人民法庭。2021年，县法院在县委的坚强领导下，在县人大及其常委会的监督下，在县政府、县政协和社会各界的支持和帮助下，坚持以习近平新时代中国特色社会主义思想为指导，深入贯彻习近平法治思想，全面贯彻党的十九大和十九届二中、三中、四中、五中、六中全会精神，以"质效并重，创新推动，服务中心"为工作理念，自觉融入全县发展大局，忠实履行审判执行职能，以法治智慧、法治力量奋力推动翼城经济社会高质量高速度转型发展。

【刑事审判】 2021年，县法院受理刑事案件205件(含旧存32件)，审结203件，结案率为99.02%。判处刑事被告人220人，其中判处十年以上有期徒刑9人，三至十年有期徒刑34人，三年以下有期徒刑66人，拘役、缓刑等111人。纵深推动扫黑除恶斗争常态化暨四大行业领域整治工作，审结孙某旗等恶势力犯罪团伙1件4人，有效消除了社会危害；审结涉四大行业领域案件2起，打赢四大行业领域整治开局首战。审结危险驾驶、交通肇事案件66件,维护了公共安全。审结诈骗、盗窃等侵犯财产案件49件,贩卖银行卡、“杀猪盘”电信诈骗等案件12件,故意伤害、非法拘禁等案件28件,保护了群众生命财产安全。加大对毒品犯罪的打击力度,审结贩卖毒品、容留吸毒案件12件。进一步强化人权司法保障、推动刑事案件繁简分流,严格落实认罪认罚从宽制度和律师辩护全覆盖制度,对认罪认罚的202名被告人从宽处罚,为92名被告人指派辩护律师,40%以上的刑事案件适用刑事速裁和简易程序。

【民事审判】 2021年,县法院共受理民商事案件2162件(含旧存32件),较2020年全年增长8.70%;审结2183件,结案率为100.97%。审结民间借贷纠纷案件816件,防范化解了金融风险,服务实体经济发展。审结买卖合同、服务合同、建设工程合同等合同纠纷类案件486件,规范了公平诚信的市场经济秩序。审结婚姻家庭、继承纠纷等家事案件506件,依法保护妇女和老年人合法权益,深化家事审判改革,通过实施人身保护令、离婚冷静期、心理疏导等制度,促进家庭关系修复。审结侵权责任纠纷案件166件、物权纠纷案件50件,群众合法权益得到法律保护。

2021年4月,县法院协助南梁镇完成合同清理工作
(郭威志供图)

【执行工作】 2021年,县法院受理执行案件1101件(含旧存13件),较2020年全年增长21.1%;执结1106件,结案率为100.45%。开展集中执行常态化活动,确保执行力度只增不减,核心指标只升不降,开展集中执行活动和分散行动18次,执行到位金额9119.58万元,拘传228人,纳入失信被执行人名单485人,限制高消费524人;分管领导专班化解大案、难案、要案3件。开展执行案款“双清零”行动,对执行账户内的执行案款逐案逐笔核查、清理、发放,全面清理执行案款底数,将非执行案款和执行案款全部剥离,完全落实执行案款专户专用,认领发放案款99笔,发放金额508.17万元。以打击拒执罪为突破口,发挥公检法与相关部门的协作配合优势,执结拒执犯罪案件3件,执行到位金额338.30万元,执行返还车辆1辆,打通执行工作最后“一公里”。

【繁简分流】 2021年,县法院根据山西省高级人民法院《关于推动全省法院案件繁简分流和调解速裁工作“上水平、创一流”的实施方案(试行)》和临汾市中级人民法院《民商事案件繁简分流实施细则(试行)》文件规定,扎实开展繁简分流工作,制定《民商事案件繁简分流实施方案(试行)》,健全繁简分流处理机制和速裁程序运行机制,明确分流标准,确定简案范围。制定《速裁案件要素式审判若干规定》,加强小额诉讼程序适用,建立示范诉讼模板、类案文书模板,合理配置运用审判资源,实现类案集中办理,提升审理效率。2021年,一审速裁快审民商事案件993件,平均审理期限24.16天,满足群众便捷高效的司法需求。

【“我为群众办实事”实践活动】 2021年,县法院积极开展“我为群众办实事”实践活动,聚焦审判执行工作中人民群众“急难愁盼”的问题,下沉司法力量,深入基层一线听民声、解民忧、聚民心,把党史学习教育成效转化为为民服务的强大动力。

订单服务,开展法治“六进”活动。“群众需要什么，我们宣传什么。”针对群众司法需求开展“订单式”普法活动，开展送法入企、送法入校、送法进社区12次，发放宣传资料700余份，接待咨询群众160余人次。与县域重点企业首旺煤业建立长期司法服务机制，开展院企座谈会2次，提供法律建议8条，赠送法律书籍50套，为企业解决法律问题，提供法律帮助。急事急办，对群众意见即查即改。在征求意见座谈会上，案件当事人代表提出法院立案窗口较少、立案效率低的问题，县法院12小时内增加一条企业立案绿色通道，并开展电话预约立案服务，推行移动微法院网上立案。

2021年3月11日，县法院到汇丰学校开展送法进校园活动　（郭威志供图）

延伸职能，服务基层群众。开展软弱涣散村结对帮扶活动，对南梁镇马册村两委换届人选进行司法审查，完成换届工作。开展“双减双抢”帮扶活动，帮助唐兴镇上高村缺乏劳动力村民抢收抢种。开展“博爱一日捐”和防汛救灾献爱心捐款活动，共捐款12850元。对7个村集体经济组织41宗未签订承包合同的农户进行走访，挨家挨户做思想工作，农户全部缴纳所欠承包费并签订规范的承包合同，使南梁镇村集体组织合同清理工作收官。

（郭威志）

司法行政

【概况】　翼城县司法局是翼城县人民政府主管司法行政工作的职能部门，中共翼城县委全面依法治县委员会办公室设在司法局，加挂翼城县人民政府行政复议局、翼城县社区矫正管理局牌子。翼城县司法局肩负全县依法治县、政府法制、法治宣传教育、法律服务、刑罚执行等职责，内设机构为办公室、法治综合股、社区矫正管理股、人民参与和促进法治股、公共法律服务管理股、行政执法协调监督股、行政复议应诉股，派出唐兴、南梁、王庄等9个司法所，下辖翼城县公证处（翼城县法律援助中心）、山西众合司法鉴定中心、山西唐尧律师事务所、山西弘韬（翼城）律师事务所及兴唐、尧泽、润晋3个基层法律服务所。

2021年，在县委、县政府和上级司法行政部门的坚强领导下，翼城县司法局认真贯彻市、县政法工作会议和全市司法行政工作会议精神，大力开展党史学习教育、政法队伍教育整顿，特别是立足各项工作职能，持续推进常态化疫情防控工作走深走实，积极主动推进各项任务落实，取得了良好成效。

【政法队伍教育整顿工作】　2021年2月底至6月底，全国第一批政法队伍教育整顿在市县两级政法干警中集中开展。县司法局深入贯彻落实中央、省委、市委、县委关于教育整顿的各项部署，局领导班子坚决扛起责任，以上率下带头参与，组织召开领导小组会议、动员部署会议、传达上级部署会议、中央督导组和省驻点指导组反馈意见整改会议、专题教育会议等49次，切实将上级各项政策精神传达、学习、贯彻、部署到位，并制定强有力措施保证了教育整顿各项任务落实落细。组织完成政治教育、党史教育、警示教育、英模教育各项任务,积极开展“延安整风”专题讲座、观看《为了公平正义》警示片、参观廉政教育基地、“青年干部跟班先进找差距”等自选动作,进一步筑牢政治忠诚、打造过硬队伍。坚持将自查自纠与组织“七查”相结合,对主动说明和查纠的问题线索迅速依法依规处置。全面整治违反防止干预司法“三个规定”,违规经商办企业,违规参股借贷,违规违法办理减刑、假释、暂予监外执行,及律师、公证、司法鉴定行业问题。特别是结合顽瘴痼疾整治,建立完善涉及防止干预司法“三个规定”、社区矫正、党风廉政、法律服务等19项制度,进一步突出长效长治,有力提升了公正执法、便民服务水平。面向社会公示10项便民利民措施和3项重点服务项目。深入全县各地开展“送法进基层、为民办实事”活动。

【人民参与和促进法治工作】 2021年,县司法局充分发挥贴近群众、扎根基层的优势,坚持日常排查与重点排查相结合的工作,对各类矛盾纠纷和民生诉求开展大排查、大梳理,乡镇、村居调委会日常排查1710次,调解矛盾纠纷786件,主要涉及婚姻家庭、邻里关系、土地承包流转等各类纠纷。

使用山西省智慧调解多元解纷平台,完成全部调委会、调解员的信息录入工作,录入调委会228个、调解员586人。与县法院的调解平台、县公安局的掌上派出所完成对接,更好满足人民群众高效化解矛盾纠纷的新要求,为有效化解社会矛盾提供科技支撑。

开展“调解七进 服务三零”专项活动,在全县151个村、6个社区设立人民调解委员会,规范设室、挂牌、亮标,在隆化镇等地集市开展人民调解宣传活动,深入开展“进网格”“进物业”“进连锁企业”“进综超市场”“进法庭”“进派出所”“进信访大厅”等活动。

建立“人民调解+公共法律服务”机制,将人民调解与公共法律服务相结合,邀请律师、公证处、司法鉴定等参与调解过程,及时提出专业意见,提高调解成功率,对于调解不成功、双方难以达成合意的矛盾纠纷,引导其咨询律师等相关专业人士,以求通过合法途径解决问题,避免“民转治”“民转刑”等案件的发生。

为提升调解员化解社会矛盾的能力和水平,促进依法依规调解,从2021年4月起,利用腾讯企业微信直播讲堂,以网上培训的形式,组织5次全县人民调解组织,专、兼职调解员在线参加培训,培训内容主要是民法典和调解方法与技巧。6月,王庄镇、南唐乡、桥上镇等乡镇开展村级调解员和“法律明白人培训”集中专题培训,培训内容包括婚姻家庭、邻里关系、债权债务、非法集资等和农村密切相关法律知识。通过线上线下培训,丰富了人民调解员的法律知识储备,提升了解决纠纷的能力。

落实“以案定补”制度,在人民调解案卷严格审查的基础之上,全年共落实“以案定补”案件679件,发放补助资金10万余元。

2021年,翼城县道路交通事故纠纷人民调解委员会坚持依法调解,兼顾人情与法理,针对不同案件采取不同的调解办法,免费为群众提供高效、便捷、专业性法律服务。全年共调解道路交通事故纠纷345起,及时化解道路交通事故纠纷,保护当事人的合法权益,减轻道路交通事故纠纷解决成本,促进了社会和谐稳定。

【法治宣传教育】 2021年,县司法局积极推动《经纬剧场》特色普法载体提档升级,倾情打造《中华人民共和国民法典》系列普法短剧10集、防范非法集资和电信诈骗普法短剧12集、宪法宣传普法短剧2集,《经纬剧场》栏目全年播放24集。

进一步创新普法方式,将防电信诈骗系列普法短剧《天下无骗》和民法典系列短剧《人生之初》等搬上“翼城司法”微信公众号、抖音号等网络平台进行大力宣传。全年累计发布公众号信息850余条、抖音普法短视频150余期。其中,制作“民法典系列解读”抖音小视频75期,结合普法宣传节点,制作疫情防控、森林防火、防范非法集资、防范电信诈骗、国家安全、村委会换届选举、宪法宣传等其他法规政策主题视频50余期,在线解答群众疑惑40余起,以群众喜闻乐见的形式提供更加优质高效的法治服务,进一步在全县营造学法用法尊法守法的良好氛围。

积极响应“八五”普法工作要求,开展法律“七进”宣传活动,组织人员走进机关、社区、学校、企业、医院、农村等人员密集的地方,集中开展国家安全、反电信诈骗、民法典等普法宣传,联合县教科局在翼城六中举行“民法典送法进校园”赠书仪式,发放《民法典进校园普法宣传册》1.1万本,深入南梁翔滦古会、佛爷山第十三届文化旅游节、府前广场、新中医院、浍滨社区东关片区幸源小区等地发放《中华人民共和国民法典》漫画读本、防范电信诈骗、防范非法集资、国家安全知识等普法宣传资料6万余份。

积极开展“法律明白人培训”活动,各司法所对人民调解员和法律明白人进行业务和法律知识培训,培训内容包括家庭纠纷、商品房买卖合同纠纷、不动产和动产登记等方面,通过生动的案例讲解,提升了他们解决纠纷的能力,为基层社会治理起到了积极作用。

2021年11月26日,县司法局举办“12·4”国家宪法日“翼起学”大讲堂宣传活动 (王瑶供图)

以“12·4”国家宪法日为契机,在新闻媒体发表1篇县委书记署名文章,举办1次宪法大讲堂,组织1次县人大常委会任命人员宪法宣誓、宪法考试,推动全县领导干部做尊法学法守法用法的模范,在全县营造学习宪法、崇尚宪法、尊重宪法、遵守宪法的浓厚氛围。

【社区矫正和安置帮教】 2021年,县司法局接收委托调查函108份,完成调查108份,出具评估意见书108份,退案2件。为新接收的社区矫正对象建立2套纸质档案和1套电子档案,接收社区矫正对象82人,每1人最少接待3次,年接待800余人次。对在册的217名社区矫正对象实现网上录入管理全覆盖,全年累计巡查检查4万余人次,进行不定期点名1.2万余人次,处理问题20余人次,对于没有遵守法律法规规定的6名社区矫正对象进行训诫,对7人进行警告。

运用心理测评量表进行心理和行为问题评估的方式,对全县在册社区矫正对象建立心理健康档案。其中,15人被评定为中等风险普管类,3个被评定为高风险严管类。评估后,分批转介到心理矫正中心进行进一步检查、评估,特别是对翼城县3名未成年社区矫正对象进行定期、长期关注,提高个案矫正的实效性,社区矫正心理服务中心作用得到有效发挥。

严格履行刑满释放人员安置帮教工作职责,对重点刑满释放人员做到必接必送,对一般人员做到应接尽接。对安置帮教对象进行全面排查,尽最大努力掌握其去向和生活,对人户分离和无法联系到的人员及时向公安部门反馈。在排查的同时,积极对安置帮教对象进行政策教育,积极开展社会适应性帮扶,预防和减少重新犯罪。

将易肇事肇祸等严重精神障碍患者全部纳入管理平台,并对8名监护人施行有奖监护政策。把好社区矫正“入口关”。依托信息化,严格落实管理制度,实现对社区矫正对象的管理。

【公共法律服务】 2021 年,县司法局加强公共法律服务一码通平台建设,集中全系统各类公共法律服务资源,综合全县各法律服务机构办事流程、“一村(社区)一法律顾问”工作职责、各法律服务机构负责人基本信息等内容,运用网络手段打通法律服务为民、利民的“最后一公里”,平台自开通以来,总浏览量达到 5164 次,总访客数量为 3481 次。

开展“一村(社区)一法律顾问”工作,将“一村(社区)一法律顾问”工作与免费法律咨询和特殊群体法律援助惠民工程结合起来,在保持律师事务所、基层法律服务所原服务村(社区)的配置基础上,安排各顾问定期入村(社区)为居民提供法律服务。

开展根治欠薪冬季专项活动,联合人社局,带领律师先后深入翼城县唐霸壹号建设项目工程、翼城县第二污水处理厂项目建设工地对企业劳务用工与农民工劳动合同签订情况进行全面法律体检。同时,向农民工赠送《中华人民共和国民法典》《保障农民工工资支付条例》《农民工维权知识手册》《中华人民共和国法律援助法》等涉及农民工工资支付法律法规的宣传资料 500 余份,并向农民工详细讲解、现场解答相关法律知识。

自山西省第十三届人民代表大会第四次会议将“免费法律咨询和特殊群体法律援助惠民工程”列入 2021 年省政府民生实事以来,县司法局聚焦特殊群体法律服务需求,为特殊群体提供无偿民事代理和刑事辩护等法律援助服务。通过张贴公告、电视节目、微信公众号等形式加大工作宣传,使惠民工程继续深入人心。全年法律咨询和特殊群体法律援助惠民服务目标任务 2717 起全部完成,群众满意度达 100%。

【公证工作】 2021 年,根据《关于翼城县司法局所属事业单位机构编制调整的通知》要求,翼城县司法局共保留事业单位 1 个,即翼城县公证处(加挂县法律援助中心牌子),股级建制。完成内部人员划转 5 人,公证处重新挂牌、刻制印章,法律援助中心的事业单位法人注销手续办理完成,公证处工作正常开展。

2021 年,翼城县公证处办理各类公证 385 件,收费 198136 元,其中政府采购、土地拍卖现场监督公证 5 件,涉及金额 9000 余万元,确保翼城县有关重点工程的招投标工作顺利进行。办理各类贷款合同公证 10 件,涉及金额 600 余万元,维护各金融单位的资金营运安全。积极落实“我为群众办实事”“最多跑一次”“一次性告知”等便民措施,上门办证 6 件,提供工作日、节假日延时服务 10 余次,为服务政府中心工作和百姓安居乐业发挥应有的积极作用。

【法律援助】 2021 年,翼城县法律援助中心受理法律援助案件 127 件,其中刑事案件 119 件、民事案件 8 件,提供法律咨询 1292 人次,值班律师提供法律帮助案件 145 件,协助办理认罪认罚案件 112 件。

【司法救助】 2021 年,创新国家司法救助资金使用办法,先后救助 21 案件 24 人次,使用资金 36 万余元,中央转移支付资金及地方配套资金使用率 100%。

【司法鉴定】 2021 年,山西众合司法鉴定中心共受理各类鉴定事项 499 件,其中法医临床案件 70 件、法医毒物(限血液乙醇含量检测)案件 15 件、道路交通事故相关司法鉴定 414 件,为保障诉讼、化解社会矛盾、促进司法公正做出贡献。

【律师工作】 2021 年,全县各律师事务所办理民事、刑事案件、行政案件 220355 起,担任法律顾问 22 家,解答免费法律咨询 500 余件,为行政、企事业单位提供了大量法律意见。同时,各律师事务所认真落实律师行业警示教育和专项整治活动要求,持续强化政治理论和业务工作学习,不断加强党的建设，推进律师队伍建设水平不断提高。

【基层法律服务】 2021 年，全县各基层法律服务所依法诚信开展法律服务，担任 47 家单位的法律顾问，代理诉讼事务 280 件，非诉讼事务 3 件，解答法律咨询 1640 余人次，参与人民调解案件 185 件。

（王 瑶）

法治政府建设

【概况】 2021 年，县司法局大力推进法治政府建设，完成 2020 年度对全县 10 个乡镇、34 个执法单位和 41 个党群事业单位法治建设、领导干部年终述法、党政主要负责人履行推进法治建设第一责任人职责等工作的考核，落实领导干部年终述法制度覆盖率 100%。

【落实法治政府建设年度报告制度】 2021 年，县司法局推进法治政府建设年度报告制度落实，各乡镇人民政府、县政府所属工作部门、实行垂直管理部门有 45 个单位提交了 2020 年法治政府建设年度报告，按要求在县政府门户网站向社会进行公布。对各乡镇、各部门 2020 年法治政府建设情况进行汇总，形成《翼城县 2020 年度法治政府建设情况报告》，报请县政府常务会议审核通过，并及时在县政府门户网站向社会公开，同时上报县人大、市委、市政府。

【依法治县委员会第四次会议】 2021 年，县委全面依法治县委员会第四次会议召开，会议听取 2020 年依法治县工作汇报，研究部署翼城县 2021 年全面依法治县各项工作，审议通过《翼城县委全面依法治县委员会 2021 年工作要点》《翼城县党政主要负责人履行推进法治建设第一责任人职责 2021 年度工作清单》。

【落实整改】 严格对照市委依法治市办《关于对翼城县全面依法治县专项督察的反馈意见》提出的 12 项问题，将问题整改过程变为提升质效的过程，对照督察反馈意见，进行分析研究，制定整改方案，明确责任单位、整改措施，并建立长效机制，进而推动翼城县全面依法治县工作再上新台阶。

2021 年 12 月 27 日，市委全面依法治市专项督察组到翼城县督察指导工作 （王瑶供图）

根据《省委依法治省办关于对临汾市全面依法治省专项督察的反馈意见》整改方案的要求，认真落实整改任务，专题研究部署，统筹推进整改，全面排查、压实责任，对部分整改进展缓慢、整改不彻底的事项进行再部署、再加压，着力补足整改工作中的薄弱环节，督促各项督察整改工作取得实实在在的成效。

及时召开迎接 2021 年全面依法治省督察任务分解部署会，压实各方责任，找准定位，对依法治省督察工作进行部署和责任分解，挖掘工作亮点，为市委全面依法治市专项督察组到翼城县开展督察指导的开展做充分的准备工作。

【法治审核】 2021 年，县司法局积极开展法制审核工作，围绕行政规范性文件、政府常务会议提议、权责清单等内容开展合法性审核，共完成规范性文件审核 7 件，常务会议议题审核 36 件，完成乡镇权责清单 134 项和县直各部门权责清单 2900 余项事项审查，提出意见 60 余条，为全县 32 个单位开展权责清单梳理培训，规范权责清单梳理工作。完成涉及《中华人民共和国行政处罚法》、涉及计划生育领域规范性文件清理工作,不断优化审核流程,实行受理通知制度,让合法性审核从申请到审查的每一个环节都透明规范。

【乡镇综合行政执法】 2021年,县司法局全面推进乡镇综合行政执法工作,制定出台《翼城县推进乡镇综合行政执法工作方案》,印发《翼城县乡镇综合行政执法协调联动机制》《翼城县乡镇综合行政执法联席会议制度》《乡镇综合行政执法队日常检查巡查制度》《翼城县农村(社区)法律顾问工作制度》等,为推进乡镇综合行政执法提供制度保障。编制完成法律法规授权、以乡镇名义执法的事项清单31项(其中行政处罚4项、行政强制6项、行政给付4项、行政奖励8项、行政确认6项、行政裁决3项),并在县政府网站上公布。组织召开全县综合行政执法改革推进座谈会,并下发任务分解。全县9个行政执法单位均已完成行政执法事项清单制定公示工作,综合执法队伍人员基本到位,独立开展行政执法工作。

【执法资格人员排查】 县司法局根据临汾市司法局安排,对考取执法证的执法人员进行摸底排查,经认真清理,翼城县具有执法资格人员265人,6人具有执法监督资格,因退休和调离而不再符合持证条件的6人,更换7人。清理后具有执法资格人员259人,监督人员不变。按照省、市工作要求,组织2次全县行政执法单位行政执法人员公共法律知识考试,219人考取行政执法证,全县有478人持有执法证。

【行政执法人员培训】 县司法局积极组织翼城县各单位参与省司法厅组织的"行政执法大讲堂",开展培训6期,涉及民法、行政处罚法、行政复议、行政应诉等内容,全县2000余人次参与培训。

【行政复议工作】 县司法局全年共接受行政复议申请7起,涉及治安、交警、市场监督等领域,其中2起办结,1起不予受理,4起正在办理。按照上级关于行政复议改革工作要求,完成全国行政复议信息平台的基本信息录入工作,印发《翼城县行政复议体制改革方案》《翼城县集中行使行政复议权的通知》,其他改革任务正紧张有序进行。

【证明事项承诺制清单公示】 县司法局积极参与县行政审批局牵头的"证明事项承诺制"相关工作。证明事项承诺制清单在政府网站公示,印发《进一步做好证明事项清理相关工作的通知》(翼政办发〔2021〕51号),梳理各单位须保留事项涉及养老、医疗、广播、公正等行业20余项,审核后予以公布,有助于进一步优化全县营商环境。

(王　瑶)

军 事

翼城县人民武装部

【概况】 2021年,翼城县人民武装部(简称县人武部)党委在临汾军分区党委和县委、县政府的双重领导下,维护核心,听从指挥,聚焦练兵、备战打仗,转变职能、创新发展,正风肃纪、科学管理,人武部工作迈上新的轨道、实现新的发展。

【思想政治建设】 2021年,县人武部深入学习贯彻习近平新时代中国特色社会主义思想和习近平强军思想,认真贯彻落实《军分区党委中心组学习规则》,制订人武部党委2021年度中心组学习计划,坚持"军政主官领学、研讨交流深学、常态督查促学"的学习机制,先后组织24次集中学习;及时跟进党史学习教育,抓好党的十九届六中全会精神学习贯彻,推动学思践悟走深走实。持续深化党史学习教育,广泛开展"寻找民兵英模 致敬奋斗者"学习实践活动,深入基层一线挖掘整理翼城县民兵"飞虎营"事迹,完成《传承飞虎营精神,接续奋斗新时代》短片制作,在军分区演讲比赛中获三等奖。组织拍摄国防教育短片《一声"到",一生"到"》,积极引导广大官兵、群众弘扬爱国奉献精神。

【战备力量建设】 2021年,县人武部持续深化实案准备,加强作战理论研究,完成战备方案修订。积极协调国动委成员单位,组织召开演练动员部署会,组织骨干力量集智攻关,完成指挥所演练等,在军分区实兵拉动考评中取得较好成绩。狠抓首长机关军事训练,严格落实每天一小时体能训练时间,大抓群众性岗位练兵,对专武干部、民兵骨干进行集中训练,遴选出中卫乡、西阎镇、里砦镇的3名专武干部及2名民兵骨干参加军分区组织的专武干部及民兵骨干集训,通过集训,专武干部和民兵骨干的能力素质有了较大的提高。军地联合召开翼城县2021年基干民兵军事训练任务部署会,下发训练方案,明确参训任务,组织基干民兵开展基础训练;围绕大纲要求具体设置训练科目,纠正训练中的问题,不断强化训练,有力提升了基干民兵队伍能力素质和实战化训练水平。

【国防后备力量】 2021年,县人武部坚持把民兵调整改革作为履行备战打仗核心使命的基础工程,突出新质力量重点分队建设。按照"多编单位少编兵"原则,深入县直机关和企事业单位进行民兵整组潜力调研,准确掌握整组潜力数据底数;成立人武部专项督导检查组,主要领导带队、机关各部门全程参与,对各乡(镇)民兵整组工作进行量化考评,促进末端落实。在军分区民兵调整改革"回头看"和军分区民兵整组考评中,成绩名列前茅,较往年有了明显提升。扎实开展兵役登记工作。注重抓培训、抓规范,依托上级组织的征兵体检、政考培训,着力提升翼城县征兵工作的规范性,征兵工作小组全员参与培训,征兵工作水平不断提升。

【安全建设】 2021年,县人武部严格落实党委议管制度,结合开展"安全大检查"和"百日安全活动",查摆问题,制定对策,每周利用交班会强调安全问题及学习安全方面法规制度,大力营造"我的安全我负责、他人安全我有责、单位安全我尽责、出了问题我有责"的浓厚氛围,健全安全保密工作领导组,明确责任分工,形成"层层有人抓、事事有人管、人人都有'责任田'"的工作机制,全年安全无事故。党委班子坚持每季度开展一次安全形势分析,在抢险救灾、军事训练等大项任务前,做好安全风险评估,全面细致地考虑可能存在的风险隐患。针对安全检查活动指出的问题,专门召开问题整改会议,带头分析问题发生的原因,认真把好问题整改关,确保问题不再发生。

【军地协调发展】 2021年,县人武部深入了解包联帮扶村及6家脱贫帮扶家庭生活状态,准确掌握帮扶需求。根据上级消费扶贫相关政策,加大军队帮扶村特色农副产品的采购力度,推进伙食费的10%用于采购帮扶村苹果、核桃、绿豆等农副产品,全力帮助帮扶对象家庭稳步增收。做好受灾恢复重建工作,协助办理19名军属因灾房屋倒塌补偿事宜,各乡镇民兵力量积极参与到地方"双抢"活动中。常态化工作督导悬挂光荣军属牌匾、送立功喜报等政策落实,开创军政军民团结新局面。

【后装综合保障】 2021年,县人武部积极协调军地开拓思路,对接县应急管理局,将民兵应急器材装备需求纳入政府应急管理体系,购买装备器材充实县民兵应急器材库,为年度训练和遂行任务提供有力保障。积极改善营区办公、生活条件,全面更新维护营区营院容貌、软硬件设施。

(董昌水)

退役军人事务

【概况】 翼城县退役军人事务局于2019年2月27日挂牌成立,属政府组成部门,正科级建制。局机关设办公室、政策法规股、拥军优抚股3个内设机构,下设翼城县退役军人服务中心(翼城县军队离休退休干部休养所、翼城县烈士陵园服务中心)1个事业单位。整合县民政局退役军人优抚安置、拥军优属职责,县人力资源和社会保障局的军队转业干部安置、管理服务职责,主要职责是组织实施退役军人思想政治、管理保障等工作政策法规,负责军队转业干部、复员干部、退休干部、退役士兵的移交安置工作和自主择业退役军人服务管理等工作,组织开展退役军人教育培训、优待抚恤等,指导全县拥军优属工作,负责烈士及退役军人荣誉奖励、军人公墓维护以及纪念活动等。2021年,县退役军人事务局以党的十九大和十九届三中、四中全会精神为指引,深入学习贯彻习近平新时代中国特色社会主义思想,特别是习近平总书记关于退役军人事务工作的重要论述,全面落实县委、县政府和上级退役军人事务部门的部署和要求,紧紧围绕翼城县中心工作,严格按照年初制定的"3513"工作思路(建设三个体系,抓住五个重点,实施一个工程,开展三项活动),以党的政治建设为统领,以提升服务保障能力为目标,以"思想政治工作年""基层基础基本建设年""三零"单位创建活动为抓手,不断推进各项工作落实。

2021年9月30日,举行革命烈士纪念活动

(原财云供图)

【服务保障体系建设】 2021年，县退役军人事务局以提升服务水平和保障水平为目标，持续推进县乡村三级退役军人服务中心(站)规范化、标准化建设，力争实现从有到优的转变。规范工作运行流程，在上级“五有”“全覆盖”的基础上，结合翼城县实际，进一步细化乡镇退役军人服务站建设标准；在此基础上，在全县推行共享共建融合发展模式，即依托现有的乡镇党群服务中心、司法服务所，探索建立乡镇服务站“三室两窗口一中心”(服务站办公室、调解室、心理咨询室，服务站办公室独立设置，调解室、心理咨询室与司法所共享共建；“两窗口”就是在乡镇党群服务中心大厅开设优待抚恤、就业创业两个服务窗口；“一中心”就是依托乡镇职工活动中心打造退役军人活动中心)。加强政治文化建设，重点加强县退役军人服务中心的政治文化建设，在服务场所显著位置张贴习近平总书记关于退役军人事务工作的重要论述、英模画像、习近平总书记视察军队建设图片等内容，进一步突出党的领导主题，彰显“军”的文化特色，营造浓厚政治氛围。强化服务保障能力方面，汇编整理学习资料，坚持周二学理论、周四学业务，并适时组织业务培训，提升人员业务水平。积极参与退役军人信息采集、光荣牌悬挂、为现役军人家属上门送喜报、走访慰问、符合政府安置工作条件退役士兵待安置期间管理等工作，不断提升服务保障水平。

【政策落实】 2021年，县退役军人事务局以退役军人事务系统开展学习宣传贯彻落实《中华人民共和国退役军人保障法》和“法律政策落实年”活动为契机，结合日常业务工作，狠抓各项政策落实，切实维护退役军人合法权益。深入开展学习宣传贯彻落实《中华人民共和国退役军人保障法》和“法律政策落实年”活动。制定实施方案，明确责任分工，做好统筹结合，将党史学习教育、保障法学习宣传贯彻、法律政策落实、“八一”走访关爱活动以及日常业务工作结合起来，采取多种方式，大力开展学习宣传贯彻活动，全面落实各项政策法规。

【主题活动】 2021年，县退役军人事务局积极参加“‘老兵永远跟党走’——中国共产党成立100周年系列庆祝活动”。组织“老兵永远跟党走·传承红色基因，续写军旅荣光”作品征集活动，共向上级退役军人事务部门提交绘画、书法、诗歌等作品20余幅，分别获摄影组二等奖、绘画组三等奖和优秀奖、文章组优秀奖2个、诗歌组优秀奖。组织参加“老兵永远跟党走·让退役军人成为全社会尊重的人”主题演讲比赛。组织开展“老兵永远跟党走·把党的关爱送到老兵心中”主题慰问活动，完成对全县烈属、“最美退役军人”、老党员等走访慰问工作。积极号召社会各界参与“老兵永远跟党走·党旗飘扬在心中”知识竞赛活动。

【拥军优抚】 2021年，县退役军人事务局为全县各类优抚对象发放生活补助、丧葬补助、价格补贴、医疗补助等各类款项2008.64万元；为义务兵家庭发放优待金，发放大学生入伍奖励金；为新增60周岁农村籍退伍老兵完成申报工作；积极协调各乡镇服务站为2020年度退役士兵和2020年、2021年新入伍士兵进行信息采集和光荣牌悬挂工作；稳步推进残疾证换发工作，对全县残疾军人、伤残人民警察、民兵档案进行审核，并报送市局进行复审，配合省厅完成残疾证的审核及制证、换发工作。积极组织开展“八一庆百年”系列活动，为全县退役军人及其他优抚对象发送节日慰问短信，发放“政策宣传包”(一个纪念品、一个宣传袋、一份宣传册、一张慰问卡)；邀请翼城县获临汾市“最美退役军人”称号的牛明亮以“赓续红色记忆、奋进伟大征程”为主题讲授专题党课。

【就业创业】 2021年，县退役军人事务局为

2020 年冬季和 2021 年自主就业退役士兵发放一次性经济补助；按照上级退役军人事务部门要求完成 2019 年、2020 年、2021 年自主就业退役士兵信息下沉工作；联合县人社局等部门先后召开 2 次招聘会，为退役军人就业搭建平台；完成退役士兵高职扩招身份审核认定工作；组织 2021 年自主就业退役士兵开展适应性培训；组织退役士兵进行“人人持证、技能社会”培训；扎实做好部分退役士兵社保接续工作，实现 100% 办结。

【转业干部安置】 2021 年，县退役军人事务局严格按照相关政策规定为自主择业军转干部办理医疗保险缴纳和冬季取暖费发放，并主动协调市退役军人事务局相关人员到自主择业军转干部家中进行信息采集登记工作。严格按照规定为企业军转干部调整生活困难补助标准，足额发放 2019 年 1 月至 2021 年 9 月差额补贴，春节、“八一”等节日期间开展慰问，发放慰问费 7200 元。

【退役士兵安置】 2021 年，翼城县接收符合政府安排工作条件的退役士兵。县退役军人事务局严格按照相关政策，为他们办理落户、组织关系转接、待安置期间生活费发放、社保缴纳等相关手续。翼城县在服务中心成立临时党支部，制订学习计划，为退役士兵发放笔记本、党史学习教育资料，要求其完善学习笔记，定期上报心得体会，确保待安置期间思想政治教育不断档。组织退役士兵到局机关、服务中心进行见习，参加学校军训，参加“双减双抢”志愿服务活动。完成公开选岗工作，事业单位安置率 75%。

【烈士褒扬】 2021 年，在清明节前夕，县退役军人事务局利用 VR 技术构建网上祭扫平台，方便社会各界了解英烈故事，为先烈献花、点烛、敬酒、鞠躬，真情留言，缅怀先烈。积极配合社会各界开展红色教育。清明节，烈士陵园共接待各行政机关、企事业单位、学校、驻翼部队及社会团体 3000 余人；投入 60 余万元对县烈士陵园、南梁烈士陵园、青城烈士纪念亭、隆化村烈士纪念碑、樊店烈士纪念碑、王良烈士纪念亭、吴寨村烈士纪念碑 7 处烈士纪念设施进行修缮；配合退役军人事务部启动的“为烈士寻亲”活动，及时为翼城县烈士续延德寻找到亲人，并陪同烈士子女续忠章到陕西省宝鸡市扶眉烈士陵园进行祭扫。6 月 18 日，翼城县烈士陵园讲解员王瑞娜参加由山西省退役军人事务厅举办的“致敬国家丰碑”全省讲解员大赛，获山西省第一名，并于 10 月 28 日代表山西省到北京参加由中央广播电视台制作播出的“致敬国家丰碑全国红色故事讲解员大赛”电视赛段的比赛。

2021 年 4 月 3 日，翼城县退役军人事务局上门核实确认续延德烈士后人续忠章　（原财云供图）

（原财云）

人民防空

【人防工程】 2021 年，翼城县人防工程建设遵循“长期准备、重点建设、平战结合”的原则。年内人防工程按要求施工。

【人防宣传教育】 2021 年，县人防办结合“5 · 12”“9 · 18”等重要节点，开展安全发展、防空防灾和人防知识等宣传教育活动，不断提升人民群众对人防的认识。

（孙　飞　郑华风）

经济管理

发展与改革

【概况】 翼城县发展和改革局是县政府综合经济部门,承担全县地区生产总值(GDP)、固定资产投资两项考核指标,负责规划计划编制、重大项目谋划储备和资金争取、应急救灾物资和日用品储备、涉案价格认证、成本调查等工作。县发展和改革局内设办公室、固定资产投资股、社会发展规划股、产业发展规划股、物价管理股。下辖直属事业单位翼城县价格认证中心、粮食储备服务中心。现有43人,其中公务员16人、机关工勤人员1人、事业人员26人。翼城县发改局党支部成立2个党小组,有党员25人。

【促进经济增长】 2021年,翼城县经济和社会发展基本面较好,全县生产总值略有提升。全县经济和社会发展基本面较好,全县生产总值略有提升。全年实现地区生产总值90.5亿元,按不变价格计算,比上年增长9.5%,高于目标增速2个百分点。其中,第一产业增加值15.2亿元,增长8.5%;第二产业增加值27亿元,增长14.5%;第三产业增加值48.4亿元,增长7.8%。全年全县固定资产投资完成17.7亿元,同比下降0.3%。

【推进项目建设】 2021年,县发展和改革局抓项目谋划,推动项目尽早开工。指导各部门开展项目谋划工作,强化项目储备。起草印发《翼城县转型项目建设2021年行动方案》,统筹基础设施和社会民生两大领域,建立从项目谋划储备至竣工投产全流程推进工作新格局。

2021年,翼城县确定市县重点项目27个,总投资192.38亿元,年度计划投资27.73亿元。其中,新建项目21个,续建项目6个。开工15个(6个项目前期),开工率为100%;6个续建项目全部复工,复工率100%。截至2021年年底,实际完成投资13.5亿元,占年度目标任务的86%。

紧扣高质量发展目标,依托翼城县资源、区位、产业等优势,瞄准“六新”突破、“两重一大”、传统产业提级升档等产业,滚动接续、梯次推进精准谋划储备项目,为转型出雏形提供项目支撑。截至2021年年底,全县谋划储备“十四五”时期项目287个,总投资2029.9亿元。按行业领域分类,产业类项目117个,总投资1784.1亿元;基础设施类项目57个,总投资159.9亿元;社会民生类项目113个,总投资85.9亿元。按投资规模分类,1亿元以下项目192个,总投资52.6亿元;1亿~5亿元项目60个,总投资118.9亿元;5亿~10亿元项目12个,总投资78.2亿元;10亿元以上项目23个,总投资1780.2亿元。

按照市委、市政府谋划2022年项目“四张清单”的部署,先后下发《关于进一步做好项目谋划储备工作的通知》等5个文件,分四批次进行论证、筛选,谋划储备2022年项目55个,总投资255.1亿元,年度计划投资30.2亿元。其中,谋划建设项目37个,总投资209.3亿元,年度投资30.2亿元,年度投资对固投任务的支撑度为120.8%;申报2022年省级重点工程项目5个,总投资171.3亿元,年度计划投资19.3亿元;申报专项债券的项目有9个,项目总投资21.8亿元,拟申请专项债券额度9.6亿元;申请2022年中央预算内投资项目20个,总投资23.4亿元,拟申请资金额度3.8亿元。

根据省发改委关于建设省级“新基建”项目储备库的通知精神,组织梳理谋划上报“新基建”项目6个,总投资2.3亿元。其中,智能新型城市领域项目2个、智慧民生领域项目2个、大数据项目1个、智慧能源领域项目1个。

密切关注国家宏观政策动向,认真钻研国省资金投向,多渠道捕捉有效信息,抢抓政策红利。组织印发专项文件、召开专题会议,开展业务培训,指导相关部门积极谋划争资项目,完善项目前期,提高争资项目的成熟度。2021年,申报中央预算内投资项目3个,争取中央资金2900万元。其中,殡仪馆建设项目在原下达340万元的基础上新增300万元,疾控中心实验室项目争取中央资金1600万元,山西黄河流域浍水文化长廊项目拟争取中央资金2000万元。申报三期债券项目7个,分别是翼城县第二污水处理厂项目7500万元、县人民医院迁建工程门急诊楼项目5000万元、全域旅游配套基础设施提升项目2.3亿元,共争取债券资金3.45亿元。争取省级前期工作补助项目4个,资金202万元。

积极与上级部门对接,县通用航空机场项目列入山西省“十四五”专项规划,翼城钢铁新材料园区项目被纳入山西省2021年重点建设项目,为项目前期手续办理和落地建设按下了“快捷键”。

【保障民生发展】 2021年,县发展和改革局建立健全价格形成机制、调控机制、服务机制、保障机制和协调联动机制,保持物价总体稳定。

着重加强与群众生活生产密切相关的粮、油、肉、蛋、菜等29种生活必需品的价格监测,采集上报价格数据1000余条。有序开展小麦、玉米成本预测调查、小麦直报调查和农资调查,为上级决策提供基础依据。

完成价格鉴定69件,涉案价值65.95万元,为打击经济、刑事犯罪,保障社会和谐稳定发挥了积极作用。

按照省市对冬奥会期间生活物资保供稳价工作的要求,制定下发《翼城县冬奥会期间保供稳价工作实施方案》,协调工信、市场监管、交通运输、农业农村等部门对生活物资及时排查、摸清底数,加强储备监测、价格监测预警等工作,确保及时响应、保障民生。

【信用体系建设工作】 2021年,县发展和改革局充分发挥信用在创新监管机制、提高监管能力和水平方面的基础性作用,全面开展全县信用体系建设工作,在全市综合考核中,翼城县综合排名第一。

组织召开全县2021年社会信用体系建设暨“双公示”工作推进培训会议,印发《关于建立翼城县社会信用体系建设联席会议制度的通知》,对领导机构和工作机构进行调整完善,成员单位由2020年的39个增加为48个。集中对90名信用工作人员进行现场培训,提高其实际操作水平。

按照“周报制”工作要求,常态化进行“双公示”等信用信息归集报送。全年共向市信用共享平台推送“双公示”信息及“双公示”外信息11154条。严格落实市发改委《关于转发山西省发展和改革委员会关于全面开展“双公示”历史错误数据专项治理的通知》要求,开展全县“双公示”历史纠错工作,共纠正历史错误数据4730条。加强典型经验宣传报道,及时收集汇总各基层单位信用工作动态文章,推送至《信用临汾》网站稿件21篇。

维护失信主体企业的合法权益,消除不良影响。先后对阳泉煤业集团翼城山凹煤业有限公司进行2次失信提示和警示约谈,督促其在规定期限内纠正失信行为,并对2条行政处罚信息进行修复。对国营锻造厂进行1次失信提示和警示约谈,并对1条行政处罚信息进行修复。

广泛宣传,积极吸纳企业入驻"信易贷"平台,解决翼城县中小微企业融资难问题。入驻企业14家,授信金融产品数2个;授信1笔(翼城县永固门业),授信金额10万元;正在对接7笔,意向金额2800万元。

【物资储备工作】 2021年,县发展和改革局按照"宁可备而不用,不可用而无备"的工作要求,认真落实应急救灾物资储备要求。2021年汛期,综合评定原有的仓库隐患,选择更换了满足条件的仓库,对原有的物资重新进行整理和补充。同时与红十字会、民政局对接,做好应急物资的交接工作。联合县应急局、财政局出台《翼城县县级应急物资管理暂行办法》,加强对应急物资发放、回收管理。另外,严格按照发布公告、综合评审、现场考察、会议通过的程序,对报名参与生活应急品代储的4家商户进行了遴选,最终确定信誉、规模、轮换都符合条件的华夏商贸有限公司为翼城县生活应急物资供应代储商,提升综合应急保障能力。

【科学编制规划纲要】 2021年,县发展和改革局贯彻落实《翼城县国民经济和社会发展第十四个五年规划和2035年远景目标纲要》(简称《纲要》),确保《纲要》中的任务举措全面落地落实,从重大政策、重大技术、重大改革、重大平台、重大工程项目5个方面梳理出152项重点任务,其中"重大决策"方面49项、"重大技术"方面10项、"重大改革"方面19项、"重大平台"方面14项、"重大工程项目"60项。对于各项重点工作任务,逐条逐项分别明确了牵头部门和配合部门。

根据"十四五"时期山西"转型出雏形"的重大任务,围绕习近平总书记对山西"六新"发展的重要指示,以及高品质生活、区域融合发展、现代服务业与现代物流业面临的新机遇和新挑战,在深入调查研究和科学分析的基础上,进一步明确总体思路、主要任务、工作重点和政策措施,组织专业团队编制了高品质生活、区域融合发展、现代服务业、现代物流业、转型综改实验重大改革、新基建新业态等专项规划。

【项目库建设】 2021年,县发展和改革局根据省、市发改委安排,为构建横向到边、纵向到底、各负其责的一体化项目推进机制,把加强国家重大建设项目库和山西省项目管理库运用作为推进项目建设的重要抓手之一,按照项目成熟度和重要性建立储备项目库、年度建设项目库、重点项目库3个子库,实现了省、市、县三级项目库互联及与各行业主管部门子项目库互联,所有入库项目按月更新、标签化管理、差异化调度,安排专人负责、专责维护、定期调度。实现时时掌握项目手续办理、投资推进、建设进度等情况,及时了解项目推进存在的堵点难点、企业诉求并反馈相关部门办理的项目推进闭环管理。

【完善依法行政制度】 2021年,县发展和改革局切实加强法治政府建设工作,全面推进依法行政,深入开展普法宣传教育,干部职工的法律素质和依法行政水平不断提高。严格规范行政执法行为,严格落实行政执法责任制、执法公示制和执法过错责任追究制的行政执法三项制度。积极落实县政府关于推行政府法律顾问制度的要求,聘请相关律师为该局法律顾问,开展法律知识辅导讲座,在工作中遇到相关法律问题,及时与法律顾问交流、请教,妥善处理。尤其是在一些规范性文件的制定、合同签订、重大行政执法决定等方面法律顾问给予审核把关。切实加强价格认定工作的规范化建设,深入学习价格认定工作的各项规定、规则,不断提高人员综合能力。推进价格监测,规范成本监审,稳定价格总水平。推进民生商品价格监测工作日常化,及时、准确地采集审核价格监测数据，持续发放物价补贴，稳步有序推进成本监审与农本调查工作，成本监审与农本调查工作受到省市表扬。

（刘新有）

自然资源管理

【概况】 翼城县自然资源局于 2019 年 2 月 27 日正式挂牌组建，为正科级建制，属县政府组成部门，统一行使全县全民所有自然资源资产所有者职责，统一行使全县国土空间用途管制和生态保护修复职责，内设 6 个股室、3 个事业单位。

【国土收益】 2021 年，完成国有建设用地供应 13 宗，面积 624.072 亩。其中，划拨 7 宗，面积 569.304 亩；出让 5 宗，变更用途 1 宗，面积 54.768 亩，收缴土地出让金 7146.5 万元。

2021 年 3 月，对南梁镇的废旧看护房进行拆除
（张超供图）

【耕地保护】 2021 年，县自然资源局落实耕地保护目标责任制，严格按照“占一补一，占优补优”的原则确保耕地占补平衡，坚决遏制各类非法占用耕地行为。全县有耕地 55.62 万亩，基本农田保护面积 43.81 万亩，耕地保有量、基本农田保护面积数量不减少，质量有提高。开展永久基本农田核实整改补足工作，对下发 2.0468 万亩划定不实的永久基本农田进行补划，成果上报省厅。加强设施农业用地管理，严格规范设施农业用地备案和备案信息汇交要求，117 宗设施农业用地完成上图入库工作。

【用地报批】 2021 年，县自然资源局共上报省政府 3 个批次（殡仪馆项目、桐封技师学院、三号旅游路）用地申请，面积 981.53 亩，其中县殡仪馆项目省政府已批复。经市政府批复 1 个批次（东西郑村文化广场和浍史村美丽乡村文化休闲广场），面积 11.36 亩。正在组卷上报农转用 1 个批次，为灾后恢复重建项目，涉及 6 户，面积 1.87 亩。

【服务县重点项目】 2021 年，县自然资源局全面启动晋南钢铁公司、山西闽光公司、钢铁园区（上高）还迁房 2593 亩征地工作。截至 2021 年年底，上高还迁房、闽光项目已发布征地补偿安置公告，正在签订搬迁补偿协议，晋南钢铁公司项目完成土地现状调查 530 亩，发布征地补偿安置公告。

【规划编制】 2021 年，县自然资源局按照省厅、市局要求的时间节点完成国土空间规划编制的相关工作。完成 10 项专题研究、中心城区航飞正射影像图及 1：2000 地形图制作、自然保护地整合优化预案编制，初步划定 3 条控制线，完成国土空间规划“一张图”监管系统建设和国土空间规划初稿编制；完成翼城县新城片区重点地块城市设计初稿编制工作，组织专家研讨审核；起草并印发《翼城县农村自建房规划管理实施细则》。

【地质灾害防治】 2021 年，县自然资源局制定 2021 年度地质灾害防治方案，细化防治内容，明确防治责任；扎实开展汛期地质灾害“三查”（汛期排查、汛中巡查、汛后核查）工作，对全县 67 处地质灾害隐患和高陡边坡安全隐患建立动态管理台账，分类细化防治措施，对重危隐患区做到应撤必撤、应搬尽搬，累计搬迁受威胁群众 39

户80人,确保安全度汛。开展城区规划控制范围内地质灾害危险性评估工作,为各类建设项目提供安全保障。扎实开展灾后重建工作,组织专业技术人员对因强降雨造成的64处风险隐患进行甄别核查,针对性提出处置措施及防治建议,对178户异地新建、原址重建的受灾户开展地质灾害危险性评估工作。完成2020年52户农村地质灾害治理搬迁任务,开工、竣工、入住率均为100%。2021年,21户签订搬迁协议,其中17户完成搬迁、拆除和资金拨付。扎实开展唐兴镇东关村黄土崩塌地质灾害治理项目,该项目总投资1316.6151万元,完成旧房拆除45户、残渣清运5137.17立方米、浆砌挡土墙480余米、格构梁刻槽148米、排水渠修筑和绿化等工程,正在进行土方回填、格构梁刻槽、锚索注浆等工作。

2021年,唐兴镇东关村黄土崩塌地质灾害治理项目开展 (张超供图)

【矿政管理】 2021年,县自然资源局完成全县34个持证矿山企业信息公示工作,信息填报率、公示率均达100%。开展矿业权与各类保护区核查退出工作,办理晟泰青洼煤业退出文物保护区变更矿区范围工作。积极开展露天矿山综合整治工作,32个问题"清零"。实现矿产资源行政审批事项"三级联办",全年办理行政审批审查业务10件,其中采矿权延续审查8件、划定矿区范围1件、采矿权变更审查1件。

【执法监察】 2021年,县自然资源局严厉打击自然资源非法违法行为。全年共立案查处自然资源违法案件26宗,收缴追缴罚没款345万元。靓城提质"三拆行动"中,全年拆除违章建筑17宗,拆除建筑面积1104平方米。

开展农村乱占耕地建房问题整治工作。在前期完成国家、省下发的7025宗图斑摸排的基础上,2021年拆除180个乱占耕地建房,其中下发图斑问题40个、图斑外问题140个。经排查,全县2021年无新增农村乱占耕地建房问题情况。

扎实开展"大棚房"问题清理整治"回头看"工作。对全县9个乡镇4646个设施农业用地(面积16909.6005亩)进行"回头看",未发现"大棚房"问题。对全县2018—2020年判定的157个设施用地和省下发的3163个设施用地辅助图斑进行核实,不存在"大棚房"三类问题(一是以设施农业为名占用耕地违法违规建设与农业发展无关的设施;二是在农业大棚内违法违规占用耕地建设住宅、餐饮、娱乐等非农设施;三是农业大棚看护房建设面积严重超标准)。

【生态修复】 2021年,县自然资源局开展矿山生态修复治理工作。督促全县各持证企业完成年度修复治理任务,组织对历史遗留矿山企业进行修复治理,建立全县历史遗留矿山企业矿山生态修复治理台账,完成翼城县丹子山、李家峪二号等8家历史遗留矿山企业生态修复项目,并组织竣工验收。上报翼城县2021年历史遗留废弃矿山生态修复计划表,积极争取黄河流域重点地区历史遗留矿山生态修复项目,省财政厅批复项目资金,待省自然资源厅下发实施方案,严格按照要求有序实施治理项目。开展采煤沉陷区搬迁后拆除复垦工作,编制2021年采煤沉陷区综合治理旧房拆除及土地复垦项目初步规划与预算,完成专家评审工作,在开展财政资金评审中。

【不动产登记】 2021年,县自然资源局完成"互联网+不动产登记"第一期建设目标,满足

“三晋通”手机 APP 网上查询、个人二手商品房买卖等业务。农村宅基地和集体建设用地房地一体确权登记颁证工作中，完成 112 个行政村房屋调查测绘；办理抵押登记 135 件、预告登记 1389 件、注销登记 793 件，协助司法查解封登记 64 件，为群众开具不动产查询证明 6219 份。房屋产权登记确权颁证“清零行动”，截至 2021 年年底，翼城县完成首次登记 7570 套房屋，占应处遗数的 84.1%；完成首次转移登记 7246 套房屋，占应处遗数的 80.5%。

【信访工作】 2021 年，县自然资源局牢固树立“信访无小事”观念，做到事事有交代、件件有着落。2021 年受理信访件 21 件，其中各级转办 17 件、来电 1 件、来访 3 件，全部办结。受理市长热线工单 108 件，全部回复。

（张　超）

审　计

【概况】 2021 年 6 月，县委审计委员会研究县审计局 2020 年工作情况，审议通过 2021 年审计项目计划。2021 年，审计局完成 10 大类 50 个审计项目，其中预算执行审计 8 个、政府投资审计 9 个、自然资源资产审计 1 个、乡镇决算审计 2 个、经济责任审计 23 个、财务收支审计 2 个、上级审计机关安排的审计项目 3 个、上级部门安排的审计项目 1 个、复审项目 1 个。揭露违规金额 890 万元、损失浪费金额 117 万元、管理不规范金额 47699 万元，发现非金额计量问题 85 个，提出审计建议 101 条，提交审计信息 87 篇，移送纪委监委案件线索 13 个，移送上级主管部门案件线索 5 个，核减工程造价 3003 万元，有效保障了财政资金规范运行。

【预算执行审计】 2021 年，县审计局开展预算执行审计，计划审计单位 8 个，完成 8 个。围绕县人大批复的年度预算及执行情况，对县级财政以及教科局、住房和城乡建设局等 8 家一级预算单位 2020 年度预算执行情况进行审计，通过揭示问题、剖析原因、提出建议，有效推动县级财政建立全面规范透明、标准科学、约束有力的预算制度。在全面完成工作的基础上，采集 67 家一级预算单位电子账务，送省审计厅进行大数据分析。

【政府投资审计】 2021 年，县审计局计划审计项目 9 个，完成 9 个。围绕县委、县政府的中心工作，全力推进政府投资审计从单一工程造价审计向全面投资审计转变，制定《翼城县审计局政府投资项目审计实施办法》，注重对基本建设程序、资金管理使用、项目建设管理情况进行审计，对审计项目采取招投标、公开询价的方式聘请中介公司，按照上级审计部门专项整治部署和本局实施方案，强化对协审中介机构的管理。

【经济责任审计】 县审计局根据县委组织人事部门建议，本着突出重点统筹安排的原则，2021 年安排 23 个单位的领导干部经济责任审计，工作方案重点关注领导干部在任职期间，对其管辖范围内贯彻执行党和国家经济方针政策、决策部署、管理公共资金、国有资产、国有资源等有关经济活动履行职责的情况。

【乡镇决算审计】 2021 年，计划审计单位 2 个，完成 2 个。乡镇决算审计重点关注扶贫救灾、社会保障、国家政策性补贴等资金管理使用情况，同步实施的自然资源资产审计坚持问题导向、客观求实、鼓励创新、推动改革的原则，财务决算审计以财务收支的真实性、合法性为具体目标，切实做到一审多果、提高效率。

【财务收支审计】 2021 年，计划审计单位 2 个，完成 2 个。在县委审计委员会统一安排下，对县检察院、法院 2 个单位的财务收支审计按期完成。在收入方面，重点关注事业性收费的合规性，有无擅自设置项目、超范围、超标准收入，是否全部入账，有无先分后收、多分少收以及坐支的现象；在支出方面，主要审查各种支出费用是否违反了国家有关规定，是否真实合法。财务收支审计有效促进被审计单位的财务管理。

【自然资源资产审计】 2021年，计划审计1个单位，完成1个。按照“摸清情况、揭示问题、分析原因、界定责任”的总体思路。审计以摸清唐兴镇主要自然资源资产实物量和生态环境质量变化情况为基础，以自然资源资产管理和生态环境保护责任链条为主线，对土地资源、森林资源、大气污染防治等重点领域进行审计，揭示了项目未办理环评审批手续、擅自开工建设等问题，促进领导干部更好地践行新发展理念，促进生态文明建设。

【探索重大项目稽查】 2021年，县审计局聚焦县级重大项目，试点对县人民医院迁建、雨污管网分离等重大项目稽查，逐步推进对县级重大项目稽查，主要是检查建设项目的招标投标、工程质量、进度等情况，跟踪监测建设项目的实施情况，检查被稽查单位的财务会计资料以及与建设项目有关的其他资料，对2020年全面铺开重大项目稽查进行尝试。

【复审项目】 2021年，复审项目计划1个，完成1个。按照市局的要求，县审计局随机抽取预算执行和政府投资项目进行复审，检查审计质量责任、审计职业道德、审计人力资源、审计业务执行、审计质量监控等方面，重点关注审计结论的恰当性、审计处理处罚意见的合法性和适当性，起到规范审计行为、提高审计质量、防范审计风险的作用。

【专项审计】 2021年，上级审计部门统一安排专项审计3个，完成3个。重大政策措施落实情况跟踪审计，重点审计以前跟踪审计发现问题的整改情况，抽查了10个部门单位、6个项目，涉及财政金额152.21万元，对重要事项进行必要的延伸和追溯。完成审计署太原特派办在山西省2020年第四季度新增财政资金直达市县基层直接惠企利民问题整改工作。2021年，防汛救灾资金和物资跟踪审计，摸清防汛救灾财政专项资金和捐赠款物的规模以及分配、管理、使用等情况，揭示救灾资金和物资分配使用中存在的突出问题，促进救灾款物安全、规范、高效地管理使用。

【信息化项目审计】 2021年，上级部门交办的任务1个，完成1个。上级部门交办的信息化项目审计，对17家单位45个信息化项目开展专项审计，重点关注项目建设领域预算编制及执行、重大事项决策、项目审批、招投标、资金筹集及使用等方面存在的突出问题。

【工作作风建设】 2021年，县审计局扛起主体责任，抓牢党风廉政。局党组切实扛起全面从严治党主体责任，局党组专题学习全国、全省审计机关党风廉政建设大会精神，结合实际、深入研究，制定《翼城县审计局2021年廉政风险防控工作实施方案》《翼城县审计局党组领导班子责任清单》《翼城县审计局党组成员责任清单》，对党风廉政建设工作内容进行细化分解，明确党组成员的具体责任，并进一步完善《党风廉政建设责任制考核办法》，明确2021年党风廉政建设工作要点，组织全体人员学习“四风问题典型案例”“违反中央八项规定精神通报”“党员干部违规入股”等内容，观看反腐倡廉《以镜为鉴》等视频，要求相关人员填报个人廉洁信息登记表，有效提高了审计人员廉洁从审的责任感和自觉性。

严格审计纪律，坚持全程管控。严格执行各项廉政纪律、审计“四严禁”工作要求、“八不准”工作纪律，在审计项目工作进点前，由局领导对审计组人员开展集体廉政提醒谈话，指定审计组长对审计项目负总责，每个项目明确一名廉政监督员，张贴审计公示和监督电话、悬挂意见箱。

审计结束后,请审计单位据实反馈审计组执行审计纪律情况。为进一步做好程序管控,在所有审计项目中,审计通知下发、实施方案制定、外出延伸调查、发现问题处罚、重大事项处理等重要环节,均通过局党组会议研究,杜绝了审计组的自由裁量权,有效减少了廉洁风险,提高了审计质量。

加强法治建设,规范权力运行。紧紧围绕法治政府建设及审计工作重心,不断提升审计法治工作水平,做到在法定职责范围内开展审计工作、依照法定权限、遵守法定程序实施具体审计行为,所有审计结果有充足的事实依据和相应的法律依据。以"12·4"全国宪法宣传日为契机,通过发放资料、现场宣讲等形式积极向被审计单位、向社会各界宣传宪法和审计法律法规,运用法治思维和法治方式推动审计工作高质量发展。

【整改工作】 2021年,县审计局协助省审计厅对原县委书记杨春权任期经济责任审计和自然资源资产离任审计发现问题整改工作。按照县委常委会会议精神,对两个报告的41个问题进行梳理,将问题细化到18个责任单位并负责督促整改,已整改到位。

推进市审计局对原县长高永贤任期经济责任审计、县人民政府2018—2019年财政决算审计、原县长高永贤自然资源资产离任审计发现问题整改工作。按照县政府常务会议安排,对77个问题梳理汇总,明确34家责任单位,所有问题整改到位,形成3篇整改报告及时报送市审计局。

组织经济责任审计成果运用自查自纠工作。按照《中共山西省委办公厅、山西省人民政府办公厅关于印发〈近三年领导干部经济责任审计发现问题情况通报〉的通知》文件精神,及时提请召开县委常委会会议,制定《翼城县经济责任审计成果运用自查自纠工作方案》,明确自查自纠工作分全面检视、较真整改、健全机制三个阶段推进。全县68家单位自查自纠,梳理汇总为18项问题,上报省市,此项工作的开展使全县各单位遵守财经法规的意识进一步提高。

(薛正匡)

统　计

【概况】 翼城县统计局是政府主管统计工作的职能部门,主要职责是认真贯彻执行国家统计调查制度,对全县国民经济和社会发展情况进行统计调查和统计分析,实行统计监督,并承担全国人口普查、农业普查、经济普查工作以及国家统计调查和地方统计调查任务。机关设一室两股,下属翼城县统计调查队1个事业单位,现有干部职工24人。局支部共有党员14人。

【统计基层基础建设】 2021年,县统计局按照全市统计基层基础规范化提升年活动要求,严格对照标准,按照机关、乡镇、部门、企业四大板块,由分管领导具体牵头,分类施策予以推进。在机关开展制度上墙、版面换新以及专业台账评比活动,对局档案进行专业化、标准化整理,充实统计力量,优化办公环境,粉刷办公室墙面,更换窗户、窗帘,机关整体活力和环境面貌得到提升。加强乡镇换届期间统计规范化建设,县政府下发《关于进一步加强镇村统计规范化建设的通知》,明确统计分管责任人,所有新任职乡镇统计员全部在县局备案并组织专题培训,对乡镇统计档案进行回头看和整理完善,村级统计员待换届完成后统一培训。高度重视部门统计工作,各涉统职能部门全部明确统计分管领导和专职联络员,县局以"入企入园入区"活动为抓手,紧密联系各部门,主动上门服务,加强协作沟通,促进指标调度更加顺畅。对企业和项目单位逐个开展规范化检查验收,对相关统计人员进行全方位培训,最大程度稳定企业统计队伍。特别是把一套表调查单位入库退库作为重要抓手，细之又细做好入库纳统工作。2021年，完成“山凹能源”剥离入库任务，积极配合发改、工信等部门和中小企业做好10家工业“小升规”、9家服务业企业和7家个体企业的“限下升限上”工作，新组织项目入库49个，全县在库项目共81个，其中房地产项目11个。

【创新统计服务】 2021年，县统计局立足于服务决策、服务发展、服务民生，创新服务方式，丰富服务产品，增强服务意识，为推动县域经济高质量发展贡献统计力量。

2021年9月17日，翼城县统计局开展第十二届“中国统计开放日”宣传活动 （贺彦杰供图）

在服务决策方面，年初在全县党代会、经济工作会议、“两会”等大型会议上发放《主要经济指标应知应会学习手册》《统计资料专刊》等资料，为与会领导提供数据参考，为社会各界了解翼城发展、谏言经济建设提供翔实依据；坚持每月向县委、县政府领导和四大班子提供《经济运行监测》和月度分析报告，加入统计重点工作宣传、统计月历指标解释等内容，供领导决策参考。加大年度信息工作力度，组织对上年信息工作进行表彰，截至10月，全局共撰写上报各类信息156条，被市局内网采用84条，被省局内网采用6条。

在服务发展方面，发布年度《翼城县情概览》，增加全县经济工作主要精神、重点统计工作解读、重要统计公报等内容，同时借鉴省市资料发布经验，增加个性特色单元内容，对外观进行新颖设计，使资料更加专业化、更具地方特色；及时编印内部季度刊物《翼城统计》，刊登上级统计政策、主要指标动态、日常工作美篇等专栏内容，报送四大班子和主要部门阅览，扩大统计工作影响；坚持每五年对县域经济和社会事业发展方面的部门资料和统计资料进行统一整理，在“十五”“十一五”“十二五”资料的基础上，编辑完成并印刷了“十三五”资料。特别邀请市局副科长杨佳蓉到翼城县在第62期“翼城大讲堂”授课，进一步提高全县各级领导及各部门负责人统计专业能力。

在服务民生方面，为庆祝中国共产党成立100周年编写《忆党恩、用数据回顾唐尧大地百年风华；跟党走、新时代讲述翔山浍水辉煌新篇》等统计资料，并公开展出和刊发，用一系列统计数据展示翼城经济发展的辉煌成就。为让社会各界加深对统计工作的了解，及时印制调查单位入库纳统业务指南、“项目大起底”统计知识手册等专业宣传彩页，充分利用统计开放日、普法宣传日等节点向社会公开发放，扩大入统知识宣传面。各类统计公报及时在县政府网站发布。与县融媒体中心深度合作，在《今日翼城》、爱翼城APP等县主要媒体平台发布普查公报、统计公报、统计政策等，让统计工作走近群众生活。翼城县第七次全国人口普查工作完成，普查公报发布，公报数据翔实，准确反映了全县人口总量和年龄结构，为县委、县政府制定政策提供有力的参考，总结专题片同步录制完成。

【依法治统】 2021年，县统计局把提升数据质量作为提高依法治统水平的重要环节，深入营造依法统计的良好社会氛围。在普法层面，2021年，县政府常务会议专题研究统计工作1次。以《山西省统计条例》颁布实施为契机，充分利用统计开放日等时间节点深入开展法治宣传活动，并组织对《中华人民共和国行政处罚法》等法律法规进行全员普法教育。切实推进统计法进党校，局党组成员、副局长辛淑珺在第5期乡科级主体班上以《牢筑法治思想防线、提升依法统计水平》为题作专题培训。增加统计调查对象的统计法律意识,年初与各统计对象签订年度统计诚信承诺书,在各专业年报会议中全程融入统计法律法规培训。在执法层面,深入推进防范和惩治统计造假、弄虚作假专项整治,派员参与全市统计执法检查,认真开展“防弄虚作假,防少报漏报”入企指导服务,组织定期进行数据质量核查,已组织查处违法案件1起。积极发挥法律顾问作用,对现有行政权力事项进行认真细致的梳理,参与营商环境创建,努力构建良好统计生态。

【第七次全国人口普查工作】　第七次全国人口普查工作是翼城县重要国情国力普查,县委、县政府高度重视人口普查工作,县委常委会会议、县政府常务会议专题部署。县政府成立以县委常委、常务副县长为组长,19个县级部门横向联动,10个乡镇纵向推进的一体化工作格局,为普查工作开展奠定扎实的组织基础。经过县乡两级的共同努力,翼城县第七次全国人口普查各项工作完成。

(贺彦杰)

市场监督管理

【概况】　翼城县市场监督管理局于2019年2月19日挂牌组建,将原县工商和质量监督管理局的职责、原县食品药品监督管理局的职责,以及县发展和改革局的价格监督检查职责、县经济和信息化局的酒类商品监督管理职责、县教育科技局、县科技服务中心的专利管理职责,县供销合作联社的盐业监督管理行政职能整合,作为县政府工作部门,为正科级建制,承担县食品安全委员会的日常工作。翼城县标准化和质量强县领导小组办公室、翼城县食品安全委员会办公室、翼城县知识产权战略实施工作局际联席会议办公室、翼城县打击侵犯知识产权和制售假冒伪劣商品工作领导小组办公室、翼城县公平竞争审查工作联席会议办公室、翼城县部门联合“双随机、一公开”监管工作办公室、翼城县药品安全和高质量发展委员会办公室7个议事机构办公室均设在县市场监督管理局。全局现有干部职工157人,其中公务员48人、工勤人员8人、事业人员101人(含未占编21人)。内设办公室、人教股、财务股、法规股、执法监督股、信用监督管理股、消保和市场交易监管股、网络交易监管股、广告监管和知识产权股、质量安全监管股、食品安全协调股(县食品安全委员会办公室)、食品安全监管股、药械化妆品安全监管股、食品药品安全抽检检测股、特种设备安全监管股、标准计量认证股、非公经济组织党建股、机关党建办公室、群团办公室19个股室,派出唐兴市场监督管理一所、唐兴市场监督管理二所、唐兴市场监督管理三所、南梁市场监督管理所、里砦市场监督管理所、隆化市场监督管理所、王庄市场监督管理所、中卫市场监督管理所8个市场监管所。下设消费者协会、民(私)营企业协会、个体劳动者协会、质量检验协会和“12315”消费者申诉举报中心5个事业单位。翼城县市场监管综合行政执法队成立,实行“局队合一”“所队合一”体制。

【机构改革】　2021年,县市场监督管理局根据《关于翼城县市场监督管理局所属事业单位机构编制调整的通知》(翼编办字〔2021〕54号)文件精神,将翼城县市场监督管理局投诉举报中心并入翼城县市场监管综合行政执法队、将翼城县粮食流通管理稽查队并入翼城县市场监管综合行政执法队。改革后,翼城县市场监督管理局共保留事业单位13个:翼城县市场监管综合行政执法队，正科级建制，公益一类；翼城县唐兴市场监督管理一所（唐兴市场监管综合行政执法一分队），股级建制，公益一类；翼城县唐兴市场监督管理二所（唐兴市场监管综合行政执法二分队），股级建制，公益一类；翼城县唐兴市场监督管理三所（唐兴市场监管综合行政执法三分队），股级建制，公益一类；翼城县南梁市场监督管理所（南梁市场监管综合行政执法分队），股级建制，公益一类；翼城县里砦市场监督管理所（里砦市场监管综合行政执法分队），股级建制，公益一类；翼城县隆化市场监督管理所（隆化市场监管综合行政执法分队），股级建制，公益一类；翼城县中卫市场监督管理所（中卫市场监管综合行政执法分队），股级建制，公益一类；翼城县王庄市场监督管理所（王庄市场监管综合行政执法分队），股级建制，公益一类；翼城县消费者协会；翼城县个体劳动者协会；翼城县民营企业协会；翼城县质量检验协会。

【执法队伍建设】 2021 年，县市场监督管理局夯实执法队伍建设，紧抓省、市、县举办各种培训班的机遇，鼓励单位工作人员积极参加培训学习，不断增强自身实力。季瑞获得临汾市市场监管系统执法能手称号。县市场监督管理局持续开展法律法规业务培训，不断提高执法人员的法律素质和执法水平。通过学习和专题培训，培养和造就了一批熟悉业务的执法专业人才，在强化市场监管、维护市场积极秩序中的发挥出重要作用。

【依法行政】 2021 年，县市场监督管理局严格落实执法责任制，进一步推进依法行政工作。按照权责清单牵头部门要求，梳理出 6 类 582 项行政职权事项清单（1 项行政许可、5 项其他权利、546 项行政处罚、23 项行政强制、6 项行政奖励、1 项行政裁决）并装订成册，明确了行政执法主体、职责、权限、依据，为完成行政执法三项制度中的行政执法公示制度和重大执法决定法制审核和集体讨论制度的动态完善奠定了基础。印制新版执法文书，及时传达新修订法律法规，保障全局行政执法工作顺利开展，同时对一般程序案卷的执法程序、违法事实、自由裁量权、法律法规运用等方面出现的问题逐案进行指正修改，实行严格把关、严格审核。严格执行案件审核制度，强化案件审核，提升办案水平。审核案件时，在事实清楚、证据确凿的基础上也要对自由裁量进行把关，及时与法律顾问商讨，并对重点案件按照行政执法三项制度的要求，由局部门负责人集体讨论决定。2021 年，办理一般程序案件 55 起、简易程序案件 67 起，全部按程序办结，罚没款 503167 元，没有行政复议和行政诉讼案件。

【市场监管综合行政执法】 2021 年，县市场监督管理局充分发挥执法监督和市场综合执法“局队合一”的优势，制定《关于开展“长江禁捕、打非断链”专项行动“回头看”》《关于开展民生重点领域价格和收费专项检查》《关于开展严厉查处违法加油站点专项行动工作方案》《2021 年民生领域案件查办“铁拳”行动实施方案》《关于开展校外培训机构收费行为专项检查》《翼城县 2021 年打击侵权假冒宣传工作方案》《翼城县严厉打击黑加油站点专项行动工作方案》《翼城县开展侵权假冒商品集中销毁活动计划》等方案，并开展相关活动。深入开展“保价格，保质量，保安全”行动，对全县 23 家食品生产企业开展规范食品标识标注行为专项检查；对 42 家零售企业和医疗机构开展中药饮片专项检查及特殊药品和带量采购药品安全检查，严厉打击制假售假的违法行为；对全县 15 家中学教育收费进行专项治理，有效防控教育乱收费行为，提高教育收费规范意识。深入开展电动车生产销售领域质量监管工作，重点检查个体户的证照、电动车质量、结构、认证证书等问题，检查电动车个体工商户 20 家，出动执法车辆 25 车次，出动执法人员 45

人次。严厉查处哄抬价格、借机涨价、囤积居奇等违法行为,加大重要民生领域价格收费监管力度,重点对翼城县供水供电供暖行业进行检查监督,重点加强对供水供电供气供暖工程安装、维护维修领域的价格监管和反垄断执法,着力查处不执行政府定价、收取不合理费用以及达成实施垄断协议、滥用市场支配地位和滥用行政权力排除、限制竞争等违法违规行为。按照《翼城县粮食流通“亮剑2021”专项执法行动实施方案》要求,对全县粮食经营者从事粮食收购、储存、运输活动和政策性粮食的购销活动,地方储备粮原粮质量卫生以及安全生产、安全储粮等领域的违法违规问题线索的查处,以及执行国家粮食流通统计制度的情况进行专项执法检查。同时,持续强化投诉举报工作,执法队共查处举报案件46件。2021年,执法队共办理案件28起,罚没款301436.08元,完成年初制定的工作目标,切实维护了翼城县正常的市场经济秩序。

【质量强县战略】　2021年,县市场监督管理局坚决贯彻落实《翼城县开展质量提升行动实施意见》,加快推进质量强县建设,加大事中事后监管力度,推动联合监管、动态监管,提高全县产业发展质量、区域质量水平和质量基础设施建设水平。开展“质量月”活动,在全县重点企业、商场超市、政府部门等单位,采取悬挂条幅、电子宣传屏等方式广泛宣传,在全社会营造人人关心质量、人人重视质量、人人参与质量的社会氛围。加强成品油质量抽检,对全县52家加油站销售的车用汽油、车用柴油、车用尿素145批次进行全覆盖抽检,抽检合格率达99.3%。加强散煤质量管控,抽检散煤66批次,特别是对季节性经营和暂时不经营的商户,依法检查煤炭经营主体资格、经营行为、煤炭进货凭证是否齐全,深入推进大气污染攻坚行动工作。配合省、市局开展儿童玩具、童装、装修装饰材料、电线电缆、成品油、散煤、化肥、消防器材、液化石油气、LNG、CNG、校服等日用消费品和重要工业产品质量监督抽查,并做好不合格产品处理工作;开展环境污染防治暨高速沿线环境综合整治工作,开展重型柴油车执行《重型柴油车污染物排放限值及测量方法》6a阶段标准的监督检查。开展生产、销售一次性塑料制品监督检查,守好产品质量安全。

【标准化战略】　2021年,山西春雷铜材有限公司参与国家标准、行业标准的制修订(3项标准),获得临汾市市场监督管理局标准化奖补资金5万元。县市场监督管理局积极组织辖区内标准化意识强,基础好的企业申报省级、市级标准化试点建设,山西新翔丰农业科技开发有限公司被确定为市级标准化试点,正在建设。积极开展县级标准化试点项目建设,2021年确定企业标准化良好行为试点3个、农业标准化示范试点2个。同时,加强计量技术机构能力建设,督促县综检中心开展计量标准维护以及检定环境完善等工作,加快恢复法定计量检定机构资质,尽快开展强制检定等业务。

【认证认可工作】　2021年,县市场监督管理局组织开展检验检测机构专项检查,开展打击网售假冒检验检测报告违法行为专项整治,开展电动自行车生产销售领域质量监管工作行动,有效推进认证认可和检验检测工作。

【知识产权战略】　2021年,县市场监督管理局扎实推进知识产权战略。申请成立中国(山西)知识产权维权援助中心翼城工作站,成立翼城县知识产权行政调解委员会和人民调解委员会,组织召开知识产权联席会议,并组织各成员单位在府前广场举行知识产权宣传周活动。完成2019年10月至2020年10月专利奖补,奖补2.8万元;完成2020年10月至2021年10月43个专利权人专利奖补申请,上报市局,奖补金额达4.4万元。开展知识产权执法“铁拳”行动,保护知识产权的能力得到有效提升，查办知识产权案件2起，罚没款2000元。通过线上线下多种方式，开展“知识产权万里行”活动。推荐“翼州黄”“豪得亨”“隆化垣”上报山西省重点商标名录。2021年，翼城县申请专利47件，授权43件，其中发明专利1件、实用新型专利42件，全县拥有专利143件，其中发明专利28件、实用新型专利115件。2021年，申请商标注册28件，注册23件，商标总量731件。

【食品安全监管】 2021年，县市场监督管理局结合全县食品生产、流通、餐饮安全监管工作要点，不断完善监管措施，强化安全监管，全年共出动执法人员2782人次，检查食品生产企业25家、食品生产小作坊102家、食品销售单位962家、餐饮单位967家，立案53起，结案53起，罚款102663元，全县无食品安全事故。加强食品生产经营企业风险分级监管，做到了监管全覆盖。对2家综合性农贸市场，182户入场销售者100%建档并纳入管理，推广使用“一票通”追溯管理制度，推动食用农产品市场食品安全快检室建设工作，监督和指导食用农产品市场开办者和入场销售者履行主体责任义务，与入场销售者签订食用农产品质量安全协议。加大农村假冒伪劣食品监督检查，严厉打击制售假冒伪劣食品的违法行为，提升农村食品安全水平。开展餐桌使用燃气灶具和LNG杜瓦瓶的监管，全县所有餐饮场所餐桌不得使用丙烷、丁烷、液化石油气、天然气等加热卡式炉及其他燃气灶具；不得使用LNG杜瓦瓶。燃气生产经营单位不得向餐桌使用燃气灶具的餐饮场所供应丙烷、丁烷、液化石油气和天然气等；危险化学品和燃气生产经营企业一律不得向餐饮场所供应LNG杜瓦瓶。组织开展“制止餐饮浪费”“使用公勺公筷”倡议活动，营造“浪费可耻、节约为荣”的浓厚氛围。指导校园及校园周边经营者依法依规经营，扎实推进学校食堂“互联网+明厨亮灶”工作，全力保障广大师生的饮食安全。组织人大代表、政协委员开展“随机查餐厅”活动，推进餐饮业健康发展；开展餐饮业油烟污染专项整治，县城区域327家餐饮单位安装油烟净化设施，并正常运行。对进口冷链食品的管控始终保持高压态势，严格执行山西省实行的进口冷链食品总仓管理制度，按照进口冷链食品“库存为零、增量为零”的要求，全面落实索证索票和进货查验制度，查验检验检疫证明、核酸检测合格证明、消毒证明，并要求所有进口冷链食品从业人员接种新冠疫苗，不接种者不准上岗。截至2021年年底，排查冷链食品经营单位（冷库）47家，所有从业人员全部接种疫苗。时刻关注县疫情领导小组总调度室发布的各种通报，及时根据通报情况加强对食品生产经营单位的排查，确保全县辖区内不存在进口冷链食品安全风险隐患。按照全年不少于4批次/千人的要求，2021年完成抽检食品、食用农产品1300批次的任务，依法在翼城政府网对抽检结果进行公示，并对抽检不合格食品、食用农产品依法进行核查处置。

【药械化妆品安全监管】 2021年，翼城县辖区范围内有药品经营使用单位472家，其中药品零售企业144家、医疗机构328家（包括县医院、中医院、乡镇卫生院、民营医院、村级卫生室、个体诊所等）。成立翼城县药品安全和高质量发展委员会，认真落实党中央《关于全面加强药品监管能力建设的实施意见》，创新工作思路，强化监管措施，共出动执法车辆52车次、执法人员917人次，检查药品经营使用单位522家次，完成整改98家，立案21起，结案21起，罚没款12.6万元，有效保障了全县人民群众用药安全。重点以药品流通环节、中药饮片、新冠病毒疫苗流通、特殊药品等领域的专项监督检查为重点，对药品经营企业和医疗机构进行全覆盖日常监督检查；以无菌和植入性、疫情防控类医疗器械,新冠病毒检测试剂为重点,开展医疗器械质量安全风险隐患排查治理工作。以开展化妆品专项整治为重点,狠抓日常监管,规范化妆品经营行为。

【特种设备安全监管】 2021年,县市场监督管理局加强对特种设备的监管,保障人民群众生命财产安全。出动特种设备安全监察人员406人次,检查特种设备使用单位173家次,检查设备941台(套),下达特种设备安全监察指令书43份,立案3起,结案3起,罚款3.5万元。按照“三管三必管”实施细则和市场监管领域安全生产三年行动实施方案的要求,召开全县特种设备安全工作会议。制订2021年度特种设备安全监督检查计划,开展改进电梯维护保养模式调整电梯检验检测方式工作。以学校、医院、商场等公众聚集场所特种设备使用单位为重点,开展“两节”“两会”期间、市场监管领域防风险除隐患保平安、易爆物品安全生产、城镇燃气管道(公用)专项排查治理等专项整治行动,开展改进电梯维护保养模式调整电梯检验检测方式工作,积极推进特种设备风险防控和隐患排查双重预防机制建设,打击非法违法行为,守好特种设备安全。

【信用监管】 2021年,县市场监督管理局全面推行市场主体全程电子化登记,实现注册登记“最多跑一次”和“一网一门一次”,全面实现限时办结制和“一次性告知”制,全面实行“受理审核合一”,个体工商户登记实现“一人通办”。截至2021年年底,全县登记注册市场主体17067户,其中企业5438户、农民专业合作社594户、个体工商户11035户。完成2020年度企业、农民专业合作社、个体工商户年报信息公示工作,年报率97.88%。加强事中事后监管,推进全县“双随机、一公开”监管工作。2021年,本级抽查计划12项,已抽查12项,抽查市场主体275户;市场监管领域跨部门联合抽查计划15项,已抽查15项,抽查市场主体52户。全部完成年初制订计划,实现市场监管领域部门联合“双随机、一公开”监管全覆盖、常态化。配合省、市级抽查检查事项6项,抽查市场主体26户。开展无证无照经营查处工作,扎实推进“证照分离”改革,“互联网+监管”工作有序推进,全年共录入监管信息12036条。强化信用约束和失信惩戒,实施企业信用风险分类管理,列入异常名录企业、农民专业合作社264家,共移出在异常名录中的企业、农民专业合作社35家,移出严重违法失信企业2家。

【落实公平竞争审查制度】 2021年,县市场监督管理局强化反不正当竞争执法,持续加大对保健品、互联网等领域的监管力度。围绕当前群众关心的热点问题,集中整治社会关注度高、群众反映强烈的市场混淆、商业贿赂、虚假宣传以及涉网不正当竞争等突出问题,及时查处虚假宣传、商业贿赂等不正当竞争行为,注重实体经济监管与电子商务监管的有机结合,加强对利用网络进行引人误解的虚假宣传、商业贿赂等不正当竞争行为的落地查处力度,把宣传引导和社会监督相结合,通过多种宣传形式,利用“12315”投诉举报平台,鼓励社会各界共同监督,净化市场环境和维护公平竞争秩序。开展保健市场乱象专项整治工作,严厉打击食品生产经营者以任何形式对食品、保健食品进行虚假宣传、欺诈营销的违法行为,严厉查处食品、保健食品经营过程中虚构原价、虚假优惠打折、未按规定明码标价等价格违法行为,给群众提供健康的消费环境。规范直销和打击非法传销,积极探索防控传销活动的有效途径,通过政府牵头、多部门协作、创建无传销社区、加强宣传教育等措施,建立和完善防、打、管三位一体的打击传销长效机制,使传销活动在翼城县境内找不到滋生的土壤。筹备制定《打击非法传销突发事件应急预案》,进一步完善打击传销联合办案机制、监管机制。根据《禁止传销条例》《全国打击传销专项行动方案》的规定和要求，县政府明确了各成员单位的职责分工。打击传销工作领导小组办公室设在市场监管局，负责打击传销各项具体工作的组织实施，为开展打击传销工作提供了有力的组织保障。建立联合协作机制，明确各单位的职责，构建起打防并举、综合治理的打击传销工作格局，确保各项工作落实到位。建立多部门密切协作的互动监管机制，严格落实区域巡查和属地管辖制度，建立健全投诉、举报和快速反应制度和预警机制，加大对城乡接合部和外来人口集中区域的管理，把传销活动消灭在萌芽状态。市场监管局和公安、司法等有关部门及时沟通信息，发挥“12315”投诉网络与“110”指挥中心联动作用，开展区域联防、联打，形成全方位打击传销的局面，效果明显。在全县开展创建无传销社区活动，充分发挥“两所”（市场监管所、派出所）职能，建立基层监管防控网络，加强租赁房屋和流动人口管理，实现群防群治和防止传销活动滋生的目的。

【价格监管】 2021年，县市场监督管理局组织开展高价月饼市场监管、“蟹卡”等时令商品经营行为专项整治，对发现的不按规定明码标价、价格欺诈、哄抬物价等违法行为，责令其立即停止相关经营活动，及时立案查处，坚决严厉打击中秋节节日市场经营活动中侵害群众及消费者合法权益的违法行为。

【消费维权】 2021年，县市场监督管理局加大消费维权力度，保护消费者合法权益。市场消费环境建设工作，积极筹备“消费者权益保护工作局际联席会议”，参照省、市局的做法，起草《翼城县消费者权益保护工作局际联席会议制度（征求意见稿）》，并征求相关部门和单位意见，各单位均已回复征求意见稿，会议资料准备就绪。持续开展“诚信经营 放心消费”创建活动，各所举荐“诚信经营 放心消费”示范单位50户，并在其中选出2户推荐参与市级“诚信经营 放心消费”示范单位评选。持续开展野生保护动物保护工作，严厉打击野生保护动物违法交易行为。加强对重点行业格式条款的整治规范，严厉打击不公平格式条款等合同违法行为。开展“打击整治影视行业‘阴阳合同’违法行为”专项整治。开展文物、旅游市场专项整治，强化对古玩、旧货市场、旅行社、旅游景区的监管，并注重与文化旅游、公安等部门的协同配合，加强工作联系，形成监管合力，有效维护文物市场、旅游市场秩序。发挥投诉举报中心作用，完善消费投诉核查处置机制，及时受理全国“12315”平台分流的各类投诉和举报，以及消费者和群众的来人、来电投诉举报，做到第一时间受理、第一时间分流转办、及时催办、及时回复、输入和结案归档，切实加强消费维权力度。全年受理各类投诉举报332起，其中投诉261起、举报71起。接受各类咨询135起。

【网络监管】 2021年，县市场监督管理局对网络交易经营者经营信息进行日常巡查，对防疫防控物资、经营野生动物及其制品情况进行巡查，正常网站21户，全年监测巡查217个次；网店16户，监测巡查2155个次（11月系统推送网站1899户，移除异常户1883户）；微信公众号50个，监测巡查452个次；移入异常0个次。依据《临汾市市场监督管理局关于开展清理整治电子商务平台销售侵权仿冒汾酒系列商品专项行动的通知》等规定，依托省局网络交易监管平台，对辖区16个网店、21个网站进行检查，未发现违法行为。截至2021年年底，网络平台监测巡查中未发现违法行为。开展集中整治违法违规商业宣传、清理整治网络违法销售纪念章和“特供、专供”标识商品、整治电商领域借庆祝名义从事商业谋利活动专项监测监管等专项行动，截至2021年年底，未发现违法行为。核查处置网络销售野生动物及其制品专项检测数据线索2条，做好与省局“山西省网络交易监测中心系统”互联互通工作。

【广告监管】 2021年，县市场监督管理局完成广告业调查统计工作。组织参加年度调查的企事业单位完成网上填报工作，并按时逐级审核、上报相关信息，完成2020年广告业的全面调查的汇总数据和抽样调查的原始数据。组织开展药品、保健食品违法广告专项整治行动，依法组织查处“抗幽门螺杆菌牙膏”违法广告；加大对农村户外广告的摸排，开展违法违规商业营销宣传集中整治行动，开展“护苗助老”系列广告整治行动，规范市场秩序。

【计量监管】 2021年，县市场监督管理局加强计量技术机构能力建设，督促县综检中心开展计量标准维护以及检定环境完善等工作，加快恢复法定计量检定机构资质，尽快开展强制检定等业务。组织开展计量单位使用“双随机、一公开”抽查检查，对辖区内市场交易领域中产品标签标识计量单位使用是否符合要求进行抽查检查。此次抽查检查比例为50%，共抽查监管对象10家，未发现问题。开展计量宣传工作，2021年5月20日，围绕2021年“世界计量日”活动主题，组织唐兴1所、2所、3所在县城开展宣传咨询活动，其他市场监管所在各乡镇开展宣传咨询活动。通过张贴宣传海报、电子屏播放、悬挂世界计量日宣传标语条幅，在集贸市场、主要街道等场所通过发放宣传材料，利用微博、微信等互联网媒体等方式对计量工作进行宣传，发放宣传资料3500余份。

【认证认可监管】 2021年，县市场监督管理局积极参与“小微企业”质量提升行动，督促辖区内包括翼城县隆鑫机动车检测有限公司等6家检验检测机构完成检验检测服务业统计上报。加大认证活动监管力度，对辖区内3家检验检测机构进行“双随机、一公开”抽查检查；配合临汾市市场监督管理局对辖区内1家机动车检验检测机构进行“双随机、一公开”抽查检查。对辖区内生产销售电动自行车质量情况进行监督检查，出动执法人员97人次，检查电动自行车销售单位48家次。在辖区内组织开展打击网售假冒检验检测报告违法行为专项整治行动，对辖区内电子平台发布广告情况、网售假冒检验检测报告进行了监督检查。经查，未发现违法行为。对市局委托的翼城县辖区内1家质量管理体系认证获证组织和1家有机产品认证获证组织进行“双随机、一公开”抽查检查。对辖区内2家单位质量管理体系认证、1家单位服务认证、2家单位有机认证审核活动进行见证检查。2021年6月9日，组织县综合检验检测中心、环境监测站集中收看总局开展的“世界认可日”现场活动；组织辖区内的检验检测机构在显著位置张贴“世界认可日”主题海报，利用辖区内企业电子屏播放认证认可宣传标语；以设置宣传台、发放宣传资料、产品实物展示的方式开展现场宣传。

【自建房质量安全管理】 2021年，县市场监督管理局认真贯彻落实《山西省农村自建房用作经营场所管理办法（试行）》和《临汾市农村自建房质量管理办法》，牵头起草《翼城县农村自建房用作经营场所管理实施细则》，经县政府同意予以印发，加大学习宣传培训力度。截至2021年年底，向9个乡镇推送1121家农村自建房用作经营场所的个体工商户，开展房屋质量安全核查。收到唐兴镇人民政府反馈信息2家，责令其限期变更经营场所。开展农村自建房用建筑材料专项整治，对2家搅拌站和16家流通领域的钢筋、水泥、地板砖以及装饰装修材料经营单位的产品质量进行监督管理，严厉查处生产和销售不符合质量标准要求产品的违法违规行为。

【非公党建工作】 2021年，县市场监督管理局充分发挥非公有制经济组织党工委对基层非公有制企业党支部督查指导、综合协调的桥梁作用,扎实组织开展党史学习教育,积极开展“党旗在基层一线高高飘扬”活动,举办4期专题培训班,参加培训255人次,进一步拓展“两覆盖”工作,稳步推进非公有制企业党组织标准化、规范化建设,新组建支部18个,吸收31名积极分子和发展对象,为非公有制企业党建发展输送新鲜血液。充分发挥党建指导员的作用,选派党性强、熟悉党建业务的77名党建指导员,到基层支部进行包联,帮助支部提升基础党建工作。非公有制经济组织党工委下辖基层党支部82个,党员423人,覆盖基层企业314个。

(李建慧)

综合检验检测

【概况】 翼城县综合检验检测中心成立于2014年1月。根据《翼城县人民政府关于翼城县食品药品监督管理体制改革的实施意见》(翼政发〔2013〕74号)文件要求,整合县农委农产品质量检测站、县卫生局原药品监督所等部门有关食品药品的检验检测资源。承担全县食品、药品、农产品等各类检验检测任务,承担计量检定和产品质量检验工作,承办县委、县政府交办的其他事项。中心属县政府直属全额事业单位,公益一类正科级建制。2021年,全县事业单位机构改革,根据县委编办《关于翼城县综合检验检测中心机构编制事宜的通知》(翼编办字〔2021〕18号)要求,核定编制20名,其中主任1名(正科级)、副主任2名(副科级)。内设6个股室,分别为办公室、质监室、业务室、理化室、微生物室、计量检定室。

【食品、农产品检验工作】 2021年,县综合检验检测中心对县域内各农产品生产基地、生鲜超市、蔬菜批发市场等地进行蔬菜水果的抽样检测,共抽检8批次,抽检样品67个,合格率为100%。配合省农业厅完成农产品抽样、制样42个,配合县农委完成农产品例行抽样检测2个,完成食品类委托样品检验4个,出具6份检验检测报告。

【计量工作】 2021年,县综合检验检测中心在环境改造方面,完成计量检定实验室试验环境改造,包括业务用房防水、门窗、水电暖、墙面等升级改造,基本达到计量检定实验室试验环境要求。在仪器设备方面,完成加油机检定装置、组砝码标准器、允差砝码、压力表检定标准装置、电子血压计检定标准装置等专用设备的采购、检定或校准(溯源)。在计量标准考核方面,11月26日通过临汾市行政审批局委派的5名专家对县综合检验检测中心加油机检定、电子天平检定(二等毫克组砝码标准装置)、电子天平检定(二等克组砝码标准装置)、“台秤、汽车衡”检定、压力表检定、血压计(表)检定等6个项目的计量标准建标现场考核。

【深化县校合作】 2021年,县综合检验检测中心和山西农业大学食品科学与工程学院签署合作协议,协议主要内容包括共建大学生实习实训基地、共建高校科研平台延伸基地、共建智库合作基地。合作期限为5年,自2021年11月1日到2026年10月31日。“三基地”的建立充分发挥双方的优势和特色,互相尊重,互利合作,拓宽合作领域,发展合作空间,提高合作水平,共建“实训和科研两大基地”,实现校地双方共赢发展。

(薛洪安)

农　　业

农业农村工作

【概况】　翼城县农业农村局成立于2019年3月,正科级建制,是县政府的工作部门,加挂翼城县乡村振兴局牌子。县委农村工作领导小组办公室设在该局。

2021年6月事业单位改革后,保留翼城县畜牧发展中心、翼城县农业机械发展中心、翼城县农业综合行政执法队3个事业单位,新成立翼城县农业生态保护发展中心、翼城县乡村振兴研究中心2个事业单位,翼城县现代农业发展中心归口该局管理。内设办公室、乡村振兴办、生产发展股、政策法规股、科技教育股、社会事业股6个股室。总编制84人,在岗121人,超编37人。其中,机关行政编制13人,在岗13人;事业人员编制71人,在岗108人。

翼城县农业农村局党总支现有基层党支部3个,包括机关党支部、联合党支部、综合执法党支部。党员有36人,其中在职党员32人,离退休党员4人。

【农业经济】　2021年,翼城县粮食总产实现五年连增,粮食总产量181515吨,冬小麦以830.84公斤的产量创出全省亩产新纪录。农民人均可支配收入15017元,同比增长10.5%。一产固定资产投资完成14180万元,同比增长43.6%。全县农产品加工销售收入17.04亿元,同比增幅为21.8%。

【乡村振兴工作】　2021年是“十四五”规划的开局之年,也是巩固拓展脱贫成果同乡村振兴有效衔接的起步之年,翼城县农业农村局聚力产业振兴、组织振兴、生态振兴、人才振兴、文化振兴“五大振兴”,扎实推进监测帮扶、资产管理、稳岗就业、衔接振兴等各项工作落实。坚持把巩固拓展脱贫攻坚成果作为“三农”工作底线任务,召开8次月例会、16次重点工作推进会,解决成果巩固、稳岗就业等问题73个,有力推动各项任务落实。制定出台《巩固拓展脱贫攻坚成果有效衔接乡村振兴的实施方案》《乡村振兴工作责任分解》《翼城县防止返贫动态监测和帮扶工作机制》,压实了各成员单位工作责任。对108户296人实施动态监测,有效消除了返贫致贫风险,严格落实“四个不摘”,持续对脱贫村、脱贫人口开展监测,纳入低保对象58户113人,为152户发放小额贷款623万元。发放“雨露计划”资助金33.3万元。加大脱贫劳动力职业技能培训力度,培训脱贫劳动力1117人,发放生活费补贴12万余元。2021年,投入各类乡村振兴衔接资金1974万余元,实施59个项目。“十三五”以来,投入各类扶贫资金6365万元,实施项目307个,涉及资金3660万元,一批产业项目的实施进一步夯实了产业振兴基础,脱贫成果进一步巩固。

【农业供给侧结构性改革】　2021年,全年粮食播种面积59.9万亩,产量181515吨。其中,小麦面积33.4万亩,秋粮面积26.5万亩。全县粮食总产实现五年连增,建成高标准农田2.88万亩,粮食总产量超2亿公斤,冬小麦以830.84公斤的产量创出了全省亩产新纪录，形成一套可推广、可复制的小麦高产管理办法和技术标准。

全县水果和连翘种植面积分别达到16万亩和77万亩。地理标志农产品“隆化小米”“翼城苹果”多次在国家和山西农产品博览会上斩获金奖。隆化小米、北撖苹果、南唐垣下设施水果、唐兴谭村设施樱桃、西阎反季节设施香菇五大农业产业集聚区形成。

2021年4月20日，实施农业生产托管，无人机喷洒农药　（李婧供图）

【改善农村人居环境】　2021年，县农业农村局重点围绕农村“厕所革命”和“六乱”整治，认真谋划，精心组织，统筹推进，取得良好效果，农村“六乱”整治和“厕所革命”任务全部完成，农村人居环境得到明显改善。农村“厕所革命”方面，全县农户总数为66097户，农村常住户数为54882户，2021年完成农村户厕改造4750座。截至2021年年底，全县卫生厕所达到52070座，卫生厕所普及率94.8%。“六乱”整治方面，全县共整合投入各类资金1020余万元，投入人力30100人次、设备860余台（件），9个乡镇151个行政村共宣传发动农户6万余户，整治交通沿线900多公里，消除交通隐患76处，清理各类垃圾3740吨，拆除违法建筑1019处，取缔违法占地54亩，农村“六乱”整治工作有序推进。“美丽庭院”扎实创建，9个乡镇全部出台“美丽庭院”创建标准，83个村开展“美丽庭院”创建工作，共评比“美丽庭院”3000多户。美丽乡村建设连续4年争取省财政资金支持南梁、隆化、中卫、唐兴推进连片美丽乡村建设，再加上15个村获得上级资金项目支持，五年来全县获上级支持4355万元，开创了翼城农村人居环境改善的历史。46个村实现生活污水管网覆盖和无害化处理。全县建成省级美丽宜居乡村4个、市级美丽宜居乡村10个、县级美丽宜居乡村25个，里砦镇创建国家级卫生乡镇。

【农业农村改革】　2021年，农业农村全面深化改革基础性任务完成，土地确权高效完成，农村土地确权完成55.6万亩，颁发经营权证书61715本，占应发证总数的99.8%。农村集体产权制度改革走在全省前列，335个改制单位选举成立（股份）经济合作社，全部发放证书，设立基本账户。改革时点量化资产总额19619.66万元，为农户发放集体经济组织成员股权证书72286本。土地确权和集体产权制度改革的基本完成，为进一步发挥集体经济的优越性、进一步调动集体经济组织成员的积极性夯实了体制机制保障基础。

【农产品质量安全】　2021年，县农业农村局深入贯彻落实习近平总书记关于农产品质量安全重要指示精神，按照抓两头（农业投入品监管、农产品质量安全监测）、促中间（农业标准化生产）的工作思路，加大工作力度，强化措施落实。

县农业农村局认真落实农药科学使用制度，坚持预防为主、综合防治的植保方针，积极推进种植养殖绿色健康生产方式；严格执行“菜篮子”“绿色通道”制度，对蔬菜、禽蛋、猪肉、水产品质量安全和农药、兽药添加禁用成分问题进行质量安全整治。开展农资打假专项整治。对全县的农资经营单位进行普查，共检查门店352家次，出动执法人员1161人次，办理一般程序案件13起（办结9起、正在办理4起），其中涉种子案件5起、涉农药案件2起、涉肥料案件2起、涉兽药案件 2 起、涉农产品案件 1 起、涉畜牧案件 1 起；罚（没）款 3609 元，均在法定期限内缴纳完。开展生猪屠宰专项整治。严把生猪运输车辆条件，加强生猪运输车辆监管、备案、建立运输台账、签订生猪运输车辆承运人安全承诺书、审核合格车辆的力度，全年共备案生猪运输车辆 17 辆。开展农药残留专项整治，集中治理 11 个问题突出品种，以切实解决禁限用药物违法使用、常规农兽药残留超标等问题。改造老劣果园，大力发展果树绿色标准化示范基地建设，建立高标准现代果业示范园为目标，坚持把优质果品放在优先位置，在生产各环节严把农产品质量安全关。发展玉露香梨 3000 亩，改造老劣果园 4000 亩，建设绿色标准化示范基地 25 个、高标准现代果业示范园 30 个。强化农产品产地准出和市场准入有效衔接，实行食用农产品合格证制度；建立农产品质量安全监管体系，健全农产品质量安全追溯体系，形成县乡村三级农产品质量安全监管、协管队伍，扎实开展全县农产品质量安全工作。翼城县建 10 处农产品质量安全追溯点，将苹果、樱桃、梨、设施蔬菜、食用菌、禽蛋、水产品纳入追溯范围，同时积极向生产经营主体推广应用农产品质量安全追溯平台，翼城县在国家农产品质量安全追溯管理信息平台注册的农业生产经营主体有 28 家。在推广追溯平台的同时，县农业农村局积极宣传推广食用农产品合格证，87 家农业生产经营主体试行食用农产品合格证制度，建立“生产有记录、信息可查询，流向可跟踪、责任可追溯”的农产品质量安全追溯体系。着力推进农产品“三品一标”认证工作，大力推进农业标准化生产。重点打造“翼城苹果”“隆化小米”2 个地理标志农产品品牌，认证面积 19.05 万亩。2021 年，完成无公害认证 5 家企业 6 个产品、认证面积 1.701 万亩，完成绿色产品认证 5 家企业 5 个产品、认证面积 3.29 万亩。对全部“三品一标”认证企业开展追溯试点，在国家农产品质量安全追溯管理信息平台进行注册，实现认证农产品“生产有记录、信息可查询、流向可跟踪、责任可追溯”。

2021 年 10 月 13 日，县农业农村局组织人员到中卫乡木坂村进行玉米抢收　（李婧供图）

【灾后重建工作】　2021 年 9 月以来，全县遭遇多轮强降雨，降水过程范围广、强度大、时间长。全县农业农村受灾严重，灾情发生后，县农业农村局迅速启动紧急预案，克服一切困难，积极开展灾后恢复重建。多次召开应对连阴雨天气抢收抢种会议，制定印发《翼城县应对连阴雨天气抢收抢种指导意见》，提出具体的技术指导意见，成立 5 个技术指导组深入田间地头开展实地技术指导，发放技术指导意见 1 万余份。组织 83 家机关事业单位结对帮扶有关村开展抢收抢种，深入田间帮助农民抢收抢晒，镇村干部分片包干、责任到人，确保秋粮颗粒归仓。申请上级救灾资金 850 万元、县级财政 650 万元用于灾后重建。利用微信、电视、报刊、广播及网络向全县发出防灾减灾和恢复重建倡议，动员各类爱心团体、志愿组织积极参与农业救灾；应急、水利等部门积极动员专家力量参与农业抢险救灾，提供智力支持和技术服务；号召党政机关、社会团体、企业踊跃捐款支持救灾减灾，共募集捐助 60 余万元，有力地推动农业灾后重建步伐。粮食作物方面，修复受损农田田间道路 10 余公里、农田排涝面积 3309 亩，修复农田 8000 余亩。设施农业方面，21596.8 米受损的蔬菜大棚全部修复并投入生产。完成修复的养殖户有62户，修复面积4662平方米。

【获奖情况】“珍珠玉米”被评选为全国农作物十大优异种质资源之一。绿色防控工作被农业农村部种植业管理司授予“全国农作物病虫害绿色防控示范县”称号，统防统治工作被农业农村部种植业管理司授予“全国农作物病虫害统防统治百强县”称号。翼城县被山西省委农村工作领导小组授予“2020年度山西省实施乡村振兴战略实绩考核优秀单位”称号，扶贫开发办公室被山西省委、省政府授予“山西省脱贫攻坚先进集体”称号。2021年6月，局党总支被评为“县直机关党建示范点”。农业综合行政执法队承办的“经营、运输应当检疫未经检疫生猪案”获评2020年全国农业行政处罚优秀案卷。

（李　婧）

畜牧业　渔业

【概况】翼城县畜牧发展中心是县政府主管畜牧兽医工作的职能部门，有干部职工29人，其中高级职称2人、中级职称8人、初级职称4人。设7个内设股室，分别为办公室、畜牧生产与统计股、计划财务股、畜牧安全股、动物防疫股、饲草饲料股、畜禽技术推广股。

2021年，翼城县畜牧业监测样本单位有22家，确保应统尽统，完成各项目标任务。全县生猪饲养量49.44万头，出栏33.22万头；牛存栏2.04万头，出栏5369头；羊存栏12.96万只，出栏5.42万只；鸡存栏200万羽，出栏102万羽。肉、蛋、奶产量分别达到4.1万吨、1.2万吨、2.5万吨，有效保障“菜篮子”肉蛋奶等畜禽产品供给。畜牧业固定资产投资完成8953万元；各类养殖场（户）5600余个（户），畜牧业总产值达到10.051亿元，完成年初下达的目标任务。

2021年，翼城县渔场总养殖面积77公顷，其中池塘8公顷、水库69公顷。5户渔场全年投放鲤鱼、草鱼等淡水鱼种21.05万尾，比上年增长75%；水产品产量为111吨。

【重点项目建设】2021年，县畜牧发展中心重点实施五大类十项重点工程项目。标准化养殖场建设类项目有总投资3000万元实施茂洲公司晋南牛扩繁基地建设项目，投资2000万元实施祥宇公司、齐新众公司、麒麟公司、安森公司4个年出栏5000头生猪标准化生猪养殖场项目，投资1100万元实施富和公司、华龙公司2个年出栏500头肉牛养殖场项目。以上项目，晋南牛扩繁基地建设项目完成投资1500万元，其余项目全部建成并投入运营。奶业振兴类项目为总投资2000万元实施的长峰公司标准化奶牛养殖场扩建项目，完成3栋牛舍建设任务。“粮改饲”项目完成种植青贮玉米8900亩、全株玉米青贮3.56万吨，争取中央农业发展资金129.05万元。8家企业粪污资源利用项目完成。兽医社会化服务和乡镇特聘动物防疫专员项目完成。

【稳产保供】2021年，县畜牧发展中心认真落实习近平总书记重要指示精神，通过强化宣传、技术服务指导、落实扶持政策，鼓励农民群众提振信心，积极补栏增养，引导农户采取自建或农户和大象集团合作发展模式，按照“品种优良化、设施现代化、防疫规范化、粪污资源化、产品安全化”的标准化生产要求，大力发展生猪规模养殖，全面扩大产能，加快生猪生产恢复，确保供应。全面落实育肥猪和能繁母猪政策性保险，全县育肥猪投保144780头，能繁母猪投保3224头。全县生猪存栏162223头，能繁母猪存栏16709头，恢复到往年养殖水平。

【畜牧业安全生产】2021年，县畜牧发展中心为确保畜牧业安全生产，预防和杜绝畜牧行业安全生产事故，结合畜牧工作实际，深入开展畜牧领域安全隐患排查，保持监管高压态势，围绕畜禽养殖企业、饲料生产企业、饲料和兽药经营企业、生鲜乳收购站等重点领域，聚焦建筑安全、有限空间安全、消防安全、生产设备、涉爆粉尘、危险化学品及化学试剂等关键部位和环节，深入开展地毯式、拉网式安全生产风险隐患治理行动。对排查中发现的安全隐患，建立问题清单和整改台账，明确整改时限，责任到人，确保整改工作不走过场，不走形式，取得成效。检查企业 90 余次，整改安全生产隐患问题 97 个，有效保障畜牧业各环节生产安全。同时，完成省、市下达畜产品质量安全抽查检测任务，切实从源头保障全县畜产品质量安全，确保全县人民群众“舌尖上的安全”。

【重大动物疫病防控】 2021 年，县畜牧发展中心在重大动物疫病防控工作上，坚持内部严防与外部严堵相结合，层层压实乡镇、村、养殖场各级防控责任，按照春秋两季重点防、补免工作常年防的原则，认真落实强制免疫、集中消毒、封闭管理、技术培训、督查指导、抽查检测等各项防控措施，扎实做好口蹄疫、高致病性禽流感等重大动物疫病防控工作，县防治动物重大疫病指挥部组织开展春、秋动物疫病防控绩效评估工作，全县畜禽实现应免尽免，群体抗体合格率全部达到农业农村部规定的标准，确保免疫质量和效果，全县没有发生区域性重大动物疫情。做好非洲猪瘟防控常态化工作，认真落实各项防控措施，加大非洲猪瘟抽样检测力度，全县 9 个乡镇共抽检血清样品 210 份，经过实验室非洲猪瘟核酸检测，全部为阴性。扎实做好消毒灭源工作，全面提升生物安全水平。

扎实做好畜间炭疽防控工作。山西省个别地区出现畜间炭疽疫情后，县畜牧发展中心高度重视，迅速行动，先后 3 次开展畜间炭疽排查工作，抽调防疫人员对草食畜养殖场（户）开展炭疽疫情监测和流行病学调查工作。组织各乡镇对牛、羊等草食家畜进行地毯式摸底排查，实行排查日报告制度，实现动态管理和实时监测。排查草食畜养殖场（户）2481 个（户），牛 13984 头、羊 73390 只、马 16 匹、驴 157 匹，未发现疑似病例。

【技术推广服务】 县畜牧发展中心为应对 2021 年洪涝灾害影响，确保青贮玉米收贮工作顺利完成，县畜牧发展中心抽调技术人员，深入田间地头，对养殖企业、农机大户等加强技术指导，为企业在生产中面临的全株青贮玉米收贮品质控制、加工过程中关键环节技术措施、青贮玉米品质评价方法与标准等问题提供技术支持。提前部署，帮助企业通过改装机械、组织人力收割等方式，克服各类困难，抓紧抢收青贮玉米，高质量完成青贮玉米收贮工作。县畜牧发展中心在全县大力推广应用奶牛性控技术，通过人为控制性别技术提高犊母牛的出生率，抽调专业技术人员到各奶牛养殖企业进行技术传授及操作指导。翼城县富华公司、长峰公司、芸翊公司 3 家奶牛场运用性控冻精技术对适龄母牛实施繁育改良。为不断提高翼城县村级防疫队伍整体素质，切实加强动物防疫工作总体质量，县畜牧发展中心加大对全县 212 名村级防疫员的培训力度，由有多年工作经验的畜牧专家进行授课。授课内容主要包括防疫综合知识、重大动物疫病的处置方式、免疫监测的有关技术要求、免疫档案的管理等方面。其中，对非洲猪瘟、畜间炭疽、高致病性禽流感、口蹄疫的疫病防治进行系统的讲解。

【畜禽种质资源调查】 2021 年，县畜牧发展中心高度重视畜禽种质资源调查工作，制定《翼城县畜禽遗传资源普查实施方案》，计划利用三年时间，在全县范围内组织开展畜牧种质资源普查、收集、鉴定、保存，做到全覆盖无遗留、应收尽收、应保尽保，全面查清全县范围内所有畜禽遗传资源基本情况。成立翼城县畜禽遗传资源普查工作领导小组和畜禽遗传资源普查工作技术专家组,2021 年完成对全县 9 个乡镇 151 个行政村的全面普查任务,摸清了全县畜禽(包括蜂、蚕)种质资源种类、数量、分布等情况。普查人员严格按照《山西省畜禽遗传资源调查名录》,普查畜禽养殖场(户)5602 个,全县畜禽种质资源有中国荷斯坦奶牛,分布在唐兴、南梁等 4 个乡镇,存栏 4111 头,其中能繁母牛 3135 头;松丹 1 号蜜蜂共 30 箱,由翼城县山西玉浆堂蜂业科技有限公司从吉林省养蜂科学研究所引进、繁育;北方中蜂(翼城土蜂)共 1263 箱,主要分布在西阎镇等山区乡镇。

【灾后重建】 2021 年,县畜牧发展中心按照县委、县政府统一安排,扎实做好受灾养殖场(户)灾后重建工作,组织专门力量深入各乡镇,排查养殖场(户)因灾受损情况,摸清底数。全县共有受灾养殖户 62 户,受灾圈舍面积 5382 平方米,通过指导养殖场(户)灾后生产自救,完成修复面积 4662 平方米。按照《关于畜禽圈舍“灾后重建”工作管理办法的通知》完成验收,正在落实补贴资金。购置发放消毒液等防疫物资,指导做好环境消杀工作,防止大灾后动物疫病发生。积极响应县委、县政府“双减双抢”工作号召,组织全体干部职工到南梁镇南常村开展抢收抢种结对帮扶活动,减少了群众的损失。

(张文河　李鹏　赵楠)

农业机械

【概况】 2021 年,翼城县农业机械发展中心设综合股、宣传和信息化股、人财股、农机装备股、社会化服务股、技术推广股,现有职工 31 人。主要负责全县农机化新技术和新机具的试验、示范、推广,农机安全与管理,农机购置补贴与农机社会化服务,指导农业机械的使用与维修管理等工作。截至 2021 年年底,翼城县主要粮食作物机械化综合水平达到 94.8%,全县农机总动力达到 24.5 万千瓦(不包括三轮车),农业机械的主要指标均远远高于全省平均水平。翼城县被认定为全国第三批率先基本实现主要农作物生产全程机械化示范县,被评为全省率先实现农业机械化示范县。

【农业机械购置补贴】 2021 年,翼城县共落实国家农机购置补贴资金 255 万元,补贴各类农业机械 210 台(套),受益农户 217 户。

【谷子生产全程机械化示范区创建项目】 2021 年,县农机中心完成谷子全程机械化面积 3500 亩,发放补助资金 28 万元。

【农机深松整地项目】 2021 年,县农机中心完成农机深松整地作业面积 6.15 万亩,其中补贴面积 3.5 万亩,发放补助资金 105 万元,项目建设通过第三方质检评估。

2021 年 9 月 15 日,在隆化镇上吴东村项目示范区召开果园机械现场演示会和果园机械推广田间日活动
(文斌供图)

【“三进”活动】 2021 年,县农机中心进一步补齐翼城县农机化生产短板,加大新技术、农机具推广力度,新增果园机械、畜牧养殖类机械、山区适用机械 190 台(套)。特别是农机进园活动,既减轻果农劳动强度,又能抢农时减少损失,为果树生长发育创造良好条件,促进果品优质高

产。2021年9月15日，在隆化镇上吴东村项目示范区召开果园机械现场演示会和果园机械推广田间日活动。参加会议的有隆化镇镇长、分管农业的副镇长、农机中心主任、技术组全体技术人员及周边果农100余人。发放果园机械化宣传资料200余份。通过现场操作、提问和专家答疑，增强了农民的参与性和体验感，果农受益匪浅。

2021年10月19日，县委副书记解湧在南唐乡符册村对"双减双抢"工作进行调研　　（文斌供图）

【农机服务组织建设】 2021年，县农机中心为应对不利天气，充分发挥农机部门优势，开展抢收抢种活动。中心成立3个抢收抢种技术指导组，积极合理调度各种农业机械合理流动，力争做到适时收割、及时播种，尽量减少群众种粮损失。为解决降雨对秋粮机械化收获和小麦机械化播种的影响，农机中心积极深入各乡镇农机合作社、农机大户，宣传发动帮助农机手对联合收获机进行改装(加装轮胎，改装履带)，并积极落实补贴政策。全县共改装玉米收获机37台(改装双轮玉米收获机34台、改装履带式玉米收获机3台)，有力推动了全县"双减双抢"工作，全县共机收玉米20.3万亩、谷子3500亩。10月19日，县委副书记解湧在农业农村局局长辛树盛、农业机械发展中心主任董庆华陪同下，赴南唐乡符册村对"双减双抢"工作展开调研。调研组在机收、机种等作业现场，详细了解玉米收获机改装链轨及双轮情况，向改装机手了解改装费用、改装后整机运行、农机服务成本、收益情况等。董庆华介绍了翼城县玉米收获机具改装及当前机收、机播进度等情况。

（文　斌）

农业综合开发

【概况】 翼城县现代农业发展中心成立于2021年5月28日，前身为翼城县农业综合开发办公室，是县政府直属的正科级事业单位，归口县农业农村局管理，为公益一类，中心有干部职工26人，内设办公室、农田建设股、农田治理股、农田监测股、农田技术股。2021年，主要承办2019年项目验收、2020年项目建设、2021年项目启动3项高标准农田建设项目相关工作。

【2019年项目验收】 2021年，县现代农业发展中心完成2019年项目验收工作。2019年项目总投资4524万元，总面积2.88万亩，布局在3个乡镇12个行政村，主要建设内容是铺设输水管道21万米、整建田间道路60公里、新修防渗渠道7000米、栽植防护林1.9万株、架设输变电线路5100米、建设蓄水池2座(管理房4座)、配备水电设施设备13件(套)。该项目由陕西中水新华勘测设计有限公司承接相关勘测设计编制工作，经省农业农村厅批复和县财政评审，在临汾市公共资源交易中心完成公开招投标工作。该项目于2020年2月19日全面开工建设，2020年9月底完成全部批复任务，2021年9月9日通过省农业农村厅组织的财、农、林、水等方面专家的综合验收。

【2020年项目建设】 2021年，县现代农业发展中心2020年项目建设工作全面完成。总投资4478万元，总面积2.8万亩，布局在2个乡镇10个行政村，主要建设内容是铺设管道21万米、整建田间道路38公里、更新机井15眼、建设蓄水池9座、栽植防护林8000株、配套水电设施设备

36件(套)。该项目由山西省农业规划设计研究院承接相关勘测设计编制工作,经市农业农村局批复和县财政评审,在临汾市公共资源交易中心完成了公开招投标工作。该项目于2020年12月8日开工建设,完成相关建设任务,正在开展相关工程量复核工作。

【2021年项目启动】　县现代农业发展中心2021年项目全启动。2021年项目总投资3450万元,总面积2.3万亩,布局在3个乡镇7个行政村。其中,在里砦镇郑壁、上韩、北续、天马4个行政村规划设计项目,按照“集中连片、整体推进、全乡覆盖”的原则,实现2021年里砦镇高标准农田建设项目全覆盖的预期目标。完成2021年省、市下达的1万亩高效节水任务。该项目区设计主要建设内容是更新机井、铺设管道、整修道路和完善电、林、泵等配套设施;在唐兴镇春安、城南2个行政村规划设计项目,主要是春安、城南2个村与2019年项目区(南唐晓史)接壤,可进一步扩大集中连片规模。该项目区主要按照“缺什么补什么”的相关要求,设计建设内容是整修道路、新上泵站、修建防渗渠;在南梁镇(梁壁、武池、西望)规划设计项目,主要是按《临汾市农业农村局关于下达2021年国家安排高标准农田建设任务和第一批资金使用计划的通知》要求,“每个县至少要建设一个高标准农田精品示范园,重点进行模式创新和绿色农田、数字农田建设示范”。根据这一要求,选址在地势开阔、交通便利、种植统一的南梁镇(梁壁、武池、西望)建设1000亩高标准农田精品示范园。该项目区主要建设内容是水肥一体化、管灌+喷灌、高效+智能、监测+灭虫、示范+观光等设施,以实现“打破常规化、蹚出新路径、示范引领强”的预期目标。该项目于5月底完成初步设计文本,6月初提交初步设计报告,9月中旬列入全市第一批批复公示项目,已开展相关公开招投标工作,12月中旬全面开工建设。

(贾　峰)

林业工作

【概况】　翼城县林业局为县政府工作部门,由县自然资源局统一领导和管理,正科级建制,行政编制7名,实有人员6人,内设办公室(财务股)、业务股。2021年6月,按照《关于翼城县林业局所属事业单位机构编制调整的通知》(翼编办字〔2021〕39号),翼城县林业局保留事业单位2个,即整合翼城县森林资源站、翼城县林业技术工作站、翼城县林业技术推广站、翼城县林改站、翼城县林业种苗服务站、翼城县森林病虫防治检疫站、翼城县林业保卫站7个事业单位,组建翼城县林业发展中心(加挂翼城县翅果油树自然保护区服务中心牌子);整合翼城县国有林场、翼城县国营苗圃2个事业单位,组建翼城县国有林场和苗圃服务中心。

【连翘经济林栽植工程】　2021年,县林业局坚持扩园连片,整流域推进,大力推广抗旱造林技术,高质量栽植,高标准管护,完成栽植2万亩,涉及唐兴镇、里砦镇、王庄镇、隆化镇、桥上镇、中卫乡、南梁镇、西阎镇8个乡镇。

【乡村道路绿化工程】　2021年,县林业局依路标准确定绿化模式,因地制宜选择绿化树种,栽植做到“大苗、大坑、大水”保成活,管护做到“抹芽、浇水、松土”促成长,完成绿化200公里,涉及全县9个乡镇。

【森林抚育工程】　工程区位于翼城县国有林场柳洼营林区和刘章窑营林区,由造林专业队施工,完成2000亩,涉及20个抚育小班。

【人工造林工程】　工程区位于县国有林场洞儿洼营林区和柳洼营林区,完成3000亩,涉及

8个造林小班,造林树种为油松、五角枫,造林模式为块状混交造林,由造林专业队施工,采取截杆造林、营养袋苗、穴面覆盖等抗旱造林措施,确保成活保存。

【普法教育】 2021年,县林业局按照“谁执法、谁普法”的原则,以“依法治林、生态优先”为主题,广泛宣传林业法律法规,增强全民依法治林意识。在单位电子显示屏滚动播放林业法律法规内容,从我做起,营造依法行政浓厚氛围;面向基层,面向林农,广泛宣传,让法律知识进林区、进乡村、进学校,在局机关电子显示屏滚动播放扫黑除恶宣传标语16条,制作宣传横幅10条,制作永久性宣传标语10条,发送宣传短信2万余条,通过微信工作群、QQ群宣传有关扫黑除恶的文件精神和法律法规10余次;借助媒体平台广泛开展宣传,在县电视台黄金时段全年播放依法治林公益性宣传广告,宣传内容丰富、宣传面广泛、宣传效果明显;重点时段集中普法,利用6月、12月法规月,通过集中学习、专题培训、宣传车等方式方法,周密安排,精心部署,宣传林业法规,将依法治林活动推向高潮,使林业依法行政深入人心,调动起全民热爱林业、自觉护林的积极性。

【林业有害生物防治】 2021年,县林业局以有虫不成灾、有病能治愈为目标,加强预测预报,以松材线虫、美国白蛾等重大林业有害生物防控工作为重点,建立健全林业有害生物防灾减灾体系,构筑日常监测、植物检疫、重点督查三条牢固防线。2021年,全县没有发生林业有害生物灾害。

【森林草原防灭火】 2021年,县林业局在县委、县政府的正确领导下,在各乡镇、各有关部门的大力配合和协助下,通过实行上坟不烧纸、整地不点火的政策,采取网格化管控、林长制负责、地毯式排查巡查、设卡拦截等有效措施,实现“零火灾”目标。

【依法治林】 2021年,县林业局结合“昆仑—护绿”专项行动,大力开展林业扫黑除恶,进一步强化林地管理,严厉打击毁林行为,严肃依法处理。处理各类林政案件9起,结案率100%。根据上级推送的森林督查情况,对翼城县疑似变化图斑进行现场核查,对2个违法行为进行处罚、恢复等处理。

【“林长制”工作】 2021年,县林业局按照省、市关于林长制工作的要求,成立县乡村三级林长机构,并按照网格化管理机制,在森林防火、病虫害防治、野生动植物保护、营造林等方面实行了林长负责制的管理办法,林长制得到充分发挥,整体运行健康,确保全县“山有人管、林有人护、责有人担”。

【行政审批】 2021年,县林业局严格落实“一枚印章管审批”改革精神,完成林木采伐、木材运输、植物检疫、征占用林地等涉林审批事项移交工作,做到应交尽交。

【集体林权制度配套改革】 2021年,县林业局完成集体林权制度配套改革公益林投保任务,投保公益林面积33.7万亩,投保金额60.66万元。

(郑晓蕾)

水　利

【概况】 翼城县水利局是翼城县人民政府的工作部门,为正科级,负责保障全县水资源的合理开发利用。机关内设办公室,规划计划财务股,水利工程建设、水保和水库移民管理股(水旱灾害防御股),农村水能资源管理股(行政审批股),共4个股级单位。下设河长制执行中心、水工程移民服务中心、水资源服务中心(水资源征费稽查队)3个副科级全额事业单位,水利站、水土保持站、水产站、河道站、水管站5个股级全额事业单位，小河口灌区、利民灌区、王庄扬水站3个股级差额事业单位，水利勘探钻井队、抗旱服务队2个股级自收自支事业单位（改企过程中）。2021年7月，事业单位改革，整合翼城县河长制执行中心、水工程移民服务中心、水资源服务中心、河道服务中心、水土保持站、水产站、水管站、水利站8个事业单位，组建翼城县水利发展中心（加挂翼城县河长制执行中心牌子），副科级建制，公益一类。整合翼城县小河口灌区、翼城县利民灌区、翼城县王庄扬水站3个事业单位，组建翼城县水利灌区服务中心，股级建制，公益二类。局机关领导班子6人，其中局长1人、副局长2人、总工1人、工会主席1人、水利发展中心主任1人。

2021年，县水利局坚持以小流域为单元，山、水、田、林、路、沟综合治理，结合林业和各乡镇栽植连翘等数据，完成上级下达的水土保持生态建设任务3.375万亩，完成灌溉面积18万亩次。

【水资源管理】 2021年，县水利局完成县级469本取水许可证电子证转换工作。对全县271套地下水水量远程监测设施、25套地下水位远程监测设施和企业66台水量远程监测设施全方位监管维护，设备在线率保障在95%以上。对85家水资源税征收户核定地下水用量125.96万立方米，地表水用量20.51万立方米，矿坑排水826.19万立方米，一至三季度共征收水资源税1262.91万元。对18家无证取水户下达催办通知书，督促8家企业完善了水资源论证工作。编制完成高质量钢铁新材料工业园区和山西闽光新能源科技股份有限公司焦化项目水资源论证报告书。编制完成地下水、地表水水资源超载地区治理方案，上报省水利厅，待审查批复。

【水旱灾害防御】 2021年5月，县水利局联合唐兴镇在小河口水库进行防汛及灾后救生演练；投资157.22万元，完成9座水库划界工作；投资113.7万元，完成9座水库大坝安全鉴定工作；投资10.4万元，完成山洪灾害预警系统巡检；投资5万元，完成防汛预警设备的维修；排查受损水利设施54处，争取上级水毁修复资金70万元、县级水毁修复资金102万元，修复26处。

【农村供水管理】 2021年，县水利局先后出台《翼城县农村饮水安全工程运行管理办法（试行）》《翼城县加快推进农村供水工程水费收缴工作实施方案》《翼城县农村供水应急预案》，农村自来水供水率98%，水费收缴率77%。全县334处农村饮水工程，进行水质检测，水质全部达标。

【水行政执法】 2021年，县水利局召开企业用水许可会议3次，现场制止水事违法行为4次，下达办理取水许可证通知书18份、责令改正水土保持违法行为通知书11份。按时间节点完成黄河流域生产建设项目水土保持专项整治工作。督促完成水保方案审批13家。

【“河长制”工作】 2021年，县水利局为全面推行“河长制”工作，对全县15条河流，确定8名县级河长、68名乡级河长、84名村级河长、53名巡河员，县、乡河警长14名，村级河警23名，4名县级河长助理。完成71块河长公示牌维护和更新，完善“一河一策”“一河一档”。全年排查河湖“四乱”问题8处，全部整改销号。河长巡河次数上半年居全市第二，下半年居全市第一。

【农村饮水安全巩固提升工程】 2021年，县水利局争取饮水安全工程6批资金355万元，投资87万元，对全县9个乡镇180个村安装村级智能水表，实现“智能化+监管”，已完工；投资80万元，对张桥等22个自然村安装入户水表2400块，已完工；投资52万元，对里砦等8个自然村安装入户水表1566块，已完工；投资26万元，对浇底、曹村等贫困村供水工程进行维修养护和巩固提升，已完工；投资35万元，对南吴等村进行管网、水表等改造，正在施工；投资75万元，对白壁等村打井、水表改造等，正在施工。

【连马河小流域水土保持综合治理工程】该工程投资530万元，治理水土流失面积27750亩。该工程于2020年6月1日开工建设，2021年5月底全部完工。

【续鲁峪河河道治理工程】 该工程总投资2150万元，河道治理长度为7.8公里。工程于2020年9月开工，2021年5月底全部完工。

【水库移民后期扶持项目】 2021年，县水利局投资555.31万元，在隆化镇北卫村新建3000吨苹果保鲜库1座，该项目完工；投资547.5万元，涉及5个村，新村美化亮化、史伯村农村饮水项目完工，殷庄、东下坪、枣园村的文化活动室及文化广场项目完成总工程量的80%，预计2022年3月底，工程全面完成。同时，发放移民直补资金406万元。

【农业水价综合改革】 2021年，县水利局投资230万元，完成全县15.46万亩农业水价综合改革任务，涉及全县9个乡镇、132个自然村。其中，小河口灌区3.92万亩，王庄扬水站0.98万亩，利民灌区4.42万亩，小型水利工程10.42万亩（灌区内4.28万亩，灌区外6.14万亩）。至2021年年底，完成总工程量的70%。

【水库维修养护】 2021年，县水利局投资85万元，完成利民灌区北常、故城、双庆3座水库和北丁水库维修养护工程。工程于5月初开工，6月底全部完工。

【水利法治建设】 2021年，县水利局认真学习贯彻习近平总书记关于全面依法治国新理念新思想新战略，贯彻落实党中央和省委、市委、县委关于法治建设的重大决策部署，贯彻落实党政主要负责人履行推进法治建设第一责任人职责，法治工作与中心工作同部署、同推进、同督促、同考核、同奖惩，对法治建设重要工作部署、重大问题过问、重点环节协调、重要任务督办。利用“3·22”世界水日，3月22—28日中国水周、“依法行政宣传月”、“12·4”国家宪法日等宣传活动，进一步加强对水法律法规的宣传。领导干部带头学法讲法，做学法遵法守法的表率，加强党员领导干部党章和党内法规学习教育，引导党员领导干部增强党章党规党纪意识，严守政治纪律和政治规矩。扎实推进平安建设和“三零”单位创建工作，进一步健全完善以“三重一大”决策机制、监督管理机制、严惩滥用权力机制为核心的制度体系，提高科学决策、民主决策、依法决策水平，确保权力在法治轨道上行使。在推进依法行政、制定重大决策、处置重大资产、重大执法决定等事项过程中，充分发挥法律顾问事前咨询、事中审查论证和事后救济的作用，有效防范法律风险。

【安全生产及灾后恢复重建】 2021年，县水利局认真贯彻落实习近平总书记重要指示精神，坚决落实党中央、国务院及省市县关于防灾减灾救灾的决策部署，坚持结合安全生产专项整治三年行动集中攻坚年方案要求，坚持“生命至上，人民至上”的原则，狠抓安全生产及灾后恢复重建工作。2021年汛期，持续的降雨造成全县水库、河道、水利设施等出现不同程度的损坏，共损坏水利设施54处，其中水库水毁5处、河道水毁5处、农村饮水工程水毁12处、灌区水利设施水毁32处，经济损失1050万余元。至2021年年底，争取上级水毁修复资金70万元、县级水毁修复资金102万元，修复水利设施26处。水库水毁修复工程，投资2.5万元，修复北常水库库岸塌方20米；投资7.5万元，修复小河口水库溢洪道旁地面沉陷100平方米、溢洪道启闭机房房顶217平方米、水库监控设施等；其余水毁工程正在修复，争取2022年5月底前全部修复完成。河道水毁修复工程，主要涉及续鲁峪河、翟家桥河堤防水毁修复170米，浍河护岸塌方修复70米。截至

2021年年底，投资25万元，续鲁峪河3处损坏地方完成修复。农村饮水水毁修复工程，汛期水毁造成全县4个乡镇12个村饮水工程出现损坏，县水利局坚持民生第一，按照“先恢复供水，后全面修复”的原则，投资29万元，对10个村损坏的4600米供水管道及上吴东和南史村损坏的2座蓄水池进行抢修，没有因为水毁影响群众正常饮水。灌区设施水毁修复工程，三大灌区渠道损坏1200余米，10余处管理房和泵房出现大面积漏水及裂缝等。截至2021年年底，工程资金到位，正在进行招投标，预计2022年5月底前全部修复完成。

（李建设）

工　业

工业和信息化

【概况】 翼城县工业和信息化局(简称县工信局)于2015年机构改革时由原经济和信息化局、商务粮食局合并组建,2019年3月机构改革将直属事业单位节能监察大队、酒类流通监督管理办公室分出,同时加挂翼城县商务局、翼城县政府国有资产监督管理局、翼城县民营经济发展促进局牌子,2021年6月成立下属县域经济数字化转型发展中心。机关现有23人,其中局长1人、副局长2人、行政人员16人、工勤人员4人。内设8个股室:投资规划股、运行监测服务股、商务秩序股、市场股、外经贸股、科技信息股、国有资产管理股、办公室。县域经济数字化转型发展中心现有10人,其中副主任2人、一般人员8人。

2021年,翼城县工业增加值累计完成36.97亿元,累计增速27.5%。社会消费品零售总额累计完成3.44亿元,累计增速33.2%。翼城县外贸进出口额总体较上年有所增长,首次打破只出不进的状态,在实现出口3133.66万元(同比增长85.82%)的情况下,实现了18.11万元的进口,总体实现进出口完成3157.77万元的任务,同比增长86.89%。

【园区配套建设】 2021年,县工信局科学编制园区规划,高质量编制完成钢铁新材料工业园区总体规划、产业规划和规划环评。系统推进园区配套建设,积极做好标准化厂房基础设施建设准备工作,计划投资2.7亿元,规划建设标准化厂房及仓库35个,建筑总面积122760平方米。申报列入2021年新增政府债券需求项目谋划储备清单,《钢铁园区内标准化厂房项目可行性研究报告》报县政府批复,正在完善工程可研报告,开展土地预审、项目选址等前期工作。统筹推进园区内涵发展,为解决项目产业链条中LNG、甲醇联产氢气、合成氨等化工产业需要进化工园区的问题,由县委、县政府领导协调对接,市政府决定由翼城县高质量钢铁新材料工业园区承接古县经济技术开发区华宝工业园区调整出的相关产业,发展氢能源、新材料、煤化工等核心产业及煤化工下游精细化工、配套废弃资源综合利用环保产业,正在抓紧编制化工园区规划,完善化工园区相关手续,为闽光项目入园建设创造先决条件。

【服务重点项目】 晋南钢铁集团与山西闽光新材料科技有限责任公司联合以4.78亿元对翼钢土地及部分基础设施等预留资产竞买成功,预留资产外已拍卖资产全部完成拆除,项目区域内居民搬迁协议全部完成签订,拆迁工作正在加快推进。晋南、闽光于9月4日全面入驻翼城县高质量钢铁新材料工业园区。县工信局协调晋南钢铁加快推进项目备案地址变更手续,市、县各职能部门开展项目承接可行性论证,报省工信厅办理1860高炉的备案地址变更工作;帮助闽光公司碳基新材料及焦化升级项目在省工信厅完成156万吨焦化升级项目备案,在县行政审批部门办理4万吨碳基负极新材料项目的备案手续,闽光新能源科技股份有限公司于11月15日举行碳基负极新材料及焦化升级项目奠基仪式。全力服务华翔20万吨短流程科技园项目,县工信局入企帮助协调解决土地、文物等相关问题,华翔集团完成对晋源实业公司的收购,4月6日启动铸造用生铁高炉的生产,产品实现对外正常销售。截至2021年年底,完成厂容厂貌的美化、亮化和铸造生产车间标准化厂房的改造,正在进行项目的总体规划设计、真空负压铸造、机加工和涂装两条生产线设备购置安装。

【入企入园入区帮扶】 2021年,翼城县进一步明确各级领导包联企业、全程服务的机制。成立由县委、县政府"一把手"为双组长的翼城县入企入园入区工作领导小组,制定《翼城县开展入企入园入区服务工作方案》,实现对本辖区、服务范围内的企业、项目全覆盖,县领导带头入企纾困解难,入企办深入企业摸底调查,强化与各级职能部门的协调沟通,为企业解决生产经营中存在的制约性困难和问题。市、县两级协调解决要素保障类、行政审批类等各类问题81个,为企业和项目发展提供有力的支撑和保障。强化服务企业力度,送政策上门、送温暖上门。汇编惠企政策宣讲手册,积极鼓励引导中小企业投资战略新兴产业。2021年,培育上报3家战略性新兴产业企业,通过县、市统计部门审核,上报省统计厅,其中为翼城县瑞科磁业有限公司申报享受战略性新兴产业企业优惠电价政策,企业每月可节省费用5万~7万元,全年降低费用60万~80万元,大大降低了企业生产成本,为企业的进一步发展营造了良好的发展环境。

【培育小微企业入统入库】 2021年,县工信局加大企业支持力度,积极与金融部门沟通协调,组织政银企对接会,为企业搭建融资平台。截至三季度,累计为171家企业发放贷款3.46亿元;经县政府常务会议研究,设立过桥资金500万元,为企业应急周转提供资金帮助。加大小微企业入统入库力度,积极培育、孵化企业"小升规""小升限"。2021年,新增规上工业企业10家,净增9家;会同发改、统计、税务等部门,引导服务潜力企业入库入统,培育商贸企业"小升限"17家,并为上年入统的22家每户商贸企业争取到省市县奖励资金10万元。

【国企改革】 2021年,经县政府常务会议、县委常委会会议研究审议,制定《翼城县县属企业违规经营投资与重大决策终身责任追究实施办法》《翼城县国企改革行动(2021—2022年)》。县工信局向市局积极申请国有企业退休人员社会化管理财政补助资金107万元,7月协调相关部门对破产、困难国有企业"山西省四家湾金铜矿"46名退休人员进行移交,完成社会化管理。全力推进国企改革,抗旱服务队、水利勘探钻井队及牢寨煤矿铁路煤炭发运公司3家全民所有制企业完成改制任务。深入推动"僵尸企业"出清清零,甘泉粮站进入破产程序,完成出清任务,福利乙炔气厂正在开展清产核资。国有资产集中统一监管工作方面,全县需脱钩企业5家,按照成熟一家脱钩一家的原则有序推进。

【冶炼铸造企业监管与环保治理】 2021年,县工信局强化铸造用生铁高炉监管。根据临汾市工信局《关于进一步对铁合金生产用高炉和铸造用生铁高炉加强监管的通知》(临市工信发〔2021〕15号)要求,翼城县飞翔铸管有限公司、晋源实业有限公司、山西励鑫铸业有限公司3家企业进行自查,在铸造专家组现场核查、评审的基础上,组织有关人员重点对企业铸造生铁销售、使用情况进行了检查,确保翼城县铸造生铁企业的正常生产经营。

有序推进错峰生产及重污染天气预警应对。根据市、县大气办秋冬防大气污染防治工作要求,积极落实冶炼铸造企业错峰生产停限产管控,3家冶炼企业按要求时限停产。同时配合环保部门指导督促做好规上冶炼铸造企业的环保深度治理工作,晋源、飞翔 2 家冶炼企业超低排放改造、无组织排放、清洁运输等经第三方机构现场验收,完成改造目标任务。

【安全生产监督】 2021 年,县工信局强化本系统安全生产监督。组织编写《翼城县通信保障应急预案》,在工信系统和商务系统进行《中华人民共和国安全生产法》学习和“安全生产月”宣传。开展工信系统电气火灾安全隐患大排查、大整治活动,加大企业安全风险隐患检查整改力度,强化对移动、联通、电信通信运营,铁路无人值守道口行业企业属地安全的日常监督管理,确保行业安全生产。

【疫情防控】 2021 年,县工信局积极做好疫情防控物资储备。根据县疫情防控领导小组总调度室文件要求,县工信局负责全县 116 个核酸检测采集点和县疾控中心核酸检测标本采集物资储备工作,县中医医院承担采购储备任务,完成总价值 210 万元、33 个品种、供 3 天使用量的医用防控物资储备工作,确保在应急状态下可及时调拨使用。

继续抓好疫情常态化防控。发挥组织牵头作用,齐抓共管形成合力。向商贸企业下发《进一步落实商贸流通领域疫情防控措施的通知》,组织召开由工信局、市场局、公安局、卫体局、消防队 5 个部门联合参加的全县住宿餐饮服务业疫情防控暨安全工作及培训会议,配合疾控中心对商场、超市先后 5 次进行重点部位的核酸检测,确保人员密集场所的安全。全面落实企业主体责任,确保防控措施落实到位。第一时间在微信群推送有关疫情防控的通知及操作指南等,要求企业严格落实,指导企业主动开展工作,压实企业疫情防控主体责任,安排人员流动量大的宾馆、酒店、大型商场、超市主动做好测温、扫码、登记、加装测温门以及重点部位的消杀等工作,确保第一时间发现、第一时间处置、第一时间阻断,坚决扑灭任何可能出现的疫情风险。

【“保供应、促消费”工作】 2021 年,县工信局强化市场监测。为保障市场供应,加强部门联动,采取切实措施,深入重点商贸流通企业、批发(农贸)市场一线,全面准确掌握生活必需品市场供求情况;指导督促应急保供重点联系企业,积极做好应急供应准备工作;指导大型商场、超市加大产销衔接,增加生活必需品库存,增强市场保供能力。组织 19 家企业参加山西省“礼享生活 晋情消费”数字消费券派送活动和临汾市“礼享生活 晋情消费 乐享临汾”市级数字消费券派送活动,促进翼城消费,激发市场活力、释放消费潜力。外贸出口稳定。

【法规政策宣传】 2021 年,县工信局向全社会宣传《中华人民共和国电子商务法》《单用途预付卡管理办法(试行)》等政策法规。在“3·15”宣传活动中,制作宣传版面,发放 1200 余份宣传资料,大力宣传网上消费及办理单用途预付卡维护消费者的合法权益相关知识。

(王荣华)

能源管理

【概况】 2021 年,翼城县能源局在县委、县政府的坚强领导下,坚持以习近平新时代中国特色社会主义思想为指导,深入贯彻落实党的十九大,党的十九届二中、三中、四中、五中、六中全会精神和习近平总书记视察山西重要讲话重要指示精神,全面落实习近平总书记“四个革命、一个合作”能源安全新战略,积极落实省委、市委、县委各项工作部署,以弘扬伟大建党精神为引领,扎实开展党史学习教育,团结带领全局干部职工,砥砺前行、克难奋进,各项工作取得新进展。

2021年，县能源局承担能源消费总量和能耗强度降低率两项指标考核任务，确保2021年能源消费总量控制在98.72万吨标准煤以内，能耗强度下降3.9%。在能源消费总量方面，全县现有规上企业33家，1—11月能耗总量为49万吨标准煤，较上年同期下降10.7%，位列全市第一。在能源消费强度方面，前三季度单位GDP能耗下降-8.7%，位列全市第五。同步强化基础管理，全县18家重点用能企业全部完成能耗在线监测系统建设和能源审计工作，企业节能意识和管理水平得到明显提升，企业节能降耗形势平稳，两项约束性考核指标可确保高质量完成。

【清洁取暖改造】 2021年，县能源局坚持把实施清洁取暖改造作为一项政治任务、民生工程，以为“三箭齐发”工业新格局腾出环保、能耗指标，提升群众幸福指数的政治担当，在充分调查研究、积极沟通协调，争取上级资金、电力改造设施支持的基础上，将10个村改造路径变更为“煤改电”，提升了群众改造积极性。克服起步迟、阴雨天气影响等不利因素，坚持一天一调度、一周一通报、半月一督查，深入乡村、农户，随时掌握工作进展，点对点协调督促、面对面解决问题，确保了改造任务落实。坚持双向发力，加大洁净煤供应，为非清洁取暖改造区的86个村7220户居民供应民用洁净煤9989.514吨。完成4个乡镇11个行政村4120户清洁取暖改造任务，全县海拔600米以下区域实现清洁取暖改造全覆盖，改造任务占全市任务的1/4。

【能源保供任务】 2021年，县能源局发力煤炭工业“压舱石”作用，全年煤炭产量374.94万吨，同比增长6.4%，完成煤炭保供43.01万吨（市定任务9万吨），超市定任务378%。规上洗选煤企业精煤产量283.52万吨，同比增长40%，有效支撑了全县工业增加值增长。上河、东沟2月两煤矿正式生产，青洼煤矿产能核增完成省级现场核查，首旺资源接替上报省政府，15家洗选煤企业通过县级标准化验收，其中6家企业通过市级一、二级验收，牢寨煤矿铁路煤炭发运公司企业破产有序推进。

【能源行业管理】 2021年，县能源局紧扣推动能源高质量发展主线，认真落实行业管理职责。坚持边学习边贯彻边实践，采取专题学习、专家领学等方式，提升学习针对性和实效性，全年共开展煤矿事中事后监管检查2次，发现隐患10条；煤矿生产要素管理和煤质检查7次，发现隐患40条；企业自备电厂检查9次，发现隐患24条；节能检查18次，下发督办函11份，并按照闭环管理要求，全部整改落实，行业管理水平进一步提升。针对全县新能源底数不清的现状，完成《翼城县电动汽车充电基础设施布局专项规划（2021—2035）》编制，完成《翼城县新能源项目规划报告》编制，全县新能源底数进一步明晰。

【“创优惠企”便民举措】 2021年，县能源局作为“获得电力”指标牵头部门，积极协调县供电公司推进“获得电力”业务工作，全县“获得电力”营商环境整体良好。聚焦“1+9”专项整治，高压客户接电时长缩短至20.46天，低压非居民客户接电时长缩短至2.5天；推广小微企业用电报装“三零”服务，为52个客户节约投资161万元。畅通业扩报装绿色通道，解决客户业扩受限9项。推进代购电签约告知，高压工商业客户签订651户，低压工商业客户签订137702户，告知签订率100%。网上国网综合推广率75.52%；快抢电话走访入户101390户，意见工单压降30.2%，全年实现零投诉。坚持“领办代办”，服务“三箭齐发”工业新格局，协调市能源局支持闽光项目煤炭消费置换差额97126.78吨，闽光、晋南钢铁项目通过市级能耗及煤炭消费替代方案审核。

【安全生产管理】 2021年，县能源局始终把安全生产作为红线，履行行业监管责任，确保能源行业企业持续安全稳定。落实“三管三必须”(管行业必须管安全、管业务必须管安全、管生产经营必须管安全)要求,及时传达贯彻上级安全生产和消防工作精神要求,对全县煤炭、电力、油气长输企业安全生产情况进行分析研判。强化企业安全生产主体责任落实,进一步健全安全生产责任制,安全生产责任不断夯实。深入开展“专项整治三年行动”,坚持企业自查与行政检查相结合,强化企业风险预控管理,不断提高企业风险点预控管理和岗位风险防控水平,安全防控体系不断健全。开展自然灾害防治检查、重点时段电力、油气长输管线的安全生产工作,建筑领域安全隐患排查、输电线路火灾风险隐患专项排查等活动,并坚持闭环整改,安全管理水平有序提升。

(刘　义)

国网翼城供电公司

【概况】 2021 年,国网翼城县供电公司上下深入贯彻习近平总书记重要讲话重要指示批示精神,认真落实各级决策部署,围绕“精益合规”四字要求,迎难而上 、担当实干,完成年度目标任务,实现“十四五”良好开局。售电量 71520.31 万千瓦时,比计划低 2.09%;综合线损 4.32%,比计划低 0.58%;平均电价 495.33 元/千千瓦时,比计划高 19.33 元/千千瓦时;安全生产周期 11571 天。公司获评临汾公司先进单位。

【服务项目落地】 2021 年,国网翼城县供电公司助力“三箭齐发”。主动对接华翔项目落地翼城,做好园区用电服务。用心服务晋南钢铁落户、闽光新材料转型升级项目,结合具体需求(项目最高日用电负荷、最大装机容量、电压等级需求等),协调临汾公司召开 3 次专班会议,设计完善供电方案,提前做好项目规划、电网建设、负荷接带工作。

【电网建设】 2021 年,国网翼城县供电公司投资 1463 万元,对孝义村等 10 个村 23 个台区改造,新建及改造 10 千伏线路 16.3 公里,新增配变 15 台、改造配变 5 台,改造 0.4 千伏架空线路 25.6 公里,改造接户线 3.46 公里,于 12 月 20 日全部完工。自筹资金 51.49 万元,完成王良旅游公路线路迁改,新建电杆 24 基、高压线路 1700 米、低压线路 300 米。投资 63 万元,新增政府箱变一座、配网环网柜一面,解决原政府台区重过载、单电源供电问题,提高其供电可靠性。配合住建局、市政设计院对县域 7 条道路进行勘察,完成县域架空线路缆化入地工程勘察设计方案。新建 10 千伏电缆线路 12.48 公里;新建低压电缆 6.7 公里;新建接户线 7.98 公里;新建二进四出环网柜 36 台;新建 630 千伏安及 400 千伏安箱变 20 台容量 11.45 兆瓦;新建低压电缆分支箱 95 台;新建集装表箱 195 面。

2021 年 1 月 21 日,国网翼城县供电公司员工为“煤改电”用户志愿服务　　(王晓华供图)

【“煤改电”项目】 2021 年,国网翼城县供电公司克服时间紧、任务重、工期短、天气恶劣等不利因素,在完成 209 户“煤改电”计划任务的同时,主动担责,外调施工人员利用 45 天时间完成政府 3925 户“煤改气”临时变更的“煤改电” 任务。累计投资 1448 万元,确保 4134 户“煤改电”

用户可靠供电温暖过冬。

【电力保供】 2021年,国网翼城县供电公司完成汛情设备受损及恢复。9月下旬,翼城境内出现中到大雨,翼城县2座220千伏变电站、6座110千伏变电站、7座35千伏变电站、16条35千伏线路运行正常,全县供电正常平稳有序。10千伏电力设施受损6处,于10月16日全部处理完毕,全县118616用户用电正常,未出现汛期遗留问题。坚决扛起保供责任,积极应对秋末冬初供电紧张形势,10月11日—23日,采取宣传、驻场、走访等方式,在保留居民、煤矿等负荷情况下,引导翼城县123家生产企业错避峰用电。积极执行“战略性新兴产业电力直接交易”要求,对瑞科磁业政策宣贯执行到位。

【用电报装服务】 2021年,国网翼城县供电公司推广小微企业用电报装“三零”服务,为52个客户节约投资161万元。解决客户业扩受限9项,解决翼城千亩樱桃园、里砦大棚基地迁改难题。克服时间紧、任务重的难题,加强项目协调与申报,8天完成第二污水处理厂临时用电申请新装施工投运。

2021年1月26日,国网翼城县供电公司员工暖心服务助力光伏用户　　（王晓华供图）

【贫困村电网改造】 服务乡村振兴,全县21个贫困村电网改造“零遗漏”,配合完成6个扶贫电站备案。为1070户发放光伏补贴250万元,为3371户“五保户”发放电费补贴8.7万元。

【营商服务】 2021年,国网翼城县供电公司聚焦“1+9”专项整治,高压客户接电时长缩短至20.46天,低压非居民客户接电时长缩短至2.5天。推进代购电签约告知,高压工商业客户签订651户,低压工商业客户137702户,告知签订率100%。提升线上服务水平,网上国网综合推广率75.52%;快抢电话走访入户101390户,意见工单压降30.2%。每周三在行政审批大厅开展“经理接待日”,解决普通客户用电诉求6项。

（王晓华）

中小微企业发展

【概况】 根据县委机构编制委员会办公室文件《关于翼城县工业和信息化局所属事业单位机构编制调整的通知》(翼编办字〔2021〕32号),整合翼城县中小企业服务中心、翼城县中小企业创业辅导服务中心2个事业单位,组建翼城县民营经济发展促进中心(加挂县中小微企业发展中心牌子)。改革后,翼城县民营经济发展促进中心为副科级建制公益一类事业单位,现有干部职工42人,其中具有大专以上学历的25人、具有中专(高中)学历的17人。机关内设一室五股,即办公室、冶炼铸造股、产业指导股、政策法规股、统计规划股、人事教育股,属县政府指导、协调、服务中小微企业和民营经济等工业经济的部门。

【民营经济指标】 2021年,全年民营经济主要经济指标稳中有升。截至12月底,县域中小企业工业总产值完成79.8亿元,同比增长52.28%;营业收入累计完成87.6亿元,同比增长40.33%。

【汇编年度中小微企业信息台账】 2021年,县中小微企业发展中心强化对中小企业的运行监测,掌握县域中小企业经济运行态势。为摸清全县民营企业底数，掌握第一手资料，为各项工作开展奠定基础，更好地为企业服务，在原有信息台账的基础上，经过详细调查摸底，重新汇编《2021 年度中小微企业信息台账》，增加重点中小微企业简介、经营动态以及地理位置示意图等，录入 6 类 318 家实体中小微企业。

【"小升规"】 2021 年，县中小微企业发展中心从税务、统计、行政审批部门调取第一手资料，从中挑选出 30 家重点企业名单，列入重点企业可培育项目库，进行重点帮扶。起草出台《翼城县"小升规"企业培育方案》，按月召开"小升规"工作推进会。6 月 25 日，组织重点培育企业参加全市的"小升规"培训会议，聆听专家对税务优惠政策、入统申报流程和财政奖励政策的讲解。到 12 月底，完成 10 家"小升规"。与此同时，2020 年实现"小升规"的 5 家企业的省、市、县奖补资金 225 万元全部发放到位。

【"专精特新"企业培育】 2021 年，县中小微企业发展中心在推进中小微企业"专精特新"发展方面，积极宣传省、市"专精特新"奖励政策，鼓励企业走"专精特新"发展之路；积极引导中小企业进行自主创新，成立研发中心，加快培育自己的技术团队；对具备一定规模、发展潜力的企业，帮助积极申报专利项目，达到"专精特新"标准。通过赴省到市沟通协调，帮助绿牧德品乳业有限公司申报牛奶监测取样装置等 3 项实用型专利，并提前一年取得申报"专精特新"企业的资格，通过省级"专精特新"企业认定。山西春雷铜材公司通过国家级、省级"专精特新'小巨人'"企业的认定，实现了翼城县历史上"零"的突破。

【股份制改造】 2021 年，县中小微企业发展中心按照"小升规、规改股、股上市"的工作思路，采取主要负责人亲自抓、分管股室下乡走访、股改企业示范带动、推荐中介机构业务指导等多种形式，上门沟通思想，讲解"股改"政策，帮助恒谊混凝土公司等 2 家企业完成股份制改造，并申报省级资金。

【助推创业创新】 2021 年，县中小微企业发展中心为进一步激发民营企业的"创业创新"活力，推动中小企业高质量发展，积极推荐山西新翔丰农业科技有限公司参加"创客中国"市级初赛和省级复赛，从参赛思路到项目路演、多媒体制作，以及现场参赛都进行了全程指导服务，最终该公司获省级创客中国三等奖，并获得 6 万元的资金奖励。

【铸造行业协会成立】 2021 年，县中小微企业发展中心协调以华翔新材料产业园为龙头，联合全县主要铸造企业，帮助协调各部门成立翼城县铸造行业协会，促进县域铸造行业间相互交流、相互帮助、相互学习、相互促进，提升铸造行业竞争力。

【服务企业经营】 2021 年，县中小微企业发展中心为服务全县"三箭齐发"工业新格局，发挥铸造产业在全县的行业引领作用，助力全县装备制造业强链延链补链，结合翼城县铸造产业发展现状，主动积极服务，协调铸造企业信息对接，帮助解决购销困难和问题，协调华翔集团与华星、福旺两家铸造企业签订生产合同，保证企业正常生产经营。

【培训及职称认定】 2021 年，县中小微企业发展中心为不断提升全县民营企业的综合素质，提供费用，积极组织企业家外出培训，提升经营管理水平，10 月组织鼎炎、泰鑫两家企业主要管理人员分别到清华、北大素质提升班进修学习。积极为民营企业科技人员开展职称认定。为解决民营企业专业技术人才无处认定的问题，多次到市局沟通，重新取得民营企业专业技术人才职称认定的资格，2021 年为全县民营企业指导办理专业技术职务任职资格评审 22 人。其中，中级 3 人、初级 19 人。积极组织企业开展技能培训，利用隆鑫职校“中小微企业培训基地”这一平台，为全县民营企业培训专业技术人才13期560余人。积极组织企业参加常规业务培训，先后组织6家企业参加“新基建、新动能、新机遇——数字化赋能中小微企业高质量发展”视频培训会、民营企业家“信用经济”高级研修班等培训活动和推进“专精特新”企业股改上市专题培训等会议。

【协调融资】　2021年，县中小微企业发展中心面对民营企业融资难、融资贵的瓶颈问题，于6月组织全县50多家民营企业参加全县重点中小微企业座谈会。会上，金融以及其他职能部门对企业的资金需求进行现场重点对接。8月，组织有贷款意愿的10家企业到县工行参加见面会，沟通需求，了解进度，促成合作意向。全年先后帮助兴盛针织公司、泰鑫公司、华鑫公司、感恩电子等20余家公司落实资金6800万元。

【精准帮扶】　2021年，县中小微企业发展中心为助推全县民营企业健康发展，扎实推进包联企业责任制，强化入企服务，要求各股室每周至少要深入重点企业一次，及时跟踪对接，了解企业动态。组建行业微信群，随时发布国家有关的产业政策，方便企业间沟通交流。对难以解决的困难和问题，及时汇总上报，寻求上级帮助和支持。全年为企业解读上级各种优惠政策60余件，发放优惠政策汇编80余册，服务企业手册100余本；帮助企业实现招工120余人；帮助新强公司利用“翼材翼用”这一平台，销售新型透水砖2万余平方米。指导强劲面业、绿牧德品2家公司调整财务架构，理顺财务关系。

【信访工作】　县中小微企业发展中心有所属23家破产企业，退休及下岗职工有4000余人，遗留问题多、上访问题多，经历时间久远，尤其是陶瓷厂、翔宇建材、里砦机械厂、南梁汽配厂等长期存在上访的问题，针对这种情况，成立专门问题领导组，责成专人负责，积极化解矛盾。对来访来信热情接待，积极开展沟通协调，于6月10日组织支部班子成员到南梁镇西张村走访慰问困难党员。全年接访700余人次，8件省巡视组、市长热线信访件办结5件，3件正在加紧推进；办理原隶属企业职工退休56人。

（黄春虎）

城镇集体工业

【概况】　翼城县城镇集体工业联合社（简称县城联社）是由翼城县手工业联合社、翼城县第二轻工业局演变更名而来，主要职能：对城镇集体企业的设立、合并、分立、停业、迁移或者变更登记事项、变更审批；加强对集体企业的政策指导，协调当地城镇集体经济发展中的问题，组织有关方面监督、检查集体企业政策、法规的执行情况。县城联社是参公管理正科级事业单位，核定编制16人，现有干部职工12人，其中领导干部1人、职工11人；在职人员工资由财政全额拨付的4人、财政定额补助的6人和经费自理的2人，共三部分组成。机关内设5个股室，即办公室、财务股、安全生产股、资产管理股、社会保障股。

【信访工作】　2021年，县城联社结合“三零”单位创建工作，狠抓系统稳定和来人来访接待工作，实行人人包联1～2个改制破产企业的办法，一包到底，确保系统改制破产企业职工诉求有场所、诉求有渠道。接待系统企业来人来访50余人次，涉及化工建材厂、八一汽修厂、建筑公司、建材中心、二轻经理部、黎明铁厂等企业职工。通过耐心做工作，将矛盾和隐患化解在基层。

【安全工作】　2021年，县城联社在系统安全方面，落实全县安全环保工作会议精神，组织人员检查机关电路安全，发现隐患1处，及时进行处理。坚守二轻经理部危楼安全红线，实行住户搬迁挂危险标识措施，指定专人日常进行监管。切实把以人为本、生命至上、安全第一落到实处。

【民生实事】 2021年，县城联社结合党史学习教育，城联社为职工办实事、办好事，成为有计划的自觉的行动。时刻遵循职工利益无小事的底线，想职工所想、急职工所急，时刻把职工冷暖放在心上。截至2021年年底，为系统职工办理退休入保手续服务110次，合格48人，解决系统职工退休入保信息不符32人次。化工建材厂土地手续确权登记工作取得新突破。

（曹国强 丁斌）

产业集聚区

【概况】 2021年，翼城产业集聚区围绕县委、县政府“三箭齐发”工作部署，不断完善工作机制，创新工作举措，发挥“一区三园”要素集约、产业引导、项目集聚、产城融合功能作用，努力为加快实现翼城振兴崛起做出应有的贡献。

【重点项目落地】 2021年，翼城县推进重点签约项目3个，晋南钢铁项目、山西闽光年产4万吨高性能碳负极新材料及焦化转型项目和山西华翔年产20万吨新材料短流程科技园项目。晋南钢铁项目投资4.8亿元，列入省重点传统工业改造升级产业项目，产能置换方案在山西省工信厅备案登记，完成压覆矿产资源评估、地质灾害危险性评估和项目可行性研究报告。山西闽光年产4万吨高性能碳负极新材料及焦化转型项目投资1.2亿元，完成省工信厅项目备案手续，取得产能置换文件，完成水土保持评估等手续办理。山西华翔年产20万吨新材料短流程科技园项目投资4.2亿元，正式点火开炉，球墨生铁等产品正常对外销售，正在进行铸造生产线扩规项目选址论证。与相关企业对接，全力盘活山西舜达锻造公司资产，推动建立锻造产业生态链。桐封技师学院建设项目，完成县、市级土地报批相关手续，待土地手续完备后开工建设。

【优化发展环境】 2021年，县产业发展集聚区在优化发展“软环境”方面。扎实落实“承诺制+标准地”改革，成立“领办代办”服务机构，刘双辉任组长，丁晶晶、王艳任副组长，各相关部门负责人任成员，抽调专门力量成立项目“领办代办工作队”，制定印发领办代办工作方案，明确领办代办事项范围，对产业集聚区企业实行全面保姆式动态跟踪服务。推行首问负责、限时办结、跟踪服务、预约服务、上门服务、延时服务、服务承诺、一次性告知、24小时绿色通道服务，受到客商普遍好评。在优化发展“硬环境”方面，铜合金新材料工业园区和高质量钢铁新材料工业园区达“七通一平”标准；装备制造工业园区建设完成园区主干道、110千伏专用变电站、4万立方米/天供水站和天然气储配站、调配阀口，实现了“五通一平”；3个园区共储备土地6000余亩。

2021年8月24日，省政府驻广州办事处副主任、山西省珠三角招商局副局长王红健（右四）、市促投局副局长史俊爱（右三）一行调研产业集聚区舜达、晋源、晋南钢铁项目 （闫赞供图）

【精准招商】 2021年，县产业发展集聚区重点围绕装备制造、节能环保装备、现代物流、信息技术、新材料等产业方向，以网络沟通、实地拜访、会议磋商等方式开展招商。在北京清华启迪算力中心项目对接的基础上，与北京启迪区块链科技发展有限公司就“携手发展、融合共建”进行多次洽谈,达成初步合作意向。全年对接一汽锻造、晋南钢铁、闽光焦化、天津友发、天津大强、绿华公司、温州伯利恒、大连大锻、太原太重、侯马中晋、山锻废旧钢铁熔炼、定襄环锻、废旧金属回收等项目,参加在厦门举行的第21届中国国际投资贸易洽谈会。

（闫　赟）

商贸与服务业

外来投资管理

【概况】 翼城县促进外来投资服务中心成立于2020年1月16日。2021年6月事业单位改革,县委、县政府扩大招商引资队伍,编制由6个增至16个,配备领导职数一正两副,内设机构5个(办公室、投资信息股、投资运营股、投资项目股、综合服务股)。2021年,翼城县促进外来投资服务中心按照县委、县政府的部署,加快打造“三箭齐发”工业格局,开展“请进来,走出去”精准招商活动,实行“全员招商”,完成全年工作目标任务。2021年,发挥在产业、资源、区位优势等方面的优势,围绕“两新一重”“六新突破”以及山西省十四大战略性新兴产业等方面,集全县各部门、各乡镇的资源,共谋划项目21个,其中产业类项目11个、文化旅游类项目5个、服务类项目1个、农业及其他项目4个,谋划投资120亿余元。签约对接项目共14个,截至2021年年底,完成签约项目10个。全年签约项目任务完成69.92亿元,完成率139.84%;新开工项目计划投资任务15亿元,实际完成19.92亿元,完成率132.8%;固定资产投资项目资金到位任务5.9亿元,实际完成7.24亿元,完成率122.71%;非固定资产投资项目资金到位任务0.8亿元,实际完成0.83亿元,完成率103.75%。

【落实招商政策】 2021年,翼城县把招商引资作为“一把手”工程,坚持县领导带头,建立并严格落实重点项目县领导包联推进机制。县委主要领导主持召开招商引资专题会议10次,县政府主要领导先后主持召开招商引资专题会议5次,分管招商工作的副县长多次到山西闽光、山西华翔、永益铸管、新强建材、春雷铜材、新佳源等企业调研,定期开展招商引资专题研究。在跟踪服务方面,对投资新办企业或新上项目,实行“一站式”审批、一个窗口对外、一条龙服务,打造“三无三可”的营商环境。以“不叫不到、随叫随到、一叫就到、说到做到、服务周到”的服务,让企业办事省心、经营放心、发展顺心、扎根安心、生活暖心。大力优化企业开办服务,提升企业开办服务效能。在对山西新佳源生物降解制品有限公司的入企服务中,从企业选址、政策解读、手续办理、跟踪服务、产品营销等方面为企业提供便利,政府领导和各部门也积极引荐对接、推介销售。

【打造“三箭齐发”工业格局】 2021年,翼城县依托钢铁、铸造等传统产业基础和煤铁资源禀赋,以高质量钢铁新材料、铜合金新材料、高端装备制造新材料“一区三园”为主战场,延伸上下游产业链。以数字翼城建设、传统产业提档升级和现代农业、全域旅游等产业发展为重点方向,多措并举开展招商引资,积极构建项目、产业、人才“三位一体”同步发展的良好态势。翼城县签约晋南钢铁精品基地项目、山西闽光4万吨碳负极新材料及156万吨焦化转型项目和华翔(翼城)20万吨新材料短流程科技园项目,“三箭齐发”工业格局初现。

【精准招商活动】 2021年,翼城县全年组织

“请进来、走出去”精准招商活动12次，参加中博会、兰洽会、厦洽会专题招商活动3次，谋划项目21个，谋划投资120亿余元。签约对接项目共14个，完成签约项目10个，分别是年产4万吨高性能碳负极材料及156万吨焦化转型升级项目、润丰源物流仓储项目、唐霸一号商住一体房地产开发项目、茂洲年出栏900头肉牛养殖项目、年处理10万吨重晶石选矿项目、山西新佳源生物降解制品项目、合鑫泰和府商住一体房地产开发项目、建设示范性快递电商仓储项目、紫庭苑商住一体建设项目、永鑫建筑路基路面材料加工建设项目。正在对接的项目4个，分别是北京启迪城市算力中心项目、历山康养项目、建设年产15万吨HSR脱硝干粉项目、舜达盘活项目。

【构建招商平台】 2021年，县促投中心召开专题会议，制定《翼城县校友招商引才基地建设工作方案》，成立校友招商引才基地建设领导小组和工作专班，建立并完善3个信息库（重点高校校友信息库、重点高校校友企业家信息库、翼城籍校友信息库），加强与企业、高校的对接联系。2021年，与厦门大学电影学院就舜文化发掘研究与数字化传承和职能处理项目签订战略框架协议，同时授牌县委组织部人才办智库合作基地、西阎镇校友招商引才基地、县融媒体中心大学生实习实训基地，与中国农业大学、山西师范大学初步达成合作协议，与中国矿业大学在校友招商引才基地建设方面达成合作意向，考察并确定维尔斯人力资源公司为翼城县招商引资和招商引才联络处。

【对外宣传】 2021年，县促投中心结合产业规划和发展需求，制作“天下唐人，老家翼城”“大美翼城，兴业有你”招商宣传片，重新制作了《招商指南画册》，利用网站+微信+手机APP网络平台向外推介，提升翼城县投资环境知名度和美誉度，吸引更多的项目落地开工。加强宣传推介，打造翼城名片。翼城县在第十二届中博会期间，作为全省五个明星县之一参展，县委、县政府主要领导站台，推介“翼城优品”“翼壶好茶”等特优产品，进一步扩大“翼城优品”品牌效应。

（李辉　冯青发）

供销合作

【概况】 翼城县供销合作社联合社成立于1948年8月，隶属政府序列的事业单位，承担全县农业生产资料和农民生活资料的供应工作，负责对下属企业的监督管理、服务以及人事安排和任免。供销社机关设有办公室、党总支办、财务、统计、人事、审计、业务、安监、工会委员会、妇委会“两室六股两委”，领导班子由3人组成，有在编人员16人。下设14个基层供销社和11个县直公司。

【农资及食盐供应】 2021年，县供销社3个惠农服务中心（站）及农业生产资料公司共供应化肥1.5万余吨，金额1700万元。翼城县副食盐业公司不断深化食盐供销体制改革，积极加大食盐下乡力度。2021年，全年供应优质食用盐350余吨，各种高端食盐27吨，满足全县的市场供应，确保全县人民的健康用盐。

【为农服务工作】 2021年，县供销社联合社认真贯彻落实习近平总书记对供销合作社工作的指示、李克强总理对供销合作社工作的批示、胡春华副总理的讲话精神，不断创新拓展为农服务工作。至2021年年底，建立惠农服务中心11个，引领创办农民专业合作社19个、农民专业合作社联合社1个、庄稼医院2个，“保姆式”土地托管3000亩，“菜单式”土地托管4.5万亩。

（王廷亮）

粮油购销

【概况】 翼城县粮食储备服务中心属发展和改革局副科级全额预算事业单位,财政拨款事业编制10名,现有全额财政人员8人,定额财政人员2人,其中主任1人。辖4个股室(办公室、仓储股、党建股、经建股)和4个国有独资企业(储备粮管理有限公司、粮食购销有限公司、翼粮同丰商贸有限责任公司、甘泉粮站),有干部职工54人。粮食储备服务中心党总支辖5个党支部(机关党支部、储备公司党支部、购销公司党支部、同丰公司党支部、综合党支部),有党员74人。

2021年,县域粮食安全无事故,国有粮食企业改制进一步深化,管理水平进一步提升,粮食系统党的建设进一步加强。服务中心认真贯彻落实国家和省、市的粮食调控措施,确保储备粮油安全,增加应急成品粮油,扩充粮食应急加工、应急供应网点,保持全县粮食供应充足、市场稳定。全县收购粮食55985.9吨,销售粮食56029吨,产销衔接调入粮食5000吨。国有粮食企业承储的市县级储备粮"一符六无"粮仓达标率、"三专四落实"率、科学保粮率均达100%。

【粮食安全】 2021年,县粮食储备服务中心认真贯彻习近平总书记关于粮食安全的重要讲话精神,加大监督和管理的力度。落实监管责任,强化董事会、监事会成员的责任意识,特别是注重发挥企业监事的作用。董事会、监事会成员各负其责,按期深入储粮库区例行粮情检查,确保储粮安全。做好春、秋季粮食安全大检查和粮食库存检查工作,确保数量真实,质量可靠,储存安全。开展夏粮收购专项检查,确保市场化收购执行收购政策不走样,让农民交"明白粮""放心粮""舒心粮"。完成2021年市级储备粮轮换任务,确保粮食安全。争取资金对王庄、辛安、里砦等库区部分粮库进行维修,改善仓储条件。为彻底改善翼城县仓储条件,便于统一管理,确保县域储备粮安全,积极争取中卫库区粮食仓储建设项目。

2021年10月18日,县粮食储备服务中心开展"保障粮食安全,助力乡村振兴"宣传活动
(崔可范 贾浩 黄亚云供图)

【安全生产】 2021年,县粮食储备服务中心认真落实县委、县政府关于安全生产的各项要求,严格排查,堵塞漏洞,确保全系统安全无事故。为进一步落实企业安全生产责任,有效防范和遏制安全生产事故发生,促进粮食系统安全生产形势持续稳定好转,中心与各企业、各企业与各库区签订安全生产目标责任书,层层落实责任,强化监督检查,严格落实安全储粮和安全生产各项措施,防止发生霉粮、坏粮和安全生产事故,确保夏粮收购工作顺利进行。落实安全生产措施,定期检查电线线路、维护消防设施,各个库区、人员密集场所等都配齐安全帽、安全绳,设置警示标志等安全保护设施。积极开展各种安全专项整治活动。全面贯彻落实安全储粮和安全生产专项治理工作、安全生产月等重点工作,保障粮食出入库安全,及时总结经验做法,探索安全生产长效机制,推动安全生产各项重点工作实施,守住安全生产发展底线。开展消防知识讲座,进一步增强安全防火意识和技术技能,加强队伍建设,举办保管员、粮油检验员技能培训,不

断提升他们的业务水平。

【应急防控】 2021年,县粮食储备服务中心根据县委、县政府决策部署,按照县防控领导组要求,粮食储备服务中心积极会同有关部门,抓紧抓实粮油保供稳价,助力做好疫情防控工作。加强统筹,协同联动。粮食和相关企业协同,迅速行动,全力保供应和稳市场。坚持全县粮油市场日监测日报告机制,及时监测、分析和预警。将全县重点加工企业纳入机制,随时调度企业生产、销售和库存等情况,确保粮食加工、流通、供应有力有序。抓住关键,精准发力。督促强劲等翼城县粮食应急保障企业主动担当作为,积极响应号召,迅速开足马力生产,增加粮油供应,以实际行动履行社会责任。聚焦核心职能,强力服务社会。积极协调各方面关系,响应县委、县政府号召,及时帮助农民解决"卖粮难"问题。认真履行职能,确保储备粮和应急成品粮油安全。

2021年10月22日,县粮食储备服务中心组织人员检查应急成品粮油储备

(崔可范 贾浩 黄亚云供图)

【粮企改革】 2021年,县粮食储备服务中心在县委、县政府的统一领导下,继续把深化粮食企业改革作为一项重要工作来抓,国有粮食企业现代企业制度进一步完善,国有企业的董事会、监事会和职工大会的作用进一步得到发挥,企业经营和监督体系日臻完善。破除旧的工资制度,进行工资同效益挂钩的新的薪酬制度改革,大大激发了职工的工作积极性。制定请销假制度,坚决同不想干、不敢干、不作为的人说不。积极推进甘泉粮站破产。根据相关文件精神,粮食储备服务中心协同相关部门理清债权债务,制定破产实施方案,征得相关单位对改制的意见,政府常务会议通过改制方案。

(崔可范 贾 浩 黄亚云)

石油营销

【概况】 中国石化销售股份有限公司山西临汾翼城石油分公司隶属中国石化销售股份有限公司山西石油分公司。公司主要担负维护县域成品油市场供应稳定的社会职能。公司所属加油站8座,主要经营汽油、柴油以及"易捷"品牌非油商品。加油站分布于县城唐兴、南唐、隆化、南梁、王庄5个乡镇。

2021年,中国石化销售股份有限公司山西临汾翼城石油分公司全年销售成品油2382吨、汽油1881吨、柴油501吨、"易捷"品牌非油商品销售512万元。

【企业品牌化建设】 2021年,翼城石油公司秉承中国石化"爱我中华、振兴石化"的企业精神,弘扬中国石化"人本、责任、诚信、精细、创新、共赢"的企业价值观,向社会公开承诺"每一滴油都是承诺、易捷万店无假货",油品储存配送坚持做到"专泵专用、专管专输、专罐专储、专车转送",日常经营中定期由市场监督部门对计量器具、销售商品进行检测。严格执行国家有关部门制定的销售价格,销售的油品全部为国VIA高清洁油品、尾气处理液、燃油宝等环保商品,树立企业安全、环保、快捷、高效的市场形象。

(史小刚 魏 雷)

烟草专卖

【概况】 翼城县烟草专卖局（营销部）前身翼城县烟草专卖局（公司）成立于1983年6月，是一个统一领导、垂直管理、专卖专营、政企合一的单位。2005年，公司法人取消，更名为翼城县烟草专卖局（营销部），主要工作职能是市场监管客户服务、培育品牌、信息收集、队伍建设，担负着翼城县1150余个卷烟零售客户的客户管理服务和专卖管理监督工作。现有干部职工37人，下设5个股室，有1432平方米的四层办公楼1座，后勤保障楼1座，拥有固定资产855万元。自组建以来，在行业和县委、县政府的正确领导下，团结拼搏、艰苦创业，以“强化管理上水平，引深服务树形象”的理念，取得了精神文明、物质文明共促进和社会效益、经济效益双丰收。连续38年全面完成各项经济指标，被评为省级、市级先进单位，没有发生过治安、刑事案件，被国家烟草专卖局党组命名为“全国烟草系统思想政治工作先进集体”。

2021年，县烟草专卖局共销售卷烟9428箱，同比增长2.64%。全年累计实现销售收入2.54亿元，同比增长9.23%；实现毛利7380万元，同比增长10.02%；累计条均价107.6元，同比增长6.39%。主要经济指标实现同步增长，实现的税款由组建初期的几万元上升到2021年的1707万元，多次被县政府评为“纳税大户”和服务翼城经济“优秀单位”。

【烟草专卖管理】 2021年，县烟草专卖局在县委、县政府的大力支持下，认真贯彻执行烟草专卖法律法规，坚持依法行政、文明执法，坚持守土有责、标本兼治，联合公安、交警、工商等职能部门，严厉打击各类涉烟违法行为。全年出动检查人员1900余人次，检查车辆400余台次，查获各类违法涉烟案件64起，查获违法卷烟4583条，其中假私卷烟106条，5万元以上大要案件2起，查处物流寄递违法案件22起、假冒伪劣卷烟99条；零售客户守法经营率在98%以上。

（杜雨华　景　锋）

信息服务业

电信事业

【概况】 中国电信股份有限公司翼城电信分公司(简称电信翼城分公司)是中国电信股份有限公司临汾分公司在翼城县行政区域范围内设立的县级分公司,公司位于红旗街545号。主要经营移动通信、互联网接入及应用、固定电话、DICT集成及云计算、物联网、大数据等综合信息服务,为广大用户提供高速率、广覆盖、高性能、安全可靠的通信服务。公司有员工23人,其中党员4人,下设支局、网格、商圈、自有厅、政企5个营销中心及1个装维班组。

【网络建设】 2021年,电信翼城分公司宽带网络实现县城100%全覆盖,乡镇区域覆盖率在80%以上,基本实现300M普及,个别区域为500M、1000M光纤覆盖的智慧城市网络圈。同时为响应国家提速降费推出多种优惠政策,最大限度满足居民及企业的需求。在不断加快网络建设的同时,在装维方面提出当日装、当日修、慢必赔的服务理念,加强售后服务。4G移动网络实现县域覆盖率达95%以上。2021年,翼城电信公司为唐兴镇、里砦镇、南梁镇、南唐乡、王庄镇、中卫乡、隆化镇、桥上镇、西阎镇9个乡镇的弱覆盖区域进行深度覆盖。全年建设5G基站20个,实现县城热点区域、重点企事业单位、部分乡镇的覆盖,其中农村区域涉及2个。

(李俊娟)

联合通信

【概况】 翼城联通分公司位于翼城县绛源路2号,占地面积为4010.84平方米,为国有企业。翼城联通分公司拥有完善的营业受理、网络建设及业务维护部门,负责辖区内客户通信及信息化需求的办理、建设、维护服务。现有职工83人,其中正式职工38人、劳务工25人,公司领导为一正三副。公司内部设有一部两中心,分别为综合部、公众客户营服中心和政企客户营服中心;下设10个综合网格,分别为绛源路自营厅专业网格、东城城市综合网格、西城城市综合网格、北城农村综合网格、南唐农村综合网格、里砦农村综合网格、南梁农村综合网格、隆化农村综合网格、政企综合网格和县域维护综合网格。公司经办移网、固话、宽带等电信业务。

翼城联通分公司通过入村走访,为农村用户提供免费的Wi-Fi检测和故障维修,为农村用户宽带质量提供重要保障。

县分公司党员干部职工积极组织疫情防控,参与流调溯源专班,为打好防疫阻击战做好充足装备;由于持续降雨导致庄稼收割困难,秋收期间帮扶大河村民双减双抢玉米,用实际行动展现了联通主动服务社会,积极履行社会责任的良好形象。

翼城联通分公司按市公司要求,完成下属5个农村综合网格和2个城市综合网格为所辖区域进行端业不匹配终端更换,为网络提速贡献力量。

【主营业务】 翼城联通分公司主要业务范围包括固定电话、移动电话、宽带和信息应用、长途电话、IP 电话、数据通信、互联网接入及应用、智能网业务、视讯服务、网元出租、系统集成、公话、主机托管和 IDC 机房租赁、国际及港澳台通信等多种类信息服务产品和综合信息服务及其他业务。现有合作业务:翼城人民医院现使用医保专线、“120”平台、两条 20M 专线、县乡一体化专线 14 条、固话以及宽带等业务。

(刘红宝)

移动通信

【概况】 2021 年,翼城县移动分公司以习近平新时代中国特色社会主义思想为指导,认真贯彻落实党的十九大,十九届二中、三中、四中、五中全会精神和习近平总书记视察山西重要讲话重要指示精神,在县委、县政府的正确领导下,在市公司的大力支持下,公司全体员工的努力和配合下以发展为中心,团结一心,以全面提升为目标,迎难而上、谋求突破,注重在高普及率下开展市场保有和拓展工作。

【市场和客户服务】 2021 年,县移动分公司在公众市场移动用户份额保持稳固,细分用户市场,加大资源投入,狠抓触点拉新,累计新增移动用户 0.7 万户,累计用户达 18.9 万户;持续深化 V 网、家庭网、固移融合产品发展。截至 2021 年年底,V 网用户占 80% 以上。家庭宽带针对重点小区、重点客群主动营销,做好“三扫”无缝隙营销。截至 2021 年年底,宽带用户达到 3 万户。积极落实“新基建”政策,加大 5G、云产品新业务发展,为农业农村局的“厕所革命”以及融媒体中心提供云主机产品,服务地方经济发展。客户服务方面,首先将实名制管理和防诈骗工作作为重中之重,严格落实“两个必须”和“三个严禁”,从重处罚违规渠道,从严追责相关人员,杜绝问题发生。2021 年,新入网客户未出现实名制违规问题,实名率达到 100%。以服务客户满意为目标,秉持“正德厚生、臻于至善”的核心价值观和“客户为根、服务为本”的经营理念,推进“三全”服务体系落地,确保客户满意度稳定提升,全年满意度测评得分 98 分以上,达到市公司设定目标。狠抓投诉服务质量,加强溯源管理,准确定位投诉产生原因,规范营销行为,加大违规行为问责力,杜绝侵害客户权益的问题发生。

【网络建设】 2021 年,县移动分公司新建 5G 基站 3 个,县域范围内实现重点区域 5G 网络覆盖。新建 4G 基站 7 个、室分基站 1 个,优化网络结构 68 次,提高网络覆盖能力。线路整治完成 32 段,有力地提高了通信网络稳健性。

【网络保障】 2021 年,县移动分公司为全县各学校免费开通空中课堂,为广大师生提供网课工具,疫情防控期间支撑网课 10000 课时以上,有效保障线上教育工作。为全县 20 多万名移动手机用户免费开通视频彩铃业务,先后支撑县委宣传部、融媒体、卫健委、城建局、能源局等部门视频彩铃宣发,上线彩铃 50 多条,截至 6 月底播放达 1.5 亿次。

(王　华)

邮政服务

【概况】 翼城县邮政分公司于 2015 年 3 月正式挂牌,由邮政局改制为公司企业。有职工 138 人,其中在册职工 59 人、劳务工 79 人,公司领导为一正两副。公司内部设有综合办公室、市场部、金融业务发展中心、寄递事业部、渠道建设部和集邮文化传媒部 6 个职能部门,1 个发行投递班组。全县设有15个邮政支局，其中纯邮政支局4个，其余11个均为邮储合营支局。经办邮政储蓄、函件、分销、电子商务、报刊发行、集邮、代理保险、机要等8类30余种业务，为全县广大人民群众提供方便、周到、快捷的邮政通信和金融服务。

全局服务面积覆盖全县3个乡6个镇151个行政村委会，1170平方公里，服务26.4万人。全县有投递道段26条，其中城市道段5条、农村道段21条；邮路全长1530公里，其中城市邮路200公里、农村邮路1330公里。配有2辆专车用于县城邮件投递，增加4条城市揽投道段专门用于投递邮件。全县所有邮政营业网点都实现了电子化和网络化，形成一张覆盖全县城乡、连接全国、沟通世界的集实物传递、信息交流、金融融通于一体的邮政综合服务网。

翼城县邮政分公司下属7个营业网点都开通代开税票业务，扩大业务办理区域，减少业务办理时间，2021年为纳税户代开税票5200张。

【支农惠农】 2021年，翼城县邮政分公司通过地推队伍，入村走访，在邮乐、淘宝、拼多多等电商平台帮助果农售果，还教他们如何在微信朋友圈销售；推荐商户使用微邮付，减免手续费。翼城营销团队所有人实地走访了翼城各地的果园，了解了产量、品质等信息。2021年，翼城电商团队通过抖音、快手等直播平台，线上销售翼城苹果，在北撖、中卫等果农种植区收购符合电商销售要求的苹果价格比果商收购价高，还提供包装箱、上门收寄等服务。拓宽销售渠道，增加农户收入，拓展了翼城普柜线上销路，仅此一项寄递苹果9万多箱，销售苹果45万公斤，增加农民收入100万元。由于持续降雨导致庄稼收割困难，秋收期间帮扶中卫乡南降村民双减双抢玉米，用实际行动展现了邮政主动服务社会，积极履行社会责任的良好形象。

2021年，开展春秋季化肥促销活动，分公司按照省市分公司要求，采取微信抢购的方式，零利润进行惠农活动，销售金大地小麦、玉米专用复合肥600余吨，为老百姓带去实惠，减少农资投入，提升农田收入。

（宋清艳）

文化　旅游

综　述

【概况】　2021年,翼城县文化和旅游工作坚持以深入贯彻习近平新时代中国特色社会主义思想,党的十九大和十九届二中、三中、四中、五中全会精神为指引,紧紧围绕翼城县"1155"发展战略和创建"国家全域旅游示范县"目标,按照"五线一中心"战略布局,以突出党建工作为引领为前提,充分发挥资源优势,挖掘资源潜能,完善公共基础设施,夯实产业发展根基,厚植文化元素,全力塑造产业品牌,持续推进文旅融合高质量发展。

【全域旅游创建工作】　2021年,县文旅局加强组织领导,规划引领发展。出台《翼城县创建国家"全域旅游示范区"实施方案》,完善领导机制,制定任务清单。出台《翼城县文化和旅游局"游浍水·读翼城·品经典"文旅宣传实施方案》,拟定翼城文化旅游"十四五"期间"143"发展战略,编写《"翼城县六山一城旅游资源"引导手册》。编印《大美翼城》旅游宣传图册,推进重点景区建设,夯实全域发展基础。

历山·大河森林康养基地项目:经过双方沟通,决定由省林投公司独资开发运营,县文旅局配合省林投公司正在开展前期筹备工作。协助省林投公司编制完成《历山·大河森林康养基地项目可研报告》,项目投资1.03亿元,总规划用地面积118489平方米。协调推进拟出让给省林投公司的占地面积调查摸底工作。引进专业运营团队北京巅峰文旅集团召开三方会谈恳谈会。

河上公德山景区项目:完成年度投资0.61亿元,完成山顶观光平台建设工程、山顶小型服务区建设地下室框架工程等建设,绿化栽植各类苗木10万余株。

推进乡村旅游提质,激发全域发展活力。积极推进省级旅游示范村提标提质,阎村已完成游客接待中心、文化广场、乡村记忆馆等基础设施建设,举办"五一"、端午节、消夏月主题文旅活动。史伯村完善"和"文化展馆,维修"和"文化广场、增设游乐基础设施建设,举办"五一"文化旅游节庆活动。曹公村完成古村落环境整治工程和"七十二物候"历法广场建设,举办丰富多彩的非遗文化活动。古城村举办古城民俗文化旅游节,新铺木石牌坊之间的石质街道。

2021年5月17日,翼城县第十三届佛爷山文化旅游节开幕　（王建智供图）

文　化

【文物保护利用】　2021年,县文旅局新增西阎汤王庙、城南老君庙、东午寄普润院等6处第六批省级文物保护单位。积极推进南撖东岳庙、四圣宫等国省保文物保护规划及方案的编制、评审工作。推进全县红色文化遗址认定工作,其中翼城烈士陵园入选山西省第一批省级红色文化遗址名录。积极推进重点项目建设。完成翼城县高质量钢铁新材料工业园区涉及冶南冶炼遗址的区划调整工作;完成南撖东岳庙环境整治工程;城内关帝庙翼城历史文化展陈项目开工建设;积极推进闽光焦化项目新增500亩建设用地勘探工作;完成华翔项目新增建设用地文物勘探工作;完成60处县级文物保护单位保护标志竖立。县级文物保护单位及尚未定级的不可移动文物的保护范围及建设控制地带划定工作经市文物局组织专家评审通过,按照专家指导意见进行修改。积极配合省文物局对全县8处国保、9处省保进行安全监管系统建设现场勘察。争取国省保日常养护项目资金和县级配套资金23.5万元,完成四圣宫、乔泽庙、木石四牌坊、西阎汤王庙等9处国省保日常养护和抢险加固工程。2021年,核查建设用地项目34处、矿山11座,联审14个项目。编制完成闫紫琴故居、青城抗日县政府旧址、太岳区北冶二地委旧址3处文保单位保护修缮方案,正在积极争取上级资金。

【群众文化事业】 2021年,县文旅局举办庆祝中国共产党成立100周年"永远跟党走"系列群众文化活动,推出12场新春系列优秀节目和牛年贺岁新春特别节目展播,营造喜庆、祥和的节日氛围。编创情景剧《我们这一年》和贺岁MV作品《你好2021》,在线上举办"庆祝中国共产党成立100周年红歌MV"展演,唱响群文事业新时代。作为临汾市唯一非遗项目"翼城浑身板",被列入国家级非物质文化遗产代表性项目名录。翼城琴书《花鼓魂》《我是你的眼》分别获山西省群众文艺作品创作选拔优秀奖和入围奖,创新剧目《花鼓魂》代表临汾市参加山西省第十一届"群星奖"最终决赛。录播"群文艺术公开课"18期,制作"游山西 读历史 走进翼城非遗文化"户外公开课6期,进一步提升了公共文化服务水平。开展4月23日世界读书日"奋进的翼城,大写的中国"诵读活动,开展"我们的节日·中秋"古诗文朗诵活动。参加山西省"话峥嵘岁月,迎光辉未来"朗诵比赛活动,3人入围市图书馆复赛,推进全民阅读活动的开展。免费送戏下乡200场,山西省群众文化惠民工程"太行山红色轻骑兵钢板书"翼城巡回演出3场。在红泉社区、武警翼城中队、翼城古城景区开展"情系百姓"文化惠民下乡演出10场。组织全县48支乡村文艺小分队,开展文化活动1440场次;17名乡土文化能人艺人,开展辅导培训等文化活动204场次;44名乡村文化带头人,组织文化活动528场次。组织参加临汾市"永远跟党走"庆祝中国共产党成立100周年群众文化系列活动,选送的优秀歌手和广场舞队伍分别获得最佳表演奖和最佳创意奖。组织翼城手工技艺类非遗产品到西安参加第五届丝绸之路国际博览会。

2021年10月21—30日,翼城县2021年度"情系百姓"文化惠民下乡演出活动在全县各乡镇举行
（王建智供图）

文旅融合

【文旅融合发展】 2021年,县文旅局深入挖

掘全县厚重历史文化文物古迹,充分运用现代文创理念,初步提炼出了"枣园稼穑、晋国源头、霸国故地、土木春秋、鼓舞中华"5个主题历史文化元素,打造地域特色文创系列产品,"裕公和尚道行碑"以字帖、记事本等形式出样本。拍摄完成以翼城红色文物遗存保护为依托的《星火翼城》大型纪录专题片7期,展播7期,并被省、市文物局征集展播,开展第45个"国际博物馆日"宣传活动。整合全县优秀非遗文化资源,推进非遗进景区、进校园、进农村,培育非遗文创基地,并邀请省高效专家对花鼓、凤头鞋、剪纸等系列文创产品开发进行指导,制作文旅歌曲MV14首。

2021年12月24日,在鼎尚时代乐影影城开展文旅市场综合检查　（王建智供图）

【文旅市场监管】 2021年,县文旅局梳理翼城县文化和旅游局执法事项清单、翼城县文化和旅游局权责清单,梳理行政处罚事项清单157项。开展"春和""夏安"、卫星电视接收设施、"扫黄打非"、公共视听载体等十大文化市场专项整治行动,开展"双随机、一公开"、文旅市场汛期安全检查工作、全县安全播出三大检查行动。开展"互联网+监管"、文化市场技术监管与服务等平台录入工作,截至2021年年底,完成"互联网+监管"录入,其中监管行为数据509家次,排名第3,覆盖率89.51%。完成全国文化市场技术监管与服务平台检查录入221家次、执法信息23条,"双随机、一公开"录入9次,四级四同平台录入23项。加大执法检查。截至2021年年底,开展文化市场、出版、广电、文物、旅游、电影检查327家次,出动检查人员965人次,立案10起,结案10起。

【文旅行业安全】 2021年,县文旅局先后召开清明节、端午节、"五一"、中秋节、国庆节等节日期间安全工作专题会议、防汛安全工作紧急会议、安全生产工作例会,组织全局干部职工以及监管企业负责人学习《中华人民共和国安全生产法》、习近平总书记关于安全生产重要指示、国家和省市县安全生产工作会议精神。针对全行业安全生产隐患排查整治、疫情防控和防汛工作作了周密部署,成立安全工作领导组,严格按照"三管三必须"工作原则,严格落实"一办三组"安全监督检查机制,进一步压实文化、文物旅游、文化市场3个组安全检查责任,明确检查重点,细化检查任务。主要领导采取"四不两直"的方式,深入一线对文旅企业和文保单位进行定期或不定期督导检查,各分管领导带队、下沉一线,对所分管领域进行深入细致的检查,对于检查中发现的问题要求限期整改完毕。同时加强24小时值班值守,严格信息报送。截至2021年年底,"一办三组"检查人员通过采取日常巡查、突击检查、夜查、联合检查等方式,检查211次,出动检查人员462人次,排查文旅市场92家次、重点文物保护单位64处,发现安全隐患63处,整改完毕,确保文旅行业安全无事故。

（王建智）

财　　税

财　政

【概况】　翼城县财政局为正科级建制，下设6个职能股室、3个中心。6个股室是办公室、综合股、预算股、国库股、经济建设股、监督检查股。3个中心是翼城县财政金融合作发展中心（副科）、翼城县财政国库支付中心（副科）、翼城县预算绩效评价中心（副科）。全县财政系统共有干部职工68人，公益性岗位10人。

2021年，县财政局狠抓财政收入质量提升，紧盯一般公共预算收入年增长要达6.86%的目标，加强与税务部门沟通，开展财源建设专题调研，紧抓财源培育，确保应收尽收，防止跑冒滴漏。同时，加大综合治税力度，优化税种征收管理，强化重点行业税收管理，确保年度收入任务高质量完成。全年一般公共预算收入完成40529万元，占预算的121.35%，同比增长27%，增收8616万元。其中，税务部门完成28425万元，占年初预算的124.87%，同比增长45.91%，增收8944万元；财政部门完成12104万元，占年初预算的113.83%，同比减少2.64%，减收329万元。

2021年，县财政局积极主动作为，紧盯上级财政政策动向，掌握资金投资重点。争取专项债券资金40700万元，用于县医院迁建项目5000万元、第二污水处理厂项目7500万元、全域旅游项目28200万元；争取一般债券资金2455万元，用于县医院迁建项目2350万元、小型水库安全运行项目105万元。

【单位改革】　2021年，县财政局积极推进事业单位深化改革，围绕“依法、依规、依事业需要，整合设置事业单位”和“精简事业单位机构编制”两个目标，认真统筹研究，科学规划布局。撤销翼城县乡财管理中心及9个驻乡镇财政所，将翼城县预算评审中心并入翼城县预算绩效评价中心，将翼城县国际金融组织贷款服务中心更名为翼城县财政金融合作发展中心。改革后县财政局保留事业单位3个：翼城县财政金融合作发展中心、翼城县财政国库支付中心、翼城县预算绩效评价中心。

【落实减税降费政策】　2021年，在疫情、汛情及经济下行压力的多重影响下，财政部门坚决落实减税降费，大力实施财源建设，深挖增收节支潜力，确保财政预算执行总体平稳向好。聚焦政策落实，市场活力得到激发。坚持多予少取，放水养鱼，用好用足减税降费政策，支持中小微企业发展。主动对接申请贴息资金，提供贷款8笔，涉及贷款金额115万元，财政贴息资金4.16万元，有效缓解民众创业压力。

【融资担保体系建设】　2021年，县财政局发挥财政杠杆作用，与临汾市融资担保有限公司、翼城县农村信用合作联社完成三方签约，推动“总对总”批量担保业务合作，构建起政府性融资担保体系“资金托管”翼城模式，缓解中小微企业和“三农”主体“融资难、融资贵”问题。翼城县“资金托管”贷款担保业务为县域内37户涉农主体提供担保463万元，担保资金超一倍，充分发挥担保杠杆撬动作用。

【民生保障】 2021年,县财政局坚持以人民为中心的发展思想,聚焦民生保障,着力增进群众福祉。全年一般公共预算支出执行224599万元,占预算的113.67%。民生领域财政支出183552万元,同比增长9.21%,占一般公共预算支出的81.72%。

支持教育优先发展。县财政积极落实教育投入的一系列方针政策,不断加大教育投入力度,支持教育事业发展。预算环节夯实教育投入,拨付资金36517万元,确保教育投入逐年"只增不减"。同时,积极开展调查研究,梳理2019—2021年94个项目进展情况、资金支付情况,做到项目情况一目了然。规范义务教育薄弱化改造及提升项目的实施,打好五年规划基础,节约财政配套资金5000余万元。

提升社会保障水平。积极推进深化社会保险制度改革、医药卫生体制改革,做好疫情防控资金保障,拨付社保医疗资金81456万元。按照城乡居民基本医疗保险财政配套资金每人再提高30元、县级财政配套达81.2元/人的标准,足额配套翼城县医疗保险参保人员县级配套资金2039.79万元。落实人均基本公共卫生服务经费财政补助标准由74元提高到79元。足额落实县级计划生育专项资金684.2万元,老年乡村医生退养补助县级配套资金29.64万元。

支持乡村振兴发展。县财政认真研究支农政策,加大财政项目申报力度,安排脱贫攻坚衔接乡村振兴资金共1974万元,惠及8个乡镇21个行政村,进一步巩固拓展脱贫攻坚成果同乡村振兴有效衔接。以"一事一议"赋能乡村振兴,安排42个"一事一议"农村公益事业项目财政奖补资金1936万元。完成对全县老农机人员、老兽医补助资金,水库移民后期扶持资金,耕地地力保护补贴资金,农村卫生厕所改造补助资金,灾后农房重建修缮资金的发放。完成翼城县37家规模化养殖企业进行摸底排查。积极落实政策农险,落实全年政策性农业保险保费补贴1370万元,有效减轻农民负担。

【财政管理】 2021年,县财政局增强刚性支出保障能力。切实落实过紧日子要求,从严压缩非急需非刚性支出。把强化"三公"经费管理贯穿于预算编制、预算执行及监管全过程,建立完善"三公"经费闭环管理机制,确保"三公"经费只减不增。设置"三公"经费预警规则,实现"三公"经费动态监控。

推进预算管理一体化建设。深化预算管理改革,推动"预算管理一体化"平台建设。成立工作专班,建立预算单位联络员制度和"周三例会"制度。完成全县152家预算单位信息录入工作、项目入库储备和"两上两下"全口径、全流程部门预算的编制工作。进一步强化预算刚性约束,加快支出进度,加强预算执行管理。

持续加强预算绩效管理。紧紧围绕"预算编制有目标、预算执行有监控、预算完成有评价、评价结果有反馈、反馈结果有应用"的工作思路,积极推进预算绩效评价工作嵌入式、融合式、专业化发展。实施完成170个项目支出自评价工作。全年拟定实施重点绩效评价项目31个,涉及预算资金6.8亿元,占全年预算支出比例的30%以上。

全面完善国有资产监管。严把资产购置、处置、出租、出借等关口,制定完善国有资产管理业务流程和内控制度,强化资产购置、调拨、折旧、处置下账等全生命周期管理。汇总编制完成2020年度全县行政事业单位国有资产报表及公共基础设施等行政事业性资产报表。督促相关单位做好政府投资项目在建工程转固定资产工作,有力提高国有资产使用效益。

严格执行投资评审流程。推动评审工作实质性嵌入预算管理,优化投资评审机制,提高评审质效。全年完成144个项目预算评审任务，评审涉及财政资金98837万元，评审审定金额为83106万元，审减金额为15731万元，平均核减率达15.9%。

实行阳光高效政府采购。坚持“规范、高效、公正、廉洁”的工作理念，全面建设行为规范、公正透明、廉洁高效的政府采购工作流程，深化政府采购制度改革。完成采购项目98个，预算金额29652万元，中标金额28757万元，节约资金895万元，节约率为3.02%。

不断提升会计管理水平。坚持主动服务、精准服务，对翼城县行政区域内的会计人员进行信息采集，完成1679人次信息采集工作。组织举办全县农村财会人员综合素质提升培训班，培训突出内容“新”、方法“活”、效果“实”，增强了全县农村财会人员的责任感、使命感，提高了农村财会人员的执业综合素养。同时，完成2020年度会计从业人员的继续教育登记工作。

切实加强财政监督工作。紧紧围绕全县社会经济发展目标和财政监督检查工作重点，从健全制度、促进管理入手，加强财政监督工作。健全防控制度，制定《翼城县财政局廉洁风险防控工作方案》，分三个阶段对全局逐岗逐人编制廉洁风险防控台账。监督政务公开，完成2019年度、2020年度的预决算数据维护和核查整改工作，检查2021年预算公开公示情况。强化内控管理，开展全县行政事业单位内控报告编报及财政部门内控检查；对临汾市生态环境局翼城分局、翼城县疾病预防控制中心、翼城县中卫乡人民政府3家单位的会计信息质量进行检查，依法依规对乡镇财政所机构改革，资产、资金移交进行监管。

【专题活动】　2021年年初，县财政局开展为期1个月的“三新”背景下翼城“转型出雏形、财政强支撑”大学习大研讨大创新大提升活动，在“十四五”开局之时展现财政新气象，展现财政新作为。活动注重实效导向，围绕五个方面19项“我们怎么办?”具体课题开展，有效推进财政政策创新、财政制度机制创新、财政支持经济社会方式方法创新和财政管理实践创新，为翼城县财政工作实现奋发竞进、追赶超越增添动力。

坚持“三个导向”“六个聚焦”，紧抓关键环节，组织开展“争先、进位、崛起”解放思想大讨论活动。着力破除阻碍财政发展的思想观念，着力克服制约财政发展的体制机制，着力消除阻碍财政发展的环境氛围，着力探索推动财政发展的新思路、新途径、新举措。坚持读原著、学原文、悟原理，同步开展学习研讨，广泛征求意见建议，开展调查研究，与稷山县财政局等兄弟单位交流工作经验，建立三个清单，全局共梳理个人问题清单800余条，对“看得见”的问题立即整改，对“想得到”的短板同步提升，对“有可能”的弱项全力补齐，做到了远近结合、统筹兼顾、聚焦重点、攻坚突破，进一步打开了解放思想、开拓创新的“总开关”。

扎实开展“学习法律法规专题活动”，组织《中华人民共和国预算法》《中华人民共和国预算法实施条例》《中华人民共和国政府采购法》《中华人民共和国民法典》等专题法律讲座，深入开展社会主义法治理念教育，将依法理财根植在财政干部的心中，推进法治队伍专业化建设，壮大财政法治建设力量。加强财政普法宣传工作，完成财政普法工作年度考核，开展财政法规的政策解读和财政法治建设实践活动，全面做好财政法律法规普法宣传。积极组织参加全市财政法律法规知识竞赛，获得“优秀组织奖”。

【党的建设】　2021年，县财政局着力强化财政政治机关意识和模范机关创建，坚定不移推动财政机关党的建设高质量发展。强化政治引领，筑牢党建思想之基。推进学习教育常态化制度化，制发党组中心组理论学习计划，构建“党组示范学、支部组织学、小组集中学”的学习体系，不断推动学深悟透习近平新时代中国特色社会主义思想，党的十九届五中、六中全会精神和省、市、县党代会精神，用新思想领航指向、用新思想寻策问道。全年累计组织中心组学习12次、研讨交流14次，各党小组集中学习70余次，形成以上率下的学习传导机制。以建立和完善党建工作责任制为切入点，制定党建责任“三个清单”，明确党组管、书记抓、分管领导“一岗双责”、股室落实的全面从严治党机制，形成责任明确、齐抓共管的“五型机关”基层党组织建设工作格局。

夯实基层基础，提升党建工作水平。抓牢支部建设，让战斗堡垒“强起来”。以“五型机关”创建为抓手，完成党支部换届选举工作，配齐配强支部委员和专职党务工作者。扎实开展“三会一课”，组织召开支委会15次、党员大会9次、主题党日活动13次、组织生活会3次。通过设立党员示范岗、党员志愿服务队在财政工作全过程、各领域发挥党组织的战斗堡垒作用。抓牢党员管理，让先锋号角“响起来”。严格执行新形势下党内政治生活若干准则，强化绩效专项考评，建立党员管理台账，严格开展党员考核工作。严格落实新时期发展党员的规定，新发展入党积极分子8名，预备党员7名。

狠抓作风建设，推动全面从严治党。强化领导班子建设，发挥“领头羊”作用。严格贯彻落实民主集中制原则，对“三重一大”事项均实行民主决策，持续推行周例会、重点工作清单式管理和跟踪督办等措施，有效发挥党组管大局、把方向的核心带动作用。加强党风廉政建设，发挥“防火墙”作用。认真落实全面从严治党“两个责任”，着力用好监督执纪的“四种”形态，坚决反对“四风”。召开年度党风廉政工作会议专题部署，全年开展廉政教育12次，开展廉政警示提醒5次，集中谈心谈话400余人次，营造全面从严治党的良好政治生态。把牢意识形态阵地，发挥“稳定器”作用。以“团结、稳定、发展”为目标，加强意识形态领域工作。制定《2021年意识形态工作实施方案》，做到一季度一研判，每半年一总结，意识形态工作有力推进。全面落实网络意识形态引领，网络信息评论转发211条。

（杨海江）

税　务

【概况】　国家税务总局翼城县税务局内设股室13个，派出机构8个，事业单位2个。有在职职工126人，其中男76人、女50人。设有党支部11个，党员151人（在职党员104人）。担负全县4000余户纳税人和20余万名缴费人的税费征缴工作。

2021年，县税务局严守组织收入原则，坚决不收“过头税费”，同时确保把该收的依法依规征收到位，促进税收持续平稳增长和税收收入质量持续提升。落实税收分析制度，坚持月通报、季分析，对45户重点税源企业开展实时监控，及时掌握企业生产经营及纳税情况，正确把握税源变化趋势，实现了税收收入均衡入库和平稳增长。强化税种精细化管理，企业所得税、个人所得税汇算清缴工作完成，房产税和土地使用税税源清查、信息采集工作扎实推进，“两税”征收工作处于全市前列。2021年，组织税收收入81273万元、非税收入3070万元、社会保险费收入51422万元。

【优化税收营商环境】　2021年，县税务局落实总局10大类30项100条措施，扩大税收优惠政策资料备案改备查范围，推广税务证明事项告知承诺制，推进社保缴费业务“一厅联办”，落实“首违不罚”制度，持续优化便民办税缴费服务，

1759户纳税人享受到财行税“十税一表申报”的便利。通过专题宣讲、纳税人学堂、上门辅导等方式，开展面对面政策辅导，满足纳税人、缴费人个性化需求，切实为纳税人、缴费人办实事、解难题。开展“春雨润苗”专项行动，为小微企业“精心浇水、精准施肥、精细助力”，让各项税费支持政策和创新服务举措及时惠及小微企业，为小微企业发展赋能添力。

（郭婷婷）

金融　保险

中国人民银行翼城县支行

【概况】　中国人民银行翼城县支行作为中国人民银行的派出机构,担负着翼城县辖区贯彻落实货币政策、维护金融稳定、征信管理、人民币流通管理、经理国库、支付清算、金融业反洗钱管理等职责,职能部门设置为“两部两室”,即综合业务部、金融管理部、综合办公室、纪检监察审计室。截至2021年年底,全行在职职工24人,平均年龄45.8岁。支行班子配置4人,其中行长1人、副行长2人、纪检组长1人。

截至2021年年底,全县各项存款余额172.64亿元,较年初增长19.68亿元,其中住户存款余额152.7亿元,较年初净增18.97亿元;非金融企业存款余额6.4亿元,较年初减少2.55亿元;广义政府存款13.55亿元,较年初增加3.25亿元。全县各项贷款余额46.97亿元,较年初减少2.27亿元。其中住户贷款余额15.8亿元,较年初增加4.23亿元;非金融企业及机关团体贷款余额31.18亿元,较年初减少6.5亿元。

【金融稳定监测和评估】　2021年,中国人民银行翼城县支行依托《山西省金融风险监测系统》对县联社实行按月监测,并在县辖金融及准金融机构覆盖率和报表完成率达到100%的基础上,开展地方金融风险监测月报和金融稳定报告的上报工作。牵头协调县金融办和银保监组对小额贷款公司等准金融机构的风险状况和发展趋势进行调查并上报。结合日常风险监测情况,对县联社开展压力测试,并督促县联社自主开展压力测试工作,为今后将其压力测试结果用于日常风险提示和应对打下基础。努力推进“政府主导、人行协调、部门联动”信息互通机制建设。按照《翼城县经济金融风险信息资源共享工作实施方案》《翼城县金融生态环境建设实施方案》,牵头协调县政府及相关职能部门、监管部门,适时召开专题会议研究辖区金融风险防控和农村信用社改制措施。联合公、检、法、银保监组等部门,积极开展防范和打击非法集资活动。

【推动翼城联社改制化险】　2021年,中国人民银行翼城县支行采取风险提示、约谈高管、现场指导等方式,指导翼城联社通过引进战略投资增资扩股,扩充资本、消化不良,加强内部管理,强化财务约束,依法合规经营,稳健发展。经过省市县三级政府大力的支持和各方共同努力,翼城农商行成功化险改制,于2021年12月30日挂牌开业。

【存款保险宣传】　2021年,中国人民银行翼城县支行借力“红色教育渠道”“乡镇庙会渠道”,依托村支部、金融综合服务站建立存保宣传站点,采取设置展台、悬挂横幅、入户宣传等形式广泛开展存款保险宣传,实行责任包片、网格管理,强化工作督导,上下联动,做到“五进”“七不落”全覆盖、无盲区、无死角,有效遏制辖区非法集资活动,保障了存款人的利益。存款保险宣传工作经验做法被中国人民银行总行采用。

【服务实体经济发展】　2021年,中国人民银行翼城县支行为全面落实中央“六稳”“六保”要求，切实缓解小微企业融资难、融资贵等问题，促进翼城县经济社会稳定发展，人行翼城县支行积极发挥“窗口指导”作用，引导金融机构落实稳健的货币政策，积极服务实体经济发展。

推动两项直达货币政策有效实施。年内多次召开金融运行分析会和工作推进会，要求地方法人机构翼城农商行细化工作举措，严格落实督办、监测、督导等工作，确保对到期普惠小微贷款“应延尽延”。截至12月底，普惠小微贷款延期本金1.63亿元，延期率81.27%；信用贷款2.43亿元，较年初增加1.46亿元，增速165.7%。

推动普惠金融信贷政策落地见效。围绕扩面、增量、降价的总体目标和要求，引导金融机构进一步优化信贷结构、创新信贷产品，先后3次组织召开金融服务实体经济和乡村振兴工作推进会，牵头辖区金融机构与“两家融资担保机构”对接落实“2+1”融资担保机制，多次组织金融机构深入企业实施“一对一”银企对接、商铺对接，为实体经济发展、巩固脱贫攻坚成果与乡村振兴衔接提供了良好的金融服务。持续加大对“三农”的支持力度。引导地方法人机构积极推进“百村示范、千村推进”授信工程，共评级授信农户38632户。实现一次授信、随用随贷、周转使用，全县涉农贷款余额达21.98亿元；授信金额36212.95万元；共发放扶贫小额贷款707.32万元，完成任务600万元的117.89%；财政拨付风险补偿金719.25万元，累计贴息340.12万元。进一步落实创业担保贷款政策。落实《翼城县创业担保贷款实施细则》，协调县财政局、人社局、融资担保公司及创业担保贷款主办行继续推进创业担保贷款发放工作。发放创业担保贷款4132万元，支持企业206户。积极支持民营小微企业发展，紧扣县域民营和小微企业融资需求，向金融机构推送对接企业名单，实施“一对一”对接。全年民营经济贷款余额17.74亿元，较年初增加2.9亿元，增速19.58%；普惠小微企业贷款余额14.44亿元，支持户数2388户；小微企业首贷率45.2%，有效解决了民营小微企业融资需求。发挥支农支小再贷款引导作用。积极为地方法人机构争取支小再贷款2000万元，并全部发放到位，额度使用率100%。指导辖区金融机构落实优惠利率政策。中小微企业融资成本持续降低，平均利率5%左右。

【国库业务管理】　2021年，翼城支库以“纵深推进国库业务管理标准化建设”为目标，秉持“建设一支专业、务实的国库队伍”，强化制度的建立落实，扎实开展月评查，纵深推进国库业务标准化建设工作，认真做好国债下乡工作。全年完成办理预算收入9.5亿元、预算支出23.14亿元、退库5198笔1727.24万元，其中个税退库4479笔284.18万元、手续费退库46笔34.47万元。完成县级财政收入4.05亿元。销售国债152笔3491.14万元，其中乡镇网点销售28笔268.32万元。

【支付结算服务管理】　2021年，中国人民银行翼城县支行加强监管，打击非法支付活动。组织辖内金融机构开展防范电信诈骗、反洗钱宣传活动，扎实开展“一人多卡”清理、“断卡”专项行动，进一步提升群众防范意识，有效遏制电信诈骗犯罪持续发展态势。改善营商环境，提高账户服务与监管水平。加强账户管理的事前、事中、事后管理，督促商业银行健全完善账户内控管理制度建设，核查其账户管理情况，改变商业银行“重数量轻质量”的机制，切实承担起属地监管责任。全年辖区共开立单位银行结算账户983户，撤销银行账户453户，变更352户。努力推进支付服务适老化工作。在指导金融机构完善适老基础设施的同时，支行相关人员深入社区、农村，通过现场示范，耐心指导老年人使用移动支付

APP,破解老年人使用移动支付“难操作”“不敢用”的难题,努力推进支付适老化工作,全年共指导2200余名老年人下载、使用云闪付APP。努力推动支付环境建设,联合县医保局、财政局、辖内各金融机构联合开展“医保选择云闪付”专项行动。结合临汾市政府开展的“礼享生活 晋情消费”政府数字消费券优惠活动,积极向业主们推荐下载注册使用云闪付APP,取得明显成效。

【征信赋能工作】 2021年,中国人民银行翼城县支行大力开展征信宣传,扩大征信影响力。支行组织各机构通过微信、微博宣传互联网查询信用报告相关知识、利用金融机构显示屏滚动播放征信知识。利用“3・15”消费者权益保护日、“6・14”信用记录关爱日等时点组织金融机构深入机关、农村、社区、学校、企业等开展亲民征信宣传,扩大征信影响力。推动应收账款融资服务平台和动产融资统一登记公示系统建设工作。截至2021年年底,2户企业开通动产融资统一登记公示系统常用户,提高了企业动产和权利担保融资效率,助力企业担保融资。加强征信查询日常管理,规范服务行为。征信服务窗口实施“好差评”制度,持续改进和优化征信服务,不断提升征信窗口服务质效。全年办理企业信用报告查询业务165笔、个人信用报告查询业务11288笔,收到客户反馈的“好差评”评价表67份,均为好评。

【人民币流通管理】 2021年,中国人民银行翼城县支行多措并举做好“下乡兑换残损人民币”工作。支行把“下乡兑换残损人民币”工作纳入“我为群众办实事”活动中,助推“下乡兑换残损人民币”往深里走、往实里走,取得明显效果。2021年,先后5次组织县农商行、农行、工行、中行翼城支行、邮储银行深入偏远乡村开展下乡兑换残币活动,发放宣传折页1000余份,兑换残缺污损人民币2000余张、4000余元,受到广大村民赞扬。加大假币收缴工作力度。2021年,督促金融机构积极收缴假币,配合公安机关打击假币犯罪活动,净化人民币流通市场,维护了一方金融平安。全年回收假人民币642张,金额57480元。

【金融知识普及教育】 2021年,人行翼城县支行利用“3・15”消费权益保护日、“五一”国际劳动节、“6・14”信用记录关爱日等时点,大力开展金融知识宣传,依托“三大阵地”(“金融与诚信”知识进课堂+“红领巾”金融教育实践基地的校园教育阵地、“农村金融综合服务站”+“金融知识普及示范点”的农村宣传阵地、“基层银行金融网点+金融消费权益保护”咨询服务阵地)常态化开展货币政策、存款保险、征信、金融扶贫、网络安全、打击非法集资、打击网络诈骗等金融知识以及《中华人民共和国中国人民银行法》《存款保险条例》《征信业管理条例》等金融法律知识宣传。通过宣传,极大地提升了广大群众金融素养和金融法治意识,进一步净化县域金融生态环境。

(解永斌　刘海洋)

中国银行股份有限公司翼城支行

【概况】 中国银行股份有限公司翼城支行(简称中行翼城支行)位于翼城县解放西街翼和园小区大门东侧,全行现有人员16人。支行营业面积532平方米,2021年6月按照中国银行总行5.0营业网点标准重新装修营业,营业环境达到全国先进水平,切实提高了客户的服务体验感,大厅设有现金服务区、非现金服务区、智能设备区、自助设备区、公众教育区等,是全功能经营性网点。

2021年7月,中国银行临汾市分行与翼城县人民政府签订全面战略合作协议,双方合作步入新阶段。

截至2021年年底，人民币存款余额139708万元，其中个人存款77490万元、公司存款62218万元。人民币贷款余额13764万元，其中个人贷款余额11920万元、公司贷款余额1845万元。普惠金融实现新突破，主要业务发展平稳，非息收入创新高，不良率实现下降，风控效果显著，党建文化提升。

【社保医保代收代发业务】 自2012年以后，中行翼城支行开始发放全县城镇居民、机关事业单位及企业在职职工社保卡，累计发卡7.97万张，涉及单位350余家。2017年，翼城中行被临汾市人力资源和社会保障局指定为社保卡金融服务综合网点，开展即时制卡业务，截至2021年11月末，累计制卡7500张。支行设立绿色通道，不断拓宽缴费渠道，做好城镇居民基本医疗保险代收工作。2021年度，代收医保近1.5万人，近500万元。2021年，医保缴费代收人群中，手机银行缴费比例占96%以上。2019年10月至2021年，为企业、机关事业单位代发养老金，2021年度月均代发5900人左右，代发额约2200万元。

中行翼城支行不断提升社会保障卡增值服务功能，扩展延伸服务平台，通过不懈努力，社会保障卡实现代发薪、金融交易、投资理财、看病就医、生活缴费等系列功能，完成惠民卡的成功转型。支行将持续发挥支行善惠金融服务优势，为全县广大人民提供更优质的服务。

【内控案防】 2021年，中行翼城支行内控案防工作紧密围绕“运行平稳、安全运营”的目标，从源头上抓住风险防范重点，严控行为风险及操作风险，认真落实各项业务检查，加大各项制度落实执行督办，提高网点风险控制管理效能，从源头严防电信诈骗，严控银行卡倒卖违法行为，促进支行各项业务的持续健康发展。

中行翼城支行根据全辖党风廉政建设工作安排、总行员工行为异常排查等相关工作部署，全面落实案防责任制，以岗位为点、以程序为线、以制度为面，环环相扣风险防控管理体系，进一步增强员工的案件防范紧迫感和责任感，筑牢风险屏障，为支行的合规经营和业务发展奠定良好的基础。2021年，全行未发生重大差错及事故。

（邢江涛）

中国工商银行翼城支行

【概况】 中国工商银行股份有限公司翼城支行（简称工行翼城县支行）的主要业务包括办理人民币存款、贷款，国内结算，票据贴现、汇兑，代理国债、基金、保险、外汇销售等。工行翼城县支行属中国工商银行股份有限公司临汾分行党委、行政管理和业务指导，内设综合部和对公业务部，下设营业部、春雷支行（二级支行）和解放路支行（二级支行）3个营业网点，红旗街离行式自助银行网点；现有在岗员工54人。

2021年，工行翼城县支行以党建为引领，紧紧围绕省分行“打造精品分行”战略布局、市分行加快构建“一体四面”新发展格局的总体工作部署，聚焦存款和拓户两大工作重点，持续在“市场拓展、客户深耕、创新引领、精益管理”上下功夫，取得了较好的经营业绩，整体经营发展质态持续向好，业务发展稳步提升。获总行、省分行、市分行“先进基层党组织”称号，获市分行2021年零售业务旺季营销“综合贡献奖”、2021年普惠业务旺季营销“先进支行”等。

2021年，工行翼城县支行多项经济指标创历史最高水平，实现拨备前利润3259万元。个人存款余额257900万元，较年初增加29383万元。公司存款18683万元，较年初减少2863万元。机构存款16523万元，较年初增加1223万元。各项贷款余额50101万元，较年初减少82840万元，主要是中交翼侯高速有限公司偿还到期项目贷款93000万元。个人贷款8332万元,较年初增加39万元。

【普惠金融业务】 2021年,工行翼城县支行加大绿色信贷投放,努力拓宽资产领域。普惠金融业务方面,围绕县域经济转型发展布局,坚持服务实体经济,不断优化客户、行业和产品结构,把握节奏,精准发力,稳固市场地位。

大力发展普惠贷款业务,挖掘优质潜力客户。加大对白名单客户的营销力度,做到营销全覆盖。拓展核心企业上下游客户,加大对法人经营快贷、e税快贷的营销渗透。梳理各网点财富客户,通过上门拜访、邀约到店等方式,拓展私银客户背后的小微企业。通过政银企、税银企座谈会,宣讲支行信贷产品,满足不同客户的融资需求。全年普惠贷款29户,贷款余额1760万元,较年初新增18户,贷款累发额4040万元,完成普惠金融任务指标。

积极拓展新业务,进一步拓宽增收渠道。在前两年开办福费廷贷款业务的基础上,2021年办理福费廷贷款11笔,融资4亿元,较年初净增1.56亿元。

突出资产风险防控。收回2020年发放的扶贫小额贷款22户,金额110万元;收回中交翼侯高速有限公司到期项目贷款93000万元。

【存款业务】 2021年,工行翼城县支行聚焦获客吸金主线,全力攻坚“三大存款”。继续实施存款“一把手工程”,把提升存款竞争力作为检验执行力、考验党性的重要内容,并从零售、公司和机构三个维度夯实“三大存款”基础,为业务的可持续发展蓄力贮能。

储蓄存款方面,坚定储蓄存款核心不动摇,强化“抓日均”的经营理念,贯彻“每天增长一点点”的增存要求,紧盯同业,奋力实现时点和日均增量同业双第一的目标。加大基础产品推动力度。以优化产品组合为抓手,聚焦代发工资、社保和商户等主要优势客户群体,从日常管理、监测分析、时点控制等方面实施精细管理,充分利用好个人金融资产综合服务、超短期理财产品等创新产品优势,合理承接到期理财产品、保险和定期存款资金,开展星级客户提升和万元资产临界点客户精准营销活动。精准营销大额存单、结构性存款等,确保存款和资产良性循环、稳定发展,有效提高了市场占有份额。抓住储蓄存款源头市场,深耕代发业务进场活动,着力提高代发资金留存率和重点代发单位个人客户业务的提升。以社保卡的补换为契入点进行代发工资介质的转换,提升E灵通、添利宝、社保卡专属存款、信用卡等产品渗透率,提高了客户依存度。广泛开展与私银客户的对接,通过走访拜访及举办特色沙龙活动等,用专业和温度打造工行个性化服务高端客户的品牌。

公司存款方面,按照上级行公司存款工作思路,该支行明确工作路径、措施及进度要求,加快推进公司存款的稳步提升。对存量优质存款大户开展全方位多层级的维护工作,制定持续的营销策略,抓好重点企业,明确专人维护,及时掌握重大事项信息,努力争取大额资金的循环与归集。对新落户大企业积极跟进,加大走访营销力度,通过高层互动、上下联动、分层维护、邀约回访等举措,加强沟通、增进了解、强化合作、促进共赢,保证了重点项目及上下游企业资金的落实落地。持续关注存量潜力客户,按月推进走访和维护计划,及时掌握客户的资金归行与流向,主动了解客户的金融需求。

机构存款方面,牢固树立客户至上的经营理念,高度关注客户发展,发挥自身优势,改善经营管理,实现了机构存款的稳步攀升。做实头部客户,推动源头揽存。紧紧围绕财政、社保、教育等重点系统,持续改善服务、增进合作,在资金的归集源头把握信息、稳存增存。注重关系维护，提升市场占比。扎实落实高层营销与分层维护并举管理模式，定期进行高层走访，不断加大对重点机构客户的维护力度，以优质服务增加客户的黏合度。满足客户需求，保持客户稳定。以客户需求为导向，从服务和金融产品上给予相应的推介，根据不同客户设计不同的营销方案，加强产品组合营销手段的创新，以优势产品的渗透有效增强了客户及存款的稳定性。

【市场营销】 2021 年，工行翼城县支行突出拓户稳户重点，深耕发展深度广度。针对同业对优质客户市场的激烈争夺，把“强化客户基础”作为一号工程，更加突出对市场客户的深度梳理挖掘和名单制精准营销，开展声势浩大的“大营销、大走访”活动，全力实现客户的“提质扩容”。

把结算拓户作为铺底性工作，打好对公拓户主动仗。通过设置开户专柜，为客户提供业务咨询、办理、产品应用等全方位“一站式”多功能服务，确保高效率办理开户，让客户满意，实现服务渠道前移和源头获客。在加大对公结算账户营销的基础上，提升服务内涵，加快外延拓展，通过产品渗透实现新增客户的提质增效，把基础客群做稳做实。

把机构拓户定位于重点领域的攻坚和重点场景的搭建。及时敏锐捕捉市场信息，及时跟进重点项目、重点工程、重点客户，以密集性、常态化的“大营销、大走访”活动为契机，对接客户、营销项目、促进落地。“大营销、大走访”活动的开展，取得了丰硕成果。全年共走访重点企业与项目 150 余家（个），促成一批优质企业的开户落地，并与相当多的企业达成业务合作共识，进一步拓展了业务发展空间。

牢牢把握零售拓户主基调。在代发、社保、商户、私银四大战略客群拓展方面，围绕基础服务抓客户，不断挖掘客户潜能，实施拓客提质、吸金增资、增收创效、网点靓化、效能提振和创新应用六大行动，为该行储蓄存款的良性发展奠定了基础。

【内部管理】 2021 年，工行翼城县支行不断强化基础管理，稳固业务发展基石。

强化服务效能建设。以建设“客户满意银行”为切入点，将服务工作作为一项基础性工作常抓不懈，进一步树立标杆意识、争先进位意识和高效执行意识，切实提高工作效率和服务水平，提高客户满意度。

强化员工队伍建设。制订全年培训计划，利用晨会、夕会、部门例会等时间，集中学习各类业务技能、规章制度，通过微课堂、业务沙龙、专业知识竞赛等多种形式组织员工开展学习培训，提高全员业务素质和能力，并积极推进资格认证、持证上岗，提高业务专业度。加强客户经理队伍建设，稳步提升客户经理队伍的总量和素质。建立跨部门、跨网点的柔性服务团队，集中人员、集中精力、集中攻坚重点业务，确保重点工作有效突破。高度重视青年员工的成长成才，注意做好思想引领和铺路奠基工作。6 月下旬，召开以“成长、奋斗、敬业”为主题的青年员工座谈会，激发广大青年员工建功立业、干事创业的信心，收到良好效果。

强化内控案防职责。以内控合规“价值创造年”活动的开展为契机，以“管住人、管住钱、管好防线、管好底线”为基本遵循，进一步深植“合规为本、全员有责、风险可控、稳健高效”的合规文化核心理念，持续引导全员正确的价值观及风险偏好，着力提升合规履职能力。强化员工行为动态排查，加强网格化管理，持续加大警示教育力度，用身边的案例教育员工珍惜职业生涯，端正经营理念，切实做到坚决不触碰红线、底线，坚决消除各种侥幸心理。深化案防形势分析会内涵和实质，做到每次一个会议主题，切实解决实际工作中存在的突出问题,并以问题为导向,深刻剖析,举一反三,提出相应的防控措施与管理建议,提高全员的整体风险控制能力。加强集约营运管理,加大非现场、现场检查监督和责任追究力度,对有令不行、有禁不止的从严处罚,运行质量和风控水平进一步提高。

强化经营质效管理。坚持“周例会”工作制度,对重大改革和发展事项把握方向,集体决策,保持支行健康、良性的发展态势。发挥“头雁”带动作用,深入推进“班长工程”和“提质行动”,支行经营管理水平不断提高。加强执行力建设,通过宣导会、推进会等形式狠抓工作的落地执行,建立目标表和时间进度表“双表制度”,推进各项工作有序执行落地,为各项业务的又好又快发展奠定基础、提供保证。

(赵信　张立强)

中国农业银行翼城县支行

【概况】　中国农业银行股份有限公司翼城县支行(简称农行翼城县支行)位于县城翔翼东街470号,现有员工55人,其中党员31人。下辖3个营业网点,分别为营业部、红旗支行和解放分理处。2个机关部室为综合管理部和客户部。

2021年,农行翼城县支行本外币各项存款157593万元,较年初增长18105万元,其中个人储蓄存款较年初增长14378万元,对公存款较年初增长3727万元;个人日均存款较年初增长9141万元,余额140648万元;对公日均存款较年初增长2106万元,余额10305万元。

农行翼城县支行各项贷款余额39642万元,较上年净增10004万元。其中,法人贷款15462万元,较年初净增2762万元;个人贷款24180万元,较年初净增7242万元。个人住房贷款11570万元,较年初净增2634万元;个人消费贷款164万元;个人经营贷款576万元;惠农e贷5813万元,较年初净增3695万元。

2021年,农行翼城县支行以“四行目标”(党建引领的先进行、综合绩效的骨干行、员工向往的幸福行、稳健行远的安全行)为引领、以“四二进位”(全行综合绩效考核早日进入全省农行系统前四位,主要业务市场份额在当地四大行排名早日进入前二位)为驱动,各项业务指标取得长足的发展。信用卡有效客户14754户,较年初增加1517户,新增发卡3715张;完成信用卡分期交易额3759万元;个人掌银月活跃客户19473户,较年初增加4042户。实现营业收入2461万元、中间业务收入310万元,实现拨备前利润803万元、拨备后利润593万元。

【场景业务】　2021年,农行翼城县支行将“突出创新引领、提升数字转型”作为年度工作的重点,基于对互联网金融发展趋势的认知,持续深化对省行、市行“一号工程”内涵的把握,明确把实施“一号工程”作为加快全行互联网金融发展的战略基点,引领和带动农行翼城县支行网络金融业务的长足发展。支行成立专项营销团队,以掌银推广和场景布局为抓手,突破支付宝、微信支付重围,通过制定激励考核政策强化对目标客户营销渗透,陆续成功上线信用卡优惠场景9户、绿牧德品缴费商户1户,完成线上缴费交易3000笔、金额30万元。支行积极营销“智慧党费”“智慧政务”“智慧物业”等其他缴费项目,逐步建立起数字化营销新常态。

【信贷风险管控】　2021年,农行翼城县支行恪守“信贷质量立行”理念,以信用风险管控为重点,持续强化全面风险管理,着重加大“双基”管理,保障全行改革发展的稳健运行。通过加强清收队伍建设、完善考核机制、落实贷后管理责任、增加各种清收频次、加大不良处置力度等手段,

2021 年累计收回信用卡不良贷款 48.16 万元，核销信用卡不良贷款 24.45 万元，累计收回个人不良贷款 55 万元。截至 2021 年 12 月末，全行不良贷款 231 万元，较年初上升 130 万元，不良率 0.69%，较年初上升 0.28%。

【企业文化】 2021 年，农行翼城县支行把客户和员工“两个满意度提升”作为改革发展的驱动因素，大力实施员工关怀项目，积极推进服务型机关建设，全面改进客户服务体验，着力建设员工满意、客户满意银行，全行经营活力不断集聚和持续释放。积极推动基层员工激励政策，绩效工资不断向基层员工倾斜；全年走访慰问生病、生产员工和身故员工家属 11 人，送去慰问金 9500 元；安排费用 5.7 万元，为全行员工体检 1 次；为员工购买生日蛋糕和鲜花，金额为 7000 元。广泛参与市分行举办的各类活动，员工在市分行举办的演讲比赛中分别获一等奖和三等奖，在市分行举办的乒乓球比赛中取得优异成绩。

【内控案防】 2021 年，农行翼城县支行切实把“防案件、防风险”摆在突出位置，加强对重点领域、重心环节、重要岗位的管理，既要踩“油门”，也要踩“刹车”，严格按照省、市行要求，紧盯案件易发领域和风险集中领域，持续“排雷”“化险”，定期召开案防例会，提高员工风险防范意识。加强员工行为管理，坚决杜绝违规案件发生。全面开展警示教育，员工根植依法合规理念。高度重视“三零”单位创建工作，全年实现安全运营无事故。

（姚　磊）

中国建设银行翼城支行

【概况】 中国建设银行股份有限公司翼城支行（简称建行翼城县支行）位于翼城县翔翼东大街中段路南。全行现有人员 29 人，内设 8 个岗位，即网点负责人、营销主管、营运主管、客户经理、产品经理、大堂经理、柜员、高级柜员。

建行翼城县支行下辖网点 1 个，即翼城解放西街支行。翼城支行营业厅面积 350 平方米，翼城解放西街支行营业大厅面积 500 平方米，各营业大厅设有现金服务区、非现金服务区、电子银行区、自助设备区、智能服务区、理财中心、公众教育区等。为方便客户办理业务，在翼城县红旗中段紫竹苑临街面一层设立离行自助银行设备 2 台，在翼城县清华园中学校内设立银亭 1 台。

【普惠金融】 2021 年，建行翼城县支行为贯彻落实党中央、国务院关于国家乡村振兴战略的相关精神，落实建设银行普惠金融发展战略，深化县域及涉农小微企业金融服务。截至 2021 年 12 月 31 日，发放普惠小企业贷 3899 万元，当年发放扶贫贷款 12 户 60 万元，全力助力乡村振兴。

【农业生产托管金融创新服务】 2021 年，建行山西省分行与山西农业农村厅共同签发《关于开展农业生产托管金融创新服务试点工作的通知》。2021 年 8 月 25 日，该行与翼城县人民政府签约山西省农业生产托管服务平台首发上线暨金融服务乡村振兴战略合作签约仪式，现场投放“地押云贷”款 41.8 万元。通过产业互联网、大数据、云计算等信息技术搭建平台，全面对接金融机构业务系统，助力小农户和现代农业发展有机衔接，保障各类农业生产托管主体融资需求。平台上线后，建行推出支持“三农”相关信贷产品，包括信用快贷、善担贷、“地押云贷”、裕农快贷等产品。截至 12 月 31 日，累计授信 1516.18 万元，其中农业企业信用快贷授信 470 万元，云义贷授信 152 万元，善担贷授信 150 万元，“地押云贷”授信 53.3 万元，裕农快贷、农险贷（个人）授信 690.88 万元。

【金融支农】 2021 年，建行翼城县支行通过建设新型农业经营主体信用体系基础平台，整合农业、政务、金融等数据资源，从农业生产大数据维度、金融大数据维度、政府监管维度、平台使用维度，对新型农业经营主体进行精准“画像”和信用评价，多维度构建新型农业经营主体信用体系，打造“农业大数据 + 金融”模式，解决各类新型农业经营主体和广大农户的融资难题。

建行翼城县支行与山西省农业融资担保有限责任公司合作，创新推出“裕农快贷—农担贷”产品，向农户发放用于生产经营的个人贷款，同时积极对接当地政府部门、外部优质平台等合作方，挖掘优质涉农客群，切实做好乡村振兴信贷产品的投放工作。

(赵　刚)

中国农业发展银行翼城县支行

【概况】　中国农业发展银行翼城县支行成立于1996年12月，内设办公室、信贷业务部、会计结算部3个部室。2021年，有聘用制员工14人，其中领导班子成员一正两副，劳务用工6人，共20人。

2021年，农发行翼城县支行支农资金存款余额689.81万元，较年初减少5974.74万元；日均余额1983.40万元，较年初减少879.88万元。全年营销优质存款客户16户，筹集支农资金12774万元。

【粮油政策性财务挂账贷款】　2021年，翼城县粮食储备服务中心在农发行翼城县支行关于粮油政策性财务挂账贷款6320.37万元，其中新增粮食财务挂账贷款3528万元，其他政策性亏损挂账占用贷款2792.37万元。

【地方储备粮贷款】　2021年，农发行翼城县支行认真落实国家粮食宏观调控政策，确保全县粮食储备体系建设和粮食市场调控资金需求。在风险可控的前提下，向翼城县储备粮管理有限公司发放市县级储备粮贷款1467.3万元、市级储备粮贷款687.3万元、县级储备粮贷款780万元。

农发行翼城县支行于2021年6月9日向翼城县储备粮管理有限公司发放123.64万元市级储备粮扶贫贷款，在轮换中支行收购南唐乡晓史村3户贫困户小麦，收购价格略高于市场收购价格，带动贫困户增收致富。

【国道241线翼城县城过境公路改线工程暨四好农村路建设工程PPP项目】　项目总投资44073万元，分为4个子项目，分别为：国道241线翼城县城过境公路改线工程，县道改造项目，乡、村公路改造项目，安保、桥隧、局部维修及安防设施完善工程。拟在该行融资3亿元，合作期限12年，项目运作方式BOT。2021年6月24日，省分行下达关于翼城鑫鸿公路建设工程有限公司国道241线翼城县过境公路改线工程暨四好农村路建设工程PPP项目3亿元农村路网建设固定资产贷款的批复，贷款利率执行在全国银行间拆借中心公布的5年期以上贷款市场报价利率(LPR)基础上加88个基点(为5.53%)，正收集相关资料准备投放。

【基金业务】　2021年，农发行翼城县支行统一思想、提高认识，积极推进农发重点建设基金投放工作，向山西春雷铜材有限责任公司棚户区改造项目投放重点建设基金2000万元，用于解决项目资本金不足的问题，根据项目进展进度，已支付1469.07万元。截至2021年年底，未支付资金530.93万元存放在借款主体晋西集团和投资主体春雷公司在支行开立的账户中。

(董　玲)

中国邮政储蓄银行股份有限公司翼城县支行

【概况】　中国邮政储蓄银行股份有限公司翼城县支行(简称邮储银行翼城县支行)于2008年7月31日挂牌成立。内设综合管理部、零售金融部、公司业务部、风险合规部4个职能部门,辖内设有营业部和兴华街支行2个自营网点,以及11个代理网点。2021年,邮储银行翼城县支行各项存款余额78593万元,其中个人存款56971万元、公司存款21622万元。各项贷款结余31470万元,全年新发放贷款4853笔,放款金额29205万元。2020—2021年,在临汾市个金业务跨年度竞赛活动中获优胜支行奖。

【贷款业务】　2021年,邮储银行翼城县支行不断推进和深化服务"三农"领域体制机制改革,加大对家庭农场、专业大户、农民专业合作社等新型农业经营主体的支持力度。与农担公司合作,通过担保公司给农户担保,解决农户担保、抵押难题,贷款利率下降50%,进一步解决新型农村经营主体的融资问题。全年发放新农贷238笔、8013万元,在全县金融机构中排名第一。全力支持中小微企业发展,通过各种措施减轻企业负担,主动承担评估费和抵押费,采取无还本续贷等措施,进一步降低企业融资成本。主动与地方经济发展战略接轨,在支持地方实体经济发展中积极发挥"输血""造血"功能,全年发放小微企业法人贷款3896万元。创新发展小额信用贷和小额税贷通业务模式,纯信用形式发放贷款,解决普通农户和小微企业主缺乏担保、抵押的难题。全年发放农户信用贷767笔、5323.6万元;发放极速贷948笔、6838.3万元。大力推广创业担保贷款,全年发放创业担保贷款205笔、4112万元,全市排名第一。全年发放小额人口脱贫贷款88笔、420.5万元。

【零售信贷工厂上线】　2021年,邮储银行翼城县支行始终坚持金融助力消费升级,以新业态新模式引领消费加快发展,努力满足广大居民的消费需求,以扩大消费内需推动经济持续复苏。全力推进零售信贷工厂上线,对消费信贷业务执行标准化、流程化作业。随着零售信贷工厂的上线,该行房贷、车贷等消费类贷款的审批速度大幅提升,放款时间大幅缩减,最快可实现1小时放款。2021年,发放个人消费贷款3459笔、9151万元。其中,全年发放助学贷款2632笔、2031.25万元。

【金融知识宣传普及】　2021年,邮储银行翼城县支行持续履行公众教育服务的社会责任和义务,深入开展公众教育工作。充分发挥网点遍布城乡、深入社区的优势,在全行组织开展"金融知识宣传月""小微企业宣传月""普及金融知识万里行""防范和打击非法集资宣传教育"等活动,向公众普及金融知识。

【便民金融服务】　2021年,邮储银行翼城县支行深入贯彻落实党的十九大和第五次全国金融工作会议精神,坚持"支付为民"理念,坚守"便民、惠民、利民"宗旨,积极配合县人民银行在县域内主要街道商铺免费安装POS机159户,斥资20余万元,给县域72辆公交车免费安装自助支付设备,有效解决移动支付发展中不平衡、不充分的问题,优化支付市场供给结构,提升移动支付便民服务水平。拓宽服务渠道,大力推广网上银行、电话银行、POS机具等电子结算产品,做好代收付项目,为广大客户提供安全、快捷、高效的自助金融服务。

【业务创新】　2021年,邮储银行翼城县支行加大创新力度,推进小额循环贷、新型农业主体、电商贷、快捷贷等新产品业务发展。加大易汇通、乡情卡等特色产品的推广力度,为客户带去便捷与优惠。在丰富金融产品的同时,创新服务模式。通过深入企业、个体工商户、农村进行走访,举办产品推荐会,了解客户的融资需求,积极探索业务和产品创新,最大限度地提供客户满意的金融服务。

(张玲玲)

山西翼城农村商业银行股份有限公司

【概况】　山西翼城农村商业银行股份有限公司(以下简称翼城农商银行)是经中国银行保险监督管理委员会山西监管局批准成立的地方性法人金融机构,于2021年10月11日创立,2021年12月30日挂牌开业,其前身为翼城县农村信用合作联社。翼城农商银行实行"三会一层"(股东大会、董事会、监事会,高级管理层)的法人治理结构,自主经营、自担风险、自负盈亏、自我约束。内设党委办公室、董事会办公室、综合办公室、人力资源部、财务管理部、信贷管理部、会计营运部、稽核审计部、安全保卫部、风险合规部、电子银行部、科技信息部、纪检监察室、金融市场部14个部(室),小微企业贷款中心、不良贷款清收中心2个直属中心,下设25个分支机构,其中1个营业部、15个支行、6个分理处、3个储蓄所,有在编职工338人。

截至2021年12月末,翼城农商银行各项存款余额61.09亿元,较年初净增8.12亿元,增幅15.32%。其中,储蓄存款余额58.96亿元,占各项存款的96.51%,较年初增加9.55亿元,增幅19.33%;对公存款余额2.13亿元,占各项存款的3.49%;各项贷款余额30.3亿元,较年初净增3.39亿元,存贷比率49.59%。其中,农业贷款余额17.9亿元,占各项贷款余额的59.05%。实现总收入3.33亿元,其中利息收入2.24亿元、金融机构往来收入0.63亿元、手续费及佣金收入81.72万元、其他业务收入64.11万元、投资收益实现1313.65万元、营业外收入123.4万元。

2021年12月30日,山西翼城农村商业银行股份有限公司举行揭牌仪式　　(高旭玮供图)

【优化服务】　2021年,翼城农商银行以"强化服务管理,拓展服务渠道,打造服务品牌"为中心,开展了一系列工作,有效提升了辖内营业网点服务水平。紧紧围绕"强"和"转"完成"规定动作",推行"自选动作",举办"强信念、提素质、促发展"知识竞赛,使全县农信员工信念得到加强,为活动开展奠定了坚实基础。以"假如我是一名客户、一名下级"为切入点,组织全体员工进行换位思考大研讨活动,全面开展服务机制让客户满意、服务设施让客户满意、服务效率让客户满意、服务质量让客户满意、服务效果让客户满意的"五个满意"服务体系建设,促进服务工作的换挡升级。继续以"精神状态整顿"和"服务大整顿"活动为抓手,从服务理念、服务意识、服务技能等九个方面逐项逐条进行策划部署并组织实施,确保各项整顿动作一一得到落实,切实激发全员工作热情和动能,使系统上下面貌焕然一新。按规定时间和要求对总行及营业网点服务整顿情况进行验收评价，同时加强工作指导和督促落实，及时发现和改进存在的问题，确保整顿工作切实取得实效。依据“神秘人”检查管理办法，规范检查方法、落实检查力度、提升检查质效，综合运用多种检查方式深入查摆营业网点服务存在的问题，切实提升营业网点服务水平。

2021 年 5 月 11 日，翼城农商银行在里砦镇千亩蔬菜园区走访蔬菜大棚种植户　（高旭玮供图）

【支农金融服务】 2021 年，翼城农商银行以强农兴社金融普惠工程为抓手，积极引导信贷资金向“三农”领域倾斜，不断创新金融产品和服务模式，全面改进和提升金融服务质效，以农为本，主动作为，为推进全县域经济的发展提供有力的金融支撑。充分提升物理网点的功能和价值，加强网点转型，为客户提供优质、便捷的存、贷、汇等各类金融服务，使网点成为紧密农商银行与客户关系的良好平台。紧紧围绕县委、县政府调产规划和全县经济工作会议确定的重点项目，有计划、有重点、有目的地加大支持规模化、产业化发展的力度，特别是加大涉农企业和规模户的支持，形成独具特色的支农亮点。同时，把支持农户从事种植、养殖业和农业园区、基地建设作为基础工作，使之成为企业的“原料车间”，形成产业化发展链条，推动农业产业化发展。积极转变服务理念，在贷款投放上紧紧围绕县域发展“一县一业”，打造“一村一品”的经济总体发展思路，为培育县域经济支柱产业提供力所能及的金融支持，对苹果种植、养殖项目形成一定规模的村提供全力支持。翼城农商银行是翼城县支农力度最强、机构网点最多、服务延伸最长、支持地方经济最为突出的地方性金融机构。

（高旭玮）

中国人民财产保险股份有限公司翼城支公司

【概况】 中国人民财产保险股份有限公司翼城支公司（简称人保财险翼城支公司）是中国人民财产保险股份有限公司在翼城的分支机构，其前身是 1984 年 10 月成立的中国人民保险公司翼城支公司，现有干部员工 16 人、营销人员 20 多人。人保财险临汾市分公司开办门类齐全的机动车辆保险、企业财产保险、工程保险、货物运输保险、责任保险、意外伤害保险、短期健康保险、农业保险、信用保证保险、家庭财产保险等业务，服务领域涉及翼城经济生活的各个方面，保费规模、风险保障额度、偿付能力、专业人才储备等均处于翼城财险市场领先地位，是翼城县历史悠久、业务规模大、综合实力强的大型国有财产保险公司。截至 2021 年 12 月末，人保财险翼城支公司保费总收入完成保费 3518.98 万元，其中车险保费 2122.04 万元、政策性农险保费 1077.28 万元、商业非车险保费 319.66 万元。公司坚定不移地按照高质量发展要求落实好各项工作举措。

【农业保险】 2021 年，人保财险翼城支公司经过新一轮遴选，里砦、南梁、南唐、中卫 4 个乡镇划归公司承保。与上年相比，在减少 1 个乡镇的情况下，坚持承保范围缩小，人民保险服务人民的初心不减；承保面积减少，提升服务乡村振兴能力信心不减，在“提标、赠品、扩面”上下功夫,在“强链、补链、延链”上寻出路。

承保小麦 100396.89 亩,每亩保险费 20 元,保费收入 2007937.80 元。赔付 5061.45 亩,户数 1344 户,赔付金额 492867.08 元。其中,里砦镇承保面积 28279.87 亩,保费 565597.4 元,赔付 525 户,赔付面积 2737.71 亩,赔付金额 268320.16 元;南梁镇承保面积 27390.86 亩,保费 547817 元,赔付 558 户,赔付面积 1617.54 亩,赔付金额 158231.32 元;南唐乡承保面积 23088.25 亩,保费 461765 元,赔付 106 户,赔付面积 435.98 亩,赔付金额 40026.04 元;中卫乡承保面积 21637.91 亩,保费 432758.2 元,赔付 93 户,赔付面积 270.22 亩,赔付金额 26289.56 元。

承保玉米 101409.58 亩,每亩保险费 25.2 元,保费收入 2555521.43 元。赔付 31000.81 亩,赔付户数 8772 户,赔付金额 3780161.64 元。其中,里砦镇承保面积 31221.08 亩,保费 786771.22 元,赔付 3345 户,赔付面积 11926.55 亩,赔付金额 1304497.80 元;西阎镇承保面积 5268.38 亩,保费 132763.18 元,赔付 922 户,赔付面积 2635.18 亩,赔付金额 284599.44 元;南唐乡承保面积 30518.72 亩,保费 769071.75 元,赔付 3199 户,赔付面积 9757.13 亩,赔付金额 1469413.80 元;中卫乡承保面积 34401.4 亩,保费 866915.28 元,赔付 1306 户,赔付面积 6681.95 亩,赔付金额 721650.60 元。

承保能繁母猪 3823 头,每头保险费 90 元,保费收入 344070 元。其中,南唐乡 586 头、里砦镇 1369 头、王庄镇 370 头、隆化镇 30 头、中卫乡 1468 头;赔付 606 户,赔付金额 111.45 万元。

奶牛承保 507 头,每头保费 560 元,保费收入 283920 元。翼城县继伟养殖专业合作社投保 507 头,获赔付 35 头,赔付金额 28 万元。

公司在全县部分乡镇开办“育肥猪”保险,承保 123153 头猪,每头保费 40 元,保费收入 4926120 元。其中,唐兴镇 900 头、里砦镇 53943 头、南梁镇 5100 头、王庄镇 4000 头、南唐乡 20360 头、中卫乡 38550 头、隆化镇 300 头;赔付 3694 户,赔付金额 345.09 万元。

【城市公共保险解决方案】 2021 年,人保财险翼城支公司创新推广城市公共保险解决方案,助力政府提升治理水平。围绕政府在安全生产、环境保护、建筑质量管理、治安治理、食品安全、巨灾、老旧住房改造等领域的治理难点,形成整体化的城市公共保险解决方案,服务治理体系和治理能力现代化。

2021 年,公司为全县脱贫户和部分乡村农户开办了社会综合治理保险。7 月,翼城县全境遭遇了历史罕见的汛情。公司紧急启动灾害应急机制,组成以经理为组长的灾情应急领导组,开辟绿色理赔通道,第一时间赶赴第一现场,及时、准确勘定灾情损失,缩短理赔周期,以最快的速度把 46.45 万元赔付款打入受灾群众卡中,赔付率 335.38%。建立脱贫群众兜底机制,创新县域社会管理机制。交警意外伤害责任保险,为 206 名交警提供风险保障,保费收入 66444 元。学幼险,为 11683 人提供风险保障,收取保费 66.76 万元。退役军人意外险,政府机构改革,服务退役军人职能转移到退役军人事务管理局,公司推进业务衔接,在该险种业务脱保 2 个月后,实现为退役军人提供风险保障。“两低人员”意外伤害保险,通过积极联系县民政局,为 5700 名“两低人员”提供风险保障,保费 17.1 万元。在年底农民工履约责任保险拓展工作中,公司经过与人社局多次沟通,新增签单保费 30.53 万元、份额保费 11.6 万元。

(卫常宁)

中国人寿保险股份有限公司翼城县支公司

【概况】 中国人寿保险股份有限公司翼城县支公司(简称中国人寿翼城县支公司)于1996年挂牌成立,下设综合部、客服部、个险销售部及多元销售部4个部门,现有在职员工28人。公司承办的业务主要是向个人及团体提供人寿、年金、健康和意外伤害类保险产品,涵盖生存、养老、疾病、医疗、身故、残疾等多种保障范围,全面满足客户在人身保险领域的保险保障和投资理财需求。

2021年,中国人寿翼城县支公司实现保费收入1.12亿元,其中长险新单1441.2万元、短期险保费619.31万元,银保实现保费收入227.69万元,续期保费9157.53万元。接收理赔案件1847件,实际赔付789.4万元。

【诚信文化建设】 2021年,中国人寿翼城县支公司始终秉承"成己为人,成人达己"的企业文化理念,秉持"专业、诚信、真诚、感动、超越"的服务理念,依托覆盖城乡的营销服务部,为客户提供有效的风险管理和保险保障。在具体管理方面实行"三实""三高",即实实在在做服务,实现高素质的服务管理;踏踏实实做工作,实现高效率的工作体系;确确实实做业绩,实现高绩效的工作成果。真正做到着眼于日常诚信的宣传教育,着力于增强服务信念,打造诚信管理平台,造就忠诚员工队伍。

(刘高荣)

交通运输

公路建设与管理

【概况】 2021年,翼城公路管理段以习近平新时代中国特色社会主义思想为指引,认真学习贯彻党的十九大,十九届三中、四中、五中、六中全会精神,在县委、县政府的坚强领导下,提高政治站位,深化思想认识,以党史学习教育为载体,团结带领全段职工尽职尽责、克难奋进,统筹推进常态化疫情防控和公路机构改革,项目建设、养护管理、财务管理、路政管理、安全生产、党的建设、民生改善等重点工作取得新进展、新成效。

翼城公路管理段隶属山西省公路局临汾公路分局,为财政全额拨款事业单位。现有干部职工69人,内设2个股1个室(财务资产股、生产股、综合办公室),下设3个养护道班和3个停车服务区。担负着翼城县境内S331坪曲线、G241呼北线、G34日风线共46.666公里国省道的养护管理任务。

【养护管理】 2021年,县公路管理段开展了“八比八看在我班”主题实践活动,通过适时召开“养护工作前期动员誓师会”“争创一流现场观摩会”“路面养护提档升级”现场会等活动,典型带动,示范引领,实现养护规范化管理水平整体提升。一年来,完成挖补坑槽903.2平方米,处理沉陷240.9平方米,刷油30816平方米,机械灌缝23460米,人工灌缝27963米。完成清理塌方213立方米、整修平台956900平方米、疏通涵洞15道、粉刷花池5230平方米、粉刷行道树12公里、粉刷设施890平方米、种植菊花726株、种植紫穗槐1万株、清洗波形护栏12560米、清洗标志182块、清洗桥护栏310米、清洗隔离墙2264米、清洗路面315公里、修剪行道树61公里、修剪花池550个、打草98公里,标线常年清晰,设施完善,共建文明路8公里;完成清扫路面2830公里、清理杂物906立方米、疏通边沟32490米,确保路容路貌整洁美观,减少二次扬尘污染,保障公路安全畅通。

【安全生产】 2021年,翼城公路管理段以安全生产“零伤亡”、公路设施“零缺陷”、交通事故“零问责”为目标,严格落实“一岗双责”,坚持抓基础、抓管理、抓落实不松懈。全年完成3处临汾市安委会下达的安全隐患路段的安全设施完善任务,修复波形护栏12米、警示墩5个、面包石38米、隔离墙42米,新栽标志4块,更新标线25350平方米。实现全段安全生产无事故。

【人事改革】 2021年,翼城公路管理段按照分局要求建立了人员信息台账,定期报表及时完成,医疗保险、养老保险及时足额缴纳,加强了对离退休人员和编外用工的规范管理。

【综合管理】 2021年,翼城公路管理段执行政府会计准则制度,建立健全内部控制制度,严肃财经纪律,注重开源节流。严格合同管理,坚决按照财政支付要求规范管理账户、资金使用、账务处理和会计核算。分局视频会议系统和“17310”信息处置平台运行正常,使用OA智能文件收发系统和云端信息共享平台,应急值班值守工作到位,督办事件按节点及时高质量完成,提高了工作效率。

【党建工作】 2021 年,翼城公路管理段着力强化党的建设,全面从严治党深入推进。按照中央、省、市、县的统一部署,统筹一体化推进党史学习教育主题活动和“我为群众办实事”活动,调查研究、检视问题、整改落实,党员干部增强“四个意识”,坚定“四个自信”,做到“两个维护”。围绕养建抓党建、抓好党建促养建,进一步打造党建品牌,创建“党员示范路”2 公里,“三基建设”持续强化,严格落实“三会一课”制度,切实加强党风廉政建设,扛牢“两个责任”,推动全面从严治党,努力构建风清气正的干事创业环境。举办“烈士陵园祭扫”活动,组织党员开展“双抢双减”志愿者活动,在抗击疫情第一线充分发挥党支部的战斗堡垒作用和共产党员的先锋模范作用,为切断疫情传播、保障公路畅通做出了积极贡献。

(王长云)

交通运输管理

【党的政治建设】 2021 年,翼城县交通运输局党组始终把党的政治建设放在首位,持续强化管党治党政治责任。加强基层党组织书记队伍建设和党支部标准化、规范化建设。强化党史学习教育,深入推进“争先、进位、崛起”解放思想大讨论。扎实推进党风廉政建设和反腐败工作,始终绷紧党建和党风廉政建设责任链条,层层传导压力。加强党纪党规学习和警示教育,引导党员干部树牢党性观念、强化廉洁意识。坚持以政治建设为统领,增强“四个意识”、坚定“四个自信”、做到“两个维护”。坚持把学习贯彻习近平新时代中国特色社会主义思想作为党组理论中心组学习的重中之重。坚持党管宣传、党管意识形态,强化意识形态工作责任制落实,加强舆论引导,规范阵地建设,传播、汇聚交通运输正能量。为庆祝中国共产党成立 100 周年,举办“深学党史践初心、交通先行蹚新路”演讲比赛,选派 3 名选手参加市交通运输局举办的“赓续荣光 100 年、奋进交通新征程”庆祝中国共产党成立 100 周年演讲比赛,获优秀组织奖。为市交通运输局举办的“回望百年奋斗路,启航交通新征程”主题晚会选送 2 个节目,受到好评。被省精神文明建设指导委员会和中共翼城县委授予“省级文明单位”和“全县先进基层党组织”称号。

【工程建设】 2021 年,县交通运输局组织实施的公路建设项目共 5 项(含前期 2 项)。“四好农村路”建设项目,县道桥上—大河口建设项目,全长 16.36 公里,总投资 4550.22 万元。路基、涵洞和桥梁全部完成,水稳铺装 1.2 公里,完成投资 2000 万元。县道岳北线(岳庄—西角段)建设项目,全长 12.13 公里,总投资 3307.2 万元,前期准备工作全部就绪。乡、村公路改造项目,2021 年市局下达翼城县 4 个项目 28 公里全部完工。国道 241 线翼城县城过境公路改线工程,全长 4.011 公里,总投资 8338 万元。完成清表 2 公里,挖、填方 11 万立方米,2 座桥梁 42 根桩基全部完成,完成投资 2291 万元。翼城县桥上王良纪念馆—西阎四圣宫旅游公路建设工程,全长 20.045 公里,总投资 1.87 亿元。受路线设计方案调整和前期手续制约,工程进展受阻。项目全线路基已成型,水稳底基层完成 9 公里,累计完成投资 1.1 亿元。国道 241 线翼城县石桥至梁壁段改线工程。全长 10.75 公里,总投资 7.05 亿元,为山西省重点建设项目。省交通运输厅专家对线路进行线位踏勘,项目可行性研究报告编制、土地预审、项目选址和第三方公司招投标工作完成,待自然资源部门将永久基本农田整改补足完成后再组织报批。省道367线（西梁壁—南唐段）改造工程。起点位于南梁镇梁壁村，与规划中G241梁壁互通出口衔接，终点位于南唐乡符册村东侧，全长7.15公里。项目可行性研究报告编制完成，国土空间规划上报省自然资源厅。

2021年9月，翼城县遭遇持续强降雨天气，交通运输局组织机械对损毁严重路段进行抢修　（张子奇）

【道路养护】 2021年，县交通运输局以“四好农村路”为抓手，不断推进农村道路养护体制改革。全面推行“路长制”，出台农村公路“路长制”实施方案，成立“路长制”工作领导组，全县设县级路长1名、乡级路长9名、村级路长214名、路政员14名、监督员89名、护路员361名。继续开展“美丽农村路”创建活动，制定创建活动实施方案，持续巩固1个“美丽农村路”示范乡镇、10个“美丽农村路”示范村，100公里“美丽农村路”创建工程。在创建过程中，先后完成路面大修2公里3.8万平方米，整修路肩3036立方米，修补坑槽5140余平方米，清理垃圾3882立方米，疏通边沟7530延米。完成“人人持证、技能社会”培训任务。对9个乡镇和公路事业发展中心275名道路养护人员、管理人员进行为期一周的道路养护理论培训和实践操作。危桥安全性检测，对全县41座农村公路桥梁委托第三方公司进行安全性能鉴定，共发现5座为危桥（分别为下王七桥、下交桥、下庄桥、新斐桥和庄里桥）。委托第三方公司完成危桥改造工程可行性研究报告编制和设计。水毁排查统计上报及灾后重建工作。全县境内农村公路因水灾损毁道路共53.2公里，公路灾后修复资金约16458万元。因水毁导致农村公路674处受损。面对灾情，及时组织施工队伍重点对县道西南线、古北线、岳北线、神河线及重点乡道等受损路段进行水毁修复，确保公路畅通。出动排查、抢险人员4367人次，出动大型机械697台次，完成9处，正在抢修12处，累计投入资金660万元。

【运输服务】 2021年，县交通运输局根据中共翼城县委机构编制委员会办公室《关于翼城县交通运输局所属单位机构编制调整的通知》（翼编办字〔2021〕41号），将翼城县城市客运交通服务中心整体划转至翼城县道路运输服务中心，7月23日举行揭牌仪式。为加快推动城乡客运规模化、集约化和一体化发展，保障“四好农村路”的运营服务工作，实现建制村班车全覆盖，重新规划和调整县城至青城和南、北绛等14条农村客运线路。为确保农村客运班线“开得通、留得住、有效益”，县政府将农村班线车辆经营亏损性补贴纳入财政预算，制定《翼城县建制村通客车（农村客运）服务质量考核管理办法》。全县有运营的公交车102辆、巡游出租车162辆（2021年新增24辆）、网约车5辆，“互联网+大众出行”的多样化、差异化出行服务体系正在形成。新增道路普通货物运输户49家，新增货运车辆846辆（燃气车辆306辆，柴油货车540辆）。对全县4911辆道路普通货物运输车辆（包括挂车）进行年度审验。3162人通过从业资格诚信考核，443人完成继续教育培训。全县有50家汽车维修企业（二类18家、三类32家），达到AA级的3家，

A 级的 45 家,2 家停业未考核。新入统企业 15 家(含翼侯高速),全年完成规模以上运输业企业经济运行指标 6.18 亿元。组织 100 余辆出租车和 50 辆公交车开展“爱心送考”活动,接送考生和家长 2000 余人次。对政府公示的 17 家货运源头企业加大巡查力度,并逐一签订源头治超目标责任书。配合公安、林业部门在浇底、隆化开展清明节森林防火路检路查。完成道路运输经营企业驾驶员涉毒情况摸排和筛查工作。在县城主要街道划设了 102 个公交车专用停车位。

【安全生产】 2021 年,县交通运输局为进一步明确安全生产管理责任,按照“三必管”的原则,印发《2021 年安全生产专项整治三年行动推进方案》,深入推进交通问题顽瘴痼疾、铁路沿线安全隐患、安全生产“隐患清零”、安全生产三年专项整治和客运市场专项整治行动。成立以局领导班子成员为组长、股室负责人为骨干的 8 个安全生产工作督查组,共督查企业 94 家,发现一般隐患 242 起、较大自然灾害安全隐患 2 处,整改到位 236 起。自 9 月 22 日起,全县遭受持续性强降雨天气过程,多条公路出现滑坡、塌方和路面深陷等地质灾害。截至 10 月 30 日,境内农村公路因强降雨引发的损毁道路 53.2 公里(其中县道 7 条 13.2 公里、乡村道 80 余条 40 公里),公路水毁共 674 处,涉及塌方、滑坡、泥石流等的 297 处路段已清理抢通。委托第三方公司完成对路基冲毁、路面沉陷、挡墙坍塌、路面裂缝等 377 处较大灾损路段的外业调查,制定了修复方案。灾后修复资金共需 1.64 亿元。各乡镇在局包联技术人员的指导下,积极开展水毁重建工作。截至 11 月底,完成 8 处,正在抢修 11 处,投入抢修资金约 650 万元。县应急管理局检查县交通运输局安全生产三年行动反馈安全隐患 117 项(工程施工类 37 项、城市客运类 31 项、道路货运类 24 项、内部资料类 25 项),本着“立行立改、马上就改”的指导思想,深入各单位、企业督办隐患整改情况,全部整改完毕。与 3 家公司签订提供应急救援物资和大型应急救援机械租赁合同,建立工程建设应急救援物资储备库。按上级要求完成公路平交路口“一灯一带”建设项目。落实企业动态监管主体责任,重点车辆入网率在 95% 以上、上线率在 90% 以上。城市公交驾驶区安装防护隔离设施任务全部完成。全年未发生一般及较大以上安全生产责任事故。

在铁路沿线安全环境治理方面,县政府建立铁路沿线安全环境治理联席会议制度,明确各成员单位的工作职责。召开翼城县铁路沿线安全环境治理联席会议全体会议,落实了县、乡两级“双段长”工作制。成立铁路沿线安全环境治理工作机构,由县交通运输局局长张国华挂帅,分管领导王永信主抓,安全监督股具体负责工作。成立由联席办公室牵头,安全监督股、县护路办和铁路部门相关人员组成的督导小组,对涉及安全隐患的 1 个乡 2 个镇 26 处省、市、县挂牌督办的安全隐患进行逐一核实排查。截至 12 月底,完成年度治理任务的 60%。

【法治建设】 2021 年,县交通运输局积极推动重大执法决定法制审核机制落地和行政执法信息化建设,多渠道公布权责清单、执法人员、监管对象、监管行为等内容,并按照“双公示”的有关要求,对行政许可和行政处罚信息在县政府网站进行公示。22 名执法人员取得省司法厅执法资格证件。落实行政执法全过程记录制度,规范执法程序、执法文书和归档标准,对文字音像、调查取证、审查决定、送达执行、归档管理等行政执法整个过程进行全程记录。对 2021 年 12 月 31 日前办结的案件,实行案卷专人专柜保存,确保每起案件有记录、有案卷,保障执法全过程文字记录完整、执法文书规范、案卷完整齐全。深化“四好农村路”示范县创建,联合整治“马路市场”,净化公路路域环境,清理规范占道经营点236处,取缔打场晒粮78处,拆除非公路标志牌4块、违章建筑3处,整治平面交叉道口2处,查处抛洒污染路面车辆71辆、超载车辆26辆、非法营运车辆4辆、擅自改装车辆4辆,处罚货运源头企业1家,办理道路损坏赔偿案件4起,对1起异地非法机动车驾驶员招生培训点依法取缔并进行处罚。按照市、县部署要求,完成交通运输综合行政执法机构设置、职能调整、人员转隶等工作。持续和纵深推进扫黑除恶专项斗争制度化、常态化。

【交通运输行业环保治理】　2021年,县交通运输局在交通运输行业环保治理方面主要做了五方面的工作:一是控制扬尘污染。加大对所养护道路日常清扫的频次,对沿线垃圾及时进行清运、填埋,严禁焚烧。对路面病害及时处置。完成整修路肩2263立方米,修补路面坑槽4250平方米,铺装沥青路面3.8万平方米,绿化林带补植120棵。加强对未加盖篷布抛洒污染的车辆的查处,严控不覆盖篷布车辆出厂。二是实施联合管控。自6月起,由交通运输局组织牵头,联合交警、环保等部门全面开展柴油货车路查路检联合执法,从严查处排放严重超标以及未按规定使用车用尿素、车辆未苫盖篷布、散装物料运输车,确保检测不达标柴油货车严禁进入城区运输。抽检过境车辆180辆,劝返32辆。三是加强维修监管。全县26家汽车维修企业,有9家在VOCs治理方面进行改造、提升。对未完成VOCs工艺改造的维修企业,严禁从事喷烤漆作业;对完成改造并达标排放的维修企业,定期检查活性炭吸附效果,加大监测频次,避免污染物超标排放。四是国三及以下排放标准营运中型和重型柴油货车淘汰工作。市局下达淘汰任务24辆,完成40辆,占下达任务的167%。五是国六重型燃气车后处理装置违法违规行为专项治理工作。全县有28家物流运输企业,690辆国六重型燃气车,检查车辆183辆,未发现问题车辆。

(张子奇)

城乡建设与管理

住房建设与管理

【概况】 2021年,翼城县住房和城乡建设局在县委、县政府的正确领导下,以习近平新时代中国特色社会主义思想和党的十九届三中、四中、五中、六中全会精神为统领,以县委经济工作会议精神为指导,以开展党史学习教育和“争先、进位、崛起”解放思想大讨论为抓手,以靓城提质“三大行动”为载体,完善城市功能,提升城市颜值,奋力开创翼城县住房城乡建设高质量高速度发展新局面。

【公租房配建】 2021年度翼城县商品住宅小区配建公租房共137套,其中古韵华府74套、唐霸华府63套,共7741.97平方米。至2021年年底,两个住宅小区基本完工,还未办理竣工验收,翼城县住房和城乡建设局积极与古韵华府和唐霸华府房地产开发公司联系,督促其尽快办理相关手续,进行验收备案并办理公共租赁住房移交手续,待移交后按照相关规定进行分配入住。2021年,翼城县新建澳宇花园二期、润璟嘉园商品住宅小区、泰合府小区,其中澳宇花园二期、润璟嘉园商品住宅小区向县住房和城乡建设局申请不配建(缴纳配建资金)公共租赁住房,经县政府同意,决定其缴纳公共租赁住房配建资金,澳宇花园二期于2021年8月首批缴纳100万元预付款,润璟嘉园2021年8月首批缴纳500万元预付款,剩余配建资金在办理商品房预售许可证前一次性全部缴纳;泰合府小区配建公共租赁住房一栋,建筑面积为5102.35平方米,共102套,缴纳配建保证金367万元。

【房地产建设】 2021年,翼城县住房和城乡建设局在房地产建设方面,编制《翼城县城镇住房发展“十四五”规划》和《翼城县房地产市场调控“一城一策”工作实施方案》;对17个住宅开发项目进行商品房买卖合同备案,共销售商品房929套,销售面积118852.01平方米;翼城县在建房地产项目有紫庭苑、唐霸一号、泰和府、澳宇星城4个,总建筑面积450949.7平方米,累计完成投资6.02亿元,房地产开发投资同比增长50%。

【农村危房改造】 2021年,完成农村危房改造任务106户(其中四类人员53户,一般贫困户53户)。通过惠农一卡通平台发放补助资金,每户1.4万元,合计148.4万元。

【受损房屋灾后重建】 2021年,翼城县住房和城乡建设局制定全县“345”补贴建房办法,即“视农房类型、家庭状况、户内人口,合理确定建房面积;在省里确定补贴标准的基础上,县上分兜底户、特殊困难户、困难户、一般户四种类型进行二次补贴;针对特殊施工季节,提出新建一批、装配一批、回购一批、调剂一批、转移一批”,全县560户受灾农户12月15日前全部搬迁入住,比省定时间提前40天。同时,从县城各建筑工地协调抽调出各类专业人员,组成25支施工队伍,包联5个乡镇61户开展帮扶。委托设计院制定一户一策修缮方案,提供21套新建房施工图纸,选派19名专业监理进行施工监理,确保工程质量，让群众满意。

【老旧小区改造】 2021 年，翼城县住房和城乡建设局根据省、市关于 2021—2025 年老旧小区改造文件精神，完成翼城县城镇老旧小区（县医院家属楼、国税局家属楼等 11 个小区）改造项目的立项审批、初步设计审批、图纸设计、招标控制价评审及招投标工作，县医院家属楼和国税局家属楼改造完毕。其余 9 个小区的申报及其他准备工作就绪，准备进行招标控制价的编制工作。同时，解放东街等 13 个老旧小区改造工程的可行性研究报告于 2021 年 11 月 22 日在县审批局进行专家评审，根据专家意见对可行性研究报告进行修改。

公用事业

【城市照明】 2021 年，维修变压器和高压线路故障 6 次，修复因交通事故损坏的路灯设施 5 处，排除分支线路故障 150 余起，更换电线、电缆 6000 余米。春节期间，对县城主街道进行彩灯装饰，安装 LED 发光球 920 个、LED 网灯 938 个、LED 发光吊篮 2510 个、LED 水滴灯 1250 个、LED 麦穗灯 9600 株、暖白灯串 5300 串、LED 灯串 238 串、LED 灯带 5760 米、LED 灯笼串 720 串、LED 灯光隧道 30 组，敷设供电线路 1.2 万余米，保证县城区域内照明设备正常运行。工作中，县住房和城乡建设局始终坚持值班制度，根据时间变化，及时调整路灯开关时间，确保光源和能源的有效利用，亮灯率达到 98%。

【城市排水】 2021 年，市下达翼城县雨污水分流任务为 13.68 公里。截至 2021 年年底，完成翔翼大街、潞公街、唐尧北路、光明路、益苑北路、横十路、红旗街、八一路等多条道路雨污合流制管网改造，完成雨污水分流改造 15.77 公里，其中翔翼大街 7.2 公里、潞公街 2.8 公里、横十路 0.8 公里、唐尧北路 0.62 公里、光明路 3.6 公里、红旗街 0.35 公里、益苑路 0.4 公里。开展防汛大检查，在汛期来临之前，召开城镇防汛工作会议，积极筹备好防汛物资，对城区主要干道排水系统进行一次全面大检查，进行大规模的清障清淤工作，所有的排水系统在雨季来临之前进行彻底清掏，消除安全隐患 105 起。清理县城内排水系统垃圾淤泥土方约 1500 立方米。县住房和城乡建设局坚持做好汛期的值班值守工作，每周对县城低洼、易涝区进行排查，彻底消除汛期的安全隐患。2021 年防汛期，未发生安全事故。

【城市供水】 2021 年，完成供水量 275 万吨，累计新增 652 户，其中远传水表 556 户、普通水表 17 户。更换问题普通水表 57 块，更换解放街磁卡表 42 块。登记阶梯式水价用户 331 户（累计登记阶梯式水价用户 6232 户），实现应收尽收；出台多项改革措施，不断优化服务软、硬件设施，简化办理流程，压缩办理时限，降低接入成本，提高企业获得用水的便利度和满意度，取得阶段性成效。受理业务 30 余笔。在用水报装业务中，审批环节由原来的 6 个缩减为 2 个，办理时限由原来的 4 个工作日压缩到 3 个工作日。对各水泵进行 4 次故障维修，对净化水车间各机械设备除做好日常维护保养外，还进行 3 次大型维护清洗。排查井盖 1345 个，整改存在隐患窨井盖 7 处，对主要道路的供水管道进行敷设和更新。翔翼街新增 DN160 跨路管 3 条 72 米、DN110 跨路管 144 米；八一路新增 DN110 跨路管 2 条 45 米；红旗街 DN110 跨路管 2 条 40 米；红旗街敷设 DN110 双回路管道 82 米；红旗街更新 DN250 铸铁管道为 PE 管道 240 米。

【城市供热】 2021 年，建设无人值守换热站 13 座，完成集中供热改造 4000 余户、42 万余平方米，供热面积累计 550 万余平方米，县城集中供热基本实现全覆盖。

【城市燃气】 翼城县共有6家燃气企业，均取得城镇燃气经营许可证。完成全县公共福利用户“三强制”改造管道燃气89户，改造89户，改造率100%；液化气用户210户，改造163户，改造率67%。完成居民用户“三强制”燃气泄漏报警器改造安装摸底，全县需改造用户3.01万户；完成全县非法气瓶清收置换工作，清收液化钢瓶3460个，置换8096个，在全市排名前列。

【污水处理】 2021年，污水处理厂进水量约614万吨，日均处理污水量约1.7万吨；削减COD（化学需氧量）1803吨、BOD（生化需氧量）801吨、氨氮289吨、悬浮物735吨、总氮308吨、总磷16.8吨。污泥产生量8037.99吨，污泥含水率77.6%，全部送往山西清扬智慧环保科技有限公司（翼城县垃圾处理厂）进行无害化填埋处理。完成《城镇污水处理提质增效三年行动方案（2019—2021年）》主要指标：进水生化需氧量（BOD）值达137毫克/升、生活污水集中收集率达100%、再生水利用率在25%以上。建设翼城县第二污水处理厂，完成全部主体工作，正在进行设备调试，正常进水。

【建制镇污水处理】 隆化镇建制镇污水处理厂位于隆化镇隆化村，主要建设内容包括新建设处理规模每天200立方米污水处理站1座，占用建设用地面积1333平方米；新建污水收集管网8475米、检查井210座；工程估算总投资1004.85万元。完成污水管道铺设8020米，完成污水处理站消毒池主体，完成一体化生物处理池（三座）安装，完成工艺设备安装、调节池及污泥池基础换填、污水处理站室外回填土、附属用房基础回填土。

【垃圾处理】 2021年，处理垃圾9.79万吨，日均处理268吨左右。全年未发生安全事故。垃圾渗滤液处理站，由山西众驰环境技术有限公司承建，于2021年8月15日和翼城县住房和城乡建设局签订关于翼城县县城生活垃圾处理场渗滤液处理站运维合同，合同期限为3年，运维内容包括渗滤液收集、渗滤液预处理、DTRO（碟管式反渗透）处理系统、消毒等。进出水水质的标准按照《生活垃圾填埋场污染控制标准》（GB 16889—2008）执行。在运营期间，运营人员实行24小时全天运转，每天基础处理水量为每天96立方米，每年预计运营270天，总处理水量预计为25920立方米。

【城乡环卫一体化工程】 完成唐兴镇、里砦镇道路清扫保洁和入户收集、垃圾转运作业；对唐兴镇、里砦镇乡村卫生进行整治，共出动300人次、大小车辆300车次，清理死角垃圾、杂物350车，1200余吨；完成唐兴镇、里砦镇、王庄镇、南梁镇、隆化镇、桥上镇、西阎镇7个乡镇垃圾流动转运，做到日产日清；完成王庄镇、里砦镇、中卫乡、南梁镇、南唐乡5个乡镇中转站固定收集作业，做到日产日清。

城区建设

【县城道路改造】 2021年，县城道路改造工程分为市政基础设施环保提升PPP项目、市政基础设施升级改造项目和新城片区道路建设项目三部分，项目总投资7.78亿元，其中市政基础设施环保提升PPP项目由山西水务集团建设投资有限公司实施，包括红旗街、解放街、绛源路、光明路、新民路、唐尧南路、唐尧中路、三冶巷、新华南路、丹桥路，项目投资4.83亿元，运营维护期15年；市政基础设施升级改造项目由山西五建集团有限公司实施，包括新华路、翔翼大街，项目投资2.26亿元，运营维护期18年；新城片区八一路建设工程，由中临集团公司实施，项目投资6900万元。以上工程包括总长20千米的13条道路改造、31千米的雨水管道改造、42千米的污水管道改造及其他附属设施建设。

2021年,完成红旗街、翔翼大街、唐尧路、解放街、绛源路、光明路、新民路等11条道路拓宽改造工程19千米。八一路道路改造工程,除纺纱厂180余米还未拆迁外,主车道全线通车,正在进行人行道铺设;新华南路道路改造工程解放街至潞公街主路通车,正在进行人行道铺设。同时,丹桥路等部分道路进行雨污水分流改造,建设综合管沟,埋设电力排管、通信排管,改造供热、供水、供气管网等,实现了架空线路全部入地,极大方便了群众出行。

【缆化入地项目】 随着"靓城提质"三大行动的不断推进,全县部分街道进行了强电"缆化入地"改造,道路两侧线路凌乱现象得到了有效治理,但还存在通信弱电线路杆多线乱等现象,严重影响道路美观。为进一步加强翼城县城区信息化进程,节约利用城市地下资源,彻底解决弱电线路胡接乱拉、铺线管道只建不维护等现象,根据县政府2021年7月27日第五次常务会议精神,县政府委托县住房和城乡建设局采取特许经营的方式,对县城区通信弱电管道进行统一规划、统一设计、统一投资、统一建设、统一管理、统一维护。于2021年10月11日经过公开招标,确立山西鑫联通信工程技术有限公司为中标者。特许经营期限30年,由特许经营者负责在翼城县城区22.4平方公里规划区内投资新建管道约90公里,特许经营期内前3年每年新建管道约7公里,第4年到第30年,每年新建管道约2.6公里(具体每年建设数量以政府规划和要求确定),本项目特许经营期限届满时,乙方应向甲方无偿移交所有项目设施及相关权利。

【智慧停车项目】 为有效缓解县城"停车难"的问题,结合翼城县实际,借鉴先进城市的建设经验,采用通信5G、人工智能等新技术,通过建立路内、路外停车硬件设施,对车位进行中、高位视频加地磁智能化改造,实现车辆停放智能化、管理可视化和利用高效化,打造"全国领先、我省第一"的智慧停车系统,制定《翼城县智慧停车系统建设管理特许经营项目实施方案》,并进入实施阶段。

城市管理

【房屋安全隐患排查整治】 2021年,翼城县住房和城乡建设局在房屋安全隐患排查整治方面,开展农村房屋排查。对全县151个行政村农村房屋进行排查,排查录入农村房屋共计58693户。其中,排查"两类"(C级、D级)房屋共计2756户,经营性自建房2163户,存在风险17户;非自建房593户,存在风险9户;未用作经营性自建房55937户,存在风险347户。各乡镇全部完成信息录入。农村"两类"房屋初判隐患23户,其中C级房屋13户、D级房屋10户鉴定完毕,23户全部整治完毕;农村未用作经营性自建房初判隐患347户,其中A级3户、B级108户、C级198户、D级38户,全部完成整治。开展城市房屋安全隐患排查,涉及唐兴镇5个社区,完成房屋信息录入6596幢27815套,其中城市四类重点房屋录入3831幢7977套,隐患初判175处。存在安全隐患的房屋37处,其中四类重点房屋隐患17处,非四类房屋隐患20处。截至2021年年底,四类重点房屋隐患17处完成整治5处,12处正在督促整治;非四类房屋隐患20处,完成整治3处,17处正在整治。

【城市绿化】 2021年,养护管理城区绿化面积共106285.5平方米,修剪绿化带81958平方米,出动人员200余人次,清理杂枝500余车次。同时,新建泰和府、澳宇新城两处小游园,位于唐霸大道东侧、光明路西侧、横十路南侧、万慈街北侧，占地面积500平方米，种植各种植被，乔木、灌木、地被、草坪高低错落有致，提升绿化覆盖率，营造清新优雅的环境。

【网格化管理】 以县城绛源路和解放街为十字轴线，将县城分成4个片区，形成网格化管理，分别由综合执法一、二、三、四中队各负责一个片区，并延伸至丹桥路、陵下村至鼓楼路段，由机动中队负责。每个中队负责各片区乱摆乱放、乱拉乱挂、占道经营、户外广告等影响市容市貌问题的日常巡查。

【交通环境综合整治】 开展为期2个月的交通环境综合整治。组织7辆执法车、1辆轻卡车，出动65名队员，从红旗街开始，依次对绛源路、解放街、新华路、新民路、唐霸大道进行每天两次集中整治，对屡禁不止的占道经营摊贩、店外乱摆乱放的商家、不按规定停放的摩托车和电动车进行物品暂扣。暂扣违规电动车和摩托车154辆；占道经营机动车10辆，电动三轮24辆；店外经营商品13家。所扣全部物品均集中保管，按流程予以返还，确保不遗失、不损坏。

【餐饮业油烟专项治理】 围绕“净化环境面貌，改善空气质量”开展餐饮业油烟专项治理行动，认真贯彻落实《临汾市大气污染防治条例》。为把专项治理工作落到实处，各片区中队协同作战，购置2台手持油烟监测设备，边宣传边排查。以丹桥路为开端，依次对红旗街、解放街、绛源路、唐霸大道、南环路夜市摊点进行整治，详细查看油烟净化装置安装情况、运行情况、清洗情况，登记在册，做到底数清、情况明。排查餐饮夜市摊点47家。

【靓城提质“三大行动”】 持续开展靓城提质“三大行动”，联合自然资源、公安交警等单位扎实推进“三拆三下三进”整治工作，不断提高城市管理精细化、规范化水平，让市民生活更舒心、更美好。“三拆”工作，对绛源路南端西关宾馆及周边违章建筑进行集中拆除，拆除违章建筑面积6000平方米，恢复土地面积14亩；拆除教育科技局、交通局等10个单位的围墙，实现拆墙透绿、补绿。先后拆除红旗街、绛源路、翔翼街、潞公街、八一路等主次街道违章建筑、有碍观瞻建筑的围挡围墙。截至2021年年底，出动执法人员500余人次、拆除机械97台，拆除违章建筑、有碍观瞻建筑16465平方米，拆除围挡、围墙1520平方米。“三下”工作，先后对县城主次街道存在安全隐患及违章设置的楼顶广告、破旧广告牌匾、跨路广告、一店多招、雨搭、空调外挂机、牛皮癣广告等墙体附属物等进行治理，累计拆除各类广告牌匾及墙体附属物582块，拆除面积12470余平方米。同时多次协调移动、联通、电信、供电、融媒体五大公司对翔翼街、丹桥路凌乱管线捆扎、入管整治2600米，完成绛源路、解放街道路管线下地7100米。为加强城区通信弱电管道建设，制定《翼城县城区通信弱电管道建设维护管理项目特许经营实施方案》，签订翼城县城区通信弱电管道建设维护管理项目特许经营协议，对八一路、唐尧中路实施铺管改造2800米。“三进”工作，共出动警力9260余人次，教育纠正摩托车、电动车乱停乱放、占道停放16882起，查处机动车乱停乱放9961起、不按规定朝向停放5265起、禁停路段停放8109起。在红旗街增设隔离设施2000米，实行机动车和非机动车分离，划定非机动车停车区70个，并合理设置公共汽车临时停靠点7处。在解放西街路肩区域划定了机动车停车位410个和非机动车停车区域90个，并标明车辆停放朝向。在北关小学、汇丰学校、唐霸大道、桐封路、解放街、绛源路增设禁停交通标志牌64块，在隔离护栏、繁华路段设置公益宣传广告牌550块。积极与三琪大厦、紫竹苑、鼎尚广场、翼城宾馆等单位负责人沟通，开放停车位696个。

【城市管理综合行政执法】 翼城县城市管理综合行政执法队成立,实行局队合一体制。将翼城县城建管理监察队并入翼城县城市管理综合行政执法队,设置综合股,综合行政执法一中队、二中队、三中队、四中队,机动中队,共6个股室,并明确了工作职责。

为进一步规范执法队伍建设,加强执法队伍标准化设置,配备具备执法资格人员6人;配备执法车辆5辆,全部按照标准涂装;配备执法记录仪24台、对讲机15台,全部发放到各中队一线执法人员手中。

执法过程中,严格落执行政执法公示制度、行政执法全过程记录制度、行政执法重大法制审核制度。实行"721"工作机制及事中事后监督办法,实行城市管理执法层级监督机制,做到规范执法、文明执法。

【建筑市场管理】 翼城县共有建筑业企业6家,其中建筑施工企业2家(翼城县北关建筑安装有限责任公司、翼城县建筑安装工程有限责任公司)、商品混凝土企业3家(翼城县恒谊混凝土有限公司、翼城县隆鑫机械工程有限公司、翼城县盛泽经贸有限公司)、新型建材企业1家(翼城县新强绿色环保建材科技有限公司)。建筑业产值为18480.4万元,上年同期为21725.5万元,同比降低14.9%。

宏观监控在建工程项目14项,新开工项目12项,新开工项目建筑面积432726.22平方米,新开工项目总投资106432.2万元,工程投标履约保证金226.2万元。

监督基槽验收7项,为翼城移动营业生产楼、翼城国家气象观测站业务房及配套基础设施、翼城第二污水处理厂二沉池项目、唐霸壹号二期(4项)。主体验收4项,为唐霸壹号一期(2项)、紫庭苑、鑫泽苑。竣工验收4项,为翼城县档案馆建设项目、南撒东岳庙项目、背街小巷硬化工程项目、汇丰学校操场项目。日常巡查78次,下发整改通知单50余份,工程质量监督覆盖率100%;严格执行工程质量终身责任制,全面实施参建各方主体签订质量终身负责制承诺书、法定代表人授权书和项目负责人接受授权书制度,"两书一牌一档"执行率达到100%;在建筑物明显部位设置永久性标示牌,公示质量责任主体和重要责任人,工程竣工验收合格率达到100%。

建设工程招标项目21项,全部实行公开招标,发放中标通知书21份,总建筑面积37161.3平方米,总中标价27378.9万元,建设工程招标率达100%。

监督在建项目15个,其中新建工程10个、续建工程5个。督查检查在建工程项目65次,出动监督检查人员100人次,下发安全隐患整改通知单51份,排查出包括文明施工、外架、模板工程、建设起重机械、"三宝、四口、五临边"防护、施工用电、汛期防汛、安全内业资料等方面问题和隐患112条,督促整改112条,整改率为100%。

开展扬尘治理检查30次,检查在建房屋工程和市政公用事业项目15项。下达隐患整改通知书30份。查处各类安全隐患46条,整改46条,对存在安全隐患和工地扬尘治理不到位的工地进行行政处罚。消除各类安全隐患。加大对建筑工地扬尘治理力度,三方(建设单位、施工单位和监理单位)签订扬尘治理责任状、建筑工地绿色施工和环保治理承诺书。工地现场制作扬尘治理监督牌,使扬尘治理细化到每个责任人。

全面落实翼城县各建筑工地环境在线监测系统及安全生产监控视频系统智慧平台,所有新建开工工地手续办理信息已录入一体化信息平台。针对在建工程,委派监督员进行分工监督管理,做到定人、定岗、定位,全面对各监管工程安全生产实施监督,做到严查严管。截至2021年年底,4个项目连入县住房和城乡建设局智慧平台,

1个项目接入市住房和城乡建设局智慧平台。

2021年,对新建建筑严格执行公建65%和居建75%的民用建筑节能强制性标准,执行率为100%。绿色建筑面积覆盖率100%,其中政府投资公益性建筑项目4个、企业自筹项目6个,全部按绿色建筑标准设计,备案率100%。新建建筑可再生能源面积34.47万平方米,应用比例达到95%,节能专项验收5个项目,面积为0.45万平方米。唐霸壹号一期1号楼、移动营业生产楼、气象局业务用房3个项目按照装配式建筑进行施工,装配式建筑占新开工建筑总面积的17%。

【消防安全检查】 对人员密集和公众聚集场所的消防安全进行排查,排查63家,对35家存在消防安全隐患的场所下发责令整改通知书。根据国土资源局推送关于43个建设项目需出具建设工程消防认定意见的函,对43个建设项目逐一进行现场消防检查:有消防手续的建设项目1个,现场评定不合格的建设项目23个,不需要办理消防手续已剔除的建设项目17个,消防整改后合格的建设项目2个。

(孙　飞　郑华凤)

生态环境保护

综　述

【概况】　临汾市生态环境局翼城分局于2019年3月31日正式挂牌组建,为临汾市生态环境局派出机构,加挂翼城县生态环境保护综合行政执法队牌子,是负责全县生态环境保护工作统一监督管理的正科级行政主管部门。全局现有职工206人,其中党组班子成员5人。局机关内设办公室、环境管理股、法规督察股、生态科技股4个行政股室。局党总支下设4个党支部,有党员83人。

【生态环保宣传】　2021年"六五"环境日期间,临汾市生态环境局翼城分局围绕"人与自然和谐共生"主题开展生态环保进校园、进社区、进企业、进农村系列宣传活动,县政府副县长段晓娜参加。6月3日,邀请正良水务技术负责人、山西大学老师胡新华在汇丰学校做生态环保知识专题讲座。6月5日,联合文昌社区在八一公园举行生态环保进社区活动,设立咨询台,现场解答群众热切关注的"碳达峰""碳中和"等环保热点、难点问题。活动累计发放环保知识宣传资料5000余份、《公民生态环境行为规范》彩页1000份、环保围裙700条、环保小扇子2000把、中国生态环境保护吉祥物"小山小水"钥匙链100个、《保护生态环境 促进人与自然和谐共生》倡议书500份,张贴环保知识进校园宣传挂图50张,悬挂条幅12条。围绕重点工作积极向各级各类媒体散发信息。全年在《今日翼城》刊登45篇,《翼城新闻》播放35篇,临汾市生态环境局微信公众号采用47篇,《临汾日报》采用3篇,山西省生态环境厅微信公众号采用26篇,山西新闻网采用9篇。

环境治理

【大气环境治理】　2021年,临汾市生态环境局翼城分局持续推进钢铁企业超低排放改造,晋源、飞翔2家钢铁企业完成超低排放改造和评估监测。开展臭氧污染源管控,对全县涉挥发性有机物的工业企业、汽修经营单位、加油站、餐饮行业等进行执法检查和监督性监测,12家工业企业全部完成挥发性有机物治理任务,46家加油站完成3次油气回收治理,9家汽修经营单位完成催化燃烧加活性炭吸附改造。严格散煤污染管控,将全县完成清洁取暖改造区域和海拔600米以下区域全部划为"禁煤区",同步做好燃煤和燃煤设施"双清零",最大限度减少散煤污染。制定印发《翼城县2021—2022年秋冬季工业企业错峰生产管控方案》,将钢铁、铸造、洗煤等38家重点企业纳入错峰管控清单,11家重点工业企业实施错峰停产。编制重污染天气应急减排清单,186家重点企业纳入减排清单。11月2日,根据市大气办重污染天气预警响应通知启动翼城县重污染天气橙色预警响应,并做好预警应对,未出现重污染天气。同时,按上级要求完成声功能区划分、清洁生产、门禁系统联网等工作。

【水环境治理】 2021年，临汾市生态环境局翼城分局编制完成了翼城县重点流域水生态环境保护“十四五”规划、县城区集中式饮用水水源地2020年环境状况调查评估报告、“千吨万人”饮用水水源地环境保护状况评估报告、集中式饮用水水源地本底值超标情况调查论证报告。开展水源地排查整治，推进饮用水水源环境保护规范化建设工作，新建4个标识标志牌，维护和修缮2个标识标志牌。开展保汛期水质专项行动，降雨期间，及时调度污水处理厂运行情况，减少污水溢流，并开展涉水企业检查，严禁超标排放，确保汛期南丁出境断面水质稳定达标。积极开展农村生活污水治理项目申报工作，将县城周边岳庄村、凤架坡村等17个村的农村生活污水治理项目纳入中央生态环境资金项目库，申请专项资金。制定农村黑臭水体整治工作方案，组织开展全面排查，经排查翼城县无黑臭水体。隆化镇生活污水治理厂全部完工，投入试运行。

【土壤环境治理】 2021年，临汾市生态环境局翼城分局持续做好土壤污染防治工作，对全县建设用地准入管理情况进行排查，对停产的酒钢集团翼城钢铁有限责任公司下达《关于立即开展土壤污染状况调查的通知》，翼钢公司正在进行土壤污染状况调查。督促土壤重点监管企业翼城县垃圾填埋场完成2021年土壤污染隐患排查、土壤及地下水自行监测方案，正在取样监测。

【固体废物治理】 2021年，临汾市生态环境局翼城分局进一步加大固废监管工作力度，将102家涉废单位纳入全国固废信息监管系统，全面掌握各企业的危废产生量、贮存量、转移量及危废的流向等详细情况。89家涉废企业执行电子联单438份，危险废物转移量229吨。加强涉危企业法人代表及管理人员的守法意识和责任意识，先后4次组织涉废单位153人次参加危险废物线上讲解专项培训，提升管理人员的危险废物管理技能。加强疫情防控监管，重点对医疗废物的收集、暂存、包装、转运、处置等环节管理情况及医疗废水处理设施运行情况进行检查，并开展医疗污水监测工作。全年全县医疗机构的医疗废物转移量为7.4吨，全部由侯马环杰医疗废物处置中心有限公司集中收集，并统一进行处置。

环境监管

【生态环境保护规划与监督】 2021年，临汾市生态环境局翼城分局组织编制了翼城县“十四五”生态环境保护规划及“十四五”“两山六河一流域”生态保护和生态文明建设生态经济发展规划，已通过专家技术评审，与省、市规划对接修改后即可印发实施。加强自然保护地的监督管理，联合农业农村、林业等部门开展“绿盾2021”自然保护区强化监督专项行动，对翼城县历山国家级自然保护区和翅果油省级自然保护区人类活动变化遥感监测点位进行实地核查，并对保护区及周边认真检查，不存在违规违建高档地产、高尔夫球场、占用耕地、侵占岸线等问题。

【辐射环境安全监管】 2021年，临汾市生态环境局翼城分局加强辐射安全监管，对全县废品收购站、垃圾填埋场、洗煤厂、煤矿、医院、学校实验室等30余家场所进行放射源和射线装置的排查，发现5家煤矿未办理二类射线装置环评手续，翼城中学实验室现存4枚放射性元素用于物理化学实验，经过现场测试活度较低，因长期不使用建议送贮，减少安全隐患。

【环境执法监管】 2021年，临汾市生态环境局翼城分局按照省、市部署要求，组织开展重点企业环境隐患排查、环境污染违法犯罪执法等12项环境专项执法行动，对钢铁、铸造、洗煤、洗砂、选矿等17个领域进行重点检查，严查重处各类环境违法行为。全年共出动执法人员4300余人次,查封违法企业7家,下达行政处罚决定书47份,下达处罚170万余元,收缴66万元,并追缴2020年罚款148万余元,共计收缴罚款214万元,有力打击了环境违法行为。

【环境应急能力建设】 2021年,临汾市生态环境局翼城分局按要求拟订突发环境事件应急预案、饮用水水源地突发环境事件应急预案,修订部门突发环境事件应急预案。根据《企事业单位突发环境事件应急预案工作指南》,对58家企业进行突发环境事件应急预案的报备。6月10日,晋能控股煤业集团翼城山凹煤业有限公司组织开展危险废物突发环境应急演练。8月5日,晋源实业有限公司组织开展危险废物泄露应急演练。

【环境监控】 2021年,全县辖区内有3个重点排污单位的8个废气监控点位和1个废水监控点位与市县监控平台同时联网,重点污染源总体数据传输有效率在95%以上。10家企业(6个涉气企业、4个涉水企业)的12个废气监控点位、6个废水监控点位与县污染源监控平台联网运行。按照生态环境部生态环境执法局、山西省生态环境厅下发的重点污染源涉嫌超标排放督办单要求对这些监控点位进行现场核实,并在规定的时间内及时网上回复核查结果。2021年,全县重点排污单位没有因在线监测数据超标或者自动监控设备运行不正常被给予行政处罚或者行政警告。

【环境监测】 2021年,环境空气自动日报系统对翼城县城区2个监测点位的6项主要监测指标进行监测。2021年各项指标监测浓度年均值为:可吸入颗粒物(PM_{10})65微克/米^3,二氧化硫(SO_2)13微克/米^3,二氧化氮(NO_2)15微克/米^3,细微颗粒物($PM_{2.5}$)36微克/米^3,一氧化碳(CO)1.8毫克/米^3,臭氧(O_3)183微克/米^3。翼城县Ⅱ级和好于Ⅱ级的天数为264天,优良天数比例72.3%。平均综合污染指数为4.15,较上年下降18%。

每月上旬对浍河南丁断面三项主要指标进行监测。主要监测指标监测浓度年均值为:化学需氧量(CODCr)20.6毫克/升,氨氮(NH3—N)0.526毫克/升,总磷(P)0.172毫克/升。从监测结果分析,该断面水质稳定达到地表水四类标准限值要求,表明浍河翼城段在逐步恢复水体功能。每月对城镇集中式饮用水曹家坡、龙女两个点位水样进行一次39项分析,两年一次93项全分析。分析结果表明:水样中主要控制指标除了氟化物、总硬度和硫酸盐因地下水本底值较高略有超标外,其他各项指标都达到《地下水环境质量标准》(GB/T 14848—2017)中限值要求。对辛安北庙洼村、隆化北张村和中卫武子官庄农村饮用水进行一季度一次39项监测分析;对农村地下水水源地西角沟、西贺水、黄土坡2号进行半年一次39项分析,各项指标均能达到《地下水环境质量标准》中限值要求。8月和11月,分别对唐兴镇上高村、唐兴镇陵下村、中卫乡浍史村3个村庄进行生态环境质量监测,通过监测数据分析,农村环境质量各项指标没有超标现象。

9月底,对晋韩公路城区4个固定监测点位的交通噪声进行监测。交通干线噪声检测结果值66.8分贝(A),达到《声环境质量标准》(GB 3096—2008)中4a类标准要求。新增城市区域环境噪声点位113个、交通噪声点位69个,监测结果均达到《声环境质量标准》相关要求。全年对翼城县润灏水务有限公司、山西清扬智慧环保科技有限公司、翼城县超腾供热有限公司3家重点污染企业进行执法监测,掌握主要工业污染源主要污染物的污染现状和变化趋势。

(王永强　张　倩)

教　　育

教育管理

【概况】　翼城县教育科技局(简称县教科局)是县政府主管全县教育科技工作的职能部门。翼城县现有各级各类学校60所,其中公办中小学校56所(普通高中1所、职业技术学校1所、特教学校1所、完全中学1所、九年一贯制学校4所、初中8所、小学38所、教学点2所),民办中小学校4所(十二年一贯制学校2所、初中1所、小学1所)。在校学生有33704人,其中义务教育在校学生共27377人(特教学校67人,小学生17606人,初中生9771人)、普通高中在校学生5805人、职业技术学校在校学生522人。全县有各级各类幼儿园82所,在园幼儿7222人。其中,公办园72所,在园幼儿5777人;普惠性民办幼儿园7所,在园幼儿874人;非普惠性民办幼儿园3所,在园幼儿534人。学前三年毛入园率100%,公办园幼儿在园占比80%,普惠率92%。

2021年,县教科局被山西省"中华魂"主题教育委员会授予"先进集体"称号,被临汾市教育局授予"优质高中高考质量提升奖""高考突出贡献奖"等荣誉。强化农村寄宿制学校建设,建设西阎、浇底两所山区美丽学校,让山区农村孩子享受优质教育资源,减轻农民负担,《人民日报》等报刊对翼城县做法给予报道。

【教师队伍建设】　2021年,县教科局坚持树牢"两意识、一精神",校长的政治意识、规矩意识增强,干事创业的积极性提高;面向社会公开招聘104名教师,争取29名特岗教师,吸收10名返乡任教教师;完成9名教师"上挂"(到临汾市优质学校进行跟班学习)、40名教师"下挂"(县直学校教师到乡镇学校任教),选派65名中小学、幼儿园教师参加中小学幼儿园教师国家级培训计划培训项目;开展"全县中小学数学教师能力提升培训"活动,培训400余人次;加大校长、教师培训,开展"三优"评选、名师评选,激发工作活力。加大教师补充力度,出台《翼城籍在外工作教师返乡任教实施办法》,吸引外地40余名教师到翼城县工作。争取省特岗计划,补充28名特岗教师到山区工作。新招聘90名教师,补充县教师队伍。

2021年12月21日,教师职业道德演讲赛
(马俊鹏供图)

【教育安全工作】　2021年,县教科局持续推动平安校园建设,开展安全教育知识宣讲、"安全教育月"等专项活动,加强传染病、食品安全、校园周边环境整治、校园欺凌、扫黑除恶、校园建筑领域安全排查等工作,快速推进灾后恢复重建,

积极开展学生心理健康教育，设立心理辅导室，配备心理健康教师，开展心理教育活动60余次，确保全县学校师生安全。2021年，撤并教学点、完小、初中，涉及5名校长、17名副校长、120余名教师、500余名学生。

【落实教育扶贫政策】　2021年，全县650余名建档立卡贫困户学生全部享受政策资助，办理大学生生源地助学贷款2500余万元，甘泉、西阎、浇底、桥上4所山区学校所有寄宿生全部享受寄宿生补助，确保了全县学生有学上、上好学。资助家庭经济困难学生9000余人次，资助总金额564万余元；为5239名大学生办理生源地助学贷款3900万余元，没有一名学生因贫困上不起大学。

【义务教育薄弱环节改善与能力提升项目】　2021年，县教科局总投资2366万元，对9所义务教育阶段学校校舍、运动场、教学装备及校园环境进行改造升级。里砦初中多功能教室建设项目办理规划手续，里砦完小师生宿舍楼、塑胶操场在施工，其余校舍建设完工，丹阳小学等8所学校智慧教室改造及翼城二中等4所学校信息技术教室项目进行财政投资评审。

【义务教育阶段校舍维修改造项目】　2021年，县教科局总投资795万元，对6所义务教育阶段学校进行维修改造、抗震加固。翼城四中操场改造工程进行财政投资评审，其余学校维修改造项目完工，翼城六中综合楼抗震加固工程进行后期装修施工。

【幼儿园建设项目】　2021年，县教科局新建云唐村幼儿园、北史村幼儿园，实施北撖中心幼儿园活动用房项目，改扩建老官庄幼儿园，项目总投资610.65万元。云唐村幼儿园、北史村幼儿园进行施工，北撖中心幼儿园活动用房建设项目、老官庄幼儿园改扩建工程办理政府采购手续。

【制定教育发展规划】　2021年，县教科局经县委教育工作领导小组研究同意，出台《促进翼城县教育高质量发展实施意见》《翼城教育现代化2035》《加快推进翼城教育现代化实施方案（2019—2022年）》《关于全面深化新时代教师队伍建设改革的实施意见》等纲领性文件，提出翼城教育工作的总体要求和“125”基本思路，为今后一个时期全县教育发展描绘蓝图、奠定基础。

2021年3月8日，翼城县教科系统党史学习教育“开学第一课”启动仪式汇丰学校活动现场

（马俊鹏供图）

【县管校聘改革】　2021年，县政府出台《翼城县中小学教师“县管校聘”管理改革的实施方案》，县教科局出台《关于义务教育学校“县管校聘”管理改革实施办法（试行）》，在武池初中进行试点，探索出“四步工作法”。“县管校聘”改革全面完成。

【落实“双减”政策】　2021年，县教科局减轻学生作业负担。全面压减学生作业总量和时长，严格对照教育部“五项管理”和山西省“十项举措”政策规定，进一步健全完善学校作业管理办法，落实作业校内公示制度，合理调控作业结构，严格规范作业设计，科学合理布置作业，县教科局督导人员多次进校督导检查并组织学生、家长进行问卷调查，督促各校切实减轻学生作业负担。严抓校外培训机构治理。联合公安、住建、消防、市场监管等部门，对全县74所校外培训机构进行检查，责令“无证无照”机构停止办学，减轻学生课外培训负担，取得重大突破。做好课后服务。按照“一校一案”的要求制订课后服务具体实施方案，实现义务教育阶段学校全覆盖。把课后服务与“非遗”进校园有机结合起来，打造“校本 + 社团”的课后延时服务课程体系，让学生在校内基本完成各类作业，有效整合校内社团优质资源，聚焦学生综合素质提升，开设多种多样的社团活动，促进学生全面发展。

【普惠学前教育】　2021 年，县教科局建设认定 2 所普惠性幼儿园，全县学前教育毛入园率 99.8%，普惠性幼儿园在园幼儿占比 92.56%，公办园在园幼儿占比 80%。

【提升义务教育质量】　2021 年，县教科局依法保障义务教育阶段学生受教育权利，坚持做好“控辍保学”，合理布局农村学校，推进教育公平和城乡教育均衡发展，翼城县义务教育阶段入学率 100%，巩固率 98.8%。

【优化学校布局】　2021 年，县教科局根据省委“中学向县城聚集，小学向乡镇以上集中”要求，按照《翼城县县域内义务教育学校布局优化实施方案》，撤并教学点 19 个、完全小学 9 所、初中 5 所，改扩建学校 1 所，全县学校布局趋向科学合理。

【教育教学质量名列前茅】　翼城县中考、高考成绩在全市遥遥领先。2021 年高考，翼城县 1 名学生考上清华大学，600 分以上 36 人，除市直学校外，县市理科全市前 3 名、文科状元均在翼城县，二本 B 类以上达线在全市各县市中名列第一。

【校园文化活动】　2021 年，县教科局大力推进非遗项目进校园、戏曲进校园，各学校都有表演队伍，翼城花鼓、浑身板闻名全国。创建“书香校园”，举办各类读书、演讲活动。利用清明、端午、六一、七一、八一等重大节日，开展德育教育。广泛开展“1 + 6”艺体活动，举办全县性春季田径运动会、秋季球类运动会，各学校举办不同规模的体育比赛。举办校园艺术节，艺体教育成果显著、富有特色，学生得到全面发展。

【乡村学校建设】　2021 年，县教科局强化农村寄宿制学校建设，建设西阎、浇底两所山区美丽学校，让山区农村孩子享受优质教育资源，减轻农民负担，《人民日报》等对翼城县做法给予肯定。

（马俊鹏）

学校选介

【北关幼儿园】　北关幼儿园创建于 1992 年 3 月，占地面积 5114 平方米、建筑面积 2231 平方米，园内设有大、中、小共 17 个教学班、幼儿 470 人、教职工 47 人。2021 年，北关幼儿园坚持“用爱养育、用心教育”的办园宗旨，带领全体教职工践行先进教育理念，以园本教研为载体，从强化保教常规入手，积极探索幼儿教育规律，创设环境育人、活动育人、常规育人、文化育人的全方位、全过程的立体育人模式，形成礼仪、浑身板、足球等校园文化特色。该园参加省教育科学“十四五”规划 2021 年度幼教专项课题研究，通过一年的幼儿传统民间游戏的实施与研究，为幼儿开辟了一条让孩子能够找到自信、获得快乐、提升能力的新途径。2021 年，在翼城县第六届幼儿教师教学能力大赛中，教师于斐斐获特等奖，实现“六连冠”，幼儿园获优秀组织奖。幼儿园连续多年被评为县红旗单位、先进单位。

（王海燕）

【翼城县直幼儿园】　县直幼儿园现有教职工 53 人（专任教师本科学历 22 人，专科学历 27 人，幼师 1 人），本学期有幼儿 544 人，19 个教学班（大班 9 个，261 人；中班 5 个，148 人；小班 5 个，135 人）。2021 年，幼儿园党支部认真落实全面从严治党主体责任，着力探索“党建 + ”工作模式，深入推动党建工作与中心工作、重点工作、日常工作有机统筹，深度融合、贯穿其中，实现党建与办学联动发展、相互促进。持续推进新时代党的政治、思想、基层组织、党风廉政及意识形态建设，凝心聚力，强根铸魂，为幼儿园改革发展提供坚强组织保证。通过更新文化理念，进一步提升幼儿园治理现代化水平，形成独特的校园文化，让文化治园成为幼儿园内涵发展的重要生产力，引领园所高品质发展。通过规范一日保教流程、开展保教培训、提炼保教成果，为幼儿园教育质量和办园品位的提升奠定坚实的基础，用爱心、耐心、细心、用心、专心的“五心”品质呵护幼儿健康快乐地成长。开展“幼儿早期阅读效果提升策略的研究”课题研究等，做到以研带教。幼儿园被县委、县政府授予“先进单位”称号，幼儿园教研团队在县教研团队比赛中获评“优秀教研团队”，教师卫洁获市“保教能手”，教师行蓉在县幼儿教师素质能力大赛中获“二等奖”，幼儿园首次承担省级“十四五”规划课题的研究开题任务。

（胡克文）

【北关小学】　翼城县北关小学是一所十轨制公办完全小学，位于兴华街24号。北关小学现有59个教学班，学生3245人，教职工196人。2021学年度，在县教科局的正确领导下，北关小学始终坚持全面贯彻国家的教育方针，全方位实施素质教育，以“为孩子幸福人生奠基”为办学宗旨，以“让好课程成为学生全面发展的主渠道，让好老师成为孩子们的最好领路人，让好管理塑造学校的良好生态系统，让好质量成为人民满意教育的底线”的美好愿景，不断更新教育理念，提高教师的专业化水平，提高教育教学质量。北关小学先后获山西省文明校园称号，获山西省青少年英语口语测评优秀指导奖，获临汾市教育系统2020—2021学年“三优”评选活动“优秀教研团队”称号，获翼城县红旗单位称号等。

（石永栋）

【西街小学】　西街小学创建于1980年，新校始建于1998年，是一所六轨制县直小学。学校占地面积13040平方米，建筑面积6750平方米，现有教学班42个，在校学生2179人，教职工132人，其中省市级骨干教师及学科带头人13人。学校集绿化、美化、净化于一体，设施完备，功能齐全，为实施素质教育提供了良好的条件。多年来，学校始终秉承“爱岗敬业、精诚团结、协作密切、勇于创新、甘于奉献、爱拼敢赢”的西街精神，始终坚持以习近平新时代中国特色社会主义思想为引领，深入贯彻落实党的教育方针，全面深化课程改革，不断提升教育教学质量，逐步探索形成了“育人为本、素质为重、和谐发展”的办学模式。本学年学校各项工作稳中有进：党建工作循序推进，支部的战斗堡垒作用和党员的先锋模范作用得到充分发挥；队伍建设继续强化，班子队伍和教职工队伍整体素质不断加强；常规工作更加细化，教育教学和教研工作水平不断提升；德育工作积极创新，学生行为习惯养成教育取得显著成效；安全工作常抓不懈，师生及校园安全防护网更加牢靠；特色学校创建工作扎实推进，浑身板项目入选第三批全国中小学中华优秀传统文化传承学校名单；小考成绩续写辉煌，继续蝉联全县第一。2020—2021学年，学校再次被县委、县政府授予“红旗单位”称号。

（田海龙）

【民族小学】　翼城县北关民族小学是一所回汉儿童同班就读的县直公办三轨制完全小学，学校位于桐封北路180号，学校始建于1989年，占地面积4666平方米。2003年，伊斯兰发展银行援建民族小学，重新建设校舍3000平方米，现有18个教学班，在校学生658人，其中回族学生59人，占学生总数的8.9%；教职工54人，其中回族教师2人，占教职工总数的3.7%。2021—2022学年，学校新一届领导班子承前启后，紧密围绕县教科局发展大政方略，确立以“办人民满意的教育，做人民满意的教师”为宗旨；坚持以“质量立校、科研兴校、特色强校”为办学思想。采取“内抓管理，外树形象”的管理方略，遵循“和谐、发展、创新、超越”的八字方针，促进学校更快更优发展。经校委会研究，确定了学校三年三个奋斗目标，即学校管理三年三个新突破，校园文化建设三年三个新改观，教育教学质量三年三个新台阶。一年来，抓党建创新工作机制，发挥党组织的战斗堡垒作用，抓教学工作管理，激发教师工作热情，营造争先创优的工作氛围，抓“双减”促教研，打造了高效课堂，同时开展民族特色活动“花铃鼓舞”，促进学校内涵发展，培养学校品牌发展。在全体教职员工的共同努力下，办学条件和校园文化氛围得到改善，教育教学质量也得以提升。学校于2021年9月被县教育工作领导小组授予县级“先进单位”称号，受到社会各界广泛赞誉。

（张英辉）

【翼城四中】　翼城四中是一所公办八轨寄宿制学校，位于城内木坊街4号，学校占地面积14130.99平方米，建筑总面积10753.82平方米。该校最早创立于1912年，2005年改名为翼城县第四中学校，现有21个教学班，学生1186人，教职员工113人，其中专任教师92人，研究生学历2人、本科学历83人、专科学历20人，高级教师33人、中级教师43人，省市级骨干教师、学科带头人43人，中共党员23人、预备党员2人。2021年，在县教科局的大力支持下，学校操场进行硬化，学生餐厅进行扩建，学生公寓进行改造升级。学校图书馆2021年新配图书2777册，现有图书23938册，生均图书26册。每间教室设置读书角，丰富学生的课间生活，为学生的阅读提供更多的便捷条件。2021年，学校语文教研组获临汾市教育系统2020—2021学年“三优”评选活动“优秀教研团队”称号，在翼城县“红心向党，翰墨传情——庆祝中国共产党成立100周年”中小学师生硬笔书法大赛团体赛中获一等奖。在翼城县“中华魂”《科技托起强国梦》主题教育读书活动、翼城县“讲话党史故事、传承红色基因”讲故事大赛、翼城县第三届青少年科技创新大赛中，分别获得优秀组织奖。

（冯俊生）

【翼城五中】　翼城县第五中学校是一所八轨制的初级中学，创立于1912年，至今已逾百年。占地面积11125平方米，建筑面积6490平方米。学校现有24个教学班，1283名学生。教职工125人，学历合格率100%，高级职称教师41人，省市县骨干教师、教学能手35人。学校坚持“全面贯彻党的教育方针，全面提高教学质量”的办学思想，确定“创全面加特色学校，育优秀加特长人才”的办学目标，实行目标化、制度化、精细化、人性化、民主化的“五化”管理，实施“1634工程”，一个总体目标，指全方位抓好常态化疫情防控，尽全力提升非常期教学质量；六个坚持，指以安全稳定为底线，以教学质量为根本，以常规管理为抓手，以养成教育为目的，以特色工作为突破，以后勤服务为保障；带好三支队伍，指管理队伍、教师队伍、班主任队伍；实现四个完善，指完善基础设施建设、完善各种规章制度、完善学校的管理模式、完善后勤保障服务。学校建有教学楼、实验楼、图书楼，班班安装交互式智能白板；按照国家标准配备理化生实验室，图书楼藏书3万余册，标准微机室，标准心理咨询室，美术、音乐专用教室，全塑胶跑道、篮球场等设施。坚持面向全体学生开全开足课程，注重学生特长发展，组建30余个社团，成为五中特色品牌。学校怀着“建设三晋名校”的宏伟目标，以“深化课程改革、推进素质教育”为核心，优化教学管理，深化课堂教学改革，积极探索自主、高效、充满活力的课堂教学，注重学生长远发展，在掌握知识、提高能力同时,培养端正的学习态度、良好的学习习惯,掌握高效的学习方法。翼城五中教育教学质量始终稳居全县领军位置,在临汾市名列前茅。2021年高考中,五中毕业生田琪被清华大学录取。获“山西省文明校园”、山西省中小学校教师信息技术应用能力提升工程2.0项目实施“示范学校”、翼城县红旗单位、团县委先进单位称号,在翼城县第三届科技创新大赛、“中华魂”主题教育及讲党史故事大赛等活动中,被评为“优秀组织单位”,在“红心向党,翰墨传情”书画大赛获团体二等奖等。英语教研组在临汾市教育系统2020—2021学年“三优”活动中被评为“优秀教研团队”。学校数学教师常晓华参加山西省自制教具大赛,获一等奖;政治教师张霞参加山西省教师技能大赛,获二等奖。

(王晓鸿)

【翼城六中】 翼城六中是一所县直八轨制寄宿制初中,现有教职工110人,中教高级职称16人,中教一级教师42人,省市级骨干教师及学科带头人20余人。现有教学班24个,学生912名。2021年,学校在县教科局工委的正确领导下,坚持以习近平新时代中国特色社会主义思想为指导,认真贯彻落实党的十九大会议精神和党的教育路线、方针政策,坚持以“以人为本,立德树人”为办学理念,以党建为龙头,以“领导带动、情感驱动、制度推动、竞争活动”为管理策略,以德育为重点,以课堂教学为主阵地,以后勤服务为保障,以活动的开展为平台,以教室、餐厅、宿舍、校园为载体,以立品德高尚之人、立学业优秀之人、立言行规范之人的“立人”教育为特色来促进学校各项工作的开展和落实,提升办学品位,争创品牌学校。学校组织开展独具特色的校园活动,分别为军训汇报展演、开学典礼、啦啦操、广播操展演、表彰大会、家长联谊会、青少年科普知识讲座、第三届读书交流展示活动、师生庆元旦系列活动。2021年9月,被中共翼城县委教育工作领导小组授予先进单位称号;在翼城县庆祝中国共产党成立100周年“七一”表彰活动中,学校党支部被中共翼城县委授予“先进基层党支部”称号;在翼城县第三届青少年科技创新大赛中,91名学生获奖,学校获优秀组织奖。

(张立文)

【汉德园中学】 翼城县汉德园中学坐落于唐霸大道北路。学校创办于2003年,前身为翼城县清华园中学。总投资1.8亿元,占地面积120亩,总建筑面积8万平方米,总绿化面积3万平方米,是一所集小学、初中、高中于一体的全封闭寄宿制民办学校。

学校配套设施完善。现有教学楼8幢,公寓楼8幢,综合办公楼、实验楼、图书楼各1幢,大型餐厅3座,有400米跑道的校操场,保健室、学校超市一应俱全。全校有学生2124人,其中小学354人、初中879人、高中891人。专职教师268人,其中中学高级教师57人、外籍英语教师4人,教师均为大学本科以上学历。学校有一支优秀的教师团队,以一流的教育理念、一流的师资队伍、一流的教育设施、一流的育人环境、一流的政教管理,突出小班化教育、素质教育、特色教育,形成学校有特色的、教师有特点、学生有特长的办学风格。创办精品学校是最高教育理想,学生培养走精品之道,教师发展走精英之路,教学工作走精艺之路,德育管理走精细之路。自成立以来,教育教学质量连年攀升。十三届高考取得优异成绩,16年中考连年夺冠。先后有10名县高考状元,崔森等100名优生被清华大学等名校名院录取。2021年,高考参考599人,达二本B类录取线以上的531人,达线率89%。除狠抓教学质量外,学校还特别重视学生的全面发展。学校成立艺术中心,根据学生兴趣爱好开设音乐、美术、舞蹈、花鼓、书法等社团,创办校刊《红烛》。

2017年3月，汉德园5名音乐教师表演的《翼城汉德园花鼓》登上中央电视台《星光大道》的舞台。翼城县人民政府2013年授予汉德园中学“红旗单位”称号，市政府先后授予汉德园中学“民办教育示范学校”“民办教育先进单位”等称号。2011年，该校获“中国综合实力百强学校”称号。

（王 瑞）

【星杰中学】 翼城县星杰中学创建于2000年，是一所八轨寄宿制初中。中学总投资3000余万元，现有110余名教职员工，1200余名学生，规模适中，管理严谨，校风正、教风严、学风浓。学校自创建以来，在县委、县政府的关心支持下，在县教科局的正确领导下，坚持以习近平新时代中国特色社会主义思想为指导，坚持党的教育方针，坚持社会主义办学方向，坚持教育公益性原则，坚持立德树人根本任务，坚持“抓安全、保健康，快节奏、高效率，严要求、高质量”的办学理念，坚持“校以育人为本，师以敬业为乐，生以成才为志”的校风，践行“笃学、求实”的校训，围绕“办品牌学校，育世纪英才”的办学目标，紧抓“教学设施、师资水平、教学管理、后勤服务、教学质量”五大工作重点，实施科学管理和精细化管理，精准落实“双减”工作，科学评价，激活师生主体，全面推进素质教育，精心打造精品学校，努力办好人民满意学校。多年来，各年级升级统考成绩稳居全县第一。2021年中考，学校396人参考，208人达翼城中学统招分数线（624分），342人达择优分数线（561分），达线率86%，被翼城中学授予“优质生源基地”称号。学校多次获省、市、县“社会力量办学先进单位”“先进民办学校”等称号，连续19年被县委、县政府评为“红旗单位”。

（李星亮）

【英才小学】 翼城县英才小学始建于2004年，占地面积4861.8平方米，建筑面积3378平方米，其中教室36间、学生公寓63间。学校面向社会招收6～12周岁小学生，现有学生329人。学校现有教职工40人，其中专任教师25人。该校遵循“德育为首、教学为主，面向全体、全面发展，各项争先、办出特色”的办学方针，积极打造以“学校——规范加特色、教师——优化加特点、学生——合格加特长、校园——美化加文化、设备——现代加一流”的办学模式，在封闭管理，培养学生独立能力的同时，不断在推进素质教育、提高教育质量上追求突破，以制度化和人性化相结合的管理理念推进学校教育教学质量和育人的双提升，多次获县委、县政府及县教育科技局的表彰奖励。

（吕四清）

【翼城中学】 翼城中学是山西省示范高中，临汾市首批名校。学校创建于1952年，占地面积175亩，建筑面积5万余平方米，现为20轨制，60个教学班，在校学生3080人。教职工267人，其中正高级教师1人、特级教师1人、高级教师83人，省市级学科带头人、骨干教师31人，临汾市市级名师6人，翼城名师3人。2021年，开展“学两会、学党史、学榜样、做立德树人标兵”“学报告、聚合力、蹚新路”“践行初心使命 建强战斗堡垒”“学全会精神 筑百年梦想”等形式多样、内容丰富的主题党日活动。开展党史学习教育和“争先、进位、崛起”解放思想大讨论活动。2021年11月，翼城中学完成党总支换届和4个支部重组工作。开展疫情防控应急演练。开展新老高三备课组长对接交流会、青年教师拜师结对活动和体育健康与艺术教学研讨会；举行高三年级十八岁成人仪式暨高考百日冲刺誓师大会。组织2021年翼城中学考点高考和会考工作。2021年7月，高考成绩揭晓，翼城中学再上新台阶。二本B类以上达线839人，一本达线326人；理工类

600分以上22人,文史类600分以上2人。学生田淇被清华大学录取。组织骨干教师到山西省孝义中学参观学习。12月,副校长尹海军、刘锐、李秀娥携部分骨干教师到运城参加“拔尖创优”校长论坛;选拔优秀教师到朔城区一中参加三晋好教育同课异构冠军总决赛。组建翼城中学心理咨询中心,派遣心理教师到河津二中挂职培训。学校获南开大学“优质生源基地校”“红旗单位”等称号。

(孙启鸿)

【翼城二中】 翼城二中始建于1958年,位于南梁镇南梁村,是一所初中2轨制、高中8轨制的公立完全中学,占地面积4万平方米,现设27个教学班,在校学生1200余人,教职员工140人。自办学以来,翼城二中一直秉承着“关爱每一位学生,成就每一位老师”的办学理念,坚持“行胜于言”的校风,把“为每一位学生的幸福人生奠基”作为学校的目标,坚持“人性化、制度化、精细化、规范化”管理模式,持续优化教育教学环境,扎实推进高中教育课程改革,力求将翼城二中打造成为三晋名校。2021年,在县委、县政府的大力支持下,翼城二中进一步夯实基础设施,改善办学条件;强化教师队伍建设,提升教学水平。制定五年发展规划,围绕这一核心,学校开展激情早读、阳光三操、专注课堂、考试自习、三全教研,这5项工作在全体师生的共同努力下均取得较大成果。学校以制度管理教师,以学习促进教师,以情感温暖教师,被授予“红旗单位”称号。

(吉　军)

【翼城三中】 翼城县第三中学有89个教学班,3579名学生,486名教职工。高中41个班,1586名学生;初中28个班,1172名学生;小学20个班,821名学生。2021学年,在县教科局党委的大力支持下,三中成立党总支,下设3个党支部,党员70多人。在校党总支领导下,学校各项工作取得较好的成效。强化教学教研,加大教学教研力度,促进教师研究教材、教法的积极性,提高教师的专业水平。小学得到社会好评,全体教师把“敬业、奉献、爱生”的理念融进每一天的工作中,抓实、做细学生的良好习惯养成教育,坚持“寓教于乐”,不断改进教学方法,激发学生学习兴趣,提高教育教学质量,努力实现“让每个孩子能更好发展”的美好愿景,现有学生821人。在翼城县教育系统“三优”评选活动中,语文教研组获县优秀团队称号;郭海珍、晁瑜婷、席艳琴、王海龙、卫强等获县优质高效课奖;秦君、陈赵英、马红丽、宋青芳4名老师获县优秀班主任称号。在临汾市教育系统开展的“三优”评选活动中,陈赵英获临汾市优质高效课奖。2021年,高考二本B类以上达线456人,在全市公办二类学校中遥遥领先;在市平川县一类高中排名第五,在全市48所高中中排名15。中考县优生有221人,600分以上130人,在县直学校千名优生占比最高;翼城中学在校录取197人,占翼中录取总数的近1/5;624分以上的学生67人,占翼中优生的1/5。初中县统考和中考各年级教学质量评估总得分名列县直学校第一。学校对塑胶操场进行修缮,对地面进行硬化,对看台等进行粉刷,给师生创设了良好的锻炼环境。

(陈　洲)

【翼城县职业技术学校】 翼城县职业技术学校成立于1984年,是全县唯一一所公办职业学校、省级重点中职学校、省四星级管理学校、首批中高职“三、二分段”培养试点学校、翼城县社区学院、县职教中心,承担中等学历教育、技能人才培养和社会技能培训等工作任务。学校现开设汽车维修类、机电加工类、现代服务类、信息技术类、楼宇智能化五大类专业,包括汽修、机电、焊接、电梯维护、智能家居、计算机应用、平面设计、学前教育、旅游服务、酒店服务、智慧养老11个专业方向。其中,汽修专业是山西省重点专业和示范专业,楼宇智能化专业为山西省重点专业;计算机应用和音乐专业是示范校建设的重点专业;1+X培养试点专业2个,分别为汽修专业和焊接专业。学校占地面积约47亩,总建筑面积近3万平方米。学校建有国家级汽修实训基地1个、省级实训基地机电专业和焊接专业各1个。建有计算机组装与维修、计算机云机房、平面设计、汽修仿真实训等各种专业微机室15个。建有汽修焊接、平面设计、机电加工、自动控制、楼宇电梯、智能家居、音乐护理等各种专业实训室70多个。现有教师90人,其中专任教师70人,外聘兼职教师9人;专业课教师42人,实习指导教师7人。“双师型”教师28人,占专业课教师的67.5%。山西省技能鉴定考证员2人,中级心理咨询师2人,高级就业指导教师5人。在校生526人。学校认真贯彻执行党的教育方针,坚持“服务发展,促进就业”的办学方向,坚持“德育为首、育人为本”的办学思想和“德才兼备、身心俱健”的育人目标,育训结合,德技并修,产教融合,校企共育。不断创新办学思路,拓宽发展路径,改善专业结构,完善治理体系,深化“三教改革”,强化“三全育人”,突出技能培养,注重德育素养。在县委、县政府的领导下,在社会各界大力支持下,结合学校和省级改革发展示范校建设、重点专业建设和高水平实训基地建设,教学设施设备日趋完善,教师的教书育人能力得以明显提高,学校整体办学水平位于临汾市前列,在山西省具有一定的知名度。

（黄文杰）

【翼城县特殊教育学校】　翼城县特殊教育学校位于县城东北城郊接合部(唐兴镇下高村),前身为翼城县聋儿语训中心,成立于1991年9月。2011年,在县委、县政府和县教育科技局的大力支持下,投资440万余元兴建特殊教育学校。2013年,学校投入使用,占地面积5400平方米,建筑面积3300平方米,各类专用功能教室16间,其中多媒体教室3间、康复训练室4间、心理沙盘教室1间、脑潜能开发教室1间、计算机教室1间、音乐室1间、情景教室1间、乒乓球训练室1间、蒙台梭利教室1间、宣泄室1间、冰壶教室1间,可对150名学生进行康复训练,现有在校学生33人,送教上门学生34人,教职工26人。学生以智力障碍儿童为主,此外还有个别多动症、孤独症、唐氏综合征、脑瘫、肢体障碍、精神障碍儿童。该校通过加强课程改革,加大教研力度,从培养学生的实践能力、动手能力入手,坚持基础课程、特色课程相结合,发展学生的个性特长,促进学生全面发展,为学生以后更好地生活做准备。规范送教上门工作,完善送教学生档案,做到“一生一案”,扎实开展送政策、送温暖、送教材、送课程、送康复活动,帮助送教学生学习知识、进行康复训练,指导家长训练生活技能,提高孩子的适应生活、适应社会的能力。加强校园文化建设,用活动来锻炼人、教育人、培养人。结合学生实际,积极开展以爱国教育、传统教育、感恩教育等为主题的德育活动,利用教师节、中秋节、国庆节、元旦等节日深入开展教育活动,引导学生树立民族自尊心、自信心和正确的世界观,提高学生的思想道德素养。学生侯彬的绘画作品《翱翔》入选全国青少年冬奥、冬残奥主题绘画活动。在山西省教育科学研究院组织的教学设计线上作品征集活动中,获一等奖3人次、二等奖2人。特殊教育体系日趋完善、特殊教育保障和发展水平不断提高。

（赵齐山）

【翼城县汇丰学校】　翼城县汇丰学校是一所九年一贯制公立学校,占地面积115391平方米,校舍建筑面积45622平方米,现拥有初中、小学、国培、幼儿园4个学部,设班级108个,学生

4649 人,受聘教师 280 人,其中大学本科 237 人,省市级骨干教师、学科带头人 51 人。

学校全面贯彻落实科学发展观,坚持教育“三个面向”的战略思想,秉承“以人为本、全面发展、着眼素质、分享成功”的办学理念,确立“建有文化校园、塑有理想教师、育有素质学生、创有品位学校”的办学目标,创建以严谨科学的“三风一训”为核心的校园文化体系。学校汇集全县教学水平一流的教师,组成一支充满活力、富有创新的教育团队;配置最前沿的现代化教学设施设备,建成布局合理、管理规范、设施齐全的标准化学校;深化教改教研,应用现代化教育教学手段,形成与时俱进又极富汇丰特色的课堂教学模式,小学语文主题学习、初中翻转课堂相继走进课堂,切实提高学生学习效率,以优异的成绩走在打造实效课堂的前列;高举素质教育大旗,坚持管理人性化、活动多样化、学习氛围化,德育体艺齐头并进,营造了浓厚的育人环境。学校各项工作都走在全县教育战线的最前列,连续 8 年被翼城县委、县政府授予“红旗单位”称号,连续十年在统考中获全县第一,连续八年在中考中获全县第一,国培基地校在山西省双向评估中获全省第一。非遗进校园工作开展得如火如荼,花鼓、戏曲齐头并进,足球事业蒸蒸日上,全国幼儿足球教师培训暨双球赛活动在汇丰学校召开,将学校足球事业推上一个新台阶。与此同时,学校建立“少年硅谷”“创客教室”“机器人”“3D 打印”“气象观测台”等科技基地,成立“千人花鼓”“千人篮球”“千人跳绳”3 个文体社团,为学生创新思维、开阔视野、锻炼能力提供了保障。2021 年,汇丰学校在翼城县中小学生“众志成城,抗击疫情”征文大赛中获评“优秀组织单位”。共青团翼城县委员会授予学校“先进单位”称号。中共翼城县教育工作委员会授予汇丰学校党支部“先进基层党组织”称号。学校获翼城县教育系统 2020—2021 学年“三优”评选活动“优秀教研团队”称号,获翼城县第三届青少年科技创新大赛优秀组织奖。

(李和平)

科学技术

科技工作

【概况】 2021年机构改革,翼城县科技服务中心改为副科级建制,公益一类事业单位,属翼城县教育科技局下属部门。单位下设办公室、科技规划和财务股、业务综合股3个股室。人员编制10人,在职人员9人,党员5人。

【高新技术企业】 2021年,县科技服务中心把工作重点放在高新技术企业培育上,多次组织相关专家深入山西永益铸管股份有限公司、山西泰鑫塑胶制品有限公司、翼城县富华养殖有限公司、山西国营锻造厂、山西新翔丰农业科技有限公司、翼城县绿牧德品乳品有限公司、山西唐霸网络科技有限公司、新强绿色环保建材科技有限公司等科技型企业跟踪服务,对企业自主研发项目确立、研发、投入资金账务归集、专利挖掘、知识产权的申报等业务进行现场指导,同时加大与县税务局协同力度,带领企业到县税务局进行对接,进一步明确企业自主研发资金投入如何记账,为申报高新技术企业夯实了基础。

2021年,翼城县复审3家高新技术企业,全部成功申报,拥有4家高新技术企业,分别是山西永益铸管股份有限公司、山西泰鑫塑胶制品有限公司、山西春雷铜材有限责任公司和山西强安澎宇科技有限公司。

【"产学研"工作】 2021年,县科技服务中心以"一区三园"建设和科技助推乡村振兴为重点,以企业为主体,积极组织企业同大中专院校对接,破解生产过程中的技术难题。5月,带领春雷铜材相关技术人员到太原科技大学开展技术交流对接,进行校企合作。针对精轧机组运行状态综合评估进行合作研究;针对多轴轧机设备系统改造进行合作研究,并签订产学研协议。6月,组织西阎镇相关企业到太谷农业大学考察调研,围绕产业助推乡村振兴,同太谷农业大学社会发展部签订产学研合作协议。同时邀请太古农业大学社会发展部副部长、教授马金虎,山西农业大学副教授王术荣和山西功能食品研究院特色农产品加工研究室主任杨杰到翼城县西阎镇为菇农授课,取得良好效果。

【科技攻关项目】 山西泰鑫塑胶制品有限公司承担山西省重点研发计划攻关项目,即高抗冲PVC耐压环保管材材料的研发与应用。山西春雷铜材有限责任公司承担山西省科技重大专项(新能源汽车电连接器件高性能铜合金带材的开发及应用研究)攻关项目,争取政府拨款465万元,该攻关项目设置5个子课题,开展高性能铜合金全流程加工关键技术研究,开发出多个新产品样品,项目于2021年年底结题。

【科技成果转化】 2021年,县科技服务中心完成3项科技成果转化。太原科技大学博士张阳作为子课题负责人与燕山大学、东北大学、山东大学合作完成的国家重点研发计划项目(大数据驱动的铝/铜板带材生产全流程工艺参数深度优化共性技术研究)相关技术成果将在山西春雷铜材有限责任公司的生产现场推广应用,为提高生产效率、提升产品附加值、生产过程节能降耗奠定理论基础。太原农业大学野生菌驯化技术在翼城县伟云生物科技有限公司转化应用。山西农业大学食品科学与工程学院和翼城县绿牧德品乳业有限公司就优良乳酸菌转化应用开展合作。

【重点改革项目】 2021年,县科技服务中心积极完善《关于印发翼城县进一步支持科技创新的若干措施的通知》,在原有的2018年文件的基础上修订文件,12月8日提请政府常务会议审议,12月13日印发。培育翼城县伟云生物科技有限公司申报“古镇西阎食用菌种植众创空间”,于2021年11月22日被认定通过,并推荐翼城县伟云生物科技有限公司和翼城县绿牧德品乳业有限公司申领科技创新券。开展企业技术需求调查,针对全县企业创新需求进行摸底,归类收集技术需求5项,报送市科技局。

【“科技三下乡”活动】 2021年,县科技服务中心在南梁镇开展“科技三下乡”服务活动,宣传农业养殖种植科学技术,为牛家坡村送去科技书籍。邀请市专家库首席专家蔺亚臻一行深入企业开展企业研发投入培训,邀请太谷农大专家到西阎镇开展为期2天的食用菌技术知识培训,聘请太原高欣科创专利事务所专业技术人员深入企业就企业科技创新等问题组织培训,为企业科技创新发展奠定基础。

【科技型中心企业入库工作】 2021年,县科技服务中心根据省科技厅《关于开展2021年科技型中小企业评价服务工作的通知》要求和《科技型中小企业评价办法》的相关规定,组织全县12家企业开展评价入库工作,促进科技型中小企业高质量发展,6家企业评价入库。

【省校合作工作】 2021年,县科技服务中心根据《翼城县关于深化省校合作的行动方案》要求,牵头建设两大基地,一是高校科研平台延伸基地,二是高校科技成果转化基地。积极组织企业与高校对接,山西春雷铜材有限责任公司同中南大学签订了共建科研平台延伸基地、成果转化基地合作协议。翼城县伟云生物科技有限公司、翼城县绿牧德品乳业有限公司同山西农业大学食品科学与工程学院签订科研平台延伸基地、成果转化基地合作协议。组织山西春雷铜材有限责任公司申报山西省铜合金新材料工程技术研究中心,已予认定。

2021年9月9日,翼城县绿牧德品乳业有限公司与山西农业大学食品科学与工程学院深化省校合作签约揭牌仪式举行

(李海民 原 珍)

气 象

【概况】 翼城县气象局始建于1957年1月1日,是山西省成立较早的县级气象局之一,受上级气象部门和翼城县委、县政府的双重领导。基本业务包括大气探测、天气预报、预警及气象服务(决策气象服务、公众气象服务、专业专项气象服务、重大事件应急气象服务)、人工增雨和防雷安全管理、易燃易爆场所防雷工程设计审核和竣工验收。2021年,县气象局基础业务稳步发展。完成观测质量体系内审,针对存在问题进行逐项整改。加强部门合作,联合自然资源等部门发布地质灾害等气象预警预报。完善气象灾害预警信息工作流程,保证气象灾害预警信息发布系统

稳定、安全运行。汛前、汛中，对全县 17 个气象观测站仪器进行保障维护。

【农业气象服务】 2021 年，县气象局编制年气象服务方案；建立健全并及时更新种植大户、养殖大户和农机大户等档案，与 80% 以上农民专业合作社、专业大户、涉农企业建立“直通式”联系，组建农业气象专家服务联盟，实现针对性和快捷性的农业气象服务。在新翔丰农业托管基地建立以作物生长实景观测、农田小气候站等为主体的农业气象观测基地，做好有机旱作实验基地的农田小气候站直通气象服务工作。

【决策气象服务】 2021 年，县气象局制定完善《2021 年决策气象服务周年方案》，建立规范的决策气象服务流程，为政府及相关部门提供各类决策气象服务 100 余次，重要天气信息 28 期、重要气象报告卡 15 期，森林火险等级预报 348 期，疫情防控专题预报 341 期，雨情服务快报 116 期，防汛会商专报 17 期，夏收夏种、春耕春播等气象服务专报 15 期，专题预报 20 期，发布各类预警信息 130 期、地质灾害风险预警 18 期。

【专业气象服务】 2021 年，县气象局与自然资源、生态环境、林业、果业等部门加强合作，及时发布地质灾害风险预警、重污染天气气象条件分析、森林火险气象预报等级、“倒春寒”天气警示等专业气象服务产品，为防灾减灾和安全保障等提供气象服务支撑。

【公益气象服务】 2021 年，县气象局公共气象服务发布渠道畅通、形式多样。通过广播、电视、短信、微信、大喇叭、电子屏等向公众进行发布，努力做到在最短时间内最大范围地向社会公众发布。

【气象防灾减灾】 2021 年，县气象局建有北斗卫星预警广播 41 套，天气预报显示屏 11 块，在寒潮、暴雨、暴雪、雷暴大风、冰雹等预警信息发布等方面发挥了积极作用，为各级领导决策部署赢得了提前量，为全县人民合理安排生产生活提供了参考依据。

【防雷安全管理】 2021 年，县气象局成立安全生产领导组，制定领导班子成员安全生产职责清单和年度安全生产重点工作任务清单，每月按时召开安全生产例会，排查安全隐患，积极开展消防培训及应急演练。安全生产月期间，组织人员深入加油站、加气站开展“双随机”执法检查，并发放防雷安全知识、气象灾害防御等相关宣传资料。组织全局人员学习《中华人民共和国网络安全法》和网络安全工作责任制等法律法规和文件。开展定期排查及整改，实行内外网分离制度，排查计算机软件及杀毒软件、各类网络物理隔离、弱口令、各类发布系统的隐患等。

【人工影响天气】 2021 年年初，县气象局制定人工影响天气工作计划，签订人影安全生产责任书，完善人影安全相关制度；全员购置人身意外保险。汛前，配合厂家对作业设备进行年检，人影作业人员定期参加全市人影培训，确保持证上岗。截至 2021 年年底，开展人影作业 6 次，通过发射增雨炮弹、燃放烟条，有效增加土壤墒情，净化空气，降低森林火险等级。

【探测环境保护】 2021 年，县气象局积极组织开展探测环境保护工作的宣传和落实，将《气象探测环境保护规范》的 4 个强制标准在县法制办、发改局、住房和城乡建设局、国土局、环保局等相关部门备案，进一步明确气象探测环境保护工作的详细规定和具体标准。4 个强制标准的备案和《翼城县气象探测环境保护专项规划》发文，使翼城县气象探测环境保护工作迈上一个新台阶。

（杨　阳　任　玲）

新闻出版（传媒）

文化市场管理

【“扫黄打非”工作】　2021 年，县委宣传部和县新闻出版局按照省市工作安排，召开“扫黄打非”工作会议，调整领导组成员单位和组成人员，及时将有关文件精神向有关成员单位进行传达、部署，结合实际制定集中行动方案，联合相关成员单位开展“清源”“固边”“净网”“护苗”“秋风”等专项行动。

10 月 21—24 日，在县委党校里砦校区，对全县 6 个社区 120 名专职网格员开展 2 次业务培训。

及时召开会议进行部署，把“扫黄打非”进基层纳入基层平安建设、精神文明建设以及新时代文明实践中心建设、民政社区建设、基层公共文化服务体系建设、青年志愿者服务体系建设等，全县乡镇和农村基层站点建设实现全覆盖。

各乡镇基层联络站都能积极落实工作任务，建立网络信息员，实行网格化管理。2021 年，基层站点共开展相关宣传活动 13 场。

大力开展“绿书签”活动。2021 年 4 月 26 日，由县委宣传部主办，县教科局、县文旅局参与的 2021 年“全民阅读、版权保护”暨“绿书签行动”宣传活动在里砦初中启动。此次活动以“绿色阅读、文明上网、健康成长”为主题，内容包括举办“绿书签行动”启动仪式、开展“绿书签”宣传周活动、开展“绿书签”进校园活动等。活动中，县委宣传部向县教科局赠送《习近平新时代中国特色社会主义思想学习纲要》、《习近平谈治国理政》第三卷等图书，以及“绿书签”3000 张、宣传海报 200 张、“扫黄打非”光盘 25 张。全体师生通过诵读《大写的中国》，在倡导全民阅读条幅上签名，开展“诵读红色经典，传承红色基因”“学党史、颂党情、感党恩”活动，进一步引导学生健康茁壮成长，保护未成年人文化权益、净化网上网下文化环境，积极引导广大青少年绿色阅读、文明上网，自觉抵制有害出版物及信息。

通过推荐优秀读物、征文或绘画比赛、法律宣讲等方式，以及多渠道播放“护苗”宣传短视频、“护苗”主题宣传歌曲，向群众派发《致全省中小学生和家长的一封信》，扩大人群覆盖面，让更多人了解和参加“护苗”行动。截至 2021 年年底，翼城县“护苗”工作站实现全覆盖，高标准化建设达标并挂牌的有 10 家。

在重大节日和重要时间节点，联合县文化行政综合执法队、网信、公安等部门对电影院、网吧、KTV、书店等重点单位和部位进行明察暗访，确保“扫黄打非”各项工作有序进行。

2021 年，县财政拨付 10 万元“扫黄打非”专项工作经费，策划设计扫黄打非指导手册。

【农家书屋】　2021 年，翼城县农家书屋出版物补充更新工作全面完成。严格按照有关文件精神和招投标程序，对全县 212 个农家书屋进行补充更新。对全县连续性内部资料进行摸底排查，进行备案登记。2021 年，翼城县新增实体书店 9 家。截至 2021 年年底，全县有经审批的书店 21 家，其中实体书店 20 家、网上书店 1 家、印刷企业7家。翼城县农家书屋出版物保有量24.4万册,2020—2021年补充更新3万余册。翼城县各村农家书屋积极开展全民阅读实践活动及“好书推荐”等活动,2021年全县农家书屋阅读活动开展254次。

(王兴华)

融媒体中心

【概况】 翼城县融媒体中心主办广播、报纸、电视、新媒体等新闻媒体,管理维护全县数字电视网络,是县政府直属正科级公益二类事业单位,归口县委宣传部领导,下设13个股室和2个公司。截至2021年年底,单位有247人,其中财政供养人员104人,自收自支人员143人。

翼城县融媒体中心开通转播62套数字电视节目,开办《翼城新闻》《经纬剧场》《平安翼城》《翼城先锋》《翼城政协》《翼城中医》《安全365》7档电视栏目。翼城人民广播电台发射频率为FM91兆赫,覆盖全县及周边部分县市,自办节目有《翼资讯》《一起成长》《音乐驿站》《“翼”起奥利给》《芳华在线》《廉政之声》《健康之声》等。负责《今日翼城》报纸的编辑发行,开办“今日翼城”“翼城广电”2个微信公众号和爱翼城客户端。

中共翼城县融媒体中心党总支委员会下设3个党支部,分别是机关党支部、宣传党支部和汇远公司党支部,有党员73人、总支委员4人。融媒体中心党组设书记1人、党组成员2人。

【主题宣传】 2021年,县融媒体中心紧扣主题、紧盯现场,提前谋划“十四五”开局、中国共产党成立100周年、“两会”、经济工作会议、党史学习教育等中心工作新闻报道,为优质高效宣传铺垫前提。制定“百年党建”、党史学习教育、环境卫生综合整治等宣传方案,推出每月融媒体宣传要点,提纲式选题明确报道方向、报道思路、报道重点,精细开展新闻宣传。开设《贯彻落实讲话精神 勇蹚转型发展新路》《奋斗百年路 启航新征程——学党史 悟思想 办实事 开新局》《工业大振兴 转型正当时》《来自搬迁一线的报道》《社保里的民生事》《明职责 会方法 勇担当 保安全》《“六乱”整治在行动》《县城道路交通环境综合整治在行动》《重点工程建设巡礼》《奋斗百年路 启航新征程——小康圆梦》《生态环境保护 翼城在行动》《牢记初心使命 争取更大光荣》《光荣在党50年 一句誓言 一生作答》《我为群众办实事》《翼城先锋》《办好开门一件事 迈实履新第一步》《全力以赴恢复重建美好家园》等近20个专栏。

【对外宣传】 2021年,县融媒体中心拓宽传播载体、多方协作联动、加强对外宣传,提高媒体生产、传播能力,提升翼城对外形象和媒体影响力。2021年,完成外宣发稿1000多件。其中,央视电视作品5件,《节日菜篮子有保障》在央视《新闻联播》播出,《山西翼城:鸟中“小凤凰”红腹锦鸡雪中觅食》在央视13频道《新闻直播间》《新闻30分》、央视4频道《中国新闻》、央视17频道《中国三农》播放;完成省级电视作品200多件、市级电视作品300多件,《临汾新闻》中头条和点题报道20件;在《中国日报》《山西日报》《山西农民报》《山西经济日报》《临汾日报》等报刊刊载作品200多件。在央级媒体网站、“学习强国”学习平台、山西网络广播电视台、市新媒体平台等媒体平台发稿200余条,外宣工作在全市保持领先地位。山西省首个农业托管服务平台在翼城县首发上线。签约现场,邀请人民网、新华网、《山西日报》、临汾电视台等媒体记者现场采访,发表近20篇报道。央视《春日中国》栏目对翼城县农业托管智能化进行直播报道,这是央视、省、市、县联合完成的首场直播,引起强烈的社会反响。《亩产830.84公斤!山西记录在临汾翼城诞生》《中国夏收奏响丰收“交响”曲》《麦浪遍地黄 夏粮丰收忙、山西翼城 再次刷新全省冬小麦单产最高纪录》等多篇报道分别在央视新闻频道、新华社、山西电视台、《临汾日报》等媒体播发。党史学习教育掀起热潮,全县各级党组织深入学习党史、新中国史、改革开放史、社会主义发展史并带动全社会开展党史学习教育,将“我为群众办实事”实践活动贯穿党史学习教育全过程。《新闻联播》、人民网、《山西新闻联播》、《山西日报》、黄河新闻网等媒体报道翼城县党史学习教育的典型成果。在中宣部、中央广播电视总台、退役军人事务部、文化和旅游部、中央军委政治部、国家广电总局等9个部门联合举办的“致敬国家丰碑——全国红色故事讲解员大赛”中,王瑞娜代表全省参加比赛,并以小组第一名的成绩进入全国24强。续文华参加全市广电系统“好记者讲好故事”活动,获得三等奖。

【新媒体宣传】 2021年,县融媒体中心强化移动优先,新媒体首发、先发、抢发。建立健全快发机制,统筹采编力量,最大限度压减制播时间,依托“爱翼城”客户端第一时间推送新闻资讯、最新动态,着重报道可视化、简短化、工具化,实现一体策划、全屏互动、快速播发,大幅提高新闻可看性、时效性。通过组织多次党史答题活动和政务一网通办平台对接、新时代文明实践中心再完善等工作,“爱翼城”客户端开机率和用户总量有很大提高。截至12月20日,APP安装数为99077次,注册会员数为12702人次。今日翼城公众号累计发布350余组、2700余条,累计关注人数23956人;翼城广电公众号累计发布350余组,2500余条,累计关注人数16908人;翼城新闻网累计发布1400余条;官方微博累计发布信息2500余条。短视频宣传各平台累计发布2000余条,其中原创内容200余条,主要拍摄制作视频包括文明城市创建、农村清洁取暖、北冶等地村民拆迁、翼城救援队赴河南救援、红旗街机非分离、府前广场翼城优品主题消夏活动等。其中,100万次以上播放量视频6条,500万次以上播放量视频2条;翼城融媒视频号(针对翼城本土的区域流量)于2021年1月申请,已运行12个月,粉丝2000余人,最高单条播放量突破60万次。

2021年3月10日,中心全体人员观看融媒体发展实战课堂　(闫利供图)

【安全播出】 2021年,县融媒体中心以“平安护航中国共产党成立100周年广电安全播出”为契机,深入推进安全播出制度体系建设。制定完善广播电视播出预警信息发布机制、广播电视播出应急预案,强化信息安全等级保护测评整改落实,严格执行重大活动期间零报告制度,与公安部门等建立联防机制,实行突发事件报告制度。出台保障中国共产党成立100周年广电安全播出工作方案,开展安全播出和网络视听安全应急演练,做到熟练掌握、处置及时正确,切实保障广电“零事故”。开展摸底、自查自纠、集中整改,整治消除突出安全隐患,建立健全长效监管机制,为中国共产党成立100周年安全播出奠定坚实基础。对新闻产品和开设栏目严格执行“三审三校”制度和新媒体发布“十必校”制度,确保新闻产品的政治安全、内容安全、播出安全。从采访、写稿、播音、制作等各个环节进行全方位管理,确保节目正常、准时、安全播出。注重文稿精细化管理,实行节目播出联审。撰写审片意见,控制稿件源头问题,完善奖罚制度,有效降低错误率。不定期召开审片和督查碰头会,严格业务考核调查,严把节目质量关,坚决守牢安全底线。

【《平安翼城》节目】 《平安翼城》是2021年新开办的电视节目,节目定位为“定目标、树形象”。节目组克服人员少、素材难找、资金缺乏等困难,克难攻坚,拍出一期期节目。节目组对节目后期进行精雕细琢,节目完整、朴实、富有感染力,节目逐步在观众中扩大了影响,扎住了跟脚,树立了形象。

2021年,完成《平安翼城》节目84组、275条。其中,涉及案件采访114条,公、检、法、司部门活动161条,额外播放通告168条,获得广泛的好评,播出的内容真实反映了现代社会的法治焦点,并寓法于理、解析得当。

【《翼城新闻》】 2021年,《翼城新闻》完成新闻260组、2333条,上级台传稿420余条。在央视《新闻联播》、《山西新闻联播》、《新闻午报》、《黄河新闻》、《每日经济》、《山西农民报》、《热点》、《临汾新闻》、《直播临汾》、《直通县市区》等省市媒体平台发稿350余条,创历史新高。其中,包括旱地小麦高产、乡村振兴、农业产业发展、脱贫攻坚、灾后恢复重建等领域的新闻。开设近20个专栏。

【《今日翼城》报】 2021年,报纸组编辑出版《今日翼城》报50期,报纸编辑紧紧围绕贯彻落实中央、省委、市委、县委相关会议精神,围绕县委、县政府中心工作,通过《奋斗百年路 启航新征程》《工业大振兴 转型正当时》《学党史 大家谈》《贯彻习近平法治思想 锻造新时代政法铁军》《贯彻落实讲话精神 勇蹚转型发展新路》《贯彻落实党代会精神》《全力以赴恢复重建美好家园》《靓城提质在行动》《重点工程建设巡礼》《坚决打好污染防治攻坚战》《乡村振兴翼城在行动》《“新时代翼城精神”大家谈》《平安翼城》《开门一件事》《上级媒体关注翼城》《本期关注》《魅力翼城》等10余个栏目,宣传翼城县在党史学习教育、政法队伍教育整顿、工农业转型发展、乡村振兴、巩固脱贫攻坚成果、灾后恢复重建、安全生产、森林防火等方面的经验做法及成绩,做到报纸栏目化、栏目精品化,累计刊发稿件2000余篇。张燕、宋榜娟、常锦华等编辑主动深入基层一线进行采访报道,先后采写《翼城优品 让农产品阔步走向全国》《让民营企业焕发新活力》《用实干担当谱写乡村振兴篇章》《坚持生命至上 守护人民健康》《让群众的“菜篮子”更安全》等稿件,有多篇稿件在《临汾日报》《山西农民报》等报纸刊发,为展示翼城好形象、讲好翼城好故事、传播翼城好声音作出了应有的贡献。

(闫 利)

图书发行

【概况】 翼城县新华书店位于翼浮路3号,隶属山西新华书店集团临汾有限公司,全民所有制企业,占地面积1840.089平方米,总建筑面积2550.86平方米,主要经营一般图书、传媒、教材教辅、文化用品等。内部设有经理室、连锁门店、财务室、办公室、综合业务部5个科室,全店有职工21人。

【主题出版物发行】 2021年,翼城县新华书店作为老牌国有文化企业,始终坚持把服务人民、服务社会作为首要任务,以追求社会效益最大化为指导思想,切实履行好传播文化、传承文明的责任与担当。在中国共产党成立100周年的时间节点,把做好党和国家重要文件文献的发行工作作为己任,高度重视,精心组织,主动服务,将党的声音及时传递到广大党员干部群众当中。在连锁门店及时设立建党百年红色图书专柜,开展多样的展销展示活动,在发行过程中,以集团业务部门推荐书目为依据,以该地区各级党委、政府、部委办局的需求为抓手,在做好系统订购与门店销售的同时,主动开拓市场,及时保证党员干部群众的学习需求。

【教材发行】 2021 年,翼城县新华书店在教材发行工作方面,保质保量地完成了"课前到书,人手一册"的政治任务,未出现任何责任事故,为教学秩序和社会的稳定作出了应有贡献。特别在疫情防控期间,教材发行工作全部延后,县新华书店第一时间制定教材应急发行预案,成立应急发行志愿服务队,第一时间协调教育部门,为教材应急发行开辟绿色通道。公司发行员、库管员在做好自身防护的同时,吃住在岗位,保证教材应急发放任务的完成。

【连锁门店经营】 翼城县新华书店连锁门店位于县城中心,采用翼城花鼓元素打造整体空间,设计风格具有鲜明地域特色,营业面积 600 多平方米,存有图书 3 万多个品种。在大众读物发行上,以树立精品意识为原则,高度重视格调高雅的优秀大众读物发行工作,一方面严把进货关,坚持做到守土有责、合法经营,积极发挥国有书店的市场导向作用,坚决杜绝非法出版物和内容低俗产品通过新华书店进入市场;另一方面,以环境聚人气,以活动促销,不断强化一般图书销售,充分利用新华书店的品牌优势,以优雅的阅读环境、浓郁的文化氛围、丰富的图书品种、多元的业态经营以及多样的阅读推广和促销活动,丰富全县人民的精神文化需求。

【企业文化建设】 2021 年,翼城县新华书店以人为本、诚信经营;爱店如家、爱岗敬业;文明服务,团结创新。尊重人、培育人、激励人、提升人、规范人,努力塑造忠诚于企业、忠诚于读者、忠诚于图书发行事业的新型高素质新华人。新华书店系统文化的突出特点是商业型文化、服务型文化、自律型文化、真诚守信型文化、学习创新型文化、以读者和员工为本的合金型企业文化。新华书店的企业文化追求员工的高素质和高忠诚度,追求为读者服务的高文明和高满意度企业形象和高诚信、高美誉度。在"2021 年度阅读空间新榜样推选"活动中,县新华书店获评示范基层店。

【公益活动】 2021 年,翼城县新华书店通过多形式参与社会公益活动。通过"捐书进校园""帮助农民抢收玉米""志愿服务当先锋 我为创城添光彩"等多种活动,积极参与翼城社会公益事业,全年累计捐赠图书价值 1 万余元,在社会上引起良好的反响,取得较好的社会效益。

【图书展销活动】 2021 年,国庆节假期间,为深入宣传贯彻习近平新时代中国特色社会主义思想,践行"我为群众办实事,送书香进万家"目标,巩固和扩大晋版图书输出阵地,助力乡村振兴战略发展,开展"新华送书香 文化惠民行"文化下乡流动书展活动,"阅享晋版 品读山西"——晋版图书展销活动,让山西的优秀图书亲近、惠及翼城读者。

(刘媛媛)

卫生健康和体育

医疗卫生工作

【概况】 翼城县卫生健康和体育局于2019年2月27日挂牌成立，为县人民政府工作部门，正科级单位，整合原卫生、计生、老龄委、体育、职业病监督等部门工作职责。下属单位6个，分别为医疗集团、疾控中心、中医医院、妇幼保健计划生育服务中心、卫生健康综合执法队、卫生健康和体育事业服务中心。

全县现有各级各类医疗卫生机构317个，其中县属医疗卫生单位6个、乡镇卫生院14个（中心卫生院4个、一般卫生院6个、分院4个）、村卫生室258个、社会办医（私营）医疗机构9家、个体诊所和门诊部44家。有卫生系统从业人员2457人，执业（助理）医师666名，专业技术人员1137人，其中高级职称105人、中级职称346人、初级职称435，注册护士516人，每千常住人口执业（助理）医师2.22人，注册护士1.72人。病床总数为1650张，每千人拥有床位5.2张。

【三件民生实事】 2021年，翼城县宫颈癌检查完成100.02%、乳腺癌检查完成100.10%，超额完成“两癌”检查任务，受到上级好评；免费婚前医学检查完成1315对，全县婚检率103%，在省、市名列前茅，在临汾市做经验交流，全市推广翼城经验。免费产前筛查与诊断服务工作受疫情影响，部分孕产妇没有及时到医院做产筛检查，完成率81.4%。

【健康宣传】 深入开展健康教育“六进”活动，举办健康知识讲座39次，播放科普知识片39场次，发放健康教育材料185219份，发放家庭17225户。

【医疗服务能力建设】 2021年，县人民医院通过三级医院专家评审，被省卫健委核定为三级医院；县中医医院通过三级医院审核。完成医疗集团信息化建设，县人民医院与各乡镇卫生院远程会诊平台互联互通全部开通并投入使用。疾控中心招聘专业技术人才8人，县医疗集团招聘本科优秀医护毕业生12人、硕士研究生2人，为1名农村订单定向免费培养医学生办理入编手续，县中医医院招聘引进大专以上学历84人；累计派出专业技术人员参加上级医院培训116人次；对全县9个乡镇村医进行基本医疗有保障医疗政策和业务知识的培训。

【中医药服务】 2021年，县卫生健康和体育局组织编写《中医药与健康》辅导读本，成为全省首家中医药知识进学校、进课堂的示范典例，覆盖全县所有中小学校，免费发放教材2.1万册。同县融媒体中心联合开办《翼城中医》栏目，由中医医院中医专家和学科带头人讲解中医药文化、科普健康养生知识。县中医医院与丹阳、桐封、浍滨、铁源4个社区建立合作，选派技术骨干每周在社区开展全天坐诊，着力打造“十五分钟中医服务圈”。县中医医院院成立“中医治未病”中心，开展健康人群或亚健康人群检测、指导。充分发挥中医药在基本医疗和预防保健方面的作用，对全县65岁以上的老年人和0～36个月的儿童开展中医药健康服务管理率分别为67.26%和74.97%。推进中医药签约服务工作,每个家庭医生服务团队配备1名中医类别医师,将中医药服务项目纳入签约范围。

2021年9月15日,在汇丰学校举行中医药知识进校园启动仪式　(杨天宇供图)

【卫生监督工作】　2021年,县卫生健康和体育局持续开展医疗卫生、传染病卫生、公共场所卫生、饮用水卫生、学校卫生、放射卫生和职业卫生、计划生育、餐饮具集中消毒单位等九方面监督检查,日常监督覆盖率100%。对有B超室的各医疗机构以及个体诊所、药店,采取月报和平时不定期检查的方式进行管理和督查。按照国家“双随机、一公开”的工作内容和要求,全县有国家级双随机任务73家,完成73家,完成率100%。2021年,查办案件33起,给予警告26家,整改10家,处以罚款16家。

【重点项目建设】　2021年,投资2.7亿元的县医院迁建工程完成主体工程,在进行内部装修,相关设施设备采购进入招投标程序;投资6348万元的中医院住院楼和附属楼建设完工并投入使用。投资82万元,在唐兴、里砦、浇底、中卫、南唐卫生院新建健康小屋5座。投资150余万元,对部分乡镇卫生院进行危房拆除、业务用房维修等工程。累计投资200余万元对村卫生室进行改扩建及设备购置,达到每个行政村有一所标准化村卫生室的目标。投资23万元,为唐兴卫生院、武池卫生院购置智能化健康体检一体机;投资13万元,为唐兴卫生院建设污水处理站。投入300余万元,对县奥体中心场地和设施进行维护修缮。将每年10万元的保洁经费纳入财政预算,确保奥体中心长年、长期保洁。县财政拨付15万元,对全县其他公共体育设施进行维护修缮。

【全面落实生育政策】　2021年,县卫生健康和体育局依法依规审核生育政策落实情况。严格按照要求发放农村“4+2”奖励扶助资金1263.377万元;发放独生子女家庭奖励资金105.04万元。全县有特殊家庭56户88人,全部落实特殊家庭联系人制度,确定了“双岗”联系人,明确了县乡两级向特殊家庭成员提供便利医疗服务的协议医院。

【生育服务】　2021年,全县共出生1554人,出生医学证明发放1720人(非本期出生616人、本期出生1104人)。翼城县全员网上登记出生1550人,给外县发出生信息43人,其中上网36人,累积未上网7人,将继续发信息督促对方上网。

【“一老一小”照护工作】　2021年,县卫生健康和体育局累计完成汇丰中心幼儿园、汉德三维幼儿园、金彤幼儿园3家托育机构登记备案工作。4月,省卫健委人口家庭处到翼城县调研,对翼城县托育工作给予好评;组织专门力量对全县托幼机构的新入园儿童进行入园前健康检查,并对全县14家中心幼儿园进行督导。2家县级医院开展老年友好型医疗机构创建活动,开通老年人就医绿色通道。对百岁老人进行摸底统计,为6人发放健康补贴21600元。与工会密切合作,推进公共场所和用人单位母婴设施建设,在翼城县建立投入8家母婴室。

翼城县汇丰中心幼儿园、汉德三维幼儿园、金彤幼儿园3所幼儿园申请增加托育服务职能。截至2021年年底,全县托育托位有560余个,基本满足县域范围婴幼儿家庭托育需求。

【疫情防控】 2021年,县卫生健康和体育局持续加强入境人员、中高风险地区到(返)翼城人员排查管控,落实"四早"要求,对境外入翼人员严格实行全流程闭环管理。严格进口冷链食品执行总仓管理制度和"周检制度",每周对重点场所环境、从业人员、物品进行核酸检测。充分发挥多点触发预警响应机制作用,严格落实健康管理员日报告、零报告制度,切实做到早发现、早报告、早处置。对于各乡镇、各单位、公共场所、重点场所,严格落实戴口罩、"两码"查验、测温、一米线、通风消毒消杀等措施,对行程码涉中高风险区的人员,第一时间落实管控措施、第一时间核酸检测,第一时间流调溯源。对于各医疗机构,督促指导各医疗卫生机构发挥"哨点"作用,持续加强预检分诊和首诊负责制,落实陪护和探视管理制度,杜绝院内感染。

2021年8月20日,翼城县开展新冠肺炎疫情防控应急演练 (杨天宇供图)

2021年,县卫生健康和体育局加强发热门诊建设,全县有县人民医院、中医医院2处发热门诊,唐兴、里砦、南梁、隆化、西阎乡镇卫生院5处发热诊室投入使用,县人民医院发热门诊移动CT到位。核酸检测能力不断提升,县人民医院核酸实验室日采4000管,中医医院日采1000管,疾控中心日采1000管,共计日采6000管,按照1∶10混检,日检测6万人,疫情防控信息平台个人"核酸检测二维码"生成10万余人次,储备三轮全员核酸检测的物资,全县完成10次、覆盖9个乡镇的首轮全员核酸检测演练。进一步配齐隔离酒店,全县有人口26.4万人,按照20间/万人的标准应准备538个房间,实际储备11家宾馆572个房间,启用4家宾馆,共214个房间。扎实做好疫苗接种工作,全县累计接种480039剂次,其中接种第一剂次225566人、接种两剂次218936人、接种三剂次35537人;重点人群灭活疫苗加强免疫累计完成14251人;完成12岁以上人群全程疫苗接种200038人,完成接种任务的101.4%;3~11岁儿童累计接种24032人,人群覆盖率92.61%,在全市排名第二。

(杨天宇)

疾病预防

【概况】 翼城县疾病预防控制中心为翼城县卫生健康和体育局所属,正科级建制,公益一类事业单位。编制51人,有职工43人,党员18人,领导班子设一正三副。主要职能是承担全县疾病预防控制、突发公共卫生事件的监测调查与信息收集、报告、督导培训、免疫规划实施等,下设办公室、传染病防控与应急股、免疫规划股、检验股、结核病防控股、性病艾滋病防控股、职业病防控股、地方病防控股、慢性病防控股、公共卫生股、健康宣教股、财务后勤股12个股室。

2021年,县疾控中心紧紧围绕县委、县政府工作中心,强化主责主业,以党史学习教育为主线,高站位推进常态化疫情防控和新冠疫苗接种政治任务,突出做好专业技术人员招聘、实验楼项目建设、慢性病防控、重大疾病防控四项重点工作,开拓创新、奋勇争先,各项工作呈现良好发展势头。

【疫情防控和新冠疫苗接种】 2021年,县疾控中心坚持把疫情防控和疫苗接种作为首要政治任务和最重要的工作来抓,快速反应,接收市疾控和县卫体局推送的协查函59份,协查并撰写流调报告127份,第一时间对涉及全县的密接、次密接、中高风险区和入境返翼人员等重点人员进行流调管控和上报。提早监测发现,坚持每周对冷链食品、隔离宾馆、快递、中高风险物流等重点场所物品和环境进行核酸检测,采样59次2921份,核酸检测结果均为阴性。细心指导,及时开展接种技术专题培训和疫苗接种科普宣教,加强对接种点的技术指导和异常反应调查。疫苗运输专班风雨无阻,及时将疫苗配送到位,保障全县疫苗接种工作有序开展。

2021年,对冷链食品和环境进行核酸检测
(李海军供图)

落实各项防控措施,认真做好学校开学、“两会”、各类大型考试、人员公开招聘、现场会等大型聚集性活动疫情防控保障,加强对邮政快递、学校、养老院等重点场所的防控指导,切实将各项防控措施落到实处。

严格培训演练,根据疫情形势变化要求,及时修订完善防控应急预案,健全应急处置体系,明确职责。持续加强大培训大演练力度,坚持每周日常学习和专题培训相结合,“请进来”与“走出去”相结合,积极邀请市疾控部门专家作全员流调专题培训。积极选派2名新进人员到市疾控实验室进行为期2个月的进修学习,选派14名业务骨干到省疾控部门进行为期15天的进修学习。积极组织骨干人员参加市疾控部门举办的大演练活动,在中卫乡组织开展全县疫情防控实战演练。同时,认真开展各乡镇、各单位管理人员聚集性疫情处置和“两委”换届期间疫情防控专题培训,开展健康管理员和商贸服务业疫情防控知识培训,确保一旦发生疫情能科学高效处置。

2021年9月29—30日,组织骨干人员参加市疾控系统举办的“大培训 大排查 大演练”活动
(李海军供图)

【免疫规划】 2021年,翼城县疫苗生物制品安全储运,“七苗”(麻疹、百白破、卡介苗、脊髓灰质炎、流脑、乙脑、乙肝疫苗)报告接种率均在95%以上,继续保持较高免疫接种率,持续加强预防接种规范化建设,保障新冠病毒疫苗接种有序开展。

【慢性病防控】 2021年,翼城县作为国家级死因监测县,全县18个监测点共上报死亡个案1972例,完成全年监测任务的102%,死亡报告率6.17‰。认真履行第六届“万步有约”健走大赛翼城赛区组委会办公室职责,组织做好活动启动仪式、队员培训、督导等各项工作,保障活动有序开展。着力加强“老高糖”等慢性病培训督导,不断提升慢性病防控水平。

【传染病防控】 2021年,翼城县共报法定传染病15种528例,报告发病率为163.2/10万,无甲类传染病。及时处置城内小学水痘聚集性疫情和郑庄村炭疽疫情,翼城县未发生突发公共卫生事件。积极制定监测方案,对县城和里砦、中卫2个创国卫乡镇定期开展病媒生物防治监测,为创建国家卫生县城做好积极准备。

【食品安全监测】 2021年,县疾控中心审核上报食源性疾病病例204例,按要求完成监测任务。完成对7大类18份食品中化学污染物及有害因素监测的常规采样上送。翼城县未发现食源性疾病聚集性事件及食物中毒事件。

【职业病防治】 2021 年,县疾控中心深入浍滨社区、唐兴镇北冶村、职业中学、县中医院等单位,认真开展《中华人民共和国职业病防治法》宣传周“五进”活动。对全县 32 家用人单位工作场所中的煤尘、矽尘、噪声、有毒有害气体等重点职业病危害因素进行基本信息调查和工作场所现场抽样监督检测,对监测数据进行汇总分析上报。

【地方病防治】 2021 年,县疾控中心碘缺乏病监测工作,完成对 5 个监测乡镇 202 名儿童和 105 名孕妇的盐样、尿样检测,孕妇补碘率为 100%。对全县 136 个饮水型氟中毒监测村开展水氟检测,合格率为 100%。在 136 个改水村开展儿童氟斑牙和成人氟骨症病情监测,检查 8~12 岁儿童 3895 人,诊断、随访氟骨症患者 342 例,完成目标任务。完成布鲁氏菌病初筛 189 人,初筛阳性 48 人。在隆化镇监测点高危人群筛查 100 人,经初筛确诊布鲁氏菌病病人 2 人,做好督导服药。完成全县 9 个乡镇枯水期和丰水期 78 个监测点的水质检测。

【重大疾病防控】 2021 年,县疾控中心对新发现的 10 名艾滋病病毒感染者和病人及时开展流调和随访管理。开展个案随访 500 余人次,CD4 检测 140 人,随访检测率 100%。为 131 例艾滋病病人提供免费抗病毒治疗,治疗率 93.5%。为 532 名被监管人员进行 HIV 抗体检测工作,完成全年任务的 106.4%。全人口 HIV 抗体检测完成 40777 人,完成全年任务的 127.4%。登记活动性结核病人 56 例,其中病原学阳性患者为 31 例,达到规划指标 50%。新病原学阳性肺结核患者 29 例,耐药筛查率为 90%,达到规划指标 75%。网报 105 例疑似结核病患者,总体到位率为 100%。全年发现 2 例学生结核病例,及时对 87 名师生进行密切接触者筛查,未发现可疑肺结核患者,有效防止疫情在学校散发流行。

2021 年 3 月 24 日,开展“世界防治结核病日”宣传活动 (李海军供图)

【新建实验室项目】 2021 年,县疾控中心按照上级战疫情补短板要求,积极申报新建疾控中心实验室中央预算内投资项目,预算投资 2105 万元,框架四层,上报项目储备,完成立项、可研、建设用地规划、环评等前期手续。

【人才队伍建设】 2021 年,县疾控中心公开招聘的 8 名疾控专业技术人员上岗,分批赴市疾控、省疾控进行进修学习,坚持严管厚爱结合、激励约束并重,着力培养一支高素质、高技能、懂疾控、能应急的应用型专业化疾控队伍。

【灾后防疫】 2021 年,县疾控中心按照《翼城县防汛救灾和灾后恢复重建实施方案》工作要求,县疾控中心闻汛而动,充分发挥专业部门优势,全力做好灾后卫生防疫工作,成立以中心主任为组长的卫生防疫领导组,下设防疫指导、防疫消杀、病媒生物监测、宣教等工作小组,明确工作职责,确保各项防疫措施的落实到位。县疾控中心于 10 月 11 日组织县医疗集团人民医院及各乡镇卫生院、中医院主要负责人和防疫人员 30 余人,举办全县洪涝灾害灾后卫生防疫工作技术方案培训会。10 月 12—14 日,县疾控中心专业技术人员完成对全县 9 个乡镇灾后传染病、疫情防控监测、消杀灭工作指导和灾后防疫知识宣传工作的技术指导全覆盖。在各乡镇的积极配合下,完成对 9 个乡镇的过水居民户、居民安置点、农贸市场、倒塌养殖场等重点区域进行全面消杀。县疾控中心健康宣教专班,积极深入各乡镇受灾点,开展灾后卫生防疫健康科普宣教,发放疫情防控告知书2000份、洪涝灾后防疫知识宣传单5000余份和炭疽知识宣传单5000余份,强化宣传力度,提高群众防疫能力和自我防护知识。县疾控中心病媒生物监测小组奔赴里砦镇、中卫乡等乡镇监测点开展灾后蚊、蝇、鼠等有害生物密度、侵害率监测13次。

(李海军)

医药销售

【概况】 翼城县医药药材有限责任公司创立于1953年3月,原名为山西省翼城县医药药材公司,2005年7月公司改制,更名为翼城县医药药材有限责任公司。现为翼城县最大的医药商业批发企业,也是经山西省卫健委遴选产生的全县唯一的基本药物配送企业,经营中药材、中药饮片、抗生素、化学药制剂、抗生素、生化药品、生物制品(除疫苗)、精神药品(限二类)、保健食品、预包装食品、医疗器械等4000余个品种。2021年,县医药药材公司完成销售3437万元,上缴各项税收121万元。

【零售管理】 2021年,县医药药材公司下设有全资子公司山西宁寿堂大药房连锁有限公司,在全县城乡设立有24家宁寿堂大药房连锁药店、5家乡镇加盟店,其中医保定点药店24家,所售药品一律实行统购分销,一方面做到执行统一标识、统一着装、统一价格,另一方面加强内控管理,安排专人不定期对所属药店进行监督、检查、指导,让老百姓购买质优价廉的药品的同时,享受专业的药师服务。

(安建军)

翼城县医疗集团人民医院

【概况】 翼城县人民医院始建于1947年,老院区占地面积25亩,建筑面积2.5万平方米,编制床位500张,员工639人,其中卫生技术人员537人(高级141人、中级167人、初级229人),硕士研究生13人,在读博士1人,在读硕士研究生2人。机构分设临床医技、行政职能、总务后勤等80个核算单位,年门诊量12万余人次,住院1.65万余人次,手术2600余人次。医院先后获评“全国文明单位”“全国百姓放心示范医院”“第四届全国医院文化建设先进单位”,国家卫健委确定的“全面提升县级医院综合能力第二阶段500家医院”之一。县人民医院有省级重点专科3个,分别是心内科、重症医学科、神经内科;市级重点专科2个,分别是妇科、骨科;县级重点专科5个,分别是心内科、产科、神经外科、影像科、神经内科。2021年6月,县人民医院被省卫健委核定为三级医院,医院综合实力在山西省县级医院中名列前茅。2021年,翼城县医疗集团人民医院在县委、县政府的正确领导和县卫生健康和体育局的精心指导下,坚持以习近平新时代中国特色社会主义思想为指引,以病人健康为中心,在做好疫情防控工作的同时,平稳推进各项工作取得新突破。

【增强防控应对能力】 2021年,县人民医院在做好常态化疫情防控工作的同时,根据疫情风险等级变化不断调整、强化防控措施,定期开展全员培训、考核、应急演练、核酸检测。根据疫情防控工作需要,经集团申请,县政府投资562.5万元为县人民医院购买16排车载CT,设备已到位,县人民医院成为全市唯一一家拥有车载CT的县级医院,该设备是为发热门诊量身打造的CT检查专用"神器",其"全流程隔离"模式可有效避免医护人员与患者接触;其"双通道设计",将医患两条通道分离,使双方有效隔离。该车载 CT 具备人脸识别、职能定位、摆位、扫描功能,可实现无接触式 CT 检查;车内采用独特的消毒系统,有效避免检查中的交叉感染。政府投资 12 万元为县人民医院购置 2 台"移动核酸采样工作站"。全年发热门诊收治发热病人 1950 人,住院留观患者 231 人。

2021 年,县医疗集团统一为各卫生院印制用于疫情防控的"十严禁""十必须""十须知""十症状"宣传海报。严控接诊流程,严格监督检查,强化实战演练和业务培训。全年集团组织各乡镇卫生院疫情防控相关知识培训 9 次,由各卫生院再组织对辖区卫生室进行培训。集团组织对卫生院开展疫情防控督导 50 余次,确保基层疫情防控落实到位。为全面提升基层医疗卫生机构重大疫情救治应对能力,争取重大疫情防控救治体系建设项目 91 万元,用于支持里砦中心卫生院、唐兴镇卫生院医疗设备购置和人员培训。投资 82 万元,新建隆化、南梁、西阎、唐兴、里砦 5 家卫生院发热诊室。

【核酸检测能力建设】 2021 年,国家、省、市多次召开视频会议、下发文件,要求不断加强大规模核酸检测能力建设,临汾市卫健委要求县医院核酸检测能力必须达到 4000 管/日。对此,县政府给予高度重视,专门采取疫情防控相关设备采购"绿色通道"为县人民医院购置检测设备。该医院拥有 3 台 96 孔核酸提取仪、5 台 96 孔扩增仪和 1 台生物安全柜,配套使用板式离心机 2 台、涡旋混匀器 2 台、八通道移液器 4 枚、全自动分杯系统 1 台,实际最大检测能力达到单采 4000 管/日、混采 40000 管/日。2021 年,县医疗集团核酸检测量达 143774 人次。

【疫苗接种工作】 2021 年,县医疗集团按照国家、省、市疫情防控工作部署要求,主动担责,积极承担全县人民群众的新冠疫苗接种工作,为加快推进新冠疫苗接种工作,筑起全民防疫屏障。2021 年 4 月,县医疗集团建立 15 个预防接种点,包括方舱式临时接种点、县人民医院预防接种点及 13 个乡镇卫生院预防接种点,完成医疗保障及预防接种人员的知识培训及考核,上半年完成全县 18 周岁以上人员的接种。8 月开始为 13 ~ 17 岁青少年接种,到 10 月完成全部青少年的两针接种及重点部门岗位人员的加强针接种工作。11 月,完成 3 ~ 12 岁儿童的接种工作。

截至 2021 年年底,县医疗集团各接种点完成疫苗接种量 383462 剂次,参与接种、信息录入、扫码、医疗保障人员 1305 人次。

2021 年 5 月 3 日,翼城县新冠疫苗方舱式临时接种点在县影剧院全面开放 (李丽薇供图)

【核酸采样】 2021 年,翼城县 14 家卫生院组建核酸样本采集队伍,由医、护、技人员组成,负责辖区核酸样本采集及样本送检工作。74 名采样人员全部由医疗集团集中培训,内容包括样本的种类、采集方法、流程、注意事项及信息记录录入等,考核合格后上岗。在采样过程中,县医疗集团下派对口帮扶专家对采集点的设置进行指导和验收,并对采样过程进行"面对面、手把手"带教,确保样本采集的规范性。其中,隆化中心卫生院、桥上镇卫生院、西阎中心卫生院、隆化中心卫生院浇底分院开展中高风险区人员核酸采样工作。

【交通站点疫情监测】 2021年,翼城县根据疫情防控工作需要,先后3次在全县高速公路入口、主要干线路口设立疫情监测点。8月12日,县医疗集团负责隆化东邬岭入口、桥上东高速路入口、西阎绛县入口、冯史绛县入口4个站点,为期22天,14家卫生院派出医护人员528人次,采集核酸样本5890人次。11月3日,县医疗集团负责桥上东高速路口,为期17天,采集核酸样本400余人次。12月23日,县医疗集团负责桥上东高速路口、南梁庄里通绛县路口、西阎通绛县路口,坚守至12月底。

【医疗服务】 2021年,县医疗集团开展"我为群众办实事,千名医生进万家"活动。为巩固脱贫攻坚成果,全面推进乡村振兴,增强群众健康意识和自我保健能力,促进全民健康。县医疗集团组建14个医疗小分队深入全县各乡镇、农村、社区对村民开展体格检查、健康教育、健康咨询、用药指导、入户随访工作。截至2021年年底,开展义诊28次,健康知识讲堂30次,入户3000余户,服务3.5万余人。活动被县电视台、临汾电视台、山西新闻网等媒体报道。开展优质服务基层行活动,全面提升基层医疗机构医疗服务能力,截至2021年年底,里砦中心卫生院、唐兴镇卫生院达到优质服务基层行推荐标准,推荐标准达到20%,基本标准达到全覆盖。落实对基层医疗卫生机构公共卫生服务的指导工作。集团组织相关专家深入基层,以乡镇为单位开展培训,与村医面对面讨论、手把手带教,全年开展乡村医生岗位培训28次、工作督导42次,提高了重点人群家庭医生签约率及签约规范率。

【完善基础设施】 2021年,县医疗集团为10家乡镇卫生院购置10台DR机并投入使用。争取资金82万元,在唐兴、里砦、浇底、中卫、南唐等乡镇卫生院新建健康小屋,累计投资200余万元,对村卫生室进行改扩建及购置设备,达到每个行政村有一所标准化村卫生室的目标。唐兴卫生院、武池卫生院各投资23万元,购置智能化健康体检一体机,实现了无纸化办公。在14家乡镇卫生院建立数字影像中心,通过万里云PACS与设备的连接,把患者的影像资料与诊断报告放在患者的手机端(移动端),可实现异地查阅。投资13万元,为唐兴镇卫生院建设污水处理站。

【医疗质量管理】 2021年,县人民医院坚持对医院各科室进行定期医疗质量和医疗安全检查,并进行汇总、分析;始终把减少医疗缺陷,及时排查、消除医疗安全隐患,减少医疗事故争议,杜绝医疗事故当做重中之重的工作来抓。定期召开医疗质量管理委员会会议,对医疗质量情况进行汇总及督导,并解决存在的问题,持续更新完善各项管理制度。为切实加强医疗质量,2021年邀请省级专家李梅对全院医疗医技科室人员进行18项医疗核心制度专项工作培训。加大业务查房考核力度,全年业务查房27次,院级多科会诊30余次,死亡病例讨论8次,全院疑难病例讨论1次。提高病历质量,每月按出院病历的20%进行病历抽查,对病历中存在的各项问题均于院周会进行督导通报。全年举办全院病历书写竞赛2次,县人民医院病历书写水平有较大提高。强调合理用药,通过查阅病例、点评处方等方式约束临床用药,并加大考核力度,对药占比超标科室进行绩效考核,不断提高诊疗质量,规范临床用药。

【护理管理】 2021年,县医院严格督查并落实能级对应,确保护士能力、职称与所分管的患者病情一致,确保患者安全。注重环节质量控制,尤其是对输液、输血、采血、手术安全核查、转科交接等工作的质量控制。坚持每周召开护士长例会,护理部总结上周工作,安排本周工作重点,对存在问题进行共同讨论、分析,及时解决,保障护理工作安全有效进行。同时，护士长分享交流管理经验，取长补短，提高管理能力及水平。护理部坚持每月对各质控小组督查，每季度组织护理质量大检查，并召开护理质量管理委员会会议，对存在的共性问题进行反馈、讨论，研究解决方案，确保护理质量持续改进，保障护理安全。加强护理安全管理，全年组织开展2次护理安全警示教育，坚持每例不良事件均有分析、有追踪。为更好地满足就诊患者的多样化、个性化健康宣教需求，拉近医患之间的距离，提高患者的就医体验，该院引入“智能化移动宣教系统”，自10月运行以来，制作个性化宣教视频56个，赢得患者一致好评。

【人才引进与培养】 2021年，县医疗集团从山西医科大学、长治医学院、汾阳医学院等医学院校招聘本科优秀医护毕业生12人，硕士研究生3人。为1名农村订单定向免费培养医学生办理入编手续。

2021年，县人民医院选派医疗骨干6人赴国家级、省级大医院进修，选派3名护理管理人员分别研修中医护理、血液透析、心血管护理及技术专业技能，派出14人参加“护理管理人员岗位培训基础班”岗位培训；1名护理研究生参加《中华护理》杂志社举办的“护理科研论文写作能力提升培训班”；8人参加“护理管理人员岗位培训提高班”；全年选派45人外出参会学习交流。强化院内培训，加强“三基”考核及业务培训，全年组织医护人员业务培训47次；“三基”理论考核20场次，操作考核4次。

【获奖情况】 2021年，县人民医院呼吸内科副主任、援鄂医师张轲获“平阳名医师”称号；眼耳鼻喉科护士长孔祥红、重症医学科副主任护师史红、介入导管室护士长史芙蓉获临汾市“2021年度护龄满30年护理人员”荣誉证书，并入选“传承红色基因 创新发展护理”光荣册；护理部副主任张伶俐，重症医学科护士长、援鄂护理人员张倩楠获临汾市卫健委颁发的“平阳名护士”荣誉证书；产科副护士长续红红、心内科护师闫文菲获临汾市卫健委颁发的“平阳好护士”荣誉证书。

【学科技术发展】 2021年，县人民医院坚持“请进来”，提高竞争力。应用远程会诊，与北京301医院建立的远程会诊中心共完成会诊病历32例。病理科继续与湖南湘雅医院合作，全年共进行术中冰冻病理检查24人次。各科室通过与上级医院协作，定期邀请知名专家到院坐诊、手术、指导查房、授课。5月，继续与山西白求恩医院签订对口支援协议。全年山西白求恩医院派驻帮扶专家16人次，其中医师13人、护师3人。帮扶期间，专家接诊门诊588人次，会诊及疑难病例讨论163例，指导开展新技术8例，举办业务培训及学术讲座79次。

2021年6月9日，山西省卫健委组织专家组对翼城县医疗集团人民医院三级医院设置进行现场审核
（李丽薇供图）

通过三级医院核定。按照《三级综合医院评审标准实施细则》，经过分解任务、细化措施、积极准备，2021年6月9日，省卫健委委派省医疗服务评价中心10名专家对照三级医院评审标准对县人民医院进行严格评审。6月23日，山西省卫健委下达《关于同意核定翼城县人民医院为三级医院的批复》，县人民医院进入三级医院行列，在全省县级公立医院综合改革绩效考核工作中，全省117个县中排名第四，全市排名第一。

鼓励科研，提升学术水平。2021年，县医院人员在省级以上期刊发表医学学术论文24篇,其中国家级刊物发表论文5篇;发表护理论文25篇。

开展新技术新项目。召开技术管理委员会,全院申报新技术项目35项,其中医疗新技术新项目19项、护理新技术新项目16项,并定期对通过的新技术新项目开展情况进行追踪,每季度项目负责人总结开展情况,保障新技术新项目开展的质量。2021年,县人民医院有66项四级手术在临汾市卫健委备案。

【新医院建设】 2021年,新医院建设项目各项工作按序时进度推进。翼城县人民医院迁建项目于2017年11月13日奠基,2018年4月正式开工。截至2019年年底,主体工程全部完工。2020年,工程进入装修阶段。截至2021年年底,室内装修完成,室外工程完成70%。

【医德医风建设】 2021年,县医疗集团强化医德教育,弘扬新风正气,在思想上提高对行风建设重要性的认识,把社会主义核心价值观教育融入服务宗旨、行业责任、职业理想和新时期医德医风规范教育,并注重落细落小落实。为全员建立医德考评档案,并把考核结果和每个人的晋升晋级、评先评优直接挂钩。建立健全信访制度,设立举报箱、举报电话,在各门诊诊室、住院部摆放满意度调查提示牌,公开接受社会各方面的监督。向患者发放征求意见卡,召开病休人员座谈会3次,对出院病人进行上门回访,组建医疗随访领导组及团队,随访团队抽调专人负责,做实做细出院患者随访工作,并以随访为契机,加强对医院技术项目的宣传,进一步提高患者及家属的满意度。借助信息技术优化服务流程,整合导诊、挂号、住院登记、检查检验登记、化验报告提取、各种预约、咨询等,为患者提供"一站式"服务。通过一系列惠民亲民举措,为广大患者提供高效、优质、快捷、安全的医疗服务。

(李丽薇)

县中医医院

【概况】 2021年,翼城县中医医院全年总门诊量119615人次,住院病人11284人次,手术1853人次;中药处方开具38730张;中医操作项目33项,完成332764人次,人均29.3次;体检18693人次。

诊断符合率99.6%,治愈好转率91.8%,危重病人抢救成功率99.8%,急救物品完好率100%,无菌手术切口甲级愈合率100%,无菌手术切口感染率为0,中药处方称量误差<1%,饮片质量保存合格率100%,煎药合格率100%,常规器械消毒灭菌合格率100%,无菌物品合格率100%,医疗废物处理合格率100%,健康宣教覆盖率100%,传染病及疫情及时上报率100%,基础护理合格率90.81%,护理文书书写合格率99.4%,"三基"考核合格率92.31%,护理技能操作合格率100%,平均住院天数8.93天。质量指标均达等级医院管理要求。

2021年,县中医医院获县级和县级以上表彰集体奖项9个、个人获奖26人次。

【办理实事】 2021年,翼城县中医医院投资26.06万元,落实职工新增调资;投资927.09万元,为职工缴纳"四险二金";投资224万元,为内聘职工办理养老保险;投资40.40万元,为职工缴纳医疗责任保险;投资47397元,为全院医师进行免费体检;投资905.83万元,用于更新医疗设备和加强重点专科建设;投资26.99万元,用于信息化医院建设;投资45.87万元,用于人才培养;投资10.41万元,为职工进行核酸检测;投资4750元,为疫情防控人员提供中药汤剂。

【惠民活动】 2021年,翼城县中医医院开展党史学习教育,以实际行动庆祝中国共产党成立

100 周年,围绕群众"急难愁盼"的切身利益问题,发挥自身优势,扎实开展"我为群众办实事"活动,推出"十百千万百万"主题活动。"十"即举办 10 次健康讲座,在社区、乡村、县融媒体中心等场所健康讲座 30 次;"百"即医院把下乡巡回义诊作为常规化工作纳入重要指标,每周选定一个村庄和社区,巡回义诊百余次;"千"即志愿服务达千人次以上;"万"即疫苗接种万人以上;"百万"即免费捐赠百万元药品。6 月 19 日,医院携手山西省医学会、省人民医院等单位联合举办"中华医学会消化名医下基层"活动,向患者捐赠价值 100 多万元的萎缩性胃炎治疗药物"羔羊胃"提取物维 B12 胶囊。

"打造十五分钟中医服务圈"是县中医医院院开展的"我为群众办实事"活动中被县文明办选定的一个优秀项目和亮点工程。与丹阳、桐封、浍滨、铁源、红泉 5 个社区深度合作,建立中医特色服务站。"十五分钟中医服务圈"让社区居民就近享受到了中医药特色服务。

【疫情防控】 2021 年,翼城县中医医院在新冠疫情防控方面,坚持"内防反弹、外防输入",持续加大防控力度。

参与预检分诊工作人员和志愿者,在县中医医院疫情防控的前沿阵地,冒酷暑、战严寒,严格执行防控措施,为医院建立第一道疫情防控安全屏障。同时,针对老年群体等特殊情况,开展个性化服务,受到一致好评。

核酸检测工作人员加班加点,全年完成住院核酸检测 10684 人次、门诊核酸检测 29156 人次,共计 39838 人次。同时,参与全县核酸演练 5 次,完成县高速路口、冯史路口疫情排查、核酸检测等院外疫情防控任务。

县中医医院作为县主要疫苗接种点,根据接种工作要求,抽调技术力量,组织安保、登记、信息录入、接种、留观等工作,合理分工,有序接种。5 月 8 日设立疫苗接种点至年底,完成疫苗接种 72176 人次,单日接种最多达 1420 人次,完成阶段性疫苗接种任务。

【人才培养】 2021 年,翼城县中医医院在院内医务科、护理部组织专业技术人员定期开展学术讲座和专题培训,参与学习培训率达 95%,考核合格率 98%。组织参加省内外短期培训和学术交流 65 人次,其中医疗 27 人次、护理 38 人次;送上级医院进修深造 18 人,其中医疗 10 人、护理 8 人。招聘大专以上学历人员 36 人,其中大专学历 25 人、本科学历 10 人、硕士研究生 1 人。

【学科建设】 2021 年,翼城县中医医院重点学科有变化,普通学科有突破,新建学科有创新。骨科开展的老年病骨创伤、射频靶点热凝技术、风湿与疼痛三连序贯连法成为科室发展的三大亮点和支撑,全年手术 447 人次。妇产科开展腹腔镜下子宫全切、经腹子宫全切、阴式子宫全切、宫腔镜微创手术等成为常态化。外科开展的"腹腔镜联合胆囊镜微创治疗胆总管结石术""内镜逆行胰胆管造影术",全年手术 322 人次;新建学科康复科,以优良的治疗康复环境条件和多样化的治疗、康复手段,被市残联确定为合作对象。治未病科门诊 5129 人次,中药方 3768 张。重症医学科救治危重病人 491 人次,救治成功率达 90% 以上。全部内科系统、医技科室积极将新观念、新方法、新手段运用到临床和医学检查,促进了学科的发展。

【科研成果】 2021 年,翼城县中医医院外二科开展的"胸腔镜下肺叶切除术""胸腔镜下肺大疱切除术""胸腔镜下胸膜剥脱术""胸腔镜下贲门癌根治术"均填补医院技术空白,在县级医院处于领先水平。麻醉科一年来成功为多名老年、幼儿患者实施麻醉,年龄最大的 93 岁,最小的 1 岁。全年手术科室开展手术 1853 人次,其中三、四级手术 1076 人次,占手术人次的 58.1%,比 2020

年提高 9.78 个百分点。医院人员全年在省级以上刊物发表论文 50 篇,其中医疗类 22 篇、医技类 2 篇、护理类 26 篇。开展新项目 2 项,其中计划内 1 项、计划外 1 项;开展新技术 12 项,其中计划内 10 项、计划外 2 项。肺病科、针推科、脑病科、糖尿病科申报的 5 个科研项目,完成所有科研项目资料。妇产科申报的课题"自拟痛经方联合艾灸对寒凝血瘀型痛经的临床疗效评价"通过上级有关部门审批。

【优化设施】 2021 年,翼城县中医医院投资 60 余万元,完成病案质控系统更换、健康山西上线、医保程序切换、中医师承管理信息系统建设等工程,进一步优化就医环境,提高工作效率。投资 290 余万元,购置全自动内镜清洗机、内镜清洗消毒设备、反渗透水质处理器、糖化血红蛋白仪、有创呼吸机、转运呼吸机、车载除颤监护仪、煎药机等设备 47 台(件)。

【中医药传统文化宣传】 2021 年,翼城县中医医院投资 26.37 万元用于中医药文化宣传,中医药传统文化氛围空前浓厚,中医药服务、中医药操作在各临床科室常态化。10 月 29 日,举办第八届中医药知识竞赛。11 月 18 日,举行中医师承教育基地建设暨高年资中医医师"师带徒"活动。

在社会上,县中医医院大力弘扬中医药传统文化。5 月与县融媒体中心合作,开设《翼城中医》专栏,每月 2 期,对全县人民群众提高中医药知识和健康素养起到积极的推动作用。9 月 15 日,翼城县在汇丰学校举办中医药知识进校园启动仪式,县中医医院编印的教材《中医药健康》走进校园、走进课堂。提供以社区为中心的中医特色服务。

(董立树)

体育工作

【村级文化体育活动】 2021 年,县卫生健康和体育局不断丰富村级文化体育活动,对 28 个村发放健身路径器材 15 套、乒乓球案 12 副、篮球架 5 副、羽毛球架和象棋桌各 1 副。

【参加群众体育比赛】 2021 年,参加全省群众体育活动比赛,在临汾复赛中获得乒乓球女子团体亚军、男子团体第五名;获太极拳二十四式简化太极拳二等奖、八法五步三等奖;获足球比赛第七名。

社会保障服务

社会保险

【概况】 翼城县社保业务涉及养老保险(企业养老保险、机关事业养老保险、城乡居民社会养老保险)、失业保险、工伤保险、医疗保险(医保局管理)、生育保险(医保局管理)五项社会保险。

企业养老保险费征缴标准:用人单位负担工资总额的20%,职工个人负担工资总额的8%(个人工资基数低于上年度全省平均工资60%的,按上年度全省平均工资的60%作为缴费基数,2021年月缴费基数3235元)。

灵活就业人员征缴社会保险费的基数是全省上年度平均工资的60%、100%、300%,个人缴纳本年度社会保险费基数的20%。

为缓解困难企业缴费压力,省政府自2016年5月1日起将单位缴费比例阶段性降低为19%,执行至2019年4月30日。根据《山西省降低社会保险费率实施方案》要求,自2019年5月1日起,全省企业基本养老保险单位缴费比例由20%降至16%,并将其作为法定费率,2020年11月1起由税务机关负责征收。

机关事业养老保险征缴标准:用人单位负担工资总额的20%,职工个人负担工资总额的8%,职业年金用人单位负担工资总额的8%,职工个人负担工资总额的4%(个人工资基数低于上年度全省平均工资60%的,按上年度全省平均工资的60%作为缴费基数,2021年月缴费基数3235元)。

自2019年1月1日起,全县机关事业单位养老保险费、职业年金由税务机关负责征收。自2019年5月1日起,全省机关事业单位基本养老保险单位缴费比例由20%降至16%,作为法定费率。

城乡居民基本养老保险缴费及补贴标准:自2019年1月1日起,翼城县城乡居民基本养老保险个人缴费政府补贴执行如下标准:缴200元补贴35元,缴300元补贴40元,缴500元补贴60元,缴700元补贴80元,缴1000元补贴100元,缴1500元补贴140元,缴2000元补贴180元,缴3000元补贴220元,缴4000元补贴260元,缴5000元补贴300元,城乡居民养老保险费由税务机关负责征收。

推行城乡居民补充养老保险制度是完善覆盖全民的多层次社会保障体系的制度创新,是巩固脱贫,兜底扶贫,从根本上解决城乡居民养老问题的一项德政工程、惠民工程。制度于2021年1月启动,补充险缴费标准设为每年200元、500元、1000元、2000元、5000元5个档次。补充险政府缴费补贴标准:缴200元补贴70元,缴500元补贴120元,缴1000元补贴200元,缴2000元补贴360元,缴5000元补贴600元。城乡居民补充养老保险费由税务机关负责征收。

工伤保险缴费标准:工伤保险费由用人单位缴纳,职工个人不缴费。

根据不同风险类别执行不同的行业基准费率。目前执行的为八类,分别为用人单位工资总额(个人工资基数低于上年度全省平均工资60%

的,按上年度全省平均工资的60%作为缴费基数,2021年月缴费基数3235元)的0.2%、0.4%、0.7%、0.9%、1.1%、1.3%、1.6%、1.9%。2018年9月至2020年12月,执行阶段性降费政策,所有类别费率下调50%,工伤保险费自2020年11月1日起由税务机关负责征收。

失业保险缴费标准:用人单位负担工资总额的1%,职工个人负担工资总额的0.5%(个人工资基数低于上年度全省平均工资60%的,按上年度全省平均工资的60%作为缴费基数,2021年月缴费基数3235元)。

2018年9月至2022年4月,执行阶段性降费政策,用人单位负担工资总额的0.7%,职工个人负担工资总额的0.3%。

失业保险费自2020年11月1日起由税务机关负责征收。

【参保、支付情况】 2021年各项社会保险参保240311人次(不含医疗保险)。其中,17850人参加企业养老保险,完成市定任务17008人的105%;7072人参加机关事业养老保险,完成市定任务7060人的100.17%;171781人参加城乡居民社会养老保险,完成市定任务171160人的100.36%;13628人参加失业保险,完成市定任务13600人的100.21%;29980人参加工伤保险,完成市定任务29900人的100.27%。

按照晋人社厅文件要求,为全县1万余名机关企事业单位退休人员调整养老金待遇,人均月增加150余元;为8016名企业离退休人员发放养老金28732万元;为4700名机关事业单位退休人员发放养老金25365万元;支出失业保险基金2088.95万元,其中失业保险金1281.55万元、冬季采暖补贴171.12万元、技能提升补贴10.45万元、失业补助金288.89万元、稳岗补贴40.1万元;为191人支付工伤待遇2270万元;发放城乡居民基本养老金7366.092万元,涉及559846人次;发放城乡居民补充养老保险金839.68万元,涉及375921人次。

按照“政府主导、各方协作、便民服务、有序推进”的原则,强力推进城乡居民补充养老保险各项政策落地落实。截至2021年12月底,城乡居民补充养老保险缴费2203.67万元,涉及66654人,其中政府为困难群体(建档立卡贫困人口、低保对象、特困人员、重残)代缴保费136.12万元,涉及6806人,代缴率100%。通过微信、支付宝、银行柜台、银行APP等渠道缴费2067.55万元,涉及59848人。全市排名第三,全省排名第二十一,位于全省第一方阵。

(王　哲)

社会救助与特殊群体服务

【城乡最低生活保障】 2021年,全县城乡低保标准每人每月再提高20元。城市低保标准由原来的每人7260元/年提高至7500元/年,农村低保标准由原来的每人5300元/年提高至5540元/年。提高特困人员救助供养水平,集中供养人员救助标准由原来的每人每年11244元提高到11583元,分散供养人员救助标准由原来的每人每年9444元提高到9750元。

2021年,翼城县城市低保在册人数是773户1264人,按照差额予以补助,累计发放874.37万元。农村低保在册2502户3682人,分三类进行发放,累计发放1985.82万元;农村低保家庭中的四类特殊困难对象,提高救助水平每月25元,在册1427户1800人,累计发放救助金52.93万元。

【养老服务】 全县有养老机构6家,其中公立2家(翼城县光荣院、翼城县里砦敬老院),2家养老机构分别与县中医医院和里砦卫生院签订医疗托管协议;民营养老机构4家,分别就近与各基层医疗机构签订托管协议，各医疗机构定期给予健康监测。全县有41家日间照料室，各日间照料室分别就近与村卫生室签订医疗托管协议，村医定期为老年人开展健康监测。

【特困供养】 2021年，翼城县城乡分散特困供养人员在册448户454人，救助资金累计支出526.8万元；集中特困供养人员37人，救助资金累计支出48.27万元；丧葬费支出30人，28.22万元。

【临时救助】 2021年，翼城县临时救助156人次，83.08万元；临时救助资金下拨备用金188.59万元，各乡镇备用金累计救助1020人次，86.68万元。

【残疾人两项补贴】 2021年，翼城县重度残疾人护理补贴3787人，每人每月补贴89元，累计发放393.39万元；困难残疾人生活补贴1358人，每人每月补贴66元，全年累计发放107.94万元。

【高龄失能老年人补贴】 2021年，翼城县经济困难的高龄失能老年人161人，高龄老人每月发放50元，失能老人每月发放100元，全年累计发放13.21万元。

【低保、特困免费用电】 2021年，县民政局会同电力公司严格落实城乡低保对象和农村特困供养人员每月15千瓦时免费用电政策，每户7.16元，累计为37541户发放265141.96元。

【购买意外保险】 2021年，县民政局为5700名社会救助对象购买团体意外伤害保险17.1万元，充分发挥商业保险在解决城乡低保群众、困难群体、老年人群体因意外事故导致人身伤害和重大经济损失等问题中的作用。

【灾后重建救助】 2021年，县民政局全面落实临时救助政策，强化“救急难”作用，下拨各乡镇临时救助备用金115万元，并对困难群体户容户貌做好灾后评估工作。

【完善社会救助机制】 2021年，县民政局将低保审批权限下放乡镇，并出台一系列规章制度，不断强化后续监管工作，确保审批权限放得下，乡镇政府接得住，下放之后管得好。进一步加强特困供养对象分散供养委托照料，探索“物质+激励+服务”救助方式，为享受城乡低保、特困供养社会救助对象中生活不能自理的老年人、未成年人、残疾人等特殊群体提供访视、照料、心理疏导、精神激励、资源链接、能力提升、社会融入等服务。

【社会救助政策宣传】 2021年，县民政局印发救助政策问答手册和悬挂二维码电子政策救助热线牌。印发5000份发放到困难群众手中，同时在乡镇、村悬挂二维码电子政策救助热线牌、政策咨询电话，通过微信等方式转发二维码，让社会救助政策家喻户晓，提高救助精准度。在低保、特困救助对象家中张贴“救助明白卡”，大力宣传党全心全意为人民服务的根本宗旨和各项社会救助政策，使困难群众本人能够清晰直观了解获得救助信息，类别、金额、救助经办人姓名和监督咨询电话，帮助解决实际困难，传递党和政府的温暖和关怀。走访1500多户困难群众，发放712袋大米、178袋面粉、446桶食用油。

【农村低保专项治理】 2021年，县民政局及时清理纠正优亲厚友等违规纳入低保问题；对未纳入社会救助兜底保障范围的无劳动能力或弱劳动能力、持续增收能力弱等重点人群开展摸排核查，及时将符合低保、特困人员救助供养、临时救助等社会救助政策人员纳入兜底保障范围，坚决防止“脱保”“漏保”问题，确保兜住底、兜牢底。加强动态调整，清退出不再符合条件农村低保对象230户254人，其中死亡114人、其他140人；新纳入符合农村低保条件对象125户214人，其中重病重残单人34人；纳入特困供养人员38人，终止特困供养人员36人。

【社会救助兜底保障成果“回头看”】 2021年，县民政局联合乡村振兴局、残疾人联合会组织开展巩固社会救助兜底保障成果“回头看”行动,集中进行4次大排查活动。经排查,边缘易致贫户11户30人纳入低保对象9户19人(2021年纳入低保2户3人)、特困1户1人,1月计划纳入1户2人;脱贫不稳定户2户5人,4人为农村低保对象,未纳入的1人原属于低保对象,因服刑取消,4季度恢复监测户身份,给予6000元养殖扶持,计划重新纳入低保;严重困难户94户258人,纳入低保55户102人(2021年纳入低保7户14人)、特困5人。

(张钦钧)

住房公积金管理

【概况】 临汾市住房公积金管理中心翼城管理部是隶属临汾市住房公积金管理中心的正科级事业单位,有在职职工6人,主要负责执行、完成市中心下达的住房公积金的归集和使用计划,以及承办全县缴存职工住房公积金的缴存、提取、贷款等相关业务,并做好各类业务资料的整理归档工作。

【归集业务】 2021年,新增住房公积金归集额15422.4万元,期末余额55728.7万元,财政补贴比例10%,全县缴存单位318个,新增缴存单位10个。

【提取业务】 2021年,临汾市住房公积金管理中心翼城管理部共办理住房公积金提取4070人,提取金额5014.39万元。

【贷款业务】 2021年,临汾市住房公积金管理中心翼城管理部为108人发放住房公积金贷款,贷款金额3972万元,累计发放2531人、贷款金额5.09亿元。

(张　静　吴　楠)

乡 镇

唐兴镇

【概况】 唐兴镇是县城所在地，是全县政治、经济、商贸和文化活动中心。2021年上半年，翼城县行政区划调整，原王庄乡北冶村(冶中村)、上石村2个行政村划归至唐兴镇。至此，唐兴镇辖21个行政村和5个社区，镇域居住总人口11.9万人，其中农业人口4.5万人，有58个党支部(8个党总支)，3180名党员。全镇总面积66平方公里，辖区城区规划面积22.46平方公里，耕地面积3.44万亩。全镇平均海拔580米，地势平坦，水源充足，土壤肥沃，四季分明，地理位置优越，交通便利。

2021年，乡镇机构改革，乡财服务中心、乡镇卫生监督站、乡镇劳动保障所等单位的职能及人员划拨到乡镇。唐兴镇行政编制增至40人，实有36人。事业编制增至37人，实有37人。经县委、县政府同意，唐兴镇职能配置、内设机构和人员编制规定进行了修订，党政机构设置为党政综合办公室、经济发展办公室、社会事务办公室(挂平安建设办公室牌子)、规划建设办公室、综合行政执法办公室(挂综合行政执法队牌子)5个办公室，事业单位设置为党群服务中心(挂矛盾调解中心牌子)、综合便民服务中心和退役军人服务保障工作站。

2021年，唐兴镇完成固定资产投资21153万元。重点项目完成晋昌盛充电桩项目5608万元、恒谊商砼3000万元、城北农贸市场3219万元、亨裕翔物流有限公司8196万元、长峰农工贸公司1130万元。夏粮产量15805750.1公斤，秋粮产量14462665.48公斤。

【基层党建】 2021年，唐兴镇在抓学习筑定力上持续发力。“五个突出”加强党史学习教育，聚焦学习主题、重点对象、学习形式、典型引领、主题活动5个重点，“庆”字贯穿，开展“颂歌献给党，奋进新征程”主题红歌大合唱、“镜显百年辉煌 聚焦唐兴巨变”主题摄影展、“党旗面前践诺”主题党日活动、古城村“盛世华诞 荣耀中华”联欢会、“国庆吃面 国泰民安”等系列庆祝活动，全面加强党史学习教育。“三个结合”为民办实事，结合党史学习教育、冬季大走访行动以及“争先、进位、崛起”解放思想大讨论，落实为民办实事项目144件，完成774户困难群众走访，低保应纳尽纳21户36人，争取上级资金21万元，“一户一策”完成87户户容户貌提升。“三个注重”转干部作风，注重巡视整改、制度建设及执纪监督检查工作，对照省委巡视组反馈意见，清单化整改共性问题10条。完善“三重一大”、机关干部管理、农村“两委”主干考核等制度，从制度层面强化队伍管理。全年开展警示教育4次、集中约谈5次，查办案件19件，纪律处分12人，“严”的政治要求持续深入。

在扛责任抓落实上持续发力，夯实党建工作基础。投资25万元，完成陵下、古城、北冶、桐封社区组织活动场所提档升级；投资18.4万元完成春安事迹展览馆建设工程。全年新发展党员

53 人，积极分子 52 人。激发党建工作合力，选树北关、寿城、古城 3 个壮大集体经济典型村，发挥典型引领作用；争取苇沟肉牛养殖和世家庄现代农业晾晒场 2 个壮大集体经济项目；完成壮大集体经济目标任务，在经济下行压力增大的情况下，实现 4 个村集体经济收入超百万元。瑞德丰种业与山西农业大学建立高校科研平台延伸合作基地，泰鑫塑胶制品有限公司与中北大学材料科学与材料工程学院建立高科技成果转化基地。充分运用应急广播 IP 系统和微信群开展工作。

【“两委”换届】 2021 年，唐兴镇按照先整顿后换届、先审计后换届、先联审后换届、先研判后换届的工作要求，完成 21 个村经济责任审计工作和世家庄村、南官庄村软弱涣散党组织整顿工作，严格落实“三谈六严”措施，高标准完成“一升一降一肩挑”的“两委”换届目标。第十二届农村“两委”换届选举共产生农村“两委”干部共 127 人，平均年龄 44.2 岁，21 名支部书记平均年龄 43.9 岁；45 岁以下“两委”干部 68 人，占比 53.5%；大专以上学历“两委”干部 52 人，占比 40.9%。第七届社区“两委”换届选举产生“两委”干部 38 人，平均年龄 31.1 岁，5 名党组织书记平均年龄 33.2 岁；45 岁以下“两委”干部 37 人，占比 97.4%；大专以上学历“两委”干部 38 人，占比 100%。

【统一战线】 2021 年，唐兴镇将统战工作纳入重要议事日程，通过专题培训、主题党日等举措，重点抓好《中国共产党统一战线工作条例》的学习贯彻落实。推选工商联合会会员代表 54 人，摸排在外留学生 28 人。投资 4 万元，完成下高回民日间照料中心建设。投资 91 万余元，完成世纪文化广场及礼堂升级改造工程。投资 51 万余元，完成北关民族体育馆改造工程。

【乡村振兴】 2021 年，唐兴镇持续巩固脱贫成果。加大脱贫户及三类户监测力度，动态排查“两不愁三保障”及安全饮水存在的问题，为 3 户提供产业发展补贴资金，提供就业岗位 20 个，发放小额贷款 10 万元，为 4 名学生发放“雨露计划”和大学生补助 1.4 万元。开展贫困群众大走访活动，完成脱贫户、“三类户”、低保户、特困供养户、重点低收入群体 774 户入户走访，排查低保应纳尽纳 21 户 36 人；争取上级资金 21 万元，“一户一策”落实 87 户户容户貌提升。全力保障粮食安全，超额完成 2021 年夏粮任务，播种 34642.73 亩，产量 1580.57 万公斤。东关村瑞德丰种业有限公司试验田小麦亩产 830.84 公斤，刷新山西省小麦单产纪录。克服洪涝灾害影响，组织志愿队、各类机械抢收玉米 23085.6 亩，抢种冬小麦 28488.85 亩，每亩补助 50 元。实施农业生产托管 6000 亩，实行“菜篮子”镇长负责制。新建日光拱棚 6 座，蔬菜播种面积 2181 亩，大棚受灾累计修复围墙 6341 平方米；果信公司投资 400 余万元新建的冷链包装车间投入使用。

2021 年 10 月 17 日，唐兴镇组织履带式、双轮式联合收割机帮助村民抢收秋粮　　（郑全鹏供图）

【人居环境整治】 2021 年，唐兴镇采取“义务清扫常态化整治 + 村级环卫队标准化提升 + 专业队伍定点化提档升级”相结合的方式，开展环境整治工作。投资 100 万元，完成省道 331 线、营里线、西南循环线等主要通道的清理提升。投资 20 万元，完成田间地头秸秆杂物集中清理。

严格落实“河长制”，及时处置河道“四乱”问题9处，清理河道垃圾50余立方米。历经多次排查，逐户解决“改厕”问题，完成712户改厕任务。坚持增量零容忍态度，坚决整治乱占耕地建设问题，全年拆除60宗，恢复耕地0.88公顷。

2021年11月1日，古城村组织党员、群众开展义务清扫 （郑金鹏供图）

【一事一议】 2021年，唐兴镇完成总投资1212.8814万元的“一事一议”美丽乡村建设试点项目，项目涉及下高、上高、陵下、东寿城、寿城5个村。投资45万元的石桥村自来水管网改造工程完成，更换主管道2893米并改造蓄水池。投资30万元的营里村自来水管道铺设改造工程完成，铺设管道4055米。

【安全生产】 2021年，唐兴镇以“明职责、会方法、勇担当、保安全”大讨论活动为主抓手，扎实开展安全生产百日攻坚和三年专项行动，紧盯小区安全管理、危化专项整治、消防燃气专项整治等重点领域，抓宣传教育，抓排查整改，确保安全无事故。全年开展主题警示教育3次，举办安全培训4次，针对性举行应急演练2次，闭环排查整改问题隐患853条。

【环境保护】 2021年，唐兴镇扎实开展中央、省环保督查反馈问题整改，举一反三，8个方面的问题整改到位。以秸秆禁烧为切入点，立案查处13起，罚款7000元。持续开展“三清零”行动，集中夜查、晨查，共清理燃煤器具177个、散煤8.6吨、煤球1565个，2个监测点数据全年处于良好状态。

【疫情防控】 2021年，唐兴镇紧抓“宣传、排查、管控、应急”四个环节，坚持问题导向，坚持实战准备，及时调整网格划分，持续完善提升网格化管理能力，有效应对输入风险。全年，排查境外和省外返翼人员5931人，管控2253人，实战演练4次，涉及6个村、2个社区。完成新冠病毒疫苗接种75838人。

【信访工作】 2021年，唐兴镇实行“下访为主，接访为辅”“领导干部电话全部公开方便群众”“与职能部局主动配合”等措施，不分大小，主动出击，化解积案，攻克难案，保持了信访工作向好的局面。全年受理化解群众各类诉求576起，解决中央交办的信访积案4起，启动南官庄新村小区涉案遗留工程处置工作。

【社会治理】 2021年，唐兴镇面对电信诈骗频发高发势头，在县公安局大力支持指导下，实行战区作战模式，集中组织攻坚，实现电诈案件发案率短期内断崖式下降，保护了群众财产安全。全年集中宣传40次，安装反诈APP 3万余户，发放宣传页10万余份，签订承诺书4万余份。同时，积极推广法律服务“一码通”、百姓议事堂、七色服务队等基层治理新模式。

2021年4月9日，浍滨社区在汇丰中央公馆开展反电诈宣传活动 （郑金鹏供图）

【县重点工程项目协调】 2021年，唐兴镇完成晋南钢铁新材料工业园区项目征地拆迁工作。拆迁共涉及上石和北冶 2 个村,其中上石村和北冶村冶中自然村共搬迁 455 户 1927 人,支付赔付款 2.03 亿元;北冶新村涉及 199 户,全部完成房屋评估。征地涉及上石、北冶、下石 3 个村,共 2488.42 亩,完成全部面积的现状调查和地面附着物调查登记评估。其中,闵光项目第一批征地 417 亩,共 180 户。还迁安置房,征收上高村 110.18 亩,共涉及 49 户,全部完成征地补偿安置协议签订,被征地农民养老保险完成前期调查摸底。八一路、潞公街、木坊街等城市更新项目 165 亩用地征地拆迁工作涉及 12 户村民,所有附着物及房屋完成赔偿,工程顺利推进。潞公东街共涉及 21 户居民住宅 9000 余平方米,地上附着物及房屋评估工作完成。八一路拆迁协调工作涉及国有土地 5 户,世家庄、古城、西关共 28 户,完成签订拆迁协议 22 处。绛源路南段靓城提质绿化工程完成包括路东地块在内的 57.9 亩和原西关宾馆周边土方及地上附着物评估赔付工作,路西遗留问题持续沟通,工程推进顺利。新城片区征地工作涉及西关、世家庄村、古城村 3 个村 109 亩 56 户,地面附着物和青苗补偿等评估工作完成,协议签订工作完成 49 户,养老保险工作进行前期摸底。完成东关地质灾害点治理工程涉及的 22 处民宅拆除任务;完成县城背街小巷工程共 8 个村、79 处路段、26.1 万平方米的调查摸底任务,制定三年规划。

(郑金鹏)

南梁镇

【概况】　南梁镇地处翔山脚下,浍水河畔,距离县城 10 余公里,东连西阎镇,南与绛县为邻,西依南唐乡,北同中卫乡、唐兴镇两个乡镇接壤。镇域面积 122 平方公里,辖 22 个行政村,113 个自然村,全镇 10565 户,44155 人,耕地 65175 亩。南梁镇地理位置优越,交通便利,矿产资源丰富,水利资源得天独厚,素有"翼城小江南"之称。

2021 年度,全镇生产总值完成 12.39 亿元,增长 5%;固定资产投资完成 5500 万元,增长 6%。规模以上工业增加值完成 4.13 亿元,增长 8%。一般公共预算收入完成 3375 万元。全镇小麦种植面积 51541 亩,产量约 17364 吨。农村居民人均可支配收入完成 14320 元,增长 7.8%。各项工作扎实推进,实现了"十四五"良好开局。

【基层党建】　2021 年,南梁镇一以贯之坚持以高质量党建引领高质量发展。党史学习教育、思想纪律作风集中教育整顿、"争先、进位、崛起"解放思想大讨论轮番集训,全面提振了党员干部队伍精神活力。23 个行政村(社区)完成换届选举任务,"一升一降一肩挑"的目标要求得以实现,全镇农村干部队伍注入新鲜血液。开展专项纪检督察 18 次,给予党纪处分 17 人次,全面从严治党不断向纵深推进,筑牢了党员干部拒腐防变的思想防线。"所见·南梁"抖音创作、党建"四建"管理、"网格先锋 全科服务"基层治理、"四邻八舍"志愿服务等特色党建品牌获得上级领导肯定和社会广泛认可。

2021 年 4 月,南梁镇创建"所见·南梁""四邻八舍"等志愿服务品牌　(赵紫君 芦延洁供图)

【产业振兴】　2021 年,南梁镇一以贯之坚持以产业振兴推动乡村振兴。华翔新材料科技园项目正式投产运行，助力全县“三箭齐发”第二箭矢不虚发。山西桐封技师学院入驻，开辟产教融合发展新路径。3000亩高标准农田建设、“133NN”村社联建引领农业生产托管4.2万亩，现代农业发展基础不断夯实。凸里不老莓、牛家坡金丝皇菊、南常翼山红花椒、西张翼州黄有机谷子、翔岭猴头菇等青年创新创业项目崭露头角。茂洲晋南牛千头扩繁项目、4800头安森农牧生猪养殖赋能产业发展动力引擎。“翼城优品”首家乡镇分店在牛家坡设立，首次以商招商举办第四届翔滦古会，全力推动南梁文旅深度融合。

【安全生产】 2021年，南梁镇一以贯之坚持以绿色稳定发展引领经济发展新常态。开展环境卫生督查58次，“三清零”4605户，全民义务清扫178次，持续打响污染防治攻坚战。每月召开安全生产月例会，党政主要领导入企检查65次，全年安全生产实现“零事故”。线下41名网格员全线巡防，线上5台监控设备全天候监管，全镇森林防火实现“零火情”。完成50340剂次新冠疫苗接种、46个核酸检测采集点演练任务。“七大行动”轮番上阵，防范网络电信诈骗意识深入人心，努力守护好人民群众生命、财产安全。

【民生保障】 2021年，南梁镇一以贯之坚持以群众的幸福感、获得感作为检验工作的最高标准。全年按规定发放各类救助资金492.1万元。完成全镇144户402人扶贫资料整理移交工作，识别监测户10户38人，发放小额信贷21户51万元，就业帮扶116人，产业帮扶8项240.7万元，不断兜紧民生保障底线。累计完成户厕改造7443座，安装“智能水表”1470户，完成南梁、东西郑等村水网改造以及南北坡安全饮水提升工程，一批群众急难愁盼的问题得以解决。疏通阻塞地段28处，抢收粮食9.6万亩，完成49户灾后重建任务，保障了群众生命、粮食、住房安全。开展“民间技艺挖掘、特色产业展示、新型农民培训、本土人才回引”四大行动，创建南梁镇“青创”空间、青年创新创业电商孵化基地等平台，联合农业农村局举办为期11天的高素质农民培训班，青年创新创业在南梁蔚然成风。

（赵紫君　芦延洁）

里砦镇

【概况】 里砦镇隶属山西省临汾市翼城县，南与曲沃县接壤，北与襄汾县相邻，地形呈北高南低之势。全镇面积96平方公里，辖14个行政村，户籍人口29826人，常住人口3.1万余人。全镇有31个基层党组织，其中农村基层党组织30个，共有党员885名。里砦镇属于暖温带大陆性季风气候，光照资源充足，雨热同期，四季分明，无霜期180～190天，年平均降水510～585毫米。全镇有耕地面积6.6万亩，水利条件优越，利于农业生产，苹果、桃、葡萄等经济作物近3万亩。矿产资源较为丰富，有铁矿、白云石、铀矿等，尤以铁矿为最。里砦镇历史悠久，文化积淀深厚，有“剪桐封弟”唐叔虞始封地唐城、天马晋国遗址、翼城最早的古书院绵山书院。

2021年，里砦镇固定资产投资额2217万元，工业总产值实现2.49亿元，营业收入2.7亿元；农民人均纯收入实现1.3万元；粮食总产量达到4.2万吨。

【基层党建】 2021年，里砦镇按照县委部署，紧密结合镇实际，坚持规定动作与自选动作相结合开展党建工作。开展“五个一”行动，即打造一个全省基层党建示范教育基地，构建一个“1+4”党群服务体系，实施一个党员干部素质优化工程，运行一个“智慧党建”新模式，健全一套利益共享机制，壮大集体经济，激发群众内生动力。开展全镇“四到位”党史学习教育，以“三百行动”为抓手，推动党史学习教育扎实开展，坚持以上率下，高起点高标准高质量推动全镇党史学习教育全面铺开、点面开花，借助现代信息技术，精心制作内容丰富、形式多样的教学课件，用群众喜闻乐见的方式，生动鲜活接地气的语言，推动党史学习教育深入群众、深入基层、深入人心。完成换届选举工作，2021 年的换届选举与往年相比产生较大变化，任期延长至五年，村“两委”成员有“学历升，年龄降”的要求，通过全镇领导干部和全体村民的共同努力，完成各村的两委班子换届工作，为基层干部队伍补充新鲜血液，增强了活力、创新力和发展动力。开展“争先、进位、崛起”解放思想大讨论，根据县委的实施意见，坚持“三个导向”、以上率下、注重实效、从严从实的原则，重点聚焦奋斗目标、机遇挑战、发展理念、改革开放、作风建设、为民服务六个方面展开大讨论，全面动员各村干部积极参与，深入学习习近平新时代中国特色社会主义思想，广泛征集意见，敢于发现问题并有效落实整改，明确干部责任。

【现代农业】 2021 年，里砦镇切实抓好粮食生产，大力推广农业生产托管，在 2.8 万亩小麦托管面积的基础上扩大 3000 亩，高标准推进 8000 亩粮食生产建设，坚决打击私搭乱建、破坏耕地等违法行为，守好百姓“粮袋子”。推进“菜篮子”工程，实施“党建 + 园区 + 公司 + 农户”运营模式，高标准推进“千亩智慧”设施蔬菜园区，盘活里砦村 55 座拱棚，引进设施蔬菜技术能手，发展西蓝花等畅销蔬菜 70 亩，发展设施蔬菜 50 亩，发展露天蔬菜 600 余亩，打造感军、东续 2 个庭院蔬菜村。坚定实施“特”“优”战略。在养殖业跻身全市第一梯队的基础上，持续扶持畜牧养殖业做大做强，全镇有各类养殖户 558 户、规模化养殖场 53 个。扶持农民合作社、家庭农场 179 家。稳步推进阎村石磨面粉、石磨杂粮粉纳入“翼城优品”授权范围。

【工业生产】 2021 年，里砦镇一直关心民营企业的发展，积极推动民营企业项目建设。努力推进宏金源铁矿在建设周期内取得安全生产许可证以及全镇选厂和砂厂的全标准化改造进程。同时，引导企业向绿色转型，向终端产品转型，推进博益砂厂民用建筑材料搅拌站建设项目加快完成前期工作，进入建设阶段。

【三产融合】 2021 年，里砦镇推进石姑山田园综合体核心区建设，完成阎村党员教育基地配套建设，多次承办全县机关单位的培训活动，积极推广石姑庄园农产品，受到消费者的广泛好评，改建粉条加工车间、速冻库以及烘干车间。加强与企事业单位、社会资本的密切合作，举办第三届桃花文化旅游节、阎村端午迪士尼乐园、“阎村耕读小镇杯”作文大赛等活动赛事，促进了第一产业和第三产业融合。编制完成“党建 + 五区 + 五基地”、岳北线美丽乡村连片建设、老官庄村生态旅游度假区及唐文化展厅、唐文化主题广场、西角村军事研学教育基地等规划。

【重点改革项目】 2021 年，里砦镇里砦村现代化育苗基地一期项目完工。翼城县康鑫养殖场建设生猪规模养殖场项目，预计投资 0.05 亿元，完成土地备案。翼城晋益钢结构有限公司，计划投资 0.12 亿元，完成土建工作。里砦镇老官庄薛奎选厂环保深度治理续建项目，计划投资 0.12 亿元。绿牧德品乳业有限公司乳制品加工生产线建设项目，预计投资 0.99 亿元，完成项目立项工作。里砦镇东午寄降解塑料项目，预计投资 0.05 亿元，建成加工厂房。阎村红薯粉条标准化厂房建设工程完工。里砦镇党员教育培训基地项目，完工并投入运营。

【民生保障】 2021 年，里砦镇按照县委要求，将民生保障作为重要工作。10 月初，山西多地遭遇有记录以来最强连续强降雨。山西的灾情引起社会各界的关注，相当一部分农村房屋在洪涝灾害中坍塌，农作物大面积受灾，无法按时收获晾晒。乡镇领导干部第一时间了解群众受灾情况，帮助群众抢收作物。在灾后重建的过程中，认真贯彻落实习近平总书记关于防汛救灾工作的重要指示批示精神，全面落实省委、市委、县委决策部署，把保障和改善民生作为恢复重建工作的出发点和落脚点，以损毁农房修缮加固、抢收抢种、基础设施恢复重建为重点，科学规划，分类施策，确保重建工程建成质量安全、群众满意的德政工程和民心工程，务求使受灾群众的生产生活条件达到或超过灾前水平。先后9次召开里砦镇灾后重建工作专题会议，会上传达中央和省市县有关领导关于防汛救灾工作相关精神和要求，并从农业、住建、交通等方面宣讲生产自救有关政策和相关知识。积极抢修道路，完成里砦村、天马村、东午寄、神沟村、老官庄村部分路段共计16公里修复工作；克服困难，完成5.1万亩小麦抢种任务。全镇31221亩玉米购买玉米保险，全部完成理赔工作，有效减少农户损失。在脱贫攻坚战结束后，为防止脱贫人口返贫，里砦镇实行完善的监测机制，对弱势群体实施更加有效的社会保障，用更加完善、更加全面、更加有效的社会保障网，将最弱势群体和收入相对最低的一部分群体在出现返贫的苗头倾向时，及时兜住，避免绝对贫困再次发生。

【环境保护】 2021年，里砦镇安排秋冬防工作和散煤管控，组织学习《临汾市冬季清洁取暖和民用散煤管控责任追究实施意见》（简称《实施意见》）相关内容，并着重强调其中第六条、第七条和第十二条规定。乡镇领导对各村散煤管控与村民取暖情况进行明察暗访，并把访查结果反映给各村“两委”班子成员，积极督促整改。11月30日，各村党支部书记在镇政府会议室召开秋冬防工作集体约谈会会议，再次强调《实施意见》中的相关规定。

【安全生产】 2021年，里砦镇积极开展安全生产月活动，学习习近平总书记关于安全生产重要论述，党政班子开展学习2次，镇村两级专题学习《生命重于泰山——学习习近平总书记关于安全生产重要论述》电视专题片共21次，开展安全生产“大讲堂”“大家谈”“公开课”“微课堂”和在线访谈、基层宣讲6场。开展“五进”活动，按“五进”要求先后进入学校、村、企业、家庭进行安全宣传，通过悬挂横幅、发放安全小册子等形式营造氛围。应急服务站站长宋小强先后进行6次安全知识讲座。开展“6·16”安全宣传咨询日活动。开展安全宣传咨询活动1场，390人次参与；创新开展线上活动两场，220余人次参与；参与直播答题110余人次；参与网上展览350余人次。开展重要风险点隐患排查工作。经摸排，排查出一般安全隐患10个方面31条，主要包括电力安全、建筑安全、道路安全、消防安全等方面，并就相关隐患出台相应举措，做到积极应对、有效防控。开展安全隐患大检查。紧扣活动主题，坚持贴近实际、贴近企业，集中开展“安全生产月”隐患排查整治工作，督促相关生产经营单位认真落实排查结果。安全生产月期间，开展各类安全检查23次，及时发现各类安全隐患25起，整改完毕。为扎实打好安全、消防工作基础，里砦镇全方位开展安全消防教育，各生产经营单位及各村宣传标语全覆盖，设立咨询台，在里砦初中进行“安全教育宣传千名学生签名”活动。开展全员防震、防火演练，各中小学发起“小手拉大手，平安伴你行”系列活动。在小神沟矿业及宏金源矿业开展防汛实战演练，国有塔儿山林场20人的防火管护队进行防火演练。全镇各村积极发挥“‘小巷总理’+党员团队化服务”作用，掀起一场安全消防教育人人参与、人人知晓、人人遵守的新热潮。

（张雅婕）

隆化镇

【概况】　隆化镇位于县城东22公里处,东临沁水,南接桥上、中卫,西连唐兴、王庄,北毗浮山。2001年,撤乡并镇时由原北撖乡和原隆化镇合并,2020年由原浇底乡和原隆化镇合并而成。总面积268.2平方公里,辖28个行政村,有32个党支部、1732名党员,2.9万人,总耕地面积106841亩,是全县特色农业大镇、煤炭生产重镇、旅游观光名镇。

2021年,隆化镇全年生产总值10.15亿元,生产总值同比增速9%,人均地区生产总值3.5万元,固定资产投资总额1亿元。全镇有企业158家,第一产业增加值7.413亿元,第二产业增加值2亿元,第三产业增加值0.737亿元。农村居民人均可支配收入1.38万元,有市级文明村3个、县级文明村13个。

【基层党建】　2021年,隆化镇以“三大抓手”为着力点,持续优化基层组织建设。把建制度重日常作为主抓手。通过党委书记主动抓、班子成员带头抓、包村干部具体抓和各级党组织负责人亲自抓,形成了层层抓落实、常态抓落实的党建工作格局;先后召开11次党委专题会议、9次党建例会。把“党员先锋365”红色代办服务作为主抓手。针对隆化镇镇域面积大、居住分散的实际情况,党委在距离镇政府较远的10个村实行“党员先锋365”红色代办服务,进门入户帮助群众解决实际困难,打通服务群众“最后一公里”,帮办、代办事项245项。把强班子优场所壮大集体经济作为主抓手。严格村“两委”主干常态量化考核,坚持日常工作周通报、重点工作日调度和常态工作月检点的模式,约谈22人次,调整党组织书记4人,召开专题调度会32场次。坚持“示范引领、全面提升”的原则,重点对北撖村、大河口、南卫、紫琴和两坂枣园4个村进行提档升级。积极为曹村、石村申报壮大集体经济项目2个。对星火紫琴主题公园、两坂枣园党性教育基地、青城抗日民主县政府3个党性教育基地进行提升,青城村申报红色美丽村庄项目。

2021年3月,隆化镇开展“党员先锋365”红色代办服务——代买药　　(王奇　梁馨丹供图)

【党风廉政建设】　2021年,隆化镇以经常性监督检查为支撑点,持续强化党风廉政建设。摸清家底,突出重点。建立28名村两委主干、49名机关干部和28名报账员廉政档案;对80余处不可移动文物安全隐患进行整治、灾后重建和“大棚房”专项清理等进行重点督查检查。注重日常,集中警示。通过廉政党课、主题党日、专题教育等方式开展警示教育,召开警示教育大会3次,签订纪律承诺书117份;采取会前报备、会中督查、会后报告模式,约谈7名违反会风会纪人员。执纪在前,用好“四种形态”。严格执纪问责,处置问题线索28件,其中给予党纪处分10人,诫勉谈话3人,谈话提醒3人,责令检查13人。

【村“两委”换届】　2021年,隆化镇按照“党委判与自己评、向外找与对内挖和择优选与党群推”“三上三下”研判思路,坚持把纪律规矩贯穿换届工作始终,逐村逐人精准对照、分析、研判,党委集中研判13次,开展谈心谈话459人次。完成215人资格审查,完成28个村经济责任审计。

完成28个村"两委"换届工作,除选派村外全部实现"一肩挑"。建立96人回引人才台账,其中回引党组织书记5人。同时,坚持把抓好疫情防控贯穿始终,坚持全过程测温、查码和1米线防护,对423名参加换届选举的镇村工作人员进行核酸检测。

【基层治理】 2021年,隆化镇以党群议事制度为切入点,持续提升基层治理水平。坚持党建引领基层治理,探索实行"党群议事会+党群联心院+特邀说事员"的三级党群说事议事制度,紧扣党委点题、"两委"定题、群众指题和个性说题四种方式,开展说事议事5次,收集意见、建议56条,解决矛盾纠纷13起,在"有事好商量、有事多商量和众人的事众人商量"上做了积极探索。

【党史学习教育】 2021年,隆化镇百堂微课与主题研讨双向发力。每天由党政班子成员、机关干部在晨会上组织开展5~10分钟党史"微课堂",并将"微课堂"向村级延伸,讲中国共产党党史、讲改革发展新变化、讲隆化红色故事,坚持每天学、日日读,组织开展"微课堂"173课,使"人人上讲台、天天学党史"成为习惯。同时,以"学党史、话初心、办实事""我为家乡出份力"以及专题研讨等开展交流研讨活动,加深对党史的认识和理解,真正把学习内容转化为学用结合的成效。"草根名嘴"多元宣讲送课上门。充分利用阎紫琴烈士、两坂七勇士、南卫油坊和青城抗日政府等红色资源,打造"草根名嘴"多元宣讲矩阵,以百姓视角、群众需求和通俗形式,进村入户开展宣讲,围绕贯彻落实习近平总书记在中国共产党成立100周年大会上的重要讲话、党的十九届六中全会精神、四史、防范电信诈骗和非法集资、养老护理、果树管护以及隆化故事等主题组织宣讲179场次,参与宣讲826人次。结合不同群体需求,以"送课上门+网络推送"方式,将党史送进村组、送入校园、送到行动不便党员身边、送向在外流动党员。百幅书画献礼建党百年。以"话党史、颂党恩"为主题,组织开展"百幅书画话党史"书画展来庆祝党的百年华诞,全镇书画爱好者积极参与,参展书画作品108幅;在曹村、浇底村开展"听党话、跟党走"书画笔会,在牢寨村开展离退休党员书画活动,进一步弘扬红色文化,传承红色基因。

2021年4月20日,草根名嘴——北撖小学青年教师刘晶(右立者)宣讲红色故事　(王奇 梁馨丹供图)

【人居环境整治】 2021年,隆化镇"六乱"整治扎实推进。在全县第一次现场集中观摩中,隆化镇"六乱"整治排名全县第二。以"一院两口五边"重点,以集中观摩、随机暗访和分片交叉检查等方式,对发现问题实行台账化管理,确保整改到位、管理到位。发动党员群众6000余人次,清理陈年垃圾850余立方米,清除乱贴乱画920余处,整治乱堆乱放、乱拉乱接310余处,拆除乱搭乱建23处,植树造林21.5公里,打造南卫、青城等特色村标。厕所革命稳步推动,推动完成史村、上吴西、上吴东、紫琴、大河口等村厕所改造998个;通过村自查、镇抽查及第三方公司鉴定的方式,对2016年以来厕所改造情况进行排查摸底,排查改厕3825户,发现问题厕所441座,正加紧落实整改。基础设施惠民更广,第一批"一事一议"项目共4个,总投资130.4万元,全部完工。第二批"一事一议"项目1个,隆化村道路附属工程总投资30.4万元,正加紧施工。在28个行政村主要水利设施加装智能水表,完成黄家铺、上吴西村330块智能水表更换。

【乡村振兴】 2021年,隆化镇投入专项扶贫资金5780982元。翟庄、上吴东、西村和曹村果园配套提升项目,石村唐村自然村、上吴东村李家后自然村和青城村饮水网改造以及青城村污水收集管网铺设工程,浇底村杨家庄自然村,浇底村卫庄自然村、东村自然村水源、油庄河寨自然村和北张村古四垣、杨庄庵自然村水源补充项目,青城村街巷硬化,北撖村蓄水池项目以及浇底苹果种植专业合作社苹果现代示范园建设项目等14个项目建设完成,涉及资金262万元全部支出;隆化镇苹果洗选优选项目在施工中。帮助脱贫人口在民生山西APP申领电子培训券626人,组织举办脱贫人口劳动技能培训460人,争取“雨露计划”补助资金12.9万元,为脱贫户办理贷款210万元。认真落实防止返贫动态监测和帮扶机制排查工作,排查7612户,新确定监测对象3户7人。持续对32户86人“三类户”动态关注,有效防范返贫。为64户脱贫户办理新发展产业补助10.973万元。

【灾后重建】 2021年,隆化镇始终坚持将灾后重建修缮工作作为重要政治任务,实行领导干部包村包户、纪委常态精准督查和每日一调度机制,集全镇之力精准抓好救灾和灾后恢复重建工作。共完成道路抢修54公里,投资20万元;鉴定受损房屋696处,完成受损房屋重建70户,其中砖混34户、轻钢结构12户、回购10户、转移14户,完成房屋修缮93户,完成“一户一档”163户;积极动员党员、干部、群众完成3.55万亩小麦抢种。

【产业发展】 2021年,隆化镇产业模式持续优化。在翟北垣、青城、曹村完成土地托管项目3000亩,玉米土地托管工作处于收尾阶段,广大群众进一步享受农业种植新模式释放的红利。9000亩冬小麦农业托管项目,线上签约工作在实施中。继续全面推广渗水地膜谷子种植,种植4000亩,进一步擦亮“隆化小米”品牌。连翘种植产业持续壮大,组织2个连翘专业合作社,在青城村、石村、浇底村、曹村、黄家铺、西白驹、史村等宜林地新栽植连翘6000余亩,同时积极联系“翼壶好茶”、永济连翘加工企业到黄家铺、浇底等村实地查看,建立连翘药茶供应基地、搭建连翘收购交易平台,延伸产业链条。集体合同持续规范。以农综服务中心为主体,包片包村干部和农村两委主干同步发力,对农村集体经济组织合同进行逐项研究、逐本核查,坚持到村、到组、到人、到地块,做到合同底数清、存在问题清、合同履行清、资金兑付清,完善规范各类合同1082份,挽回集体经济损失57万余元。

【安全生产】 2021年,隆化镇打好安全生产持久战。坚持周排查、月督查、季督导的工作机制,扎实开展“安全生产大检查”“安全生产月”“安全生产三年行动”等专项行动,安全生产隐患排查整治常态高效落实,召开安全生产分析研判会6次,开展专项检查300余家次,发现整改问题隐患87处。组织安全、消防演练2次,组织开展安全生产知识演讲赛。对全部水库、塘坝和河道设立警示标志,对村内泊池加装防护网和防护门。

2021年11月10日,隆化镇东坞岭疫情防控检查站,组织人员24小时值守　(王奇 梁馨丹供图)

【疫情防控】 2021年,隆化镇在常态化疫情防控期间,摸排重点区域返乡人员117人。完成第一针疫苗接种19383人,完成第二剂接种

18437人,召开专题调度会8次。设立东坞岭防疫检查站1个;储备帐篷、消毒水、口罩、防护服等防疫物资。

【生态环保】 2021年,隆化镇全面打好护林防火攻坚战,设立95个检查站,成立103人的巡查队伍,在黄家铺等14个村实行秸秆还田19350亩,下发秸秆还田资金483750元。严格落实镇干部包片包村、村干部包户包地块和护林防火员包山头包坟头的全员防火机制,保证了全镇在防火特险期无明显火情发生。对全镇"散乱污"企业进行再次"回头看",取缔1处散煤场。开展"大棚房"专项整治,拆除废弃看护房35处。在大河口自然村推进"煤改电"工作,完成208户"煤改电"任务,完成率119%。同时,常态化加强建筑施工单位、沿线厂区等扬尘管控,严格落实"河长制"常态化巡查,进一步筑牢生态屏障。

(王 奇 梁馨丹)

王庄镇

【概况】 王庄镇地处翼城县正北,与浮山县接邻,由原王庄乡和原辛安乡合并而成,是典型的丘陵区。2021年3月,根据行政区域划分和工业园区调整需要,将王庄涉及翼钢的2个行政村上石村、北冶村调整至唐兴镇,将隆化镇史伯村调整至王庄镇。

全镇面积126平方公里,总耕地面积8.6万亩,主导产业种植小麦、玉米,种植的经济作物以苹果、核桃、连翘、玉露香梨为主。全镇有企业38家,其中非煤矿山12家、选矿场9家、沙场7家、冶铁铸造2家、加油站6家、面粉厂1家、洗煤厂1家。全镇辖18个行政村,共8451户、28105人;全镇有27个党支部,党员1136人,其中农村党员907人。脱贫村驻村第一书记2人,选派干部3人。

2021年,王庄镇农业生产总值完成1.51亿元,粮食总产量2938万公斤,农民人均纯收入11302元,人口自然增长率2.9‰,固定资产总投资0.245亿元,各项经济指标平稳向好。

【基层党建工作】 2021年,王庄镇采取三项措施提能力,紧紧围绕提升干部队伍工作能力,结合党史学习教育要求将线上学习和线下学习进行有效结合,组织理论中心组学习12次、机关集中学习47次、基层支部集中学习67次,组织党员干部研讨8次,切实提高干部队伍学习主动性。开展2次季度考核,按照多劳多得、奖优罚劣原则,严格依据考核结果兑现干部工资,通过考核提高了干部干事创业主动性和能动性。组织党政班子成员、机关干部、各村党支部书记签订换届纪律承诺书,并组织党员干部认真学习换届纪律,确保换届期间风清气正。组织机关全体人员、各村"两委"主干集中收看警示教育片《以镜为鉴》,进一步警醒党员干部要坚定理想信念,自觉做到防微杜渐。2021年,镇纪委结合当前各项重点工作,约谈干部12人次,对2名干部违规违纪行为进行全镇通报。对各村落实《王庄镇关于加强"三重一大"事项监督工作办法(试行)》情况进行3次督查,形成镇村两级廉政风险防控监督体系,干部队伍作风建设有了明显改善。

五大行动夯基础。开展壮大集体资产专项行动,清理完善村集体资产合同124份,全镇清收集体流失资金88.08万元;18个行政村集体收入5万元,达到100%。软弱涣散党支部整顿专项行动。2021年,王庄镇确定1个软弱涣散党支部,针对该村存在问题,对支部负责人进行调整,村各项工作进展顺利。基础设施提升专项行动。龙女村投资2万元对基层组织场所进行标准提升,岳庄村投资8万元对基层组织场所进行标准提升,王庄村投资5万元对基层组织场所进行标准提升,郑庄村、王庄村、岳庄村共投资27万元对其基层组织场所进行提档升级。开展党内政治生活提质专项行动。坚持每月28日组织副书记例会制度，认真落实“党日活动+”，每月1日组织开展党日活动，将政策宣传、议事论事、志愿服务、学习培训等活动同党日活动进行有效融合，党员开展义务清扫1500余人次，结合“1+3+N”党员联户开展夏收、防电信网络诈骗、新冠病毒疫苗接种等志愿服务1500余人次。为137名在党50年老党员发放纪念章。结合“我为群众办实事”党员干部共解决群众急难愁盼事项128件，发挥党员先锋模范作用和支部战斗堡垒作用。开展干部队伍增容专项行动。“一肩挑”工作全面完成，实现了干部队伍全面优化，对干部队伍开展5次专题培训，提升党员干部队伍履职能力。2021年，培养发展党员27名，储备积极分子27名，储备后备干部63名，为换届储备人才队伍；对第一书记、选派干部、驻村工作队严格加强管理监督，提升其服务能力。

2021年12月，王庄镇各村完成“两委”换届工作
（吕俊丽　郑晶晶供图）

“四个”一批优队伍。通过超前储备一批、精挑细选一批、铁腕狠刹一批、高票当选一批，完成换届任务，“两委”干部有108人，45周岁以下干部57人，超过既定目标8%；35周岁以下干部27人，超过既定目标8%；女性委员31人，超过既定目标10%；大专及以上学历48人，超过既定目标27%。

【冶中村搬迁】　2021年，按照县委部署，王庄镇承担冶中村搬迁工作，先后召开10余次工作组专题会议研究搬迁方案，积极对接三合会计事务所，利用1个月时间完成前期评估，为搬迁提速打下坚实基础。搬迁过程中，经过1个月前期摸底工作，耐心细致做群众工作，克服重重困难，7天完成181户农户合同签订，完成搬迁任务。

【入企帮扶】　2021年，王庄镇针对励鑫、中腾等9家企业安全生产存在的突出问题，将这9家企业列为重点帮扶单位，职能站所在2021年坚持入企帮扶工作，对企业薄弱的安全生产环节给出许多针对性帮扶指导。为城东钢铁厂盘活提供便利条件，为企业出谋划策，积极帮助其招商引资，城东钢铁厂完成厂内基础设施拆卸，为新企业入驻提供便利，为企业盘活提供良好发展环境。

【产业升级】　2021年，全镇发展连翘18278亩，成活率97%；辛史、鄗里两村栽植苹果新品种秦脆110亩，建设2个矮化密植示范园，苹果经济林达1.15万亩。栽植谷子5000余亩，注册完成公德山有机小米品牌。栽植玉露香梨3000亩，开发玉露香梨产品钰森梨酱。实施小麦农业托管，托管面积1.8万余亩。实施玉米农业托管，托管面积1200亩。

【农业基础设施建设】　2021年，王庄镇就连翘深加工项目与临钢公司、县自然资源局进行对接，办理土地手续。投资146万元，完成辛史苹果园区水肥一体化项目建设。投资126万元，完成孝义村深井建设及配套项目，等待验收。完成辛史村通道绿化2.5公里，共栽红叶李等树木1000余株。利用“一事一议”资金50余万元，完成新村、王庄2个村基础设施提档升级。岳庄、曹家坡等5个村组智能水表更换项目开工建设。新村移民工程项目完成前期项目协调工作，等待开工建设。投资3万元，完成辛安村路灯安装。完成566个改厕任务。县人大调研和观摩连翘栽植、通道绿化工程，给予一致肯定。

【乡村振兴与巩固脱贫成果】 2021年，王庄镇完成防止返贫动态监测和集中帮扶排查工作，需持续监测农户2户。投资64万元，实施丹朱村苹果园区水肥一体化项目。投资6万元，建设丹朱村自然村饮水安全提升项目。持续推进史伯村旅游扶贫项目。乡村振兴工作有力推动。

2021年6月，丹朱村苹果园区水肥一体化工程完成
（吕俊丽 郑晶晶供图）

【防汛救灾】 2021年，王庄镇出动人力1136人次，排查安全隐患378处，设立预警标志165处，动员躲迁群众911户、1988人，排除安全隐患97处，处置安全隐患112处。通过精准摸排、精准包联、精准施策、精准落实的“四个精准”做法，做到了四级包联责任明、一户一策方案准、有序推进严监督，利用20天时间完成61户重建任务，修缮29户。重建工作先后被新华社、山西电视台、临汾电视台、翼城电视台报道，先进经验做法被广泛宣传。

【农村“六乱”整治】 2021年，王庄镇召开动员部署会、推进会6次，刷写固定标语18条，悬挂条幅26条，发放宣传倡议书5000份。全镇出动挖掘机、铲车、清洁车等大型机械550余台次、劳动力1100人次，清理建筑垃圾230立方米、乱堆乱放174处；拆除乱搭乱建、残垣断壁和有碍观瞻的建筑58处；清理交通主干道隔离带和绿化带76公里；整治乱扔乱倒垃圾176处；清理乱贴乱画247处。通过整治，全镇面貌焕然一新。义务清扫由每月2次增加到每月4次；投资15万元，用于村村建立道德银行，用于奖励积极参与“六乱”整治的农户，全力推进“美丽庭院”创建工作，切实营造人人知晓、户户参与的良好氛围。

【文旅融合】 2021年，推进河上公德山旅游景区二期工程建设，完成山顶观景平台建设，山顶餐厅主体工程正在实施。投资300万元的古署避暑山庄景区基础设施建设提升工程完成前期立项审批；投资70万元，完成史伯村露营基地、护坡加固等基础设施提升。深入挖掘开发介子推文化，投资2万元在王庄村设计制作介子推典故文化墙。举办“筑梦王庄 再创辉煌”庆元旦迎新年暨《后稷传奇》新歌发布会；开展群众文化活动，举办知识竞赛、“同唱红歌、共忆历史”红歌大合唱等活动，举办“庆五一”干部职工趣味运动会，举办“学党史、悟思想、提能力”党史知识竞赛等大型活动，各村在“三八”妇女节、端午节、“七一”等节点开展活动，共同为共产党百年华诞献礼。

【基层治理】 2021年，王庄镇基层治理扎实有效。大力推进“1＋3＋N”基层治理模式，通过党员联户组织落实“六乱”整治、疫苗接种、防电信网络诈骗宣传等各项社会治理工作，举办“同唱红歌 共忆历史”红歌大合唱，党员干部、群众参与1000人。为切实推进“三零单位”创建，全乡创建5个金牌调解室成功调解矛盾纠纷27起，开展法治宣传5次，举行民法典讲座1次，发放法制宣传页2000余份，举办法治讲座1次，开展法律援助20余人次，开展法律调解25次，法治建设水平有了明显提升。党员干部依托新时代文明所（站），开展义务清扫、植树造林、防电信网络诈骗宣传、夏收志愿服务等志愿服务500人次，党员干部依托便民服务室，为群众提供便民服务5000余人次。依托党群议事会共收集群众意见21条，解决群众反映强烈的问题12个，有效解决群众烦心事和揪心事，社会综合治理水平进一步提升。

【环境保护】 2021年，王庄镇对“大棚房”清理专项整治工作进行认真梳理，实地核查，查缺补漏,共摸排清理设施用地301宗,其中设施用地140宗、看护房161宗。至2021年年底,拆除乱占耕地建房46处,完成6宗设施用地上图入库。深入开展生态环境治理攻坚行动,开展环保巡查工作,严厉查处焚烧秸秆违法行为。通过张贴市政府通告50张,录制宣传音频广播、出动宣传车、张贴标语和通告、入户宣传等方式,大力宣传秸秆和麦茬禁烧的政策危害及处罚规定。

【安全生产】 2021年1—6月,王庄镇组织各类联合安全检查组48组,出动检查人员350余人次,检查企业238家,下达各类执法文书238份。排查隐患817条,整改817条;立案处罚2家,罚款20万元。5月11日,在志鹏工贸公司组织开展防煤气中毒事故应急演练,并进行"5·12"防灾减灾宣传,参与200余人。6月15日,组织开展2021年度"青安杯"职工安全知识竞赛,镇直机关、职能站所、行政村负责人、企业职工代表200余人参加,进一步引导企业员工深化对安全生产相关法律法规知识的了解,扩大隐患自查自改工作实效,筑牢企业安全生产基础。

【应急救灾】 2021年,王庄镇开展防灾减灾救灾的应急救援演练,及时统计自然灾害受灾情况,向上级应急部门申请调拨救灾物资。截至2021年年底,申请救灾资金12万余元、各类救灾物资1500余件。对全镇18个村进行细致的地质灾害隐患排查,全部下发地质灾害安全通知书、避险卡和明白卡,对排查的隐患采取设立警示标志和围警戒线等措施,并加强监测和巡查。

【社会事业】 2021年,王庄镇紧紧围绕"人人持证,技能社会"要求,依托新时代文明实践所(站)举办经济林、畜牧养殖、劳动就业、家政服务等培训10余次,受训566人次;领取培训券500余人。新冠疫苗接种10388人次,达到常住人口的50%;曹家坡、郑庄等8家老年人日间照料中心运行良好。按照省纪委监委反馈的涉及历史文物保护的问题,逐一整改落实,完善"镇—村—点"三级联防体系,充实文物保护队伍,对辖区内所有县级文物保护单位完成消防设施配备,进一步提高了防护水平。

2021年,各村老年日间照料中心运行良好
(吕俊丽、郑晶晶供图)

【基础设施建设】 2021年,王庄镇完成北冶村冶中自然村181户758人搬迁工作。稳步持续推进华拓旅游公司河上公德山旅游开发二期工程;投资550万元,建成小米加工厂1座,注册公德山有机小米品牌商标。完善北丁、孝义千亩玉露香园区栽植管护基础设施建设提档升级,打造现代化农业产业园区。投资126万元,完成辛史村园区滴灌项目。投资120万元,完成孝义深井建设及配套项目。投资64万元,完成丹朱村苹果园区水肥一体化项目,完成566座改厕任务。投资50万元,完成王庄、新村2个村"一事一议"项目工程。投资60万元,完成新村和殷庄自然村移民工程。完成龙女村"煤改电"209户、北丁村"煤改电"450户。投资940万元,完成郑庄至王庄段9.4公里"四好公路"。投资23万元,完成郑庄、岳庄等村基层党组织标准化规范化建设提升项目。完成小麦托管面积18000亩,完成600亩露天蔬菜种植。开展人居环境"六乱"整治专项行动。投资82万元,完成史伯村文化旅游基础设施提升项目。投资147万元,完成史伯村人畜吃水项目。

(吕俊丽　郑晶晶)

中卫乡

【概况】 中卫乡地处翼城县中东部，西连县城南环路，东接晋城市沁水县张马村，北与唐兴镇、隆化镇接壤，南与南梁镇为邻。区位优势显著，交通条件便利，东西距离约25公里，南北距离约6公里。地势东高西低，呈带状分布，分为山地、丘陵和平川。全乡辖17个行政村，3.3万人，乡域面积142.2平方公里，耕地7.1万亩，林地5.9万亩。乡党委下设8个党总支、37个党支部，有1312名党员。

全乡行政事业人员有68人，党政班子成员有11人。公务员编制37名，实有33名；事业编制35名，实有35名。2021年，中卫乡固定资产投资额2332万元，实现工业总产值6.7亿元、营业收入6.8亿元、农民人均纯收入1.18万元；粮食总产量达到3.9万吨。

【基层党建】 2021年，中卫乡扎实开展党史学习教育，以"四个结合、四个下功夫"确保学习入脑入心。将党史学习教育同增强理论修养、传承优良传统、践行初心使命、提高服务群众本领相结合，在"用功学、用情讲、用心改、用力做"上下功夫。创新采取"3633"党员促学模式，干部党员"3个带头"、在家无职党员"6个争当"、外出流动党员"3个作用"、行动不便党员"3个送到"，通过精准发挥党员作用，推动党史学习教育在农村落地生根。开展专题交流研讨8次，宣讲红色故事18个，开展庆祝中国共产党成立100周年系列活动10余场，完成党员个人"我为群众办实事"项目670件。开展"争先、进位、崛起"解放思想大讨论活动，召开翼城县省市县党代会精神中卫宣讲报告会，制定"三项清单"（问题清单、整改清单、责任清单），把党代会精神贯彻到各项事业发展中。

聚焦选出好干部、配出好班子、换出好风气的"三好"目标，高质量完成了农村"两委"换届工作。采取"345"工作法，以"三早"为主线，把牢工作方向。坚持早谋划、早宣传、早部署。以"四先"为重点，提升工作质量。坚持学习培训先行、人才储备先行、规范整顿先行、财务审计先行。以"五关"为核心，深化工作实效。严把选举程序关、人选关、风险关、纪律关、交接关。16个村实现"一肩挑"，选出"两委"干部95名，年龄结构明显优化、学历水平显著提升。

2021年9月30日，中卫乡机关党支部在天池山举办"传承红色基因 继承革命传统"主题红色经典诵读活动
（杨澜供图）

深入推进意识形态工作，建立"党旗红"带动"志愿红"机制，形成党建引领志愿服务"四个三"（三级带动建队伍、三支品牌领队伍、三套机制管队伍、三项活动育队伍）工作模式，新时代文明实践成为新风尚。全力拓宽集体经济发展路径，全乡17个行政村中，村集体经济收入在10万元以上的有8个，50万元以上的1个，完成目标任务。推动活动场所提档升级，完成5个村受灾场所的修缮，实现村级党群服务中心"一站式"综合服务。高效完成软弱涣散党组织四平村党总支整顿提升。储备后备干部61人，发展党员35人、入党积极分子12人。持之以恒正风肃纪，深入反"四风"，收集各类问题线索33件，给予党纪处分10人、诫勉谈话1人、组织处理4人，从严管党治党责任进一步落实。

【现代农业】 2021年，中卫乡立足优势资源，扩大特色农产品种植面积，发展甘泉红优质苹果2000亩，中卫、辛庄种植玉露香梨100亩，四平村、店上新村优质小米800亩，武子官庄、南北绛连片种植优质大葱1000亩。完成武子官庄河东农业种植合作社、甘泉苹果种植专业合作社的苹果绿色认证。新培育家庭农场4家，打造4个果树绿色标准化示范基地。养蜂业得到有效规范，组织全县翅果油研讨现场会，并迎接专家现场指导。

2021年4月28日，翼城翅果油树保护与开发研讨现场会在武子官庄村召开　　（杨澜供图）

【工业发展】 2021年，中卫乡全力加快工业振兴步伐，以“处僵治困”为抓手，继续盘活闲置土地，引进新兴产业项目，新强建材公司二期PC项目全面推进。强化项目对接和沟通，紧盯项目落地、开工、建设各个环节，解决好推进过程中遇到的困难和问题，全力加快项目进度，确保落地见效。坚守安全绿色发展底线，鼎焱煤业有限公司一级标准化达标通过县级验收，石英石料厂办理采矿许可证延续手续。

【文旅融合】 2021年，中卫乡突出景区化建设，绘就“生态富美”新画卷。依托优势资源禀赋，打造以“慢生活、新体验、享乡趣”为主题的特色“四区”新平台。以浍史村为核心，串联翼张线沿线各村，围绕翼城古八景之一的“花谷香风”，打造集养生和服务于一体的乡村宜养区。围绕甘泉苹果、岳庄核桃、吴寨甜柿子、浮图有机葡萄等规模化农业产业园区，打造集娱乐和采摘于一体的休闲度假区。以“中国翅果油之乡”为核心，打造集观赏和休闲于一体的生态游览区。围绕甘泉、塔儿山、岳庄革命老区，打造集研学和旅游于一体的红色文化体验区。突出“分区连片、互动对接”，真正实现融合发展新业态。

【乡村振兴】 2021年，中卫乡项目接连落地，产业多点开花。以项目建设为依托，投资49万元，实施翼城县中浮图村翼城浆水标准化建设项目。投资58万元，实施浮图村大樱桃项目，特色农产品效益进一步提升，为乡村产业兴旺注入新动能。以“六乱”治理为契机，采取“三项举措”（党建引领 动员全民参与；明确目标 精准台账销号；重点突破 提高整治标准）“五个机制”（村规民约、“门前五包”、环卫管护、义务清扫、成效考核），着力改善农村人居环境。填埋垃圾堆30余处1500余立方米，拆除违建43处，清理乱堆乱放、违规广告60余处，建立“美丽庭院”150余处。高标准打造浍史片示范点，在临汾市农村“六乱”整治督查组第三组督查过程中得到市、县领导一致好评，在全县整治农村“六乱”观摩中排名第一。浍史片、吴寨片14个行政村全部确定专人专车集中收运垃圾，形成户收集、村清运、垃圾不落地的长效机制。

提升基础设施，美化乡村环境。持续推进“厕所革命”，完成木坂村、吴寨村、南北庙村、辛庄村、贯上堡村585座户厕改造。推进农村“四好农村路”建设，人望村至浍史村田间道路竣工。充分利用“一事一议”财政奖补项目，投资11万元，完成后洼村村道拓宽工程；投资55万元，完成浍史村西门坡柏油路铺设工程；投资32万元，完成南庙村下水道一期工程；投资33万元，完成中卫村下水道及道路硬化工程。

深入推动创城，树立文明乡风。全乡建有新

时代文明实践所1个、实践站17个，实现新时代文明实践有阵地、有制度、有队伍、有活动。全乡建设道德银行6个，农家书屋全覆盖，辛庄村“时间银行”探索以“时间”换“时间”、以“服务”换“服务”的模式，形成“人人参与志愿服务”的良性循环机制。开展评选活动，表彰乡级“三八红旗手”10名、“最美奋斗者”8人、“最美志愿者”8人、星级文明户31户。营造学习先进、崇尚美德、争当模范的浓厚氛围。

【民生保障】 2021年，中卫乡以群众需求为第一信号，办好民生实事。持续推进巩固脱贫攻坚成果同乡村振兴有效衔接，组织开展脱贫劳动力技能培训，未就业脱贫劳动力申领电子培训券245个，160余人参加手工编织、烹饪培训，提升自身技能水平。积极落实各项机制，做到教育、金融、产业、动态监测“四个到位”。秉持“生命至上”理念，汛期先后投入机械50余辆、300余人次，抢修抢通乡村道路80余公里。牢固树立责任意识，全力做好灾后重建工作。建立日调度机制，通过点对点摸底、一对一明责，抢抓工期，一个月内完成全乡52户不安全住房修缮加固及重建工作，其中新建5户、转移11户、修缮加固36户，保障受灾群众温暖过冬。

2021年12月15日，中卫乡举行灾后重建集体入住仪式　（杨澜供图）

社会救助资金全部发放到位，为残疾人发放困难残疾人补贴和重残护理补贴，为特困户、低保贫困户发放防寒服和毛毯185套，为生活困难的69户群众发放救助款3.37万元。组织老年日间照料中心负责人和安全员参加业务知识培训，保障老年人幸福晚年生活。全面完成基本养老保险、补充养老保险缴纳工作。督促妇女进行“两癌”筛查，完成防治知识宣传。慎终如始抓实疫情防控，严格落实防控措施，全乡18周岁以上常住人口17043人全部完成疫苗接种，并开展5轮核酸检测应急演练。

汇聚合力开展“双减双抢”，组织志愿者帮助群众抢收玉米，协调县直各包联单位为浍史片、吴寨片“六类户”（脱贫户、低保户、特困人员、残疾人户、监测户、孤寡老人）抢收玉米110余亩，积极调配各农机合作社农机高效作业，抢收玉米3.1万余亩，抢种小麦2.8万余亩，打赢“双减双抢”秋收保卫战。完成农村房屋安全信息采集，对排查出的问题建立“两清单、一台账”，发现一般隐患10处，全部完成整改。推进乱占耕地建房问题整治，完成整改38个，坚决防止耕地非粮化、非农化，守牢耕地红线。着力丰富群众文化生活，开展辛庄、南北庙“送戏下乡”活动，切实提升广大群众的获得感、幸福感、安全感。

【安全生产】 2021年，中卫乡以有效保障筑牢安全屏障。严格落实安全生产责任，加大安全监督检查力度，开展各类安全隐患排查25次，整治隐患27处。强化宣传教育，开展“明职责、会方法、勇担当、保安全”大讨论活动，提升安全意识。开展安全专项整治，及时消除事故隐患。深入开展地质灾害防治、防汛、消防、道路交通隐患治理、危险化学品安全专项整治等工作。在汛期组建防汛抢险队伍18支，实行雨前、雨中、雨后三排查，确保全乡平稳度过汛期。森林防火期间，利用条幅、新媒体平台广泛宣传，采取网格式巡查，确保森林资源安全。严厉打击私挖盗采，出动车辆40余次，巡查人员90余人次，保障全乡矿产资源有序开采。

【环境保护】 2021年，中卫乡以生态绿色提升发展成色。聚焦贯彻“两山”理念，持续发力打好“蓝天、碧水、净土”保卫战。大气污染防治成效明显，“禁煤区”8个村严格实施散煤管控，扎实开展清洁取暖改造区“三清零”（清煤炭、清锅炉、清燃煤灶具）工作，全乡清缴散煤25吨、燃煤设施79台。乡村合力、部门联动，对26家“散乱污”企业进行“回头看”。水污染防治持续加强，对辛庄村污水管入河口进行维修，有效解决污水口溢流问题。强化面源治理，充分发挥“河长”作用，抓实日常巡查，浍河流域河道通畅、岸边整洁。土壤污染防治工作稳步推进，高速沿线“五堆”（砂堆、煤堆、渣堆、土堆、垃圾堆）整治专项行动成效显著，全面清理垃圾堆、反光膜以及垃圾场22处，有效整治固体废物1处。

【基层治理】 2021年，中卫乡守牢社会治理界线，不断推进“五老说事”和党群议事会创建，做到小事不出村、大事不出乡。完善“党支部书记（网格长）+专职网格员+网格党小组+志愿服务先锋岗”工作模式，组建161个网格党小组，设置363个党员先锋岗，高效化解矛盾纠纷，形成“全科服务、全域联动、全时运转”的网格化管理服务模式。开展“法治同行、送法入企”等宣传活动，每村配备“法律明白人”，为群众提供法律咨询服务。切实防范电信诈骗、防范非法集资，提高群众风险防范意识，发放宣传资料800余份，接受现场咨询10余次。信访工作坚持“控旧治新”，定期分析研判。深抓排查出的疑难重点信访矛盾，严格落实“五包一”（包案领导、案件化解责任人、案件化解具体承办人、教育稳控负责人、法律工作者）责任制。

（杨　澜）

南唐乡

【概况】 南唐乡位于翼城县西，东连唐兴镇，西接曲沃县，南与绛县接壤，北与里砦镇毗邻。境域东西长约8公里，南北宽约7公里，全乡面积约51平方公里，共7426户、27608人，常住人口20683人。乡辖南唐村、云唐村、北唐村、东唐村、北史村、符册村、范牛村、樊店村、下阳村、河浍村、西下坪村、东下坪村、晓史村、原村14个行政村，耕地面积4.4万亩。全乡下设18个党支部，共有党员845人。

2021年，南唐乡固定资产投资4680万元；粮食耕种面积81180.68亩，其中小麦耕种面积45535.2亩，玉米种植面积35645.48亩；粮食总产量3.303万吨，其中小麦1.78万吨、玉米1.523万吨。

【基层党建】 2021年，南唐乡聚焦从严管党知党，严格落实“两个责任”，建立乡村两级“两个责任”清单，实施项目化管理，建任务台账，不断推动乡村两级党组织切实担负起管党知党的政治责任。加强日常监督，常警醒、严问责，2021年开展警示教育6次，给予党内警告4人。聚焦乡村两级换届，加强基层组织建设。完成乡村两级班子换届工作，配齐配强干部队伍，全乡干部队伍的整体活力和干事创业动力明显提振。全年发展党员24人，积极分子15人，为基层党组织注入新鲜血液。完成范牛村软弱涣散党支部整顿转化。投资60余万元，完成机关大院提档升级；投资5万元，完成乡综合文化站、南唐舞台的维修；投资30万元，完成范牛、云唐和晓史3个活动场所置换和配套完善；投资8万元，完成新时代文明实践站和道德银行全覆盖。有效推进活动场所标准化、规范化、制度化建设，基层组织战斗堡垒基础不断夯实，同时完成春季征兵任务。聚焦党史学习教育，提升干部队伍政治素养。乡党委结合党史学习教育，积极创新学习载体，用好智慧党建“云宣讲”、党史展演“全课堂”、红色资源“活宣讲”、农民诗书画“微宣讲”四个载体，开通“学党史、治党情、铸党魂”网络知识竞赛，开展“八百人百字心得”活动，推动学习成果转化为“我为群众办实事”的内生动力，确保群众“急难愁盼”问题解决到位。聚焦意识形态责任落实，牢牢掌握意识形态工作领导权。南唐乡党委始终把意识形态工作放在重要位置，通过定期召开意识形态工作专题会、分析研判会议、工作推进会，实现部署及时、掌握情况及时、解决工作问题及时“三及时”，把意识形态工作纳入党建工作责任制，与全年各项重点工作同部署、同落实、同检查、同考核，为“十四五”起好步开好局提供了强大的思想保障和舆论氛围。

【特色产业】 2021 年，南唐乡投资 600 余万元，完成垣下高效草莓设施农业项目建设，修建大棚 85 个。投资 100 余万元，完成符册村温泉黄瓜大棚园区扩建项目，新建大棚 7 座。完成下阳村 400 亩樱桃种植，为万亩小水果采摘园建设打下坚实基础。

【招商引资】 2021 年，南唐乡投资 1500 万元，引进樊店村永鑫建筑服务有限公司，实现建筑垃圾回收再利用，该公司试运营。投资 150 万元，引进东唐乾南服装有限公司，组织开展招聘会，招聘工人 20 余人，帮助解决用工难的问题。全乡企业发展环境不断优化，经济发展基础稳步巩固。

【文旅融合】 2021 年，南唐乡成功举办南唐乡第三届“古唐新韵”文化活动周和第三届关公文化传统文化节系列活动。开展“五一”打卡旅游、“十一”近郊采摘游，推出河沄高钙草莓、符册黄瓜采摘和樊店关帝庙、范牛孔庙集采摘、观光、研学于一体的旅游路线，共接待游客 300 余人次。

2021 年 11 月 18 日，南唐乡第三届“古唐新韵”文化活动周开幕式暨“情系百姓”文化惠民下乡演出
（陈龑 崔鹤霞供图）

【脱贫与乡村振兴】 南唐乡有贫困户 159 户 528 人，全部脱贫。根据防止返贫动态监测和帮扶机制工作，新纳入严重困难户 3 户 12 人；脱贫监测户 3 户 8 人，边缘户 5 户 16 人全部归类为严重困难户；“风险回退”监测对象归纳为严重困难户 2 户 3 人。2021 年，5 名贫困学生享受“雨露计划”资助 1.5 万元，2 名本科大学生申请补助资金 1 万元。全乡汛期倒塌受损房屋修缮及重建 14 户，其中涉及脱贫户 5 户，全部完成。完成危房改造 9 户，其中边缘户 7 户、“四类”人员户 2 户。

2021 年 8 月，清洁取暖改造安装空气能设备
（陈龑 崔鹤霞供图）

【污染防治】 2021 年，南唐乡严格按照秋冬防要求开展“三清”，清洁能源煤改电得到有力推进。常态化开展巡查，严禁一切野外用火，坚持绿色引领，投入绿化资金 7.3 万元，绿化道路 10 公里。清理河道违规种植农作物地块 4 处，面积约 300 平方米，清理河道垃圾 890 立方米；投资 10 余万元，完成 3 处河道断桥处理。扎实开展

“六乱”整治,全乡出动铲车、三轮车等机械550余台次、劳动力1080余人次,收运垃圾200余立方米,清理乱堆乱放320余处,拆除乱占耕地违建44处,整修路面、隔离带和绿化带56处;整治乱搭乱建、乱挂乱贴176处。

【安全生产】 2021年,南唐乡全面开展安全隐患大排查,坚持每月一次联合检查,每月一次安全例会,狠抓安全意识提升,坚决打击违法生产行为。扎实开展自建房排查工作,存在风险的经营性自建房1户、农户自建房4户、非自建房5户,全部排查完成。

【基层治理】 2021年,南唐乡扎实开展大棚房专项清理整治“回头看”工作,排查设施用地共计1176宗,按养殖用地、看护房、大棚等分门别类建立一户一档、一棚一档电子档案。完善矛盾纠纷多元化解体系建设,建设3个党群议事会,将矛盾纠纷化解在基层、化解在萌芽状态,深入推进扫黑除恶工作,行政拘留5人,刑事拘留4人,完成建党百年、党的十九届六中全会、省十二次党代会和市五次党代会安保工作。扎实推进平安建设,全年重点开展防范电信诈骗和非法集资、公共法律服务“一码通”推广和禁种铲毒工作,信访总量呈下降趋势。

【社会事业】 2021年,南唐乡常态化开展疫情防控工作,坚决做好返乡人员摸排管控工作,全面开展新冠病毒疫苗接种工作。完成下阳村、南唐村、北唐村、北史村卫生室标准化改造升级。组织开展妇女“两癌”免费筛查政策宣讲活动。完成下阳、晓史小学闲置校室委托村委会监管使用协议。积极稳妥推进义务教育阶段学校撤并工作,完成北史、云唐2所幼儿园前期准备工作。推进补充养老保险工作,全乡共缴纳补充养老保险任务6235人。开展“惠民生 促就业 助发展”专场招聘会,300人求职应聘,64人初步达成工作意向。开展培训16期,培训1000余人,180余人通过考试并取得专业职业技术资格证书,增强了劳动者的就业能力。全力做好医疗保险缴费工作,大力推广电子医保卡激活应用,广泛宣传、引导群众申领、使用,方便群众生活。农业惠农政策全面落实,低保、特困、临时救助、敬老金、中餐补贴和耕地地力保护补贴全部发放到位。文化事业方面,围绕建党百年,开展“颂百年党恩 绘千秋伟业”3期线上诗书画展、“永远跟党走 舞动新时代”广场舞大赛、“巾帼心向党、奋斗新征程”庆“三八”主题插花活动、“庆丰收、感党恩、迎国庆、颂祖国”文艺会演和庆祝中华人民共和国成立72周年原创诗歌朗诵会,文化特色不断彰显。

2021年11月1日,“惠民生 促就业 助发展”专场招聘会举办　(陈龑 崔鹤霞供图)

【重点项目】 2021年,南唐乡投资47.5014万元,完成晓史村苹果园区配套提升项目,可以确保晓史村400亩苹果园区,南岭、北岭1300亩农田的有效灌溉。投资30万元,实施北唐村自来水管网改造工程,铺设自来水管道5080米,解决村民生活用水问题。投资21.53万元,实施河沄村亮化工程。投资1500万元,建设樊店村永鑫建筑服务有限公司,实现建筑垃圾回收再利用。投资25万余元,实施云唐村、北唐村、原村供水一体化工程。投资600余万元,实施垣下草莓园区高效设施农业项目建设。投资320余万元,实施下阳樱桃园区扩建项目。投资82.2万元,完成11个村411户厕所改造任务。投资122万元,完成东下坪文化活动室和文化广场建设。在河沄村实施太空1号大蒜推广项目,落实种植面积104亩。完成垣下清洁能源改造工程。

(陈　龑　崔鹤霞)

桥上镇

【概况】 桥上镇位于县城东25公里处，全镇总面积70平方公里，耕地面积21142亩。全镇辖9个行政村，76个自然村，共有10060人，以汉族为主，党支部11个，党员426名，其中包括413名正式党员、13名预备党员。东临沁水县，南连中卫乡，北接隆化镇，是历山、霸国遗址、佛爷山风景区的中心地带。桥上镇交通便利、资源丰富、民风淳朴、历史悠久。桥上镇煤炭资源丰富，境内侯月线纵贯而过，晋侯高速在刘王沟村设有进出口。农业以小麦、小米、玉米生产为主，连翘种植初具规模，第三产业以运输、商贸业等为主，形成以农业为主，运输业、商贸业为辅的产业格局。

2021年，桥上镇全年总产值112331万元。一产产值3255万元，包括蔬菜740万元、蜂蜜150万元，粮食作物2365万元；二产产值106796万元，包括加工业产值120万元，煤炭产值106676万元；三产产值2280万元，包括加油站80万元、饭店和便民商店1500万元、"三农"物资服务600万元、服务业100万元。全镇人口10060人，人均收入10493元。

【基层党建】 2021年，桥上镇在一流标准党支部基础上再提标，投资30余万元，完成桥上、庄里、上交、黄家垣4个村活动场所提标升级。在严格执行"三会一课"制度的基础上再探索，形成"三述三评"考评机制，测评结果与干部岗位报酬和党员年终评议直接挂钩，倒逼党员干部干事创业。在增加集体经济产业收入上出实招，坚持支部引领乡村振兴，引导黄家垣村开展农业托管8900余亩，动员各村党支部组织签订托管协议、拓宽田间道路，动员党员干部牵头开展"耕种防收"作业，有效解决了山区劳动力大量外流带来的种地难题。组织各村谋划10个产业振兴项目、4个基础设施项目，推动巩固拓展脱贫攻坚成果与乡村振兴有效衔接。完成良狐村20万元肉牛养殖壮大集体经济项目，实施下交村20万元养鱼壮大集体经济项目，每年可给村集体增收2万元。桥上村成立环卫公司，增加集体收入近3万元，在庄里村开展大球盖菇种植实验，集体经济增收渠道进一步拓宽。9个村完成集体收入504万元，全部达到5万元以上。

【党史学习教育】 2021年，桥上镇举行"光荣在党50年"纪念章颁发仪式、微党课竞赛，扎实做好走访慰问困难党员等庆祝中国共产党成立100周年工作。通过党员分类管理考核，为53名年老体弱党员送学上门和为62名流动党员网络送学等方式，确保党史学习教育全覆盖。通过聚焦主线系统学、领学宣讲深入学、现场体验生动学"三学"模式，丰富学习形式，建立党史学习教育长效机制，推动党史学习教育入脑入心，全镇党员干部坚定拥护"两个确立"、坚决做到"两个维护"的政治自觉进一步增强。以"三个一"（要求党员干部每天至少走访一户农户，每周至少帮助农户办一件民生实事，每月至少为所包村化解一个发展难题或信访问题，或者结合实际规划一个发展建议）走访活动为载体，确定实事30件，办结30件。25户因灾修缮、重建房屋工作提前完成。确保党史学习教育走深走实，开展"争先、进位、崛起"解放思想大讨论活动，增强全镇干部党员推动高质量发展的思想自觉和行动自觉。

【基层治理】 2021年，桥上镇继续加强"网格之家"治理模式，坚决夯实基层治理基石，在"三网合一"的"网格之家"治理模式基础上，继续细化网格化治理体系，结合村"两委"换届，组织各支部推荐村"两委"班子成员、优秀党员、优秀村民通过选举担任村民代表，有效保证党支部领导与群众自治相统一。组织村"两委"干部包片，优秀党员包重点户，村民代表每人包联5～15户，在防汛抗灾、护林防火、地灾排查、矛盾化解等各方面形成反应快速、行动迅速、实效良好的基层治理格局。在法治建设中，实行“一把手”工程，确立“理念先进、法制完备、执法严明、司法公正、监督有力、服务高效”的法治乡镇目标定位，细化工作措施，深入推进依法行政、法治桥上建设。

【乡村振兴】　2021 年，桥上镇在产业项目上，建设良狐肉牛养殖、庄里大球盖菇、复兴连翘加工等产业项目，谋划 10 个产业振兴项目，9 个村全部完成超 5 万元集体收入目标，其中 5 个村集体经济收入超 10 万元，进一步推动巩固拓展脱贫攻坚成果与乡村振兴有效衔接。完成近万亩的农业托管项目，高规格成功组织召开翅果油特种蜜保护开发研讨会，特种蜜研究、连翘叶茶等桥上特色产业品牌异军突起。

在抓民生改善上，完成刘王沟、庄里、复兴 3 个村基础设施提升和全镇 35 套应急广播系统安装；“我为群众办实事”实践活动确定实事 30 件，办结 30 件；25 户因灾修缮、重建房屋工作提前完成。在重点工作上，在全县率先高质量完成“两委”换届，实现“符合条件的 7 名支部书记全部连选连任，党委推荐人选全部全票或高票当选，书记主任‘一肩挑’，每村一名 35 周岁以下年轻干部，每村一名女性村委委员，无信访”的“六个百分之百”。举办第三届“金谷子大赛”，谷子托管面积 2600 余亩。在复兴村引进客商收购加工连翘，为农民增收 160 余万元。召开青年创新创业座谈会，汇聚桥上镇在特色养殖、电商销售、职业培训等方面的人才，努力发挥其示范带头作用。

【安全生产】　2021 年，桥上镇安全生产稳定运行。每月组织召开安全工作会，分析研判形势，部署工作。对 3 个煤矿、2 个洗煤厂、1 个加油站等重点企业，门店、饭店等经营场所，加强隐患排查整改，开展打击私挖盗采矿产资源等专项行动，全年未发生安全生产事故。在汛期多次组织镇村干部拉网式排查，重点隐患全部建立台账，明确责任到人进行整改，提前组织群众躲迁，组织贾庄、杨家洼等处群众紧急避险。采取林管站专业队伍、各村应急扑火队伍相结合，定点观察、专业巡逻、多点瞭望、“十户联防”相补充等办法，做到快发现、快扑救，“打早打小”，完成护林防火任务。

【基础设施建设】　2021 年，桥上镇为保证群众安全入住、温暖过冬，因灾修缮、重建房屋 25 户，包括修缮户 16 户（复兴村 10 户、下交村 4 户、庄里村 2 户）、重建户 9 户（上交村 2 户、复兴村 5 户、良狐村 2 户）。投资 5 万元，完成全镇 35 套应急广播系统安装。

【民生保障】　2021 年，桥上镇全年发放社会保障资金 180.6 万元，其中低保 101.3 万元，特困供养金及护理费 38.7 万元，重度残疾人护理补贴 20.4 万元，贫困残疾人生活补贴 4.2 万元，80 以上老人生活补贴 5.5 万元，临时救助 230 人 10.5 万元。多次开展红十字会和宋庆龄基金会慈善救助活动，发放救灾衣物 971 件。开展灾后困难群众“一户一策”帮扶活动 1 次，为 15 户群众粉刷房屋，发放煤球、火炉、门帘、桌椅、床、衣柜、床上用品等。走访慰问特困供养对象和困难群众 1 次，为 34 户特困对象送去被褥枕头，为 28 户送去米、面、油。

【疫情防控】　全镇划分行政村 9 个，网格 45 个，微网格 113 个，围绕四个“不放松”，严把“输入关”，对全镇进行疫情防控管理。2021 年，召开疫情防控专题工作会议 22 场。累计排查疫区返乡人员 234 人，其中外省返乡 187 人，居住在桥上镇的有 63 人。全年设置高速检查站 3 次，日均检查车辆 300 辆。全镇完成新冠病毒疫苗接种第一剂 5035 人，完成第二剂接种 5016 人，完成第三剂接种 889 人。

（李彦鹭）

西阎镇

【概况】 西阎镇位于山西省翼城县东南隅40公里处的历山脚下。东抵沁水县中村镇，西邻绛县么里镇，南抵垣曲县历山镇，是一个偏远的山区乡镇，也是晋南地区古往今来的咽喉之地。全镇面积约242平方公里，共1666户、6187人，辖8个行政村，54个自然村，耕地面积8220亩。全镇有11个党支部，党员437名。2021年，在县委、县政府的坚强领导下，西阎镇深入学习贯彻党的十九大，党的十九届二中、三中、四中、五中、六中全会精神，贯彻落实省委“四为四高两同步”（“四为”指坚持转型为纲、项目为王、改革为要、创新为上；“四高”指推动高质量发展、高水平崛起、高标准保护、高品质生活；“两同步”指到2020年我省与全国同步全面建成小康社会，到2035年与全国同步基本实现社会主义现代化）、市委“1343”（坚持一个引领、统筹三大板块、狠抓四大牵引、力争三个走在前列）和县委经济工作会议精神，立足西阎实际，提出“一张蓝图绘到底、践行‘两山’理念、答好两张考卷、建设锦绣西阎”的“1221”发展思路，围绕“堡垒建设好、先锋作用好、产业发展好、社会治理好、群众生活好”的“五好”目标，完成各方面工作，全镇各项事业都上了一个新台阶。

2021年，西阎镇工业生产总值59890万元，工业增加值19632万元，固定资产投资完成2933万元。粮食生产面积11487亩，产量4662358.2公斤。其中，小麦2000亩，产量348042公斤；玉米9309亩，产量4287508公斤；马铃薯178亩，产量26808.2公斤。畜禽养殖存栏：猪962头、牛700头、羊1228只、鸡1105只。

【特色农业】 2021年，西阎镇深化发展“历山醉氧香菇”特色品牌。特色山珍十里产业走廊项目建设持续深化，投资3000万元，占地面积202.39亩，新建103个香菇种植大棚、2120.37平方米综合车间、2114.4平方米储存库、223.26平方米管理用房以及其他配套设施。95座拱架大棚转租到户，实现生产销售。推进省校合作，发展提质增效。紧抓省校合作基地建设契机，与山西农业大学等对接签约，合作开展山珍产品培育选育工作，选育历山野生猴头、野生黑木耳、血色银耳菌种在企业进行试种。农业种植规模不断扩大。2021年，西阎镇蔬菜播种面积633亩，其中菌类种植完成上架200万棒，折合面积400亩，各村种植脱毒马铃薯面积为178亩，庭院种植蔬菜辣椒5亩、豆角5亩、西葫芦10亩、黄瓜15亩、番茄20亩。特色养殖项目适度开展，各农村党组织引领养殖种植合作社在埂埝塄黄花菜、边角地土豆、醉氧猪牛鸡等符合西阎实际的项目上尝试适度规模种植养殖，有效弥补产业单一、种类匮乏的短板，全力提升强村富民质效。

【脱贫与乡村振兴】 西阎镇建档立卡贫困户89户252人（低保贫困户30户61人，五保贫困户3人，重残贫困户25人），已全部脱贫。脱贫监测户8户18人，边缘户1户3人。8户18人中，2户5人通过房屋置换脱离风险，4户10人通过兜底就业解除风险，剩余1户3人通过政策扶持正在逐步解除风险。舜历、山耳合作社入股分红实现贫困户全覆盖，曹公村菌种培育中心以提供劳务形式带动32户增加不低于4万元/年的收入。贫困户身体健康切实得到保障，全镇双签约服务贫困户44户121人，其中大病救助资金18.5万元。2021年，西阎镇有6人接受“雨露计划”助学金1.8万元。7户19人完成灾后恢复重建，受灾户入住新房。台账式管理不断完善，将贫困户的家庭基本情况、帮扶计划、帮扶措施等建立专档，便于动态管理。健全扶贫对象动态监管机制，将全镇贫困边缘人口纳入扶贫动态监测管理范围。2021 年，新纳入监测户 2 户 5 人。严格建立帮扶工作台账，逐户制定有针对性的帮扶措施，保障低收入群体生产生活。

2021 年 12 月 27 日，全民义务清扫活动（姚文珑供图）

【农村人居环境优化】 2021 年，西阎镇加大宣传教育力度，提高居民环保意识。与南梁环保中队开展"6 · 5"世界环境日进企业活动，为企业职工宣传、讲解环境保护方面的知识。开展秸秆还田专项工作，对全镇所有玉米秸秆进行还田，提高广大群众的节能环保意识。聚焦环境整治，改善村容村貌，以"义务清扫、垃圾清运"行动作为重要抓手，开展环境综合整治攻坚战，全面完成陈年垃圾清理任务和年度农村厕所改造任务，清理自然村内主干道两侧、厕所、垃圾、杂物，拆除废弃畜禽圈舍、危旧房屋，改造旱厕，整理乱堆乱放，清理水渠，清运建筑渣土等。2021 年，全镇参加"义务清扫"行动 4000 余人次，对村域范围查出的突出问题进行整治，拆除残垣断壁 26 处，维修河道 26.8 公里，滩槽整治 5500 立方米，清理村内沟塘 11 个，清理农业生产废弃物 230 吨，清理乱搭乱建 29 户，清理废旧广告牌 19 个。垃圾清理后及时进行复垦补绿，改善村容村貌，提升村民生活环境。

【民生事业】 2021 年，西阎镇"菜篮子"拓宽就业渠道。特色山珍十里产业走廊有香菇大棚 157 个，菌棒 230 余万棒，带动当地 300 余人就业。"菜篮子"计划为新增就业岗位，增加居民收入提供了新渠道。组织开展"人人持证、技能社会"建设业务培训，吸纳脱贫户参加培训，提升脱贫户自身本领，从根源上防止脱贫户返贫，持续巩固脱贫攻坚成果。动态监管保群众安康。2021 年，西阎镇全面开展动态管理工作，摸排全部建档立卡贫困户，对户内因新生、嫁入等情况新增的贫困户人口予以采集、登记，录入系统。对户内因出嫁、死亡、失踪、分户、服刑等情况减少的人口予以登记、系统标注，切实做到"回到原点全覆盖"。

【文化旅游事业】 2021 年，西阎镇创新"旅游带贫"模式。坚持以"做强全域旅游、推动文旅深度融合"为主线，创新采取"集中建设、分户受益"模式。大河刘家渠民宿、静心湖，古桃园小布达拉宫写生基地，曹公村写生基地、古镇西阎摄影采风基地、凤栖小筑等相继完成并开始接待游客，成为带领群众致富的又一产业。讲好西阎故事，打造西阎文旅特色品牌。以"游得尽兴"为核心，整合全镇旅游景点，创新开发"三条线"——珍稀鸟类拍摄基地短线游、明清建筑古村落群中线游、以历山为核心的景区长线游特色旅游线路。以"吃得讲究"为中心，发掘本土特色，打造大河乡土席、曹公山珍宴和泉头农家饭三桌饭。加强文旅系列特色设计。设计和安装以红腹锦鸡、四圣宫、醉氧香菇、河蚌等为主题的特色路标，发布第一首村歌《古桃园》，整理编印《西阎红色印记》宣传册。厚植西阎镇底蕴丰富的资源，开展丰富多彩的专题活动。举办"光荣在党 50 年"纪念章颁发仪式、"七一"主题文艺会演——"永远跟党走"、庆祝中国共产党成立一百周年"七一"表彰大会、"中国农民丰收节"特色农产品展销会、"二十四节气与七十二物候"特色摄影展、举办"九九重阳节，浓浓敬老情"系列活动。推进"书香西阎"建设，加强文化阵地建设。在西阅村、堡子村打造2个高标准阅览室，在上河煤业、青洼煤业建设2个职工图书室，在各站(所)建起图书角，努力实现阅读常态化、生活化，丰富村民的业余文化生活，倡导科学健康的生活方式，让“全民阅读”在“书香西阎”建设中落地生根、绽放异彩，不断提升群众文化素养，持续推动农村文化阵地建设。2021年，西阎镇接受企业捐赠图书7000余册，购买智能移动小电视对西阎村和堡子村文化阅览室试点进行功能提升，方便群众多形式开展阅读。

2021年9月10日，西阎卫生院地面硬化施工现场（姚文珑供图）

【重点工程项目】 2021年，西阎镇坚持多措并举、灵活重建，根据“五个一批”要求，完成31户灾后房屋重建工作和古十银滑坡区33户搬迁工作。完成西阎派出所改造和西阎卫生院地面硬化；完成兴石村石家自然村铺设饮水管道3200米，新建蓄水池、闸阀室等配套设施。投资19万元，为特色山珍十里产业走廊香菇种植基地铺设管道2000米，保障旱季反季节香菇的生产用水。利用“一事一议”资金，完成西阎村、堡子村、曹公村道路硬化、下水道改造等基础设施提升工程，完成便民服务中心大院提升。投资49万元，对续鲁峪河支流古十银河段407米进行堤坝新建和返修，保障沿岸群众生命财产安全。完成3家洗煤厂的标准化升级验收，协调做好上河120万吨煤矿建设项目，协调解决上河煤矿双回路、运煤通道、矸石排放等问题。争取产业扶贫专项资金140余万元，在曹公村新建香菇分拣车间、烘干车间并购置配套设备，7月中旬完成项目招投标，9月建成并投入使用。

【疫情防控】 2021年，西阎镇全力做好新冠肺炎疫情防控工作。全镇动态关注县疫情防控办发布的最新消息，做好外出返乡人员排查工作，充分发挥村级网格员和信息联络群的作用，及时跟进统计返乡人员基本信息，建立返乡人员台账，保证返乡人员信息底数清、情况明。在关键路段设卡检测，查验健康码、行程码，严密防控，确保全镇疫情防控形势稳定。积极开展全员核酸检测演练，切实增强全镇应对疫情的应急处置能力，提升全员核酸检测水平。

2021年12月29日，西阎镇全民核酸检测实战演练（姚文珑供图）

【防范电信诈骗】 召开防范电信诈骗专题讲座，悬挂宣传条幅16条，张贴宣传图32张，进村入户发放宣传资料1000余份，借助村民群推送信息100余条，营造了浓厚的防范电信诈骗宣传氛围。

【防火防汛】 做好防火工作，构建“人防+物防+技防”的防火工作大系统。“人防”即建立镇、村、组网格化管理队伍，实现了防火防汛监管全覆盖，成立森林防火宣传小分队，运用广播、宣传车、条幅海报等进行宣传教育，做到警示入脑入心。“物防”即定期盘点应急物资储备库，做到有备无患。西阎镇储备有3台风力灭火机、6个单兵背负式水枪、6箱灭火弹、50余套防火服、120把铁皮扫把等。“技防”即形成“天上+塔上+地上”立体化方式,将无人机、瞭望塔、巡山摩托等资源进行整合,做到防护不留死角、不留盲区,切实消除森林火灾隐患。做好防汛工作,2021年的连续强降水天气导致全镇2127人受灾,紧急转移安置人口29户68人,全镇农作物受灾面积2787亩,绝收面积1317亩,道路受损48公里,道路两侧塌方、落石、泥石流等小型地质灾害318处,直接经济损失1798万元。西阎镇积极应对,汛前做好防汛队伍和物资的部署,组建防汛抢险队伍9支共230人,汛中果断处置和巡查排除安全隐患,及时组织相关人员做好续鲁峪河、允西河、允西河右支的巡查工作,共发现排除163处安全隐患,保障全镇人民群众生命财产安全。

【安全生产】 制定西阎镇安全检查隐患排查台账,每月定期召开安全生产例会,不断增强安全意识和责任意识,坚持每月至少深入驻地企业检查2次,对问题全部登记在册,明确整改时限,限期复查验收,形成闭环管理。扎实开展“安全生产月”活动,召开专题会议、张贴宣传画、发放安全知识传单1000余份,深入企业单位开展安全生产大检查,督促限期整改。

【基层治理】 完善矛盾纠纷调解队伍建设和制度建设,建立纠纷调解台账,做好重点人群关注,注重事前管理。深入开展“网格吹哨、站所报到”行动,实行网格化管理全覆盖,将8个行政村科学划分为33个网格,配备33名网格员,按照“一员多能”的标准,加大对网格员的业务培训,提升综合业务技能,打造出专业网格员队伍,实现为民服务精细化、精准化,做到服务发展有“广度”、为民办事有“速度”、便民惠民有“力度”、志愿服务有“温度”,有力提升了乡村治理效能。持续开展扫黑除恶专项斗争。定期开展扫黑除恶专项宣传,建立台账,加强对信访案件的分析研判与重点人员摸排,及时发现涉黑线索,做到不留死角。

【党建工作】 2021年,西阎镇坚定党的引领,共绘发展蓝图。3月18日,中国共产党翼城县西阎镇第十六次代表大会召开,提出围绕“两山”理念先行区,打造区域旅游目的地,着眼“1221”工作定位,落实“1+5”工作重点,做好十方面工作,巩固发展优势,补齐发展短板。大会选举产生了新一届党委班子、纪委班子和西阎镇出席县党代会的代表。3月26日,中国共产党翼城县西阎镇第十八届人民代表大会召开,会议回顾了西阎过去五年的成绩,定好下一个五年的发展目标,即立足西阎实际,“建设‘两山’理念先行区、打造区域旅游目的地”,着眼“1221”工作定位,做好推进文明先行示范,推动产业转型升级,实现高质量发展,以传统村落保护为重点,开展文农旅融合夯基提质行动,持续保障和改善民生,让群众共享发展成果,实现乡村振兴的有效衔接,打牢安全发展基础,有效防范和化解各种风险六方面工作。大会选举出人大主席、镇长、副镇长。6月15日,共青团西阎镇委员会第十四次代表大会召开,听取镇团委工作报告,选举新一届共青团委员会委员,明确下一个五年共青团工作方向。扎实推进党史学习教育与廉政建设。西阎镇始终将党的政治建设放在首要位置,不断拓展学习载体,丰富学习形式,推动党史学习教育不断走深走实,充分发挥“五小载体”作用(新时代农村小广播天天响、新时代党员流动小茶桌周周讲、新时代文艺宣传小分队月月演、新时代综合小课堂处处有、新时代经典小戏台村村进),将党史学习教育内容响在耳边,印在大家心中。召开党史学习教育开班会,定期召开党委中心组理论学习会议、党史学习教育专题讲座、专题研讨会,组织党员干部参观红色基地,常态化开展

“日日学党史，天天有进步”活动，定好学习任务，做好学习笔记，让大家全面深入地掌握相关知识，及时跟进政治学习新动态。结合“争先、进位、崛起”解放思想大讨论，开办专题读书班，并引领各村开展相应的学习讨论活动，逐步提高全镇党员思想开放水平，切实提升全镇党员的思想素质与理论能力。西阎镇纪委督促各村党员干部学习党在农村的各项方针政策，切实提高农村党员干部的政治素质和工作能力。结合党史学习教育、“同向、同心、同力”纪律作风整顿和“争先、进位、崛起”解放思想大讨论，切实加强村干部之间的团结，充分发挥村党支部的战斗堡垒作用，增强凝聚力，通过警示教育及时提醒镇村党员干部，依规依纪依法履职尽责担当作为。深入开展“我为群众办实事”活动。西阎镇党委政府围绕党史学习教育“学党史、悟思想、办实事、开新局”的总要求，将学党史和办实事有机结合，引领全镇党员干部深入村企一线，入户走企调研，了解人民的急难愁盼问题，及时出方案，限期做解决，让人民群众感受到党员先锋队的作用。五大引领强党建。智慧党建引领，打造融标准化、便捷化、智能化于一体的党建平台，强化宣传教育、学习培训、监督服务、信息采集、档案管理、议事发展等功能，尝试以党建智能化引领基层治理现代化。“夯基固本”工程引领，创新开展每月10日的社会公益实践活动，坚持“每月一主题，月月有特色”，将党建工作和为民服务无缝衔接，更好地强化镇村两级班子和干部队伍建设，发挥党员作用。2021年，开展9次社会公益实践活动，活动主题包括助力产业发展、治理景区环境、提升消防安全、强化文物保护、关爱留守儿童、帮助抢收抢种、孝老爱老敬老、灾后重建、防火政策宣传等方面。省级理论宣讲示范点引领，充分发挥“五小载体”作用传播党的声音，展示社会主流，反映群众心声。2021年，组织小分队演出53场次、“小茶桌”14次、小课堂产业培训23次、小戏台10次，“五小载体”的运用被《山西农民报》头条报道；创新推广“微型党课”品牌载体，用好镇村新时代文明实践站(所)、红色讲堂、红色展馆、红色广场，守牢农村意识形态主阵地。“1+1+N”的决策机制引领，发挥支部引领作用，积极吸纳入党积极分子、网格员、乡土人才等组成决策组织构架，让每一项决策都有一个专班负责，N方面人员(法律顾问、业内工匠、产业技术人员及其他与重大事项有关方等)参与议事，提高决策科学性和民主性。党旗下的乡贤议事会引领，坚持支部领导，深化“主动问事，参与议事，苗头了事”自治模式，让各村新乡贤发挥更大作用。2021年，52名新乡贤调解各类矛盾纠纷15起，向镇村反映涉及民生问题7条，解决6条，督促红白喜事简办15起，为村民节约费用约8万元，农村自治迈上新台阶。“两委”换届助党建。2021年，西阎镇完成所属各村的农村“两委”换届工作，实现了上级要求的支部书记和村委主任“一肩挑”，推选和培养一支服务能力强、带富能力强的农村干部队伍，有助于发挥农村党组织的组织优势、组织力量，既保证党中央决策部署落实落地，又在完成任务过程中使自身得到加强，不断提高威信、提升影响，将为农村经济发展和社会稳定提供强有力的组织保证，助推农村基本现代化。

2022年1月4日，智慧党建平台 (姚文珑供图)

【统战工作】 2021年，西阎镇在统战工作方面，组织镇村干部学习《中国共产党统一战线工作条例》，以小广播、“小茶桌”为依托进行全面宣传，积极参加县委统战部举办的《中国共产党统一战线工作条例》知识竞赛。建立台账，完善资料，积极参与侨联基地的申报评选，统计留学生和海外人士信息，建立台账。开展形式多样的活动，观看警示片，提高反邪教意识；定期走访送温暖，密切关系。

【群团工作】　2021 年，西阎镇在群团工作方面，探索党群共建模式。利用党群服务中心紧密联系工会会员和妇女干部群众，从严抓好群团干部队伍管理。建立定期学习培训制度，深入开展“工会 +”和妇联执委“1 + 10”活动（一个执委联系 10 户妇女群众，及时了解她们的生产生活动态，帮助她们解决困难）。建立党员志愿服务队、巾帼志愿服务队和特色志愿服务队，组织全体工会会员和妇女干部投身疫情防控、防汛排查、灾后重建、乡村振兴等工作。联合县妇联等组织开展春天行动、关爱留守儿童活动、帮扶困难职工活动，慰问西阎学校 40 名留守困难儿童。突出发挥文艺小分队和经典小戏台的作用。2021 年，开展各类群团活动 18 次，参与 780 余人次，群团组织的战斗力不断凸显。

【民兵工作】　2021 年，西阎镇在民兵工作方面，高效完成民兵整组工作，高标准建设民兵应急器材库。优化连队建设，从政治思想、工作能力、身体状况、文化程度等方面择优选优，配强配好“领导人”。有效参与防火工作，西阎镇机关干部和各村两委主干积极参加防火应急训练，学习森林防灭火知识和灭火器材的使用，并在防火检查站点进行值班值守，确保西阎平稳度过防火“危险期”。

（姚文珑）

人　物

2021 年“全国五好家庭”翼城获得者名单

谨建明　翼城县天然林保护工程刘章窑管护站站长

2021 年“山西省优秀共产党员”翼城获得者名单

姚存荣（女）　翼城县中医医院副院长

2021 年“山西省优秀党务工作者”翼城获得者名单

暴海燕（女）　翼城县唐兴镇文昌社区党总支书记、居委会主任

2021 年“山西省脱贫攻坚先进个人”翼城获得者名单

杨奎苍　翼城县农业农村局副局长

第 21 届“山西青年五四奖章”翼城获得者名单

侯东升　翼城县伟云生物科技有限公司总经理、西阎镇曹公村党支部副书记

2021 年“山西省优秀共青团干部”翼城获得者名单

李金玲（女）　共青团临汾市翼城县委书记

2021 年山西省五好家庭、最美家庭翼城获得者名单

李义平（女）　翼城县发展改革局科员

上官改英（女）　翼城县西阎镇堡子村村民

2021 年山西省公安厅个人二等功获得者名单

苏　华　翼城县公安局图像侦查大队负责人

全省法院扫黑除恶专项斗争先进个人翼城获得者名单

陈瑞华　翼城县人民法院刑事审判庭负责人

2021 年“山西省档案工作先进个人”翼城获得者名单

李　琦　翼城县档案馆副馆长

2021 年临汾市“优秀共产党员”翼城获得者名单

张倩楠（女）　翼城县人民医院重症医学科护士长

丁永坚　翼城县交警大队执法办案中心民警
赵连宋　翼城县南唐乡晓史村新田园诗书画协会会长
杨奎苍　翼城县农业农村局副局长
王立宏　翼城县西阎学校党支部副书记、校长
王常辉　翼城县瑞康医院院长
李咏海　翼城县道路运输服务中心副主任
王守海　翼城县晋源实业有限公司党支部书记、副总经理
常　芳(女)　翼城县汇丰学校教师
魏利权　翼城县唐兴镇古城村党支部书记、村委负责人

2021年临汾市优秀党务工作者翼城获得者名单

吴金亮　翼城县委组织部副部长、县委党建办主任
孟玉玲(女)　翼城县南唐乡河沄村党支部书记
闫玉亮　山西泰鑫塑胶制品有限公司党支部书记、总经理
石永栋　翼城县西街小学党支部书记、校长
吕俊丽(女)　翼城县王庄镇党委副书记、政法委员
吴广胜　翼城县唐兴镇上高村党支部书记、村委会主任
吕小云　隆化镇石村党支部第一书记、驻村工作队队长
孟兆彪　翼城县委统战部副部长、县工商联党组书记、里砦镇唐城村党支部第一书记
邹　萍(女)　翼城县直属机关工委委员
赵紫君(女)　翼城县南梁镇党建办副主任

2021年翼城县优秀共产党员、优秀党务工作者名单

优秀共产党员(共97名)

优秀共产党员(服务县城经济转型发展突出贡献奖)(7人)

高克让　唐兴镇党委副书记、政法委员
崔文利　唐兴镇二级主任科员
王红陆　唐兴镇四级主任科员
王学荣　唐兴镇北冶村党支部副书记
吕俊丽(女)　王庄镇党委副书记、政法委员
钱光明　王庄镇党委委员、武装部长
郭天栋　王庄镇二级主任科员

优秀共产党员(90人)

程长慧　唐兴镇寿城村党总支书记、村委负责人
亓玉红　唐兴镇东寿城村党支部书记
翟吉栋　唐兴镇北冶村党支部书记
吕文慧(女)　唐兴镇封比村党总支书记
张廷义　唐兴镇丹阳社区党总支书记、居委会主任
田　华(女)　唐兴镇桐封社区党总支委员
鹿佳煜(女)　唐兴镇浍滨社区专职工作者
马伟华　唐兴镇冶南村党支部委员
孙香娟(女)　南梁镇综合便民服务中心经管员
张　星(女)　南梁镇综合便民服务中心民政助理员
周亚杰(女)　南梁镇一级科员
郑　杰　南梁镇一级科员
刘晓霞(女)　南梁镇退役军人服务保障站职员
张建莉(女)　南梁镇综合便民服务中心统计员
马生辉　南梁镇程公村党支部书记、村委负责人
燕光耀　南梁镇西张村党支部书记、村委负责人
薛　胜　南梁镇冯史村党支部书记、村委负责人
尉备战　南梁镇白马村党支部书记、村委负责人
赵　颖(女)　南梁镇纪委委员、专职监察干事
马志伟　中卫乡一级主任科员
马宏勋　中卫乡党委委员、人大主席
石俊杰　中卫乡党委委员、副乡长
许腾飞　中卫乡一级科员
李　慧(女)　中卫乡中卫村村委委员

董海水　中卫乡南北庙村党总支书记、村委负责人
佀怀涛　中卫乡屋山村党支部负责人、村委负责人
马宗昆　中卫乡甘泉新村第二党支部书记
吕真秀(女)　王庄镇副镇长
王国林　王庄镇东庄村党支部书记、村委负责人
杨小刚　王庄镇龙女村党支部书记、村委负责人
薛　强　王庄镇史伯村党支部书记、村委负责人
翟保国　王庄镇北丁村党支部书记、村委负责人
张荣利　隆化镇尧都村党支部书记
安　娜(女)　隆化镇便民服务中心职员
席　琴(女)　隆化镇民政助理员
高铭隆　隆化镇广殿村党总支书记
王子双　隆化镇青城村党支部书记
莫九廷　隆化镇金古垛村党支部书记
张　庆　隆化镇南吴村党支部第一书记
朱社云　隆化镇石门村党支部副书记
高怀杰　隆化镇油庄村党支部副书记
马荣华(女)　隆化镇翟北垣村党总支副书记
高海英　隆化镇黄家铺村村务监督工作小组组长
王冠文　里砦镇天马村党支部书记、村委负责人
翟红杰　里砦镇党委委员、人大主席
刁修鸿　里砦镇开化村党支部书记、村委负责人
张全文　里砦镇神沟村党支部书记、村委负责人
刘立胜　里砦镇老官庄村党总支书记、村委负责人
曹志强　里砦镇北续村阎村党支部书记
李水明　南唐乡云唐村党支部副书记
张忠利　南唐乡二级主任科员
张发军　南唐乡河浍村党支部副书记
张　博　南唐乡东下坪村党支部书记
刘瑞丽(女)　南唐乡综合便民服务中心职员
樊　帅　桥上镇党委委员、副镇长
解艳娟(女)　桥上镇庄里村党支部副书记、村委委员
陈素丽(女)　桥上镇上交村党支部委员
张晓东　西阎镇大河村村委副主任、会计
张兰梅(女)　西阎镇十字河古村村民
王怀俭　西阎镇上河村党支部委员
王　镇　翼城县公安局网络安全保卫大队负责人
杨　屾(女)　共青团翼城县委副书记
张海涛　翼城县工业和信息化局党建办负责人
王　璞(女)　翼城县畜牧中心四级主任科员
史明艺　翼城县法律援助中心主任
张文明　翼城县应急管理局副科级干部
李登峰　翼城县财政局党组成员、办公室主任
薛美丽(女)　翼城县人民检察院第二检察部副主任
郭淳淳　翼城县委政法委二级主任科员
刘　义　翼城县能源局党组成员、副局长
刘海涛　翼城县科技服务中心副主任
李琴谱　翼城县农业综合开发中心职员
付威众　翼城县医疗保障局职员
朱　鹏　翼城县住房和城乡建设管理局办公室负责人
毋建强　翼城县直属机关事务服务中心办公室负责人
马晓敏(女)　翼城县审计局职员
王水利(女)　翼城县行政审批服务管理局政策法规和审批运行股负责人
董彩娟(女)　翼城县农业机械发展中心副主任
原海锋　翼城县人大常委会人事代表工作委员会副主任
赵　苒　翼城县委信息化中心职员
李勇娜(女)　翼城县委宣传部四级主任科员
刘东华　翼城县文化和旅游局中心旅游股负责人
任　媛(女)　翼城县人民政府办公室二级主任科员
王海明　翼城县日行一善志愿服务协会联合党支部书记
李星亮　翼城县星杰中学党支部书记、董事长
李海滨　翼城县天龙救援队队长

吉　军　翼城县第二中学校党支部副书记、负责人
陈　洲　翼城县第三中学党支部书记、校长
庞云燕(女)　翼城县第五中学校教务主任
崔艳华(女)　翼城县辛安中心校鄢里完小校长
优秀党务工作者(76 人)
白丽丽(女)　唐兴镇党建办工作人员
杨关平　唐兴镇苇沟村党支部书记
马广明　唐兴镇陵下村党支部书记、村委负责人
赵小冬　唐兴镇石桥村党支部书记、村委负责人
王爱云(女)　唐兴镇西关村党支部副书记
孟祥锋　唐兴镇冶南村党支部书记
范文俊(女)　唐兴镇桐封社区党总支委员、居委会副主任
董华伟　唐兴镇铁源社区专职工作者
马　放　南梁镇浍吉村党总支书记、村委负责人
魏金玉　南梁镇南常村党支部书记、村委负责人
黄文龙　南梁镇东尹村党支部书记、村委负责人
伊　波　南梁镇马册村党支部书记、村委负责人
姚振文　南梁镇党委副书记、政法委员
谢　琨　中卫乡党委副书记、政法委员
杨　澜(女)　中卫乡一级科员
刘　洋　中卫乡辛庄村党支部书记、村委负责人
李清泉　中卫乡中卫村党支部书记、村委负责人
杜吉林　中卫乡吴寨村党总支书记、村委负责人
弓建党　中卫乡店上新村党总支书记、村委负责人
郑晶晶(女)　王庄镇一级科员
周淞旭　王庄镇孝义村党支部书记、村委负责人
安　娜(女)　王庄镇董家洼村党支部书记、村委负责人
王四清　王庄镇王庄村党支部书记、村委负责人
石　磊　王庄镇丹朱村党支部书记、村委负责人
王　奇　隆化镇党委副书记、政法委员
贾海录　隆化镇北张村党总支书记
朱泽奇　隆化镇翟北垣村党支部第一书记
高　翔　隆化镇西白驹村党支部书记
丁德民　隆化镇南卫村党支部书记
翟红艳(女)　隆化镇隆化村党支部副书记
高忠亮　隆化镇南橄村党总支副书记
杨子勤　隆化镇浇底村党支部副书记
冯建兵　里砦镇党委副书记、政法委员
张荣荣(女)　里砦镇党政办负责人
尉巧华(女)　里砦镇综治专干
宋永兴　里砦镇西沟村党支部书记、村委负责人
何　轩　里砦镇东午寄村党总支书记
盖凌海　南唐乡云唐村党支部书记
孙国文　南唐乡西下坪村党支部书记
刘国民　南唐乡下阳村党支部书记
周作卫　南唐乡原村党支部书记
李国栋　南唐乡符册村党支部负责人
李　娜(女)　桥上镇党委委员、组织委员、统战委员
郑　伟　桥上镇副镇长、庄里村党支部书记、村委主任
刘成海　桥上镇下交村党支部书记
侯　婷(女)　西阎镇党委委员、组织委员、宣传委员、统战委员
石志林　西阎镇兴石村党支部书记
李彦党　西阎镇古桃园党支部副书记
王拥华　翼城县医疗保障局党支部书记
王　斌　翼城县卫生健康和体育局机关党支部书记
张伟伟(女)　翼城县中医医院党办主任、工会主席、功能科主任
张永生　临汾市生态环境局翼城分局宣教中心副主任、县直党建督查员
韩建华　翼城县自然资源局党总支副书记
王秀贞(女)　翼城县农业农村局党建办负责人
崔雅娟(女)　翼城县人社局党建办负责人
邹中翔　翼城县工业园区管委会党支部副书记
马　飞　翼城县财政局党建办主任

高怀国 翼城县应急管理局党总支书记
李建设 翼城县水利局机关党支部书记、办公室负责人
李传红 翼城县委老干部局党委副书记、机关党支部书记
安洋(女) 翼城县医疗集团党委专职副书记
侯 恩 翼城县纪委副书记、监委副主任
高永奇 翼城县残联党支部书记
江 艳(女) 翼城县妇联党支部书记
焦芋棚 翼城县融媒体中心党群股负责人
张俊霞(女) 翼城县委机构编制委员会办公室党支部委员
杨 辉 翼城县委组织部组织三室科员、县直党建督查员
李轶斌 翼城县委组织部干部二室主任、机关党支部纪律委员
丁亚娟(女) 翼城县直属机关工作委员会委员
王雪梅(女) 翼城县委政法委党支部纪检委员
常 慧(女) 翼城县社会组织党委副书记
薛 辉 翼城县和谐百货有限公司党支部书记、副总经理
许 栋 翼城县三琪超市联合党支部书记、副总经理
崔玉芳(女) 翼城县教育工委办公室副主任
冯俊生 翼城县第四中学校党支部书记、校长
李国红 翼城县浇底学校党支部书记、校长

2021 年度新闻宣传工作先进个人

优秀编辑记者(10 人)

张瑞丽 徐鹏飞 李雅鹏 靳晓燕 常锦华
李亚萍 高 岩 辛晶晶 吴艳霞 孙亚莉

优秀新闻工作者(10 人)

闫 利 焦芋棚 邓 杨 赵志刚 卫 华
曹学军 杨 华 席 梅 芦爱梅 乔佳佳

优秀通讯员(22 人)

张佳华(唐兴镇) 赵义平(隆化镇)
李贝贝(里砦镇) 郭艳丽(南唐乡)
侯 婷(西阎镇) 万俊玲(桥上镇)
陈彩霞(南梁镇) 芦延洁(南梁镇)
李倩倩(中卫乡) 刘 鑫(王庄镇)
王晓男(政协办) 刘 伟(公安局)
张钦钧(民政局) 景 凯(税务局)
宗琳娜(国网翼城县供电公司)
张艳珍(临汾市生态环境局翼城分局)
王 磊(文化和旅游局)
赵 楠(畜牧发展中心)
李振华(粮食储备服务中心)
李丽薇(县医疗集团)
杨天宇(卫生健康和体育局)
董文达(退休教师)

2020—2021 学年度教育工作先进个人

模范校长(9 人)

吉 军 李和平 王晓鸿 张卫东 马丽燕
王立宏 石永栋 李正宝 郭 梁

翼城名师(8 人)

李小雷 王 璇 马 慧 张智慧 闫林龙
孙永红 刘随元 刘 娜

优秀班主任(159 人)

翼城中学:王 莉 高红军 董江丽 郝丽娜
侯长慧 孔德贤 苏 霞 王晓锋
张文娟 张 霞

翼城二中:席 娜 阮英敏 亓鹏杰 张新春
李志琴
秦伟玲 李安堂 师朝阳 李艳慧

翼城三中:宋辛利 高红丽 燕 娜 王宏俊
丁晓冬 孔维强 李慧慧 赵 楠
赵兴利 鱼建军 李 玲 席帆婷

张　巧　王海霞　胡海梅　吴峻峰

职业技术学校:雷晓鹏　闫晓艳　张　利　石　磊

翼城四中:胡青芳　石香梅　赵红燕

翼城五中:庞云燕　郑梅香　李　燕　李雪荣　孙　瑜

翼城六中:李琴　杨丽娟　赵翠翠　韩俊华

汇丰学校:宗红丽　王淑丽　邹永华　王琴琴　李　玲　张娜娜　冯娇娇　郭　艳　刘山婷　冯晓娜

春雷学校:张素红

南唐初中:孙彦亮　杨　艳

里砦初中:张锦雷　杨　龙　李珍梅

辛安初中:王琴琴

王庄初中:韩　刚

浇底学校:申文慧

北撖初中:张素莹

隆化初中:刘卫栋

西阎学校:张　艳　张天霞

武池初中:杨旭霞　李菊菊

中卫初中:刘海霞　赵　洁

北关小学:霍连霞　王　娜　尉玲丽　杨　贤　李彩玲　朱英英　范慧慧

西街小学:安　颖　刘　彦　范永梅　郑丽丽　曹娇娇

民族小学:张　莉　王雅荣

城内小学:苏　娟　张　艳　李　娟

丹阳小学:李玉萍

西关小学:王　霞

唐兴中心校:许晶晶　赵金婵　李春丽　崔　红　翟晓庆

南唐中心校:盖芳芳　边　敏　黄丽娜　李晶晶　赵　璞

里砦中心校:贾淑婷　李　娜　卫盼盼　郑丽丽　张美丽

辛安中心校:朱理芬　柳艳茹　张　源

王庄中心校:宋艳慧　李语录

北撖中心校:张永慧　石晶晶

隆化中心校:王　霞　尉东霞

南梁中心校:李　红　石刘霞　陈　霞

武池中心校:解　琼　陈彩丽　史荣华

中卫中心校:卫艳丽　安　未　卫素芳　李　芬　李红霞

县直幼儿园:翟倩倩　胡思雨

北关幼儿园:王随艳　王　芳

汉德园中学:张慧慧　任彤霞　张　涛　徐园园　孟令苗　孟庆华　李晓晓　王海霞　吕　方　安晶晶　裴东霞　董茂华　王　瑞　王媛媛　张海燕　马鹏飞　高　婕　杜海瑞　韩　芳　李志强

星杰中学:樊霞霞　翟晓东

英才小学:牛慧慧

模范教师(231 人)

翼城中学:程克艳　董小丽　黄　聪　李占红　乔志琴　杨庆丽　邢丽娟　冯丽丽　郭媛媛　刘　华　马红艺　李文勤　张淑珍　朱彩虹　张金贵　李晓红　牛晓娟　陈黎军　阴建华　王　霞　徐青华　翟振华　张军梅　张俪娟　张淼淼　张晓泽　刘小芬　霍　峰　张　茹　刘艳梅　杨学谦　王　斐　王　倩　董延丽　焦慧贤　任杨莉

翼城二中:杨小凤　王　睿　尹彩彩　樊小刚　綦　云　刘晓丽　李兴华　史永海　张颂栋　王　娟　白　聪

翼城三中:李　燕　杜关群　侯凤霞　王海龙　任克宁　王　雷　马　茹　张盼盼　王永霞　秦　君　杨晓华　韩芳珍　李海叶　张旭艳　张星文　滑小龙　王佳慧　夏星星　吕青云　王海燕

刘　笛　刘苗苗　尹翔楠　杨海珍
许建花　张娜娜　马庆慧　刘夏夏
苏艳艳　孙俊琴　郭晓萌　杨慧慧
贺晓辉　申小玲　付　苗　于斐斐
孙兆霞
职业技术学校：高迎春　张　兵　乔备林
杨灵芝
翼城四中：毋　莉　王　娟　王　丽　赵　雯
翼城五中：冯志芬　常晓华　郭晓玲　孙伟娟
翼城六中：常　雪　韩丽媛　李　娟　裴红莲
马荣霞　冯秀果
汇丰学校：吕俊春　赵　静　董　伟　张　晶
李建红　杨晓荣　高谦虚　潘富贵
胡彩凤
春雷学校：吕　燕　卫东尔　上官华
南唐初中：赵巧巧　张　伟　张晓景
里砦初中：王世华　王瑞同
辛安初中：郭梁栋
王庄初中：王新魁　王巧梅
浇底学校：冯娜娜　廉巧娟
北撖初中：陈雪琴　贺心爱
隆化初中：张庆莉　张伶俐
桥上学校：郭青林　马　可　董新会
西阎学校：李萌萌
武池初中：翟晓华　张姗姗
中卫初中：杨　青　刘　锐
北关小学：柳巧娜　李　慧　孙　娟　赵伯蓉
孙红艳　郑小菲
西街小学：张艳华　张雅琴　秦丽霞　张　娟
民族小学：翟娜娜　崔清华
城内小学：卫　艳　王琴琴　李　珊
丹阳小学：陈　娜　王　丽
西关小学：姚海虹
唐兴中心校：靳艳丽　程润娟　尹延红　王菊儿
南唐中心校：柴　斌　许彩琴　张淑红　张　静
杨　丽　杨　莉
里砦中心校：刘国琴　高丽丽　王　敏　霍海燕
吴国艳
辛安中心校：戴春雷　席　鹏　王慧慧　杨　娜
王庄中心校：张长敏　张小红　王丽华
北撖中心校：郑　芳　李　娅　王冬梅　吕艳慧
隆化中心校：龚玉婵　王紫璇　李　翠
南梁中心校：胡江梅　张海霞　王金辉　王香萍
王穆华
武池中心校：张振华　王　云　贾笑笑　王亚红
于金伟
中卫中心校：李　坤　冯红强　刘永乐　卫耀华
特殊教育学校：杨晓丽
县直幼儿园：张红荣　高　瑞　王艳丽
北关幼儿园：李　霞
教师进修校：曹秀芳　李志瑾
汉德园中学：王玲玲　郭舒利　徐国峰　胡　佳
杨双唤　秦　枫　景雅美　鹿红艳
宋志慧　董晓伟　燕姗姗　张大伟
李艳琳　靳　争　席灵芝　宁海花
陈芳芳　王小英　董艳丽　胡小文
高　鹏　张　惠
星杰中学：李世吉　张　静　张艳玲　郭彩丽
英才小学：王双爱

先进教育工作者(43人)

弓兵兵　侯雯莉　拜　强　岳雪峰　程向军
龙青峰　许云亮　秦光普　闫红兵　石　鹏
郑国华　王　霞　师自力　张利刚　李忠华
李　翔　常雅莉　刘自江　赵明刚　宋晓华
何　涛　张栋梁　李红江　李志毅　李　霞
李红亮　安如水　张建华　李晓利　孙海峰
卫　红　冯晓燕　王艳玲　李　娜　李　玫
孟笑笑　侯晓珊　杨　雪　孙　磊　李鑫印
刘　壮　李巧巧　王　瑞

2021 年度翼城县共青团工作先进个人

优秀共青团干部(28 人)

马小江　马晓宁　万俊玲　王永霞　白　聪　石　凯　刘苗苗　刘瑞丽　孙　瑜　宋子恒　李姗姗　吴东栋　张佳华　张佳慧　张筱筱　张　宁　张雅婕　杨　澜　郑　杰　侯亚俊　郭威志　郭晓婷　郭　倩　贾晓珊　崔晓辉　崔英慧　曹晶晶　翟居鑫

优秀共青团员(22 人)

王治权　文豪杰　冯丽容　闫正洁　许馨月　安时仪　邢　瑞　孙美琪　孙郑好　刘格涵　陈昕瑶　陈希庆　刘泽睿　杨　钰　杨庭栋　李科润　李滃瑜　李星旗　李思昊　张孜涵　高瑞雪　程昱衡

青年双创之星(16 人)

马伟华　牛　姝　王　乐　冯雪廷　田　强　刘艳红　吕莉莉　张　瑞　李来发　岳泽杰　苗国强　赵永红　侯　军　贾　杨　续玉虎　崔　洁

优秀团建指导员(25 人)

王　莉　王艳丽　王　琼　孔维强　牛晓华　史　慧　刘玲玲　吉　辉　李慧慧　苗小丽　张俪娟　张　芳　张　磊　张　巧　张艳丽　孟　娜　侯青华　姚佳芳　郭　杰　郭晓玲　席　娜　崔玉莉　董晓伟　薛文敏　戴翠萍

青年岗位能手(48 人)

丁冬青　丁姝文　马阿锁　王旭东　王艳菊　邓柴杰　刘晏麟　刘　洋　许红俊　许腾飞　闫秀玲　来燕妮　李怡衡　李　瑞　李亚慧　李勇娜　苏　鹏　杨　雪　杨璞璞　张伟伟　张婷婷　张　宁　张　超　郑国华　郑宇同　段　玲　段婷婷　段鹏耀　赵　旭　高　楠　贾文华　柴　琳　袁国统　续津艳　景　凯　续红红　韩彩霞　彭义宏　董昌水　董华伟　董跃鹏　谢翔翔　谨晓杰　裴瑞杰　蔡文丽　翟志琼　翟　烽

最美青年志愿者(40 人)

马宝玮　王海英　王晓宇　王红军　王秋明　毋炳渌　兰盼盼　石贝贝　史振华　安琪琪　刘庆泽　刘建芳　刘少峰　何美娟　宋　恺　朱天珍　陈亚勇　陈希斌　李晓娜　李萌萌　李荣华　李金凤　杨泽都　杨燕军　杨　扬　张方真　岳　丽　范　甜　武佩丽　侯亚楠　郭　婧　郭　杏　贾　晶　贾志颖　聂振艳　黄亚楠　鹿　涛　程　豪　韩泽宇　梁晓媛

2021 年度翼城县妇女工作先进个人

三八红旗手(10 人)

王　瑞　翼城优品运营有限公司经理
王瑞娜　翼城县融媒体中心媒资股负责人
冯志芬　翼城县第五中学校教师
吕俊丽　翼城县王庄镇党委副书记
李　娜　翼城县农业农村局经营服务站高级经济师
张秀霞　翼城县住建局城市管理综合行政执法队办公室主任
张晓慧　翼城县医疗集团党委委员、副院长
陈清香　山西春雷铜材有限责任公司科研副总经理
柴荣梅　翼城县司法局王庄司法所负责人
尉志芳　翼城县纪委监委第三派驻纪检监察组组长

巾帼创新创业带头人(16 人)

王涛涛　坤翊广告公司电商经理
田林凤　翼城县感恩电子科技有限公司经理
史红丽　翼城县广泽养殖场负责人
刘　蓓　翼壶好茶经理
刘峥嵘　山西翔和手工艺品工作室经理

闫彩霞　翼城县小精灵宠物诊所负责人
安　琪　三琪悠购中心总经理
李生芳　翼城县电子商务商会会长
杨　华　翼康美家政服务有限公司总经理
杨雪苹　隆化镇"浇底红"农特产品收购销售中心经理
吴彩霞　翼城县南岭蜜蜂养殖专业合作社经理
张红梅　鄗里果业团队负责人
孟玉玲　翼城县河浍村党支部书记兼村委主任
赵艳萍　山西玉浆堂蜂业科技有限公司总经理
崔　敏　中卫乡老崔浆水总经理
梁晓霞　万众环境标识工程有限公司总经理

巾帼建功标兵(80人)

卫飞霞　卫晓琴　马丽燕　马　茹　马艳文
王　文　王　霞　王学玲　王玲燕　王晓庆
王　静　王　璇　牛　嫣　田慧民　史海霞
付　芳　冯　烨　吉超迪　毕志华　吕亚汝
朱红珍　任　媛　任光艳　刘宏苗　刘晓丽
刘海霞　闫秀俊　江　涛　安玲丽　安　娜
安婵娟　孙　瑜　买维芳　李　娜　李文娟
李珍芳　李俊婵　李勇娜　杨　屾　苏　霞
宋万万　张伟伟　张　华　张佳华　张轶琼
张艳华　张婷婷　张路路　陈彩霞　周亚杰
周晓丽　周　琴　赵义平　赵丽红　赵紫君
段婷婷　段文元　侯华烨　侯芳芳　侯　娴
侯雯莉　侯　婷　都校钰　贾小春　郭　晶
席红丽　黄国莉　常艳华　常崇慧　鹿素华
梁雅星　续春艳　续津艳　韩梦瑶　韩　瑾
雷花荣　谭　慧　翟海燕　霍艳霞　魏月玲

最美执委(46人)

丁媛媛　万俊玲　马锦洁　王　丽　王　彤
王桃桃　申　青　冯竹娣　吕朝凤　朱文晶
延志敏　刘　晶　闫秀丽　安　洋　芦小青
李　品　李小琴　李贝贝　李倩倩　李海平
李海燕　杨　瑞　杨　澜　杨青芳　杨爱娜
张文娟　张锦涛　苗文娟　范慧慧　郑春艳
赵　颖　侯　莉　侯清花　弯瑞霞　姚兴风
郭　静　黄　芳　常　芳　崔晓红　崔敏丹
鹿佳煜　梁馨丹　董玉娟　靳晓瑜　翟新爱
薛　娟

2021年翼城县职工创新创业五一劳动奖章获得者

薛文文　翼城万众环境标识工程有限公司总经理
姚　淏　翼城县杰越农业经营专业合作社理事长
李小华　山西华贸农业科技有限公司负责人
张　泽　翼城县晋尧砂器制造有限公司总经理
张永祯　翼城县丹阳社区党总支书记、居委会主任
牛冠锋　翼城县恒谊混凝土股份有限公司总经理
陈海燕　翼城县凤翔园林有限公司总经理
李　佳　翼城县和宗史伯旅游开发公司柴锅锅花馍文创产品设计师
郭　荣　翼城县信海节能环保建材有限公司生产厂长
李登峰　翼城县财政局党组成员、办公室主任
郭　亮　翼城县农业综合行政执法队副队长
王玲燕　翼城县水利局水土保持股负责人
赵小可　翼城县卫生健康和体育局党办、疾控股负责人
曹红强　翼城县纪委监委第三监督检查室主任
宁文华　翼城县住房和城乡建设管理局三供办副股级负责人
马丽燕　翼城县里砦镇里砦初级中学校校长
牛红爱　翼城县人民医院妇委会主任
魏　帅　国家税务总局翼城县税务局办公室主任
吴俊利　翼城县行政审批服务管理局社会事务股负责人
周丽华　翼城县星杰中学教务主任
李淑文　翼城县中医医院院长助理

曹志伟　翼城农商银行党委副书记、行长
梁军民　翼城县翼投水务有限公司董事、经理
张建国　翼城县人民检察院办公室副主任
安翼鹏　翼城县王庄镇人民政府一级科员
苏　柯　翼城县农业机械发展中心会计
靳文龙　翼城中学校高一年级主任
席　鹏　翼城县北关小学教学副校长
王　鹏　翼城县交通运输局安全监督股负责人
张晓玲　翼城县医疗保障局政策管理股负责人
马鹏飞　翼城县汉德园中学卓越分校校长
温海霞　翼城县人民法院员额法官
陈　宁　中国邮政储蓄银行翼城县支行副行长
姚　凯　翼城县审计局办公室负责人
岳　伟　翼城县隆化镇党群服务中心职员

附　　录

翼城县2021年国民经济和社会发展统计公报

2021年,全县上下坚持以习近平新时代中国特色社会主义思想为指导,深入贯彻落实习近平总书记视察山西重要讲话重要指示精神,攻坚克难、拼搏奋进,全县经济社会发展取得新成效,实现了“十四五”良好开局。

一、综　合

初步核算,全年实现地区生产总值90.5亿元,按不变价格计算,比上年增长9.5%。其中,第一产业增加值15.2亿元,增长8.5%,占地区生产总值的比重为16.8%;第二产业增加值27亿元,增长14.5%,占地区生产总值的比重为29.8%;第三产业增加值48.4亿元,增长7.8%,占地区生产总值的比重为53.4%。

人均地区生产总值34608元,按2021年平均汇率计算为5364美元。

图1　2017-2021年全县生产总值

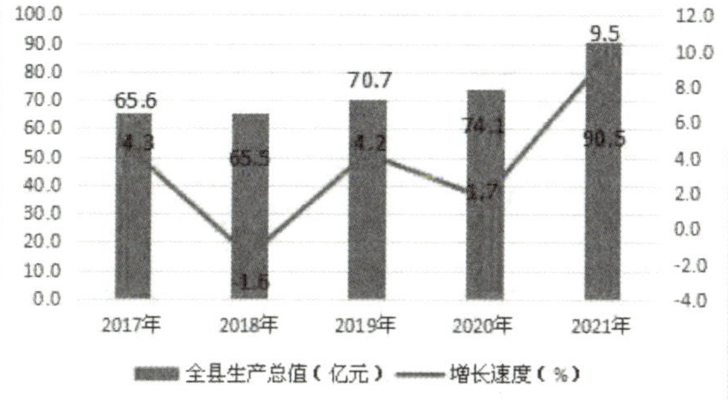

年末全县常住人口259623人,其中城镇常住人口113547人,城镇化率为43.74%。全年出生人口1544人,出生率为5.86‰;死亡人口1878人,死亡率为7.13‰;自然增长率为-1.27‰。

全年全县城镇新增就业4241人,转移农村劳动力1731人,城镇登记失业率控制在4.2%的目标范围之内。

二、农　业

全年全县农作物种植面积62.8万亩,其中,粮食作物种植面积59.9万亩,经济作物种植面积2.9万亩。在粮食作物中,小麦种植面积33.4万亩,玉米种植面积24.1万亩。在经济作物中,油料种植面积3159亩,蔬菜种植面积8857亩。全年粮食产量181515吨,其中,夏粮104219吨,秋粮77296吨。全年完成造林200公顷,全年木材产量610立方米。年末全县农业机械总动力24.8万千瓦,机械耕地面积57.6万亩,机械播种面积63万亩,机械收获面积56万亩,农机服务收入9300万元。

三、工业和建筑业

2021年末全县规模以上工业企业34家,全年规模以上工业增加值同比增长27.5%。

全年规模以上工业企业原煤产量377.1万吨,下降14.3%;生铁产量30.8万吨,下降39.8%;铸件产量5.8万吨,下降50%;锻件产量1.1万吨,下降18.6%。

全年全县规模以上工业企业实现营业收入

71.4 亿元,比上年增长 39.2%;实现利润总额 5.8 亿元,增长 163.6%;实现税金总额 4.5 亿元,增长 45.2%。规模以上工业企业每百元营业收入中的成本为 78.99 元,规模以上工业企业营业收入利润率为 8.12%。

全年全县建筑业实现增加值 2 亿元,同比下降 10.9%。

四、能　源

全年全县一次能源生产折标准煤 269.6 万吨,增长 7.1%;二次能源生产折标准煤 300.1 万吨,增长 32.3%。

全年全县全社会用电量 109974 万千瓦时。其中,第一产业用电 6368 万千瓦时,第二产业用电 45254 万千瓦时(其中工业用电 44877 万千瓦时),第三产业用电 39412 万千瓦时,城乡居民用电 18940 万千瓦时。

五、服务业

全年全县服务业增加值 48.4 亿元,按不变价格计算,比上年增长 7.8%。其中,批发和零售业增加值 4.1 亿元,增长 0.3%;交通运输、仓储和邮政业增加值 5.7 亿元,增长 6.1%;住宿和餐饮业增加值 2817 万元,下降 0.7%;金融业增加值 6.3 亿元,增长 2.2%;房地产业增加值 2.2 亿元,增长 22.6%;全年规模以上服务业企业营业收入比上年增长 14.7%。

年末全县公路线路里程 1397.689 公里,其中高速公路 37.698 公里。

全年全县完成邮电业务总量 1.7 亿元,增长 3.1%。其中,邮政业务总量 0.4 亿元,电信业务总量 1.3 亿元。年末全县固定电话 2841 部,移动电话用户 28.5 万户,其中,4G 移动电话用户 21 万户。全县宽带接入用户 8.3 万户,增长 14.2%。

全年全县旅游景点接待游客 61.3 万人次,下降 16.4%。

六、固定资产投资

全年全县固定资产投资完成 17.7 亿元,下降 0.3%。

在固定资产投资中,国有及国有控股投资下降 15.1%,民间投资增长 11.9%。

分构成看,建筑安装工程投资下降 2.3%,设备工器具购置投资下降 37.3%,其他费用增长 109.5%。

分产业看,第一产业投资完成 1.5 亿元,增长 49.8%;第二产业投资完成 3.8 亿元,增长 3.7%;第三产业投资完成 12.5 亿元,下降 5.2%。

全年全县在库固定资产投资项目(含房地产)81 个。其中,亿元以上固定资产投资项目 12 个。全年全县房地产开发投资 34510 万元,其中住宅投资 30071 万元。

图 2　2017-2021年固定资产投资

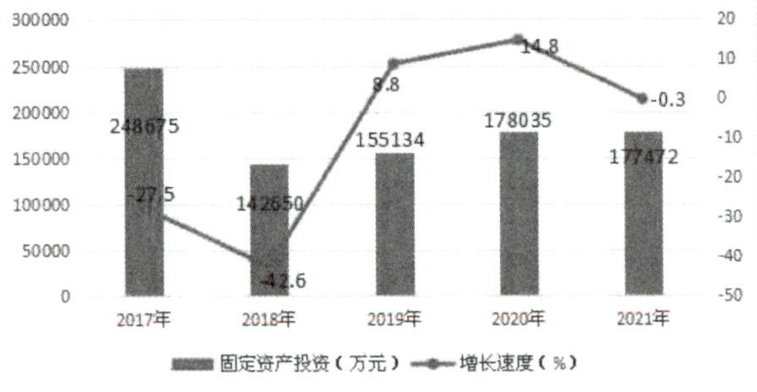

七、财政金融贸易

全年全县财政总收入 89693 万元,同比增长 30.5%。一般公共预算收入 40529 万元,增长 27%。其中,税收收入 28425 万元,增长 45.9%,占一般公共预算收入的比重为 70.1%,比上年提高 9 个百分点。

全年全县一般公共预算支出 223636 万元,同比增长 8.5%。其中,一般公共服务支出 19325 万元,增长 8.7%;公共安全支出 8068 万元,下降

3.2%；教育支出36517万元，增长4.6%；科学技术支出511万元，增长105.2%；文化旅游体育和传媒支出4194万元，下降35.7%；社会保障和就业支出48544万元，增长36%；卫生健康支出32916万元，下降2%；节能环保支出13264万元，下降12.4%；城乡社区事务支出10118万元，下降17.4%；农林水事务支出24867万元，增长19.4%。

年末全县金融机构本外币各项存款余额172.6亿元，比年初增加19.7亿元，增长12.9%；各项贷款余额47亿元，比年初减少2.3亿元，下降4.6%。

全年全县社会消费品零售总额43.1亿元，增长14.6%。按销售单位所在地统计，城镇消费品零售额增长20.6%；乡村消费品零售额下降2.7%。

全年全县海关进出口总额4004.5万元，增长89.5%。其中出口总额3986.4万元，增长88.7%。

图3　2017-2021年社会消费品零售总额（万元）

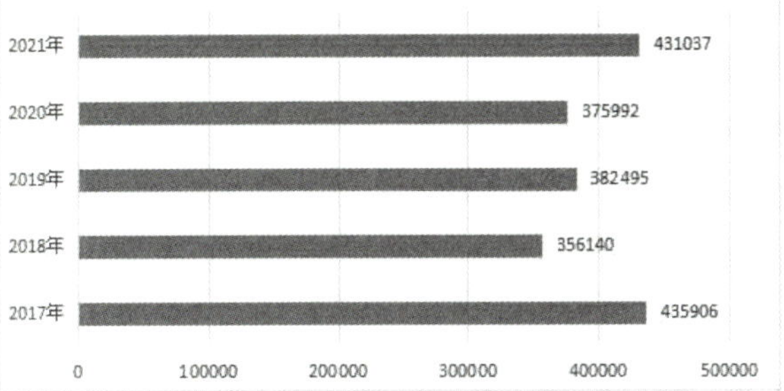

八、教育、科技、卫生

年末全县普通中学4所，小学42所，特殊教育学校1所，注册幼儿园82所。小学学龄儿童入学率100%，初中学龄儿童入学率100%，高中阶段毛入学率达到100%。全县农村义务教育阶段公用经费2639万元，补助学生27416人。农村家庭困难的寄宿制学生4618人，得到各级政府提供的生活补贴达246.4万元。

2021年普通高中在校生5805人，毕业生1609人，毕业生中男生733人，女生876人。

全年全县发明专利申请3件，发明专利拥有量28件，每万人发明专利拥有量1.1件。

年末全县共有文化馆1个，博物馆1个，艺术表演团体2个，广播电视台1座。广播人口覆盖率99.8%，电视人口覆盖率99.9%。全年销售体育彩票1800万元。

2021年，翼城县非遗保护工作不断加强，国家级非遗项目3项，省级非遗项目12项，市级非遗项目16项。

全县有县级食品、农产品检验检测和计量检定机构1家，对全县各农产品生产基地、县域内各超市、蔬菜批发市场等进行蔬菜抽样检测，共抽检8批次，抽检样品67个，接受委托性食品样品检验4个，完成省农业厅抽样42个。全年产品质量监督机构监督抽查了96家企业12大类产品和商品，完成强制检定计量器具482台件。

全县有气象台（站）1个，开展121电话天气自动答询台1个，气象系统开展人工影响天气业务的单位1个，防雹、增雨受益覆盖面积1170平方公里。

全县年降水量931毫米，比上年增加392.2毫米。

年末全县共有卫生机构（含诊所、村卫生室）258家，其中妇幼保健院（所、站）1家。全县卫生机构共有床位1262张，其中医院床位895张，卫生院床位367张。卫生技术人员1780人，其中执业医师和执业助理医师718人，注册护士693人。

九、人民生活和社会保障

全年全县居民人均可支配收入21876元，比上年增长7.7%；按常住地分，全年城镇常住居民人均可支配收入36306元，增长6.3%；全年农村常住居民人均可支配收入14772元，增长8.7%。

年末全县参加基本养老保险的人数22390人，参加城乡居民基本养老保险的人数172993人，参加失业保险的人数13628人，参加工伤保险的人数29980人,其中农民工22356人。

年末全县参加城镇职工医疗保险的人数24022人,参加生育保险的人数14623人。全县249681人参加了城乡居民医疗保险,参保率100%。

图4　2017-2021年城镇常住居民人均可支配收入

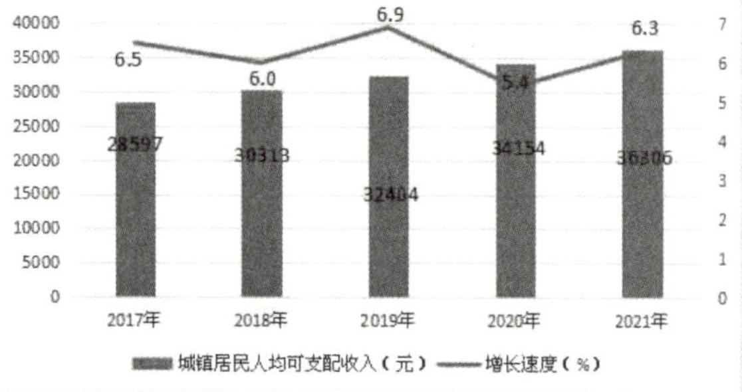

图5　2017-2021年农村常住居民人均可支配收入

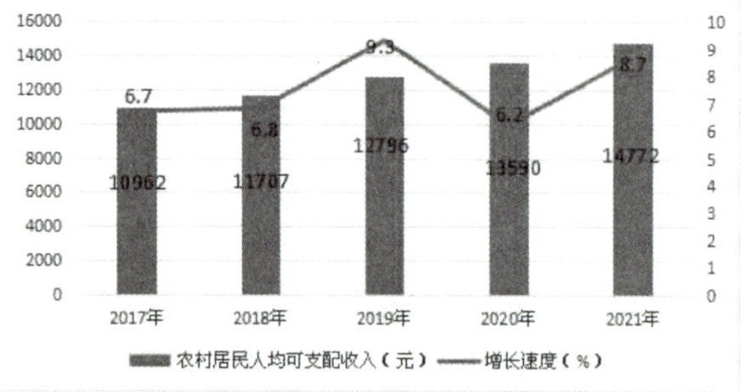

全年全县纳入城市最低生活保障的居民1264人,发放城市低保资金875.6万元,比上年减少262万元;纳入农村最低生活保障的居民3682人,发放农村低保资金2050.7万元,比上年减少31.2万元;农村五保供养人员483人,城市五保供养人员8人。

年末全县各类收养性单位床位数458张,收养人数159人,城镇建立各种社区服务机构4个。全年销售社会福利彩票1477.9万元,直接接收社会捐款22.1万元。

十、资源、环境和安全生产

县域土地面积1167.76平方公里,耕地保有量53.32万亩。年末全县1座中型水库蓄水总量1485万立方米。年末全县森林面积57.2万亩,森林覆盖率32.68%;全县已建成自然保护区1个,自然保护区面积10934公顷,占国土面积的9.4%。

全年县城区空气质量好于二级以上天数264天,比上年增加4天,空气质量达标比例72.3%。县城区$PM_{2.5}$年均浓度值为36微克/立方米。浍河南丁段出境断面水质达到地表水Ⅳ类标准。

全县建成区新增绿化面积2300平方米,绿化覆盖率达到40.1%,人均公共绿地面积4.18平方米,人均道路面积达到18.59平方米。

年末全县城市污水处理率96%,城区城市生活垃圾无害化处理率达到100%;全县集中供热面积444.5万平方米,新增供热面积14.9万平方米,集中供热普及率96%,比上年提高1个百分点。

全年森林火灾受害率为0,林业有害生物成灾率0.2‰,严格控制在省要求的3.8‰以下。

全年共发生生产经营性安全事故0起。

公报注释:

1.本公报部分数据为初步统计数据,除注明外,所有增长或下降速度均为同上年相比较。部分数据因四舍五入的原因,存在与分项合计不等的情况。

2.本公报部分数据由相关部门提供。

3.地区生产总值、各产业增加值绝对数按现价计算,增长速度按不变价格计算。

机构设置和领导成员名单

中国共产党翼城县委员会

书　记　王　渊＊　黄晓君(女)
副书记　刘　锋　解　湧　张文青(女)
常　委　李增奎　杨文明　熊伟星＊
　　　　赖兴国＊　刘生明　白向阳
　　　　杨海林　郭　亮＊　胡国华(女)
　　　　武文军　章守文

翼城县人民代表大会常务委员会

主　任　李放明
副主任　张晋翼　范钦国　师香丽(女)
　　　　李兴智＊　王存良＊　张永峰

翼城县人民政府

县　长　刘　锋
副县长　赖兴国＊　范钦国＊　杨文明＊
　　　　于　乐＊　胡国华(女)＊　杨海林
　　　　聂　华　段晓娜(女)　张达宏
　　　　石广武　高　伟

中国人民政治协商会议翼城县委员会

主　席　董　玲(女)
副主席　张新民　聂　华＊　贾永强
　　　　王东东　杜芳芳(女)

中国共产党翼城县纪律检查委员会

书　记　武文军
副书记　侯文君　侯　恩
常　委　靳　博　解薛勤　杨武利　王俊鹏

翼城县监察委员会

主　任　武文军
副主任　侯文君　侯　恩
委　员　靳　博　解薛勤　贾永华　段东亮

翼城县人民武装部

县委常委、政治委员　章守文
部　长　郝军维
副部长　梁　鹏

翼城县公安局

党委书记、局长　张达宏
党委委员、副局长　宋星林　翟铭晋
县纪委监委第十三派驻纪检监察组组长、党委委员　柴　俊
党委委员、交警大队大队长　王　勇
党委委员、局长助理　张旭斌
党委委员、工会主席　刘晓华(女)
党委委员、北关派出所所长　杜　欣
党委委员　卫长征
党委委员、指挥中心主任　宋泽生

翼城县人民法院

党组书记、院长　陈　剑
党组成员、副院长　宋慧玲(女)
党组成员　王孟印
党组成员、政治部主任　张卫峰
党组成员　吕吉霞(女)

翼城县人民检察院

党组书记、检察长　郝永丽(女)
党组副书记、副检察长　杨　仲
党组成员、副检察长　郑　蓉(女)　职统波

党组成员、政治部主任　宋振林
党组成员、办公室主任　郭　强
党组成员、副主任科员　罗　骁(女)

翼城县县委办公室

主　任　孙　健
副主任　程毅锦　刘　锐

翼城县政府办公室

主　任　安　瑞
副主任　王自强　张　峰　翟鑫海

翼城县人民代表大会常务委员会办公室

主　　任　王海虎
专职委员　王　峰　赵大志　任成贵
财经工委主任　张　芳(女)
农工委主任　徐延平
教科文卫工委主任　张海华(女)
法工委主任　王大梁
信访室主任　侯　龙
法律法规调研中心主任　杨东亮

中国人民政治协商会议翼城县委员会办公室

主　任　梁　俊
调研室主任　刘国伟
社法委主任　续　龙
经济委主任　张　钦
教科卫体委主任　马俊峰
文化文史和学习委主任　王永红(女)
提案委主任　王柏涛
信息中心主任　岳　云

县委工作部门

县委组织部

部　长　白向阳
主持日常工作的副部长　郑永红
副部长　吴金亮　苏　虎

县委宣传部

部　长　郭亮*　胡国华(女)
副部长　董俊辉*
副部长、文明办主任　王武耀*
副部长　李　强
县委宣传部下属事业单位：
网信中心
主　任　董彩娟(女)
副主任　李振华　李红星

县委统战部

部　长　杨文明
副部长　孟兆彪　王海滨

县委机构编制委员会办公室

主　任　张永杰
副主任　王向慧(女)　安婵娟(女)

县委直属机关工作委员会

书　记　朱俊峰

县委老干部局

党委书记、局长　贾丽娟(女)
党委副书记、副局长　郭新贵

县委政法委

书　记　刘生明
主持日常工作的副书记　赵鸿彦
副书记　吴海玲(女)　张延生*　常胜河*

县委巡察领导小组办公室

主　任　杨武利
副主任　裴红军

县政府组成部门

县公安局交警大队

大队长　王　勇
教导员　郑永武
副大队长　柏长海　柳仁华　张　元

县发展和改革局

局　长　杜文河

党组书记　刘　伟

党组成员、副局长　张红丽(女)　周晓侠　赵红星

党组成员　邱军廷

县发展和改革局所属事业单位：

县粮食储备服务中心

主　任　张　忠

县教育科技局

党组书记、局　长　郭艮山

党组成员、副局长　尚哲董　孙海奎

县教育科技局所属事业单位：

县科技服务中心

主　任　李海民

县工业和信息化局

党组书记、局　长　冯日会

党组成员、副局长　王陶(女)＊　张华(女)　买婷荣(女)

党组成员：尹开辉

县工业和信息化局所属事业单位：

县中小微企业发展中心

主　任　冯青槐

县城镇集体工业联合社

主　任　董志刚

副主任　燕庆霭

县民政局

党组书记、局长　史　鹏

副局长　杨天顺＊　燕采品(女)＊

县司法局

党组书记、局 长　贾永伟

党组成员、副局长　王金龙　路海青(女)　续新民

县财政局

党组书记、局　长　翟铭娟(女)

党组成员、副局长　高　翔　刘红林

党组成员、办公室主任　李登峰

财政局所属事业单位：

财政国库支付中心

主　任　郭建军

预算绩效评价中心

主　任　李　龙

财政金融合作发展中心

负责人　李益民

县人力资源和社会保障局

党组书记、局　长　薛雅强

党组成员、副局长　翟向军

党组成员、四级主任科员　黎海兵

县自然资源局

党组书记、局　长　王晓东

党组成员、副局长　马宏伟　薛金权　孟凡民　董晋凌(女)　王红华

县住房和城乡建设局

党组书记、局　长　张天柱

党组成员、副局长　张利民　苏永旺

党组成员　闫耿林　温红玉(女)

县交通运输局

党组书记、局　长　张国华

党组成员、副局长　原　伦

党组成员、正科级干部　程建江

县水利局

党组书记、局　长　单建民

党组成员、副局长　王　林　李克明

党组成员、总工程师　尹国强

县农业农村局

党组书记、局长　辛树盛

党组成员、副局长　亢树文　崔全福　杨奎苍

党组成员　张　娟(女)

农业农村局所属事业单位：

农业机械发展中心

主　任　董庆华

畜牧发展中心

主　任　李清华

副主任　张文河

农业综合开发中心

主　任　张国中

副主任　宋　昱　黄文龙

县林业局

党组书记、局长　杨世英

党组成员、副局长　张晓辉(女)

党组成员、森林派出所所长　周　海

党组成员、森林派出所指导员　申海军

党组成员、业务股股长　辛红武

县文化和旅游局

局　长　王新明

副局长　王秀艳*(女)　张双燕

文化和旅游局所属事业单位:

文物旅游中心

主　任　王国红

副主任　李　昭　丁媛媛(女)

文化市场综合行政执法队

队　长　王新明(兼)

副队长　王国红*　刘海涛

县卫生健康体育局

党组书记、局　长　杨晓清

党组成员、副局长　何长水　魏月玲(女)

党组成员　孙志宏

卫健体局所属事业单位:

县疾病预防控制中心

主　任　程乐云

副主任　呼玉明　刘　清　师俊峰

县中医医院

院　长　邹广文

卫健体局管理单位:

翼城县医疗集团

院　长　宋长明

县退役军人事务局

党组书记、局　长　夏毓泽

党组成员、副局长　翟京红

党组成员、办公室主任　郭华兵

县应急管理局

党委书记、局　长　曹俊义

党委委员、副局长　闫耿森　安庆　靳云　常小兵

党委委员:石振华

应急管理局所属事业单位:

县防震减灾中心

主　任　郑继国

县审计局

党组书记、局　长　翟力龙

党组成员、副局长　侯宗鑫　李翠敏(女)

县市场监督管理局

党组书记、局　长　任延青

党组成员、副局长　朱联合　赵　晶(女)　朱海红(女)

党组成员、非公党委书记　丁　浩

党组成员　赵　伟

综合执法队副队长　盖明华

综合执法队副队长　翟娜娜(女)

县统计局

党组书记、局　长　李永明

党组成员、副局长　尚建华(女)　辛淑珺(女)*

调查队队长　卫雪云(女)

县医疗保障局

党组书记、局　长　程俊杰

党组成员、副局长　郑红喜

医保中心主任　宋恭谦

县行政审批服务管理局

党组书记、局　长　张　东

党组成员、副局长　代延亭

党组成员、政务服务中心主任　刘建国

党组成员、办公室主任　王晓燕(女)

党组成员、政府采购中心主任　高文龙

县信访局

党组书记、局长　张胜利

党组副书记、副局长　朱延军

党组成员　张兴全

县能源局

副局长　刘　义

群众团体

翼城县总工会

主　席　李学东

副主席　庞红珍(女)

共青团翼城县委

书记、侨联主席　李金玲(女)

副书记　杨　屾(女)　吴宋玲(女)

翼城县妇女联合会

党组书记、主　席　刁　霞(女)

党组成员、副主席　李　芳(女)　牛素兰(女)

翼城县科学技术协会

主　席　李嘉堂

副主席　杨心亮

翼城县文学艺术界联合会

主　席　常欢庆

副主席　王　芳(女)

翼城县残疾人联合会

党组书记、理事长　高　璐(女)

党组成员、副理事长　卫素霞(女)

党组成员、康复股长　柳长洪

翼城县工商业联合会

主　席　杜芳芳(女)

党组书记、常务副主席　孟兆彪

党组成员、副主席　乔　昌

党组成员、秘书长　梁　丽(女)

翼城县计划生育协会

会　长　吴宝堂

县委直属事业单位

县委党校

校　长　白向阳

常务副校长、党支部书记　李雅琴(女)

副校长　张文兵　蔺志纲

县委党史研究室(县地方志研究室)

主　任　刘　峰*　董俊辉

副主任　张子峰*

县档案馆

馆　长　李建党

副馆长　李　琦(女)　杨艳红(女)

县机关事务服务中心

主　任　杨永峰

副主任　杨　晶　张明亮

县政府直属事业单位

县产业集聚区

负责人　刘双辉

副主任　丁晶晶(女)　王　艳(女)

规划建设部部长　任凯强

促进投资部部长　李　蕾

党政综合部部长　闫　赟

县综合检验检测中心

副主任　韩建红　皇甫瑞龙

县供销联合社

党组书记、主　任　曹学义

党组成员、副主任　李　强

党组成员、一级主任科员　张　廷

县融媒体中心

主　任　段红亮

副主任兼总编　李苗壮

副主任　张学斌　裴国旗

社会团体

关心下一代工作委员会

主　任　刘国恒

常务副主任　郭生财

副主任　魏秀萍(女)

秘书长　李　辉

办公室主任　陈晓娟(女)

办公室副主任　逵勇江

中国人民解放军长江支队历史研究会

名誉会长　崔江涛(女)

会　长　周月玲(女)

副会长　董长才　李南征　王恩兰(女)
　　　　郝明德　李庆荣(女)

秘书长　董长才(兼)

副秘书长　李南征　刘新平　史红忠

中央部属(条管)单位

县税务局

党委书记、局　长　郝志刚

党委委员、副局长　王　仝　张延安
　　　　　　　　　吕　星　李　伟

党委委员、纪检组长　吴志强

县气象局

局　长　杨　阳(女)

副局长　王　涛

临汾市生态环境局翼城分局

党组书记、局　长　李维跃

党组成员、副局长　牛丙水　李振华

党组成员、办公室负责人　王永强

党组成员、管理股负责人　王　磊

临汾市住房公积金管理中心翼城管理部

主　任　张宏涛

县公路段

段　长　赵吉文

党支部书记　安斌义

副段长　翟　峰　郑青霞(女)　温海燕(女)

翼城县消防救援大队

党委书记、教导员　贺　勇

党委副书记、大队长　李会峰

党委成员、参谋　鲁亚军

新华书店

经　理　孙福根

副经理　郭海军　王春生

国网翼城县供电公司

经理、党总支副书记　李跃鹏

党总支书记、副经理　岳　鹏

副经理、工会主席　王玲霞(女)

副经理　和　波　孙建士　范文欣

翼城石油分公司

经理、党支部书记　陈　博

副经理　徐清华

翼城县烟草专卖局(营销部)

局长(经理)　杜雨华

行政副局长　郑　伟

业务副经理　朱　明

翼城县医药药材有限责任公司

董事长、总经理　翟红星

支部书记　安建军

副经理　李同科　魏振家

翼城县邮政分公司

总经理　马　坚

副总经理　刘雷雷　吕海防

中国电信翼城分公司

总经理　李联合

副总经理　郭　杰

翼城县联通分公司

总经理　崔晶晶

副总经理　孔德芳　梁　瑾　刘清华

翼城县移动分公司

党支部书记、经理　刘兴国

纪检委员、副经理　郭立斌

宣传委员、副经理　李贵荣(女)

中国人民银行翼城县支行

党组书记、行长　解永斌

党组成员、副行长　胡晓明　刘海洋

党组成员、纪检组长　张　雷

中国银行股份有限公司翼城支行

行　长　刘晓荣(女)

副行长　邢江涛　张楠楠(女)

中国工商银行翼城支行

行　长　陈正伟

副行长　梁青林　袁　明

中国农业银行翼城县支行

党委书记、行长　王小红

党委委员、纪委书记　张秀林

党委委员、副行长　吉海莲(女)　安艳龙

中国建设银行翼城支行

行　长　吴志勇

副行长　王林波

中国农业发展银行翼城县支行

党支部书记、行长　卜小明

副行长　王廷桉　夏　岩

中国邮政储蓄银行翼城县支行

行　长　陈　涛

副行长　陈　宁

翼城农村商业银行

党委书记、董事长　黄宝安

党委副书记、行长　曹志伟

正科级稽核员　宗　华

党委委员、副行长　雷小辉　李　洁(女)

中国人民财产保险股份有限公司翼城支公司

经　理　任　刚

副经理　任晓团(女)

中国人寿保险股份有限公司翼城县支公司

经　理　张　波

副经理　龙　华(女)

乡　镇

南唐乡

县委常委、南唐乡党委书记　李增奎

党委副书记、乡长　姜治国

党委副书记、政法委员　陈　龔(女)

党委委员、人大主席　姚　祥

党委委员、纪委书记、派出监察室主任　王晓翔

党委委员、副乡长　郭　磊

党委委员　谢建军

党委委员、组织委员、统战委员　崔鹤霞(女)

党委委员、宣传委员　郭艳丽(女)

副乡长　赵玉凤(女)　徐艳艳(女)

唐兴镇

党委书记　吉顺俭

党委副书记、镇长　杨　鑫(女)

党委副书记　高克让

党委委员、人大主席　孙鸿龙

党委委员、纪委书记　岳　忠

党委委员、副镇长　辛荣荣(女)

党委委员　霍向杰

党委委员、组织委员　郑金鹏(女)

党委委员、宣传委员　张佳华(女)

副镇长　李红军　张　静(女)　续志强

南梁镇

党委书记　王禄炳

党委副书记、镇长　刘志强

党委副书记、政法委员　姚振文

党委委员、人大主席　武长青

党委委员、纪委书记　安　娜(女)

党委委员、副镇长　李飞飞

党委委员　史天豪

党委委员、组织委员、统战委员　张筱筱(女)

党委委员、宣传委员　陈彩霞(女)

副镇长　陈花环(女)　杜振华

里砦镇

党委书记　宋海英(女)

党委副书记、镇长　秦光耀

党委副书记　冯建兵

党委委员、人大主席　翟红杰

党委委员、纪委书记　张海瑞

党委委员、副镇长　王　磊

党委委员　李东海

副镇长　李书智　姚兴凤(女)

隆化镇

党委书记　孔祥龙

党委副书记、镇长　尚鹏鹏

党委副书记　王　奇

党委委员、人大主席　王志刚

党委委员、纪委书记　梁国懿(女)

党委委员　杨明武

党委委员、副镇长　刘　帅

党委委员、组织委员　赵　静(女)

党委委员、宣传委员　赵义平(女)

副镇长　王国珍(女)　贾利军　王晓慧(女)

王庄镇

党委书记　高　华

党委副书记、镇长　王　成

党委副书记　吕俊丽(女)

党委委员、人大主席　王智谋

党委委员、纪委书记　毕永旗

党委委员、副镇长　李伟民

党委委员、宣传委员　刘　鑫(女)

党委委员　钱光明

党委委员、组织委员　崔英慧(女)

副镇长　吕真秀　李俊婵(女)

中卫乡

党委书记　郭　安

党委副书记、乡长　师俊丽(女)

党委副书记　谢　琨

党委委员、人大主席　马宏勋

党委委员、纪委书记　车敬廷

党委委员、副乡长　石俊杰

党委委员、组织委员　郑彩霞(女)

党委委员、宣传委员　房立昌

党委委员　樊尧尧

副乡长　席红丽(女)　马　笑(女)

桥上镇

党委书记　陈海量

党委副书记、镇长　王　淼(女)

党委副书记、政法委员　李彦鹭

党委委员、人大主席　侯军卫

党委委员、纪委书记　吉超迪(女)

党委委员　张艳枝(女)

党委委员、副镇长　樊　帅

党委委员、组织委员　李　娜(女)

党委委员、宣传委员　杨艳龙

副镇长　郑　伟　高　帅

西阎镇

党委书记　赵生贵

党委副书记、镇长　魏　杰

党委副书记　姚文珑

党委委员、人大主席　郭科利

党委委员、纪委书记　张玉良

党委委员、副镇长　王　瑞

党委委员　虞智皓

党委委员、组织委员、宣传委员、统战委员　侯　婷(女)

副镇长　侯习服

注:"机构设置和负责人名录"主要收录2021年1月1日至12月31日的机构设置和负责人名录。调离岗位人员在姓名右侧标注*